精细化量刑辩护指南

办案高手随身的267个锦囊

李斌　著

法律出版社
LAW PRESS·CHINA
——北京——

图书在版编目(CIP)数据

精细化量刑辩护指南:办案高手随身的267个锦囊/李斌著. -- 北京:法律出版社,2022

ISBN 978-7-5197-7046-4

Ⅰ.①精… Ⅱ.①李… Ⅲ.①刑事诉讼-辩护-研究-中国 Ⅳ.①D925.215.04

中国版本图书馆CIP数据核字(2022)第158039号

精细化量刑辩护指南
——办案高手随身的267个锦囊
JINGXIHUA LIANGXING BIANHU ZHINAN
—BAN'AN GAOSHOU SUISHEN DE 267 GE JINNANG

李 斌 著

策划编辑 周 洁 林 蕊
责任编辑 周 洁 林 蕊
装帧设计 李 瞻

出版发行 法律出版社
编辑统筹 司法实务出版分社
责任校对 王 丰
责任印制 胡晓雅
经　　销 新华书店

开本 880毫米×1230毫米 1/32
印张 24.5 **字数** 653千
版本 2022年12月第1版
印次 2022年12月第1次印刷
印刷 永清县金鑫印刷有限公司

地址:北京市丰台区莲花池西里7号(100073)
网址:www.lawpress.com.cn
投稿邮箱:info@lawpress.com.cn
举报盗版邮箱:jbwq@lawpress.com.cn
销售电话:010-83938349
客服电话:010-83938350
咨询电话:010-63939796

书号:ISBN 978-7-5197-7046-4 **定价**:128.00元
凡购买本社图书,如有印装错误,我社负责退换。电话:010-83938349

作者简介

李斌 北京植德律师事务所合伙人

毕业于中国政法大学，先后获得法学学士、刑法学硕士、刑法学博士学位，并在中国社会科学院法学所从事刑事诉讼法博士后研究。

曾在北京市两级检察机关担任检察官，获优秀公诉人、十佳调研能手等称号，并在无讼、国双、平安等法律科技公司工作，在刑事争议解决和刑事合规等业务领域有丰富经验。首批国家层面“涉案企业合规第三方组织”专家，入选2021年度LEGALBAND中国区刑事合规15强。作为特聘讲师多次参与企业合规师官方授课，“企业合规管理体系有效性评价指南”起草人之一。著有《公诉标准研究》《能动司法与公诉制度改革》《案件汇报方法与技巧》等十余部专著，在《法学杂志》《河北法学》《西南政法大学学报》《刑事法学研究》《国家检察官学院学报》等知名期刊发表学术论文六十余篇，公众号“Legal观察”主笔。同时担任中国人民大学法律硕士实务导师，中国人民大学未来法治研究院智慧法律科技创新研究中心研究员。

序 一

一本有效更新刑辩知识的工具书

李斌的《精细化量刑辩护指南——办案高手随身的267个锦囊》一书即将由法律出版社出版，李斌向我求序，并将该书的纸质版样书寄之于我。我拜读了本书，这是一本刑事律师量刑辩护的业务参考书，内容新颖，资料翔实，编排精致，阅读方便，确实具有较大的实用价值，值得推荐。

在各个领域的专业律师中，刑辩律师出书的积极性是最高的。早期书籍以刑事律师的成功刑辩案例为主，具有较强的个人宣传性质。这些书籍以刑事案件为线索，穿插律师的刑辩活动，具有较强的可读性，对于律师同行从事刑辩业务具有较大的参考性，因而较受欢迎。最近刑辩律师的书籍开始向业务参考书转向，如李斌的这本书就是一本典型的量刑辩护的业务参考书。相对于刑辩案例书而言，刑辩参考书具有较强的专业性与知识性，旨在解决刑辩业务中的痛点与难点，因而具有其他书籍所没有的独特性。

刑事辩护根据内容可以区分为定罪辩护与量刑辩护，定罪辩护主要是指无罪辩护，因而受到各方的极大关注，也是刑辩律师所追究的最高境界。长期以来，刑辩律师一直重视无罪辩护，并且致力于无罪辩护，以获得无罪辩护成果的案例作为刑辩生涯的至高无上的荣誉。确实，律师通过自己的刑辩活动，能够使当事人获得无罪的结果，确实值得夸耀。但在我国目前司法实践中，无罪判决率极低。例如，根据最高人民法院院长周强的最高人民法院工作报告，2021年全国各级法院共审结一审刑事案件125.6万件，判处罪犯171.5万人。其中，各级法院共宣告511名公诉案件被告人和383名自诉案件被告人无罪。据有关统计，2021年由检察机关提起公诉的案件，在法院获得无罪判决的比例仅为大约万分之三。而2020年、2019年乃至近十年的数据，公诉案件的无罪判决率基本都在万分之五上下徘徊。由此可见，在如此之低的无罪判决率的情况下，获得无罪判决结果可以说就像被闪电劈中一样，可遇不可求。因此，就刑辩业务而言，在绝大多数情况下都是罪轻辩护。应当指出，罪轻辩护与量刑辩护虽然具有内容上的关联性，但两者还不能完全等同。罪轻辩护是相对于罪重指控而言的，而无论是罪重还是罪轻都存在量刑辩护。因此，对于刑事辩护来说，量刑辩护可以说是常规的辩护方法。

李斌的这本书是以量刑辩护为主要内容的作品，这在以往的刑辩律师的书籍中也是较为稀缺的。在本书的自序中,李斌专门提出了“刑事律师为什么要重视量刑辩护”这样一个令人深思的问题。我认为，刑辩律师之所以要重视量刑辩护，与司法机关全面实施认罪认罚从宽制度和颁布并多次修订《量刑指导意见》并进行量刑规范化改革的现实有关。司法机关的这些改革都为量刑规范化奠定了制度基础，也为刑辩律师在量刑领域发力创造了条件。本书在这样一个大背景下出版，可谓正当其时。

李斌在本书中提出了精细化量刑辩护的命题。并且对这里的精与细都做了详细的解说。精，是精确、准确地发现案件中与量刑情节相关的事实和相应的刑罚后果。细，是指全面、细致地发现与案件相关的量刑事实，全面、细致地进行量刑辩护。应该说，李斌对量刑的精细化辩护的界定是十分到位的，这也是本书通过267个量刑辩护锦囊所要达到的效果。我认为，就本书的内容而言，李斌也对各种量刑情节的总结、归纳和列举达到了精细化的程度，这是作者长期研究的结果，它也保证了本书的质量是值得信赖的。

量刑辩护与量刑规范化之间具有密切联系，因而涉及量刑的基本理论问题，但本书并不留恋于这些理论问题，而是以为刑事辩护提供具体而细微的操作规则为使命，因而归纳了267个量刑辩护锦囊。这里锦囊的提法当然具有吸引读者的功能，但这些所谓锦囊确实是刑事律师进行量刑辩护时可以进行方便地检索并快速运用的量刑辩护理由，因而具有便利性。可以说，本书在手，量刑辩护的事由与根据就尽在掌握之中。我认为，实用性正是本书的最大特点，这是值得嘉许的。

本书的 267 个量刑锦囊几乎涵盖了《刑法》总则与分则中涉及量刑情节的各个部分，可以说是十分详尽。当然，《刑法》总则对于量刑情节的规定具有对具体犯罪的普遍指导性，因而是本书的重点。例如，自首、立功等都是最为重要的从宽处罚的量刑情节，因而本书对此做了极为深入的讨论。这里需要指出，量刑情节可以区分为两类：第一类是从宽情节，包括从轻、减轻、免除、自首、坦白、立功、退赃、赔偿等有利于被告人的量刑情节；第二类是从重情节。本书作为刑辩参考书，当然更为关注从宽情节，这也是本书全力展开论述的内容。

本书并不是对量刑辩护知识要点的简单汇集，而是在量刑辩护要点的基础上，收集了法律依据、司法观点、参考案例以及实操建议等相关内容，对于刑事辩护律师从事量刑辩护具有较大的助益。尤其是实操建议部分具有一定的创意，在某种意义上说，是作者个人的研究成果，具有对具体问题的针对性，对于量刑辩护极为有用。例如，本书的第 35 个锦囊：如何判断是自动投案中的“形迹可疑”还是“犯罪嫌疑”。这个问题对于能否认定自首十分重要，如果是形迹可疑而在教育后主动交代犯罪事实，则可以认定为自动投案。如果是已经存在犯罪嫌疑，即使交代犯罪事实，也不能认定为自动投案，因而直接影响到自首的认定。这里涉及自首的证据问题，在实操建议中，作者指出，实践中，犯罪嫌疑人的到案形式一般是以侦查机关出具的到案经过来表现的，这通常是认定自首的主要证据，但往往被以“经工作发现等模糊性词句概括，对到案方式进行审查应当结合接受案件登记、决定书、“110”报警记录、扣押物品清单等案发情况证明，以及盘问通知书、继续盘问通知书、传唤证、拘留证等司法文书的制作时间、盘问笔录、继续盘问笔录的制作时间、内容等到案情况说明来判断”。作者提供的这些信息可谓经验之谈。因为是否形迹可疑完全取决于现场工作人员的认定，而认定的信息又可以在相关的现场资料中反映出来，因此需要对这些资料继续认真审查，由此查明是否属于形迹可疑。我认为，这些实操建议对于量刑辩护具有较大的参考价值。

本书作者李斌具有法学博士学位，师从中国政法大学阮齐林教授，接受了系统的刑法专业的学术训练。同时，李斌曾经在检察机关任职十多年，积累了丰富的司法实践工作经验。从检察机关离职以后，李斌在无讼等法律科技公司从事法律科技产品的研发工作。现在，李斌在律师事务所担任刑辩律师，通过担任辩护人，深入了解了刑辩业务。上述经历为李斌完成本书的写作创造了条件，奠定了基础，也保证了本书的质量。

法律职业，无论是律师，还是检察官、法官，都是一种需要持续学习的职业。因为法律是不断更新的，案件是各不相同的，只有及时更新知识，才能跟上时代的发展，法治的发展。李斌的《精细化量刑辩护指南——办案高手随身的267个锦囊》一书使得刑辩律师更新量刑辩护的知识成为可能，此之甚幸。

是为序。

陈兴良

谨识于北京海淀锦秋知春寓所

2022年11月10日

序　二

量刑辩护的好帮手

李斌博士编写了一本书，样书寄到我手里。看封面，书名为“精细化量刑辩护指南”，之下赫然印着：“办案高手随身的 267 个锦囊”。

李斌博士的书不是白送的，要我写个序。李斌是我的学生，我是她在法大读硕士、博士的指导老师。她在读博士期间就帮我做过最高人民检察院有关量刑的研究项目，非常给力，当时她已经是一名检察官了，通过切身工作，发现的很多问题，部分已经被司法解释采纳，部分仍具有指导意义。我欠她的情，义不容辞。为了写这个序，只好打开“锦囊”一看究竟。

翻看一读，感觉无论是对我而言，还是对于法律职业人士，如公安、检察、法官等办案人员，尤其是律师，这的确是本非常实用的量刑工具书。

第一，应用范围广。因为 99.9% 的刑事案件辩护都要涉及量刑。办理刑事案件无非是定罪和量刑，定罪即罪与非罪之间，判决无罪的不到千分之一；这样 99.9% 的刑案最终都要归结到罪轻罪重的焦点。可以说凡刑事辩护案件皆涉及量刑问题，应用范围不可谓不广。

第二，内容充实，涵盖了量刑的全部内容。既有自首、立功、从犯、预备、未遂、中止、退赔、认罪认罚、羁押表现等法定、酌定量刑情节的辩护要领，也有量刑、刑事涉案财产处置等辩护方法的指引，多达 267 个问与答，可称为量刑辩护大全。其内容，不仅限于量刑辩护，也包含普遍的量刑实务，也可称为量刑实务指南。

第三，便于查阅。李斌将全部量刑辩护中的问题与解答梳理成

267 个锦囊，如同 267 个量刑辩护的问与答，好比量刑辩护的“十万个为什么”，从里面总能找到你遇到的问题和相应的解答。我曾经做过几年司法考试辅导,有幸被一些学员视为老师。他们有的成为法官、检察官,有的成为执业律师。他们有时会问到一些办案中遇到的问题。有的我能即刻回答，有的我也需要查查资料、翻翻书才能回答。有这本锦囊在手，今后我遇到即刻答不上来的量刑问题，第一动作就是打开锦囊找答案，或者建议提问者，不妨在这本《精细化量刑辩护指南》里面找一找答案。

第四，切合司法实务。书中 267 个锦囊，打开一看，不仅解答准确细致，而且提供了充分的根据。重要的特点重复一遍：提供刑事辩护，不靠说理靠根据！律师说理，法官、检察官鼻子翘起，爱答不理。因为司法实务、定罪量刑依靠根据。这根据是，法律规定、司法解释、解答批复、指导案例、权威判例、权威学术观点，锦囊中是满满的这些根据。凡根据皆标示来源、注明出处，使根据也有据可查。十分切合刑事辩护实务。

另外，本书的封面自称“办案高手随身的 267 个锦囊”。这个表述不准确。应该表述为“办案高手传授的 267 个量刑辩护锦囊”。因为不论资历深浅、水平高低，随身携带一部专业的工具书，都能够提高办案效率。或许是李斌律师自谦，不好意思自称“高手传授”，才形成“高手随身”这样以偏概全、词不达意的表述。如果把“高手”与“随身”的顺序颠倒一下，传神又达意：锦囊随身成高手。

阮齐林

2022 年 11 月 21 日

序　三

做一个精细派刑辩律师

立冬时节，收到李斌同学寄来的《精细化量刑辩护指南》书稿，厚厚的一大本。刑事辩护是我法学研究的起始领域，也是我一直长期关注研究的课题，无论理论还是实践、历史还是现实、国外还是国内，我觉得，该看的，基本上都看了；该说的，基本上都说了。除去已有的关于刑事辩护的著作和文章外，我最近马上就要推出一本《刑事辩护八大学说》，所以，研究生学位论文选题、博士后出站报告选题，我都基本不赞成这个方面的选题，除非有特殊情况。但是，随手翻阅了一下李斌的书稿，竟有眼前一亮之感，学生嘱老师作序，也当应允。

算起来，认识李斌也有 15 年多的时间了。当时她还是北京市东城区检察院一名年轻的公诉人，我应邀担任北京市检察系统公诉业务比武的培训指导老师以及专家评委，发现她很有问题意识，才思敏捷，行文快，写作能力较强。

李斌到北京市人民检察院第二分院工作后，有意深造，进入了中国社会科学院法学研究所博士后流动站，我是她的博士后合作导师。她在写作出站报告《公诉标准研究》的时候，已经能够深入浅出地将诉讼法理论与司法实践融会贯通，没有被自己的职业角色束缚，而是客观地看待检察机关的公诉标准问题，提出的观点具有较强的学术创新性和实践应用价值。

《精细化量刑辩护指南》一书延续了李斌小题大做、对法律和实践问题分条析理进行阐释的分析问题方法，她的文字，也是一如既往的精确、直白、简练，同时也带入了更多的对刑辩这一职业角色的考量。她将自己多年的司法实务经验和刑事法律理解融入其中，以扎实的理论基础、丰富的论据资料，提供了实用的辩护知识与技能，这也是本书副标题为“办案高手随身的267个锦囊”的应有之义吧。

这些年，国家法治建设日新月异，刑事辩护场域也不断扩大，人们也越来越认识到刑事辩护不可或缺的功能。随着“关系派”律师的淘汰、“死磕派”律师的沉寂，技术派、专业派、精细派律师逐渐显现其作用。李斌作为刑辩精细派的倡导者，提出了“在认罪认罚这个检方占主导权的‘战场’上，刑事律师需要通过精细化的量刑辩护实现真正的认罪认罚、量刑协商，最大化维护当事人权利”的观点，这也是本书写作的初衷——通过精准的发现量刑情节、主张量刑作用，全面细致地进行量刑辩护，从而最大限度地维护当事人的合法权利。

值得肯定的是，本书对量刑辩护关键问题的提炼没有止步于传统的量刑情节识别与适用，而是扩展到了财产刑适用以及涉刑财产处置等新型、疑难问题。最近实务界也一直在讨论刑事案件财产权保护问题，大家也普遍关注到了在定罪量刑之外的涉刑财产处置问题，也多存在理论的盲区和立法的空白。本书对此问题也有非常深入的分析。全书15个专题中就有2个专题涉及该部分内容，如专题12的财产刑辩护、专题13的涉刑财物处置两部分，共计47个相关问题，占全书267个问题的两成左右，不仅涉及财产刑的适用问题，还延伸到刑罚执行阶段。

财产刑和涉刑财产处置中的常见疑难问题，很多都属于民刑交叉、刑执交叉问题。如问题224“是否可以主张对涉案财物进行查封置换”，就涉及刑事查封与民事诉讼中的诉前保全制度能否等价适用，对刑事侦查实践中超范围查封、超标的冻结等问题，也给出了较为明确的救济方案，对于一些特殊价值的财产处置，如保单、保管箱内财物、非上市公司股份、股权、房产、汽车等贵重物品的保全和处置问题，提出了相应的建议，不仅是辩护律师日常可以用到的实用技能，也是司法人员、监察人员在日常办案中也可以借鉴的。

注重实用性是本书的一个突出特点。本书每个专题中都有重点法规的归纳总结，多采用表格式，方便理解、掌握，也对相应问题进行审查重点提示，后续各个具体问题也没有仅仅从理论层面展开，而是结合实务中容易引发讨论或者立法、司法存在一定模糊地带的专门问题，提供了一整套解决方案，包括问题的简要回应、法律依据、参考案例、司法观点、立法观点、学理观点以及实操建议等，很多内容都可以直接作为辩护意见引用，或者作为参考资料进一步拓展辩护思路。从编排体例到写作方式、呈现方式，都体现了作者的专业和用心。

文如其人。李斌是一个热情友善、乐于分享、具有利他精神的法律人。无论是当初当检察官，还是现在作为一名刑辩律师，她一直孜孜不倦，乐于进行刑事专业法律知识的输出和传播，她也多次表示，自己的愿望就是成为一名传道受业解惑者。我想，这也是她为何能将自己办案中的手记毫无保留地呈现出来，做刑辩知识的传播者，做精细化刑辩理念的倡导者，让更多的刑事律师、刑事法律人能用专业的知识武装自己，为当事人提供更有价值、更有意义的专业服务，促进整个行业的良性发展。

希望李斌做一个对国家、对社会、对人民有用的精细派刑辩律师。

是为序。

冀祥德

2022 年 11 月 18 日

自 序

刑事律师为什么要重视量刑辩护

刑事律师为什么要重视量刑辩护？这正是本书要解决的一个问题。作为一名刑事律师，为什么不是努力为当事人做无罪辩护，而是要重视量刑辩护？量刑不是法官、检察官的事吗？

十几年前，当我是一名检察官的时候，我也是这么想的，作为一名公诉人，我把诉与不诉、罪轻与罪重的情节都考虑到了，律师还能发挥什么作用呢？

当我转身成为一名刑事律师后，从另一个视角审视刑事诉讼流程时，我更加重视量刑辩护的重要性。如果说无罪辩护是刑事律师的核武器，量刑辩护就是刑事律师的必备武器，不是每个案件都有无罪辩护的空间，但每个案件都能通过精细化的量刑辩护，使当事人获得最优的刑罚处理结果，尤其是在认罪认罚普遍适用的当下，精细化的量刑辩护应该成为刑事律师的“王牌”。

为什么要重视量刑辩护

我非常认同周光权老师对量刑重要性的评价，他说：“量刑之所以重要，是因为它‘要命’，对于死刑，自然不用多说，即使是多一天的拘役，对于被告人而言，也是 86400 秒。”

常年以来，我国的无罪率一直在万分之四到万分之八徘徊，每年 120 万 ~150 万名公诉刑事被告中，最终被认定无罪的只有几百人。

与之并存的是认罪认罚从宽制度的普遍适用。自 2019 年《关于适用认罪认罚从宽制度的指导意见》发布以来，根据最高人民检察院最新的工作数据，认罪认罚的适用率接近90%，其中检察院提出“量刑建议”被法院采纳的比例为95%以上，提出确定量刑建议的占90%左右。考虑到检察机关内部考核标准，一是70%以上的认罪认罚适用率，二是90%以上的确定性量刑建议被采纳率，认罪认罚和精准量刑建议的普遍适用是不争的事实。而且，不少法院内部规定，如果不采纳量刑建议，需要专业法官会议讨论通过，这造成有些法官为了减少麻烦，即使内心认为量刑建议不当，也不愿提交讨论，而是直接采纳，造成法院量刑权的减损，也增大了检察机关量刑建议权的效力。

在认罪认罚这个检方占主导权的“战场”上，刑事律师需要通过精细化的量刑辩护实现真正的认罪认罚、量刑协商，最大化地维护当事人权利，做到这一点，就需要重视“精”和“细”。

精，是指精确、准确地发现案件中与量刑情节相关的事实和相应的刑罚后果，比如，针对最高人民法院、最高人民检察院量刑指导意见中新增的羁押表现好可以减轻10%处罚的规定，如何获取羁押表现好的证据，从而获得该部分量刑减让，就是辩护人需要下功夫研究并且有针对性地获取证据的。

要想精准发现量刑情节、主张量刑作用，对各类量刑情节的准确识别和区分就非常重要，再如，羁押期间阻止他人违法犯罪或者阻止他人自杀、自残、逃跑的，属于羁押表现好，还是可以认定为立功情节，甚至是重大立功情节，就需要准确把握立功情节的认定标准，避免“捡了芝麻，丢了西瓜”。

细，是指全面、细致地发现与案件相关的量刑事实，全面、细致地进行量刑辩护，不仅包括对自由刑、生命刑等主刑的辩护，还包括对罚金、没收财产刑等附加刑的辩护，以及针对涉案财产处置建议的全面量刑辩护，同时，还要根据多种科学的量刑方法，提供最为合理、有效的量刑意见，包括规范量刑、类案量刑等多种方式，遵照检察院、法院通用的量刑步骤、量刑标准以及涉案地域对类案的处理方式，提供全面的量刑意见，创造与检察机关平等对话的空间和对话的能力。

为什么是我来写量刑辩护

说了量刑辩护这么重要，那为什么是我来跟大家分享精细化量刑辩护技巧呢？这跟我过往经历和兴趣有关。过去我曾在两级检察机关工作十余年，从事公诉、研究室和案件管理工作，早在十几年前就在导师阮齐林教授指导下参与了最高人民检察院《公诉案中检法分歧研究》，负责量刑情节分歧研究部分，后面也参与了中国法学会、国家检察官学院有关量刑建议规范化实证研究的相关课题，对重点罪名、重点量刑情节都有过系统性的研究和思考。

从检察系统离职后，我在无讼、国双、平安等科技公司从事法律科技产品研发工作，牵头研发的“量刑建议”产品，可能是市面上第一款量刑建议软件类产品（通过规范量刑、大数据量刑等多种方式提供量刑建议），先后参与了科技部多个重点研发项目中有关量刑建议产品的科研、开发工作，也一直与科技公司保持密切联系，自己对量刑建议产品的想法也在不断迭代，对技术的实现程度也一直保持敏锐的观察。

现在，我更是以刑事律师的身份亲身参与刑事诉讼过程中，对如何有效地提出量刑意见有了实践真知。

正是有这些复合型的经验，我总希望自己了解的、使用的技能能够被大家所熟悉，能够为辩护工作起到点滴作用。本书中的部分量刑辩护心得前期已经形成音频课程在无讼平台播出，受到了上千位同行的认可，他们结合自己案件提出的问题，也让我更加切实地感受到精细化量刑辩护的重要。在这个教学相长的过程中，本书的内容也一点点丰富。期待量刑辩护能被更多同行重视，精细化量刑辩护的方法也能在一定程度上成为共识和基础。

在这本书里你会收获什么

一个完整的量刑辩护体系。从 2021 年最新的最高人民法院、最高人民检察院《关于常见犯罪的量刑指导意见（试行）》（以下简称新

《量刑指导意见》）的修改亮点，到量刑辩护中的基础问题，再到如何针对具体量刑情节、量刑步骤进行辩护，从实体到程序，从主刑到附加刑，关注量刑辩护中的常见问题和疑难问题，希望在解决80%量刑问题的同时，也能给你提供解决另外20%难题的思路。

上百个精准、有效的量刑辩护方法和技巧。我们设置了267个问题，每个问题都会提供相应的法律规定、典型案例、学理解释和实操建议，不是照本宣科，而是通过实践案例提供解题的思路和技巧，当然，这种技巧可能还不够成熟，还需要在与你互动中不断完善。

更加全面、立体的辩护思维训练。针对具体量刑情节的认定，我们会从量刑情节设定的立法初衷或者不同法律对同一情节的认定等更加全面、宏观、立体的角度出发，在解决具体问题的同时，也收获探索问题缘由的思考路径，授人以鱼不如授人以渔，期待这套方法论能为你进行一次辩护思维训练，我们一起成长为"刑辩精细派"。

为了达到学习目的，你也要承诺我几件事：

1. 通读目录，了解本书可以解决哪些问题，哪些是你曾经遇到的，对照看一下本书提供的解决方案是否可行，你是否还有更优的方案？

2. 请你遇到问题后，在本书中进行检索，看能否得到确实的答案。

3. 请你及时总结，举一反三，留下记忆，以备不时之需。

4. 如果遇到没有结论的问题，或者认为结论有问题的，请加入我们的"精细化量刑辩护群"，在群组中积极提问，期待我们一起对精细化量刑辩护业务进行完善。

另外，我还有一个学习建议：请把你学到的知识，给同事、团队成员讲一遍。输出思考是获得知识的重要方式，只有你自己会讲了，你才能真正成为知识的主人。

CONTENTS 目·录

·总论篇·

·各 论 篇·

·总 结 篇·

总论篇

专题一

新《量刑指导意见》的修改亮点及启示

2021年6月16日，最高人民法院、最高人民检察院公布了新《量刑指导意见》，并于2021年7月1日正式施行。其实，最高人民法院的量刑规范化改革，以及从最高司法机关层面出台量刑指导意见，最早的是2008年的《人民法院量刑指导意见（试行）》，之后又分别于2009年、2010年修订，于2013年颁布《关于常见犯罪的量刑指导意见》，于2017年颁布《关于常见犯罪的量刑指导意见（二）试行》，增加了适用罪名范围，也逐步优化量刑指导意见的具体内容。而2021年颁布并且施行的《量刑指导意见》与以往的版本相比有很多的亮点，同时也给我们的刑事辩护工作带来了很多新的启发。比如，其中与认罪认罚从宽制度相配套的内容对刑事辩护工作的影响是特别重大的。除了认罪认罚从宽制度相关内容，新《量刑指导意见》还有哪些值得关注的亮点，又给我们的刑事辩护工作带来了哪些启示？

001. 新《量刑指导意见》有哪些修改亮点

（1）检察机关第一次作为起草单位参与量刑指导意见的拟订。

这也是认罪认罚、量刑建议制度改革的必然产物。新《量刑指导意见》需要承载检、法双方对量刑问题的共同认知，并达成共识，以此为基础，进一步促进量刑规范化改革，进一步促进认罪认罚从宽制度的适用。

（2）完善了罚金刑的适用原则和具体罪名罚金刑的适用标准。

既往量刑指导意见以及检、法量刑工作中更为关注主刑量刑，新《量刑指导意见》很大篇幅的修改就是增加了罚金刑的适用原则，在具体23种罪名中，也把应当并处或者单处罚金罪名中的罚金刑适用标准进行了列举提示，强调以犯罪情节为根据，首次强调了也要综合考虑被告人缴纳罚金的能力来决定罚金数额,避免罚金刑的“空判”问题。

（3）进一步落实宽严相济和认罪认罚从宽政策，对缓刑适用原则和具体罪名中缓刑适用条件进行了明确。

新《量刑指导意见》也是第一次明确提出了缓刑适用的原则，并且对23个具体罪名的缓刑适用条件进行了逐一规定，进一步明确了缓刑适用的普适性，全部罪名均可以依据相应行为、结果、当事人主观恶性、人身危险性、认罪悔罪表现等适用缓刑。

（4）对认罪认罚从宽提供制度保障，进一步加大了从宽处罚的幅度。

既往量刑指导意见或者认罪认罚相关司法意见中，认罪认罚最多可以享受30%的减轻幅度，新《量刑指导意见》大大提高了减轻幅度，最高可以达到60%。

（5）首次增加了羁押期间表现好可以作为从宽情节的规定。

被告人在羁押期间表现好的,可以作为减少基准刑的依据。对此，律师应当积极与看守所等羁押场所沟通，确认被告人是否表现良好，并由羁押部门提供相应证明，以享受从宽处罚。

（6）加大了老年犯、又聋又哑、盲人犯罪从轻处罚幅度，充分考虑了行为人身体状况对刑罚适用的影响。

新《量刑指导意见》第一次在全国司法指导文件层面对老年人、盲聋哑人这样的特殊刑事责任主体的减轻处罚幅度作出了明确的规定。

（7）体现了《刑法修正案（十一）》等最新立法精神。

新《量刑指导意见》总则中对于未成年人犯罪减轻处罚的年龄标准的规定与《刑法修正案（十一）》保持一致：已满 12 周岁不满 16 周岁的未成年人犯罪，减少基准刑的 30%~60%。

具体罪名中，对非法吸收公众存款罪，与《刑法修正案（十一）》中增加 10 年以上量刑幅度相对应，规定了“达到数额特别巨大起点或者有其他特别严重情节的，在十年至十二年有期徒刑幅度内确定量刑起点”。

针对集资诈骗罪提升法定刑档次，也将量刑起点分别设定为：数额较大，起点刑为 3 年至 4 年；数额巨大或者有其他严重情节的，起点刑为 7 年至 9 年。

唯一调低法定刑的职务侵占罪，三档量刑起点分别为：1 年以下有期徒刑、拘役，3~4 年，10~11 年，较原有量刑指导意见均有 1 年左右的降幅。

（8）对危险驾驶罪的量刑不再唯酒精含量论。

这也是新《量刑指导意见》带给我们的一个惊喜，广受诟病的危险驾驶罪量刑重、唯酒精含量论、缓刑少等问题在新《量刑指导意见》中都有所改观，如将原来定罪标准“被告人的醉酒程度、机动车类型、车辆行驶道路、行车速度、是否造成实际损害以及认罪悔罪等情况”予以取消，取消了具体量刑幅度对应具体情节的做法，将定罪和量刑的裁量权最大化地交给法官、检察官。

002. 新《量刑指导意见》给律师辩护工作带来哪些启示

律师要更好地参与量刑辩护、认罪认罚从宽制度，更好地为当事人争取最佳量刑，就要认真研读新《量刑指导意见》，对自己承办的案件，认真分析量刑情节以及相应的从宽幅度，提出尽量合理、准确的量刑意见，从而与检方尽早达成共识。具体还可以注意如下问题：

（1）通过“认罪认罚 + 量刑情节”的“组合拳”，最大化争取量刑从宽幅度。

新《量刑指导意见》对认罪认罚从宽有了更加明确和深入的减轻幅度，在具备一定法定、酌定从宽情节的基础上，尽量适用认罪认罚制度，以获得最高 60% 的减轻幅度，为当事人争取最佳量刑。

（2）从缓刑辩护前置到强制措施辩护。

新《量刑指导意见》体现了最高人民法院、最高人民检察院对于非监禁刑的高度重视，辩护人也要利用这个趋势，加强缓刑辩护甚至将其前置到审前的强制措施辩护。

辩护人要加强对被告人再犯罪人身危险、主观恶性、一贯表现、对社区影响等证据的举证，必要时由司法行政机构或者社区出具相应证明或者委托第三方对被告人社区影响、再犯罪危险等进行综合评估，作为品行证据提交法院，最大限度地争取非监禁刑。

同时，律师应该注意审前阶段羁押必要性的申请，将上述缓刑适用标准以及相应证据及时提供给检方，争取早日变更强制措施，最大限度适用不捕、慎捕的宽严相济政策。

（3）由主刑辩护到主刑、附加刑辩护并重，通过证明被告人经济能力，争取最优财产刑。

新《量刑指导意见》规定，罚金刑适用要考虑被告人的缴纳能力，因此，对需要并处罚金的，辩护人要积极对被告人经济条件、退赃挽损等情况进行主张和举证，将被告人实际是否具备缴纳罚金能力以及具备承担怎样数额罚金的能力展示给法官、检察官，以获得最佳的财产刑辩护效果。

目前，检察机关在认罪认罚程序中通常会对主刑和附加刑提出量刑建议，此刻的量刑建议虽然并非最终法院裁量结果，但也具有相应的适用性，基于辩护方和被告人有权利主张自己缴纳罚金的能力，建议在审查起诉阶段即向检方出示相应证据，获得相应量刑建议。

（4）“酒驾”及《刑法修正案（十一）》新调整量刑幅度罪名的量刑辩护空间增大。

律师应该用好新《量刑指导意见》，对“酒驾”型危险驾驶罪从行为、结果、主观恶性、人身危险性、认罪悔罪等角度进行量刑辩护，而不是完全按照原来量刑指导意见中多少毫克对应 1 个月等机械量刑方式，最大限度争取缓刑、不起诉或免予刑事处罚。例如，可以进行类案检索，看是否有类似情节进行不起诉、免予刑事处罚的，以及类似案件通常的判刑标准是怎样的。

在非法吸收公众存款罪中，对退赃退赔享受的从轻幅度也要深入了解，对退赃退赔金额、时机以及能给当事人带来的量刑减让程度进行充分评估，加强与检察院、法院的交流，达成共识，达到共赢。

（5）关注检察院、法院量刑建议工具的同类产品，进一步提升量刑意见的准确率。

规范量刑建议产品，是基于《量刑指导意见》，将基础量刑情节的减轻幅度、各罪量刑起点、基准刑调节幅度等做成内置的算法，然后结合法律规定的量刑步骤，在确定量刑起点之后，通过调整基准刑，对各类量刑情节进行计算，最终得出建议宣告刑。有两个注意事项：一是量刑起点通常为幅度，在计算时需要确认为具体“数值”，既可以选择最大值、最小值，也可以选择中间值或者任意值，选择最大值、最小值是为了算出最终量刑建议的上下限，选择中间值是默认案件是常态分布，也可以结合案情的具体情况进行确认；二是每个量刑情节通常也为量刑幅度，在计算时也可以按照上述方式处理，最终得到的是量刑建议的上下限或者中间值、具体值，推荐采用上下限的计算方式，这样在与检方进行量刑沟通的时候，可以提出依法得出的最低量刑标准和最高量刑标准，避免提供过于偏颇的量刑意见。

类案量刑建议产品，是在识别量刑情节、量刑要素的基础上，以类似案件的量刑结果提供众数、中位数等参考建议。该类产品的关键在于量刑要素的设定是否科学、量刑情节的识别是否准确。量刑要素的设定通常是根据法律、司法解释、量刑指导意见的规定进行拆解，同时要参考裁判文书中常见表达方式进行整合，这是做类案量刑的第一步，也是基础，后面就是怎么从海量的裁判案例中准确识别出具备相应量刑要素的案件,并准确解析出其量刑结果,量刑结果的解析（有期徒刑、拘役还是无期徒刑，是否缓刑，罚金刑数额等）目前技术已经解决得比较好，准确率比较高，但量刑要素的准确识别，尤其是多人、多罪场合中，每个人、每个罪中量刑情节的识别，以及如何利用语义理解的原理，将“不构成”“不认定”某类量刑情节的案件排除出类案中，这些都考验软件产品所依托的裁判文书解析能力。

专题二

量刑辩护中的基础问题

量刑辩护中的一些基础性问题，包括如何准确识别量刑情节，可以通过哪些检索方式来识别出类案，找到与本案最相符的情节适用依据等。同时，随着《刑法》及相关司法解释的更新，也会涉及大量新旧法适用的问题，从旧兼从轻的溯及力原则，律师需要充分考量新旧法刑罚认定的轻重，从而准确适用法律，为当事人争取最优辩护结果。量刑辩护基础问题还会涉及罪名中没有规定时量刑标准如何适用，减轻情节如何识别、主张、适用等问题。本部分都会逐一展开分析。

一、如何准确识别量刑情节

要准确识别定罪量刑情节，要吃透案件，并对司法解释和相关案例进行充分检索。

把案件吃透，包括弄清楚核心法律关系，按照犯罪构成要件，主要是危害后果、行为、主体等梳理案情。笔者习惯对每个案件都根据证据情况梳理大事表，把纠纷发生发展过程按照时间顺序进行整理；涉及多个主体的，画草图展示各个主体之间的关系、相互之间资金往来或者交易情况。这是梳理案情的第一步。

然后是分清楚定罪事实和量刑事实，尤其是很多罪名都是以犯罪数额、危害结果作为定罪量刑的标准，须搞清楚犯罪数额是多少，是否既遂，既遂部分为多少、未遂部分为多少，司法解释对该罪的立案标准是怎样的，是否有达到数额巨大、情节严重等升档法定刑的情况，要进一步确定适用的量刑档次。尤其是在部分既遂、部分未遂的情况下，须搞清楚如何确定适用的法定刑档次，以及是否具备自首、从犯、未遂、中止等减轻情节，能否适用减轻情节，是否具备退赃退赔、刑事和解、被害人过错等酌定从轻处罚情节，如果不具备的，是否需要努力满足某些情节，以获得最佳的量刑效果。

对于量刑情节的准确识别，尤其要注重非常见情节的识别，自动投案型的自首一般都能识别出来，对于视为自动投案的情况，须搞清楚如果调查机关已经掌握相应线索的，能否认定为自动投案；职务犯罪的自动投案与普通刑事犯罪的自动投案相同还是不同。对于这些内容的分析都需要结合司法解释的规定和对法定情节立法理念的理解，以及参照适用相应指导性案例、典型案例，从而形成合理合法的疑难情形认定理由，获得司法机关的支持。

003. 如何通过规范检索识别量刑情节

（1）明确“规范”包括的具体内容。

一提到“法律规范”，想必大家最先联想到的就是《刑法》和关于各个罪名的司法解释。但实际上，法律和司法解释只是我们需要检索的规范中的一部分。对于大多数刑事案件而言，我们仅仅应用法律和司法解释的规定进行辩护是不够的。首先，一些不常见的罪名，根本没有配套司法解释，甚至对于一些常见的罪名，如强奸罪中什么叫“强奸妇女、奸淫幼女情节恶劣”，也是没有明确的司法解释规定的。其次，即便现有司法解释明确了一些量刑情节的认定标准，但是在与个案具体事实建立对应关系的过程中依然会出各种争议。

所以，我们必须把辩护过程中需要检索的“规范”进行扩大化，扩大到包括“司法观点”，具体包括以下内容：

①法律规范（按照效力从高到低排列）：狭义的法律，司法解释（包括最高人民法院、最高人民检察院关于各个罪名的批复），司法解释性文件（包括座谈会纪要），地方司法文件（省、市一级的各种规定、纪要）。需要注意的是，全国人大常委会法工委刑法释义以及相关司法解释的制定者执笔的对司法解释、批复等的理解与适用等释义类文件，也往往起着指导司法裁判的类司法解释作用，尤其是会对司法解释未尽的表达进行说明，需要认真研读，学以致用。

②司法观点（按照权威性从高到低排列）：最高人民法院、最高人民检察院指导性案例（含最高人民法院、最高人民检察院发布的关于某个专门问题或者专项活动的典型案例），最高人民法院、最高人民检察院公报案例，《刑事审判参考》《刑事司法指南》中的案例，《人民司法》《人民检察》《人民法院报》《检察日报》等刊登的案例、观点，权威学者的教科书的学术观点等。

（2）选定一个主要的检索工具。

首先，关于使用百度、微信检索法律问题的利弊。其实，使用百度这类综合性搜索引擎检索法律问题，并不像有些同行说的那样“掉价”、一无是处，一个很明显的优势就是，针对一些“偏门”问题，使用百度更可能检索到一些司法实务工作者的研究成果，这些研究成果对我们所要解决的问题而言往往针对性更强，这样我们的检索效率也更高。“微信搜一搜”功能也是同理，尤其是在移动互联网已经日渐普及的当下，很多专业法律人选择用微信自媒体发布自己对某一法律问题的见解，时效性强、内容也更为全面，笔者优先推荐微信检索。但此类检索方法的弊端也较明显，百度铺天盖地的广告，同行们研究成果质量方面的良莠不齐带来的困难，都需要我们有很强的鉴别能力去克服。例如，根据研究成果中援引的法律条文、案例案号进行“倒查”，对他人的研究成果不是直接照搬，而要关注其核心论据的出处，尽量找到一手信息，避免以讹传讹。

其次，选择一个适合自己的主要法律检索工具。市场上法律检索的工具很多，如北大法宝、法信、无讼、威科先行。不同检索工具的数据库内容及检索功能都会有各自的优缺点，并且在具体的使用、操作方法上也会表现出一定的差异性。而熟悉检索工具的检索功能，尤其是对高级检索功能的使用，有助于提高检索效率，建立合理完善的检索逻辑。在微信公众号“图解法律”上，有律师同行对市面上常见的 9 种检索工具做了很详细的测评[①]。例如，法信比较好地做到了知识串联的功能，尤其是“法条释义”和“观点”板块的内容非常权威、全面，对某一法律问题能够提供足够的解决论据。元典智库的文书类型比较全面，对刑事律师来说，比较重要的不起诉文书也有收录，还有针对刑事案件办理的刑事智库功能，包含量刑建议工具、无罪案例库、律师会见看守所导航等实用功能，甚至还有羁押期限折抵计算的小工具。

（3）规范检索的一般思路。

法规检索的一般思路是先大致分析案情，再联想相应的量刑情节，然后按照体系化的思维，按法律规定到司法解释、司法解释性质文件、地方司法文件的顺序逐一进行检索。

对于检索得到的各种法律、司法解释、司法解释性质文件等，可以做成统一的 Word 文本，法规题目都用标题样式，在法规题目上都标注生效时间，这样可以形成导航窗格，按照时间顺序调整各个法规的先后顺序，比较方便掌握法规的前后演变过程。对其中的重点条文可以高亮突出显示，方便后续查阅。另外，对于法规比较多、涉及跨法适用的，可以通过表格的方式，在表格中对各种规范按照效力等级进行排序，对其中我们需要使用的主要条款进行摘抄，同时备注好发布机关、生效日期等信息，与案件事实的时间轴进行对应，这样就能使检索结果简单清晰、一目了然。

---

① 参见《超强测评 | 九款法律检索工具，好不好用？》。

004. 如何通过类案检索识别量刑情节

（1）类案检索的主要方式。

第一，通过规范（罪名或者法定量刑情节）查找案例。通过规范查找案例的方式比较简单，市面上绝大多数的检索工具都有案例联想功能，即数据库会把法条的某一条款与适用该条款的案例相关联。以北大法宝为例，如果我们需要查找“自首”情节认定及适用相关的案例,就可以到数据库《刑法》第 67 条下方“法宝联想”中点击“案例与裁判文书”，便链接到相关案例。可否通过罪名查找案例，则要视数据库的功能情况而定，大部分数据库都提供了按照案由进行检索的方式，案由检索的结果比较精确，会以法院判决结果段认定的案由作为本篇文书的案由，忽略起诉书中指控案由或者前科案由；如果不选择案由检索，直接输入罪名，则有可能将罪名作为关键词进行全文检索，就会出现多个混淆案由，比如前科、采取强制措施的案由等。

第二，通过案件要素、关键词查找案例。通常通过规范检索得到的案例数量比较大，还需要我们根据案件情况进行进一步筛选。通常情况下，笔者习惯通过“案由检索 + 案情关键词检索”的方式，不断在结果中搜索新的检索条件，直至筛选出最为需要的案例，检索条件设定后，也可以直接根据数据库的分类检索功能（通常是左边栏显示的时间、地域、审级、文书类型、程序类型等）进行筛选。例如，针对无罪辩护的需要，笔者经常筛选出不起诉决定书查阅不起诉理由，或者在裁判结果段筛选“免予刑事处罚”/“无罪”的案件进行重点查阅；案例比较多的，还可以利用数据库提供的批量下载功能，可以整篇下载为 Word 文档，也可以通过将关键信息段下载为 Excel 表格的方式进行输出。还有部分数据库提供按照案件要素检索的方式，如将“干股型受贿”作为案件要素时，就特指《关于办理受贿刑事案件适用法律若干问题的意见》中对干股的认定、干股型受贿的认定，但在裁判文书全文中可能不会出现“干股”字样，根据人工标注和机器学习的能力，可以将“收受的钱财是其股份分成”“收受 ×× 所送的 ×× 公司 30% 股份”“收受干股”“收受 ×× 给予的干股分红款”“将该综合楼租赁项目 10%股份以 ×× 万元的低价转让给 ××、同期将该项目 10%股份以 75 万元的价格转让给他人”等情形都认定为干股型受贿，简化了类案检索的工作，但也需要核实其中会包含一些不属于类案的识别不准确情况。

（2）关于关键词的选取。

关键词的选取可谓类案检索中的“重中之重”。

首先，要注意关键词表述的“规范化”。按照杨先德、陈禹橦检察官的总结：案例检索的关键词大致可以划分为“规范性关键词”和“非规范性关键词”：前者是法律规范中界定、表述的概念、术语、事实等，后者是法律规范之外的自然事实或者通俗用语中的一些概念、表述。专业人士遇到一个待决案件，会凭借法律知识储备和司法经验判断出大概要适用哪些规范、法律，也能迅速地将自然事实转化为法律事实和规范性关键词，如将贿赂案件中出现的非规范性概念“情妇”转化为规范中的“特定关系人”①。

其次，如果案件涉及一些我们比较陌生的领域，应首先搞清相关领域的一些专业术语以及与之含义相同的通俗叫法，以确保相关类案检索结果的全面性。比如，在涉期货类的非法经营案件中的“期货合约”“远期合约”。

最后，需要在实际操作过程中总结经验、技巧。例如，我们在检索判决结果适用缓刑的类案时，如果直接将“缓刑”设为关键词进行全文检索，很容易找到大量类案，但是细看之后会发现其中大部分都是被告人、辩护律师“一厢情愿”的主张，根本没有被最终采纳。一般法院支持缓刑的案例，在判决结果部分都会注明缓刑考验期，因此

---

① 杨先德、陈禹橦：《办案要务大家谈：类案检索运用场景与规则方法》，载《检察日报》2021 年 2 月 22 日，第 3 版。

将关键词设定为“缓刑考验期”，效率会大幅提高。

（3）类案检索的成果呈现。

在检索得到大量类案之后，可以将其以可视化的表格形式呈现。这样做有两个好处：一是方便我们在统计时以“控制变量”的方式直观地获知某一量刑情节对量刑结果的影响，如在同类案件中统计有无“认罪认罚”情节；二是可视化的类案检索报告可以成为影响法院量刑的“利器”，使我们的辩护显得特别言之有据。

二、跨新旧《刑法》时，如何进行量刑辩护

2021年对于刑事法律工作者来说应该是印象比较深刻的一年，因为它除了是新《量刑指导意见》颁布施行的第一年以外，也是《刑法修正案（十一）》生效实施的第一年。同司法解释或者司法解释性质文件不一样的是，新《刑法》规定的施行会带来刑法溯及力的问题。这个问题当然也会对量刑辩护工作带来影响，例如，《刑法修正案（十一）》对非法集资犯罪中的两个主要罪名非法吸收公众存款罪和集资诈骗罪都进行了法定刑幅度的调整，那么，在关于这两个罪名的案件办理过程中就要格外关注新旧法选择适用的问题。与此同时，另一个需要解决的问题是，如果一个持续性的犯罪行为跨越了新《刑法》的生效日期，该如何适用法律？此外，是不是所有涉及新法罪名的案件都需要考虑“从旧兼从轻”的问题？这个原则如何把握？如何做有利于被告人的辩护？针对这些问题，笔者将会在下文中与大家进行比较细致的探讨和分享。

005. 能否适用“从旧兼从轻”原则

在考虑新旧法孰轻孰重的问题之前，还有一个前提性的问题需要解决，就是能否适用新法的罪名的问题。对于前面提到的非法吸收公众存款罪、集资诈骗罪，之所以能讨论量刑轻重的问题，是因为罪名本身在旧法中就有，只是新法对其量刑进行了调整。

但是，有一些犯罪行为在旧法中是找不到对应条文的，这个情况下是没有讨论“从旧兼从轻”问题的基础的。例如，《刑法修正案（十一）》新规定的高空抛物罪，依照旧法不构成犯罪，所以不能以从旧兼从轻原则认定为本罪。这里可能会有人有异议，因为出现过相关的新闻报道。比如，在2021年3月1日，也就是《刑法修正案（十一）》生效的当天，江苏溧阳市人民法院宣判了徐某某高空抛物案，该案被称为“全国首例高空抛物罪案”。2020年某日，家住三楼的徐某某与王某某因言语不和发生争执，徐某某一时激愤，从厨房拿出一把菜刀，王某某见状上前夺刀未果，徐某某将菜刀抛掷至楼下公共租赁房附近。楼下居民发觉后向楼上质问，徐某某听到质问声后，又去厨房拿第二把菜刀，王某某再次上前夺刀未果，徐某某又将第二把菜刀抛掷至楼下公共租赁房附近，楼下居民见状报警。溧阳市人民法院经审理后认为，被告人徐某某高空抛物行为虽未造成人身伤害或重大财产损失的严重后果，但其从建筑物抛掷物品的行为已经构成高空抛物罪，依照《刑法》判决被告人徐某某犯高空抛物罪，判处有期徒刑6个月，并处罚金2000元。

法院的审理逻辑大概是这样的：首先，案发时间是2020年某日，明显是在新法生效之前，本案有刑法溯及力的问题；其次，徐某某两次从楼下扔刀的行为，具有危害公共安全的具体危险性，构成以危险方法危害公共安全罪。同时，徐某的行为也构成新法规定的高空抛物罪。两个罪名相比较，高空抛物罪法定最高刑只有1年有期徒刑，而以危险方法危害公共安全罪的法定最低刑就是3年。很明显，高空抛物罪更轻，所以依据从旧兼从轻原则，定为高空抛物罪。

虽然这个案子确实是这么判的，但是笔者认为这个结论是有失妥当性。一方面，如果徐某某高空抛物行为具有危害公共安全的具体危险性，且与放火、决水、爆炸的危险性相当，则按照行为时的《刑法》应构成以危险方法危害公共安全罪。虽然新法中高空抛物罪更轻，但是根据高空抛物罪规定（《刑法》第 291 条之二）的第 2 款（“有前款行为，同时构成其他犯罪的，依照处罚较重的规定定罪处罚”），徐某某的行为同时符合高空抛物罪和以危险方法危害公共安全罪的犯罪构成，应依照以危险方法危害公共安全罪定罪处罚。根据我国《刑法》关于溯及力的规定来看，此种情形应认定为以危险方法危害公共安全罪。另一方面，如果徐某某的行为不具有危害公共安全的具体危险性，且未造成人身伤害或重大财产损失的严重后果，根据旧法，是无罪的。

所以，“从旧兼从轻”原则的适用是有前提的：只有在犯罪行为在新旧刑法中都被认定为犯罪，才会在《刑法》条文被修正时引发溯及力的问题。如果某行为在旧法中未规定为犯罪，且不属于连续、继续犯罪持续到新法阶段，则应该以行为时的刑法认定为无罪。

006. 如何判断新旧法孰轻孰重

《刑法》修正时，如果犯罪行为发生在刑法修正案生效前（为方便表述，下文将生效前的法简称旧法、生效后的法简称新法），应当根据从旧兼从轻的原则选择适用法律。对于同一个行为而言，新旧法孰轻孰重，判断规则如下：

首先根据基本犯罪构成事实分别按照新旧法的规定确定法定刑幅度，然后进行比较：先比较主刑，选该幅度中法定最高刑低的法；如果最高刑相同的，选法定最低刑低的法；如果主刑幅度相同的，比较附加刑，选附加刑轻或有限制的法；如果主刑和附加刑都相同的，比较罪状表述，选缩小范围或有利于被告人的法。

笔者以近些年比较高发的非法集资犯罪为例，其中的两个主要罪名是非法吸收公众存款罪和非法集资罪。这两个罪名的刑罚结构设置都在《刑法修正案（十一）》（新法）中有了比较显著的调整。

新法对非法吸收公众存款罪刑罚的调整：

（1）财产刑调整。旧法的罚金刑有两档，分别是“2 万 ~20 万”和“5 万 ~50 万”，现在取消了限额，理论上可以上不封顶，增加犯罪成本，从而加强威慑。

（2）提高了法定最高刑。增加了第三档法定刑，在原有两档刑（数额较大、数额巨大或者有其他严重情节）不变的基础上，增加了“数额特别巨大或者有其他特别严重情节”第三档刑，将本罪最高刑 10 年有期徒刑提高至 15 年有期徒刑。

新法对集资诈骗罪刑罚的调整：

（1）财产刑调整。同非法吸收公众存款罪一样，取消了罚金刑限额，在法律层面罚金刑的上限不做限制。

（2）调整罪名的主刑法定刑结构。将原先 5 年以下有期徒刑或拘役（数额较大）—5~10 年有期徒刑（数额巨大或有其他严重情节）—10 年以上至无期徒刑（数额特别巨大或有其他特别严重情节）的三档法定刑，变成 3~7 年有期徒刑（数额较大）—7 年以上至无期徒刑（数额巨大或者有其他严重情节）的两档刑。

新旧法关于刑档数额标准的规定如下：

首先，旧法中关于非法吸收公众存款罪的两档数额标准分别为 20 万元、100 万元；关于集资诈骗罪的三档数额标准分别为 10 万元、30 万元、100 万元。

其次，因为新的配套司法解释尚未出台，所以调整后的刑档还没有一个明确的数额标准。为了方便讨论，我们可以先假定一个数额标准：假定新法关于非法吸收公众存款罪的三档数额标准分别为 200 万元、1000 万元、5000 万元，关于集资诈骗罪的两档数额标准分别为 50 万元、500 万元。

接下来我们举一些例子来说明对犯集资诈骗罪、非法吸收公众存款罪的新旧法适用问题：

甲在新法生效前集资诈骗 80 万元，旧法法定刑为 5~10 年，新法法定刑为 3~7 年，新法的最高刑低，应适用新法。

乙在新法生效前集资诈骗 1000 万元，旧法法定刑为 10 年至无期徒刑，新法法定刑为 7 年至无期徒刑，新旧法的最高刑相同，但新法最低刑低，应适用新法。

丙在新法生效前非法吸收公众存款 2000 万元，旧法法定刑为 3~10 年并处 5 万 ~50 万元罚金，新法法定刑为 3~10 年并处罚金，新旧法的主刑幅度相同，但旧法的附加刑有限制，应适用旧法。

丁在新法生效前非法吸收公众存款 1 亿元，旧法法定刑为 3~10 年并处 5 万 ~50 万元罚金，新法法定刑为 10~15 年并处罚金，旧法的最高刑低，应适用旧法。

007. 对于"跨法犯"，适用新法还是旧法

适用新法。

根据张军主编的《刑法［总则］及配套规定新释新解（上）》（第 7 版）："跨法犯"是 1997 年新《刑法》颁布施行后产生的一个新的概念。它是指行为人的行为开始于新《刑法》生效之前而结束于新《刑法》生效以后，跨越新旧《刑法》的一种犯罪形态。由于"跨法犯"中涉及的部分行为发生于新《刑法》生效以前，研究"跨法犯"无法回避刑法中的溯及力问题。

司法观点

1998 年 12 月 2 日，最高人民检察院在《关于对跨越修订刑法施行日期的继续犯罪、连续犯罪以及其他同种数罪应如何具体适用刑

法问题的批复》中指出：（1）对于开始于 1997 年 9 月 30 日以前，继续到 1997 年 10 月 1 日以后终了的继续犯罪，应当适用修订后的《刑法》一并进行追诉。（2）对于开始于 1997 年 9 月 30 日以前，连续到 1997 年 10 月 1 日以后的连续犯罪，或者在 1997 年 10 月 1 日前后分别实施的同种类数罪，其中罪名、构成要件、情节以及法定刑均没有变化的，应当适用修订后的《刑法》，一并进行追诉；罪名、构成要件、情节以及法定刑已经变化的，也应当适用修订后的《刑法》，一并进行追诉，但是修订后的《刑法》比原《刑法》所规定的构成要件和情节较为严格，或者法定刑较重的，在提起公诉时，应当提出酌情从轻处理意见。

对“跨法犯”应一律适用新《刑法》。其理由是：“跨法犯”之所以跨越新旧《刑法》，是由于其行为处于连续或继续状态，从实施犯罪行为到行为终了这一过程中，行为人都是处于犯罪的状态，且“跨法犯”的犯罪行为终了于新《刑法》生效后。根据《刑法》第 89 条第 1 款规定：“追诉期限从犯罪之日起计算；犯罪行为有连续或者继续状态的，从犯罪行为终了之日起计算。”因此，对“跨法犯”应以新《刑法》生效后的犯罪行为对待，统一适用新《刑法》。

在对“跨法犯”进行量刑辩护时应注意几个问题[1]：

其一，不要任意扩大“跨法犯”的范围。按照理论上的通说，“跨法犯”的行为必须具有“继续或者连续”状态，即按“跨法犯”处理的犯罪必须是通常所说的持续犯和连续犯。理论上和实践中我们应该注意不要将“隔时犯”作为“跨法犯”对待。即对于行为发生在新《刑法》生效之前，但是行为并没有连续或者继续状态，只是结果发生在新《刑法》生效以后的情况，我们仍然应该以行为时法（旧《刑法》）作为定罪量刑的依据，而不能对行为人的行为适用新《刑法》。

其二，如果新《刑法》规定的法定刑重于旧《刑法》，对于“跨法犯”

① 张军主编：《刑法［总则］及配套规定新释新解（上）》（第 7 版），人民法院出版社 2009 年版，第 101 页。

虽然仍然应当适用新《刑法》的规定，但是在量刑时理应对新《刑法》生效前的行为从轻考虑。这是因为，以行为终了时的法律作为适用依据，符合我国《刑法》有关追诉期限的规定。由于我国《刑法》对继续犯和连续犯的追诉期限采用以行为终了时有效的法律为准的认定标准，尽管《刑法》并未对“跨法犯”问题做专门的规定，但同一《刑法》条文中的规定理应保持一致性，也即对于“跨法犯”也应以行为终了时的法律作为适用依据。

其三，对“跨法犯”适用行为终了时的法律并不意味着我们可以不考虑有利于被告人的原则。相反，由于“跨法犯”中的行为确实有一部分是发生在新《刑法》生效之前的，如果新《刑法》所规定的法定刑重于旧《刑法》，简单适用新《刑法》就必然会导致不利于被告人的结果。从罪刑法定原则要求出发，我们理应在量刑时将这一情况作为从轻处罚的考虑因素。只有这样才能既做到保持《刑法》规定的一致性，又不违背罪刑法定原则中有利于被告人的精神。

《刑法》修正时，如果犯罪行为发生在刑法修正案生效前后的，应适用新法，如旧法对被告人有利的，应当在量刑时酌情从轻处罚，旧法情节占比越大，从轻幅度越大。

008. 新旧法轻重的比较是以宣告刑还是法定刑作为依据

以法定刑作为依据。

仍以集资诈骗罪为例，甲于 2021 年 3 月 1 日之前集资诈骗 10 亿元，按照旧法构成数额特别巨大，处 10 年以上有期徒刑或者无期徒刑，并处 5 万 ~50 万元罚金或者没收财产；按照新法构成数额巨大，处 7 年以上有期徒刑或者无期徒刑，并处罚金或者没收财产。对甲适用新法还是旧法？有两种观点，一种观点认为，应当比较旧法数额特别巨大与新法数额巨大的刑罚幅度，适用新法；另一种观点认为，应当考虑实际处理结果，比较对甲应判的刑罚幅度，对其适用旧法。

这个问题，实际要讨论的是《刑法》第12条中“处刑较轻”比较的是法定刑还是宣告刑？笔者认为应当是法定刑。

规范依据

最高人民法院《关于适用刑法第十二条几个问题的解释》

第一条 刑法第十二条规定的《处刑较轻》，是指刑法对某种犯罪规定的刑罚即法定刑比修订前刑法轻。法定刑较轻是指法定最高刑较轻；如果法定最高刑相同，则指法定最低刑较轻。

第二条 如果刑法规定的某一犯罪只有一个法定刑幅度，法定最高刑或者最低刑是指该法定刑幅度的最高刑或者最低刑；如果刑法规定的某一犯罪有两个以上的法定刑幅度，法定最高刑或者最低刑是指具体犯罪行为应当适用的法定刑幅度的最高刑或者最低刑。

司法观点

张军主编的《刑法［总则］及配套规定新释新解（上）》（第7版）对这一问题有过专门的阐释：“我们认为，比较处刑的轻重应以法定刑作为标准，而不能以实际宣告刑作为标准。以法定刑作为比较标准，不仅符合立法原意，而且也便于实际司法操作。这主要是因为，如果以行为时法与裁判时法对某一具体犯罪行为所作的具体宣告刑的轻重作为比较标准，这就意味着，人民法院在选择法律时，必须先以行为时法对行为人的行为作一次量刑，然后再以裁判时法对行为人的行为再作一次量刑，并在两次量刑后，比较具体量刑结果的轻重，从而选择法律，再作一次最后量刑。这样做不仅大大增加了法院的工作量，而且也违反量刑的一般原则，因为，在没有选择好法律的情况下进行量刑本身就存在不妥之处。以法定刑作为比较处刑轻重的标准，其科学性在于法定刑比较直观、明确且具有可比性，而且法定刑的轻重直接反映了立法者对某一犯罪行为所作的评价，所以其最接近立法原意。

就此而言，以法定刑作为比较轻重的标准，并按法定最高刑、法定最低刑为比较顺序，无疑是正确的。”①

此外，熊选国主编的《刑法刑事诉讼法实施中的疑难问题》一书也表达了同样的观点：“‘处刑较轻’，从字面上看好像讲的是宣告刑，在理论界也有人主张，《刑法》第 12 条讲的处刑较轻，是指宣告刑较轻。这种意见认为，法定刑不是处刑，只有宣告刑才是处刑。而且法定刑较轻的，宣告刑不一定轻，所以从有利于被告人的角度，处刑较轻是指宣告刑较轻。最高人民法院《关于适用刑法第十二条几个问题的解释》没有采纳这种意见，而是规定《刑法》第 12 条所说的处刑较轻是针对法定刑而言的，理由主要有两个方面：一是《刑法》第 12 条要解决的问题是适用哪个法条的问题，是适用修订前的《刑法》还是适用修订后的《刑法》，法条都没有选择，怎能比较孰轻孰重？所以，只能以法定刑作为标准比较处刑轻重。只有选择法条了，才涉及宣告刑的问题。二是法定刑较轻的，一般宣告刑也较轻，体现了从旧兼从轻的原则。”②

009. 同一行为能否同时适用新旧法的不同条款

可以。

试以挪用资金罪举例，《刑法修正案（十一）》调整了挪用资金罪的主刑法定刑结构。将原先 3 年以下有期徒刑或拘役（数额较大、超过 3 个月未还的，或者虽未超过 3 个月，但数额较大、进行营利活动的，或者进行非法活动的），以及 3~10 年有期徒刑（数额巨大或者数

---

① 张军主编：《刑法［总则］及配套规定新释新解（上）》（第 7 版），人民法院出版社 2009 年版，第 101 页。

② 熊选国主编：《刑法刑事诉讼法实施中的疑难问题》，中国人民公安大学出版社 2005 年版，第 11~14 页。

额较大不退还的）的两档法定刑，变成 3 年以下有期徒刑或者拘役（数额较大、超过 3 个月未还的，或者虽未超过 3 个月，但数额较大、进行营利活动的，或者进行非法活动的），3~7 年有期徒刑（数额巨大），以及 7~15 年有期徒刑（数额特别巨大）的三档刑。与此同时，也增加了第 3 款规定，“有第一款行为，在提起公诉前将挪用的资金退还的，可以从轻或者减轻处罚。其中，犯罪较轻的，可以减轻或者免除处罚”。

例如，甲于 2021 年 3 月 1 日前，利用职务便利挪用本公司资金 1 亿元，超过 3 个月未还，除了在被提起公诉前将全部 1 亿元资金退还之外，没有其他减轻处罚情节。假设 1 亿元的数额已经达到新法中适用挪用资金罪第三档 7~15 年有期徒刑刑档的数额标准，则适用新法，应当对甲在 7~15 年有期徒刑的幅度内量刑；适用旧法，应当对甲在 3~10 年有期徒刑幅度内量刑。但是，如果适用新法的话，对甲可以按照第 3 款从轻、减轻处罚。这就形成了新法部分条款对被告人不利、部分条款对被告人有利的局面，对此是否可以分别适用新旧法的不同款，即对某甲在 3~10 年有期徒刑幅度内量刑，同时适用从轻、减轻条款？

实务中关于这个问题存在一定争议。否定观点的理由如下：如果同一行为既可以适用新法又可以适用旧法，或者新旧法律同时适用，不但从旧兼从轻原则的规定将失去存在的基础，而且新法与旧法的区分也将黯然失色。一部法典是一个完整的统一体，新法中的条款只能在新法中适用，旧法中的条款也只能在旧法中适用；如果以新法中的条款去适用旧法，或者以旧法中的条款去适用新法，都是适用法律上的不完整、不统一，或者说是由法官在创设一种新法。肯定观点则认为，对同一个被告人同时适用新旧法同一条的不同款并没有创设新法条，只是选择了新旧法的不同款而已。

笔者同意同时适用观点，即可以对同一个被告人同时分别适用新旧法的不同款。首先，在没有明确相反规定的前提下，当然要遵循对被告人有利的从旧兼从轻原则，选择法律的适用；其次，从《刑法》修正的角度，很多条文采取了“之一”“之二”的立法方式，也是对原法条的进一步增补，并不是增加了新法条，同理，同一法条中不同款也具有相对独立性，也应当可以分别适用。此外，如果不允许适用的话，有时候立法目的难以实现。[①]

010. 主刑、附加刑的新旧刑法轻重规定不一致的，如何进行量刑辩护

在上一个问题中，我们讨论了“同一行为能否同时适用新旧法的不同条款”，最后的答案是可以。现在这个问题则更进一步，讨论的是同一个被告人能否同时分别适用新旧法的同一条同一款的不同部分？

主流观点认为，应当以主刑的轻重作为新旧法轻重的判断标准。例如，在《刑事审判参考》案例第 1139 号周爱武、周晓贪污案中，有如下表述：“比较法定刑的轻重，首要的标准在于主刑的轻重，而不在于刑种的多少。在两个主刑存在轻重之分的情况下，有无附加刑不影响法定刑轻重的判断。主刑重的，属于处刑较重的；主刑轻的，属于处刑较轻的。这是因为，在我国的刑罚体系中，主刑与附加刑具有不同的地位，主刑的适用范围广、惩罚力度大，而附加刑只能附加适用，或者作为一种轻刑独立适用于轻罪……此外，从法定刑的性质来看，在同时规定有主刑和附加刑的情况下，二者是一个有机整体。适用某一法律条文，必须做到完整适用，而不能割裂开来。如果主刑用新法，附加刑用旧法，新法旧法同时适用，则违背了从旧兼从轻原则，造成法律适用上的混乱。”

但笔者认为，为了贯彻从旧兼从轻原则，对于主刑、附加刑在新旧法中比较结论相悖的案件，可以对被告人的主刑、附加刑分别适用新法或者旧法。

---

① 刘华锋：《认罪认罚案件量刑计算全景式呈现》，载微信公众号“刑辩书院”。

首先，并没有明确的相反规定。

其次，这样一种新旧法的适用方式是有先例的。

（1）相关判例。早在 2010 年《人民法院报》上就登载过这样一则案例：1996 年，被告人王某等人犯抢劫罪后逃逸。2009 年，各被告人被公安机关抓获。一审法院经审理，依照 1997 年《刑法》对各被告人判处期限不等的有期徒刑，但未对各被告人并处罚金。一审判决后，某区检察院提出抗诉，认为一审判决未并处罚金，属法律适用不当，应予以纠正。市检某分院认为区检察院抗诉理由成立，支持抗诉意见。二审法院经审理认为，原审被告人于 1996 年实施抢劫犯罪后逃逸，于 2009 年被公安机关抓获归案。根据 1997 年《刑法》第 12 条第 1 款之规定，在对本案被告人进行定罪量刑时应遵循从旧兼从轻的原则。原审法院根据原审被告人王某、何某、杨某犯抢劫罪的事实、性质、情节和对社会危害的程度等所作的判决并无不当之处。刊登于《人民法院报》的案例评析还进一步对判决中的做法进行了合理性分析[①]：①分别适用新旧《刑法》符合从旧兼从轻原则；②司法解释以及地方法院在实践中认可分别适用新旧《刑法》。根据 1997 年 9 月 25 日最高人民法院《关于适用刑法时间效力规定若干问题的解释》第 2 条、第 5 条之规定，在同一判决中基本的定罪量刑适用某一《刑法》的分则规定，但是在某些总则性问题上，有的却适用另一《刑法》的规定，或者在这些总则性规定适用过程中，有的诸如减轻处罚的适用援引旧法的规范，而另一些诸如立功的适用援引新法的规定。

（2）部分地方司法实践。1998 年 10 月 7 日至 8 日，《江西省高级人民法院 1998 年全省中级法院刑庭庭长会会议纪要》在提及有关 1997 年《刑法》第 12 条的适用问题时指出：从旧兼从轻原则的适用应以法定刑中的主刑为准。但当修订后《刑法》对某一犯罪规定的主刑轻而附加刑重时，应依照修订后《刑法》判处主刑，依照修订前《刑

① 《为贯彻从旧兼从轻原则，对同一犯罪的主刑和附加刑可以分别适用新旧刑法》，载《人民法院报》2010 年 11 月 18 日，第 7 版。

法》判处附加刑；如修订前《刑法》未规定附加刑，则只依照修订后《刑法》判处主刑，不判处附加刑。

（3）法理性解释。分别适用新旧《刑法》并不违背《刑法》的整体性和权威性。主刑和附加刑分别适用新旧《刑法》，并未破坏法律适用的整体性。相反，这样做还能在一定程度上维护法律适用的权威性，真正实现了罪刑法定原则的价值意蕴，符合从旧兼从轻原则的立法原意，最大限度地保护被告人的合法权益。

以职务侵占罪为例，甲于2021年3月1日之前，利用职务便利侵占本公司货款10万元。此案适用新旧法的刑罚轻重情况比较如下：主刑——适用旧法，处5年以下有期徒刑或者拘役；适用新法，处3年以下有期徒刑或者拘役。附加刑——适用旧法，无罚金刑；适用新法，需要并处罚金。也就是说，在对某甲适用新法还是旧法的问题上，出现了主刑、附加刑比较结论相悖的情形。这种情形下，对某甲混合适用新法、旧法的规定，处3年以下有期徒刑或者拘役，不处罚金。

三、没有细化量刑标准的罪名，如何进行量刑辩护

011. 入罪标准无明确规定的罪名，应当如何进行量刑辩护

《刑法》和相关司法解释均未规定细化入罪标准的罪名大致可以分为以下4大类：

（1）《刑法》分则第1章和第10章中的大部分罪名，如第102条背叛国家罪、第108条投敌叛变罪、第421条战时违抗命令罪、第423条投降罪。这类罪名有一个显著的特点，就是发案率较低。

（2）由《刑法修正案》增设的新罪名（条文数目中通常为“××条之一、之二”），如2021年《刑法修正案（十一）》新增的第219条之一为境外窃取、刺探、收买、非法提供商业秘密罪，第299条之一侵害英雄烈士名誉、荣誉罪，第336条之一非法植入基因编辑、克隆胚胎罪。此类罪名的显著特点是在刑法罪名体系中较新，最高人民法院、最高人民检察院尚未来得及出台配套的司法解释以明确入罪标准。

（3）虽然较为高发，但入罪标准难以通过规范进行事前确定的罪名，如第243条诬告陷害罪，第314条非法处置查封、扣押、冻结的财产罪。这类罪名的显著特点是，大都属于刑法理论中的“情节犯”，即以“情节严重”“情节恶劣”作为成立要件。

（4）最后一类较为特殊，虽然为数额犯，但是入罪数额却没有明确规定。典型的如第268条聚众哄抢罪、第270条侵占罪。但这类罪名在各地的常见犯罪立案标准中一般会有规定，例如，2012年北京市高级人民法院《关于盗窃等六种侵犯财产犯罪处罚标准的若干规定》第4条规定，侵占他人财物价值2万元以上不足20万元的，认定为侵占“数额较大”；侵占他人财物价值20万元以上的，认定为侵占“数额巨大”。又如，2008年上海市检察院《关于本市办理部分刑事犯罪案件标准的意见》第31条规定，聚众哄抢数额在4000元以上的，属于“数额较大”。具有下列情形之一的，属于“其他严重情节”：（1）组织30人以上参与哄抢的；（2）哄抢一般军用物资的;（3）哄抢一般文物的;（4）哄抢救灾、抢险、防汛、优抚、扶贫、移民、救济、医疗等款物的；（5）哄抢急需的生产资料的；（6）哄抢三次以上的。聚众哄抢数额在4万元以上的，属于“数额巨大”。

承办案件时要注意通过裁判文书、公开信息等搜集各地立案标准、审判标准。

那么，针对以上这些没有细化标准的罪名，我们该如何开展量刑辩护工作呢?

首先，先进行定性分析，看涉案行为是否与罪状外延一致。可以借助权威法条释义以及类案，考察承办案件中犯罪嫌疑人、被告人的罪行轻重是否与已有案例或者权威解释一致。以诬告陷害罪为例，全国人大常委会法制工作委员会刑法室作出了如下释义："这里所规定的'情节严重'，主要是指捏造的犯罪事实情节严重、诬陷手段恶劣、严重影响了司法机关的正常工作、社会影响恶劣等。"[①] 尽管这一释义依然不是特别明确，但是我们可以结合类案加以理解。例如，德检刑不诉（2021）31号不起诉决定书"冯某某诬告陷害案"中，检察院认为，被不起诉人冯某某虽然实施了诬告陷害行为，但主观意图是通过公安机关追究被害人刑事责任而要回借款，主观恶性不大，且对被害人没有造成实际的损害，危害不大。

其次，参考类罪进行定量分析。可以参考在犯罪构成要件和社会危害性上存在高度的近似性的罪名进行定量分析，明确标准，主要针对选择性罪名或者同一修订过程中新增的罪名。例如，《刑事审判参考》案例第1328号刘星星编造、传播虚假信息案中曾有如下论述："本罪（传播虚假信息罪）在定罪量刑标准上尚无司法解释，但本罪与编造、故意传播虚假恐怖信息罪规定在分则的同一条文之中，在犯罪构成要件和社会危害性上存在高度的近似性。因而，从体系协调性与实践可行性角度分析，本罪在定罪量刑时可以参考2013年最高人民法院《关于审理编造、故意传播虚假恐怖信息刑事案件适用法律若干问题的解释》。"

012. 法定刑升格标准无明确规定的罪名，应当如何进行量刑辩护

基本原则还是根据犯罪金额、情节等明确应当适用的法定刑档次。通常来讲，确定某一案件对应的法定刑档次基本就是援引相关司法解

---

① 全国人大常委会法制工作委员会刑法室编著：《〈中华人民共和国刑法〉释义及实用指南》，中国民主与法制出版社2011年版，第145、146页。

释。以常见的诈骗罪为例，共有三个刑档（见表 2–1）。

表 2–1 诈骗罪法定刑档次

法定刑档次	数额标准（北京）/ 元
3 年以下有期徒刑、拘役或者管制，并处或者单处罚金	5000~10 万
3 年以上 10 年以下有期徒刑，并处罚金	10 万 ~50 万
10 年以上有期徒刑或者无期徒刑，并处罚金或者没收财产	>50 万

但是，《刑法》中有很多罪名没有明确司法解释对其不同刑档的情节作出具体规定。这种情况下应当如何辩护？

根据存疑有利于被告人的原则，对相关规定不明之处应进行限制解释。

例如，职务侵占罪同样有犯罪金额“数额较大”“数额巨大”“数额特别巨大”三个刑档。但是，现有司法解释仅对前两个数额有明确的规定，数额较大：6 万 ~100 万元，数额巨大：100 万元以上，“数额特别巨大”的标准尚不明确。该怎么办？最高人民法院、最高人民检察院《关于办理贪污贿赂刑事案件适用法律若干问题的解释》第 11 条规定，职务侵占罪中的“数额较大”“数额巨大”的数额起点，按照该解释关于贪污罪相对应的数额标准规定的 2 倍、5 倍执行。按照这一逻辑，认定职务侵占罪的“数额特别巨大”的数额至少应该是 1500 万元（300 万元 ×5）。

又如，涉及证券、期货、保险业务类非法经营罪，相关规定只是明确立案追诉标准为“数额在三十万元以上的”。关于第二档刑期的数额标准，同样可以参考其他类型非法经营罪的司法解释。按照最高人民法院、最高人民检察院《关于办理非法从事资金支付结算业务、非法买卖外汇刑事案件适用法律若干问题的解释》《关于办理非法生产、销售烟草专卖品等刑事案件具体应用法律若干问题的解释》等司法解释的规定，非法经营罪第二档刑的数额标准为立案追诉标准的5倍。

再如，对于内幕交易案件中，无获利且未避免损失情形的，罚金刑应当如何适用。《刑法》第180条第1款对内幕交易、泄露内幕信息罪规定了并处或者单处违法所得1倍以上5倍以下罚金，在没有违法所得的情况下，如何适用罚金，根据最高人民法院刑事审判第二庭《最高人民法院、最高人民检察院〈关于办理内幕交易、泄露内幕信息刑事案件具体应用法律若干问题的解释〉理解与适用》中的解读，该解释中对此未作明确规定，实践中，比较倾向于采用的做法是对行为人判处1000元的罚金，即以罚金刑下限作为判处行为人罚金数额，可以解决无罚金参照标准与《刑法》规定的并处罚金而必须判处罚金之间的矛盾。

办案思路

通常来讲，《刑法》分则中各罪名法定刑升格标准是立案追诉标准的5倍。当然，我们作为辩护人从对被告人有利的立场出发，也完全可以主张：在没有明确法律、司法解释依据的情况下，个案判决中适用升格法定刑的认定标准有违反罪刑法定原则之虞。并且，如果不同法院对同一罪名适用了不同的法定刑升格标准，也会导致“同案不同判”的局面，这又违反了法律面前人人平等的基本原则。

四、减轻处罚情节的适用

013. 为何应重视减轻情节的识别和认定

首先，很多案件中即使对被告人判处法定最低刑仍显过重。众所周知，如果没有减轻处罚情节，被告人纵有再多的从轻处罚情节也只能在法定量刑幅度内承担刑事责任。但是，在很多案件中，基于这样那样的情由，即使按照法定刑幅度内的最低刑对被告人判处刑罚，仍然会显得量刑过重。例如，《刑事审判参考》案例第781号武亚军、关倩倩拐卖儿童案提及：拐卖儿童犯罪严重侵犯儿童身心健康，按照《刑法》的规定只要构成拐卖儿童罪，就至少应当在5年以上10年以下有期徒刑这个法定刑幅度内判处刑罚，情节特别严重的还可能判处死刑。但该案中，被告人武亚军、关倩倩因孩子经常生病，家庭生活困难，遂决定将孩子送人，并通过中间人介绍，将该男婴以26,000元的“价格”卖给他人，后婴儿的爷爷报警，公安机关将婴儿成功解救，没有造成严重的社会危害后果，且婴儿幼小，迫切需要得到亲生父母的哺育照料。在没有减轻处罚情节、不适用《刑法》第63条的情况下，对二被告人处以5年有期徒刑，会出现罪刑不相适应的局面。

其次，《刑法》第63条第2款的适用率较低。《刑法》第63条第2款规定，犯罪分子虽然不具有本法规定的减轻处罚情节，但是根据案件的特殊情况，经最高人民法院核准，也可以在法定刑以下判处刑罚。前述武亚军、关倩倩拐卖儿童案中，最终人民法院就是通过适用该条款实现罪刑均衡。但同时，根据最高人民法院《关于适用〈中华人民共和国刑事诉讼法〉的解释》第416条“报请最高人民法院核准在法定刑以下判处刑罚的案件，应当报送判决书、报请核准的报告各五份，以及全部案卷、证据”之规定可知，法定刑以下量刑层报核准程序是十分严肃的，因此，各级法院适用这一条款的时候都会格外慎重。虽然没有找到官方数据，但是笔者以“引用：《刑法》第六十三条第二款+全文：也可以在法定刑以下判处刑罚”的筛选条件，在元典智库13,702,546份刑事裁判文书中仅获得956份裁判文书，《刑法》第63条第2款的适用率之低可见一斑。

014. 法定减轻处罚情节有哪些

（1）总则中的相关情节。

在外国已经受过刑罚处罚的；不满 18 周岁的人；已满 75 周岁的人；尚未完全丧失辨认或者控制自己行为能力的精神病人；又聋又哑的人或者盲人；正当防卫（超过必要限度）；紧急避险（超过必要限度）；预备；未遂；中止；从犯；胁从犯；教唆（被教唆的人没有犯被教唆）；自首；立功。

（2）分则中的相关情节。

对非国家工作人员行贿罪，对外国公职人员、国际公共组织官员行贿罪：行贿人在被追诉前主动交代行贿行为的；

非法吸收公众存款罪：在提起公诉前积极退赃退赔，减少损害结果发生的；

收买被拐卖的妇女、儿童罪：按照被买妇女的意愿，不阻碍其返回原居住地的；

挪用资金罪、挪用公款罪：在提起公诉前将挪用的资金退还的；

拒不支付劳动报酬罪：尚未造成严重后果，在提起公诉前支付劳动者的劳动报酬，并依法承担相应赔偿责任的；

贪污罪（第一档刑）：在提起公诉前如实供述自己罪行、真诚悔罪、积极退赃，避免、减少损害结果的发生的；

行贿罪：行贿人在被追诉前主动交代行贿行为的；

介绍贿赂罪：介绍贿赂人在被追诉前主动交代介绍贿赂行为。

015. 减轻处罚能否判处对应分则条文没有规定的刑种或刑期

可以。

1994年2月，最高人民法院研究室在发布的《关于适用刑法第五十九条第二款减轻处罚能否判处刑法分则条文没有规定的刑罚问题的答复》中明确称："根据刑法第五十九条第二款的规定，对于不具有刑法规定的减轻处罚情节的犯罪分子，如果根据案件的具体情况，判处法定刑的最低刑还是过重的，经人民法院审判委员会决定，可以在法定刑以下判处刑罚，包括判处刑法分则条文没有规定的不同刑种的刑罚。如，法定最低刑为三年有期徒刑的，可以判处不满三年有期徒刑、拘役或者管制。但是否判处附加刑，仍应遵守刑法分则的规定。"

虽然该答复已经于2013年1月被宣布废止，但是废止原因为"刑法已有明确规定"。也就是说，答复所确认的法律适用规则已经被现行《刑法》第63条第2款确认保留了下来。"《答复》所指刑法第五十九条第二款，就是修订后刑法第六十三条第二款，既然酌定减轻可以突破分则条文规定的刑种减轻处罚，那么有法定减轻处罚情节的情况下也应当可以突破。所以，减轻处罚可以判处刑法分则条文没有规定的刑种，对被告人陈某（抢劫未遂）可以判处拘役或者管制。"[①]

此外，法定刑中只有主刑没有附加刑的，减轻处罚亦可以从主刑减为附加刑。[②] 主要理由是：首先，减轻处罚是针对刑罚适用的规定，当然也应适用于附加刑。主刑和附加刑虽然立法的基础与适用的要求有所不同，但是二者的惩罚功能和适用目的并没有严格的界限。其次，《刑法》分则中很多罪名的主刑和附加刑是并列的。例如，《刑法》

---

① 张军、熊选国主编：《刑事法律文件解读》2011年第3辑（总第69辑），人民法院出版社2011年版，第120页。

② 万鄂湘、张军主编：《刑事法律文件解读》2007年第4辑（总第28辑），人民法院出版社2007年版，第195页。

第 279 条规定，“冒充国家机关工作人员招摇撞骗的，处三年以下有期徒刑、拘役、管制或者剥夺政治权利”。既然犯罪的法定最低刑可以是附加刑，那么法定刑只有主刑的犯罪，减轻处罚当然可以减为附加刑。

016. 减轻处罚是否可以减至免予刑事处罚

不可以。

“减轻处罚与免予刑事处罚性质不同，减轻处罚是人民法院对犯罪分子具体适用刑罚时的量刑情节和量刑方式，是在一定条件下对刑期的缩减。一般情况下，减轻处罚仍然应当判处一定的刑罚。免予刑事处罚是针对犯罪情节轻微的情况而设立的一种特殊制度，有独立的适用条件。刑法第三十七条规定，对于犯罪情节轻微不需要判处刑罚的，可以免予刑事处罚。据此，免予刑事处罚是犯罪情节轻微，不需要判处刑罚的情况。因此，减轻处罚作为量刑情节和量刑制度，只能在法定刑幅度的下一个量刑幅度内判处刑罚。如果已经是最低量刑幅度或者只有一个量刑幅度的，减轻处罚也必须在该幅度内判处刑罚。”①

《刑法》第 37 条规定的免予刑事处罚，或者叫“非刑罚性处置措施”,有其单独的适用条件——“犯罪情节轻微不需要判处刑罚”；而减轻处罚本质上是对犯罪分子具体应用刑罚时的量刑方式，是在一定条件下对刑期的缩减，因此，减轻处罚时仍然应判处一定的刑罚。

---

① 王爱立主编：《〈中华人民共和国刑法〉释解与适用（上）》，中国民主法制出版社 2021 年版，第 122 页。

017. 有两个以上减轻或免除处罚情节能否减两档

可以。

根据经过《刑法修正案（八）》修改后的《刑法》第63条第1款的规定：对于可以减轻处罚的被告人，刑法规定有数个量刑幅度的，应当在法定量刑幅度的下一个量刑幅度内判处刑罚。如果某个犯罪有两个以上量刑幅度，减轻处罚只能在法定量刑幅度的下一格量刑幅度内判处刑罚，而不能跨越一个量刑幅度去判处刑罚。

但是，按照最高人民法院研究室的观点，上述减轻幅度限制有两个例外情形：

其一，有“减轻或者免除处罚”情节的，不受只能下一格处罚的限制。此类情节包括：按照《刑法》总则的规定，又聋又哑的人或盲人、防卫过当、避险过当、犯罪预备、犯罪中止、从犯、胁从犯、自首、立功等情节；按照分则的规定，对非国家工作人员行贿罪，挪用资金罪，拒不支付劳动报酬罪，非法种植毒品原植物罪，贪污罪（法定刑3年以下有期徒刑或者拘役，并处罚金），行贿罪，介绍贿赂罪中的具体情节，都有并列规定“免除处罚”。这种规定表明立法机关认为，有上述情节的行为社会危害性或者行为人的人身危险性明显较小，可以在更大的程度上从宽处罚，因此减轻处罚时不受“下一格”的限制。“从刑法规范的角度看，将减轻处罚与免除处罚并列规定以供法官选择适用，立法者认为二者应当相互衔接。这也意味着在量刑时，对于与免除处罚并列的减轻处罚情节，应当允许法官根据具体案情在法定刑以下判处刑罚，可以下一格，也可以下二格甚至三格，直至免除处罚。”①

其二，具有两个以上减轻处罚情节的，也可以不受只能下一格处

---

① 张军主编，最高人民法院研究室、最高人民法院“刑法、刑事诉讼法”修改工作小组办公室编著：《〈刑法修正案（八）〉条文及配套司法解释理解与适用》，人民法院出版社2011年版，第56页。

罚的限制。当某个被告人具有两个减轻处罚情节时，如果不能在下两格的幅度内量刑，则最少也必须判处下一格幅度内的最低刑，否则就跟只有一个减轻处罚情节时的量刑一样，体现不出差别，而且将导致严重的罪刑失衡。因此，当前实事求是的态度就是，对于同时具有两个以上减轻处罚情节的，原则上应当下一格处罚，但如果下一格处罚仍然不能实现罪刑均衡的，可以下两格判处刑罚。

各论篇

专题三

自首情节的量刑辩护

自首是法定量刑情节中最为常见的,在适用过程中争议也比较大,虽然已经有多个司法解释对自首的认定给出了更为细化的规定，但争取理解和适用自首情节的前提是对自首的立法本意进行把握，也即充分体现了被告人悔罪、认罪的积极性，同时也有利于侦查、审判，节约了诉讼资源，由此出发，把握“自动投案”“主动供述”“准自首”等各种情形的认定会更加游刃有余。

一、自首认定的基本问题

（一）相关法律规范

自首情节量刑相关法律规定见表 3–1。

表 3–1　自首情节量刑相关法律规定

<table>
<tr><th>要素</th><th colspan="3">具体规定</th></tr>
<tr><td rowspan="3">基本规定</td><td colspan="2">犯罪以后自动投案，如实供述自己的罪行的，是自首</td><td rowspan="3">对于自首的犯罪分子，可以从轻或者减轻处罚。其中，犯罪较轻的，可以免除处罚</td></tr>
<tr><td>被采取强制措施的犯罪嫌疑人、被告人</td><td rowspan="2">如实供述司法机关还未掌握的本人其他罪行的，以自首论</td></tr>
<tr><td>正在服刑的罪犯</td></tr>
</table>

续表

<table>
<tr><th>要素</th><th colspan="2">具体规定</th></tr>
<tr><td rowspan="2">自动投案</td><td>犯罪事实或者犯罪嫌疑人未被司法机关发觉</td><td rowspan="2">主动、直接向公安机关、人民检察院或者人民法院投案</td></tr>
<tr><td>虽被发觉，但犯罪嫌疑人尚未受到讯问、未被采取强制措施</td></tr>
<tr><td rowspan="12">视为自动投案的情形</td><td colspan="2">犯罪嫌疑人向其所在单位、城乡基层组织或者其他有关负责人员投案的</td></tr>
<tr><td colspan="2">犯罪嫌疑人因病、伤或者为了减轻犯罪后果，委托他人先代为投案，或者先以信电投案的</td></tr>
<tr><td colspan="2">罪行未被司法机关发觉，仅因形迹可疑被有关组织或者司法机关盘问、教育后，主动交代自己的罪行的</td></tr>
<tr><td colspan="2">犯罪后逃跑，在被通缉、追捕过程中，主动投案的</td></tr>
<tr><td colspan="2">经查实确已准备去投案，或者正在投案途中，被公安机关捕获的</td></tr>
<tr><td colspan="2">并非出于犯罪嫌疑人主动，而是经亲友规劝、陪同投案的</td></tr>
<tr><td colspan="2">公安机关通知犯罪嫌疑人的亲友，或者亲友主动报案后，将犯罪嫌疑人送去投案的</td></tr>
<tr><td colspan="2">犯罪后主动报案，虽未表明自己是作案人，但没有逃离现场，在司法机关询问时交代自己罪行的</td></tr>
<tr><td colspan="2">明知他人报案而在现场等待，抓捕时无拒捕行为，供认犯罪事实的</td></tr>
<tr><td colspan="2">在司法机关未确定犯罪嫌疑人，尚在一般性排查询问时主动交代自己罪行的</td></tr>
<tr><td colspan="2">因特定违法行为被采取劳动教养、行政拘留、司法拘留、强制隔离戒毒等行政、司法强制措施期间，主动向执行机关交代尚未被掌握的犯罪行为的</td></tr>
<tr><td colspan="2">其他符合立法本意，应当视为自动投案的情形</td></tr>
<tr><td rowspan="3">如实供述</td><td colspan="2">犯罪嫌疑人自动投案后，如实交代自己的主要犯罪事实</td></tr>
<tr><td colspan="2">犯有数罪的犯罪嫌疑人仅如实供述所犯数罪中部分犯罪的，只对如实供述部分犯罪的行为，认定为自首</td></tr>
<tr><td colspan="2">共同犯罪案件中的犯罪嫌疑人，除如实供述自己的罪行，还应当供述所知的同案犯，主犯则应当供述所知其他同案的共同犯罪事实，才能认定为自首</td></tr>
</table>

续表

<table>
<tr><th>要素</th><th colspan="2">具体规定</th></tr>
<tr><td rowspan="7">如实供述</td><td colspan="2">犯罪嫌疑人自动投案并如实供述自己的罪行后又翻供的，不能认定为自首，但在一审判决前又能如实供述的，应当认定为自首</td></tr>
<tr><td colspan="2">被告人对行为性质的辩解不影响自首的成立</td></tr>
<tr><td rowspan="2">除供述自己的主要犯罪事实外，还应包括姓名、年龄、职业、住址、前科等情况</td><td>犯罪嫌疑人供述的身份等情况与真实情况虽有差别，但不影响定罪量刑的，应认定为如实供述自己的罪行</td></tr>
<tr><td>犯罪嫌疑人自动投案后隐瞒自己的真实身份等情况，影响对其定罪量刑的，不能认定为如实供述自己的罪行</td></tr>
<tr><td rowspan="2">犯罪嫌疑人多次实施同种罪行的</td><td>虽然投案后没有交代全部犯罪事实，但如实交代的犯罪情节重于未交代的犯罪情节，或者如实交代的犯罪数额多于未交代的犯罪数额，一般应认定为如实供述自己的主要犯罪事实</td></tr>
<tr><td>无法区分已交代的与未交代的犯罪情节的严重程度，或者已交代的犯罪数额与未交代的犯罪数额相当，一般不认定为如实供述自己的主要犯罪事实</td></tr>
<tr><td colspan="2">犯罪嫌疑人自动投案时虽然没有交代自己的主要犯罪事实，但在司法机关掌握其主要犯罪事实之前主动交代的，应认定为如实供述自己的罪行</td></tr>
<tr><td rowspan="3">“司法机关还未掌握的本人其他罪行”的具体认定</td><td rowspan="3">犯罪嫌疑人、被告人在被采取强制措施期间，向司法机关主动如实供述本人的其他罪行</td><td>如果该罪行已被通缉，一般应以该司法机关是否在通缉令发布范围内作出判断，不在通缉令发布范围内的，应认定为还未掌握</td></tr>
<tr><td>如果该罪行已被通缉，在通缉令发布范围内的，应视为已掌握；如果该罪行已录入全国公安信息网络在逃人员信息数据库，应视为已掌握</td></tr>
<tr><td>如果该罪行未被通缉，也未录入全国公安信息网络在逃人员信息数据库，应以该司法机关是否已实际掌握该罪行为标准</td></tr>
</table>

续表

<table>
<tr><th>要素</th><th colspan="3">具体规定</th></tr>
<tr><td rowspan="2">“不同种罪行”的具体认定</td><td colspan="3">犯罪嫌疑人、被告人在被采取强制措施期间如实供述本人其他罪行，该罪行与司法机关已掌握的罪行属同种罪行还是不同种罪行，一般应以罪名区分</td></tr>
<tr><td colspan="3">虽然如实供述的其他罪行的罪名与司法机关已掌握犯罪的罪名不同，但如实供述的其他犯罪与司法机关已掌握的犯罪属选择性罪名或者在法律、事实上密切关联，如因受贿被采取强制措施后，又交代因受贿为他人谋取利益行为，构成滥用职权罪的，应认定为同种罪行</td></tr>
<tr><td rowspan="8">职务犯罪的自首</td><td rowspan="3">自动投案的时间</td><td>犯罪事实或者犯罪分子未被办案机关掌握</td><td rowspan="3">向办案机关投案的，是自动投案。在此期间如实交代自己的主要犯罪事实的，应当认定为自首</td></tr>
<tr><td>虽被掌握，但犯罪分子尚未受到调查谈话、讯问</td></tr>
<tr><td>未被宣布采取调查措施或者强制措施时</td></tr>
<tr><td>投案的对象</td><td colspan="2">犯罪分子向所在单位等办案机关以外的单位、组织或者有关负责人员投案的，应当视为自动投案</td></tr>
<tr><td rowspan="2">“以自首论”的情形</td><td colspan="2">犯罪分子如实交代办案机关未掌握的罪行，与办案机关已掌握的罪行属不同种罪行的</td></tr>
<tr><td colspan="2">办案机关所掌握线索针对的犯罪事实不成立，在此范围外犯罪分子交代同种罪行的</td></tr>
<tr><td rowspan="2">单位犯罪自首的认定</td><td colspan="2">单位集体决定或者单位负责人决定而自动投案，如实交代单位犯罪事实的</td></tr>
<tr><td colspan="2">单位直接负责的主管人员自动投案，如实交代单位犯罪事实的</td></tr>
</table>

续表

要素	具体规定	
职务犯罪的自首	单位直接负责的主管人员和直接责任人员的自首	单位自首的，直接负责的主管人员和直接责任人员未自动投案，但如实交代自己知道的犯罪事实的，可以视为自首
		单位自首的，直接负责的主管人员和直接责任人员未自动投案，拒不交代自己知道的犯罪事实或者逃避法律追究的，不应当认定为自首

（二）适用效果及审查重点

适用效果：对于自首情节，综合考虑自首的动机、时间、方式、罪行轻重、如实供述罪行的程度以及悔罪表现等情况，可以减少基准刑的40%以下；犯罪较轻的，可以减少基准刑的40%以上或者依法免除处罚。恶意利用自首规避法律制裁等不足以从宽处罚的除外。

审查重点：到案经过、立案通知书、笔录、会见。

二、常见辩点

（一）对自动投案的理解

“自动投案”，一般是指犯罪嫌疑人在犯罪后、归案前，出于本人意志而向公安机关、人民检察院、人民法院及其他有关单位和人员承认自己实施了犯罪，并自愿置于上述单位和人员的控制之下，等待法律制裁的行为。自动投案的本质属性是投案的主动性和自愿性。自动投案可分为两种：第一种是典型的自动投案，即最高人民法院《关于处理自首和立功具体应用法律若干问题的解释》第1条第1款第1项规定的犯罪事实或者犯罪嫌疑人未被司法机关发觉，或者虽被发觉，但犯罪嫌疑人尚未受到讯问、未被采取强制措施时，主动、直接向公安机关、人民检察院或者人民法院投案；第二种是视为自动投案的情形，虽然不完全具备典型自动投案的特征，但体现了投案主动性和自愿性的本质属性。

018. 电话或口头传唤到案是否构成自动投案

涉及对虽被发觉但其"尚未受到讯问或未被采取强制措施"的理解，也即电话或者口头传唤是否属于受到讯问或者被采取强制措施。电话或者口头传唤不属于强制措施，因此行为人在此情况下到案的，应当视为自动到案。

法律依据

最高人民法院《关于处理自首和立功具体应用法律若干问题的解释》

第一条 ……自动投案，是指犯罪事实或者犯罪嫌疑人未被司法机关发觉，或者虽被发觉，但犯罪嫌疑人尚未受到讯问、未被采取强制措施时，主动、直接向公安机关、人民检察院或者人民法院投案……

参考案例

王春明盗窃案①

王春明盗窃他人摩托车，被传唤到公安机关后如实交代了犯罪行为，山东省青州市人民法院认定为自首，单处罚金3000元。

---

①《刑事审判参考》案例第354号。

法院认为：传唤不属于强制措施。被传唤后归案符合司法解释规定的“在未受到讯问、未被采取强制措施之前”的时间范围；经传唤归案的犯罪嫌疑人具有归案的自动性和主动性。犯罪嫌疑人经传唤后，自主选择的余地还是很大的，其可以选择归案，也可拒不到案甚至逃离，而其能主动归案，就表明其有认罪悔改、接受惩罚的主观目的，即具有归案的自动性和主动性。

许某经强奸、强制猥亵妇女案①

2010年6月，许某经对许某实施猥亵行为，后将其带至一废旧民房处实施强奸，遭到被害人反抗后放弃强奸（犯罪中止）。公安机关接到报警后电话通知其去当地派出所接受调查。其到派出所后如实交代了犯罪事实。福建省闽清县法院审理时存在两种意见，第一种意见认为，电话传唤不属于自动投案，所以不构成自首；第二种意见认为，构成自首，最后采纳了第二种意见，认定自首，以强奸罪和强制猥亵妇女罪判处有期徒刑2年。

笔者认为，虽然司法解释中明确规定了“主动、直接”是这种非强制到案认定为自动投案的限定条件，但是这种主动、直接在现实中的表现只能以行为人是否到案为认定标准，不能强调行为人内心的主动性、悔过性，而应从自首的本质——“接受国家裁判的自愿性”这一点衡量行为人是否自动到案。现实中，由于侦查力量的薄弱或者必要法律手续不能及时完成等因素，导致侦查机关在发现犯罪事实后，也不一定能及时采取强制措施将犯罪人抓获归案（有时也是不必要的，如可能的轻微刑事案件中没有逃跑），公安人员只是通过口头、电话通知的方式将犯罪人传唤到案，而犯罪人根据这种非强制性的要求到案接受审查的，均反映了其接受国家裁判的自愿性，因此应当认定为自动投案。

司法解释认为，在被讯问或者采取强制措施之前，主动供述自己

---

① 参见张军、黄尔梅主编，最高人民法院刑事审判第一庭编著：《最高人民法院自首、立功司法解释：案例指导与理解适用》，法律出版社2012年版，第20~28页。

罪行的也应当认定为自动投案，根据《刑事诉讼法》及《人民检察院刑事诉讼规则》的有关规定，传唤犯罪嫌疑人，必须向其出示传唤通知书和有关证件，因此，口头传唤，即便在某些情况下确实包含了传讯的意图，但其不是法定的传唤方式，不属于强制措施，因此上述情况不应属于被动到案的情况，一般应当认定自首。这就要通过审查案卷中传唤证、拘留证、逮捕证等法律手续的时间，与初次有罪供述之间的次序性以及相关到案经过等来进行判断。

需要注意的是，最高人民法院、最高人民检察院于2009年3月发布的《关于办理职务犯罪案件认定自首、立功等量刑情节若干问题的意见》对"自动投案"进行了限制解释，即"犯罪事实或者犯罪分子未被办案机关掌握，或者虽被掌握，但犯罪分子尚未受到调查谈话、讯问，或者未被宣布采取调查措施或者强制措施时，向办案机关投案的，是自动投案"。其同时规定，"没有自动投案，在办案机关调查谈话、讯问、采取调查措施或者强制措施期间，犯罪分子如实交代办案机关掌握的线索所针对的事实的，不能认定为自首"，将职务犯罪自动投案的时间限定在采取调查措施之前。

司法机关对于未被采取强制措施的情况下自动投案的认定，在某些涉及跨国追逃的职务犯罪中得到了彻底的体现。

参考案例

余某东贪污、挪用公款案[①]

被告人余某东伙同许某凡、许某俊通过贪污、挪用巨额公款用于潭江公司、友协公司的经营，从中获得公司分红等非法利益67,302,859.85港元。案发后，余某东逃往美国。2002年12月19日，余某东在美国洛杉矶被美国移民局拘押。2003年9月，美国政府将查扣的余某东转移到美国的赃款3,552,701美元返还给我国，该款已于2003年10月11日移交中国银行广东省分行。2004年4月16日，

① 张春波:《巨贪潜逃:"余振东案"案情回顾》，载《人民审判》2015年第14期。

余某东自愿选择被美国联邦执法机构遣返回我国。被告人余某东归案后主动交代行贿行为，帮助司法机关侦破其他犯罪案件。

本案检察机关未认定自首，但法院认为，余某东案发后，未受有关机关或部门的讯问及未被采取强制措施前，即仓促经由我国香港特区逃往美国，并被美国司法机关扣押及判处刑罚。由于中美之间并无遣返条约，也并未参加关于贪污、挪用公款罪遣返的国际公约，美方不存在将余某东交给中国政府的国际义务。尽管中国政府做了大量工作，但余某东的归国最重要的因素仍是来自其个人意愿。此外，余某东投案后，对法庭调查中犯罪事实毫无保留地承认，并交代了其同案犯许某凡、许某俊等共同作案的全部事实。认定余某东系自首。

本案中，余某东在境外已经被公开审判的情况下，自愿选择被引渡回国受审，法院认为其系自动投案，又如实供述自己罪行，故认定为自首，说明法院对被引渡回国的情况也视为“尚未被采取强制措施”，因此认定为自动归案的自首，体现了自首从宽的刑事政策，对于鼓励外逃贪官回国接受审判具有示范效果。

019. 对职务犯罪的“自动投案”如何掌握

由于最高人民法院、最高人民检察院在2009年3月发布的《关于办理职务犯罪案件认定自首、立功等量刑情节若干问题的意见》中规定，没有自动投案，在办案机关调查谈话、讯问、采取调查措施或者强制措施期间，犯罪分子如实交代办案机关掌握的线索所针对的事实的，不能认定为自首。因此，与普通刑事犯罪相比，职务犯罪中的“自动投案”认定难度更大，职务犯罪中自动投案的时间要求比其他刑事案件中更为严格，被限定在采取调查措施之前，成立的空间也要小得多。

但如果监察机关是采用电话通知到案的，也应认定为自动投案。

只要是尚未“受到调查谈话、讯问”、未“被宣布采取调查措施”的情况均属于自动投案。“调查谈话”不同于诫勉谈话，一般指的是立案后依照有关调查程序进行的谈话。被调查人对调查活动不知情的情况下，自动投案并如实交代罪行的，仍应认定为自首，只有在被宣布采取调查措施期间，被调查人已经知道对其采取调查活动的情况下才丧失自动投案的可能。

法律依据

最高人民法院、最高人民检察院《关于办理职务犯罪案件认定自首、立功等量刑情节若干问题的意见》

一、……犯罪事实或者犯罪分子未被办案机关掌握，或者虽被掌握，但犯罪分子尚未受到调查谈话、讯问，或者未被宣布采取调查措施或者强制措施时，向办案机关投案的，是自动投案。……

犯罪分子向所在单位等办案机关以外的单位、组织或者有关负责人员投案的，应当视为自动投案。

没有自动投案，但具有以下情形之一的，以自首论：(1）犯罪分子如实交代办案机关未掌握的罪行，与办案机关已掌握的罪行属不同种罪行的；(2）办案机关所掌握线索针对的犯罪事实不成立，在此范围外犯罪分子交代同种罪行的。……

参考案例

刘某、姚某挪用公款案[①]

2004年10月至2006年3月，刘某在担任北京华康宾馆、北京市康乐工贸公司经理期间，指使被告人姚某三次使用本单位资金共计58万元为刘某个人购买国债，后均在当月归还。姚某在办案机关根据线索找其调查谈话期间如实交代了犯罪事实。次日，刘某主动向办案机关投案并如实交代了犯罪事实。

---

① 《刑事审判参考》案例第755号。

本案被告人姚某先交代犯罪事实，被告人刘某后交代犯罪事实，法院认定刘某具有自首情节，却未认定姚某具有自首情节。法院之所以作出这一区别认定，是因为刘某具有“自动投案”情节，而姚某没有。司法实践中，对职务犯罪的犯罪分子是否认定自首首先要看犯罪分子是否具有归案的自动性。如果行为人明知办案机关掌握了其犯罪事实，由于幡然悔悟、迫于压力或者其他原因，自行主动到办案机关投案的，无论其基于何种动机，均属于自动投案。但是，办案机关在掌握了犯罪事实或线索的情况下，直接找到涉案人员调查谈话，即使其如实交代犯罪事实，因缺乏自动投案这一要件，也不成立自首。

孙某国受贿案[①]

孙某国原系和县环保局主任科员，2019 年 4 月 1 日和县纪委监委对其立案审查调查，4 月 8 日其经和县纪委监察委电话通知后，到指定地点接受谈话，当日留置。法院认为其犯罪后能主动投案，如实供述自己的犯罪事实，系自首，依法可以从轻处罚。

司法观点

如果是职务犯罪案件，纪检监察机关电话通知涉嫌职务犯罪的监察对象或涉案人员到案，就意味着纪检监察机关已经开始进行询问、谈话，在这一时间节点已无成立主动投案的空间。因为监察调查中的被调查人都是党员或国家干部，他们原本就负有对党忠诚和向组织如实报告有关情况的义务，基于全面从严治党以及深入推进反腐败斗争的需要，在投案问题上不宜给予过多的优待。[②]

实操建议

笔者认为，职务犯罪的自动投案也应当与普通犯罪的标准保持一

---

① 安徽省和县人民法院（2019）皖 0523 刑初 182 号。

② 赖正直:《职务犯罪案件中“自动投案”和“主动投案”的差异及衔接》，载《人民法院报》2020 年 6 月 25 日版。

致，电话传唤到案的，也应视为自动投案。理由主要包括：

（1）电话通知属于“调查谈话、讯问”之前的行为。

电话通知时调查谈话、讯问程序并未开始，更没有采取强制措施。嫌疑人是否前往具有主动性和自愿性。

（2）将通知到案认定为自动到案符合立法本意。

自首制度的立法本意按照通说有两点：一是给犯罪人指明一条出路，使其弃暗投明，悔过自新，从而降低其主观恶性和人身危险性；二是节省司法资源，提高办案效率。嫌疑人接到电话后自动前往并如实陈述，认罪悔罪，符合自首的立法本意。如果不认定为自动投案，嫌疑人有可能逃跑、藏匿，或过一段时间以后再主动前往。

（3）将通知到案认定为自动到案符合司法实践。

司法实践中，为了敦促犯罪嫌疑人投案，司法机关曾多次发布通告，限令犯罪嫌疑人在一定时间内投案。例如，2019 年 7 月 23 日最高人民法院、最高人民检察院、公安部《关于敦促在逃人员投案自首的通告》规定：“在逃人员自本通告发布之日起至 2019 年 10 月 31 日前自动投案，如实供述自己的罪行的，是自首。”2017 年 8 月 15 日广西壮族自治区高级人民法院、广西壮族自治区人民检察院、广西壮族自治区公安厅《关于敦促在逃职务犯罪和经济犯罪人员投案自首的通告》规定：“一、在逃职务犯罪和经济犯罪人员自本通告发布之日起至 2017 年 10 月 30 日前……自动投案……如实供述自己罪行的，可以依法从轻或者减轻处罚……对自动投案自首的在逃职务犯罪和经济犯罪人员，一般不采取拘留、逮捕等羁押性强制措施。”

（4）在“自动投案”认定上与其他犯罪标准不一致没有法律依据。

实践中，其他犯罪嫌疑人传唤到案一般认定为自动投案，职务犯罪与之保持一致才符合《刑法》第 67 条关于自首的规定。如果担心因此造成职务犯罪量刑较轻，可以在量刑时从严掌握，因为对于自首是“可以”从轻或者减轻处罚，并不是“必须”从轻或者减轻处罚，而且从轻、减轻的幅度也是根据事实和情节决定的。

020. 被发现、抓获时行为尚不构成犯罪，又主动供述其他同种行为达到追诉标准的，是否构成自首

构成。

实践中，对于盗窃、诈骗、抢夺等数额犯，嫌疑人往往涉及多次犯罪，在多次犯的场合，犯罪嫌疑人被发现或被抓获时的行为单独不构成犯罪（未达追诉标准或者犯罪未遂的情况），其又如实供述了其他同种犯罪事实，因而构成犯罪（达到追诉标准），对此应当视为犯罪事实未被司法机关发觉的主动供述其他同种行为构成犯罪，应当认定为自首。

法律依据

最高人民法院《关于处理自首和立功若干具体问题的意见》

一、……罪行未被有关部门、司法机关发觉，仅因形迹可疑被盘问、教育后，主动交代了犯罪事实的，应当视为自动投案……

参考案例

黄某盗窃案①

犯罪嫌疑人黄某涉嫌盗窃自行车，被公安机关拘传后，对被指控的事实供认不讳，还主动交代了一起入室盗窃案。所盗自行车经鉴定价值为300元，没有达到盗窃案件的立案标准，而其交代的入室盗窃行为，经查证属实，所盗物品金额达到了盗窃罪的定罪数额标准。

黄某的行为符合《刑法》规定的自首情节。多次犯罪作为实务中

① 周爱新：《被拘传的事由不构成犯罪而如实供述了本人未被司法机关掌握的罪行的构成自首》，载江西省丰城市人民法院网，http：//fcsfy.chinacourt.gov.cn/article/detail/2013/08/id/1043054.shtml，最后访问时间：2022年7月28日。

较为多见的犯罪类型，在侦查手段单一、破案率低、犯罪暗数较高的司法环境中，为了鼓励犯罪人主动供述罪行、核实相关证据、及时破案，即行为人被抓获的行为没有达到法定的定罪标准时，只能算作一般的违法行为，其如实供述了本人其他犯罪事实，无论与被抓获的罪行是否为同种罪行，只要因其供述达到了定罪量刑的标准（如盗窃罪所要求的数额、多次盗窃），就应当认定为自首。即使是被采取了拘传等强制措施的，如果被拘传的事由不构成犯罪，而如实供述了本人其他罪行导致构成犯罪，应当构成自首。

这类案件引起争议的原因就在于，司法机关的强制措施尚未终结被拘传人即如实供述罪行，其如实供述罪行与司法机关的强制措施之间并无必然的关系。由于司法机关已经掌握的被采取强制措施行为人的违法行为不构成犯罪，故被采取强制措施行为人如实供述的本人其他罪行并不属于特殊自首的范畴，而构成一般自首。由于司法机关已经掌握的被采取强制措施行为人的违法行为不构成犯罪，故被拘传人理应被释放。而在被拘传人被释放之前，被采取强制措施行为人即如实交代自己的另一起盗窃行为，应该视为被采取强制措施行为人犯罪以后自动投案，如实供述自己的罪行，而认定为自首。否则，被拘传人当时不交代，待被释放后又回来交代，一样是自动投案，构成自首。

021. 职务犯罪中，监察机关立案时掌握的线索尚不构成犯罪，行为人到案后又主动交代其他同种行为构成犯罪的，是否构成自动投案

构成。

同样，如果监察机关立案调查时掌握的线索经审查不构成犯罪或者与最终被认定为犯罪的事实不属于同种罪名，即使对被调查人采取了留置措施的，也应视为监察机关尚未掌握被调查人犯罪线索、被调

查人主动供述，构成一般自首。

法律依据

最高人民法院、最高人民检察院《关于办理职务犯罪案件认定自首、立功等量刑情节若干问题的意见》

一、……没有自动投案，但具有以下情形之一的，以自首论：（1）犯罪分子如实交代办案机关未掌握的罪行，与办案机关已掌握的罪行属不同种罪行的；（2）办案机关所掌握线索针对的犯罪事实不成立，在此范围外犯罪分子交代同种罪行的。……

实操建议

注意审查监察机关的立案、初查、留置决定等文件中所载明的犯罪线索，是否属于最终移送审查起诉的事实，如果未被移送审查起诉或者不是同种罪名，被调查人主动供述其他犯罪事实构成犯罪的，均应构成自首。

022. 明知他人报案而在原地等待是否构成自动投案

一般构成。

但是，留在原地等待并非都视为自动投案，只有具备能逃走而不逃走的客观条件才视为自动投案，因为所有的自动投案都必须体现主动性和自愿性。

法律依据

最高人民法院《关于处理自首和立功若干具体问题的意见》

一、……明知他人报案而在现场等待，抓捕时无拒捕行为，供认犯罪事实的……应当视为自动投案的情形……

参考案例

韩永仁故意伤害案[①]

韩永仁虽然没有在现场看到他人报案，但他在作案后有查看被害人伤情并询问他人是否报“120”的情节，其有合理依据判断会有人及时报案，客观上有足够时间、条件逃跑而未逃跑，符合立法本意，应视为自动投案的情形。

尚娟盗窃案[②]

尚娟系北京某饭店服务员，2011 年 9 月 2 日 23 时，饭店仅有尚娟和收银员张丹上班。尚娟趁张丹去后厨备菜之机，从其挎包里窃取人民币 1300 元。次日，张丹发现后询问尚娟，尚娟矢口否认行窃事实。饭店经理让张丹当着尚娟的面报警，并安排张丹一直陪同尚娟在饭店大堂后面的员工宿舍内等待警察。这时尚娟承认了盗窃事实。后民警赶到，将其带至派出所，并在派出所将尚娟随身携带的赃款 1300 元返还张丹。西城区人民法院判处尚娟拘役 4 个月。

检察院以法院未认定自首为由抗诉，二审法院认为尚娟虽然没有受到人身强制，但张丹在报警后，一直陪同尚娟待在饭店内的员工宿舍内，尚娟在客观上不具备离开现场的可能性，其留在现场等待的行为并不足以反映其主观上具有投案的主动性和自愿性，不应视为自动投案，不能认定为自首。鉴于在二审审理期间，北京市关于司法机关办理盗窃刑事案件的处罚标准发生了变化，按此标准，尚娟的盗窃行为属于情节显著轻微，不构成盗窃罪，所以改判无罪。

法院认为司法解释列举的各种自动投案的情形均要求犯罪嫌疑人具有投案的主动性和自愿性，即“能逃而不逃”。对客观上不具备逃走条件的犯罪嫌疑人，即使存在投案的主动性、自愿性，也不应认定为自首。如果犯罪嫌疑人系因受伤、醉酒、被群众包围等客观因素而

---

① 《刑事审判参考》案例第 1059 号。

② 《刑事审判参考》案例第 780 号。

未能逃跑，或者滞留现场是寻找作案机会、继续作案而非等待抓捕，则不能认定为自动投案。除此之外，实施犯罪行为后被人发现报警，无论是因害怕被追究刑事责任还是为了争取从轻处罚，只要留在现场等待，都应当视为自动投案；而对实施犯罪行为后被人发现报警并包围，而留在现场（不限于作案现场）被抓获的，就不应视为自动投案。因为后一种情形中，犯罪嫌疑人客观上逃不掉，不属于“能逃而不逃”的情形。

实操建议

在明知他人报警自己留在原地等待的情况下，一般都可以做自首处理。辩护人要注意审查报警记录、报警人证言、被告人电话记录、首次到案后的供述以及抓捕民警在到案经过中的说明，尤其是审查被告人当时是否有拨打报警电话的情形，以证实被告人到案的自愿性。

023. 交通肇事后没有逃跑，主动向公安机关报案，或者在他人报警后，留在原地等待警方调查的，是否构成自动投案

应当构成自动投案。

法律依据

最高人民法院《关于处理自首和立功若干具体问题的意见》

一、……交通肇事后保护现场、抢救伤者，并向公安机关报告的，应认定为自动投案，构成自首的，因上述行为同时系犯罪嫌疑人的法定义务，对其是否从宽、从宽幅度要适当从严掌握。交通肇事逃逸后自动投案，如实供述自己罪行的，应认定为自首，但应依法以较重法定刑为基准，视情决定对其是否从宽处罚以及从宽处罚的幅度。……

相关案例

邓某法交通肇事案[1]

被告人邓某法于 2005 年 5 月 10 日 19 时许，驾车过程中恰遇行人杨某挺由南向北横过马路，由于被告人邓某法在驾驶时精神不集中，没有发现险情，使机动车从杨某挺身上扎过，致杨某挺当场死亡。被告人邓某法当场报警，经交管部门进行交通事故处理后，认定邓某法在此次事故中负主要责任。法院认为：邓某法具有法定从轻处罚的自首情节。理由是：根据法律的效力等级，基本法优于行政法规，因此当二者发生冲突时，后者应当服从前者，应当以《刑法》规定为准，而且交通肇事后不逃跑而主动报案的行为兼具履行法定义务和自动投案的双重法律性质，因此应认定为自首。

学理解释

交通肇事案件中认定自首的情形分为两类：

（1）交通肇事后能够逃匿而不逃匿，并积极抢救伤者及财产，保护现场，自动投案，如实交代自己的罪行和接受审判的。

（2）肇事后能逃匿而不逃匿，并积极抢救伤者，保护现场，虽来不及到规定机关投案，但被司法机关抓获、传讯或采取强制措施后，能如实供述罪行、接受审判的。只有同时履行了交通肇事后的救助义务并自动投案、如实供述的方可认定为自首，否则即使主动投案，但消极等待司法机关处理或者拒绝履行救助义务的，都不能认定为自首。[2]

实操建议

笔者认为，对于交通肇事罪自首的认定，仍应以《刑法》的有关

---

① （2005）东刑初字第 00513 号。

② 李志平：《论道路交通肇事犯自首的标准》，载《中外法学》1992 年第 6 期。

规定为根据，不能受有关交通运输管理法规的约束，即使行为人的行为违反了有关交通管理运输法规设定的义务，只要其符合刑法所规定的自首的成立条件，就应认定为自首。具体而言，下列情形应当认定为自首：

（1）交通肇事后，在并非迫于过往群众围追或者有关执法人员抓捕的情况下，肇事者出于其本人意志自动投案，并如实供述罪行的。至于案发的场合、是否抢救伤者、行为人自身是否丧失行动能力等均不能影响认定。

（2）交通肇事后，因抢救伤者、财产或者保护现场而未及时报案便被抓获的肇事者，如查明其确实准备投案，且其在到案后能如实供述罪行的。

（3）交通肇事后逃逸，后又能出于本人意志自动投案，并如实供述罪行的。

（4）因犯他罪而被采取强制措施的犯罪嫌疑人、被告人或者正在服刑的罪犯，主动供述司法机关尚未掌握的其所犯有的交通肇事罪的。[①]

024. 在接受排查时供述自己罪行的，是否构成自动投案

在排查过程中，被排查对象如实供述了自己罪行的，通常可以认定为自动投案。

法律依据

最高人民法院《关于处理自首和立功若干具体问题的意见》

一、……关于“自动投案”的具体认定……犯罪嫌疑人具有下列

① 周加海:《自首制度研究》,中国人民公安大学出版社2004年版,第188~189页。

情形之一的,也应当视为自动投资……在司法机关未确定犯罪嫌疑人,尚在一般性排查询问时主动交代自己罪行的……

相关案例

张某盗窃案[①]

在某盗窃案中,李某办公室被盗,保卫处根据规定对进出该办公室的人员进行排查,后在女厕所发现被盗财物,因此对负责清洁工作的两名女保洁员张某、肖某分别进行专门谈话,张某承认了盗窃事实,后保卫处报警,张某在派出所也如实供述了自己的盗窃事实。

公诉机关认为,张某是在已被列为怀疑对象被单位保卫部门人员询问时承认自己的犯罪事实的,不属于"罪行尚未被司法机关发觉,仅因形迹可疑,被有关组织盘问、教育后,主动交代自己的罪行"的情形,不应当认定为自动投案,其在被公安机关传唤带回派出所后如实供述了自己当日的犯罪事实以及公安机关尚未掌握的其他盗窃事实,其供述行为可以认定为坦白。法院认为,张某系仅因形迹可疑被有关组织盘问、教育后,主动交代自己的罪行,系自首。

上述否认自首的观点认为,被列为排查对象的人应是有作案条件的人,对他们的怀疑不是无根据的怀疑而是其有犯罪嫌疑,对于犯罪嫌疑人的如实供述只能以坦白论。而肯定自首的观点则认为,排查作为侦查工作中广泛使用的侦查手段,其确定的只是犯罪嫌疑人的大致范围,一般人数较多,且不能将犯罪嫌疑人特定化,在被排查人供述之前,公安机关所能掌握的只是他具有实施违法犯罪的可能性,如果被排查人不主动承认,这种排查难有结果。因此,对上述情况下的如实供述可认定为是"形迹可疑"情况下的自首。如果在排查过程中,公安机关发现了一些证据,足以在某一排查对象与正在侦查的犯罪之间建立起特定的联系,被排查对象已经变为犯罪嫌疑人,对其如实供述,只能以坦白论,不能认定为自首。

---

① 系笔者本人承办案件。

实操建议

笔者认为，排查作为搜集犯罪线索、查找犯罪嫌疑人的侦查手段，在实践中被广泛适用，但不具有强制性和法定性。对于侦查机关使用排查等非法定强制手段对不确定范围的人进行询问，从而发现线索、缩小或者圈定犯罪嫌疑人的场合，如果嫌疑人在接受侦查机关排查询问时，如实供述了自己的犯罪事实，无论侦查机关排查的规模大小，只要没有确实的证据证明被排查人有犯罪嫌疑，即应认定嫌疑人属于与“形迹可疑”类似的情形，应当认定为自动投案。而且，也不能将成立自动投案的时间限定在嫌疑人首次接受侦查机关的询问之时，即使在首次被询问时，没有如实供述、不说或者抵赖，从而混淆侦查视线、阻碍侦查工作开展的，如果其在以后的询问中如实供述了犯罪事实，只要侦查机关没有对其采取强制措施就意味着侦查机关尚未掌握确实的证据，嫌疑人再次如实供述的，均会促进侦查工作的顺利进行，从而节约司法资源，也体现嫌疑人将自己交付审判的自愿性，符合自首制度的本质，可以认定为自首。

025. 前期接受调查后未被采取强制措施，后被传唤到案的，是否属于自动投案

可以认定为自动投案。

在故意伤害、寻衅滋事等当事人较为明确，但定罪时需要一定危害结果（价格鉴定、伤情鉴定）的案件中，公安机关在嫌疑人是否构成犯罪不能确定的情况下，将互殴双方放归，待伤情鉴定等定罪证据查明后再次传唤嫌疑人的情况下是否认定为自动投案？例如，互殴案件中双方均到派出所供述互殴事实后被放归家，但在伤情鉴定后一方被警方传唤的，一般应构成主动到案。但需要注意，司法实践中对此问题仍然存在较大争议，检察院和法院有时会产生分歧。

相关案例

郝某某故意伤害案[①]

被告人郝某某伤害他人被抓获后，在被害人伤检鉴定作出之前，公安机关依法对郝某某予以行政拘留处罚。3个月后，伤检鉴定为轻伤，公安机关遂将郝某某传唤，郝某某自动投案。

公诉机关认为，被告人郝某某在案发后经公安机关传唤，自动投案，系自首。本案被告人两次到案，第一次是行政上的处罚，第二次是刑事上的处罚，对于刑事处罚来说，郝某某自动到公安机关接受传唤的行为也应当认定为自首。法院判决则认为，自动投案是自首的首要条件，而确定自动投案的前提是投案行为必须发生在犯罪人尚未归案前、犯罪人被动归案后，即使公安机关再次传唤时其能随传随到，也不能就此认定犯罪人自动投案。据此，被告人郝某某初次归案系被动归案，并非出于被告人意志自愿归案，故不能认定其投案自首，其再次被公安机关传唤到案也不是自动投案，因此不能认定被告人郝某某有自首情节。

上述案例充分展现了司法实务中的认识分歧。我们认为，公诉机关的意见更有理据，理由如下：

一是郝某某具有自动投案的时间和空间条件。行为人首次被动到案虽不具备投案的主动性和自愿性，但由于立案前调查过程中的案件尚未达到刑事立案标准，立案前未被采取强制措施的行为人又重新获得投案的时间和空间，即虽被发觉但在尚未受到讯问或被采取强制措施之前投案，而且行为人的人身未因涉嫌犯罪被控制而是处于自由状态，具备“能逃而不逃”的客观空间，则表明行为人在明知其行为将受到刑事追诉的不利情形下仍愿意投案，投案意志的积极程度虽不及未被发觉时自动投案的意愿强烈，但也是主动将自己交予国家追诉而

---

① 胡志强：《审判改变公诉指控之实证分析》，载《国家检察官学院学报》2006年第2期。

作出的妥协，应予以法律上的积极评价。[①]

二是对此类自动投案者适用自首，有利于鼓励行为人主动投案，悔过自新；同时，有利于在最短时间内查清事实、分清责任，及时赔偿被害方，使案件得以及时审结，节约司法资源，符合刑法立法本意。

因此，对于先前未被采取强制措施，之后主动到案的情形，认定为自首更为妥当。

司法实践中，司法机关以口头方式（如通过打电话或者委托他人捎带口信），通知犯罪人到指定的地点接受调查是较为常见的，如果犯罪人如约前往，并主动交代了其犯罪事实，一般应认定为自首。

在互殴引起的故意伤害案件中，由于伤情鉴定一时不能作出，判断各方是否构成犯罪的证据不足，双方一开始均到案如实供述案情，民警接警后及时到现场处理，并制作了笔录，因不能确定被害人受伤程度让犯罪嫌疑人回去等候处理。被害人伤情被鉴定为轻伤以上后，民警打电话或者捎口信传唤犯罪嫌疑人到派出所，嫌疑人到派出所如实交代罪行的，均应认定为自首。

026. 到案后被责令听候处置并配合的，是否构成自动投案

可以认定为自动投案。

司法观点

最高人民法院黄祥青、罗开卷、许浩在《涉众型非法集资犯罪的法律、政策规制》一文中专门论述了这一问题：“对于公安机关抓获犯罪嫌疑人后未采取法律规定的强制措施，只是责令其随传随到、听

① 王海龙：《刑事立案前投案行为性质该如何认定》，载《检察日报》2020 年 9 月 18 日，第 3 版。

候处置，其后犯罪嫌疑人等待、配合公安机关处置的能否视为‘自动投案’，存在不同意见。一种观点认为，公安机关虽然抓获了犯罪嫌疑人，但并未对其采取法律规定的强制措施，只是责令其随传随到、听候处置，此时犯罪嫌疑人是自由的，完全有条件逃跑，但犯罪嫌疑人选择等待、配合公安机关处置，具有到案的主动性，故可以认定为‘自动投案’。另一种观点则认为，犯罪嫌疑人是被公安机关抓获到案的，其后公安机关责令其随传随到、听候处置属于公安机关对犯罪嫌疑人相对宽松的一种管控方式，既然犯罪嫌疑人已经处于公安机关管控之下，则不再有‘自动投案’的问题。”

黄祥青法官倾向于第二种观点。公安机关抓获犯罪嫌疑人后，责令其随传随到、听候处置，系对犯罪嫌疑人的一种管控方式，犯罪嫌疑人此时负有随传随到、听候处置的义务，其后犯罪嫌疑人等待、配合公安机关处置应视为履行其随传随到、听候处置义务的行为，不具有“自动投案”的主动性，不能认定为“自动投案”，对于其后配合调查、如实供述犯罪事实的，可以依法认定为坦白。①

实操建议

尽管上述司法观点倾向于认为这种情形不构成自动投案，但该观点并不具有强制效力，辩护人依然可以根据具体案情“据理力争”。参考问题18王春明盗窃案中的表述，被责令听候处置后的被告人自主选择的余地还是很大的，其可以选择归案，也可拒不到案甚至逃离，而其能主动归案，并且在立案前后积极配合公安机关的调查、处置工作，就表明其有认罪悔改、接受惩罚的主观目的，即具有归案的自动性和主动性。即便不能认定自首，其随传随到、听候处置的行为也可以获得与自首程度相近的从宽处罚。

---

① 黄祥青、罗开卷、许浩：《涉众型非法集资犯罪的法律、政策规制》，载《刑事审判参考》（总第117集），法律出版社2019年版，第180页。

027. 取保候审期间逃跑后又投案的，是否构成自动投案

不构成。

法律依据

最高人民法院《关于处理自首和立功具体应用法律若干问题的解释》

第一条 ……自动投案，是指犯罪事实或者犯罪嫌疑人未被司法机关发觉，或者虽被发觉，但犯罪嫌疑人尚未受到讯问、未被采取强制措施时，主动、直接向公安机关、人民检察院或者人民法院投案。……

参考案例

陈某危险驾驶案[①]

2015 年 1 月 21 日，被告人陈某醉酒驾驶被查获。取保候审期间，其接到法院开庭传票后潜逃。1 年后，陈某在被民警围捕过程中，经家属劝说后向公安机关投案，并如实供述了犯罪事实。

司法观点认为，陈某 1 年后的投案行为不构成自首，理由如下：陈某在取保候审期间，违反取保候审强制措施应当遵守的法定义务，擅自潜逃，不仅延误刑事诉讼活动，还增加了通缉、追捕的司法成本。其之后的归案行为是对之前逃跑行为的纠正和弥补，使之又恢复到逃跑之前已置于司法机关控制之下、等待法律制裁的状态，而其第一次归案的行为系被民警当场查获，并无自动投案情节。如前所述，其第二次归案的行为也不属于司法解释中规定的应当视为自动投案的情形，因此陈某虽能如实供述其犯罪事实，但因缺乏自动投案的情节，也没有应当视为自动投案的情形，不具备认定自首应当同时具备的两个条件，故不能认定为自首。

---

① 《人民法院报》2016 年 2 月 18 日，第 7 版。

潘平盗窃案[1]

2012年5月9日至13日，被告人潘平伙同他人盗窃作案3起。2012年5月13日，被告人潘平被公安机关抓获归案。因其需要就医治疗被取保候审。后潘平在取保候审期间脱逃，经公安机关多次传讯未到案，后于2014年3月4日向临安市公安局投案。

人民法院认为，潘平在犯罪以后被采取取保候审强制措施期间逃跑，再向公安机关投案，不符合《刑法》关于自动投案的构成条件，不成立自首。

学理解释

有观点认为，根据《关于处理自首和立功具体应用法律若干问题的解释》第1条关于“犯罪后逃跑，在被通缉、追捕过程中，主动投案的”应当视为自动投案的规定，犯罪嫌疑人归案后逃跑又投案的，也应当视为“自动投案”。虽然这一观点站在了有利于被告人的立场上，但是通过上述案例可知，其尚不被司法机关认可。不认可的理由主要是，这种理解不当地扩大了自首的认定范围。上述规定针对的是犯罪后始终未被抓捕归案的在逃犯罪人员主动投案的情形。所谓归案，是指犯罪嫌疑人被置于司法机关的控制之下，人身自由受到限制的情形。本案中，被告人潘平不属于“犯罪后逃跑”的情形，而是在被采取强制措施后逃跑，因而不适用上述规定。

实操建议

对已归案的当事人，尤其是被采取取保候审措施的当事人，一定要向其明示逃跑的法律后果，即“被采取强制措施后逃跑，即使又主动投案，也至多是抵消其逃跑所反映的主观恶性大的情节，不会被认定为自首获得额外‘奖励’”，以避免其心存侥幸、以身试法，导致其受到更重的刑罚。

---

① 《刑事审判参考》案例第1303号。

（二）如实供述自己罪行的认定

028. 仅如实供述定罪事实、未如实供述重大量刑事实或情节，能否认定如实供述

不能。

如实供述自己的罪行，是指犯罪分子投案以后，对于自己所犯的罪行，不管司法机关是否掌握，都必须如实地全部向司法机关供述，不能有隐瞒。至于有些细节或者情节，犯罪分子记不清楚或者确实无法说清楚的，不能认为是隐瞒。只要基本的犯罪事实和主要情节说清楚，就应当认为属于如实供述自己的罪行。如果犯罪分子避重就轻或者供述一部分，还保留一部分，企图蒙混过关，就不能认为是如实供述自己的罪行。对于共同犯罪中的犯罪分子不仅应供述自己的犯罪行为，还应供述与其共同实施犯罪的其他共犯的共同犯罪事实。

法律依据

最高人民法院《关于处理自首和立功具体应用法律若干问题的解释》

第一条 ……犯罪嫌疑人自动投案并如实供述自己的罪行后又翻供的，不能认定为自首，但在一审判决前又能如实供述的，应当认定为自首。

最高人民法院《关于处理自首和立功若干具体问题的意见》

二、……犯罪嫌疑人多次实施同种罪行的，应当综合考虑已交代的犯罪事实与未交代的犯罪事实的危害程度，决定是否认定为如实供述主要犯罪事实。虽然投案后没有交代全部犯罪事实，但如实交代的犯罪情节重于未交代的犯罪情节，或者如实交代的犯罪数额多于未交代的犯罪数额，一般应认定为如实供述自己的主要犯罪事实。无法区分已交代的与未交代的犯罪情节的严重程度，或者已交代的犯罪数额与

未交代的犯罪数额相当，一般不认定为如实供述自己的主要犯罪事实。

犯罪嫌疑人自动投案时虽然没有交代自己的主要犯罪事实，但在司法机关掌握其主要犯罪事实之前主动交代的，应认定为如实供述自己的罪行。

认定是否如实供述主要犯罪事实的基本标准，是已交代的犯罪事实与未交代的犯罪事实的危害程度，并规定了区分犯罪情节与犯罪数额两个具体标准，即如实交代的犯罪情节重于未交代的犯罪情节，或者如实交代的犯罪数额多于未交代的犯罪数额，一般应认定为如实供述自己的主要犯罪事实。在这里，犯罪数额的多少一般都有比较明确的界限，而犯罪情节的轻重，则要根据情节的危害程度、对量刑的影响加以判断。例如，被告人抢劫作案三起，其中第三起致人死亡，被告人投案后如实交代了前两起，隐瞒了第三起，由于致人死亡的一起犯罪对量刑有决定性的影响，如实交代的犯罪情节轻于未交代的犯罪情节，故不应认定为如实供述主要犯罪事实。

在共同犯罪的场合下，犯罪嫌疑人投案后推、揽罪责，隐瞒重大犯罪情节的，也不能认定为如实供述主要犯罪事实。例如，犯罪嫌疑人结伙入户抢劫，其直接致死一人，劫得财物数千元，但其自动投案后仅如实交代参与抢劫的基本事实，隐瞒了自己直接致死被害人的关键事实。在此情形下，犯罪嫌疑人虽然如实供述了参与抢劫的事实，但未如实供述直接致人死亡这一更严重的犯罪情节，故不能认定为如实供述主要犯罪事实。

相关案例

余某平交通肇事案[①]

2019年6月5日21时左右，余某平酒后驾车撞人致一人死亡并

① 北京市第一中级人民法院，余某平交通肇事二审刑事判决书，（2019）京01刑终628号。

驾车离开，回到其住所后擦拭车身血迹，随后回到事发现场附近，不久后离开进入一家足疗店。2019年6月6日5时许，余某平到公安机关自动投案，但其在供述中否认事故发生时驾车撞击的是人，而说是物体，也即其供述案发时并不知道自己撞到了人。

就是否成立自首这一问题，一审法院、抗诉检察院及二审法院的观点如表3–2所示。

表3–2 一审法院、抗诉机关、二审法院观点

机关	是否自动投案	是否如实供述	是否认定自首	主要观点
一审法院	是	是	是	鉴于被告人余某平自动投案，到案后如实供述犯罪事实，可认定为自首
抗诉机关	是	是	是	本案并无证据证实其在事故发生时即知道自己撞了人，按照存疑有利于被告人的原则，应认定其是在将车开回车库看到血迹时才意识到自己撞了人
二审法院	是	否	否	根据现场道路环境、物证痕迹、监控录像等可以认定，余某平在事故发生时对于撞人这一事实是明知的。其在自动投案后始终对这一关键事实不能如实供述，因而属未能如实供述主要犯罪事实，故其行为不能被认定为自首

二审法院通过现场道路环境、现场物证痕迹、现场监控、被害人身体情况、余某平本人身高及视力情况等综合判断，认定余某平对于其驾车撞人这一事实是明知的。在这种情况下，余某平否认其明知撞人这一事实，是否能成立如实供述呢？

肯定的观点认为，因交通肇事罪的责任形式是过失犯罪，不要求行为人具有主观上的明知，所以即使余某平对撞人这一事实并非明知，也不影响其罪名的成立。因此，其对明知撞人这一事实的否认，不影

响如实供述的成立。

否定的观点则认为，"如实供述"除要求供述基本的定罪事实之外，还要求行为人如实供述对其量刑有重大影响的事实、情节，仅仅供述基本定罪事实，否认其加重情节或其他量刑事实的，依法不能认定为"如实供述"。

学理解释

关于"主要犯罪事实"的理解，主要有如下几种观点：

一是犯罪构成事实说认为，主要犯罪事实是指足以证明行为人的行为构成犯罪的基本事实。

二是定罪、量刑事实说认为，主要犯罪事实是指直接影响定罪与量刑的一切犯罪事实与情节。

三是定罪、重大量刑事实说认为，主要犯罪事实是指足以证明行为人的行为构成犯罪的事实以及对其量刑有重大影响的事实与情节。

笔者同意第三种观点，也即定罪、重大量刑事实说。根据这一观点，主要犯罪事实不仅指证明行为构成犯罪的基本定罪事实，还应当包括对量刑有重大影响的事实、情节，如对是否适用升格法定刑起决定作用的情节，以及在总体危害程度上比其他部分事实、情节更大的事实、情节等。

根据这一观点，在认定自首时，可区分如实供述"全部主要犯罪事实"和"部分主要犯罪事实"。

对于如实供述全部定罪、重大量刑事实的，属于如实供述全部主要犯罪事实，认定自首没有异议；若如实供述了定罪事实但未如实供述重大量刑事实，则属于如实供述部分主要犯罪事实，即部分如实供述，对此仍可认定为基本犯的自首，但是对其从宽幅度应该严格把握。

前述案例中，余某平承认基本罪行但否认其加重犯也即逃逸的罪行，属于没有如实供述其全部主要犯罪事实。但不可否认的是，基本犯罪事实也属于"主要犯罪事实"，若直接否定其自首情节也不合理。

因此，对其可认定为基本犯自首，承认其在基本犯罪事实内容上的如实供述，但对加重犯的部分未如实供述，故对其从宽的幅度应当小于全面自首的幅度，如此才能更好地鼓励自首、节约司法资源，更好地贯彻宽严相济的刑事政策。

029. 对行为性质的辩解是否影响如实供述的认定

不影响如实供述的成立，但对主观心态的辩解则可能影响如实供述的成立。

对行为性质的辩解通常是指行为人因缺乏法律专业知识，对其行为的定性产生误解，即其行为在法律上是否应被认定为犯罪以及认定为何种犯罪所作的辩解。

例如，行为人在道路上醉酒驾驶机动车，经检测血液酒精含量达到 120mg/ml，但其认为其尚能保持清醒，并非醉酒驾驶，故认为其不构成犯罪，仅为一般违法行为。

又如，行为人入户盗窃被发现，为抗拒抓捕而当场采取暴力，行为人对其上述行为均如实供述，但辩称其行为系盗窃行为，并非抢劫行为。

上述情形均系行为人因不了解《刑法》规定而对其行为性质产生错误认识，系基于对法律的错误认识而对其行为性质作出的辩解。在行为人已经如实供述其犯罪事实的情况下，我们不能要求所有行为人对其行为性质有准确无误的认识，其对行为性质的辩解系因对法律规定的认识错误，不会使行为的客观性质发生质的变化，故不影响如实供述的成立。

而对主观心态的辩解，是指行为人仅承认其客观行为及客观发生的后果，但否认其犯罪时的主观心态。

例如，行为人驾驶一辆小轿车，高速撞击驾驶摩托车的被害人导致其死亡，其承认被害人的死亡是由于其撞击行为导致，但辩称其并未故意撞击被害人，而是因被害人事先用工具毁坏其轿车，其是为了索赔而在追赶过程中不小心撞上被害人。这一对主观心态的辩解意味着行为人否认了自己的故意杀人行为，也即否认了重要犯罪事实。因这一辩解极大程度上影响了对其定罪量刑，并非单纯对行为性质的辩解，故不能认定为如实供述。

判断行为人对主观心态的辩解是否影响如实供述的成立，须判断行为人的辩解是否具有合理的根据，若行为人的辩解具有合理根据能够成立，或者不能被在案证据排除，就属于没有改变或者否定案件事实，不影响“如实供述”的成立；反之，则影响“如实供述”的成立。

参考案例

姜方平非法持有枪支、故意伤害案[①]

该案中，法院认为：被告人姜方平自归案后到二审庭审结束，对其于2001年7月15日在航埠镇莫家村用菜刀砍伤郑水良的事实一直没有否认。而这一事实则是确认其行为是否构成故意伤害罪的基本事实、主要事实。不能因其在一审庭审中辩称“其用刀砍伤郑水良，是在受到被害人郑水良一家围攻殴打时才拔刀还击的”就否定其如实供述主要案件事实的实质。最高人民法院《关于处理自首和立功具体应用法律若干问题的解释》第1条之所以规定主要犯罪事实而非行为性质，其原因在于对行为性质乃至对法律的认识是因人而异的，不同的人有不同的理解。无论被告人将其犯罪行为辩解为无罪（认识上的无罪而非事实上的无罪）或将此罪辩为彼罪，还是将其行为辩解为正当防卫、紧急避险等，都属于对行为性质的不同认识和理解，不能因此而轻易地认定其翻供。

① 《刑事审判参考》案例第221号。

张某盗伐林木案[①]

海南省琼海市张某盗伐国有林木，自动投案，也如实供述罪行，但开庭审理过程中否认自己的行为构成犯罪，一审法院认为不构成自首。张某上诉，海南市中级人民法院认为，其在一审庭审过程中辩称自己无罪，属对其行为性质的辩解，不影响自首的成立，故予以改判。

实操建议

认定自首主要审核到案情况、第一次供述笔录中是否对犯罪事实进行了如实描述，是否认罪不影响自首的认定，因为对于自己的行为是否构成犯罪，属于主观认识问题，自首只要求如实交代自己的行为事实，并不要求对自己的行为有正确的法律认识。主要理由如下：

（1）被告人对行为性质的辩解与自首成立的要件无关。

根据《刑法》第 67 条第 1 款和最高人民法院《关于处理自首和立功具体应用法律若干问题的解释》第 1 条的规定，自首的成立有两个要件：一是犯罪以后自动投案，即投案的自动性；二是如实供述自己的犯罪事实，即供述的真实性、完整性。这两个要件，从性质上看，属于客观要件；从逻辑关系上看，属于充分必要条件。只要符合这两个要件，就是自首成立；同时，只有符合这两个要件，自首也才能成立。被告人自动投案、如实供述，有多种多样的动机，可能出于真诚悔罪，争取从宽处理，也可能是慑于法律威严，生活无着落，走投无路，等等。无论动机如何，只要不影响投案的自动性以及供述的真实性、完整性，在认定被告人自首是否成立时就可以不予考虑。

审判实践中，被告人对行为性质的辩解有多种表现形式。例如，被告人承认接受过别人数额较大的钱财，但认为是正常的人情往来，否认是受贿；被告人承认盗窃别人财物，但认为财物的实际价值低于司法机关认定的价值，不足以构成盗窃罪。可以看出，被告人对行为性质的辩解，属于被告人主观方面的内容，与自首成立的上述

① 海南中级人民法院（2007）海南刑终字第 128 号刑事判决书。

客观要件无关，因此不影响自首的成立。被告人供述的事实是否构成犯罪，也不以被告人的认识、判断、辩解为转移，而由司法机关依法认定。

（2）允许被告人对行为性质进行辩解，符合设立自首制度的立法目的。

设立自首制度的立法目的，虽然包括鼓励犯罪嫌疑人、被告人悔过自新、接受教育改造，但主要还是分化瓦解犯罪嫌疑人、被告人，降低办案成本，提高刑事诉讼效率。被告人虽然对行为性质进行了辩解，但只要能够自动投案、如实供述自己的犯罪事实，将其认定为自首是符合立法目的的。

（3）被告人依法享有辩护权利。

根据《刑事诉讼法》的规定，在整个刑事诉讼过程中，犯罪嫌疑人、被告人均依法享有辩护权利，即对自己的行为是否构成犯罪、构成何种犯罪以及应判处刑罚轻重等问题提出意见，进行辩解。这种辩护权利，被告人不但在第一审过程中享有，而且在第二审过程中仍然享有。甚至在人民法院的判决生效以后，被告人在更广泛的意义上仍然有权利提出辩解，进行申诉。被告人对行为性质进行辩解，正是其依法行使辩护权利的体现。在审判过程中，只要被告人不否认其供述的犯罪事实，就不影响自首的成立。否则，不仅与设立自首制度的目的背道而驰，而且不利于被告人依法享有的辩护权利得到真正的、完全的实现。

030. 未如实供述可能影响定罪量刑的前科情况的，能否认定为如实供述

不能认定为如实供述，不构成自首。

法律依据

最高人民法院《关于处理自首和立功若干具体问题的意见》

二、……如实供述自己的罪行，除供述自己的主要犯罪事实外，还应包括姓名、年龄、职业、住址、前科等情况。犯罪嫌疑人供述的身份等情况与真实情况虽有差别，但不影响定罪量刑的，应认定为如实供述自己的罪行。犯罪嫌疑人自动投案后隐瞒自己的真实身份等情况，影响对其定罪量刑的，不能认定为如实供述自己的罪行。……

实操建议

对上述法条的规定应该从严理解和把握，并非所有隐瞒上述情节都不能认定为“如实供述”。《刑法》中自首的定义为：犯罪以后自动投案，如实供述自己的罪行。根据文义解释和一般人的通常理解，此处的罪行应当是指其本次所实施的罪行，若要求其供述内容包括其已被司法机关处理的前科犯罪，似乎超出了自首定义的字面含义。

因此，本条中的“定罪量刑”应当是指本次犯罪的定罪量刑。

若行为人所隐瞒真实身份等情节可能会对本次所实施犯罪的定罪量刑产生影响，如国家机关工作人员利用职权犯非法拘禁罪后，隐瞒其国家机关工作人员这一身份，则会影响其本次非法拘禁罪的量刑，因此不得认定为“如实供述”。

只要隐瞒的身份情况对量刑有影响，就不能认定为“如实供述自己的罪行”。例如，犯罪嫌疑人实施一般抢劫犯罪三起，三起抢劫的犯罪情节大致相当，自动投案后如实交代了两起，可认定为自首；若其自动投案后如实交代了三起，但为隐瞒其盗窃前科而不如实供述身份，则不能认定为自首。在这里，虽然其隐瞒的一起抢劫罪行对量刑的影响可能要大于盗窃前科，但如前所述，不如实供述身份对司法实践的危害很大，既可能导致冤假错案的发生，又浪费诉讼资源，影响诉讼效率，因此最高人民法院《关于处理自首和立功若干具体问题的意见》对不如实供述身份的情形规定了较为不利的法律后果。

若隐瞒前科、累犯、真实身份等情节虽然可能会影响其最终的量刑，但并不会对其本次所实施犯罪的定罪量刑产生影响，则不影响自首的认定。否则，因其未能如实供述其累犯情节，不仅取消其自首认定，而且在量刑时对其从重处罚，存在对其累犯情节重复评价的嫌疑。

031. 自动投案后因客观原因未能如实供述，是否成立自首

如果仅因客观原因未能如实供述，后续客观原因消除后第一时间如实供述的，不影响自首的成立。

因客观原因未能如实供述，是指行为人自动投案后，主动认罪悔罪，只是因客观原因不能如实供述案发当时的犯罪过程、情节，如在醉酒或吸毒状态下实施了犯罪，案发后了解到当时的行为，表示悔过，愿意接受司法机关的处罚，自动到公安机关投案自首，但是对于自己当时的罪行确实是因为受酒精或毒品的影响，未能回忆起案发时的行为过程，导致没有如实供述犯罪事实。

在这种情况下，笔者认为，对行为人“如实供述”的要求应当适当放宽，“法不强人所难”，只要行为人自动投案后对所查明的其实施的客观行为予以承认，即表明其主观上希望如实供述其犯罪事实，但确因酒精或毒品影响而无法完整供述其行为内容，不影响“如实供述”的认定。

若因此剥夺其如实供述的机会，并不符合立法原意，也无法彰显法律的公正。相反，此种情形下，若仍将行为人的行为认定为自首，有利于鼓励犯罪分子自首，实现法律效果和社会效果的统一。

032. 多次犯罪中，只供述了部分犯罪，未供述全部犯罪事实的，能否认定如实供述

要依据未供述事实对定罪量刑的影响具体判断。

多次犯是一种以犯罪次数为定罪标准①或者适用更高法定刑格②的犯罪类型，对于多次犯的审查和证明，在目前的侦查条件下，往往要结合犯罪嫌疑人的供述，仅凭间接证据认定多次犯罪的场合是很少见的，因此，犯罪人如实供述自己多次犯罪事实，会成为认定其是否构成犯罪以及适用何等刑罚的依据。另外，由于多次犯罪的数额可以累计计算，在犯罪数额作为适用更高法定刑的犯罪中，多次犯的认定起着至关重要的作用。前面我们已经讨论了被抓获行为不构成犯罪、犯罪人如实供述了其他多次罪行、因而构成犯罪的，应当认定为自首，这已经在司法实践中得到了统一。

法律依据

最高人民法院《关于处理自首和立功若干具体问题的意见》

二、……犯罪嫌疑人多次实施同种罪行的，应当综合考虑已交代的犯罪事实与未交代的犯罪事实的危害程度，决定是否认定为如实供述主要犯罪事实。虽然投案后没有交代全部犯罪事实，但如实交代的犯罪情节重于未交代的犯罪情节，或者如实交代的犯罪数额多于未交代的犯罪数额，一般应认定为如实供述自己的主要犯罪事实。无法区分已交代的与未交代的犯罪情节的严重程度，或者已交代的犯罪数额与未交代的犯罪数额相当，一般不认定为如实供述自己的主要犯罪事实。……

学理解释

上述司法解释虽然确立了比较的原则，但仍未解决在多次犯罪是

① 如盗窃罪中多次盗窃的，也是构成犯罪的一个标准。

② 如抢劫、强奸罪中对于多次抢劫、强奸多人的，依法应当适用更重法定刑。

影响量刑档次的情节时如何认定行为人成立自首时“如实供述自己罪行”的范围。这就涉及对自己罪行的理解，司法解释将自己罪行限制为自己的主要犯罪事实，而不要求按照公诉机关指控犯罪的要求进行供述。

关于属于定罪情节的主要事实就是构成要件内的事实，而对于影响量刑的事实在何种程度上属于主要犯罪事实没有具体的阐述，只是列举了行为人未能如实交代“主要犯罪事实”的种种情形，大多概括为:（1）为了使自己逃避惩罚，将自己实施的犯罪行为嫁祸于他人的；（2）在共同犯罪中，大包大揽，意图包庇同伙的；（3）歪曲真相，对自己的罪行做有利于自己的解释，将犯罪行为说成是有利于社会的行为的；（4）捏造犯罪，自陷于罪的；（5）遮遮掩掩，避重就轻，意图减轻罪责的。[①]

上述归纳仅就行为人未如实供述的心态进行了分析，对影响量刑情节的事实并未说明，由此有学者提出了较为明确的标准：其一，该事实情节决定对犯罪嫌疑人应适用的法定刑档次是否升格；其二，该事实情节在总体危害程度上比其他部分事实、情节更重大，应当从已供述部分占全部查证属实部分的比例来把握。[②]

笔者认为，第一个标准较为明确，而且便于司法操作，第二个标准涉及比例问题，掌握起来容易标准不一，如是以过半数还是以绝对多数为准，论者也没有进一步论证，因此，在无具体规则可循的情况下，要么会导致该标准的滥用，要么会导致被弃之不用，因此笔者认为应当均以该情节是否决定对行为人最终适用的法定刑格为标准。

实操建议

具体到多次犯的场合，如果多次违法作为某一犯罪构成标准之一，只要行为人如实供述的事实达到定罪程度，即使行为人供述次数的多

① 周振想:《自首制度的理论与实践》，人民法院出版社1988年版，第69~73页。

② 周加海：《自首制度研究》，中国人民公安大学出版社2004年版，第93页。

少与实际查证属实的不一致，也应当认定为自首。如果多次犯罪是作为加重处罚的情节之一，由于犯罪次数决定了适用刑罚的档次，只有在行为人供述的犯罪次数（根据司法实践，一般为3次以上）可以达到适用升格法定刑的程度时，才能认定自首，即使尚未供述的部分仍有多次，只要尚未供述部分不足以影响其适用更高刑格，即应当认定为自首。总的原则就是将行为人供述的部分与查证属实没有供述的部分相比较，若其供述部分已经足以决定其最终适用的刑格，则应认为已经如实供述了主要犯罪事实，属于自首；如果供述部分较未供述部分为轻，且未供述部分决定了其适用更高刑格，则认为其对影响定罪量刑的主要犯罪事实没有如实供述，不认定为自首，但在量刑时也应对其归案并如实供述部分犯罪事实的情节予以考虑。①

033. 在共同犯罪案件中如何认定“如实供述主要犯罪事实”

共同犯罪案件中的主要犯罪事实应当包括同案犯的犯罪事实，但对于属于连累犯等非必要共犯场合，所供述主要犯罪事实不包括其他关联犯罪人的犯罪事实。

最高人民法院《关于处理自首和立功若干具体问题的意见》规定，共同犯罪案件中的犯罪嫌疑人，除如实供述自己的罪行，还应当供述所知的同案犯，主犯则应当供述所知其他同案的共同犯罪事实，才能认定为自首。

---

① 对于多次犯数额累计计算，并且以数额大小决定刑罚轻重的犯罪中，这种情况较为多见，如多次贪污，数额累计计算，行为人供述了自己3次贪污，累计贪污4万元，而对于第四次贪污12万元的事实没有供述，由于全部犯罪数额应当适用10年以上有期徒刑的刑罚，而行为人供述部分只能适用10年以下有期徒刑的刑罚，行为人未供述部分对于量刑有重要作用，因此不能认为其如实供述了主要犯罪事实，不认为自首，但是在具体裁量刑罚时应当考虑其供述部分，酌情从轻。

参考案例

喻春等故意杀人案 ①

2012年6月10日，被告人喻春因赌资赔付与被害人桑山发生口角，继而发生互殴。喻春打电话纠集其子被告人喻威去现场。喻威又打电话纠集被告人余自兵去现场。后三人沟通时持刀砍击致桑山死亡。当晚，喻春被公安人员抓获。同年6月11日，喻威向公安机关投案。次日，余自兵向公安机关投案，且如实供述了其与喻春、喻威将桑山砍死的犯罪事实。

法院审理后认为，被害人桑山具有多处刀伤，不可能系余自兵一人在厨房内完成的，故喻威虽有自动投案情节，但其既未供述其父砍到过桑山，也未供述其砍到过桑山，与事实明显不符，故认定其到案后没有供述主要犯罪事实，依法不能认定其具有自首情节

杜祖斌、周起才抢劫案 ②

2002年3月某日，杜祖斌、周起才二人共同抢劫出租车，司机被杀，二人逃离现场。第二天杜祖斌拨打"110"投案，并交代了犯罪经过，但谎称同案犯是一东北青年。山东省潍坊市中级人民法院认为杜祖斌没有如实供述同案犯，故不构成自首，但主动投案，有悔罪表现，对其判处死刑，可不立即执行，于是判处死缓；对周起才判处死刑。

司法观点

根据北京市的审判经验③，共同犯罪中的如实供述自己罪行是指：参与共同犯罪的从犯，在如实供述自己的罪行时，须供出所知的同案犯；对于主犯，则在此基础上还应供述所知的同案犯的共同犯罪

---

① 《刑事审判参考》案例第928号。

② 《刑事审判参考》案例第255号。

③ 《关于认定、处理自首立功若干问题的意见——2001年北京市东片法院刑事审判座谈会纪要（二）》。

事实。鉴于共同犯罪的特殊性，如果犯罪嫌疑人只供述自己的罪行，而不供述或有意回避任何同案犯的情况或犯罪事实，一般不认定为“如实供述”。

实操建议

笔者认为，上述对于共同犯罪中自己罪行的规定，不能套用在某些形似共同犯罪但实非共同犯罪的案件中，即对共同过失犯罪人、同时犯、实行过限、连累犯、对向犯等关联犯罪等，因为涉及与立功的交叉，对关联犯罪中如实供述自己罪行和揭发他人罪行的区分本书将在立功的认定部分予以论证。在此笔者仅就上述案例，对连累犯中“自己罪行”进行分析。

连累犯，是指事前与他人没有通谋，在他人犯罪以后，明知他人犯罪情况，而故意以各种形式予以帮助，依法应受处罚的犯罪行为或其犯罪之形态。[①] 由于连累犯与其帮助的人之间并不存在共同犯罪故意，属于形似共同犯罪而实非共同犯罪的情况。连累犯虽然不属于共同犯罪，但是往往是行为人在明知他人犯有罪行的情况下为之提供事后帮助，他人的罪行往往是其罪行的构成要素，但对于他人的罪行，只要行为人明知即可，不需要对具体的犯罪情节了解。

有人认为，此类犯罪人若不能将与其存在连累关系的其他犯罪人的犯罪事实供述清楚，就势必不能将自己的罪行交代清楚，因此不能查证其犯罪事实是否存在，没有节约诉讼资源，也未体现其接受国家裁判的自愿性，因此不能认定为自首。

笔者认为，连累犯作为事后帮助犯，其对本犯的罪行往往是概括性地明知或者是应当知道其实施了犯罪行为，认定其构成连累犯，不仅应当从其供述中查明其是否明知对方是犯罪之人，而且更为重要的是，要通过其客观行为、案发时间、地点、犯罪对象等附随条件推定其明知对方是犯罪人，因为仅凭口供是不能认定犯罪的，尤其是对于

---

① 陈兴良：《共同犯罪论》，中国社会科学出版社 1992 年版，第 464 页。

“明知”的证明，更要结合客观行为，以社会一般人的观点考虑行为人实施法定的行为时是否知道或者应当知道。这里的“应当知道”就是根据已经查明的基础事实作出的一种推定结论，有学者考证分则中有近 30 条规定的犯罪事实上包含主观故意内容的推定成分，[①] 而且在司法实践中也广泛存在对于明知的推定，例如，2007 年最高人民法院、最高人民检察院《关于办理与盗窃、抢劫、诈骗、抢夺机动车相关刑事案件具体应用法律若干问题的解释》第 6 条规定：“行为人实施本解释第一条、第三条第三款规定的行为，涉及的机动车有下列情形之一的，应当认定行为人主观上属于上述条款所称‘明知’：（一）没有合法有效的来历凭证；（二）发动机号、车辆识别代号有明显更改痕迹，没有合法证明的。”也就是说，在上述情况下是不要求证明行为人对于所收购的赃车知道系何人通过何种方式取得的，其构成自首的条件只要供述自己买赃的事实即可达成，不应当将本犯的犯罪事实也作为其如实供述的范围，否则就会不正当地限制连累犯成立自首的空间，从而减弱了自首制度的功能。

034. 翻供后一审判决前又能如实供述的，是否影响自首的认定

有的犯罪嫌疑人投案后一直未主动如实供述主要犯罪事实，有的是在侦查机关掌握证据后才交代，有的是在一审庭审中才交代，还有的甚至是在二审庭审或者二审发回重审后才交代。在此情形下，犯罪嫌疑人虽然自动投案，但投案后不主动如实供述，无法体现其悔罪态度，案件得以侦破主要依靠侦查机关的努力，未体现节约司法资源的宗旨，故不能认定为自首。犯罪嫌疑人自动投案后，虽然投案初期没

---

① 应建廷、黄河：《刑事推定与金融诈骗犯罪非法占有目的的证明》，载姜伟主编：《刑事司法指南》2001 年第 4 辑，法律出版社 2001 年版。

有交代自己的主要犯罪事实，但在司法机关掌握其主要犯罪事实之前主动交代的，还应认定为如实供述自己的罪行。

法律依据

《关于处理自首和立功具体应用法律若干问题的解释》

第一条 ……犯罪嫌疑人自动投案并如实供述自己的罪行后又翻供的，不能认定为自首，但在一审判决前又能如实供述的，应当认定为自首。

如果一审开庭时没有如实供述，二审再如实供述，则不能认定为自首。反之，一审阶段如实供述，在二审期间翻供的，二审法院也不能改变对自首的认定。因为一审判决认定被告人自首符合法律规定，而上诉不加刑，故不能改变对自首的认定。

（三）准自首的认定

035. 如何判断是自动投案中的“形迹可疑”还是“犯罪嫌疑”

仅因形迹可疑被盘问、教育后主动交代犯罪事实，若有关部门并未掌握其他证据，则其主动交代对确定犯罪嫌疑人具有决定性的实质意义，应认定为自动投案；若有关部门在其交代时或者交代后即在其身上、随身物品、交通工具等处搜获与犯罪有关的物品，则即便其不交代，有关部门仍可掌握犯罪证据，故此类情形下的交代对确定犯罪嫌疑人不具有实质意义，一般不能认定为自动投案。

关键就是看司法机关能否依凭现有证据特别是客观性证据在行为人与具体案件之间建立起直接、明确、紧密的联系。依据当时证据行为人作案的可能性已经大大提高，达到了被确定为“犯罪嫌疑人”的程度。能建立起这种联系的，行为人就属于犯罪嫌疑人；建立不起这种联系，而主要是凭经验、直觉认为行为人有作案可能的，行为人就属于“形迹可疑”，同时也要审查到案时的笔录形式。

上述情形在毒品犯罪案件中较为多见。例如，公安机关设卡例行检查时发现某人神色慌张，形迹可疑，遂对其进行盘问，此人即交代了运输毒品的犯罪事实，公安人员随后在其随身携带的行李箱内查获毒品，这类情形就不能认定为自动投案。当然，如果与犯罪有关的物品是通过正常工作方法难以发现的，如某人运输毒品时发现前方500米处有检查站，即将毒品埋在路边，该人在检查站因神色慌张而被盘问，即交代了犯罪事实并带领公安人员找到了埋藏的毒品，此时的主动交代对确定犯罪嫌疑人就具有实质意义，可以认定为自动投案。对于其他类似情形，可以根据上述规定的精神具体把握。

法律依据

最高人民法院《关于处理自首和立功具体应用法律若干问题的解释》

第一条 ……罪行未被司法机关发觉，仅因形迹可疑被有关组织或者司法机关盘问、教育后，主动交代自己的罪行的……应当视为自动投案。

最高人民法院《关于处理自首和立功若干具体问题的意见》

一、……罪行未被有关部门、司法机关发觉，仅因形迹可疑被盘问、教育后，主动交代了犯罪事实的，应当视为自动投案，但有关部门、司法机关在其身上、随身携带的物品、驾乘的交通工具等处发现与犯罪有关的物品的，不能认定为自动投案。……

参考案例

杨永保等走私毒品案①

1998年12月，杨永保、陈兴助携带毒品走私入境，欲由云南乘

① 《刑事审判参考》案例第82号。

飞机前往内地。在机场接受公安人员例行安全检查时，仅因形迹可疑被公安人员盘查，二人即如实交代了走私毒品的犯罪事实。德宏傣族景颇族自治州中级人民法院认定二人“被机场公安民警查获”，没有认定自首，判处二人死刑，上诉后云南省高级人民法院维持原判。最高人民法院死刑复核时认为二人构成自首，对二人改判死缓。这里的关键问题是二人如实交代之前公安机关是否有证据或线索将二人列为嫌疑人：例行安检证明还没有证据。

庄保金抢劫案[①]

1998年7月30日深夜，庄保金潜入罗继永商店行窃，被罗发现后当场使用暴力致罗死亡，构成入室抢劫。

侦查人员在侦破此案、排查犯罪嫌疑人的过程中，发现庄保金表现反常：主要是庄保金一改以前好打听、爱凑热闹的习惯，从不接触公安人员，不去发案现场，也不打听案情，好像变了个人似的。同时，侦查人员还了解到：庄保金之妻曾向人透露，发案那天后半夜，庄保金只穿了短裤回家，可能是去找姘头了。据此，公安人员认为庄保金有重大犯罪嫌疑，对其传唤。庄保金一经传唤，即供认了犯罪事实。公安人员根据庄保金的供述，到其家中查获了其劫得的现金人民币2000余元及其作案时穿的衣服、鞋子。吉安地区中级人民法院认为，庄保金在公安机关并不掌握其犯罪事实，仅将其作为重大作案嫌疑人传讯时，即如实供述了自己的罪行，应视为自首。最终判处其死刑，缓期2年执行。

一审宣判后，江西省检察院吉安分院认为：公安机关经过侦查已将庄保金列为重大犯罪嫌疑对象，庄保金被依法传唤后不得不交代自己的犯罪事实，不能认定自首；庄保金犯罪情节恶劣，后果严重，一审判决对其量刑畸轻。遂提出抗诉。江西省高级人民法院认为原审判决认定庄保金具有自首情节并在处刑上予以考虑不当。于是，撤销原判，对庄保金判决死刑。最高人民法院经复核认为：庄保金在案件发

---

① 《刑事审判参考》案例第59号。

生后，被列为犯罪重大嫌疑对象，虽一经传唤即供认罪行，但不应视为自首。庄保金不具有法定从轻处罚的情节。对江西省高级人民法院判处庄保金死刑予以核准。

最高人民法院的任卫华法官在评析该案时谈到，形迹可疑，是指特定人的举动、神态不正常，使人产生疑问。这种疑问是臆测性的心理判断，它的产生没有也不需要凭借一定的事实依据，是一种仅凭常理、常情判断而产生的怀疑。犯罪嫌疑，是指侦查人员凭借一定的事实根据或者他人提供的线索，认为特定人有作案嫌疑。这种嫌疑是逻辑判断的结果，它的产生必须以一定的客观事实为根据，是一种有客观根据的怀疑。本案中，侦查人员已了解到庄保金具有作案时间，且庄保金在该时间内的表现反常，在公安机关开展侦破工作后表现也明显反常，据此确定庄保金有重大作案嫌疑，故对其依法传唤。因此，庄保金是公安机关在侦破案件中确认的犯罪嫌疑人，而不是因偶然原因接触的形迹可疑人。

刘长华抢劫案[①]

2008年3月18日23时许，刘长华携带水果刀、手电筒及手套等工具窜至某出租屋，以嫖宿为由，在与被害人刘小兰发生性关系后，趁其不备，用拳头猛击其头部，欲将其打昏后劫取财物。因被害人呼救，刘长华随即逃跑，被害人的朋友马某随后追赶，追至某路段时被巡逻民警发现。巡逻民警认为刘长华形迹可疑，即上前拦截，抓住刘，从刘的身上搜出手电筒一支、手套一双、水果刀一把，并将刘带回珠海市公安局前山派出所调查。在后追赶的马某见状随即返回，没有前往公安机关作证，被害人也未报案。刘长华被民警带至派出所后，在2008年3月19日1点多第一次接受民警询问时不承认抢劫的犯罪事实，7点第二次接受询问时开始交代抢劫的犯罪事实。广东省珠海市香洲区法院以抢劫罪（未遂）判处刘长华有期徒刑3年。一审宣判后，刘长华不服，以其系抢劫未遂，原判决量刑过重为由提出上诉。

① 《刑事审判参考》案例第704号。

珠海市中级人民法院认为，其在实施抢劫后，被采取强制措施之前，仅因形迹可疑而被巡逻民警调查询问时即如实供述抢劫罪行，属于自首，可以减轻处罚。改判有期徒刑2年。

珠海市中级人民法院和最高人民法院的法官分析称，虽然巡逻民警将刘长华截停后从其身上查获了手电筒、手套、水果刀等工具，对其可能实施犯罪产生怀疑并将其带至派出所进行调查。但在没有被害人报案和马某指认的情况下，这些物品也可以作为正常生活用品予以解释。水果刀是折叠水果刀，并非管制刀具，行为人可以辩解为自己随身携带用于削水果用，手电筒是晚上行路用于照明，手套是自己平时上班用的工具，后面有人追赶其完全可以称自己是被人追抢或追打，而追赶人马某此时已离开现场，被害人刘小兰也未报案，民警此时根本不知道已有犯罪发生。因此，仅凭借查获的这些物品难以将刘长华与具体的抢劫案件之间建立起直接、明确、紧密的联系，从侦查机关对刘长华采取的是留置盘问措施以及所做的是询问笔录而非讯问笔录也可看出，民警只是感觉刘长华系形迹可疑，而非有犯罪嫌疑。没有刘长华本人主动如实供述抢劫罪行并带领侦查人员寻找刘小兰配合调查，此案是无法侦破的，故其归案具有自动性，应当认定为自首。此外，刘长华是在被采取刑事拘留强制措施之前主动供述公安机关尚未掌握的抢劫罪行，从这一角度来说其亦成立自首。

司法观点

目前法院对“形迹可疑”的掌握体现在下述几点[①]：

（1）“形迹可疑”是基于一些表象对行为人具有违法犯罪的可能性作出的一种判断；

（2）作出判断并不是以确切的证据为依据，也没有把行为人可疑

---

① 参见《关于审理刑事案件若干问题的研讨意见北京市东片法院刑事审判2005年工作座谈会纪要》，而这种法院针对一定时期的一定社会现实所作出的内部处理意见能否超越法律的有关规定、能否为检察机关所认可，都存在疑问。

的表象与某一或某种具体的犯罪联系起来；

（3）对于形迹可疑人的盘问是为了验证上述判断，而不是基于特定的目的进行审查。

"形迹可疑"是一种没有根据的怀疑，所体现出来的只是行为人实施某一或某种违法犯罪行为的可能性，不管这种可能性有多大，都不能把它与"犯罪嫌疑"等同。"形迹可疑"与"犯罪嫌疑"的区别，应当以怀疑是否有根据以及这种根据是否足以把行为人与某一或某种具体的犯罪联系在一起为标准。如果足以将被查询者身上的可疑物品（如赃物、毒品）与某一或某种具体的犯罪相联系，被查询者即已成为犯罪嫌疑人，其再做供述也不能"视为自动投案"。

学理解释

有的学者认为，判断是否因形迹可疑被盘问、教育，应从司法机关是否掌握其基本犯罪事实或者断定其实施某种犯罪的重要证据两个方面把握，如果不具备上述两个方面，仅凭工作经验或个别线索，对被怀疑对象的盘查或询问，就应当认定为因形迹可疑被盘问、教育。其还列举了"仅因形迹可疑被盘问、教育"的通常表现："一是有关组织没有掌握任何犯罪事实或犯罪证据，仅凭直觉和工作经验对被怀疑对象进行查询；二是有关组织虽已获取一定犯罪线索或证据，但据此并不知悉犯罪的基本事实（或过程），也不能重点确定犯罪的嫌疑对象而对有关人员进行查询。"①

也有实务工作者提出应从"质""量"两个方面综合认定是否形迹可疑，所谓"质"的标准，是指赃物或犯罪工具的性质或种类可与犯罪直接联系；所谓"量"的标准，是指赃物或犯罪工具的数量可与犯罪直接联系。②也有观点认为，可以从两方面把握：（1）司法机关

① 陈麒、曾昭：《"盘问下的自首"之理解及相关问题》，载《综合来源》2005年第5期。

② 邹开红：《自首法律适用的若干问题》，未刊发。

是否掌握了行为人犯罪的一定证据或线索；（2）是否当场搜出了与犯罪有关的物品。司法实践中认定“形迹可疑”型的自首，关键要分析两点：一是司法机关是否掌握了行为人犯罪一定的证据或者线索；二是行为人当时不如实交代，能否作出合理解释。

上述几种观点虽然看上去很合理，但这种界定“形迹可疑”的标准比较抽象，或者说是一种实质标准，均是已经经过案件承办人自由心证判断后的事实，无论是“一定根据的怀疑”还是“工作经验”抑或“质、量标准”，都是与侦查人员的办案经验、责任心密切相关、各不相同的，因此这种“根据”的判断也是检、法的承办人很难把握，也是仁者见仁、智者见智的，即使如有的学者提出的“以一般司法人员的认知水平”为标准，[①] 如何判断这种认知水平既是不得而知的，也是不可能实际操作的。例如，半夜巡逻的民警发现甲骑的三轮车上面有一台电脑，上前对其进行询问时，甲当即承认了盗窃他人电脑的事实，对此，是否应当认为属于形迹可疑被盘查？不同的承办人就有不同的理解。认为不属于形迹可疑的理由是，在当时的环境下（半夜），甲拉着电脑在街上走，根据一般人的判断就是来历不明，甲面对侦查人员的盘问，在无法抵赖的情况下供述自己的犯罪事实，属于犯罪线索已经被掌握，缺乏自首的主动性条件，因此不成立自首。而认为属于形迹可疑的情况理由是，民警当时进行盘查并没有确切的证据证明甲有违法犯罪嫌疑，只能认为甲当时的行为不合乎情理，甲只是因为其形迹可疑而受到教育、盘问，如实供述的，应当认定为自首。所以，同样的情形因为承办人生活经验的不同，就会有不同的认定结果，这就违反了刑事制度的客观性、公平性的要求。

---

① 这种观点认为，一般社会公众欠缺查证犯罪的专业性知识和经验，而不同司法人员的办案水平和能力各有不同，因此既不应当以一般社会公众的认知水平，也不应当以直接负责对行为人进行盘查工作的特定司法人员或其他有关组织人员的认知水平作为判断所掌握的线索、证据是否已达到足以将行为人合理怀疑为某宗罪行的犯罪嫌疑人的标准。参见周加海：《自首制度研究》，人民公安大学出版社2004年版，第53页。

因此，笔者提出，应当统一认定形迹可疑自首的形式证据标准，来取代上述实质性标准适用可能会造成的不公平现象。该形式证据认定标准的认定也要满足以下要求：

（1）必须体现了自首制度的本质，即必须体现嫌疑人接受国家追诉的自愿性的行为才可以认定为自首，故在侦查活动中，可以证明行为人没有逃避追查的证据方具有认定为自首的价值。

（2）为达到弥补坦白从轻法定化缺失的立法漏洞的目的，使“坦白从宽、抗拒从严”的刑事政策得以体现，此类自首的认定标准可以容纳诉讼开始阶段的坦白行为，即并非对犯罪线索一概不掌握的情形才认定为形迹可疑，对掌握了一定的线索，但是还没有直接的证据能够证实的情形，也应当认定为“仅因形迹可疑”。

（3）从合理处理案件、切实保障犯罪人的行为能够得到同质评价的角度出发，认定是否“形迹可疑”应在发现犯罪嫌疑的证据形式上进行统一，这样才能真正实现法律面前人人平等、公平适用《刑法》。

实操建议

实践中，犯罪嫌疑人的到案形式一般是以侦查机关出具的到案经过来表现的，这通常是认定自首的主要证据，但往往被以“经工作发现”等模糊性词句概括，对到案方式进行审查应当结合接受案件登记、立案决定书、“110”报警记录、扣押物品清单等案发情况证明，以及盘问通知书、继续盘问通知书、传唤证、拘留证等司法文书的制作时间，盘问笔录、继续盘问笔录的制作时间、内容等到案情况证明来判断。一般可以分为：

（1）没有事主或相关报案记录的情况下，行为人经盘问如实供述罪行的，应当认定为形迹可疑型自首。

也就是说，司法人员没有接到事主报案等案件线索（往往通过接受案件登记、立案决定书、“110”报警记录等在案卷中有所体现），在日常巡逻中发现形迹可疑人，无论是因为嫌疑人神色表情（看到警察后撒腿就跑或者语无伦次)、衣着特征(如身上有血迹或破损)、随身携带可疑物品(如撬痕明显的车辆、多把万能钥匙等法律不禁止公民持有的物品,但其来源有待进一步确认是否为合法持有)等要求其接受盘问,对这种可疑进行合理地解释,被询问人在盘问中主动供述自己罪行的,一般应当认定为自首。这种情况下被询问人都不知道自己的罪行是否被司法机关掌握以及被掌握的程度,其在接受盘问、询问的时候,当即承认了自己的犯罪事实,并自愿接受司法机关的处理,即使当时侦查机关已经根据一定的线索确认了犯罪嫌疑人的特征或者有可能有违法犯罪行为,但是因为没有即时采取强制措施的根据,采用盘问笔录的形式固定口供,应视为一般性的询问。可以认为此时被询问人的犯罪事实尚未被公安机关掌握,其如实供述并愿意接受公安机关进一步处理的,一般应当认定为自首。

(2)采取强制措施不适时的情况下,统一以是否在盘问笔录中供述罪行作为认定自首的标准。

实践中存在这样的情况,侦查人员应当采取强制措施,但由于强制措施要达到严格的程序和证据要求,在当场发现犯罪嫌疑时,往往来不及请示而先适用普通的询问措施。笔者认为,此时如果嫌疑人如实供述,且在盘问笔录而非讯问笔录中体现了这种如实供述,均可以被认定为自首。但笔录的性质不能仅靠形式上的笔录首部认定,而应根据侦查人员的问话内容分别是询问还是讯问。因为根据《刑事诉讼法》第 93 条的规定,侦查人员在讯问犯罪嫌疑人的时候,应当首先讯问犯罪嫌疑人是否有犯罪行为,让他陈述有罪的情节或者无罪的辩解,然后向他提出问题。如果侦查人员对被调查对象问话是为了通过这种问话获得被问者的有罪供述或者是自我归罪的证据,并且让被问者回答是否有犯罪行为,那么这种问话就是讯问,从这一刻起,被问者的法律身份就是犯罪嫌疑人了,此时其即使如实供述了犯罪事实,也因不具备主动性要求而不能认定为自首。

也许有人认为,以此来界定自动投案的范围,无疑会有失之过宽之嫌,但在此种刑事程序刚刚开始的情况下,因嫌疑人承认犯罪事实从而明确了犯罪方向，并且也表明了犯罪嫌疑人将自己交付国家机关审判的意愿，符合自首制度设立的目的，对比犯罪嫌疑人在被通缉、追捕过程中主动投案的情形，其无疑更加节约司法资源，没有逃跑情节也更加体现了嫌疑人将自己交付国家审判的自愿性，对后者尚能认定为自动投案，从而认定为自首，对于前者反而不能认定，这就丧失了刑法的均衡性和公平性。因此，笔者认为，确立认定是否"形迹可疑"的形式标准，扩大自首的认定范围，无疑更加具有实质合理性。

（3）在没有采取或尚未采取强制措施的案件中，司法人员已经将某人当作犯罪嫌疑人进行了侦查或者讯问，但为了规避《刑事诉讼法》关于诉讼时限的规定，仅将这种讯问说成是询问或一般的调查，借此摆脱《刑事诉讼法》有关时限的约束，这种变通处理的方式变相剥夺了犯罪嫌疑人在讯问后获得相应法律帮助等诉讼权利，但因其只是一般性的询问，被询问人如实交代的即应认定为自首，这也是对这种变相剥夺嫌疑人权利的一种补偿。

036. "形迹可疑"型自首的投案对象中"有关部门、司法机关"的范围应当如何界定

根据最高人民法院《关于处理自首和立功若干具体问题的意见》的规定，罪行未被有关部门、司法机关发觉，仅因形迹可疑被盘问、教育后，主动交代了犯罪事实的，应当视为自动投案。这里的有关部门或者司法机关应当包括公、检、法等司法机关以及犯罪嫌疑人"所在单位、城乡基层组织或者其他有关负责人员"，对这里的"负责人员"应当做宽泛理解，包括所有负责刑事案件侦查、起诉、审判职责的一般司法人员、犯罪人所在单位的直接主管人员（如部门领导、保卫人员等），以及城乡基层组织中具体负责治安保卫事宜的主管领导及一般工作人员，无论上述人员是否处于执行职务期间，因为一旦犯

罪人向上述机关、人员投案，这些单位、组织或人员所充当的就是犯罪人与司法机关的中介角色，其作用就在于对犯罪人采取暂时的控制措施并及时将犯罪人及其罪行移交给司法机关处理。①

因此，实践中比较多见的行为人在接受单位领导或保安、联防等负有保护安全、预防犯罪的机关、人员的盘问、教育时如实交代的，也应当视为自动投案，因此时罪行尚未被司法机关发觉，行为人受到刑罚追究的危险性尚不大，其如实交代，且事后没有阻碍有关组织的报案，能进一步配合司法机关工作，反映其主观恶性较小，应该作为自动投案处理。最高人民法院、最高人民检察院《关于办理职务犯罪案件认定自首、立功等量刑情节若干问题的意见》中也明确了这一点，即认为“犯罪分子向所在单位等办案机关以外的单位、组织或者有关负责人员投案的，应当视为自动投案”。

另外，在法定强制措施（应限定于传唤、拘留、逮捕这些限制人身自由的强制措施）及有权部门的调查措施（纪检、监察部门的“两规”“两指”措施）以外的其他限制人身自由的方式，如在司法拘留、行政拘留、取保候审后潜逃又自动投案并如实供述所犯罪行的，从准自首制度的设立意旨看，是为了解决对于已被关押、已丧失人身自由而不可能再有“自动投案”条件的犯罪分子，主动交代司法机关还未掌握的本人其他罪行的，也以自首论的问题，现行《刑法》增设准自首制度，规定对这种虽不具备“自动投案”要件，但仍具备自首本质特征的行为“以自首论”，因此，对上述未被关押的、仅处于限制人身自由状态的犯罪分子来说，其完全具有自动投案的条件，存在成立一般自首的余地，而且其自动投案行为与其他犯罪分子的自动投案行为在本质上亦没有任何区别，因此应当直接以一般自首认定。最高人民法院《关于处理自首和立功若干具体问题的意见》也采取了上述观点，规定“因特定违法行为被采取劳动教养、行政拘留、司法拘留、强制隔离戒毒等行政、司法强制措施期间，主动向执行机关交代尚未

---

① 周振想：《自首制度的理论与实践》，人民法院出版社 1988 年版，第 54 页。

被掌握的犯罪行为的”，应认定为自动投案。

037. 向被害人“投案”的是否认定为自动投案

在公诉案件中，犯罪人向被害人投案并且在被害人报案时不予以阻止，并接受司法机关的侦查和讯问；或者是自诉案件中，犯罪人直接向有告诉权的被害人或其法定代理人、近亲属等如实供述自己的罪行，[①] 并不阻碍其向司法机关告诉并接受审查、裁判的，在一定情况下，也可以认定为自首。

法律依据

最高人民法院《关于处理自首和立功具体应用法律若干问题的解释》

第一条 ……自动投案，是指犯罪事实或者犯罪嫌疑人未被司法机关发觉，或者虽被发觉，但犯罪嫌疑人尚未受到讯问、未被采取强制措施时，主动、直接向公安机关、人民检察院或者人民法院投案。……

参考案例

周建龙盗窃案[②]

被告人周建龙于2005年8月先后4次到江阴市月城镇北兆村后高岸50号邻居陆金宝家窃得人民币7000余元。2005年8月25日、26日，被告人周建龙在被害人陆金宝家中向被害人沈秀英（陆金宝妻子）承认自己盗窃犯罪的事实，并写了基本内容为“借沈秀英人民币8200元”的借条及承诺以工资还款的保证书。同年8月29日，被害人陆金宝向江阴市月城派出所报案并提供了周建龙向其承认盗窃事

① 这种情况在我国古代刑法以及日本等国的刑法中均有规定，称为“首服”。

② 《刑事审判参考》案例第437号。

实及书写保证书等情况。同年10月23日，被告人周建龙向被害人沈秀英支付人民币800元。同年11月19日，被告人周建龙被传唤至江阴市月城派出所，经审讯，交代了盗窃犯罪的事实。

法院审理后认为，周建龙仅向被害人承认盗窃事实的情节尚不符合自首的条件，依法不能认定为自首，但可以从轻处罚。

聂某盗窃案①

被告人聂某系北京某高校学生，于2004年2月至10月在北京科技大学学生宿舍先后盗窃与其同宿舍的被害人申某的手机四部。后申某当面向聂某质问其手机是否是聂某所偷，聂某向申某承认了盗窃四部手机的事实。被害人申某向学校保卫部门报告，学校保卫部门报警后将被告人聂某抓获。法院、检察机关均认定聂某系自首。

学理解释

肯定说认为，向被害人投案可以具有自首之效力。理由在于"自首在原则上须向有侦查犯罪权之公务员为之……惟对于不有此权之公务员自首，而经其移转于有权之公务员，又或向犯罪之被害人或告诉权人自首，经其告诉或自诉，而受裁判，亦非无此作用，故仍不失为刑法上之自首……对于所向自首之人，并未加限定，就立法精神观之，自以从宽解释为妥，自首之处所及方法并无限制，无论在官署内或官署外行之，亦无论以书面为之，亲自投案为之，或委托他人为之，只须到达于所首之人，即生效力"。②

而否定说则认为，向被害人自首不具有自首之效力。该说认为，自首以对于未发觉之罪投案而受裁判为要件，至其方式虽不限于自行投案，即托人代理自首或向非侦查机关请其转送，亦无不可，但须有向该管司法机关自承犯罪而受裁判之事实，始生效力。若于犯罪后仅向被害人或非有侦查犯罪职务之公务员陈述自己犯罪事实，而无投案

① 系笔者本人承办的案件。

② 参见韩忠谟：《刑法原理》，中国政法大学出版社2002年版，第301页。

受裁判之表示，即与自首之条件不符。[①] 但实务界的检、法处理，往往出于罪刑相均衡的目的对此加以认定。

实操建议

一般而言，向被害人投案可以分为三种情况：第一种是行为人同时表示其愿接受法律制裁；第二种是行为人表示不希望被举报，但如果被害人举报，行为人仍然接受；第三种是行为人向被害人承认作案，但目的只是“私了”，使被害人不报案。对于前两种情况，行为人对于经由被害人移送司法机关接受审查和裁判并不抵触或拒绝，与其直接到司法机关投案无异，虽然没有明确规定向被害人投案可构成自首，但结合此种情形的实质，符合自首条件的精神实质，可以认定为自首。

就设立自首的立法本意而言，从罪刑相适应的原则出发，自首往往代表犯罪人的人身危险性的降低，理应在刑罚适用中对于愿意弃恶从善、改过自新、回归社会的犯罪人的量刑降等或降序，这符合正义的要求；同时，从提高司法效率、节约司法成本的角度看，自首打破了有关犯罪信息传递的障碍，有利于案件的及时侦破和处理，应当受到刑法的肯定和奖励，无论是向有关组织投案还是向被害人投案，只要行为人没有阻碍对方将其交付有关司法机关，就体现了其接受国家审判的自愿性，符合自首的本质要求，应当认定为自首。

038. 陪首、送首的情况是否可以视为自动投案

这也是自首认定中其他常见的情况。并非出于主动而是经亲友陪同、规劝投案的，或者在公安机关通知其亲友或亲友主动报案后，其亲友将其送去投案的，能否认定为自首，关键要看家属及嫌疑人本人是否具有接受司法机关处置的意愿。

---

① 参见马克昌主编：《刑罚通论》，武汉大学出版社2000年版，第376页。

犯罪嫌疑人被亲友采用捆绑等手段送到司法机关，或者在不明知的情况下被亲友带领侦查人员前来抓获的，由于嫌疑人并无投案的主动性和自愿性，完全是被动归案，将此认定为自动投案既不符合自首的本质特征，也违背了主客观相统一的刑法原则，而且破坏了人们对于自首的一般理念。因此，上述情形不宜认定为自动投案。

但是，法律对这种"大义灭亲"的行为应予充分肯定和积极鼓励，在量刑时一般应当考虑犯罪嫌疑人亲友的意愿，参照法律对自首的有关规定酌情从轻处罚。当然，如果犯罪嫌疑人亲友是出于对嫌疑人的痛恨而实施"送子归案"等行为，并不要求对嫌疑人宽大处理，在量刑时也可以不予从轻处罚。

法律依据

最高人民法院《关于处理自首和立功具体应用法律若干问题的解释》

第一条 ……并非出于犯罪嫌疑人主动，而是经亲友规劝、陪同投案的；公安机关通知犯罪嫌疑人的亲友，或者亲友主动报案后，将犯罪嫌疑人送去投案的，也应当视为自动投案。……

最高人民法院《关于处理自首和立功若干具体问题的意见》

一、……犯罪嫌疑人被亲友采用捆绑等手段送到司法机关，或者在亲友带领侦查人员前来抓捕时无拒捕行为，并如实供认犯罪事实的，虽然不能认定为自动投案，但可以参照法律对自首的有关规定酌情从轻处罚。

最高人民法院《关于贯彻宽严相济刑事政策的若干意见》

17.……对于亲属以不同形式送被告人归案或协助司法机关抓获被告人而认定为自首的，原则上都应当依法从宽处罚；有的虽然不能认定为自首，但考虑到被告人亲属支持司法机关工作，促使被告人到案、认罪、悔罪，在决定对被告人具体处罚时，也应当予以充分考虑。

最高人民法院、最高人民检察院、公安部、司法部《关于敦促涉黑涉恶在逃人员投案自首的通告》

三、在逃人员的亲友应当积极规劝其尽快投案自首。经亲友规劝、陪同投案的，或者亲友主动报案后将在逃人员送去投案的，视为自动投案。

最高人民法院、最高人民检察院、公安部《关于敦促在逃人员投案自首的通告》

三、在逃人员的亲友应当积极规劝其尽快投案自首。经亲友规劝、陪同投案的，或者亲友主动报案后将在逃人员送去投案的，视为自动投案。

相关案例

张栓厚故意杀人案[①]

被告人张栓厚犯罪后，当地公安机关通知了他的亲友，请他们协助捉拿张栓厚归案。张栓厚刚到其兄家门口，即被其兄送至派出所归案，符合司法解释相关规定。张栓厚归案后，在当天的前两次供述中称被害人是被其猛击头部倒地后因血压高病而死亡的，但从当日对其第三次讯问开始，张栓厚如实供认是其对倒地的被害人王德恒扼颈而致其死亡的。仅仅一天的时间，被告人张栓厚从没有全部供认杀人犯罪事实到如实供认全部犯罪事实，且以后的口供始终稳定，故不存在翻供的问题。其行为符合司法解释关于“……在一审判决前又能如实供述的，应当认定为自首”的规定，故应当认定张栓厚由亲属送其归案属投案自首。

吕志明故意杀人、强奸、放火案[②]

被告人吕志明强奸、杀害被害人并放火“毁尸灭迹”后，谎称仅与被害人发生了性关系，其亲属为使其摆脱犯罪嫌疑，主动联系公安机关，公安人员前来将吕志明带走。该情形下，被告人吕志明没有接受司法机关处置的意愿，而是心存侥幸，试图通过虚构被害人曾自愿与其发生过性关系且当晚其再次与被害人发生性关系并非强奸来“合

① 《刑事审判参考》案例第41号。

② 《刑事审判参考》案例第699号。

理”解释被害人体内为何留有其精斑，以掩盖犯罪事实，撇清自己的涉案嫌疑。故吕志明不具有投案的主动性和自愿性,不属于自动投案。

计某故意杀人案[①]

被告人计某到被害人家中向被害人借钱未果，双方发生争执、厮打，厮打过程中，计某用斧子、菜刀砍被害人头、颈，致被害人当场死亡，后计某进入被害人的卧室，搜得人民币5000余元后逃跑。其逃至外地舅舅家，告知其舅杀人情形，其舅劝计某投案自首，计某表示同意，其舅担心计某反悔，于当晚让计某的舅妈向公安机关报案，公安机关遂将计某抓获归案，计某归案后如实供述了其杀人事实。一审法院认定计某有自首情节，可以从轻处罚，犯故意杀人罪，判处死刑，缓期2年执行。检察机关以被告人计某系家属向公安机关举报被抓获，本人并未主动投案，且其在公安机关抓捕时报的是假姓名、假地址，不具有投案的真实意思表示，不能认定为自首，量刑畸轻为由，提起抗诉。二审认为，计某在亲属的规劝下，虽同意自首，但并无自动投案行为，且其在被捕时报假姓名、假地址，旨在逃避法律制裁,不能认定为自首,原审计某的舅妈向公安机关举报,系大义灭亲。判决犯抢劫罪，判处死刑。最高人民法院死刑复核，鉴于计某亲属在计某作案后积极规劝其投案自首，并主动到公安机关报案，计某归案后亦能坦白其犯罪事实，故对其以故意杀人罪，判处死刑，缓期2年执行。

姜某盗窃案[②]

姜某伙同沈某于2004年9月盗窃两次，窃得财物价值人民币1万余元。案发后,公安人员根据沈的供述,至姜的住处欲抓捕姜而未遇,遂又找到姜父（派出所社保队员）。姜父知道警方找其子，当场打电话给家中，并让姜某待在家中。随后，姜父带领公安人员至住处抓获

---

① 《刑事审判参考》案例第153号。

② 参见张华：《自首制度的若干司法疑难问题探讨——以若干起涉及自首情节的案例为视角》，载《法律适用》第2005年第6期。

姜某，姜亦没有拒捕，且到案后能够如实供述罪行。法院确认，姜某的行为构成准自首，从轻处罚。

上述案例实际上仍带有“陪”或“送”的因素，也应以自动投案论；如果犯罪人亲友曾劝犯罪人投案，但犯罪人不同意，后犯罪人的亲友采取诱骗手段将犯罪人送交司法机关带走，因为犯罪人的到案根本违背了其本人意志，故不能认定为自动投案。

实操建议

对于陪首、送首的，能否认定为自首，应当从自首的本质出发，即行为人接受国家追诉的自愿性，只有在犯罪人不阻碍其亲友的报案、对其亲友将其送交有关司法机关的行为不予反抗，才表明其存在接受追诉的自愿性，视为自动投案具有合理性。因此，处理此类案件时，不能从表面形式出发，仅以犯罪人的亲友对犯罪人采取了哄骗、捆绑、麻醉等手段为由，就一概认定其亲友送其归案的行为违背了他本人的意志，也不能不加区别地将“亲友的主动性视为犯罪分子的主动性”，[①] 而应当通过分析犯罪人在其亲友送其归案前后以及此过程中的种种表现，并重点结合其在归案后是否如实供述了所犯罪行，如果仍有报假姓名、假地址的行为，则说明其旨在逃避法律制裁，不符合自首“自愿接受国家追查和审判”的立法本质，故不认定为自首。

另外，还有犯罪人的亲友带领司法人员抓获犯罪人的情形，能否视为自动投案也应当从自首的本质出发，如有证据证明或据之推定犯罪人反对其亲友将其送交归案的，因为缺乏接受国家裁判的白愿性，不宜认定为自动投案；如果缺乏上述证据，那么即使不符合一般意义上的“陪”“送”行为，也应当认定属于自动投案。

---

① 叶巍：《自首制度新视界》，载《苏州大学学报（哲学社会科学版）》2001年第1期。

039. 如何理解“司法机关还未掌握”

最常见的判断标准是该罪行是否被通缉或者列入全国公安信息网络在逃人员信息数据库。

法律依据

最高人民法院、最高人民检察院《关于办理职务犯罪案件认定自首、立功等量刑情节若干问题的意见》

一、……没有自动投案，但具有以下情形之一的，以自首论：（1）犯罪分子如实交代办案机关未掌握的罪行，与办案机关已掌握的罪行属不同种罪行的；（2）办案机关所掌握线索针对的犯罪事实不成立，在此范围外犯罪分子交代同种罪行的。……

最高人民法院《关于处理自首和立功若干具体问题的意见》

三、……如果该罪行已被通缉，一般应以该司法机关是否在通缉令发布范围内作出判断，不在通缉令发布范围内的，应认定为还未掌握，在通缉令发布范围内的，应视为已掌握；如果该罪行已录入全国公安信息网络在逃人员信息数据库，应视为已掌握。如果该罪行未被通缉、也未录入全国公安信息网络在逃人员信息数据库，应以该司法机关是否已实际掌握该罪行为标准。……

最高人民法院、最高人民检察院、公安部、司法部《关于敦促涉黑涉恶在逃人员投案自首的通告》

二、由于客观原因，本人不能在规定期限内到司法机关投案，委托他人代为投案，或者先以信函、电话、电报、电子邮件等方式投案，本人随后到案的，视为自动投案。犯罪后逃跑，在被通缉、追捕过程中主动投案的，以及经查实确已准备去投案，或者正在投案途中，被公安机关抓获的，视为自动投案。

最高人民法院、最高人民检察院、公安部《关于敦促在逃人员投案自首的通告》

二、由于客观原因，本人不能在规定期限内到司法机关投案的，可以委托他人代为投案。犯罪后逃跑，在被通缉、追捕过程中，主动投案的，经查实确已准备去投案，或者正在投案途中，被公安机关抓获的，视为自动投案。

参考案例

何荣华强奸、盗窃案[①]

1998 年 10 月,被告人何荣华犯强奸案,后化名“周华才”“周红伟”潜逃在外。江山市公安局经侦查，查明何荣华涉嫌共同强奸犯罪，遂签发逮捕证对其进行网上通缉，网上通缉资料中附有何荣华的基本情况及照片等详细信息;2004 年 11 月,“周华才”犯盗窃罪。2006 年 3 月，江山市公安局在杭州抓获了涉嫌盗窃犯罪的“周华才”,审讯时发现“周华才”无法对其所述的身份情况自圆其说，后“周华才”主动交代其真名为何荣华及于 1998 年伙同童冬喜实施强奸犯罪的事实。

法院审理后认为，因被告人何荣华先前涉嫌强奸犯罪的事实已被江山市公安局掌握，何荣华也因此被网上通缉，网上所附资料全面、明确，且本案中尚有参与共同盗窃的徐以友知悉何荣华真实身份及何荣华涉嫌强奸的事实，即使何荣华不主动交代，江山市公安局也能查实“周华才”即系 1998 年涉嫌强奸犯罪且已被网上通缉的何荣华，故依法不宜认定被告人何荣华有余罪自首的情节，但被告人何荣华能主动交代其强奸犯罪事实，仍可据此对其所犯强奸罪酌情从轻处罚。

司法观点

犯罪嫌疑人、被告人在被采取强制措施期间，向司法机关主动如实供述本人的其他罪行的，关于该罪行能否认定为司法机关已掌握，应根据不同情形区别对待。如果该罪行已被通缉，一般应以该司法机关是否在通缉令发布范围内作出判断，不在通缉令发布范围内的，应认定为还未掌握，在通缉令发布范围内的，应视为已掌握；如果该罪

① 《刑事审判参考》案例第 411 号。

行已录入全国公安信息网络在逃人员信息数据库，应视为已掌握。如果该罪行未被通缉，也未被录入全国公安信息网络在逃人员信息数据库，应以该司法机关是否已实际掌握该罪行为标准。[①]

实操建议

关于“尚未掌握”需要注意以下几点：

（1）其一般是指司法机关还未有一定的客观线索、证据合理怀疑行为人还犯有其他罪行。即使执行公务的司法人员已经通过通缉材料等了解某犯罪人的前罪，但在具体执行职务时，该信息未必能为该司法人员清晰把握，如果是在其没有意识或尚未怀疑眼前被询问人就是其了解的通缉在逃犯，就很难说其已掌握了犯罪人的前罪事实，此时如果犯罪人能如实供述前罪事实，就很难认为其供述不具有主动性，如果不认定为准自首的话，不利于鼓励犯罪分子主动交代余罪，不利于及时有效查处积案，不利于体现自首从宽的政策。因此，笔者认为，对于网上通缉的情况，只要不是办案机关直接根据通缉材料记载的犯罪人的体貌特征将其抓获的，而是在追查其他犯罪时将犯罪人抓获，即使根据犯罪人所报的身份情况查明其被通缉的事实，犯罪人对此并不知情，而主动供述了自己被通缉之罪，均应认定为如实供述尚未被司法机关掌握的罪行，以自首论。

（2）这里的“司法机关”不仅是指正在办理本案的司法机关，也包括其他的司法机关，包括异地司法机关。当然，这里“司法机关”的外延应当根据具体案情具体分析。比如，行为人已被通缉，但通缉资料不全面，内容不明确，现行办案机关并不掌握或者很难、几乎不可能通过比对查证等方式在当时掌握该犯罪嫌疑人的所犯余罪；或者因地处偏僻、路途遥远或通信不便等原因，客观上使现行羁押犯罪嫌疑人、被告人的司法机关在对现行犯罪的侦查、起诉和审判过程中，难以了解或发现该先行发生的犯罪事实的，可以将该先行实施的犯罪

---

① 张军主编：《刑法［总则］及配套规定新释新解（下）》（第7版），人民法院出版社2009年版。

视为司法机关尚未掌握的罪行，这时的司法机关就是指直接办案的司法机关。如果行为人所犯前罪被通缉，对现行犯罪的司法机关可以通过通缉资料掌握该行为人所犯前罪，此时的“司法机关”应当包括通缉令覆盖范围内的所有司法机关。

040. 如实供述的是司法机关已经掌握的事实，是否可以从宽处罚

可以。

法律依据

最高人民法院、最高人民检察院《关于办理职务犯罪案件认定自首、立功等量刑情节若干问题的意见》

三、关于如实交代犯罪事实的认定和处理

犯罪分子依法不成立自首，但如实交代犯罪事实，有下列情形之一的，可以酌情从轻处罚：(1）办案机关掌握部分犯罪事实，犯罪分子交代了同种其他犯罪事实的；(2）办案机关掌握的证据不充分，犯罪分子如实交代有助于收集定案证据的。

犯罪分子如实交代犯罪事实，有下列情形之一的，一般应当从轻处罚：(1）办案机关仅掌握小部分犯罪事实，犯罪分子交代了大部分未被掌握的同种犯罪事实的；(2）如实交代对于定案证据的收集有重要作用的。

041. 如何理解准自首中的“不同种罪行”

对不同种罪行的认定，首先要以罪名区分，罪名不同的，还要考

虑余罪与已掌握的犯罪是否属于选择性罪名或者在法律、事实上密切关联，罪名不同且不属选择性罪名，在法律、事实上也没有密切关联的，才能认定为不同种罪行。“同种罪行”的认定排斥牵连犯、选择性罪名以及在法律、事实上密切关联的罪行，但连累犯等非必要共犯除外。

（1）如实供述的其他犯罪与司法机关已掌握的犯罪为选择性罪名，如已掌握的是走私毒品罪行，又供述了制造毒品罪行，仍属同种罪行；

（2）如实供述的其他犯罪与司法机关已掌握的犯罪在法律、事实上密切关联，如因受贿被采取强制措施后，又交代因受贿为他人谋取利益的行为，构成滥用职权罪的，应认定为同种罪行。

上述情形均不构成余罪自首。

法律依据

最高人民法院《关于处理自首和立功具体应用法律若干问题的解释》

第二条 ……被采取强制措施的犯罪嫌疑人、被告人和已宣判的罪犯，如实供述司法机关尚未掌握的罪行，与司法机关已掌握的或者判决确定的罪行属不同种罪行的，以自首论。

最高人民法院《关于处理自首和立功若干具体问题的意见》

三、……犯罪嫌疑人、被告人在被采取强制措施期间如实供述本人其他罪行，该罪行与司法机关已掌握的罪行属同种罪行还是不同种罪行，一般应以罪名区分。虽然如实供述的其他罪行的罪名与司法机关已掌握犯罪的罪名不同，但如实供述的其他犯罪与司法机关已掌握的犯罪属选择性罪名或者在法律、事实上密切关联，如因受贿被采取强制措施后，又交代因受贿为他人谋取利益行为，构成滥用职权罪的，应认定为同种罪行。

参考案例

汪某故意杀人、敲诈勒索案[①]

2009年6月，汪某与被害人因琐事发生争吵、厮打致被害人死亡。然后用被害人的手机号码通过打电话并发短信的方式要求被害人家属向被害人账户汇款13万元，否则伤害被害人。被害人家属向公安机关报案，汪某最终未得逞。公安机关通过调查确定敲诈勒索案汪某有重大作案嫌疑，派员找汪某了解情况，汪某交代故意杀人、敲诈勒索的犯罪事实。汪某供述的故意杀人罪行与公安机关已经掌握的敲诈勒索罪行，既不存在罪名交叉关系，也不存在对合（对向）、因果、目的、条件等密切的法律关系，因此，汪某的故意杀人罪与其所犯的敲诈勒索罪不具有法律上的关联。但是，汪某所犯的两个罪行在事实上存在密切关联。因为汪某在特定的时空范围内，连续实施的两个犯罪行为前后衔接、紧密联系，构成一个完整的犯罪过程，故不构成余罪自首。

笔者认为，上述案例中，被告人犯数罪，并非认定为牵连犯做一罪处理，因此对其到案后主动供述的异种罪名，应当认定为自首，从宽处罚。

学理解释

牵连犯，指出于一个犯罪目的，实施数个犯罪行为，数个行为之间存在手段与目的或者原因与结果的牵连关系，分别触犯数个罪名的犯罪状态。对于牵连犯，除《刑法》已有规定的外，从一重罪论处。比如，以伪造公文的形式骗取他人财物，伪造公文构成伪造公文罪，诈骗财物构成诈骗罪，两个犯罪形成目的与手段的牵连关系。

选择性罪名，如组织、领导、参加黑社会性质组织罪。如办案机关掌握了某人销售劣药的犯罪事实，某人供述还生产过劣药，不属于自首。

---

① 《刑事审判参考》案例第747号。

法律关联，指的是已掌握的犯罪构成要件中包含容易构成其他犯罪的情形；已掌握的犯罪跟未掌握的犯罪存在手段和目的等关系，且容易结合发生的情形。

042. 特别自首与一般自首竞合的场合应当如何适用法律

如果属于一般自首与特别自首竞合的情形，应当从有利于被告人的角度以及特殊法优于一般法的原则出发，优先适用《刑法》分则特别条款，认定为特别自首。

我国现行《刑法》对于自首制度的规定属于总则—分则双重立法例，即混合式立法设置，自首制度在《刑法》总则和分则中作出了双重规定。立法者根据我国实际情况，针对特定犯罪和特定犯罪人设立了特别自首制度，目的在于鼓励实施“从罪”的犯罪人自首，借以打击性质和危害更为严重的相关“主罪”。而且特别自首制度在成立条件、处罚原则上要宽泛于一般自首。例如，对于行贿人的到案方式不限于自动归案，只要其在被追诉前如实供述行贿事实即可，而且处罚上也是可以减轻或者免除处罚，这种刑罚原则更加有利于分化、瓦解犯罪，给行贿人带来更大的自首激励。

相关案例

郭某国行贿案[①]

被告人郭某国于1998年至2003年，在承建江苏省如皋市白蒲高级中学建筑工程过程中，为牟取不正当利益，在经济往来中，违反国家规定，向该校总务处原副主任郭某兵行贿5次，共计人民币7万元。

① 杭舟、陈东：《从本案谈行贿案件自首行为的法律适用》，载《人民法院报》2006年5月29日版。

被告人郭某国在被追诉前主动向如皋市人民检察院交代了向郭某兵行贿的犯罪行为。

公诉机关认为，被告人郭某国的行为已触犯《刑法》，构成行贿罪。被告人郭某国是自首，建议依照《刑法》第67条第1款对其以自首论，从轻或者减轻处罚。法院认为，按照特别条款优于普通条款及有利于被告人的原则，对被告人郭某国应按照《刑法》分则所规定的特别自首来确定从宽量刑幅度，予以减轻处罚。法院的判决显然更加合法、合理。

043. 在行贿罪案件中，如何利用“在被追诉前主动交待犯罪事实”进行量刑辩护

2012年，最高人民法院、最高人民检察院《关于办理行贿刑事案件具体应用法律若干问题的解释》第13条规定，“被追诉前”，是指检察机关对行贿人的行贿行为刑事立案前。在监察体制改革之后，职务犯罪的管辖权划归监察机关，“被追诉前”的认定仍要秉持上述认定原则，即以有权管辖行贿犯罪的办案机关对行贿人的行贿行为立案前，作为被追诉前的时间范围，如果是因为其他罪名被刑事立案期间，主动交代行贿事实，或者在配合对受贿人调查期间主动交代行贿事实的，均属于“被追诉前主动交待犯罪事实”，可以从轻处罚。

法律依据

《刑法》

第三百九十条 对犯行贿罪的，处五年以下有期徒刑或者拘役，并处罚金；因行贿谋取不正当利益，情节严重的，或者使国家利益遭受重大损失的，处五年以上十年以下有期徒刑，并处罚金；情节特别严重的，或者使国家利益遭受特别重大损失的，处十年以上有期徒刑

或者无期徒刑，并处罚金或者没收财产。

行贿人在被追诉前主动交待行贿行为的，可以从轻或者减轻处罚。其中，犯罪较轻的，对侦破重大案件起关键作用的，或者有重大立功表现的，可以减轻或者免除处罚。

（1）“被追诉前”应当限定为监察机关的立案行为之前。

这一理解，既是《关于办理行贿刑事案件具体应用法律若干问题的解释》在《监察法》出台之后的直接适用，也符合该解释的原意。《关于办理行贿刑事案件具体应用法律若干问题的解释》出台时间为2012年，当时职务犯罪的管辖权还由检察机关的反贪部门行使。根据2018年施行的《监察法》第39条第1款“经过初步核实，对监察对象涉嫌职务违法犯罪，需要追究法律责任的，监察机关应当按照规定的权限和程序办理立案手续”之规定，职务犯罪的管辖权已改由各级监察委员会行使。因此，行贿人在监察委员会对其正式立案之前主动交代了自己行贿行为的，也应当适用《刑法》第390条第2款。

对此，也可以参考该解释起草者对该条的说明。该解释起草过程中，有意见认为，如果行贿案件由纪检监察机关办理后再移交检察机关，“立案前”是指在纪检监察机关立案前；如果行贿案件由检察机关直接办理，“立案前”是指检察机关刑事立案前。[①] 该解释起草者研究后认为，“当前贿赂案件频发、职务犯罪形势严峻，但办案机关侦查手段有限，查办贿赂案件还存在诸多实际困难，从加大打击贿赂犯罪的角度出发，有必要将‘被追诉前’明确为检察机关刑事立案之前，鼓励行贿人主动交待贿赂犯罪事实，及时发现案件线索，分化瓦解贿赂犯罪”。

对此，学者也认为应当对《刑法》第390条第2款采取宽和态度、进行扩大解释，以便使该规定充分发挥揭露、惩罚、预防受贿犯罪的

---

① 人民法院出版社编：《解读最高人民法院司法解释：含指导性案例·刑事卷（下）》，人民法院出版社2019年版，第1171页。

作用。[①]一方面，由于贿赂双方都需要面临刑罚的责难，所以任何一方都不希望东窗事发，继而形成了一种互不告发的同盟关系；另一方面，贿赂行为发生时总是没有第三者在场，且往往缺乏能够直接证明贿赂事实的客观证据。所以，对于贿赂犯罪的打击十分“依赖”行贿人对其行贿事实的交代。因此，即便行贿人是在办案机关已经掌握其行贿事实或线索之后才交代，其坦白行为对于降低证据获取难度具有积极意义。换言之，对主动交代行贿行为作出宽泛解释更加有利于贿赂犯罪的查处，尤其是使国家工作人员因为慑于被揭发、指证的风险加大而不敢受贿，从而实现减少贿赂犯罪的社会效果。

因此，从打击贿赂犯罪出发，坚持上述解释原义，“被追诉前”系指因行贿行为被有权机关立案追诉前,应当将“监察机关立案之前”作为“被追诉前”的时间节点，即使存在其他机关对犯罪嫌疑人进行立案的，只要不是针对行贿行为的立案，就不属于因为行贿行为“被追诉”状态，故均属于“被追诉前”。

需要指出的是，个别司法人员将被追诉前的范围更加限定，认为必须“刑事立案”才属于此处的“追诉”，监察机关的立案，只是启动调查程序，并非侦查，立案也并非启动刑事诉讼程序，因此，行贿人在监察委立案调查后主动交代，当然属于“被追诉前主动交待”。[②]该种观点更为激进，但对监察程序的理解失之片面，有扩大认定之嫌，因此，笔者主张以“监察机关立案之前”作为“被追诉前”。

（2）“被追诉前”应当限定为对行贿行为立案之前。

实践中，经常发生行贿人在纪检监察部门查处他人受贿案件时，交代（承认）向他人行贿的事实，或者因为其他罪名被公安机关立案侦查后，供述了向他人行贿的事实的情况。上述两种情况亦属于被追诉前主动交代行贿行为的情形。

---

① 张明楷：《行贿罪的量刑》，载《当代法学》2018年第3期。

② 陶锐、岳玥：《被追诉前主动交待行贿行为情节的司法认定》，载《楚天法治》2019年第33期。

第一，即使监察机关已经对受贿人立案查处，行贿人作为证人接受监察机关调查，只要监察机关对行贿人尚未立案查处，行贿人承认其向受贿人行贿的事实的，也应当认定为被追诉前主动交代行贿行为。

司法机关对此认定较为一致。如《刑事审判参考》总第 86 集的袁珏行贿案中，[①] 被告人袁珏配合检察机关调查刘耀东受贿案件时交代了自己的行贿事实，最终被适用了《刑法》第 390 条第 2 款并判处免予刑事处罚。其具体认定理由如下：“行贿人在纪检监察部门查处他人受贿案件时，交代（承认）向他人行贿的事实，亦应属于被追诉前主动交待行贿行为的情形。即使检察机关已经对受贿人立案查处，行贿人作为证人接受检察机关调查，只要检察机关对行贿人尚未立案查处，行贿人承认其向受贿人行贿的事实，也应当认定为被追诉前主动交代行贿行为的情形。”上述裁判要旨也是坚持将被追诉前限定为行贿人因行贿行为被正式立案之前，无论该行受贿线索是否已经被办案机关掌握。

又如,（2018）皖 1125 刑初 202 号郑某波行贿一审刑事判决书中，法院认定，在案证据证实定远县纪律检查委员会于 2018 年 4 月 20 日决定对郑某波涉嫌严重违法问题进行立案调查，而被告人郑某波向涉案三人行贿的供述均在 2017 年 5 月。根据 1997 年《中华人民共和国刑法》第 390 条第 2 款规定行贿人在被追诉前主动交代其行贿的犯罪事实，可对其减轻或免除处罚。故对被告人的辩护人此节辩护意见予以采信。

再如,（2018）黑 0522 刑初 33 号孟某国行贿一审刑事判决书中，法院查明：2018 年 7 月 31 日，友谊县监察委员会对被告人孟某国涉嫌违法线索进行初核。被告人孟某国于 2018 年 8 月 4 日被友谊县监

① 卞婧娴：《袁珏行贿案——配合检察机关调查他人受贿案件时，交待向他人行贿的事实，能否认定为被追诉前主动交待》，载《刑事审判参考》（总第 86 集），法律出版社 2013 年版。

察委员会谈话通知到案，如实供述了犯罪事实。2018 年 8 月 7 日，友谊县监察委员会对孟某国涉嫌行贿案件立案调查。法院据此认定被告人孟某国到案后如实供述犯罪事实，并在被追诉前主动交代自己的罪行，依法可从轻处罚。

上述案例的认定标准均是，在监察机关正式立案前如实供述的，即构成《刑法》第 390 条第 2 款所规定的“在被追诉前主动交待行贿行为的”，可以从轻或者减轻处罚；犯罪较轻的，可免除处罚。

第二，行贿人因为诈骗罪、非法经营罪等相关罪名被公安机关立案侦查的，因为尚未对其行贿行为立案侦查，亦属于“被追诉前”。

例如，（2018）粤 0103 刑初 1143 号陈某康、卢某英诈骗一审刑事判决书中，法院认为，被告人陈某康对于其给予陈某甲 174 万元的犯罪事实的性质有所辩解，但其在 2018 年 4 月 25 日涉嫌诈骗罪归案后均如实交代，区监察委于 2019 年 3 月 20 日才对被告人陈某康涉嫌严重违法立案调查，故对于被告人陈某康行贿陈某甲 174 万元的事实可认定为“在被追诉前主动交待”，依法予以减轻处罚。最终，对陈某康行贿 174 万元的行为认定为行贿罪，判处有期徒刑 3 年。

又如，（2018）浙 1023 刑初 94 号袁某行贿一审刑事判决书中，法院查明，2015 年下半年至 2017 年年初，被告人袁某通过天台县交警大队街头中队原民警张某 2（另案处理）违规处理车辆交通违法行为，并以微信、银行转账等方式给予张某 2 好处费共计人民币 20 余万元，张某 2 予以收受，袁某非法获利人民币约 7 万元。2017 年 4 月 18 日，被告人袁某被天台县公安局抓获归案，同年 4 月 24 日，被天台县公安局刑事拘留。被告人袁某在被刑事拘留期间，向天台县监察委员会交代了其向梁某、范某、齐某 1 和潘某 1 行贿的相关事实。2017 年 12 月 5 日，被告人袁某被天台县监察委员会立案调查，后如实供述自己的犯罪事实，并主动交代了调查机关尚未掌握的其向张某 2 行贿的犯罪事实。法院最终认定上述行为属于被告人在被追诉前主动交代相关行贿行为，依法可以减轻处罚。

再如，（2019）浙 0109 刑初 86 号陈某诈骗罪一审刑事判决书中，在案到案经过显示“杭州市萧山区监察委员会在对杭州市萧山区市场监督管理局××所公职人员钟某涉嫌违纪违法调查过程中发现被告人陈某有诈骗犯罪嫌疑，故将线索移送公安机关。2018年5月8日，杭州市公安局萧山区分局立案侦查，并于同日将陈某传唤至××派出所。同年5月9日，被告人陈某向杭州市萧山区监察委员会交代了为谋取不正当利益向钟某行贿7万元的事实，杭州市萧山区监察委员会于同年7月13日进行立案调查”。法院据此认为，被告人陈某在被追诉前能主动交代部分行贿事实，对该部分罪行可以从轻或者减轻处罚。

实操建议

行贿罪的入罪标准较低、量刑标准较高，辩护人要高度重视对法定从轻量刑情节的识别和适用，注意审核案卷中到案材料、讯问笔录等书证、口供，并在会见时向被告人核实到案经过以及交代行贿事实的时间，如果发现是在行贿人被监察机关以行贿罪正式立案前即交代行贿事实的，无论当时监察机关是否掌握该线索，均属于《刑法》第390条第2款规定的“在被追诉前主动交待”，可以依法从轻、减轻处罚。

专题四

立功情节的量刑辩护

立功情节也是实践中比较常见的法定量刑情节之一，而且立功情节的认定还可以从审判阶段延续到减刑阶段，正确识别立功情节与自首情节、一般立功与重大立功的差异，有助于为当事人争取最优的量刑减让。同时，我们也将立功情节的认定标准进行拆解，不仅适用于审判量刑阶段，也同样适用于刑罚执行过程中的减刑阶段。

一、立功认定的基本问题

（一）相关法律规范

立功情节量刑相关法律规定见表 4-1。

表 4-1　立功情节量刑相关法律规定

要素	具体规定	
一般立功	犯罪分子有揭发他人犯罪行为，查证属实的	可以从轻或者减轻处罚
	重要线索，从而得以侦破其他案件等立功表现的	

续表

<table>
<tr><th>要素</th><th colspan="2">具体规定</th></tr>
<tr><td>重大立功</td><td>有重大立功表现的</td><td>可以减轻或者免除处罚</td></tr>
<tr><td rowspan="5">一般立功</td><td rowspan="5">犯罪分子到案后有下列情形之一的，应当认定为有立功表现</td><td>检举、揭发他人犯罪行为，包括共同犯罪案件中的犯罪分子揭发同案犯共同犯罪以外的其他犯罪，经查证属实</td></tr>
<tr><td>提供侦破其他案件的重要线索，经查证属实</td></tr>
<tr><td>阻止他人犯罪活动</td></tr>
<tr><td>协助司法机关抓捕其他犯罪嫌疑人（包括同案犯）</td></tr>
<tr><td>具有其他有利于国家和社会的突出表现的，应当认定为有立功表现</td></tr>
<tr><td rowspan="6">重大立功</td><td rowspan="5">犯罪分子有下列情形之一的，应当认定为有重大立功表现</td><td>犯罪分子有检举、揭发他人重大犯罪行为，经查证属实</td></tr>
<tr><td>提供侦破其他重大案件的重要线索，经查证属实</td></tr>
<tr><td>阻止他人重大犯罪活动</td></tr>
<tr><td>协助司法机关抓捕其他重大犯罪嫌疑人（包括同案犯）</td></tr>
<tr><td>对国家和社会有其他重大贡献等表现的</td></tr>
<tr><td>“重大犯罪”“重大案件”“重大犯罪嫌疑人”的标准</td><td>一般是指犯罪嫌疑人、被告人可能被判处无期徒刑以上刑罚或者案件在本省、自治区、直辖市或者全国范围内有较大影响等情形</td></tr>
<tr><td rowspan="2">代为立功的认定（职务犯罪）</td><td colspan="2">立功必须是犯罪分子本人实施的行为</td></tr>
<tr><td colspan="2">为使犯罪分子得到从轻处理，犯罪分子的亲友直接向有关机关揭发他人犯罪行为，提供侦破其他案件的重要线索，或者协助司法机关抓捕其他犯罪嫌疑人的，不应当认定为犯罪分子的立功表现</td></tr>
</table>

续表

要素	具体规定
线索、材料的积极要求（职务犯罪）	据以立功的他人罪行材料应当指明具体犯罪事实
	据以立功的线索或者协助行为对于侦破案件或者抓捕犯罪嫌疑人要有实际作用
不能认定立功的情形（职务犯罪）	犯罪分子揭发他人犯罪行为时没有指明具体犯罪事实的
	揭发的犯罪事实与查实的犯罪事实不具有关联性的
	提供的线索或者协助行为对于其他案件的侦破或者其他犯罪嫌疑人的抓捕不具有实际作用的
揭发及线索的查证（职务犯罪）	提供的线索或者协助行为对于其他案件的侦破或者其他犯罪嫌疑人的抓捕不具有实际作用的
	审查是否构成立功，不仅要审查办案机关的说明材料，还要审查有关事实和证据以及与案件定性处罚相关的法律文书，如立案决定书、逮捕决定书、侦查终结报告、起诉意见书、起诉书或者判决书等。
据以立功的线索、材料来源的消极规定（职务犯罪）	本人通过非法手段或者非法途径获取的
	本人因原担任的查禁犯罪等职务获取的
	他人违反监管规定向犯罪分子提供的
	负有查禁犯罪活动职责的国家机关工作人员或者其他国家工作人员利用职务便利提供的
“可能被判处无期徒刑”的认定（职务犯罪）	具体指根据犯罪行为的事实、情节可能判处无期徒刑以上刑罚
	案件已经判决的，以实际判处的刑罚为准
	共同犯罪案件中的犯罪嫌疑人，除如实供述自己的罪行，还应当供述所知的同案犯，主犯则应当供述所知其他同案的共同犯罪事实，才能认定为自首
	但是，根据犯罪行为的事实、情节应当判处无期徒刑以上刑罚，因被判刑人有法定情节经依法从轻、减轻处罚后判处有期徒刑的，应当认定为重大立功

续表

<table>
<tr><th>要素</th><th colspan="2">具体规定</th></tr>
<tr><td rowspan="2">立功情节的处罚（职务犯罪）</td><td>应当根据犯罪的事实、性质、情节和对于社会的危害程度</td><td rowspan="2">依法决定是否从轻、减轻或者免除处罚以及从轻、减轻处罚的幅度</td></tr>
<tr><td>结合立功表现所起作用的大小、所破获案件的罪行轻重、所抓获犯罪嫌疑人可能判处的法定刑以及立功的时机等具体情节</td></tr>
<tr><td rowspan="3">关于立功线索来源的具体认定</td><td rowspan="3">下列情形不能认定为有立功表现</td><td>犯罪分子通过贿买、暴力、胁迫等非法手段，或者被羁押后与律师、亲友会见过程中违反监管规定，获取他人犯罪线索并“检举揭发”的</td></tr>
<tr><td>犯罪分子将本人以往查办犯罪职务活动中掌握的，或者从负有查办犯罪、监管职责的国家工作人员处获取的他人犯罪线索予以检举揭发的</td></tr>
<tr><td>犯罪分子亲友为使犯罪分子“立功”，向司法机关提供他人犯罪线索、协助抓捕犯罪嫌疑人的</td></tr>
<tr><td rowspan="5">关于“协助抓捕其他犯罪嫌疑人”的具体认定</td><td rowspan="4">犯罪分子具有下列行为之一，使司法机关抓获其他犯罪嫌疑人的，属于最高人民法院《关于处理自首和立功具体应用法律若干问题的解释》第5条规定的“协助司法机关抓捕其他犯罪嫌疑人（包括同案犯）”</td><td>按照司法机关的安排，以打电话、发信息等方式将其他犯罪嫌疑人（包括同案犯）约至指定地点的</td></tr>
<tr><td>按照司法机关的安排，当场指认、辨认其他犯罪嫌疑人（包括同案犯）的</td></tr>
<tr><td>带领侦查人员抓获其他犯罪嫌疑人（包括同案犯）的</td></tr>
<tr><td>提供司法机关尚未掌握的其他案件犯罪嫌疑人的联络方式、藏匿地址的，等等</td></tr>
<tr><td colspan="2">犯罪分子提供同案犯姓名、住址、体貌特征等基本情况，或者提供犯罪前、犯罪中掌握、使用的同案犯联络方式、藏匿地址，司法机关据此抓捕同案犯的，不能认定为协助司法机关抓捕同案犯</td></tr>
</table>

续表

要素	具体规定
关于立功线索的查证程序和具体认定	被告人在一审、二审审理期间检举揭发他人犯罪行为或者提供侦破其他案件的重要线索，人民法院经审查认为该线索内容具体、指向明确的，应及时移交有关人民检察院或者公安机关依法处理
	侦查机关出具材料，表明在 3 个月内还不能查证并抓获被检举揭发的人，或者不能查实的，人民法院审理案件可不再等待查证结果
	被告人检举揭发他人犯罪行为或者提供侦破其他案件的重要线索经查证不属实，又重复提供同一线索，且没有提出新的证据材料的，可以不再查证
	根据被告人检举揭发破获的他人犯罪案件，如果已有审判结果，应当依据判决确认的事实认定是否查证属实；如果被检举揭发的他人犯罪案件尚未进入审判程序，可以依据侦查机关提供的书面查证情况认定是否查证属实。检举揭发的线索经查确有犯罪发生，或者确定了犯罪嫌疑人，可能构成重大立功，只是未能将犯罪嫌疑人抓获归案的，对可能判处死刑的被告人一般要留有余地，对其他被告人原则上应酌情从轻处罚
	被告人检举揭发或者协助抓获的人的行为构成犯罪，但因法定事由不追究刑事责任、不起诉、终止审理的，不影响对被告人立功表现的认定；被告人检举揭发或者协助抓获的人的行为应判处无期徒刑以上刑罚，但因具有法定、酌定从宽情节，宣告刑为有期徒刑或者更轻刑罚的，不影响对被告人重大立功表现的认定
关于立功证据材料的审查	人民法院审查的立功证据材料，一般应包括被告人检举揭发材料及证明其来源的材料、司法机关的调查核实材料、被检举揭发人的供述等。被检举揭发案件已立案、侦破，被检举揭发人被采取强制措施、公诉或者审判的，还应审查相关的法律文书。证据材料应加盖接收被告人检举揭发材料的单位的印章，并有接收人员签名
	人民法院经审查认为证明被告人立功的材料不规范、不全面的，应当由检察机关、侦查机关予以完善或者提供补充材料；上述证据材料在被告人被指控的犯罪一审、二审审理时已形成的，应当经庭审质证

（二）立功的适用效果及审查重点

适用效果：对于立功情节，综合考虑立功的大小、次数、内容、来源、效果以及罪行轻重等情况，确定从宽的幅度：（1）一般立功的，可以减少基准刑的20%以下。（2）重大立功的，可以减少基准刑的20%~50%；犯罪较轻的，减少基准刑的50%以上或者依法免除处罚。

审查重点：会见中是否提及检举揭发，卷宗中是否附有相应资料、是否查证属实。

二、常见辩点

（一）协助抓捕型立功的认定

044. 如何认定协助抓捕型立功

认定协助抓捕型立功以是否对抓捕其他犯罪嫌疑人发挥实际作用为判断标准。以下情形不能认定为立功表现：（1）犯罪分子揭发他人犯罪行为时没有指明具体犯罪事实的；（2）揭发的犯罪事实与查实的犯罪事实不具有关联性的；（3）提供的线索或者协助行为对于其他案件的侦破或者其他犯罪嫌疑人的抓捕不具有实际作用的。已归案的犯罪分子为使司法机关顺利抓捕被监控的其他犯罪嫌疑人，协助司法机关稳住该犯罪嫌疑人，其行为对司法机关顺利抓捕被监控的其他犯罪嫌疑人起到了协助作用，应当认定为立功。

以下方式认定为协助抓捕型立功：（1）按照司法机关的安排，以打电话、发信息等方式将其他犯罪嫌疑人（包括同案犯）约至指定地点的；（2）按照司法机关的安排，当场指认、辨认其他犯罪嫌疑人（包括同案犯）的；（3）带领侦查人员抓获其他犯罪嫌疑人（包括同案犯）的；（4）提供司法机关尚未掌握的其他案件犯罪嫌疑人的联络方式、藏匿地址的，等等。

不能认定为起实际作用、不认定为立功的：犯罪分子提供同案犯姓名、住址、体貌特征等基本情况，或者提供犯罪前、犯罪中掌握、使用的同案犯联络方式、藏匿地址，司法机关据此抓捕同案犯的，不能认定为协助司法机关抓捕同案犯。

法律依据

最高人民法院《关于处理自首和立功具体应用法律若干问题的解释》

第五条 根据刑法第六十八条第一款的规定，犯罪分子到案后……协助司法机关抓捕其他犯罪嫌疑人（包括同案犯）……应当认定为有立功表现。

最高人民法院、最高人民检察院《关于办理职务犯罪案件认定自首、立功等量刑情节若干问题的意见》

二、……据以立功的他人罪行材料应当指明具体犯罪事实；据以立功的线索或者协助行为对于侦破案件或者抓捕犯罪嫌疑人要有实际作用。犯罪分子揭发他人犯罪行为时没有指明具体犯罪事实的；揭发的犯罪事实与查实的犯罪事实不具有关联性的；提供的线索或者协助行为对于其他案件的侦破或者其他犯罪嫌疑人的抓捕不具有实际作用的，不能认定为立功表现。……

最高人民法院印发《关于处理自首和立功若干具体问题的意见》

犯罪分子具有下列行为之一，使司法机关抓获其他犯罪嫌疑人的，属于《解释》第五条规定的“协助司法机关抓捕其他犯罪嫌疑人”：1.按照司法机关的安排，以打电话、发信息等方式将其他犯罪嫌疑人（包括同案犯）约至指定地点的；2.按照司法机关的安排，当场指认、辨认其他犯罪嫌疑人（包括同案犯）的；3. 带领侦查人员抓获其他犯罪嫌疑人（包括同案犯）的；4. 提供司法机关尚未掌握的其他案件犯罪嫌疑人的联络方式、藏匿地址的，等等。

犯罪分子提供同案犯姓名、住址、体貌特征等基本情况，或者提供犯罪前、犯罪中掌握、使用的同案犯联络方式、藏匿地址，司法机关据此抓捕同案犯的，不能认定为协助司法机关抓捕同案犯。

参考案例

吴江、李晓光挪用公款案①

被告人吴江 1996 年 3 月至 2003 年 7 月曾任中国农业银行天津新技术产业园区支行（以下简称园区支行）外汇代理部主任、国际业务部经理等职务，任职期间均主管国际业务工作，被告人李晓光自 2004 年 1 月任园区支行国际业务部经理。1996 年 12 月至 2004 年年初，吴江单独或伙同李晓光，利用职务之便，挪用公款人民币 970 余万元归个人使用，构成挪用公款罪。

法院另查明，2009 年 2 月，园区支行在业务检查中发现该笔金额为 120 万美元的外汇贴现业务手续资料不齐，经询问当时的业务负责人李晓光，李晓光承认自己制作虚假信用证贴现记录，用于掩盖原国际业务部经理吴江挪用公款的事实。园区支行报案后，李晓光通过电话指引侦查机关将吴江抓获归案。李晓光到案后，进一步交代了其参与挪用部分公款的犯罪事实。

吴江的行为是否构成“协助抓捕”型立功？法院认为，本案中被告人李晓光不但如实供述了同案犯的基本情况，而且在被采取强制措施接受讯问的同时，通过电话指引侦查人员到吴江住处将其抓获，与其本人带领侦查人员抓获吴江的行为性质和效果无异。因此，尽管李晓光本人未亲身到场，但其行为与“带领侦查人员抓获其他犯罪嫌疑人（包括同案犯）”具有实质上的等同性，符合立功制度的价值取向

---

① 《刑事审判参考》案例第 199 号。

和《刑法》设立该制度的立法本意。因此，法院认定李晓光的行为构成立功并不违反法律规定。

司法观点

同案犯的基本情况（包括同案犯的姓名、住址、体貌特征等信息）属于犯罪分子应当供述的范畴，而犯罪前、犯罪中掌握、使用的同案犯联络方式、藏匿地址，则属于预谋、实施犯罪的范畴，也是犯罪分子应当供述的内容。因此，最高人民法院《关于处理自首和立功若干具体问题的意见》规定，犯罪分子仅仅提供上述信息，司法机关据此抓捕同案犯的，不能认定为协助抓捕同案犯。但是，如果按照司法机关的安排，将同案犯约至指定地点、当场指认同案犯，或者带领侦查人员抓获同案犯的，则可认定为立功。因为此类协助，犯罪分子完全可以不予配合，而其一旦主动、积极协助，个人则要承受一定压力，承担一定风险，因此，应当通过认定为立功予以“鼓励”。[①]

实操建议

在实践中，协助行为主要表现为直接带路、指认、采用各种方式诱捕等。对于犯罪分子以提供信息的方式配合抓捕同案犯是否认定为立功的问题，笔者认为，应当以信息是否为当事人应当供述的内容以及对抓捕其他犯罪嫌疑人的实际作用为认定标准，如果犯罪嫌疑人提供的是侦查机关不掌握的、与共同犯罪事实无关的同案犯潜逃的线索，如同案犯的藏匿地、临时租住地、经常活动区域，侦查机关依据上述线索直接将同案犯抓获的，即使其没有诱捕、带抓等直接协助行为，亦应认定其具有“协助司法机关抓捕同案犯”的立功情节。事实上，这一认定标准也获得了前述《刑事审判参考》案例的支持。

---

① 最高人民法院研究室编：《新刑事诉讼法司法解释理解与适用》，法律出版社2013年版，第386页。

045. 规劝同案犯归案能否认定为立功

不是所有劝告同案犯的行为均能被实际评价为立功，但符合《刑法》规定的立功条件，能够体现犯罪分子悔罪态度的规劝同案犯自首，可以认定为有立功表现。规劝同案犯归案构成立功的条件包括：

（1）对同案犯的规劝原则上应当发生在犯罪分子到案以后。最高人民法院《关于处理自首和立功具体应用法律若干问题的解释》第5条规定，犯罪分子到案后有检举揭发他人犯罪行为并经查证属实的，应当认定为有立功表现。司法解释将立功时间限定为到案后，有利于司法机关查证立功线索来源，防止犯罪分子事先以贿买、暴力、胁迫等非法手段获取立功线索。

（2）在客观方面，犯罪分子实施了独立和积极的规劝行为，并对同案犯到案有直接和明显的促进作用。犯罪分子对同案犯的规劝应当是积极主动的独立行为，表现为反复或真诚地劝告、说服，而非简单地建议或提议。同案犯受到规劝并形成投案意愿，但在投案前被抓获的，因规劝行为与到案结果之间的因果联系被切断，同样不能认定犯罪分子有立功表现。

最后应当强调的是，规劝同案犯自首的认定在很大程度上是事实和证据问题，我们在作出判断时不仅要看犯罪分子及同案犯等的供述，还要注意审查相关当事人规劝的次数和方式、到案经过及到案后的表现等，综合评判犯罪分子的行为是否构成立功。

1. 认定劝说、陪同同案犯自首为立功表现符合立功的立法本意

《刑法》设立立功制度，并对有立功表现的行为人给予从轻甚至减轻的刑罚优遇，其实质根据有两点：首先，从法律上说，行为人在犯罪后揭发他人犯罪行为，或者提供重要线索，从而使其他案件得以侦破，表明行为人对犯罪行为价值的否定，因而其再犯可能性会有所

减小，利用刑罚对其进行个别预防的需要减弱。其次，从政策上说，对揭发他人犯罪行为，或者提供重要线索等行为，给予刑罚上的从轻，有利于鼓励行为人犯罪之后揭发他人犯罪、阻止他人犯罪、协助司法机关抓获其他犯罪嫌疑人等，有利于预防新的犯罪或司法机关及时发现、侦破已经发生的犯罪案件。

被告人劝说与陪同同案犯自首的行为，体现了行为人对自己行为的认罪、悔罪态度，从其人身危险性而言是减小了，并且该行为又具有社会有益性，有利于司法机关及时发现、侦破犯罪案件，刑法规范的效力也得到了确证。因此，从立法本意而言，劝说、陪同同案犯自首的行为应认定为立功表现。

2. 劝说、陪同同案犯自首相比“协助司法机关抓捕其他犯罪嫌疑人（包括同案犯）”更具有效性

司法解释明确规定“协助司法机关抓捕其他犯罪嫌疑人（包括同案犯）”为立功表现，而劝说、陪同同案犯自首的行为与该行为相比，明显经济效果更好。因为就共同犯罪而言，行为人在协助司法机关抓捕同案犯后，可能会出现同案犯拒不认罪、抵赖、推脱等情形，从而加大查证的难度，增加办案的司法成本。而劝说、陪同同案犯自首，既省去了抓捕的环节，又可以较快地查明犯罪事实，这种情形显然比协助司法机关抓捕其他犯罪嫌疑人更节省司法资源，更提高办案效率，更符合立功的精神，因此，当然应认定为立功。

3. 法律适用上应适用“具有其他有利于国家和社会的突出表现的”的规定

被告人劝说、陪同同案犯自首的行为是有利于国家和社会的，这是毋庸置疑的。关键是该行为是否为“突出表现”，通过比较劝说、陪同同案犯自首的行为与该司法解释其他立功表现情形，特别是协助司法机关抓捕其他犯罪嫌疑人（包括同案犯），劝说、陪同同案犯自首的情况，更加有利于司法机关对已经发生的犯罪的惩罚，也更有利

于司法资源的节约，因此，理应认为是具有“突出表现的”。故而，对劝说、陪同同案犯自首的行为，认定其属于司法解释中“具有其他有利于国家和社会的突出表现的”的情形，构成《刑法》上的立功表现。

相反，主张劝说、陪同同案犯自首属于“协助司法机关抓捕其他犯罪嫌疑人（包括同案犯）”的见解，将会在被劝说、被陪同同案犯的处理上面临严重的逻辑矛盾。因为劝说、陪同同案犯自首不仅涉及劝说者与陪同者的量刑情节的认定，即劝说者、陪同者是否构成立功表现，还涉及被劝说者与被陪同者即同案犯的量刑情节的认定。因为同案犯在行为人劝说、陪同下到公安机关投案自首，依法应构成自首，如果对行为人适用了“协助司法机关抓捕其他犯罪嫌疑人（包括同案犯）”的规定，则一方面是行为人协助司法机关抓捕同案犯，另一方面是同案犯到司法机关进行自首，这显然存在逻辑上的矛盾。

046. 毒品犯罪中“毒枭”协助抓捕同案犯能否认定为立功

毒品犯罪中，“毒枭”有协助抓捕同案犯行为的，不一定认定为立功，要考虑功过相抵，毒品共同犯罪人以及上、下家之间的量刑平衡的情况，看是否认定立功以及是否从宽处罚。

立功是法定从宽处罚情节，但“毒枭”立功和“马仔”立功的情况不同，量刑时应区别对待。在毒品共同犯罪案件中，“毒枭”、毒品犯罪集团的首要分子、共同犯罪的主犯、职业毒贩、毒品惯犯等，由于掌握同案犯、从犯、“马仔”的犯罪情况和个人信息，被抓获后往往能协助抓捕同案犯，获得立功或者重大立功。因此，2008 年《全国部分法院审理毒品犯罪案件工作座谈会纪要》规定立功从宽处罚的把握，应以功是否足以抵罪为标准，对于“毒枭”等严重毒品犯罪分子立功的，从轻或者减轻处罚应当从严掌握。对其是否从宽处罚以及从宽幅度的大小，应当主要看立的功是否足以抵罪，即应结合被告人罪行的严重程度、立功大小综合考虑。要充分注意毒品共同犯罪人以及上、下家之间的量刑平衡。如果其罪行极其严重，只有一般立功表现，功不足以抵罪的，可不予从轻处罚；如果其检举、揭发的是其他犯罪案件中罪行同样严重的犯罪分子，或者协助抓获的是同案中的其他首要分子、主犯，功足以抵罪，原则上可以从轻或者减轻处罚；如果协助抓获的只是同案中的从犯或者“马仔”，功不足以抵罪，或者从轻处罚后全案处刑明显失衡的，不予从轻处罚。相反，对于从犯、“马仔”立功，特别是协助抓获“毒枭”、首要分子、主犯的，应当从轻处罚，直至依法减轻或者免除处罚。

法院倾向于对“毒枭”量刑时适当淡化立功情节的影响，突出数量的作用。对“毒枭”一般立功的，可以考虑不予从轻处罚；对于重大立功的，一般不予减轻处罚，可以从轻处罚。只有“毒枭”自首后又有重大立功的，才予以减轻处罚。因为并非所有立功都要在量刑时予以从宽考虑。《刑法》将立功规定为从宽处罚情节的目的在于分化瓦解犯罪分子，同时提高打击犯罪的效率，节约国家的司法成本，但不能使立功制度成为某些罪行极其严重的犯罪人逃避严惩的工具。如果对这类被告人因其有立功表现便从轻处罚，客观上社会效果不好，不利于从源头上打击毒品犯罪。①

笔者对上述观点持保留态度，立功是一项违背人性的功利主义制度设计，也就决定了在立功情节的适用上要尽量从宽。

关于立功的本质有社会有益行为说、悔罪说（或称主观恶性减小说）、人身危险程度减小说、社会危害性减小说等观点，各种观点或者将立功视为一种有益于社会的行为从而得到了社会的从宽处罚，或者认为立功反映了行为人主观恶性的减小、人身危险程度的减小、社会危害性的减小，因而从罚当其罪的角度出发，给予较为宽缓的惩罚。

---

① 高贵君主编、最高人民法院毒品犯罪审判指导小组编：《毒品犯罪审判理论与实务》，人民法院出版社 2009 年版，第 129 页。

笔者认为，上述观点虽然都有一定的道理，但均未反映立功制度的本质，罪刑相适应所要求的是行为人实施的罪行与其应当受到的惩罚相适应，行为之前或犯罪之后的因素不应成为影响刑罚加减的筹码，立功行为可能会反映行为人的悔罪心理，但也有很多场合下，行为人只是采取了两害相权取其轻的策略,这也是“囚徒困境”①中两个囚徒所做的最优选择：坦白。经济学用这个原理论证了在个人理性与集体理性的冲突中，如果各人追求利己行为而导致的最终结局是一个“纳什均衡”，即每一方都只选择对自己最有利的策略，而不考虑社会福利或任何其他对手的利益，最终必然出现损人不利己的结果。在刑事诉讼中，如果没有立功、自首的相关规定，对于被告人认罪、自新的行为不予以褒奖，不但会使被告人负隅顽抗，而且不利于深挖犯罪、追查余犯，对于被告人、国家而言都是一种既不利己又不利人的结果，因此我们有必要设立一种制度，使“通过追求（个人的）自身利益，他常常会比其实际上想做的那样更有效地促进社会利益”。由此产生了自首、立功制度，从根本上来说，立功制度的本质是功利主义，因为它能够产生预防犯罪、惩罚犯罪最佳的社会效果，也体现了刑罚的经济性原则。从现行立法及司法实践中也可以看出其功利主义的色彩，如《刑法》对立功没有犯罪类别的限制。不论犯罪的性质、轻重，不论犯罪人悔悟的迟早、悔悟的程度，也不论犯罪人立功的原因等，都可以适用立功制度。对于犯罪人而言，立功制度是国家为他们“架设

---

① 一个经济学原理，两个嫌疑犯作案后被警察抓住，分别关在不同的屋子里接受审讯。警察知道两人有罪，但缺乏足够的证据。警察告诉每个人：如果两人都抵赖，各判刑 1 年；如果两人都坦白，各判刑 8 年；如果两人中一个坦白而另一个抵赖，坦白的放出去，抵赖的判刑 10 年。于是，每个囚徒都面临两种选择：坦白或抵赖。然而，不管同伙选择什么，每个囚徒的最优选择是坦白：如果同伙抵赖、自己坦白的话放出去，不坦白的话判刑 1 年，坦白比不坦白好；如果同伙坦白、自己坦白的话判刑 8 年，不坦白的话判刑 10 年，坦白还是比不坦白好。结果，两个嫌疑犯都选择坦白，各判刑 8 年。如果两人都抵赖，各判刑 1 年，显然这个结果好。但这个帕累托改进办不到，因为它不能满足人类的理性要求。

后退的黄金桥”。而且，立功其实是违背犯罪人本性的制度设计，即要求犯罪人背叛盟友（在协助抓捕同案犯、提供同案犯线索时尤其是如此），从而获得对自己的好处，这固然可以起到某些学者认为的“分化、瓦解”犯罪的目的，但是对于整个社会的诚信、忠诚的道德理念将会有一定的影响。因此，有学者从对人性的理性思考角度，认为“人为了塑造人性而立法，为了扶持人性而执法，为了修复人性而司法，为了发展人性而守法。弘扬人性的法是良法，压制人性的法是恶法。法治必须以人性为基础”①，法律应作为塑造健康的道德人格的规范，而立功、自首中的若干规定的法外效果就是鼓励行为人为获得法律的褒奖而灭亲情、背诚信、抛弃义，由此带来的问题就是法律丧失了对于道德（人性）的救济作用。②该观点从《刑法》适用之外，对于立功、自首制度设立本身进行了理性分析，笔者认为是非常有见地的，因此在论证立功的设立及认定标准时，应当考虑其违背人性的特点，予以适当地从宽掌握，而且刑法理论中的某些主张也与笔者的主张不谋而合，例如，对于自首一般认为只能对所“首”之罪从宽处罚，而立功情节则是对全部罪行在量刑时一并从宽，由此我们在把握立功成立的条件时也应适当从宽掌握，及时兑现“坦白从宽，抗拒从严；立功折罪，立大功受奖”的刑事政策。

（二）检举揭发型立功的认定

047. 如何认定检举揭发“他人犯罪”

对检举揭发和提供线索型立功表现的认定，需要从立功对象非共同犯罪人、线索来源正当、行为结果有效三个方面加以把握。

---

① 李伟迪、曾惠燕：《人性与法治》，载《光明日报》2004年9月21日版。

② 林亚刚：《自首、立功若干规定的理念及反思》，载《法学评论》2005年第6期。

其中，立功对象必须是共同犯罪以外的其他犯罪。立功制度中，检举揭发的犯罪、提供的重要线索均须是他人的犯罪行为，而不能是本人的，这是立功与自首的重要区别。准确把握这一区别的关键在于，判断检举揭发的犯罪、提供的重要线索是否属于本人坦白即如实供述的范畴，如果属于其如实供述的范畴，则不能认定为立功；反之亦然。以下几种特殊类型的立功需要特别探讨。

（1）在对合犯中，如果双方均构成犯罪，即使双方犯罪不属于同种罪名，但因属于必要共同犯罪事实，故仅构成坦白或自首，不构成立功。

对合犯作为必要共犯的一种表现形式，是指在犯罪构成上预先设定了复数行为者的双向行为的犯罪，最典型者如行贿罪与受贿罪。对合犯的刑事处分原则分为两种：一种是参与双方均受刑事处分，如行贿者与受贿者，当然二者入罪的数额标准有所区别；另一种是只有一方受刑事处分，如贩卖淫秽物品牟利者与购买淫秽物品者。关于对合犯的一方供述另一方相对应的犯罪行为能否认定为立功，亦应区别上述两种情形。

对于彼此同罪、非彼此俱罪的情形，由于行为人或者罪名、犯罪事实具有一致性，或者一方不构成犯罪，行为人如实供述己方事实同时也就将对合方的犯罪事实交代清楚，在构成自首的同时不能再认定为立功，比较典型的就是买卖型犯罪，如果卖方与买方的罪名一致，《刑法》对这两种行为均给予了否定评价，买卖行为作为一个事实整体，在认定卖方、卖方犯罪构成时都起决定作用，因此无论是卖方还是卖方，只有如实供述买卖过程，方可认定为供述了自己全部罪行，在共同犯罪内容以外再检举、揭发非相对方的买卖行为的，方可认定为揭发他人罪行，查证属实的，可成立立功。但是，司法实践中有时也出于侦查犯罪的需要，针对某些比较重大、查证比较困难的上下线买卖型犯罪，即使在彼此同罪的情况下，自己罪行与他人罪行有时也可以重复评价，例如，最高人民法院《关于执行全国人大常委会关于禁毒的决定的若干问题的解释》根据毒品案件难以侦破的特殊性规定，揭发其他毒品犯罪分子（含同案犯）罪行得到证实的，属于有立功表现。虽然该解释没有明确规定揭发毒品同案犯的共同罪行属于立功，但司法实践中一般都据此认定为立功。这是由于毒品犯罪活动具有高度隐秘性、组织性，公安机关在抓获毒品犯罪分子之后，往往很难追溯到该犯罪分子的上线或者下线。毒品犯罪是一种危害极大的犯罪，为了及时侦破此类案件，公安机关采取了一些特殊的侦破手段，如特情引诱，所以将毒品案件中的上下线相互揭发认定为立功，也是打击此类犯罪的需要。[①] 同样地，在买卖伪造的增值税发票案件中，有成立自首和立功的双重评价可能。

参与双方均受刑事处分的对合犯中，虽然双方罪名不同，但双方犯罪行为相互依存，一方的犯罪行为是另一方犯罪事实的重要组成部分，缺少任何一方，另一方的犯罪行为都无法完成。因此，对合犯一方供述对方对应的犯罪行为属于如实供述本人犯罪事实的范畴，不能认定为立功。如构成行贿罪者供述其行贿对象，行贿对象构成受贿罪的，行贿者也不能认定为立功。

对合犯主要包括以下几类：

①受贿罪(《刑法》第385条，主犯罪)与行贿罪(《刑法》第389条，从犯罪)及单位行贿罪(《刑法》第393条，从犯罪)。

②单位受贿罪(《刑法》第387条，主犯罪)与对单位行贿罪(《刑法》第391条，从犯罪)。

③非国家工作人员受贿罪(《刑法》第163条，主犯罪)与对非国家工作人员行贿罪(《刑法》第164条，从犯罪)。

④资助危害国家安全犯罪活动罪(《刑法》第107条，从犯罪)与背叛国家罪(《刑法》第102条)，分裂国家罪(《刑法》第103条第1款)，煽动分裂国家罪(《刑法》第103条第2款)，武装叛乱、暴乱罪(《刑法》第104条)，颠覆国家政权罪(《刑法》第105条第1款)，煽动颠覆国家政权罪(《刑法》第105条第2款)等危害国

---

① 赵志华：《立功制度的法律适用》，载《国家检察官学报》2003年第4期。

家安全犯罪（主犯罪）。

⑤收买被拐卖的妇女、儿童罪（《刑法》第241条第1款，从犯罪）与拐卖妇女、儿童罪（《刑法》第240条，主犯罪）。

（2）只有一方受刑事处分的对合犯中，不构成犯罪的一方供述构成犯罪一方的犯罪行为，不属于如实供述自己的罪行，而属于揭发他人犯罪行为，故应认定为立功。例如，甲向乙购买淫秽物品，事后甲因抢劫被逮捕，主动交代乙向其贩卖淫秽物品牟利的事实，甲构成立功。又如，销售侵权复制品罪与购买侵权复制品行为、倒卖文物罪与购买文物行为、贩卖淫秽物品牟利罪与购买淫秽物品行为等。[①]

（3）聚合犯中被聚合方不构成犯罪的一方揭发聚合犯的，构成立功。聚合犯即聚合性共同犯罪，也是必要共犯的一种表现形式，是指以不特定多数人的聚合行为为构成要件的犯罪，最典型者如聚众斗殴罪、聚众冲击国家机关罪。对聚合犯，我国《刑法》一般只处罚首要分子和积极参加者，对一般参加者并不追究刑事责任。类似于只有一方受刑事处分的对合犯，聚合犯中不受刑事处分的人员交代受刑事处分人员犯罪行为的，属于揭发他人犯罪行为，应认定为立功。如甲参加乙组织的聚众斗殴，乙是首要分子，甲只是一般参加人员。甲故意杀人后，向公安机关检举揭发乙的聚众斗殴犯罪，虽然甲本人有参与，但其参与行为并不构成犯罪，故甲构成立功。

（4）连累犯中本犯供述连累犯情况的，属于如实供述必要犯罪事实，不构成立功；连累犯供述本犯犯罪事实的，构成立功。

连累犯，是指事前没有通谋，事后明知是犯罪人还提供帮助的犯罪。例如，盗窃犯甲销售赃物给收赃人乙，前者盗窃罪就是基本犯，后者掩饰、隐瞒犯罪所得罪就是连累犯。

连累犯主要包括：

①洗钱罪（《刑法》第191条，从犯罪）与毒品犯罪（《刑法》第6章第7节规定之犯罪，主犯罪），黑社会性质的组织犯罪（《刑法》

---

① 陈兴良：《论犯罪的对合关系》，载《法制与社会发展》2001年第4期。

第294条，主犯罪），恐怖活动犯罪（《刑法》第120条，第120条之一、之二、之三，主犯罪），走私犯罪（《刑法》第3章第2节规定之犯罪，主犯罪），贪污贿赂犯罪，破坏金融管理秩序犯罪、金融诈骗犯罪。

②组织、领导、参加黑社会性质组织罪（《刑法》第294条第1款，主犯罪）和入境发展黑社会组织罪（《刑法》第294条第2款，主犯罪）与包庇、纵容黑社会性质组织罪（《刑法》第294条第3款，从犯罪）。

③掩饰、隐瞒犯罪所得、犯罪所得收益罪（《刑法》第312条，从犯罪）与为获得赃物而实施的犯罪（《刑法》中规定的大多数犯罪，主犯罪）。

④包庇毒品犯罪分子罪（《刑法》第349条第1款、第2款，从犯罪）和窝藏、转移、隐瞒毒品、毒赃罪（《刑法》第349条第1款，从犯罪）与毒品犯罪（《刑法》第6章第7节规定之其他罪，主犯罪）。

⑤逃离部队罪（《刑法》第435条，主犯罪）与战时窝藏逃离部队军人罪（《刑法》第379条，从犯罪）及雇用逃离部队军人罪（《刑法》第373条，从犯罪）。

⑥非法收购、运输盗伐、滥伐的林木罪（《刑法》第345条第3款，从犯罪）与盗伐林木罪（《刑法》第345条第1款，主犯罪）及滥伐林木罪（《刑法》第345条第2款，主犯罪）。

⑦窝藏、包庇罪（《刑法》第310条，从犯罪）与被窝藏、包庇之罪犯所犯罪行（除毒品犯罪、黑社会性质的组织犯罪及逃离部队罪等特殊犯罪之外的所有犯罪，主犯罪）。

⑧帮助犯罪分子逃避处罚罪（《刑法》第417条，从犯罪）与现行《刑法》规定之所有犯罪（主犯罪）。

上述犯罪均属于连累犯的情形，即从犯罪的行为人在事前没有通谋的情况下，在主犯罪行为人实施了犯罪行为以后，明知他人的犯罪情况，而故意以各种形式予以帮助，如为走私犯提供资金账户帮助其转移违法所得的、对毒品犯罪分子予以包庇的等情形，均是以事后帮助行为为其承担刑事责任的依据，其犯罪构成事实是其为主犯罪行为人提供的各种帮助。因此，笔者认为，此种情况下的关联犯罪，主犯罪与从犯罪的内容是各自独立的，不能要求从犯罪人对其帮助的主犯罪人罪行的构成要件事实均了解，只要其知道或应当知道其所帮助的人系犯某罪的犯罪分子即可，其只要将其提供的帮助行为如实交代，就应当属于如实供述了自己的罪行，对于其帮助的犯罪分子究竟构成何罪，则属于公诉机关举证责任的范围，即使其没有供述知道他人的罪行，但是根据其他证据足以推定其知道的，同样构成从犯罪，所以主犯罪的具体犯罪事实是属于从犯罪构成要件事实之外的，如果行为人对主犯罪行为人的犯罪事实进行检举揭发、提供线索、经查证属实的，应当认定为有立功表现。

基本犯揭发连累犯的，属于其如实供述的范畴，不能认定为立功。一般认为，基本犯接受连累犯帮助的行为（也可以说是基本犯为连累犯提供帮助的行为），应视为基本犯的不可罚的事后行为，如盗窃犯的销赃行为不单独评价。但是，对连累犯的犯罪事实，则属于基本犯应当如实供述的范畴。如盗窃犯甲将赃物销售给乙，甲向公安机关如实交代乙收受其销售的赃物，应属于甲如实供述的范畴，不能认定甲构成立功。

连累犯揭发基本犯的，一般构成立功。有观点认为，应根据连累犯的犯罪构成是否涵盖基本犯的犯罪行为来判断，如果能涵盖，则不构成立功；反之亦然。关于连累犯的犯罪构成是否涵盖基本犯的犯罪行为，可从连累犯对基本犯的主观明知程度来判断。连累犯对基本犯必须有主观明知，但是对主观明知的程度，不同的犯罪要求不一。一种是连累犯对基本犯须有明确的认识，如洗钱罪中，须明知对方是毒品犯罪、黑社会性质组织犯罪等。此类情况下，基本犯的基本犯罪行为已为连累犯的犯罪构成涵盖，连累犯供述基本犯的，属于其应当如实供述的范畴，不能认定为立功。另一种是连累犯对基本犯仅需概括性明知，如窝藏、包庇罪，只要求主观上明知是“犯罪的人”“犯罪所得及其产生的收益”即可，并不要求明知对方所实施的具体犯罪行为。此类情况下，基本犯的基本犯罪行为并不为连累犯的犯罪构成涵盖，连累犯揭发基本犯的，应当认定为立功。例如，甲告知乙其杀人了，正在被追逃，请求乙藏匿，乙不问细节而窝藏甲，事后通过其他途径得知甲杀人的时间、地点和对象等具体细节，乙因盗窃被抓获后，揭发甲的杀人行为，则乙构成立功。

参考案例

吴灵玉等抢劫、盗窃、窝藏案[①]

2005年7月29日13时许，被告人吴灵玉、杨代国、张福伟、史雷超在北京市丰台区世界公园西墙外发现一辆停在路边的面包车，按照吴灵玉的安排，四被告人对面包车内的被害人任峰、段秀桃进行抢劫。其间，被告人吴灵玉持随身携带的尖刀猛扎任峰胸部、腿部及腕部数刀，造成任峰右肺上叶贯通创，致急性失血性休克死亡。四被告人抢得人民币520元、移动电话2部，所抢钱款已被挥霍。被告人同海潮明知吴灵玉、杨代国、张福伟、史雷超系犯罪后潜逃，为四被告人提供隐藏处所，帮助逃匿。

被告人同海潮于2005年7月20日13时许，在北京市丰台区郑常庄"家世界"超市停车场，盗窃他人电动自行车一辆，该车价值人民币1090元。同海潮于2005年8月5日因涉嫌窝藏赃物被公安机关传唤后，揭发了公安机关不掌握的吴灵玉等人抢劫犯罪的事实。

被告人同海潮揭发吴灵玉等人抢劫犯罪的行为是否构成立功？二审法院认为，对于窝藏犯罪而言，窝藏人主观上仅需明知对方系"犯罪的人"即可，无须对被窝藏人的具体犯罪行为具有明确的认识。因此，作为窝藏犯的同海潮揭发吴灵玉等人的具体抢劫犯罪行为的，超出了如实供述的范围，应当认定为立功。

---

① 《刑事审判参考》案例第499号。

048. 检举揭发对自己的犯罪行为能否认定为立功

检举揭发对自己的犯罪行为不仅是报案行为，符合立功的条件，构成立功。

如甲（女）贩卖毒品被抓获，其向公安机关检举乙曾对其实施强奸行为，经查证属实。关于能否认定为立功，存在一定争议。有观点认为，本人作为他人犯罪的被害人时，检举揭发他人对自己的犯罪，性质上属于报案，是其行使控告权的表现，不能认定为立功。这一观点失之偏颇。从犯罪的本质来看，犯罪的本质特征在于严重的社会危害性，犯罪行为不仅侵害了具体被害人的权益，更侵害了《刑法》所保护的社会关系即法益，被害人是犯罪对象，而犯罪客体则是法益。犯罪分子检举揭发他人对自己的犯罪行为，确实是其行使控告权的表现，但同时也是有利于发现和打击犯罪的社会有益行为。从法律规定来看，《刑法》和相关司法解释也并未将检举揭发对自己犯罪的行为排除在立功情形之外。因此，犯罪分子检举揭发他人对自己的犯罪行为，也应当认定为立功。

049. 检举揭发同案犯的能否构成立功

以揭发内容是否属于被告人应当如实供述的内容为判断标准，如果是共同犯罪事实以外的部分，可以认定为立功；如果是共同犯罪事实以内的部分，也可以酌情从轻处罚。

最高人民法院 1994 年 12 月 20 日公布的《关于适用全国人民代表大会常务委员会关于禁毒的决定的若干问题的解释》（已失效）第 15 条规定，“毒品犯罪分子在犯《决定》规定之罪后被司法机关发现并予以审查时（包括侦查、起诉、审查阶段），检举、揭发其他毒品犯罪活动或者其他毒品犯罪分子（含同案犯）罪行得到证实的……属于有立功表现，可以从轻、减轻处罚或者免除处罚”。这对于打击毒品犯罪活动起到了积极的作用，应当作为一个原则或者是特例确定下来。从实际情况看，如果将揭发同案犯所参与的共同犯罪的罪行认定为立功的话，那么很多共同犯罪案件中都将有立功的问题，而且也不符合刑法理论。司法实践中，应当鼓励犯罪分子立功，放宽认定立功的条件，但不应将立功简单地泛化。而且，单就认定毒品犯罪分子立功而言，这一做法有利有弊，存在不少问题，目前司法实践中对此问题掌握得也十分严格。因此，不宜将揭发同案犯所参与的共同犯罪的罪行认定为立功。对于揭发同案犯所参与的共同犯罪的罪行的，根据该解释第 6 条的规定，人民法院可以酌情予以从轻处罚。

法律依据

最高人民法院《关于处理自首和立功具体应用法律若干问题的解释》

第五条 ……犯罪分子到案后有检举、揭发他人犯罪行为，包括共同犯罪案件中的犯罪分子揭发同案犯共同犯罪以外的其他犯罪，经查证属实……应当认定为有立功表现。

第六条 共同犯罪案件的犯罪分子到案后，揭发同案犯共同犯罪事实的，可以酌情予以从轻处罚。

参考案例

张才文等抢劫、盗窃案[①]

朔州市中级人民法院经审理查明：2010 年 8 月 18 日，被告人张才文在山西省怀仁县实施盗窃犯罪行为（具体案情略）；2010 年 11 月，被告人张才文与其妻外甥全振东（同案被告人，犯罪时未满 16 周岁，已判刑）共同实施抢劫罪，致被害人张玉成死亡（具体案情略）。

① 《刑事审判参考》案例第 1225 号。

另经审理查明：在本案一审审理期间，被告人张才文检举在2001年夏天的一个晚上，其伙同杨有军、梁绍兵、刘运林在河北省献县子牙河新大桥南头一住处屋内实施盗窃过程中，杨有军使用铁棍打死一个老人李树新的事实。经公安机关补侦后查证属实，河北方面将3名案犯抓获归案，做另案处理。山西省朔州市人民检察院据此补充起诉指控张才文伙同他人在实施盗窃中被发现，同案犯致死被害人，其行为亦构成抢劫罪。

被告人检举本人与他人共同盗窃中他人超出犯意致人死亡的行为是否构成立功？最高人民法院及一审、二审法院一致认为，张才文的检举行为不构成立功和自首，仅构成坦白。其理由是，被告人张才文到案后，主动供述了其伙同杨有军等人在实施盗窃过程中，杨有军当场使用暴力致人死亡的犯罪事实，虽经查证属实，但该行为属于如实供述司法机关尚未掌握的其本人伙同他人所犯罪行，与司法机关先前掌握的其单独盗窃犯罪属同种罪行的坦白行为。其检举行为既不属于揭发同案犯共同犯罪以外的其他犯罪，也不属于协助司法机关抓捕同案犯的行为。杨有军在共同犯罪中超出共同犯意，实施致人死亡的行为，是张才文、杨有军等人共同盗窃犯罪事实的密切关联行为，属于张才文应当如实供述的内容。

张某盗窃案[①]

张某因涉嫌盗窃被公安机关拘留。审讯时，张某向公安机关检举本村刘某与尚某曾抢劫邻村王某，并否认自己参与了该抢劫案，公安干警根据张某提供的线索一举侦破了此案，但经侦查证实，张某与刘某、尚某共同实施了整个抢劫行为，后张某对其抢劫犯罪事实供认不讳。

张某揭发刘某与尚某抢劫事实的行为是否构成立功？张某因为在向公安机关提供线索时不如实供述，回避自己参与抢劫的事实，没有向公安机关完全如实供述，所以既不能认定有立功表现，也不能以自

---

① 李英：《张某的行为属自首还是立功表现》，载《检察实践》2004年第3期。

首论。但是，法官在对张某量刑时应充分考虑这一情节。

实操建议

本问题也是自首和立功相交叉的一个领域，涉及共同犯罪事实的认定，可以以上述关联犯罪、对合犯的区分标准为依据，原则上共同犯罪事实内的检举揭发，无论是隐瞒自己的参与程度还是如实供述自己的参与程度，都仅成立自首或者坦白，不构成立功，也可以获得从轻处罚，最高人民法院《关于处理自首和立功具体应用法律若干问题的解释》第6条明确规定，“共同犯罪案件的犯罪分子到案后，揭发同案犯共同犯罪事实的，可以酌情予以从轻处罚”。此外，也有学者提出，从充分发挥立功功能的角度出发，对于揭发重大犯罪集团同案犯的共同罪行，并使该犯罪集团得以破获的，或者揭发同案犯危害国家安全的共同罪行的情形，应以立功论处。理由是上述犯罪均具有极大的社会危害性和危险性，对此类犯罪规定揭发同案犯犯罪行为以立功论处，可以较好地起到分化瓦解、各个击破的作用，从而使整个案件得以尽快侦破，以有力地打击此类犯罪。[①]

050. 他人买功、送功、代为立功的，能否认定为犯罪人本人的立功

立功线索来源的正当性是认定检举揭发和提供线索型立功的首要要件。“任何人不得从其违法行为中获利。”法律不禁止任何人获得利益，但是任何人不得通过损害他人的行为获得利益，任何人不得因自身的不法获得利益。最高人民法院、最高人民检察院《关于办理职务犯罪案件认定自首、立功等量刑情节若干问题的意见》和《关于处理

① 刘源远:《揭发同案犯犯罪行为在特定情况下应以立功论处》，载《人民检察》2003年第7期。

自首和立功若干具体问题的意见》对此做了明确。下列情形属于立功线索来源不正当，不能认定为立功表现：

一是立功线索系通过贿买、暴力、胁迫等非法手段获取的。

二是立功线索系犯罪分子原担任查办犯罪活动的职务中掌握的。例如，某警察犯罪后检举揭发其担任警察时掌握的他人犯罪事实（以前未报告公安机关），不能认定为立功。

三是立功线索系他人违反监管规定向犯罪分子提供的。但如果是同监人员将自己知悉或自己所犯重大犯罪活动的情况告诉他人，后者再向监管部门检举的，以及罪犯的亲友在会见罪犯时将可构成重大立功的案件情况告诉罪犯，再由罪犯检举的，在排除立功线索系贿买、暴力、威胁或违反监规等非法手段获取的以外，一般情况下可以认定为立功。这是因为，立功反映的是罪犯改恶从善、争取早日回归社会的愿望，同时，罪犯的立功行为对国家和社会是有利的，能够促使司法机关及时发现犯罪，查证犯罪，打击犯罪。所以，罪犯在不违反监规的情况下，将从亲友或其他罪犯处听来的能构成立功的情况向监管部门或司法机关检举的，在查证属实后，宜认定为立功。

对于罪犯亲友在监狱会见罪犯时将可构成立功的情况告诉罪犯，罪犯再检举的，是否属于违反监规而不应认定为立功？由于《监狱法》及相关的法律法规并没有禁止服刑人员与亲属会见时谈论案情的规定，所以，在排除亲友以暴力、贿买等非法手段获取立功线索再告诉罪犯的情形下，上述情况可以认定为立功。

四是立功线索系负有查办犯罪活动或监管职责的国家工作人员职务活动中获取而提供的。如某看守所监管民警为了让作为其朋友的某犯罪分子立功，将其职务活动中掌握的其他人的犯罪事实（以前未报告公安机关）告知该犯罪分子，该犯罪分子据此予以检举揭发的，不能认定为立功。

051. 如何认定检举揭发他人犯罪“查证属实”

犯罪分子检举揭发他人犯罪、提供侦破其他案件的线索，均须经查证属实。司法实践中，常见的问题是“查证属实”的程度如何把握，即检举揭发他人犯罪、提供侦破其他案件的线索，查证到哪一程度才可认定为“查证属实”。被揭发的行为、侦破的案件是否经查证属实，一般是以立案为准。不必以被检举揭发人审查起诉阶段被决定起诉，或者被法院生效判决认定构成犯罪为依据。但是，检察机关审查后，因存疑决定不起诉的，或者法院生效判决确认因证据不足认为不构成犯罪的，不能认定实施检举揭发和提供线索行为的犯罪分子构成立功。已经认定立功的，应当在二审阶段或者判决生效后启动审判监督程序予以纠正。

法律依据

最高人民法院《关于处理自首和立功具体应用法律若干问题的解释》

第五条 ……犯罪分子到案后有检举、揭发他人犯罪行为，包括共同犯罪案件中的犯罪分子揭发同案犯共同犯罪以外的其他犯罪，经查证属实的……应当认定为有立功表现。

最高人民法院、最高人民检察院《关于办理职务犯罪案件认定自首、立功等量刑情节若干问题的意见》

二、……犯罪分子揭发他人犯罪行为，提供侦破其他案件重要线索的，必须经查证属实，才能认定为立功。审查是否构成立功，不仅要审查办案机关的说明材料，还要审查有关事实和证据以及与案件定性处罚相关的法律文书，如立案决定书、逮捕决定书、侦查终结报告、起诉意见书、起诉书或者判决书等。……

052. 检举揭发他人但他人未被追诉的，是否认定为立功

可以构成立功。认定犯罪人协助抓捕或者检举揭发的他人是否犯罪应当以“查证属实”为标准，不以是否被追诉为准，但需要有相关部门予以证实，没有加盖接受被告人投案、坦白、检举揭发等的单位的印章，或者接受人员没有签名的，不得作为定案的根据。

如果已有审判结果，应当依据判决确认的事实认定是否查证属实；如果被检举揭发的他人犯罪案件尚未进入审判程序，可以依据侦查机关提供的书面查证情况认定是否查证属实。检举揭发的线索经查确有犯罪发生，或者确定了犯罪嫌疑人，可能构成重大立功，只是未能将犯罪嫌疑人抓获归案的，对可能判处死刑的被告人一般要留有余地，对其他被告人原则上应酌情从轻处罚。

被告人检举揭发或者协助抓获的人的行为构成犯罪，但因法定事由不追究刑事责任、不起诉、终止审理的，不影响对被告人立功表现的认定；被告人检举揭发或者协助抓获的人的行为应判处无期徒刑以上刑罚，但因具有法定、酌定从宽情节，宣告刑为有期徒刑或者更轻刑罚的，不影响对被告人重大立功表现的认定。

法律依据

最高人民法院、最高人民检察院《关于办理职务犯罪案件认定自首、立功等量刑情节若干问题的意见》

二、……犯罪分子揭发他人犯罪行为，提供侦破其他案件重要线索的，必须经查证属实，才能认定为立功。审查是否构成立功，不仅要审查办案机关的说明材料，还要审查有关事实和证据以及与案件定性处罚相关的法律文书，如立案决定书、逮捕决定书、侦查终结报告、起诉意见书、起诉书或者判决书等。……

最高人民法院《关于处理自首和立功若干具体问题的意见》

六、关于立功线索的查证程序和具体认定

被告人在一、二审审理期间检举揭发他人犯罪行为或者提供侦破其他案件的重要线索，人民法院经审查认为该线索内容具体、指向明确的，应及时移交有关人民检察院或者公安机关依法处理。

侦查机关出具材料，表明在三个月内还不能查证并抓获被检举揭发的人，或者不能查实的，人民法院审理案件可不再等待查证结果。

被告人检举揭发他人犯罪行为或者提供侦破其他案件的重要线索经查证不属实，又重复提供同一线索，且没有提出新的证据材料的，可以不再查证。

根据被告人检举揭发破获的他人犯罪案件，如果已有审判结果，应当依据判决确认的事实认定是否查证属实；如果被检举揭发的他人犯罪案件尚未进入审判程序，可以依据侦查机关提供的书面查证情况认定是否查证属实。检举揭发的线索经查确有犯罪发生，或者确定了犯罪嫌疑人，可能构成重大立功，只是未能将犯罪嫌疑人抓获归案的，对可能判处死刑的被告人一般要留有余地，对其他被告人原则上应酌情从轻处罚。

被告人检举揭发或者协助抓获的人的行为构成犯罪，但因法定事由不追究刑事责任、不起诉、终止审理的，不影响对被告人立功表现的认定；被告人检举揭发或者协助抓获的人的行为应判处无期徒刑以上刑罚，但因具有法定、酌定从宽情节，宣告刑为有期徒刑或者更轻刑罚的，不影响对被告人重大立功表现的认定。

最高人民《法院关于适用〈中华人民共和国刑事诉讼法〉的解释》

第一百四十四条　证明被告人自首、坦白、立功的证据材料，没有加盖接受被告人投案、坦白、检举揭发等的单位的印章，或者接受人员没有签名的，不得作为定案的根据。

对被告人及其辩护人提出有自首、坦白、立功的事实和理由，有关机关未予认定，或者有关机关提出被告人有自首、坦白、立功表现，但证据材料不全的，人民法院应当要求有关机关提供证明材料，或者要求有关人员作证，并结合其他证据作出认定。

参考案例

朱莎菲贩卖毒品案[①]

2013年2月至3月12日，被告人朱莎菲在江苏省无锡市南长区永乐路87号永乐名典等地，分三次将0.74克甲基苯丙胺分别贩卖给邱涛、费忠、陈登英，构成贩卖毒品罪。朱莎菲归案后主动供述了司法机关尚未掌握的其向邱涛、陈登英贩卖毒品的事实，并协助公安机关抓获张志超、邱涛、陈登英。

后公安机关未将张志超的行为作为犯罪处理，并出具《情况说明》。该《情况说明》分析，因为朱莎菲欲向他人贩卖3克甲基苯丙胺的犯罪公安机关已事先掌握，故帮助朱莎菲购买毒品的张志超不构成犯罪，故而朱莎菲检举并协助抓获张志超的行为不构成立功。对此，二审法院认为，审判机关应当根据法律规定认定张志超明知他人实施毒品犯罪仍为其代购毒品的行为构成犯罪，虽然公安机关未对张志超作出处理，但朱莎菲确有协助公安机关抓获张志超的表现，应当认定朱莎菲的行为构成立功。具体而言：

1. 朱莎菲的行为符合“协助司法机关抓捕其他犯罪嫌疑人”型立功的行为条件

朱莎菲在被公安机关抓获后，主动交代其被查获的3克甲基苯丙胺系张志超明知其贩卖毒品而为其代购，提供了张志超的联系方式，按照公安机关的安排打电话将张志超约至指定地点，并当场指认了张志超，公安机关在朱莎菲的指认下抓获张志超。朱莎菲的行为既符合最高人民法院《关于处理自首和立功若干具体问题的意见》第5条第

① 《刑事审判参考》案例第1036号。

1 款第 1 项规定的“按照司法机关的安排，以打电话、发信息等方式将其他犯罪嫌疑人（包括同案犯）约至指定地点”的情形，也符合该款第 2 项规定的“按照司法机关的安排，当场指认、辨认其他犯罪嫌疑人（包括同案犯）”的情形。朱莎菲的电话约见、当场指认为司法机关的抓捕提供了极大便利，有效地降低了抓捕成本，提高了抓捕效率，符合“协助司法机关抓捕其他犯罪嫌疑人”型立功的客观行为特征。

2. 被告人朱莎菲的行为符合“协助司法机关抓捕其他犯罪嫌疑人”型立功的对象条件

认定朱莎菲是否构成立功的第二个要件是其协助抓获的张志超是否有犯罪行为。张志超明知朱莎菲贩卖毒品而为其代购 3 克甲基苯丙胺的事实，有张志超、朱莎菲的一致供述及从朱莎菲处查获的 3 克甲基苯丙胺予以证实，足以认定张志超实施犯罪的事实。对于张志超的行为是否构成犯罪，公安机关、一审法院与二审法院的认识存在分歧，但分歧不在于认定该事实的证据是否充分，而在于不同机关对法律适用问题的理解。2008 年印发的《全国部分法院审理毒品犯罪案件工作座谈会纪要》明确指出 :“明知他人实施毒品犯罪而为其居间介绍、代购代卖的，无论是否牟利，都应以相关毒品犯罪的共犯论处。”张志超明知朱莎菲欲实施贩卖毒品犯罪而为其代购毒品，为朱莎菲贩卖毒品提供实际帮助，与朱莎菲构成共同犯罪，应当按照贩卖毒品罪的共犯论处。

3. 被协助抓获者的犯罪行为是否“查证属实”应当由法院依据事实和法律作出认定

张志超的犯罪行为是否查证属实，是本案争议的焦点，也是实践中存在认识分歧的主要问题，并直接关系对朱莎菲立功情节的认定。其中主要涉及两个问题:一是“查证属实”的认定主体问题;二是“查证属实”的认定依据问题。

（1）关于“查证属实”的认定主体。首先，侦查机关有查证被协助抓获者是否构成犯罪的职责。根据法律的规定，对犯罪嫌疑人立案之后，处理相应的立功线索以及认定犯罪嫌疑人是否具有立功情节的职责均归属于侦查机关。侦查机关应当对犯罪嫌疑人的犯罪行为与犯罪嫌疑人所检举揭发的他人的犯罪行为给予同样的重视，具体到本案，被告人朱莎菲涉及构成协助抓获同案犯的立功，侦查机关在查证时应当明确朱莎菲是否具有协助抓获同案犯的客观行为，也应查明朱莎菲协助抓获的张志超是否存在相应的犯罪事实，并将证明上述情节的证据材料全面、客观地提供给人民法院。其次，人民法院有审查认定被协助抓获者的犯罪行为是否被“查证属实”的职责。最高人民法院《关于适用〈中华人民共和国刑事诉讼法〉的解释》第 144 条第 2 款规定：“对被告人及其辩护人提出有自首、坦白、立功的事实和理由，有关机关未予认定，或者有关机关提出被告人有自首、坦白、立功表现，但证据材料不全的，人民法院应当要求有关机关提供证明材料，或者要求有关人员作证，并结合其他证据作出认定。”该规定明确了人民法院对被告人的立功情节有进行实质审查的职责。人民法院既可以根据被告人一方提出的请求和意见，对有关机关未予认定的立功情节进行审查；也可以根据职权，对有关机关认定被告人构成立功的结论进行实质审查。本案中，人民法院对公安机关出具的证实张志超不构成犯罪的《情况说明》，不应简单进行形式审查后直接采纳，而应根据案情和其他相关证据进行综合评判。

（2）关于“查证属实”的认定依据。最高人民法院《关于处理自首和立功若干具体问题的意见》第 6 条第 4 款对立功线索的查证及认定作出规定，根据被告人检举揭发破获的他人犯罪案件，如果已有审判结果，应当依据判决确认的事实认定是否查证属实：如果被检举揭发的他人犯罪案件尚未进入审判程序，可以依据侦查机关提供的书面查证情况认定是否查证属实。本案中，被告人朱莎菲协助抓获的张志超未被侦查机关作为犯罪处理，因此，主要涉及人民法院对侦查机关出具的证实张志超不构成犯罪的材料如何认定的问题。对此，首先应当从《刑法》设立立功制度的立法原意进行分析，对立功中的“查证属实”要件做有利于被告人的解释。立功制度兼具体现犯罪人的悔罪表现以及打击犯罪的双重功能：一方面，犯罪人通过立功行为体现其对犯罪行为的悔恨，展现较好的悔罪表现，从而获得从轻处罚；另一方面，犯罪人的立功行为有利于司法机关发现、侦破刑事犯罪，从而实现刑罚预防和惩治犯罪的作用。其中，犯罪人的悔罪表现往往是通过其立功行为本身体现出来的，而认定其是否构成立功的关键即在于该行为是否客观上对打击犯罪起到帮助和促进作用。本案中，被告人朱莎菲协助抓获的张志超确实涉嫌贩卖毒品犯罪，朱莎菲的协助抓获行为体现了其认罪、悔罪的良好态度，并有利于司法机关及时发现和有效惩治相关犯罪行为，因而具有立功价值。其次，对于被检举者的犯罪行为是否"查证属实"的认定，不宜一概要求依据相应的刑事判决。实践中，对检举者的判决与被检举者的判决之间常常会出现较长的时间间隔，若一味强调只有人民法院判决才能确定被检举者的犯罪行为是否"查证属实"，无疑会错过对检举者在量刑阶段进行从宽处罚的时机，不利于保障犯罪人正当权利。因此，从有利于被告人和便宜诉讼进程的角度考虑，可以由审理检举人的人民法院根据现有证据认定被检举人是否构成犯罪以及可能判处的刑罚，并据此认定检举人是否构成立功。

学理解释

立功行为的"查证属实"实际上涉及对量刑证据的把握问题。如只有被检举揭发者的口供而无其他证据，则被检举揭发者不能认定为犯罪。那么，此时检举揭发者能否认定为立功？例如，被告人张某伙同他人抢劫被逮捕后，其主动检举：听甲说，甲和乙8年前曾轮奸一名女子。公安机关遂传唤甲和乙，二人均如实供述了轮奸的经过，且相互印证，并进行了同步录音录像，能排除串供、诱供等可能。但因为甲、乙均不认识被害女子，又因时过境迁公安机关一直未能找到被害人，关于被检举的强奸案件现只有被告人供述，无其他证据印证，则对甲和乙不能定罪。但对检举揭发者——抢劫案的被告人张某能否认定为立功则争议较大。一种意见认为，认定立功的标准之一是检举他人犯罪，经查证属实。本案中被张某检举的甲、乙二被告人的强奸行为属于典型的有供无证，由于没有被害人，又没有当时报案登记等进行补强，该强奸案客观上是否存在真实存在尚未定论，怎么谈得上查证属实？既然没有查证属实，立功就不应当成立。另一种意见则认为，实践中本着有利于被告人的原则处理刑事案件，不仅包括罪疑从无，也包括功疑从有。本案中被告人张某检举揭发的犯罪事实已经得到甲、乙二人的供述证实，并且能排除串供、诱供的可能，当然属于查证属实。

笔者认为，前述第一种观点错误的根本原因在于混淆了定罪的标准和认定立功的标准。定罪的标准是事实清楚，证据确实、充分，而认定立功的标准法律只规定查证属实即可，并未要求一定达到确实、充分的程度，显然定罪的标准要高于认定立功的标准，不能用定罪的标准来衡量立功的成立与否。具体到本案例而言，不能以被检举人最终能否被定罪作为被检举的事实是否查证属实的判断标准。另外，囿于审理期限，法院通常不可能等被检举的犯罪嫌疑人经法院审判被确认犯罪后再认定检举人是否构成立功。从及时审判和有利于被告人的解释论出发，本案被告人张某的行为构成立功是合理的。①

实操建议

在刑事诉讼过程中，关于当事人是否构成立功的问题，辩护人能够获取公安机关及检察机关的肯定和支持当然好，但即使未获得其认可，甚至是在公安机关或检察机关出具《情况说明》认定被告人不构成立功的情况下，辩护人也不要“轻言放弃”，因为认定被检举揭发或协助抓获者犯罪行为是否“查证属实”最终应当由法院依据事实和法律作出判断。

---

① 袁登明主编：《刑罚适用疑难问题精解》，人民法院出版社2012年版，第198~199页。

（三）立功的认定标准

053. 到案前的行为是否可以构成立功

构成立功的时间原则上限定为到案后，但符合立功条件的检举揭发型立功可以提前到犯罪后、到案前。

《刑法》第68条并未对作为量刑情节的立功行为发生的时间进行规定，而最高人民法院《关于处理自首和立功具体应用法律若干问题的解释》将检举揭发型立功、阻止犯罪型立功、协助抓捕型立功都限定为犯罪分子到案后至宣判之前，也即发生在到案后的行为才能认定为立功行为；《刑法》第78条作为减刑情节的立功行为则需要发生在刑罚执行期间。

实践中，有的犯罪人在犯罪后、到案前揭发他人犯罪、提供重要线索、协助抓捕其他犯罪人或阻止他人犯罪活动，能否构成立功，存在争议。例如，甲实施抢劫后被公安机关通缉，在逃跑过程中，为了日后被减轻处罚，向公安机关打匿名电话揭发他人的犯罪，然后继续潜逃，后被捕。甲的揭发行为能否构成立功？又如，甲、乙共同实施敲诈勒索后被公安机关通缉。在逃跑过程中，甲为了日后被减轻处罚，向公安机关打匿名电话，告知同案犯乙的藏匿地点，自己继续潜逃。据此，公安机关很快抓捕乙，后也抓捕了甲。甲的行为能否构成立功？再如，甲盗窃了他人汽车，但未被发觉。后来甲因吸毒被强制戒毒，在戒毒期间，甲揭发了他人的贩毒罪行，经查证属实。后甲自首了自己的盗窃罪行。甲揭发他人贩毒罪行能否认定为立功？

否定的观点认为，如果将立功起始时间定为犯罪后、到案前，会过分扩大立功的成立范围。到案前的类似立功的行为虽然有利于节约司法资源，但是犯罪人犯罪后却不到案，表明其人身危险性很大，不宜对其此时的行为给予奖励。实际上，自首制度是司法机关给予犯罪人到案前的宽恕机会，立功制度是司法机关给予犯罪人到案后的宽恕机会。到案前揭发他人犯罪的，由于无法体现犯罪分子人身危险性的减小，所以不构成立功。

笔者认为，立功时间应当定为犯罪后，而非到案后。一是立功制度的设立根据主要是节约司法资源（政策理由），其次才是人身危险性的减小（法律理由）。既然如此，到案前与到案后的立功行为对于节约司法资源没有区别，甚至到案前的立功行为因为时间较早，更有利于节约司法资源。如果要求立功的时间为到案后，这等于告诉犯罪分子，到案前先不要揭发其他犯罪人或提供重要线索，等到被捕后再实施，很显然，这样不利于及早破案和阻止犯罪。二是所谓自首制度是给予犯罪人到案前的宽恕机会，立功制度是给予犯罪人到案后的宽恕机会。这种看法是在人为切割自首和立功的成立时间，不符合实际情况。事实上，犯罪人到案后也可以自首，例如，特殊自首便是如此。三是《刑法》第 68 条只规定犯罪分子有揭发他人犯罪行为，查证属实的，构成立功，没有规定立功的时间必须是到案后。所谓到案后，是司法解释的规定。在司法解释与刑法典有冲突时，应当优先适用《刑法》，也即不要求立功的时间是到案后。况且，犯罪分子这个身份在行为人犯罪后就具备了，而非到案后才具备。

对于其他类型立功，如对国家和社会有突出贡献的，是否也可以提前到到案前的行为，实践中有不同做法。虽然有大量辩护理由将到案之前的重大贡献认定为重大立功，但基本上均未得到法院支持。44 人的审判案例中，共计 18 人系到案前的行为，包括发明创造、工作表现、公益活动、协助部队完成军事任务等，除杜某明涉贪污罪一案[①]外，17 人均未被认定构成重大立功，如赵某成涉受贿罪一案[②]，被告人推动、组织多个项目，为其单位取得多项实用新型及发明专利等工作成绩均属案发前的职务行为，不符合立功表现。

杜某明案中，辩护人认为，“中国烟叶公司、中国烟叶总公司云南省公司、云南省烟草专卖局等部门均证实杜某明在三十年的工作中

① （2014）盈刑初字第 120 号一审刑事判决书。

② （2019）津 0118 刑初 272 号一审刑事判决书。

积极投身于中国烟草改革的发展，为我国香料烟从无到有，从试种到发展壮大做出了突出重大贡献，填补了中国香料烟的生产空白，并成为世界第三大香料烟生产国。多次得到国家级、省级的奖励，使当地的烟叶产量成倍增长，为当地的经济创下了几十亿的增收”。法院据此也认定，“在任云南烟草保山香料烟有限责任公司总经理职务期间，认真钻研烟叶种植技术，取得了重大科技成就，促进地方经济的发展，对当地农民脱贫致富起到了一定积极的作用，增加国家利税收入成绩显著，对国家和社会具有重大贡献表现”，从而认定其构成重大立功。

其他被认定为重大立功、一般立功的案件全部是针对案发后的表现。全部被认定重大立功的 5 人中，除杜某明案外，其他 4 人均系到案后的表现；被折中认定一般立功的 6 人中，全部为到案后表现。

因此，实践中普遍以到案后的表现作为认定立功、重大立功的时间节点，这已成为共识。虽然被告人在到案前的行为不能认定为立功、重大立功，但可以作为以往表现的佐证，向法院争取从轻处罚的酌定情节。

054. 救治他人的行为能否认定为立功

如果是到案后的救人行为一般可以认定为立功或者重大立功。包括在他人发生生命危险时（多为溺水事件）舍己救人的，通过及时报告、亲身阻止等行为阻止他人自杀、自伤的，与本身医务身份有关的救治行为，新冠肺炎疫情期间救治他人以及在羁押场所救治重犯等，通过及时呼救或施救救助病患的。

（1）舍己救人型立功。

对救人情节，《刑法》第 78 条第 1 款中规定为“舍己救人”，其强调的不只是“救人”所达到的实际效果，也有“舍己”所包含的即时情况的紧迫性和危险性，而后者是较难达到的。下列案件中既有认定为重大立功，也有认定为一般立功甚至不构成立功情节的。

参考案例

毕某交通肇事案[①]

法院依法查明：被告人毕某醉酒驾驶机动车辆，致一人死亡，负事故的全部责任。另查明，2013 年 8 月 2 日下午，被告人毕某将不慎落入水中的儿童顾某救起。2013 年 8 月 7 日下午，被告人毕某奋勇扑救严桥镇明堂村森林火灾。

法院认为：被告人依法构成交通肇事罪。被告人在取保候审期间，能够舍生忘死积极抢救落水儿童，并在排除火灾事故中表现突出，依法对其行为认定为具有重大立功表现，并予以减轻处罚，符合法律规定。

黄某伟交通肇事案[②]

法院依法查明：被告人黄某伟因注意力不集中、忽视观察、驾车超过规定时速，碰撞行人张某 1、李某 1，造成 2 人死亡。经认定，黄某伟负事故全部责任。另查明，被告人黄某伟作为医务人员，在新型冠状病毒肺炎疫情期间积极救治新冠肺炎患者，于 2020 年 2 月 26 日被内江市应对新型冠状病毒感染肺炎疫情应急指挥部通报表扬。

法院认为：黄某伟等医务人员在新型冠状病毒肺炎疫情暴发期间，救治新冠肺炎患者表现突出，于 2020 年 2 月 26 日被内江市应对新型冠状病毒感染肺炎疫情应急指挥部通报表扬，属对国家和社会有其他重大贡献，应当认定为有重大立功表现，可以减轻处罚。

黄某单位受贿案[③]

本案中，黄某经依法审理被判构成单位受贿罪。被告人在羁押过程中因配合进行日常坐诊、多次抢救危重病人（判决书原文未详述），

① （2013）芜中刑终字第 00297 号二审刑事裁定书。

② （2019）川 1002 刑初 363 号一审刑事判决书。

③ （2016）湘 0702 刑初 252 号一审刑事判决书。

也被认定为具有重大立功表现，获得从轻处罚。

肖某辉徇私枉法罪[①]

法院对肖某辉救助落水残疾人周某忠的舍己救人行为认为属于有利于社会的突出表现，但尚不足以认定对国家和社会有重大贡献的表现，不能认定为重大立功表现，认定为一般立功情节，也予以从轻处罚。

赵某某涉挪用公款罪[②]

法院认为，“被告人抢救落水者的行为未达到突出表现的程度，虽然媒体进行了报道，但政府相关部门未对该行为进行定性嘉奖，侧面也反映了行为未达到突出表现”，从而未认定立功，而是对被告人赵某某实施的有利于国家和社会的行为，量刑时作为酌定从轻情节予以考虑。

对该类行为认定为重大立功/立功的证据标准限定在政府予以定性嘉奖的范围，无疑限缩了该类行为成立立功情节的可能，政府嘉奖虽然是对行为性质的一种佐证，但并不是唯一证据，要判定行为能否认定立功或者重大立功还是应当审查行为在当时是否符合舍己救人的标准。

（2）阻止他人自杀自伤的救治行为。

救人行为不限于积极主动的救治行为，阻止他人自杀、自伤行为，也有成立立功的可能。

在笔者检索到的5件此类案件中，辩方均主张此类行为构成重大立功，但均未被认定为重大贡献，未认定重大立功，其中3件案件，法院认可上述行为系有利于国家和社会的突出表现，但不属于重大贡献，折中认定为一般立功行为，1件从轻、2件减轻处罚；另外2件则没有认定为重大贡献，仅作为量刑情节予以考虑。

---

① （2019）湘1382刑初259号一审刑事判决书。

② （2015）科刑初字第189号一审刑事判决书。

如杨某剑涉虚开增值税发票罪案[1]、肖某丙涉盗窃罪案[2]、崔某敏涉故意伤害罪案[3]中，三人均采取及时呼救、报告等行为，阻止了其他在押人员的自杀行为，最终被认定为一般立功，不同的是，杨某剑仅从轻处罚，而肖某丙、崔某敏得以减轻处罚。

（3）与本身医务人员身份相关的救治行为。

下列2件案件是被告人在到案后作为医生有治病救人行为。其中，黄某伟涉交通肇事罪一案[4]中，被告人在取保候审后疫情暴发期间，积极参与新冠肺炎疫情救治，获得政府通报表扬，被认定为重大立功予以减轻处罚；黄某涉单位受贿罪一案中，被告人在羁押过程中因配合进行日常坐诊、多次抢救危重病人，也被认定为具有重大立功表现，获得从轻处罚。

上述案例也体现出对医生特殊义务身份的尊重，无论是疫情期间还是非疫情期间，利用专业身份进行大规模救治行为的，均可以视为对社会和国家有重大贡献，从而成立重大立功。不同的是，因救治行为的急难险重程度不同，进行减轻抑或从轻处罚也有所区别。

（4）及时呼救、采取救助措施的救治行为。

笔者检索到的此类案件共计3件，均为在羁押场所及时发现并抢救同监犯人，但均未认定为重大贡献，一案认定为一般立功，予以从轻处罚，另外两案虽未认定为立功，但也考虑这种情况客观避免了重大事件的发生，应予鼓励，量刑酌情从轻处罚，就量刑效果而言，是否认定为立功，似乎并无差别。

综上，对不存在“舍己”情况，但实际有“救人”结果的行为，通常不认定为重大立功，但应认定为“有利于国家和社会的突出表现”，成立一般立功，个别案件考虑救治行为的突出效果，认定为重大立功，也具有合理性。生命是自然人的最高人格利益，生命健康是人行使其

---

① （2019）鄂0821刑初246号一审刑事判决书。

② （2016）黔0422刑初38号一审刑事判决书。

③ （2014）湘高法刑三终字第27号二审刑事判决书。

④ （2019）川1002刑初363号一审刑事判决书。

他权利的基础。犯罪分子能够在紧要关头伸出援手，挽救他人，在客观结果上，没有什么行为的价值能超出挽救生命；在主观态度上，其行为体现了其对他人生命的尊重，也一定程度上反映了其悔改、受教育程度。对这一类行为应当在量刑过程中加以考虑。

055. 抢险救灾等公益行为能否认定为立功

救灾情节认定为重大立功的概率比较小，在样本数据中并无此类案件被认定为重大立功、一般立功。涉及此类情节的案件共 4 件，既有提出案发前有捐赠、献血、救灾行为，也有主张到案后有协助政府救援、献血、捐款等行为，虽被认定为对社会有益的行为，但不属于对国家和社会有突出表现或重大贡献，不构成立功。

需要说明的是，作为减轻情节的立功中，含有救灾情节。《刑法》第 78 条第 1 款中的规定为“在抗御自然灾害或者排除重大事故中，有突出表现”，《解释》第 5 条对立功表现的规定中，也规定了“具有其他有利于国家和社会的突出表现”，两者可以做同一理解。实践中对此掌握更为严格，对救灾行为能否认定重大立功表现，通常要结合以下方面具体考量：一是具体情境是否危险、紧迫；二是被告人救灾行为是否具有重要地位甚至难以替代；三是救灾的成果，包括具体的挽救人数、所挽回经济损失等。

如蒋某清涉受贿罪一案[①]中，虽然判决书中并未体现事故的具体严重情况和蒋某清所采取行为的具体效果，但得到交通运输局和州、市两级领导的一致肯定，可以认为是对突出表现的一种佐证。最终法院认定该行为属于社会表现良好，不符合有关立功的规定，但上述情节综合其自首等情节，最终得获减轻处罚。

同时，在笔者检索到的 3 件相关减刑案例中，犯人分别参与新冠

---

① （2015）马刑初字第 168 号一审刑事判决书。

疫情防控、抢险救灾等，并被分别认定为重大立功和立功表现、不构成重大立功（开始时法院亦认定为立功，后经检察机关纠正，未认定重大立功）。这反映出，较之在审理中被认定为量刑情节，在刑罚执行阶段，抢险救灾等行为更容易被认定为立功甚至是重大立功行为。

由此可见，救灾行为如表现极为突出，能够认定（尤其是在减刑程序中）为重大贡献型重大立功。笔者还想指出，即使被告人的救灾行为不足以认定为重大立功表现，也应考量其是否达到“突出表现”的程度，认定其具有立功表现。再退一步，可据此体现当事人的良好社会表现、悔罪态度，争取酌定的从轻情节。

056. 有发明创造或技术革新的，具备何种条件可以认定为立功

认定发明创造或技术革新是否达到重大贡献的程度，也需要对具体成果进行分析，如是否能够付诸应用及规模大小、是否能够提升生产生活效率及幅度、是否能够创造的经济效益，如能得到较为权威的数据支撑和认可，对这一类的立功认定能有助益。

笔者检索到 5 件辩方以有发明创造或技术革新为由希望认定为重大立功的案例，但仅有 1 件是被告人在到案后有发明创造，该案最终获立功认定，但未被认定为重大立功，其余 4 案均系案发前的发明创造行为，法院或依据时间阶段不对，或认为无法证实发明创造的具体应用情况而无法认定重大贡献，从而不认定为重大立功。

057. 如何取得当事人的立功证据材料

从会见、阅卷过程中获取当事人可能构成立功的线索，继而可以

向司法机关申请调取或者通过公开检索等其他方式获取相关线索是否查证属实的证据。

法律依据

最高人民法院《关于处理自首和立功若干具体问题的意见》

七、……人民法院审查的立功证据材料，一般应包括被告人检举揭发材料及证明其来源的材料、司法机关的调查核实材料、被检举揭发人的供述等。被检举揭发案件已立案、侦破，被检举揭发人被采取强制措施、公诉或者审判的，还应审查相关的法律文书。证据材料应加盖接收被告人检举揭发材料的单位的印章，并有接收人员签名。……

实操建议

1. 在会见中获取立功线索。有司法者曾经呼吁建立“立功权利和义务告知制度”，认为这一制度一方面可以促使不懂得立功制度的犯罪嫌疑人和被告人了解该制度，明白其权利，从而鼓励其积极实施立功行为；另一方面，通过告知其立功应当遵循的法定程序和法定要求，告知其采取违法手段实施“立功”行为的法律后果，一定程度上避免其采取非法获取立功线索等违法手段。[①] 实践中，很难要求刑事案件的侦查人员在讯问过程中“落实”这样一种尚未正式确定的制度，但是辩护人可以要求自己在会见中向当事人解释立功的法律规定，尤其是要解释清楚立功在当前案件中可能有哪些具体表现。如果当事人陈述的情况符合立功的具体表现，辩护律师则应当注重调取收集或者从案卷中发掘出可以印证其陈述的证据材料。

2. 从卷宗中寻找立功线索。卷宗中最有可能反映当事人构成立功的材料当属被告人的供述与辩解。这就要求辩护人对被告人的讯问笔录进行详细、认真的审查。尤其是在职务犯罪领域通常所说的“串

---

① 南英：《检举揭发和提供线索型立功的认定程序》，载《刑事法律文件解读》2017年第7辑（总第145辑），人民法院出版社2017年版，第97页。

案”“窝案”中，被告人在供述与辩解中经常会“不经意”地提及其他人的犯罪行为，并且这种提及往往也会被有关部门查证属实、另案处理。此外，有同案犯的共同犯罪案件中，还要关注同案犯的到案经过，具体审查当事人有无成立协助抓捕型立功的可能。

3. 申请向有关部门调取情况说明、立案决定书等材料。被告方向司法机关提出立功线索只是工作的第一步，在线索提出后，辩护人还应当进行一系列的“跟进”工作，其中一项就是与线索对象相关案件的承办机关建立有效沟通，必要时向其调取或者申请司法机关向其调取能够证明当事人立功情节成立的证据，具体如侦查机关提供的、记载线索与案件查办因果关系或者抓获经过的《情况说明》等材料，司法机关出具的《（不）立案决定书》《（不）批准逮捕决定书》《起诉书》等关于线索是否已查证属实的材料。

4. 通过公开途径查询相关材料。在与司法机关沟通不畅的情况下，还可以尝试通过其他公开途径获取有利证据材料。例如，在“串案”“窝案”中，各个案件的诉讼进度非常有可能是不一致的，容易出现本案尚在审理但“另案处理”的另案已经终结的情形。在这种情形下，辩护人就可以尝试通过裁判文书网、案件公告、新闻报道等渠道获取有关立功线索是否查证属实的材料。

058. 立功的认定采取何种证明标准

立功的认定应采用优势证明标准，而非严格证明标准。

法律依据

最高人民法院《关于处理自首和立功若干具体问题的意见》

七、关于自首、立功证据材料的审查

人民法院审查的自首证据材料，应当包括被告人投案经过、有罪供述以及能够证明其投案情况的其他材料。投案经过的内容一般应包括被告人投案时间、地点、方式等。证据材料应加盖接受被告人投案的单位的印章，并有接受人员签名。

人民法院审查的立功证据材料，一般应包括被告人检举揭发材料及证明其来源的材料、司法机关的调查核实材料、被检举揭发人的供述等。被检举揭发案件已立案、侦破，被检举揭发人被采取强制措施、公诉或者审判的，还应审查相关的法律文书。证据材料应加盖接收被告人检举揭发材料的单位的印章，并有接收人员签名。

人民法院经审查认为证明被告人自首、立功的材料不规范、不全面的，应当由检察机关、侦查机关予以完善或者提供补充材料。

上述证据材料在被告人被指控的犯罪一、二审审理时已形成的，应当经庭审质证。

最高人民法院《关于适用〈中华人民共和国刑事诉讼法〉的解释》

第七十二条第二款 认定被告人有罪和对被告人从重处罚，适用证据确实、充分的证明标准。

第一百四十四条 证明被告人自首、坦白、立功的证据材料，没有加盖接受被告人投案、坦白、检举揭发等的单位的印章，或者接受人员没有签名的，不得作为定案的根据。

对被告人及其辩护人提出有自首、坦白、立功的事实和理由，有关机关未予认定，或者有关机关提出被告人有自首、坦白、立功表现，但证据材料不全的，人民法院应当要求有关机关提供证明材料，或者要求有关人员作证，并结合其他证据作出认定。

参考案例

李梦杰、刘辉贩卖毒品案[①]

无锡市中级人民法院经公开审理查明：2013年2月20日晚，上诉人李梦杰经与杜枫事先电话联系交易毒品后，指使原审被告人刘辉

① 《刑事审判参考》案例第1035号。

至无锡市第三人民医院附近的建设银行门口，向杜枫贩卖毒品甲基苯丙胺9余克。同月25日，无锡市公安局南长分局金匮派出所民警在五星家园182号××室抓获了李梦杰。当晚，在民警的控制下，李梦杰与刘辉通话，得知刘辉在无锡马山的红灯笼网吧上网，即将该线索告知民警。民警查询到该网吧地址后即前往红灯笼网吧将刘辉抓获。

无锡市中级人民法院认为，虽然上诉人李梦杰在一审时未提出有协助抓获同案犯的意见，但根据二审查明的事实，应当认定李梦杰归案后协助公安机关抓获了原审被告人刘辉，具有立功情节。理由是：(1) 上诉人李梦杰二审庭审时供称其归案当晚在与刘辉的通话中刘辉告知其在马山的红灯笼网吧上班，其将该线索告知了民警。该供述亦得到了刘辉二审当庭供述的印证。(2) 在二审审理过程中，公安机关出具《情况说明》证明公安机关系通过李梦杰手机中存储的刘辉QQ号码采用技侦手段抓获了刘辉，但公安机关既未提供QQ号码，又未提供相关审批手续。故该《情况说明》证明的内容，法院不予采信。(3) 李梦杰与刘辉二审庭审时的供述能够相互印证，而公安机关出具的《案件的侦破、揭发经过》和《情况说明》与李梦杰、刘辉的供述相互矛盾，且无其他证据印证。根据现行司法解释的规定，应当认定李梦杰确有立功表现，对李梦杰在原判量刑的基础上可以从轻处罚。

实操建议

司法实践中，诸如立功等有利于被告人的量刑情节，通常由被告方提出。相应地，被告方通常会承担主要的证明责任。但是，被告方的这种证明责任只需要达到优势证据的程度，并在达到这一程度之后，将证明责任即可再次转移给公诉方。公诉方此时要承担证明该项量刑情节不成立的责任，并需达到优势证据的程度。在被告方与公诉方的证明势均力敌的情况下，法庭通过对控辩双方量刑证据的权衡，最终裁断哪一方的证明达到了相对优势的程度。

因此，在当事人有相应事实依据的案件中，对立功情节的争取是辩护人的一项重要工作。为了做好这项工作，我们不仅要在实体上对立功的构成要件有充分的把握，也要对刑事诉讼的基本原理有相当的了解。一个非常重要的原理就是，并非刑事诉讼中的所有待证事实都要适用证据确实、充分的严格证明标准。

059. 共同犯罪案件中，如何兼顾自首、立功的适用与量刑平衡

在共同犯罪案件中，对具有立功情节的被告人量刑时，要特别注意共同犯罪人之间的量刑平衡。对此把握的一般标准是“功是否足以折罪”。

因为立功制度的出发点是鼓励犯罪分子检举揭发其他犯罪，以更充分地实现刑法惩治犯罪、预防犯罪的目的。立功不大，对于惩治犯罪、预防犯罪的社会意义相应不大，对立功者从宽处罚的幅度就不应该大。立功虽大，但若立功者的罪行十分严重，如果从宽处罚或者从宽的幅度过大，对其处罚的刑法效果就会削弱，所以，即使从宽，幅度也不宜过大。例如，在毒品犯罪案件中，“毒枭”掌握的犯罪线索和立功机会相对较多，但其罪行严重，“马仔”的罪行较轻，但不容易获得立功线索，如果对有立功情节的“毒枭”从宽幅度过大，会导致同案犯量刑失衡，刑罚惩罚和预防犯罪的功能就无从体现。

基于上述考虑，最高人民法院《关于处理自首和立功若干具体问题的意见》对首要分子、主犯协助抓捕地位、作用较次的同案犯，首要分子、主犯协助抓捕罪行同样严重的非同案犯，地位、作用较次的犯罪分子协助抓捕首要分子、主犯三种情形进行了区分，这三种情形的立功对量刑的影响是由小到大的递进关系。①

在司法实践中，自首犯进一步检举、协助抓捕其他犯罪嫌疑人或

① 人民法院出版社法规编辑中心编：《解读最高人民法院司法指导性文件·刑事卷（上）》，人民法院出版社2017年版，第49页。

同案犯的情况并不鲜见，对于单独犯罪来说，行为人的进一步检举、协助抓捕行为依法构成立功的，自然应当一并认定自首与立功表现，依法从宽处罚。对于共同犯罪来说，则容易产生自首与立功的竞合现象，对此如何评价、认定？一方面，司法裁判应当充分体现刑事政策上的鼓励精神，做到完整评价犯罪嫌疑人、被告人的罪后积极抉择。另一方面，司法裁判也要注意避免重复评价，不能不加区分地一并认定自首与立功。据此，可以考虑区别以下两种情况分别处理：对于已经自首的共同犯罪嫌疑人、被告人如实供述同案犯的户籍地址、常住居所，或者与其共同犯罪行为有关的电话号码、联络暗号等，且为司法机关抓获同案犯所利用的，一般可以作为其如实交代共同犯罪事实来看待，不宜另行认定具有立功表现；如果其提供的是司法机关按照正常工作程序无法掌握的同案犯的藏匿地址、电话号码等线索，且带领司法人员抓获了同案犯或者积极实施诱捕等协助行为抓获了同案犯的，可以在认定自首的同时，一并认定具有立功表现，依法给予从宽处罚。

060. 立功的认定程序

法律和司法解释并未明确立功的认定程序，一定程度上为非法获取立功线索、无视犯罪分子的立功表现、随意扩大立功认定范围等异化现象留下了“可操作”空间，这是立功制度广受诟病的重要原因所在。笔者认为，应从立功的提起、立功的核查、立功认定主体等方面设计一套完整的程序性制度予以规范，确保立功的认定符合其制度设计的价值追求和立法宗旨。

1. 立功的提起

一是建立立功权利和义务告知制度。立功是犯罪嫌疑人和被告人的一项法定权利，同时立功也需要严格遵循法定程序，不能采取非法手段实施“立功”行为，因此应当纳入诉讼权利和义务的告知范围。在侦查、审查起诉、第一审程序开始时，均应当将法律关于立功制度的规定以及立功的法律后果告知犯罪嫌疑人、被告人。一方面，可以促使不懂得立功制度的犯罪嫌疑人和被告人了解该制度，明白其权利，从而鼓励其积极实施立功行为。另一方面，通过告知其立功应当遵循的法定程序和法定要求，告知其采取违法手段实施“立功”行为的法律后果，一定程度上避免其采取非法获取立功线索等违法手段。

二是建立立功受理登记制度。司法实践中，法院经常遇到被告人在法庭上提出其曾有立功表现，但检察机关并未提交有关材料，甚至检察机关也不了解其曾有立功表现或者立功举动的情况，而且往往还会出现被告人提交的检举、揭发等材料不知所踪的现象。庭审结束后再予核查该情况，严重影响审判效率。犯罪嫌疑人和被告人在侦查、审查起诉、审判、执行阶段，均可实施立功行为，涉及程序和单位较多。因此，有必要建立立功受理登记制度。犯罪嫌疑人和被告人提出检举、揭发他人犯罪行为，提供侦破其他案件的线索时，公安司法机关应当予以登记，详细记载其身份情况、已立功或拟立功的内容等，同时做好讯问笔录，特别需要专门登记和讯问立功线索的来源。受理登记表和犯罪嫌疑人、被告人提供的有关材料、讯问笔录等应当及时移送当前诉讼程序承办单位，承办单位应当将有关材料一并纳入卷宗，随案移交刑事诉讼下一阶段承办单位。有关移交手续亦应登记备案。

2. 立功的核查

立功事实应当由有关单位严格核查。对于阻止他人犯罪活动、协助司法机关抓捕其他犯罪嫌疑人或者其他有利于发现和打击犯罪的突出表现，应当由当前诉讼程序承办单位联系相关单位出具证明材料，无论是否属实，都应当将材料存入卷宗，随案移交刑事诉讼下一阶段承办单位。此类情形的核查程序较为简单，不再赘述。揭发他人犯罪行为、提供侦破其他案件线索的，若线索内容具体、指向明确，应当对立功线索和立功事实同时进行核查。若犯罪嫌疑人、被告人提供的有关线索内容模糊、指向不明确，明显不具有可查性的，则可不予启动核查程序。

一是立功线索的核查。犯罪嫌疑人、被告人提出检举、揭发他人犯罪行为，提供侦破其他案件线索的，若线索内容具体、指向明确，受理申请的单位应当将有关材料移送检察机关，由检察机关核查立功线索的来源，以便及时发现不正当立功，排除非法途径获取的立功线索。犯罪嫌疑人、被告人被羁押的，宜由检察机关驻监所检察部门予以核查；犯罪嫌疑人、被告人未被羁押的，宜由检察机关侦查监督或者公诉部门予以核查。立功线索来源是否合法，虽然决定立功的认定，但不影响对被揭发的他人犯罪行为、提供侦破其他案件线索的核查。

二是立功事实的核查。犯罪嫌疑人、被告人提出检举、揭发他人犯罪行为，提供侦破其他案件线索的，若线索内容具体、指向明确，受理申请的单位在登记并将材料移送当前诉讼程序办理单位、检察机关的同时，还应将材料移送有管辖权的侦查机关进行核查。有管辖权的侦查机关应当及时进行核查，不必等待立功线索来源合法性审查结论。经查证，无论检举揭发情况是否属实，侦查机关都应当出具有关核查情况的材料。

需要说明的是，犯罪分子实施立功行为的时间跨度较大，由于刑法对检举、揭发的时间和次数并无限制性规定，但案件审理期限有限，长时间等待立功事实的核查结论，会使审判活动处于极其不确定的状态，案件久拖不决不仅违反法律规定，而且也不利于真正维护被告人的合法权益。为了不影响审判效率，有必要对审判阶段的核查设置一定的期限。最高人民法院《关于处理自首和立功若干具体问题的意见》参照一审刑事案件审理期限规定了该核查期限为 3 个月，3 个月内仍无法查实的，法院审判时可不再等待查证结果。若一审判决后经查实，可在二审期间予以认定；若生效判决作出后才经查实，可在刑罚执行中予以认定立功，并对其减刑。这样处理对立功的法律后果和犯罪分子的合法权益并无影响。

三是立功证据材料。证据是认定事实的基础，也是司法公正的基石。犯罪嫌疑人、被告人能否构成立功，必须依据确实、充分的证据。以往的司法实践中，往往由侦查机关出具一纸说明证明犯罪嫌疑人、被告人有立功表现，对立功的受理登记情况、立功的线索来源情况、检举揭发他人犯罪的核查情况等，往往无从知晓细节。若据此认定被告人立功，一方面是置客观事实和法律于不顾，另一方面也为“制造立功”等违法犯罪现象留下了空间和生存土壤。笔者认为，应当像规范犯罪事实的证据规格一样，建立一套完整的立功证据材料规范。立功证据材料应当由承办本案的侦查机关进行汇总，并单独装订成册。一般应包括立功受理登记材料，犯罪嫌疑人、被告人检举揭发材料及证明其来源的材料，立功线索的调查核实材料，立功事实的调查核实材料等。其中，立功事实的调查核实材料，应当包括被检举揭发人犯罪的主要证据材料，特别是被检举揭发人的供述；以及相关刑事诉讼文书，至少包括刑事立案决定书、采取强制措施的法律文书、案件侦查终结后的起诉意见书等，案件已经进入审查起诉或已判决的，还应附起诉书、判决书等。

3. 立功的认定主体

立功是一项重要量刑和减刑情节，被告人能否构成立功属于审判权的范畴，其认定主体只能是审判机关即法院，侦查机关、检察机关或者其他任何单位均无权作出认定。司法实践中，侦查机关或者其他单位往往出具证据材料直接认定被告人有立功表现，甚至还对立功表现的程度作出了认定，即认定被告人有重大立功表现。笔者认为，侦查机关、检察机关或其他相关单位只能向法院提交被告人立功的证据材料，可以在起诉意见书、起诉书等诉讼文书提出犯罪分子构成立功，检察机关还可以在量刑建议中提出立功情节对量刑的影响程度，但是其出具的证明材料绝不能直接认定被告人构成立功，被告人是否构成立功只能由法院依照法定程序审理后作出认定。

笔者认为，被告人是否构成立功，应当由法院通过法庭审理程序进行认定。立功情节作为一项重要的量刑事实，应当经过严格的法庭调查程序方可确认，立功证据材料应当经由控辩双方，包括被害人及其近亲属委托的诉讼代理人进行充分质证，以去伪存真，防止虚假立功、违法获取立功线索材料等现象。能否认定立功，是一般立功表现抑或重大立功表现，立功情节对量刑的影响程度如何等，还应当进行法庭辩论，由控辩双方，包括被害人及其近亲属委托的诉讼代理人充分发表意见。法院对立功事实的认定，应当遵循事实清楚、证据确实充分的证明标准；能否构成立功，以及立功表现的程度如何，应当严格把握立功的认定标准，绝不能随意扩大立功的认定范围。

（四）重大立功的认定

061. 重大立功包括哪些情形

重大立功的设定在《刑法》中共出现两次，分别是第 68 条、第 78 条，前者是对量刑情节中重大立功的认定，后者是对刑罚执行过程中减刑情节重大立功的认定。结合相关司法解释，二者对比如表 4–2 所示。

表 4–2 《刑法》第 68 条、第 78 条规定对比

	第 68 条	第 78 条
适用主体	犯罪分子	服刑罪犯
适用阶段	判决宣告前	刑罚执行过程中
认定部门	法院	监狱提出初步认定意见，作为减刑依据，最终法院裁量认定

续表

<table>
<tr><th></th><th>第 68 条</th><th>第 78 条</th></tr>
<tr><td rowspan="8">适用情节</td><td>检举、揭发他人重大犯罪行为，经查证属实</td><td rowspan="2">检举监狱内外重大犯罪活动，经查证属实的</td></tr>
<tr><td>提供侦破其他重大案件的重要线索，经查证属实</td></tr>
<tr><td>阻止他人重大犯罪活动</td><td>阻止他人重大犯罪活动的</td></tr>
<tr><td>协助司法机关抓捕其他重大犯罪嫌疑人（包括同案犯）</td><td>—</td></tr>
<tr><td>—</td><td>有发明创造或者重大技术革新的</td></tr>
<tr><td>—</td><td>在日常生产、生活中舍己救人的</td></tr>
<tr><td>—</td><td>在抗御自然灾害或者排除重大事故中有突出表现的</td></tr>
<tr><td>对国家和社会有其他重大贡献等表现的</td><td>对国家和社会有其他重大贡献的</td></tr>
<tr><td colspan="3">其中，“重大犯罪”“重大案件”“重大犯罪嫌疑人”的标准由《关于处理自首和立功具体应用法律若干问题的解释》第 7 条第 2 款规定为，“犯罪嫌疑人、被告人可能被判处无期徒刑以上刑罚或者案件在本省、自治区、直辖市或者全国范围内有较大影响等情形”</td></tr>
</table>

上述重大立功情节认定中，检举揭发型立功、阻止犯罪型立功基本一致，不同的是作为量刑情节的重大立功还包括协助抓捕型立功，作为减刑情节的重大立功还包括发明创造类、舍己救人类、救灾抢险类三种，两个重大立功均有一个兜底条款：对国家和社会有其他重大贡献（等表现）的。

从刑法体系解释的角度可以将二者做同义语理解，也即第 68 条兜底条款中的“重大贡献”也可以包括第 78 条规定的“发明创造、救灾抢险、舍己救人”等情形。

参考案例

黄某志受贿案[①]

钦州市钦北区人民法院经公开审理查明：2002年至2003年，被告人黄某志在担任钦州市钦南区犀牛脚中心卫生院院长期间，利用职务之便，先后收受承建本院职工宿舍楼、注射室、饭堂等建筑工程的包工头黄栋贤送给的工程回扣款共计人民币10.5万元，用于个人开支。此外，被告人黄某志还在从南宁科帆医用设备有限公司购买一台多参数监护仪时，利用职务之便收受经销商宁某伟的回扣款人民币0.5万元，用于个人开支。案发后，被告人黄某志向钦南区人民检察院退出了全部赃款。

另查明：被告人黄某志在纪检部门对其调查期间，主动交代了自己的主要犯罪事实，并检举、揭发他人挪用公款10万元的犯罪事实，并经查证属实。同时还提供他人重要犯罪线索，使有关部门成功查处违法违纪案件27件27人，单位、个人涉案金额达200多万元。

二审法院认为，本案中黄某志提供其他案件重要犯罪线索，由此突破查处其他违法违纪案件27件27人，单位及个人涉案金额达200多万元。这27件案件中，有的属于违纪案件，有的属于犯罪案件，且量刑都比较轻，显然不符合重大立功表现的第一种情形。但这27件案件27人都处于同一个系统，涉及钦南区所属的全部乡镇卫生院，涉案数额特别巨大，是典型的"串案""窝案"，且行贿人在外省区，如果没有黄某志提供的线索，案件很难得以侦破。同时，这批案件也是典型的商业贿赂案件，是2006年全国重点治理的腐败现象。该批案件的侦破，对于推动钦州市乃至整个广西治理商业贿赂深入开展具有特别重要的现实意义，可以说在本自治区范围内有较大影响，认定为重大立功表现较为妥当。

---

① 钦州市中级人民法院（2006）钦刑二终字第5号判决书，来源：《中国审判案例要览》。

实操建议

辩护人应当明确，当事人的行为属于一般立功还是重大立功，判断标准并非只有“重大犯罪”（犯罪嫌疑人、被告人可能被判处无期徒刑以上刑罚）一条，还有“重大案件”（案件在本省、自治区、直辖市或者全国范围内有较大影响等）。而重大案件的判断标准虽然未有法律规范的明确规定，但是根据黄起志案可知，涉案人数、涉案案情、涉案数额等均可以成为判断标准。此外，在很多新兴或者热门领域，“××领域第一案”也可能成为判断案件影响的重要标准。

062. 重大立功的“重大犯罪”“重大案件”“重要犯罪嫌疑人”标准应当如何把握

最高人民法院《关于处理自首和立功具体应用法律若干问题的解释》第7条第2款将重大立功的认定标准限定得非常严格，即“重大犯罪”“重大案件”“重要犯罪嫌疑人”的标准，一般是指犯罪嫌疑人、被告人可能被判处无期徒刑以上刑罚或者案件在本省、自治区、直辖市或者全国范围内有较大影响等情形。

（1）评判的事实范围，应当以被检举揭发或协助抓获的犯罪嫌疑人所实施的危害行为及其危害程度为限度，一般不包括该犯罪嫌疑人的罪前表现（累犯等法定从重处罚情节被检举出来的除外）和罪后态度。如果行为人检举同案犯另外单独实施了抢劫杀人行为，依法应当判处死刑，但该抢劫犯又有重大立功表现，实际被合并处罚，减轻判处20年有期徒刑的，这一实际处刑结果并不影响认定检举行为构成重大立功表现。

（2）评判的标准，应当以被检举揭发或协助抓获的犯罪嫌疑人所实施的危害行为通常应当判处的刑罚为依据。这里既不能简单地以宣告刑为标准，因其可能包含罪后情节的作用或影响，也不能单纯以应当适用的法定最高刑为依据，因具体危害行为可能对应的是法定最低刑或其他低于无期徒刑的刑罚。但是，评判可能判处的刑罚，又决不能离开二者妄下结论。[①]

法律依据

最高人民法院《关于处理自首和立功具体应用法律若干问题的解释》

根据刑法第六十八条第一款的规定，犯罪分子有检举、揭发他人重大犯罪行为，经查证属实；提供侦破其他重大案件的重要线索，经查证属实；阻止他人重大犯罪活动；协助司法机关抓捕其他重大犯罪嫌疑人（包括同案犯）；对国家和社会有其他重大贡献等表现的，应当认定为有重大立功表现。

前款所称“重大犯罪”“重大案件”“重大犯罪嫌疑人”的标准，一般是指犯罪嫌疑人、被告人可能被判处无期徒刑以上刑罚或者案件在本省、自治区、直辖市或者全国范围内有较大影响等情形。

最高人民法院、最高人民检察院《关于办理职务犯罪案件认定自首、立功等量刑情节若干问题的意见》

二、……犯罪分子检举、揭发的他人犯罪，提供侦破其他案件的重要线索，阻止他人的犯罪活动，或者协助司法机关抓捕的其他犯罪嫌疑人，犯罪嫌疑人、被告人依法可能被判处无期徒刑以上刑罚的，应当认定为有重大立功表现。其中，可能被判处无期徒刑以上刑罚，是指根据犯罪行为的事实、情节可能判处无期徒刑以上刑罚。案件已经判决的，以实际判处的刑罚为准。但是，根据犯罪行为的事实、情节应当判处无期徒刑以上刑罚，因被判刑人有法定情节经依法从轻、减轻处罚后判处有期徒刑的，应当认定为重大立功。……

① 黄祥青：《刑法适用要点解析》，人民法院出版社 2011 年版，第 145~146 页。

最高人民法院《关于处理自首和立功若干具体问题的意见》

六、……检举揭发的线索经查确有犯罪发生，或者确定了犯罪嫌疑人，可能构成重大立功，只是未能将犯罪嫌疑人抓获归案的，对可能判处死刑的被告人一般要留有余地，对其他被告人原则上应酌情从轻处罚。

……被告人检举揭发或者协助抓获的人的行为应判处无期徒刑以上刑罚，但因具有法定、酌定从宽情节，宣告刑为有期徒刑或者更轻刑罚的，不影响对被告人重大立功表现的认定。

063. 自首又有重大立功表现的，应当如何适用刑罚幅度

《刑法修正案（八）》修正前的《刑法》第68条第2款规定："犯罪后自首又有重大立功表现的，应当减轻或者免除处罚。"考虑到该款规定过于刚性，不能适应具体案件复杂情况，《刑法修正案（八）》删除了该款规定。这样便带来了2011年4月30日以前犯罪，犯罪后自首又有重大立功表现的法律适用问题：一是犯罪行为以及自首和重大立功表现均发生在2011年4月30日以前的，应当适用修正前《刑法》，即仍应减轻或者免除处罚，对此不存异议。二是犯罪行为发生在2011年4月30日以前，但是自首、重大立功表现有一项或者均发生在《刑法修正案（八）》生效之后的，应当如何选择适用法律。对此，各界有不同看法。有意见认为，此种情形下，应当适用修正后《刑法》，即不再适用"应当减轻或者免除处罚"的规定，此并不违反罪刑法定原则。另有意见认为，仍应适用修正前《刑法》。经研究，为最大限度发挥自首、立功制度的政策感召作用，避免引发不必要的争议，采纳了后一种意见，最高人民法院《关于〈中华人民共和国刑法修正案（八）〉时间效力问题的解释》第5条规定，2011年4月30日以前犯罪，

犯罪后自首又有重大立功表现的，无论自首和重大立功发生在《刑法修正案（八）》施行之前还是之后，均适用修正前《刑法》第 68 条第 2 款的规定，即应当减轻或者免除处罚。

064. 判前有重大立功，判后才得到确认的，应当如何处理

如果司法机关并没有就罪犯的判前重大立功启动审判监督程序进行再审，则可以根据《刑法》第 78 条在减刑时酌情考虑。

对于罪犯在判前有重大立功行为，判后才得以查证的是否认定为重大立功并体现在减刑中，实践中有不同意见。有的观点认为，虽然在判前有重大立功表现，但是在判决后才得到确认的，不能反映罪犯在改造中的态度和改造成果，所以不宜认定为重大立功。也有观点认为，报请减刑的刑罚执行机关或者人民法院可以根据司法机关出具的罪犯在判前有重大立功的说明材料，按重大立功予以减刑。鉴于目前法律对此问题并没有明确的规定，笔者认为，如果司法机关并没有就罪犯的判前重大立功启动审判监督程序进行再审，则可以根据《刑法》第 78 条的精神在减刑时酌情考虑。主要是考虑到：

首先，由于诉讼期限是有限的，有些立功或者重大立功表现无法在裁判生效前查清。如果在裁判生效后查清，及时予以兑现，既体现了公平性，又有利于社会效果的实现。

其次，在技术层面上也是可行的，因为《刑法》第 68 条中的判前立功和《刑法》第 78 条规定的判后立功在本质上是一致的，都是对被告人或罪犯作出有利于国家和社会行为的一种奖励。

最后，这一规定可以在一定程度上发挥再审的功能，避免罪犯以出现新证据为由申请再审，维护了原判的稳定性。

虽然反对意见在法理上有一定道理，但从给予罪犯最大限度的公

正以及维护司法稳定性的角度出发，还是将该种情况认定为重大立功为宜，可根据司法机关出具的情况说明或司法建议等材料在减刑时酌情予以考虑。

065. 罪犯在刑罚执行期间的发明创造能否按照重大立功表现作为对其漏罪审判时的量刑情节

罪犯在服刑期间的发明创造构成立功或者重大立功的，可以作为依法减刑的条件予以考虑,但不能作为追诉漏罪的法定量刑情节考虑。

法律依据

最高人民法院研究室《关于罪犯在刑罚执行期间的发明创造能否按照重大立功表现作为对其漏罪审判时的量刑情节问题的答复》

青海省高级人民法院：

你院（2010）青刑终字第62号《关于被告人在刑罚执行期间的发明创造能否按照重大立功表现作为对其漏罪审判时的量刑情节问题的请示》收悉。经研究，答复如下：

罪犯在服刑期间的发明创造构成立功或者重大立功的，可以作为依法减刑的条件予以考虑,但不能作为追诉漏罪的法定量刑情节考虑。

066. 如何认定突出表现型立功

突出表现型立功的行为表现既包括有利于预防、查获、制裁犯罪的行为，也包括与刑事案件无关的，在日常生产生活中作出的有益于国家和社会的突出表现行为。

这样认定有以下三方面意义：

（1）符合立功制度的本质特征。

犯罪分子在日常生产生活中作出的有益于国家和社会的突出表现，虽然与刑事案件无关，但能够体现出其人身危险性的减小，符合立功的本质特征，在一定的条件下应当认定为立功。立功认定中涉及的犯罪分子所实施的行为，本质上是体现出犯罪分子人身危险性的减小，且在制度上有益于社会的行为。在相关司法解释已经对立功行为的内涵予以扩大的情况下，没有理由认为立功仅应局限于检举、揭发等与打击犯罪有关的行为。

（2）符合文义解释的原则。

从文义解释的角度来看，《刑法》第68条和第78条均规定了立功，理论界通常将前者称为量刑立功，将后者称为减刑立功。《刑法》第78条规定，对于判处管制、拘役、有期徒刑、无期徒刑的犯罪分子，在执行期间，有立功表现的，可以减刑;有重大立功表现的，应当减刑。其中，下列六种情形属于重大立功表现:①阻止他人重大犯罪活动的;②检举监狱内外重大活动，经查证属实的；③有发明创造或者重大技术革新的；④在日常生产生活中舍己救人的；⑤在抗御自然灾害或者排除重大事故中有突出表现的；⑥对国家和社会有其他重大贡献的。笔者认为，《刑法》第68条规定的立功概念应当是与第78条的规定相统一的，也即第78条第1款所列舍己救人等行为系“重大立功”，那么，除程度上的差异外，与第1款的普通“立功”概念内涵应该是统一的，而《刑法》第78条第1款又并未对普通“立功”行为进行明确界定，以区分于第68条的“立功”。那么，依据文义解释及《刑法》的内在统一，当然应当理解为《刑法》第78条第1款规定的“立功”与第68条“立功”概念内涵是一致的。

（3）“非舍己”救助行为可以认定为立功。

《刑法》第78条规定“舍己救人”构成重大立功，那么，对于犯罪人没有因救助行为而遭受伤害的“非舍己”型救助行为是否构成立功呢？笔者认为，仍然可以认定。首先，第78条第1款规定“舍己救人”系重大立功，也就是说，“舍己”情节是“重大”这个量上的限制，而非对是否构成“立功”的质上的限定，因为，舍己救人的社会价值重点在“救人”而非“舍己”。其次，法不能强人所难，不能要求犯罪人在救助他人时必须使自己身体受到伤害。最后，并非所有救助行为均可以认定为刑事意义上的立功，应当从被救助人的伤势及急迫程度、行为效用等方面进行考量，强调有利于国家和社会的“突出”表现，严格进行界定。

法律依据

最高人民法院《关于处理自首和立功具体应用法律若干问题的解释》

第五条 根据刑法第六十八条第一款的规定，犯罪分子到案后具有其他有利于国家和社会的突出表现的,应当认定为有立功表现。……

参考案例

霍海龙等虚开用于抵扣税款发票案[①]

上海市金山区人民法院经公开审理查明：2007年至2008年，被告人霍海龙为骗取国家税款，在无实际货物交易的情况下，通过被告人乔凤龙、章荣华介绍，以支付开票费方式让他人为自己虚开海关进口增值税专用缴款书三份，涉及税款合计人民币（以下币种均为人民币）156,230.38元，并已全部向税务机关申报抵扣。其中，乔凤龙为霍海龙介绍虚开三份，涉及税款合计156,230.38元；章荣华为霍海龙介绍虚开一份，涉及税款26,248.29元。2009年9月24日，被告人霍海龙、乔凤龙至公安机关投案；同月28日，二人被取保候审；2009年10月13日，被告人章荣华经过被告人霍海龙劝说并在其陪同下至公安机关投案，被告人霍海龙、乔凤龙、章荣华到案后均如实交代了上述事实。

① 《刑事审判参考》案例第708号。

人民法院审理后认为，被告人霍海龙劝说章荣华主动投案的行为构成突出表现型立功，具体理由如下：

主要是因为这一行为体现了行为人的认罪悔罪态度，其人身危险性减小，并且该行为又具有社会有益性，节省司法资源，提高办案效率，符合立功制度的精神，可以认定为“其他有利于国家和社会的突出表现的”立功情形。

刘哲骏等诈骗案①

柯城区人民法院经审理查明：2011 年 1 月 27 日，被告人舒忠平与吴雪骏、刘哲骏共同骗取被害人杨发松的财物，构成诈骗罪（具体案情略）。

一审宣判后，刘哲骏提出上诉，称其有新的立功表现，请求从轻处罚。衢州市中级人民法院经审查查明的事实及证据与一审一致，另查明：2012 年 12 月 10 日，上诉人刘哲骏发现与其羁押在同一监室的在押人员黎炳雄切割右手腕自杀后，立即通过警报器报告值班室，同时协同他人按住黎的右手腕，并用毛巾扎住黎的右手小臂进行施救。后黎炳雄被送往医院治疗，经诊断其右手腕可及一长 4~5 厘米、深约 1 厘米的创口，桡动脉断裂，系中至重度失血，呈失血性休克状态，送诊及时。法院认为其行为构成突出表现型立功。

实操建议

辩护人在辩护过中应当广泛关注当事人到案后的一切“善举”，而不是仅仅将眼光局限于预防、查获、制裁犯罪的刑事案件领域，如能发现当事人在其他领域有有利于国家和社会的突出表现，即可积极为其争取立功情节的认定。当然，这一建议的前提是辩护人应当依法依规地“发现”立功，而不是人为地“创造”立功。

---

① 《刑事审判参考》案例第 1216 号。

067. 如何认定重大贡献型立功

在《刑法》第78条规定的辅助下，我们可以将救人、救灾、科技创新等行为识别成可能认定为重大贡献的行为。在此范围之外的行为能否认定为重大贡献，则又需要对具体行为进行衡量，如给出堵塞漏洞建议、平时工作表现、阻止脱逃、提供犯罪线索，虽未获得法院支持，但该类建议、行为如果与避免重大犯罪后果、有重大经济推动作用的行为具备相当性的，也宜作为重大立功或者一般立功认定。

笔者通过元典智库检索到的有关重大立功认定案例中，有25件被告人到案后行为无法归类入救人、救灾和科技型贡献中的案例。

被认定为重大立功的，除了前文提到的杜某明案外，还有黄某军受贿案。被告人黄某军在被采取强制措施后，为中国平煤神马能源化工集团有限责任公司十三矿己四西大巷揭穿寒灰段防止水方案提供帮助，解决企业生产中的难题，为企业减少经济损失1200余万元，法院据此认为属于重大贡献，认定为重大立功，减轻处罚。这一案例为类似行为能否认定为重大贡献型立功或者重大立功提供了相应的证据标准和量化参考依据。

例如，赵某成涉受贿罪一案①中，虽然辩护意见仅是认定以往经历为重大贡献，但法院裁判理由中出现了对其留置期间起草的港口工作文件的性质认定，承认文件对天津港建设具有的一定意义，但未认定为对国家或社会的重大贡献。再如，杨某新涉信用卡诈骗案②归案后向公安机关建议取消秒到功能的POS机，该建议对于预防电信诈骗、及时挽损起到积极作用，但法院认为这种“仅向公安机关提出建议的行为不能认定为对国家和社会有重大贡献的表现，不能认定为立功”。

笔者认为，犯罪人往往对犯罪行为如何实施、得逞有内部视角，

---

① （2019）津0118刑初272号一审刑事判决书。

② （2017）渝0106刑初648号一审刑事判决书。

其通过自身的经验提出查堵犯罪的方法、建议，对于预防此类犯罪再次发生具有相当的成效，但困难在于无法查证该类建议、方法是犯罪人首次提出还是传闻而来，因此，从立功情节的亲历性、有效性来看，如果能查证该类建议确系犯罪人首次提出，且对于预防此类犯罪具备相当效果，甚至大量虞犯被发现的情形，可以认定为阻止（重大）犯罪行为发生的突出表现 / 重大贡献型立功行为，可以认定为一般立功或者重大立功。

法律依据

最高人民法院《关于处理自首和立功具体应用法律若干问题的解释》

第七条第一款 ……对国家和社会有其他重大贡献等表现的，应当认定为有重大立功表现。

司法观点

对最高人民法院《关于办理减刑、假释案件具体应用法律若干问题的规定》第 4 条的理解，需注意以下两个方面的条件：

（1）重大贡献的影响应上升到国家和社会层面。该规定的内容一般是指除前六项规定外，罪犯的行为须上升到对国家和社会有重大贡献的层面，而非其行为仅对社会个体或小范围有贡献和帮助。考虑到与前六项标准的平衡，必须以对国家、社会有与前六项相当的重大贡献来作为认定构成重大立功的标准。

（2）罪犯的行为须是重大贡献。本项关于重大贡献的认定标准，应达到与前六项的重大贡献相当的程度。例如，罪犯发表了有较高学术水平的科研论文，对解决某领域的学术难题起到了较为关键的作用等。实践中，对于罪犯出版小说、社科人文类书籍或发表社会评论性文章的行为一般不认定为重大立功表现，除非是特别突出的，经鉴定在某一学科领域起到突破性和重大促进作用的社科人文类文章。例如，在内蒙古某监狱曾关押一犯人，其在服刑期间研究中国古代女真族的语言文字演变史，写出这方面的学术论文 100 余篇，共 110 余万字，其中 85 篇经中国社会科学院民族研究所鉴定，认为“在女真语言文字学科的女真文字演变史、女真语言演变史、女真语和附加部分、女真语与满语的比较研究等学术领域取得了突破性的、具有重大进展的研究成果，填补了我国 20 世纪 80 年代后期这一学科的空白，代表了这一时期我国（某些方面可以说是国际的）在这一学科的学术水平”。这类重大科研类文章，须以有国家科研单位的鉴定为标准。在减刑中适用该项规定，须严格审查，严格控制条件，防止出现因条文规定得不明确以致对重大立功判断失衡的问题。①

实操建议

重大贡献型重大立功的成立时间节点要限定在到案后的行为。作为量刑情节的重大立功（《刑法》第 68 条）和作为减刑情节的重大立功（《刑法》第 78 条）在成立范围上应当具有同一性，对符合《刑法》第 78 条第 1 款第 3~5 项规定的行为，通常可以在审判阶段被认定为重大立功。不同于揭发犯罪、提供线索、阻止犯罪活动、协助抓捕等行为能够根据相关案件可能被判处的刑罚认定是否构成重大立功，重大贡献型重大立功更加依赖法官的自由裁量，也更要求辩护人认真分析被告人到案后的行为，收集相关证据，将被告人的行为更全面地呈现给检察院和法院；同时，要从罪刑相当的角度，重视立功或重大立功情节的审查和认定，并提示法院予以关注；对其他可能认定为对国家或社会有重大贡献的行为，应当对其贡献、影响力认真调研，在可能的情况下，寻找有官方证明力的证明材料，尽力争取，全面维护被告人合法权益。

认定重大贡献型重大立功对量刑有重要影响，检察院在作出量刑

① 宫鸣、黄永维主编，最高人民法院审判监督庭编著：《最高人民法院关于减刑假释司法解释理解与适用》，人民法院出版社 2014 年版，第 66~67 页。

建议、法院在裁判时也会对是否认定重大立功怀有更加审慎的态度。

司法实践中在应对量刑不均衡问题时，往往会采取从宽适用量刑情节认定的方式，换取罪刑相当的结果。在杜某明案中，因案发前的工作表现认定为重大贡献，不排除其贪污数额 140 万元的事实。在贪污罪新量刑标准未出台之前，要适用 10 年以上有期徒刑，与该案的情节不相称，从宽认定重大立功情节，最终判处 3 年有期徒刑，缓刑 5 年。

再如，黄某军涉受贿罪一案中，法院将黄某军为所在单位提供技术方案、减少单位损失的行为认定为重大贡献，也不排除其受贿金额 10 万元在新量刑标准未出台之前，要适用 10 年以上有期徒刑，与本案的情节不相称，从宽认定重大立功情节，最终判处有期徒刑 6 年。

专题五

犯罪未完成形态中的量刑辩护

未遂、中止、预备等犯罪未完成形态也是实践中比较常出现的量刑情节，准确认定着手行为、不同罪名的既遂标准，结合犯罪所要求的必要社会危害程度，可以作为量刑辩护中的重点。辩护人也要高度重视犯罪未完成形态的识别和主张，尤其是在特殊犯罪类型、共同犯罪、单位犯罪中的适用情况，需要结合法理和司法实践、学理观点，学以致用。

一、犯罪未遂、中止、预备认定的基本问题

（一）相关法律规范

犯罪未完成形态中的量刑辩护相关法律规范见表 5-1。

表 5-1　犯罪未完成形态中的量刑辩护相关法律法规

要素	具体规定	
犯罪预备	为了犯罪，准备工具、制造条件的	对于预备犯，可以比照既遂犯从轻、减轻处罚或者免除处罚

续表

要素	具体规定	
犯罪未遂	已经着手实行犯罪，由于犯罪分子意志以外的原因而未得逞的	对于未遂犯，可以比照既遂犯从轻或者减轻处罚
		对于未遂犯，综合考虑犯罪行为的实行程度、造成损害的大小、犯罪未得逞的原因等情况，可以比照既遂犯减少基准刑的 50% 以下
犯罪中止	在犯罪过程中，自动放弃犯罪或者自动有效地防止犯罪结果发生的	对于中止犯，没有造成损害的，应当免除处罚；造成损害的，应当减轻处罚

（二）适用效果及审查重点

从宽幅度：

对于未遂犯，综合考虑犯罪行为的实行程度、造成损害的大小、犯罪未得逞的原因等情况，可以比照既遂犯减少基准刑的 50% 以下。

对于中止犯，没有造成损害的，应当免除处罚；造成损害的，应当减轻处罚。

二、常见辩点

（一）犯罪预备认定的具体问题

068. 间接故意犯罪中是否存在未完成形态

间接故意犯罪如果未出现犯罪结果，往往不能认定为犯罪，因此，间接故意犯罪中不存在可被处罚的未完成形态。

根据通行刑法理论观点，犯罪过程中的预备、中止等未完成形态仅存在于一部分直接故意犯罪中，过失犯罪、间接故意犯罪中不存在成立犯罪预备等未完成形态。针对这一问题，周光权老师曾有专门论述进行阐释：单纯从理论上讲，在放任危害结果发生的情况下，未发生危害结果，在一定程度上是违背行为人本意的，自然就存在手实行后，犯罪目的未实现，因而违背其意志，从而构成犯罪未遂的问题。因此，少数说（认为行为人实施危害行为所放任的结果，就是间接故意的犯罪目的，如果该目的未能实现，就会成立间接故意犯罪的未遂）在理论上也并非完全讲不通。当然，在实务中，在结果尚未发生的场合，间接故意行为的危害事实上没有造成，要证明行为人的犯罪心态、证明行为的犯罪性存在现实困难，从这个意义上讲，认为间接故意犯罪只有成立与否的问题，而不存在预备、未遂和中止形态，也是一种务实的态度。①

069. 犯罪中的“着手”应当如何认定

是否已经着手实行犯罪，是犯罪未遂和犯罪预备的本质区别，也

① 周光权:《刑法总论》(第3版)，中国人民大学出版社2016年版，第265页。

是可罚性的依据。

判断是否“着手”，刑法理论上向来有客观说、主观说以及折中说的纷争。例如，有的客观说者认为，“着手”是犯罪实行行为的开始，只有当行为人已开始实行某种犯罪法定构成要件的行为才是“着手”。有的主观说者认为，凡是根据行为人的行为能够明显识别其犯罪意图的，就可以认定为犯罪着手。折中说者认为，应同时从客观和主观两个方面判断是否着手，即从行为人的整体犯罪计划来看，侵害法益的危险性迫切时，就是着手。理论上的争论，其意无非是为司法认定“犯罪着手”提供一个整齐划一的标准。但由于各罪的实行行为千差万别，各罪的“着手”也各有不同，力图总结出一个通用标准用意虽好，但难免会以偏概全。司法实践中，判断是否“着手”，还是应根据具体案件的具体情况，结合《刑法》条文的有关规定，具体分析、认定。

法律依据

《刑法》

第二条第一款 为了犯罪，准备工具、制造条件的，是犯罪预备。

参考案例

黄斌等抢劫（预备）案[①]

法院审理查明：1998年3月某天，被告人黄斌邀被告人舒修银去外地抢劫他人钱财，并一同精心策划，准备了杀猪刀、绳子、地图册等作案工具，从芷江侗族自治县流窜到贵州省铜仁市伺机作案，并在该市购买了准备作案用的手套两双。3月20日晚7时许，黄斌、舒修银在铜仁汽车站以100元的价钱骗租一辆车号为贵D30306的豪华夏利出租车前往湖南省新晃侗族自治县，准备在僻静处抢劫司机吴某夫妇驾驶的出租车。当车行至新晃后，黄斌、舒修银仍感到没有机会下手，又以50元的价钱要求司机前往新晃县波洲镇。当车行至波

① 《刑事审判参考》案例第139号。

洲镇时，司机夫妇出于警觉，向波洲镇政府报案，黄斌、舒修银的抢劫未能着手实行。黄斌、舒修银被捕后，对其准备作案工具、图谋抢劫出租车的事实供认不讳。

法院认为：本案中，两被告人虽与欲抢劫的对象同在一车，并具有随时实行抢劫犯罪的条件和可能，但自始至终毕竟尚未开始实施暴力、威胁等方法行为。因此，应当说，被告人的行为仍停留在预备阶段，还不是抢劫罪的着手，属于犯罪预备，依法可以从轻处罚。

冯某盗窃案[①]

冯某伙同陈某仓经预谋后，于 2005 年 5 月 1 日凌晨携带手电、手套、刀子、锥子、钳子、剪子、绳子、背包等作案工具，到北京市东城区安定门立交桥西南角中复电讯商场屋顶，准备破坏屋顶进入商场盗窃（大厅内物品约合 20 万元），因被群众发现，陈某仓独自逃走，后被巡逻民警在安外大街抓获，当日 23 时许，冯某独自到中复电讯商场屋顶，破坏屋顶石棉瓦，并用锯条将瓦下的木板锯坏，被商场值班人员杨某锡发现，冯某遂逃跑。2005 年 5 月 3 日 21 时 30 分许，冯某再次到该处屋顶准备实施盗窃，被杨某锡发现对其进行抓捕，该人反抗，并对杨某锡进行言语威胁，后自房顶上掉下被抓获。检察机关认为：冯某的行为属于犯罪预备。其用锯条锯木板的行为应当属于着手实施犯罪，是其秘密窃取手段的一个组成部分。陈某仓同冯某第一次到达犯罪现场，被人发现，陈某仓没有着手实施犯罪就停止了犯罪，转身下房准备回暂住地。后其因形迹可疑被北京市东城公安分局安定门派出所抓获。其停止犯罪是因为其意志以外的原因，所以不属于犯罪中止，而是犯罪未遂。

该案中，如果冯某选择白天的营业时间到商场盗窃手机，那么只有当其进入商场内、接近被盗财物，并开始秘密窃取的行为，如破坏货柜或者把手伸向货柜等，才可以认定为盗窃的着手，而本案中，冯某是在晚上商场停止营业后，采用撬天花板的方式意图进入商场实施

---

① （2005）年东刑初字第 00497 号。

盗窃，因为这种非法入室的行为已经对财产所有人的财产控制权造成了实际的侵害，所以其破坏屋顶的行为即应认定为盗窃的着手；因意志以外原因未得逞的，属犯罪未遂。

对发生的时间、地点相同的行为是否认定为着手，须借助于犯罪构成要件来衡量，不能将单一行为的作用过分地夸大。例如，非法入室行为对非法侵犯他人住宅罪来讲，一入室就是既遂，不存在预备与未遂的问题；对盗窃来说，非法入室就是着手实行犯罪；如果入室是为了诈骗、强奸、杀人或伤害，这种入室仅表现为实施这些犯罪的预备行为。

实操建议

准确认定当事人的行为是否已经着手，是区分未遂与预备的关键，也是行为是否可以免除处罚的关键，需要辩护人对具体罪名的构成要件有足够的把握。尤其要注意实行行为与预备行为与犯罪构成要件的关系以及着手行为与预备行为所反映的犯罪意思的具体内容。具体而言，可以通过以下方法认定着手实行犯罪：

（1）根据犯意的确定状态来认定着手。

着手在主观上以直接实施犯罪为目的，因此，其犯罪故意已经得到了充分的表现，即行为人的犯罪故意已达到了确定的识别状态。在诉讼中对于犯意的证明除根据行为人供述外，还应当结合其实施的具体行为、发生的时间、地点、周围环境等综合判断。如行为人侵入住宅的行为、其入室后走动的行为，并不能完全地表明是盗窃罪着手。同样的道理，对于故意杀人罪，如果仅仅是磨刀，既可说是杀人，又可说是生活需要或恐吓，仅此还不能确定实行行为有杀人的意思；但如果行为人开始挥刀砍人，则可认定其有杀人的故意，因此是故意杀人罪的着手。

（2）根据行为是否可以直接引起危害结果来认定着手。

着手是实行行为的组成部分，其与危害结果发生之间有直接的因果关系，因此，在着手的情况下，行为已经具有造成客体损害的现实可能性，如果让其无阻碍地发展下去，必然引起危害结果的发生。与此相反，预备行为是为侵害客体创造方便条件，行为本身不能引起结果的发生。

（3）以作案的时间、地点作为判断的参照物。

对于同一种犯罪，由于作案的时间不同，判断犯罪着手时应加以相应的区别。如同样的盗窃行为，会因为行窃时间的不同导致认定是否着手的标准不同。具体可以参考前述冯某盗窃案。

070. 实施尾随、守候行为是否属于着手

尾随、守候一般应当认定为犯罪准备工具、制造条件的预备行为，常见于杀人、抢劫、强奸等暴力犯罪中的尾随、守候具有一定的可罚性。

尾随行为，是指在杀人、抢劫、强奸等犯罪案例中，被告人尾随被害人（有的还带着凶器），准备寻找时机或到预定的地点再加害。尾随过程中，由于犯罪分子意志以外的原因，未能开始直接加害，这种尾随行为往往发生在针对特定被害人的杀人、抢劫、强奸等侵犯人身或侵犯财产的犯罪中，即使是其他犯罪条件都已经具备，只等合适的机会（时间、地点）下手，但毕竟还未实施罪状中要求的暴力、威胁、伤害、杀人等行为，因此只能说是一种犯罪的预备行为。

守候行为，又称埋伏行为，是指被告人埋伏或守候在预定地点准备实施杀人、强奸、抢劫、抢夺等犯罪，但是由于被害人始终没有出现，或出现时伴随不适于犯罪的情况（如有人同行、周围有人）或者行为人在守候期间因形迹可疑被抓获等，因而未能开始直接加害的情况。这种守候行为对犯罪对象只是一种间接的潜在威胁，尚未直接危及犯罪对象的安全，只有当其发展到直接针对犯罪对象、造成了实际威胁或危害时，才能视为犯罪实行的着手。守候行为由于缺乏对于法

益侵害的直接性，因此只能作为预备行为。

071. 预备犯是否都有处罚必要

司法实践中，对那些情节显著轻微危害不大的预备犯，如一些轻罪的预备犯，不予追究，符合刑法规定，也符合刑事政策要求。[①] 即使遇到检察机关起诉认定为犯罪的案件，辩护人也可以结合预备犯的不同性质、不同手段、不同准备程度等方面，来论证不处罚的合理性。

2021 年 11 月底，元典智库中共收录了各类刑事裁判文书约 1600 万篇，通过“犯罪预备”关键词筛选后只余约 9000 篇；《刑事审判参考》中 1400 多个案例，论及犯罪预备认定、处罚的只有 5 个，而且涉及的罪名全部是抢劫罪（我国《刑法》中最严重的暴力犯罪之一）。

法律依据

《刑法》

第二十二条第二款 对于预备犯，可以比照既遂犯从轻、减轻处罚或者免除处罚。

参考案例

顾某建、梁某康绑架案[②]

经审理查明：2020 年 5 月初，被告人顾某建、梁某康通过名称为“雇佣任务群”QQ 聊天群彼此认识并成为 QQ 好友，二人预谋实施绑架勒索他人财物，后梁某康将上述计划告诉同案人刘某（外号“阿狼”，在逃），刘某表示愿意一起加入绑架行动，三人遂通过 QQ 聊天商定

---

① 汪鸿滨、任宪成：《黄斌等抢劫（预备）案——犯罪预备应如何认定及处理》，载《刑事审判参考》第 22 集，法律出版社 2002 年版。

② （2020）粤 0114 刑初 1515 号。

到广州市花都区狮岭镇寻找“土豪”实施绑架勒索财物。同年5月20日，顾某建从山东省滨州市乘坐长途大巴前往广州市花都区狮岭镇合成市场附近与梁某康、刘某汇合。同年5月23日，三人在广州市花都区狮岭镇合成北路的“好运来精品住宿”207房内见面，商议具体的作案计划。同日12时许，顾某建和梁某康外出用餐时被公安民警抓获。

法院认为：被告人顾某建、梁某康伙同同案人以勒索钱财为目的，为绑架他人制造条件，其行为已构成绑架罪。公诉机关指控被告人顾某建、梁某康犯绑架罪的事实清楚，证据确实、充分，指控的罪名成立，法院予以支持。依法应当对被告人顾某建、梁某康适用“处十年以上有期徒刑或者无期徒刑，并处罚金或者没收财产”的量刑幅度予以处罚。被告人顾某建、梁某康为实施犯罪而制造条件，系犯罪预备，依法可以比照既遂犯从轻、减轻处罚或者免除处罚。综合考量二被告人犯罪的事实、性质、情节以及对社会的危害程度，鉴于二被告人的犯罪预备行为尚未实施终了，社会危害性不大，情节尚属轻微，决定对二被告人免除处罚。

白某某故意杀人案[①]

经法庭审理查明，被告人白某某因家庭矛盾对其二姐白某丙不满，后矛盾进一步激化。2014年9月28日13时许，白某某在山东省济南市市中区二环西路鉴德加油站购买了价值200元的90号汽油（约29.4升），并向其家人扬言欲烧死白某丙。随即，白某某驾车携带汽油桶到济南市市中区西红庙西工业园1号、济南市市中区腊山工业园18~26号白某丙单位门口寻找白某丙，未果后自行驾车驶离。当日，公安人员接白某丙及其亲属报警后立即对周边区域进行巡查，后在山东省济南市市中区刘长山路延长线附近将被告人白某某抓获。经讯问，白某某对其上述犯罪事实供认不讳。案发后，被害人白某丙对白某某的上述行为表示谅解。

法院认为，被告人白某某故意非法剥夺他人生命，公诉机关指控

① （2015）市刑初字第30号。

其犯故意杀人罪成立。被告人白某某为了犯罪准备工具、制造条件，系犯罪预备，且同时具有如实供述自己的罪行、取得了被害人谅解等法定或者酌定从轻处罚情节，法院依法对其免除处罚。

司法观点

在审判实践中，确定预备犯的刑事责任时，要注意以下问题：

（1）区分实施预备犯罪的不同性质。

不同的犯罪性质，社会危害大小不相同。一般来说，同是预备行为，破坏军事设施的危害性要大于破坏民用设施；准备炸毁一个工厂的破坏性要大于准备毁坏一台普通机器；准备非法剥夺他人生命的行为的危害性要大于准备伤害人身健康的行为。

（2）区分实施预备犯罪的不同手段。

手段不同，社会危害性的程度也不相同。有的手段十分残酷、恶劣，有的手段则一般。

（3）区分预备犯罪的不同准备程度。

准备程度的不同反映行为具有不同程度的社会危害性。预备犯准备犯罪工具越齐全、策划越周密、制造犯罪条件越充分，对社会的危害也就越大。

对于预备行为情节显著轻微危害不大的，可不认为是犯罪，不予判刑；对于危险性较大的，则可以比照既遂犯从轻、减轻处罚，或者免除处罚。但是，可以从轻、减轻或者免除处罚，不是必须这样做，视案件具体情况而定。对于个别重罪，情节特别恶劣、主观恶性大的，也可以不从轻、减轻处罚。当然，在一般情况下，预备行为比较轻，还是要从轻、减轻或者免除处罚的。[①]

---

① 张军主编：《刑法［总则］及配套规定新释新解（上）》（第7版），人民法院出版社2017年版，第282页。

实操建议

对预备犯的处理，国外刑事立法的通例是，在总则中不规定预备犯的处罚原则，而仅在分则条文后对一些重罪的预备犯明文规定需要处罚。反之，对未明文规定的，则不处罚。虽然我国《刑法》第22条第2款规定，“对于预备犯，可以比照既遂犯从轻、减轻处罚或者免除处罚”，但其第13条同时规定了“情节显著轻微危害不大的，不认为是犯罪”的但书条款。因此，司法实践中，对情节显著轻微危害不大的预备犯，如一些轻罪的预备犯，可以直接引用但书的规定不予追究。

对预备犯是否定罪，如何量刑，是否从轻，是从轻、减轻还是免除处罚，总的来说，要看其预备行为的社会危害性程度。而衡量犯罪预备行为的社会危害性程度，又无外乎要借助以下因素加以分析：预备实行的犯罪的性质、所准备的工具的类型、制造条件的充分程度等。另外，辩护人在论证当事人不须判处刑罚时可以结合《刑法》第13条和第37条之规定。

072. 针对罪状为预备形态的罪名如何进行辩护

《刑法》为了强调对某类法益的保护，也会将部分预备行为规定为分则罪状，使其分离出来成为一种独立的犯罪类型。例如，组织黑社会性质组织罪、入境发展黑社会组织罪、非法买卖制毒物品罪，[①] 以及近年来被讨论比较多的罪名，如准备实施恐怖活动罪、非法利用信息网络罪。

此类罪名的主要特点是：一般而言，其实施是为了进一步实施其他犯罪而做准备，因而同其他犯罪之间具有高度盖然性和紧密相关性，

---

① 陈兴良：《刑法总论精释》（第2版），人民法院出版社2011年版，第437~439页。

考虑到上述行为的高度定型化、独立的法益侵害性，有时甚至考虑到在诉讼中证明其为某一具体犯罪的预备行为的取证困难，因而《刑法》将此类行为独立规定为某一犯罪，上述预备行为实际上已经转变为实行行为，此即行为性质的升格，不仅在犯罪构成性质上进行了升格，也对应了比预备犯更重的法定刑。

针对类似罪名，辩护中需要注意以下两方面内容：

首先，预备行为正犯化后的罪名依然还存在预备行为，仍可以按照本罪的预备犯从宽处罚。以准备实施恐怖活动罪为例，《刑法》第120条之二第1款第1项规定，“为实施恐怖活动准备凶器、危险物品或者其他工具的”行为为该罪的正犯行为，那么“为购买实施恐怖活动的枪支、弹药而筹集钱款”则属于该罪的预备行为。同理，还有为与境外恐怖活动组织或者人员进行联系而制作或者购买通信工具的行为，为策划实施恐怖活动而与相关人员联系的行为等，均属于该罪的预备行为。这种预备型犯罪的预备犯，往往由于法益侵害的紧急程度不高或者证据固定较为困难等原因，不具有追诉可能性，但如果实践中遇到此类情况，尤其是司法机关将构成要件行为与构成要件的预备行为相混淆的，辩护人应根据法理进行辩护，同时依据行为性质的可罚性较小，建议对该类行为做不起诉或者免罚处理。

其次，须关注预备行为正犯化罪名与相关正犯罪名并存时的吸收关系，不应数罪并罚。如行为人为实施诈骗、贩卖毒品、买卖枪支、贩卖淫秽物品等而利用信息网络发布相关信息的，既构成利用信息网络实施违法犯罪活动罪，也构成诈骗罪等犯罪行为的预备犯。比如，行为人后续又进入了诈骗等犯罪的实行环节，则直接按照诈骗罪定罪处罚即可，发布相关信息的行为应当被吸收、无须单独处罚；又如，行为人为制造毒品而非法买卖制毒物品的行为，构成制造毒品罪（预备）和非法买卖制毒物品罪，应当择一重罪处罚，而非并罚。实践中确实有司法机关按照数罪并罚处理的先例［如（2001）佛中刑初字第79号判决书］，这种处理方法明显违法，根据最高人民法院、最高人民检察院、公安部《关于办理制毒物品犯罪案件适用法律若干问题的意见》第1条第6项的规定，走私、非法买卖制毒物品行为同时构成其他犯罪的，依照处罚较重的规定定罪处罚。

073. 重点、常见罪名中哪些预备行为可罚

理论上讲，行为人“着手”前的行为属于犯罪预备。而“着手”，是指实施符合《刑法》分则规定的客观构成要件的行为。但是，实践中由于各个罪名的构成要件不尽相同，只能以列举的方式梳理部分罪名中的预备行为，供读者参考。

（1）贩卖毒品罪。

在司法实践中，贩卖毒品罪的犯罪预备存在于两种形式：

一是为了实施贩卖毒品犯罪而进行准备工具的行为。例如，毒品犯罪分子为了实施贩卖毒品行为准备称量工具、交通工具、藏匿工具等。

二是为了实施贩卖毒品犯罪而进行创造条件的行为。例如，为贩卖毒品而筹集资金或携带巨额资金寻找卖家，预付购买毒品的定金；为贩卖毒品纠集参与人员进行犯罪预谋、制订犯罪计划；为贩卖毒品联系毒源，主动与卖家商谈毒品价格、质量、种类，约定交换时间、地点、方式等。[①]

（2）运输毒品罪。

根据姬某运输毒品案[②]:运输毒品犯罪的着手，应该以行为人携带毒品进入正式运输环节来予以认定。

①自身携带型运输毒品犯罪以行为人携带毒品乘坐的运输工具开始运行为着手。例如，张某携带毒品从居住的某市甲区乘坐出租车前往该市乙区的火车站，进站后上车，火车运行伊始为运输毒品行为的

---

① 高贵君主编、最高人民法院毒品犯罪审判指导小组编：《毒品犯罪审判理论与实务》，人民法院出版社2009年版，第189页。

② （2013）郑铁刑初字第25号，《人民法院案例选》总第89辑。

着手。将毒品带入火车站候车室、上车的行为虽然均发生毒品空间位移的情况，但因其主观故意为乘坐火车运输毒品往异地，这些先行行为均为其运输行为的犯罪预备。

②邮寄、托运行运输毒品犯罪以承运人将行为人所托运毒品开始起运为犯罪的着手。之前的办理携带毒品到收运点、办理邮寄托运手续等均为犯罪预备。

（3）保险诈骗罪。

本罪以开始向保险人申请给付保险金时为“着手”，而不是以开始制造保险事故等为着手。

（4）票据诈骗罪。

根据胡某华金融票据诈骗案[①]，行为人为冒领他人汇票而伪造身份证和查询该汇票的真伪，属于金融票据诈骗罪（现已修改为票据诈骗罪、金融凭证诈骗罪两个罪名）的犯罪预备。

（5）洗钱罪。

从通常的洗钱犯罪看，其犯罪预备行为一般包括如下几种行为：①由于洗钱通常通过金融机构进行，在很多情况下要串通金融机构或金融机构工作人员才能完成，表现为拉拢、勾结金融机构各级工作人员，有时在政府机构中为其洗钱行为寻找“保护伞”，贿赂政府官员；②现代洗钱通常需要精通金融、法律、计算机等专业知识的专业人员才能进行，犯罪分子通过犯罪活动获得犯罪收益后，往往自己难以实施洗钱活动，必须雇用专业人员完成洗钱活动；③洗钱是组织化程度很高的犯罪，往往要经过多次周转才能完成赃钱的清洗，因此组织分工非常明确，在实施洗钱行为之前，必须进行周密的组织和计划；④利用公司洗钱通常要先成立空壳公司，利用现金密集的服务行业洗钱要先成立餐馆、宾馆、赌场、酒吧、超级市场等；⑤犯罪集团在洗钱犯罪实施前进行密谋的行为；⑥对洗钱场所进行调查的行为；⑦为了从事洗钱犯罪学习各种现代技术的行为；⑧其他为洗钱犯罪准

① （1997）驻刑初字第33号，（1997）驻刑终字第28号。

备条件的行为。[①]

（6）贪污罪。

贪污犯罪行为人基于积极追求非法占有公共财物的目的，准备贪污犯罪工具（如购买涂改液），实施伪造账目、涂改记账数字等犯罪行为。

具体可结合赵某文等贪污案[②]进行理解：2007年4月，漳浦县旧镇镇政府召开的全镇干部会议口头传达上级政府可能给予化债补助。会后，被告人赵某文等人伪造了乡村道路工程欠款人民币588,500元并入账报支，增加了本村债务。但上级政府的补助是附条件的，如果债权人同意化债补助，必须与债务人签订债务化解协议，而至本案案发时，所谓的上级政府化债补助款并未下达，四被告人也没有签订相应的债务化解协议，四被告人的行为只是在为将来签订债务化解协议、侵吞上级补助款创造条件，其行为并未超越“准备工具、制造条件”的犯罪预备范畴，不符合“着手”犯罪特征，应属贪污犯罪的犯罪预备形态。

（7）介绍贿赂罪。

介绍贿赂的预备，是指行为人为介绍贿赂做准备，如行为人为行贿人寻找受贿人、与行贿人商讨行贿方式等。

（8）伪造货币罪。

按照犯罪构成理论，应将“着手”实施犯罪行为作为预备与实施的临界点，着手既是预备行为的结束，又是实行行为的开始。一般情况下，伪造货币犯罪行为包括模拟、制版、印刷、裁剪这些工序，因此，凡实施上述任一行为，均视为已着手实施犯罪，而为了实施上述行为而准备工具、创造条件的，如购买印刷机器、纸张、油墨，制造或购买制版工具，选定、兴建厂房等，均属犯罪预备行为。需要特别指出

① 张军主编：《反洗钱立法与实务》，人民法院出版社2007年版。

② 林振通：《犯罪预备与犯罪未遂的司法界定》，载福建法院网，https://fjfy.chinacourt.gov.cn/article/detail/2011/01/id/1185547.shtml，最后访问时间：2022年7月28日。

的是，根据最高人民法院《关于审理伪造货币等案件具体应用法律若干问题的解释》第 1 条第 3 款的规定，"行为人制造货币版样或者与他人事前通谋，为他人伪造货币提供版样的"，构成伪造货币罪。可见，司法解释对伪造、提供货币版样是作为伪造货币的实行行为对待的，实践中，不能将这种行为作为预备行为处理。从上述解释的规定我们还可以推导出，购买、租借版样的行为也应属于伪造货币行为。[①]

（9）脱逃罪。

犯罪人为实行脱逃而准备犯罪工具、制造犯罪条件的行为。具体包括：①制订脱逃计划，选择时机，择定脱逃方法或方式；②为实施脱逃而观察地形，探听情况，熟悉路线；③为脱逃犯罪而筹划凶器、工具、现金、衣物以及伪造证件等；④在共同脱逃中，物色成员、拉拢同伙等。

（10）间谍罪。

在行为人以参加间谍组织形式实施间谍犯罪的情况下，应当以行为人是否"办理加入间谍组织的手续"判断行为人是否"着手"参加间谍组织，"办理加入间谍组织的手续"前的行为，如与间谍组织联系、挂钩的行为是参加间谍组织的准备行为；而以"办理加入间谍组织的手续"为标志，参加间谍组织行为进入实施阶段。[②]

（二）犯罪未遂认定的具体问题

074. 侵财犯罪的既遂标准应当如何认定

关于侵犯财产罪的既遂标准，学界通说采取了失控加控制说的观

---

① 范春明主编：《金融犯罪的法律适用》，人民法院出版社 2002 年版。

② 王作富主编：《刑法分则实务研究（上册）》（第 5 版），中国方正出版社 2013 年版，第 23 页。

点，即他人已失去对财物的控制并且该财物已置于行为人的控制之下的为既遂；这不仅是财产所有权的失控和控制，还包括事实上的占有、支配、控制权，即财产犯罪的法益是权利人对于财产的占有而不限于所有，因此一旦行为人的行为对这种事实上的占有予以破坏，无论是否形成了一个新的占有控制关系，都应当认定《刑法》所保护的法益遭到侵犯，而不能以行为人的占有财产的目的是否实现为认定既遂的标准。

因此，不能将财产犯罪既遂标准过于提前，而应当结合法益被侵害的现实性以及被侵害的程度来认定是否既遂。如果权利人通过防盗设备、保卫人员、场所管理者等方式扩大了自己的控制范围，只有行为人将财物带离这种控制范围，才能认定财物最终脱离了权利人的控制，犯罪既遂。由此判断侵犯财产罪既遂的标准与判断权利人实际控制范围大小密切相关。

075. 由于安装防盗报警装置使行为人刚一得手即被发觉并抓获的，行为人是否构成犯罪既遂

行为人未实现实际控制，不属于犯罪既遂。

参考案例

孔某盗窃案[①]

被告人孔某于2004年8月21日16时许，在北京市东城区东方新天地AA37A号慕诗女装店内，趁售货员不备将1件连衣裙（价值人民币1500元）装入其所背挎包内，后走出店门。该店售货员听到警报器报警后，追到门外将被告人孔某拦住，后将其扭送至北

① （2005）年东刑初字第00054号。

京市公安局东城分局东方广场派出所。上述赃物被追缴并发还被害人。

笔者认为：孔某系盗窃罪未遂，理由是：因为商店雇用店员、安装防盗器的目的都是防止店内财物失窃，二者都是商店对其财物控制的方式，是商店对其财物控制的具体体现。店员对财物控制是一种有形的控制，防盗器对店内财物是一种无形的控制。被告人带未付款的店内商品出店门时，防盗器报警，即商店的无形控制发挥作用，此时商店并未丧失对连衣裙的控制，后通过有形的控制即售货员的追赶，将被盗财物追回。在整个过程中，商店并未丧失对被盗物品的控制，因此应属盗窃罪未遂。

076. 在有场所管理者、保安员等间接控制人的情况下，如何认定犯罪既遂

在存在间接控制人的情况下，要达到犯罪既遂也需要脱离间接控制人的控制，即使脱离了直接权利人的控制，但尚未脱离间接控制人控制范围的，也属于犯罪未遂。这种间接控制应视为权利人实际控制能力的延伸，但要注意，只有在权利人的直接控制让渡给间接控制者的情况下，才能以间接控制范围作为权利人的实际控制范围。举例而言，商场打烊后各个商铺的管理者就将财物的控制权让渡给商场的管理者，此时，即使行为人将财物带离了权利人的实体店，但只要没有离开此商场，就应认为财物仍处于商场管理者的控制之下，如果此时被发现并将其抓获，只能认定为犯罪未遂。

同理可以解释为什么盗窃有人职守的仓库与无人值守的仓库认定犯罪既遂的标准不同，原因都在于这种控制权在不同场合的让渡。

077. 侵财犯罪中，财物仅“瞬间失控”的，能否认定犯罪既遂

“瞬间失控”，是指嫌疑人非法取得财物后，对财物控制的能力、控制的程度较弱，很快就被权利人恢复占有的情况，这种情形是否可以认定为犯罪既遂，涉及刑罚适用效果的考量。笔者的意见是这种情况不宜认定为犯罪既遂，可以按照未遂从宽处罚。

参考案例

郭某飞盗窃案[①]

被告人郭某飞于 2004 年 11 月 6 日 17 时许，在朝阳区华堂商场亚运村店一层电梯口处，趁王某某（男，43 岁）不备，将其放在腰间皮套内的一部摩托罗拉 V600 型移动电话（价值人民币 2700 元）盗走。其刚出电梯门 2 米远，王某某发现手机丢了，冲出电梯叫郭某飞站住，郭某飞惧怕，将偷来的手机扔到旁边的鞋架子上。王某某冲过来将其抓住并在商场保安的协助下将郭某飞扭送至派出所。

本案中，郭某飞在电梯内盗窃被害人手机后刚离开电梯门 2 米远，即被事主发现并被抓获，赃物也当时被收缴，由于行为人对财物控制的能力、控制的程度较弱，很快就被权利人恢复占有，由此如果认定犯罪既遂，从危害后果而言，有失之过苛之弊，因此，法院在处理此类案件时往往从量刑的角度出发，认定为未遂，从而从轻或减轻适用刑罚。这也是根据实质正义观对刑法理论进行的合理调整，检法分歧的存在也反映了检察机关侧重于追究犯罪，而法院则更注重刑罚适用效果的特点。

应该说，这也是司法裁量权的应有之义，但无可避免的结果就是，这样做容易导致司法的不平衡以及理论与实践的矛盾，这一方面需要司法者通过判例指导确立统一适用标准，另一方面需要改变财产犯罪

① （2005）朝刑初字第 00704 号。

唯数额论的现状，变僵化、固定的数额标准为外延更广、内涵更大的情节标准，赋予司法者合理的裁量权。

078. 侵犯金融财产的犯罪既遂标准应当如何认定

对于存储于金融机构、第三方支付平台的财产，是否在脱离被害人控制后即认定为犯罪既遂，也需要结合“失控+控制”的标准予以判断，如果嫌疑人未能实质性控制该财产，不应认定为犯罪既遂。

金融财产体现了金融信用对财产控制双重、多元的特点，即银行和客户对账户及信用凭证的控制、银行对财物本体的控制。金融财产的本体虽然总是在银行实际支配之下，但是持有权利凭证的人（包括权利人和非权利人），经过一定的验证程序有权随时支配、支取有关账户上的财产，他们在一定程度上也控制权利凭证上载明的财产。[①]

这种对金融财产双重、多元控制的特点，决定了行为人单纯地占有金融财产实物，并不一定会导致权利人丧失对金融财产的控制，而且由于金融系统不断加强安全防范措施，对资金的支取、转移进行严格的验证，严密的监控、记录、追踪，即使行为人通过转账等方式将他人的金融财产划归自己名下，但在其提现或者直接消费之前，金融机构作为财产的间接控制者，可以迅速采取冻结、挂失、追索等措施，并且，由于电子系统能够完备地记录钱款的去向，可以有效地监控非法转出的钱款。因此，不能以财产转移到罪犯控制的账户或者罪犯获取的票证面额、信用卡余额为标准判断既遂的金额，而应当以罪犯提现或者实际消费的金额为标准判断既遂的金额。

---

① 阮齐林：《金融财产控制的特点与侵犯财产罪的认定》，载《法学》2001 年第 8 期。

法律依据

最高人民法院《关于审理盗窃案件具体应用法律若干问题的解释》（文件已失效，但是部分规则未失效）

第十条 ……盗窃信用卡使用的，以盗窃罪定罪处罚。其盗窃数额应当根据行为人盗窃信用卡使用的数额认定。

最高人民法院、最高人民检察院《关于办理盗窃刑事案件适用法律若干问题的解释》

第五条第二项 盗窃记名的有价支付凭证、有价证券、有价票证，已经兑现的，按照兑现部分的财物价值计算盗窃数额……

参考案例

龙某诈骗案[①]

1995年4~6月，被告人龙某伙同他人，虚构“北海万诚公司”，伪造巴陵石化公司的图章以及巴陵石化公司《关于同意设立北海万诚公司的批复》、北海市审计事务所的审计报告书、“北海万诚公司”的图章以及资信能力等手段，骗取长沙民乐厂及其主管部门的信任，兼并了资产总值为1780余万元的长沙民乐厂。兼并后，龙某伙同他人利用职务上的便利将长沙民乐厂的资金转入由其个人控制、掌握的三宇公司、三宇集团及个人开设的账户上，并将其中的67万余元由自己直接控制使用。1996年10月18日，长沙市经济委员会下文解除兼并后，龙某带走蓝鸟汽车等物资以及“借支”费用等共计36万余元。后追回价值14万余元的物资，其他款物均未追回。据长沙市审计局的审计意见书，龙某控制长沙民乐厂经营1年多，造成亏损536万余元，所有者权益减少486万余元。一审法院认定，龙某的行为构成诈骗罪，由于长沙民乐厂职工发现其欺骗行为，长沙市经济委员会在案发前已下文解除兼并，认定为诈骗1780万元（犯罪未遂）。检察机关以龙某

① 《刑事审判参考》案例第53号。

诈骗财物数额达 1780 万余元，给长沙民乐厂造成 480 万余元的损失，属犯罪既遂为由提起抗诉。二审法院认定龙某诈骗既遂数额为 103 万余元。

079. 结果加重犯是否存在犯罪未遂

结果加重犯，是指加重结果已经超出基本犯罪的罪质范围，典型的如行为人犯故意伤害罪致人死亡、犯强奸罪致人死亡。此类犯罪并非一概不存在犯罪未遂。

（1）加重结果未发生时，不能按未遂适用结果加重犯的加重法定刑。

例如，甲以重伤害的故意对乙实施加害行为，但只造成了轻伤的结果，对甲是否需要适用 3~10 年的法定刑，再结合未遂情节确定宣告刑呢？

笔者的意见是不能先适用结果加重犯法定刑再认定为未遂处理。

根据笔者对结果加重犯的理解以及对犯罪既遂的界定，行为的完成形态只能是针对基本法定刑而言的，加重结果的出现是适用加重法定刑的必要条件，如果没有这种结果，无论如何不能认为行为的罪质已经发生了改变，故只能以基本罪的法定刑规制之。

而且，未遂犯与结果加重犯从性质上都属于量刑情节，相互排斥，不可能出现能被重叠适用的情况。所以，加重结果未发生时，即使对加重结果的发生持故意的心态（如图财害命的场合），只要加重结果没有如行为人所期望的发生或者说没有出现法定的加重结果，无论如何都不能以行为人主观上存在恶意而要求其对未出现的加重结果承担刑事责任，这违反了主客观相统一的原则，而且有主观归罪的嫌疑，容易导致国家刑罚权的恣意化。

（2）在发生加重结果但基本犯未遂的情况下，适用加重法定刑时可以按未遂犯从轻或减轻处罚。

例如，甲基于强奸的故意对乙实施暴力、致乙死亡，但是未能完成奸淫行为，对甲是否可以按照强奸罪的未遂处理？

笔者认为是可以的。判断犯罪既遂的标准是同一罪名下适用基本法定刑条件的充足化，[①]这就意味着无论是否对基本法定刑所对应的法益以外的其他法益造成了侵害、这种侵害是否重大等，都不能改变认定该罪完成形态的标准，只要基本法定刑所规制的法益侵害的结果没有出现，那么就应当认为属于未遂行为，同时由于出现了另外的严重结果，这种未遂行为的可罚性也就不言自明了，因此构成基本犯的未遂。但要注意，加重结果的出现是适用加重法定刑的前提，所以只要出现了加重结果就应当在加重法定刑的范围内裁断刑罚，此时基本犯的未遂对于量刑也是有意义的，基本犯结果具备与基本犯结果不具备的同样导致加重结果的行为的社会危害程度是不同的，在法律评价上（指适用刑罚时）应有所区分。

（3）情节加重犯也不存在既未遂的问题。

如之前讨论结果加重犯既未遂问题时所述，判断犯罪既遂的标准是同一罪名下行为人的行为是否充足了该罪名基本法定刑的构成要件。仍以强奸罪为例，有特殊癖好的甲基于强奸不满10周岁幼女的故意对乙实施了强奸行为，但法院查明案发时乙已满10周岁，对甲能否按照该情节的未遂处罚呢？

笔者认为是不能的，理由与结果加重犯类似，不再赘述。当然，关于这一问题更值得讨论的一个场合是轮奸案件的具体认定问题，因为“轮奸”情节涉及共同犯罪的问题，本书将会在“共同犯罪未完成形态”部分专门讨论。

---

① 李斌：《可罚未遂之框定》，中国政法大学2005年硕士学位论文。

080. 多次犯存在预备、未遂的，是否影响入罪或成立加重量刑情节

多次犯入罪时可以包括预备或者未遂情形，但作为加重量刑情节时，一般仅包括既遂情形。

比如，多次盗窃未遂的，可以认定为盗窃罪，“多次盗窃”以揭示行为人的盗窃习性或曰人身危险性为特质，只有性质匹配且易于查证的盗窃既遂和未遂行为（扒窃、入户盗窃的未遂行为），才可计入盗窃次数。

关于抢劫预备、未遂行为，能否成立“多次抢劫”的加重量刑情节，笔者认为应当强调每次抢劫均须达成既遂状态，否则难免造成有些案件处刑过重的弊病。[①] 司法实践中，抢劫预备不纳入多次抢劫的计次范围基本是通识，“多次抢劫”以严惩惯犯为旨趣。对于多次抢劫预备行为，由于行为人尚未着手实行犯罪，惯犯特征并不明显，况且多次抢劫的起点刑为 10 年有期徒刑以上的重刑，故不宜将社会危害性并非十分严重的多次抢劫预备行为纳入其中。但很多情况下，抢劫未遂行为会被计入抢劫次数，这是因为此时行为人的惯犯特性已经充分显露，符合处罚必要，加之考虑构成“入户抢劫”和“在公共交通工具上抢劫”等相同的情节加重犯，均未要求抢劫行为达成既遂状态。

笔者认为，鉴于多次抢劫直接量刑档次为 10 年以上，处罚较重，故在认定时，严格限制为既遂情形比较合适，如果既遂次数不足 3 次，还有其他未遂、预备的，也应在 3~10 年量刑档次内量刑，在适用从宽处理时可以限制从宽的幅度。

---

① 刘明祥：《论抢劫罪的加重犯》，载《法律科学》2003 年第 1 期。

081. 盗窃未遂的应当如何进行量刑辩护

需要明确的是，不是所有的盗窃未遂都要追究刑事责任，只有以数额巨大的财物或者珍贵文物为盗窃目标的盗窃未遂，才能追究刑事责任。如行为人仅以数额较大的财物为盗窃目标，最终未能得逞，通常可以认为其行为属于《刑法》第 13 条后半段规定的“情节显著轻微危害不大”，依法不应作为犯罪处理，可由有关部门给予行政处罚，一律追究刑事责任不符合宽严相济刑事政策；如果综合全案，认为情节严重，如盗窃数额已接近数额巨大，且行为人在 2 年前又曾因盗窃受过行政处罚，完全可以根据《关于办理盗窃刑事案件适用法律若干问题的解释》第 12 条第 1 款第 3 项的规定追究刑事责任。

法律依据

最高人民法院、最高人民检察院《关于办理盗窃刑事案件适用法律若干问题的解释》

第十二条第一款 盗窃未遂，具有下列情形之一的，应当依法追究刑事责任：①

（一）以数额巨大的财物为盗窃目标的；

（二）以珍贵文物为盗窃目标的；

（三）其他情节严重的情形。

实操建议

（1）对以数额巨大的财物为目标的盗窃未遂，应当以目标财物价值作为确定基准刑的依据。

要在此基础上依照《刑法》总则有关犯罪未遂的处罚规定，从轻或者减轻处罚；如果一律以数额较大作为确定基准刑的依据，再根据

① 人民法院出版社编：《解读最高人民法院司法解释：含指导性案例·刑事卷（上）》，人民法院出版社 2019 年版，第 662 页。

未遂的处罚规定从轻、减轻处罚，势必存在不当的双重从宽问题。

（2）对多次盗窃、入户盗窃、携带凶器盗窃或者扒窃未遂的，并非一律追究刑事责任。

对于上述四种盗窃行为，仍应依据最高人民法院《关于办理盗窃刑事案件适用法律若干问题的解释》第 12 条第 1 款的规定，决定应否追究刑事责任；重点是要适用好该解释第 12 条第 1 款第 3 项的规定。如行为人深夜通过翻窗、撬锁方式潜入他人住所盗窃，即便未窃取到财物，也可认定其属于该解释第 12 条第 1 款第 3 项规定的“具有其他严重情节的情形”，以盗窃未遂追究其刑事责任。反之，如确因饥饿等原因，扒窃少量财物，结果又未遂，不追究刑事责任，由公安机关予以行政处罚，则更符合宽严相济刑事政策。

082. “入户盗窃”“携带凶器盗窃”“扒窃”型盗窃罪中未取得财产的是否构成犯罪未遂

盗窃罪系财产犯罪，根据传统认识、社会一般观念，应当将造成他人财产损失补充解释为该罪的构成要件要素；对实施盗窃行为但没有实际造成他人财产损失的，不应认定为盗窃既遂，只能认定为盗窃未遂。否则，难以为社会公众所理解、认同，也难以体现、贯彻罪责刑相适应的刑法基本原则。

1997 年《刑法》将多次盗窃补充规定为该罪的入罪条件之一后，理论上、实践中仍然认为盗窃罪属于结果犯；只有实际造成被害人财产损失的才能认定盗窃既遂。《刑法修正案（八）》进一步将“入户盗窃”“携带凶器盗窃”“扒窃”增加规定为盗窃罪的入罪条件之后，也应坚持同样立场，即对多次盗窃、入户盗窃、携带凶器盗窃或者扒窃，未使被害人失去对财物的控制的，应当认定为盗窃未遂。

083. 抢劫未遂的是否都要追究刑事责任

根据最高人民法院《关于审理抢劫、抢夺刑事案件适用法律若干问题的意见》第 1 条之规定，抢劫罪侵犯的是复杂客体，既侵犯财产权利又侵犯人身权利，具备劫取财物或者造成他人轻伤以上后果两者之一的，均属抢劫既遂；既未劫取财物，又未造成他人人身伤害后果的，属抢劫未遂。据此，《刑法》第 263 条规定的八种处罚情节中，除“抢劫致人重伤、死亡的”这一结果加重情节之外，其余七种处罚情节同样存在既遂、未遂问题，其中，属抢劫未遂的，应当根据《刑法》关于加重情节的法定刑规定，结合未遂犯的处理原则量刑。

084. 转化型抢劫是否存在犯罪未遂的情况

转化型抢劫与普通抢劫一样，都存在犯罪未遂。

参考案例

谷贵成抢劫案①

2005 年 8 月 7 日 10 时许，被告人谷贵成在北京市丰台区丽泽桥东方家园建材城停车场内，用随身携带的改锥撬开车锁，盗窃被害人尹楠格雷牌自行车 1 辆（经鉴定该车价值人民币 80 元），在被保安员潘文浩发现后，为抗拒抓捕，谷贵成用改锥将保安员颈部划伤，经法医鉴定为轻微伤。

对于被告人谷贵成在停车场盗窃他人自行车时，被保安员发现后，为抗拒抓捕而将保安员划伤的行为性质，一审、二审法院均没有争议，认为依据《刑法》第 269 条及最高人民法院《关于审理抢劫、抢夺刑事案件适用法律若干问题的意见》第 5 条“关于转化抢劫的认定”第 3、

① 《刑事审判参考》案例第 441 号。

4 项的规定，其行为已转化构成抢劫罪。本案争议的焦点在于，转化抢劫行为是否存在未遂状态？被告人谷贵成的行为是构成犯罪既遂还是未遂？

对此存在两种司法观点：

其一，不能认为只要行为转化构成抢劫罪，就一律为抢劫既遂，转化抢劫与一般抢劫一样，同样存在既遂、未遂状态的区分，标准应当与一般抢劫相同。①

其二，转化型抢劫罪是一种独立的犯罪形态，作为法律拟制的转化犯，其犯罪构成要件不同于一般抢劫罪，并不存在因犯罪分子意志以外的原因而未得逞的情形，只要发生转化即应为既遂，并不存在未遂形态。②

笔者认为第一种观点更可取，因为转化抢劫与一般抢劫行为一样，罪质均为抢劫罪，犯罪构成条件没有本质差异，既然一般抢劫存在既遂与未遂，那么转化抢劫亦应存在既遂与未遂。而且，根据罪刑相适应原则，与一般抢劫相比，可以认为，转化抢劫的罪责本来相对较轻，更应该有既未遂的区分，对于未取得财物或者未造成轻伤以上危害后果的，仍应构成未遂。

085. 环境污染罪是否存在犯罪未遂

存在。着手后未达成犯罪结果即为未遂。

最高人民法院、最高人民检察院、公安部、司法部、生态环境部《关于办理环境污染刑事案件有关问题座谈会纪要》规定，对于行为人已经着手实施非法排放、倾倒、处置有毒有害污染物的行为，由于有关

① 《刑事审判参考》案例第 441 号谷贵成抢劫案，第 687 号杨飞飞、徐某抢劫案。

② 最高人民法院刑事审判第一庭等主编：《刑事审判参考》（总第 109 集），法律出版社 2017 年版，第 182 页。

部门查处或者其他意志以外的原因未得逞的情形，可以污染环境罪（未遂）追究刑事责任。[①]

司法适用中需要注意的是：

（1）对于犯罪未遂的认定，以行为人着手实施非法排放、倾倒、处置有毒有害污染物的行为为前提，故应当准确判断“着手”。对于排放、倾倒危险废物“着手”的判断，通常不存在问题。相比之下，处置危险废物“着手”的判断较为复杂，须妥当把握。

参考案例

张茂玉等污染环境案[②]

法院查明：被告人张茂玉、李庆兰系江苏省句容市葛村镇荣某防水材料厂的经营者，自2011年11月至2014年4月，在该厂内，以营利为目的，违反国家规定，在未取得危险废物经营许可证的情况下，为他人非法处置危险废物，其中已处置成功50余吨，尚有66.074吨未处置成功即被查获。2011年11月，张茂玉非法加工处置从上海铁路局南京东机务段运来的7余吨废机油；2012年4月、5月，张茂玉伙同李庆兰，非法加工处置从上海铁路局南京东机务段运来的7余吨废机油；2012年下半年，张茂玉非法处置由益云晖委托加工处置的废重油36.353吨，后因执法机关查获，尚有13.647吨未能处置；2014年3月、4月，周小林明知张茂玉、李庆兰未取得危险废物经营许可证的情况下，违反国家规定，委托处置废重油52.427吨，后由于炼油设备无法加工及执法机关查获，该批废重油未能处置成功。案发后，李庆兰主动至公安机关投案并如实供述自己的罪行。

针对上述事实，被告人辩称其仅是暂存废重油渣，没有非法委托处置；被查处时，既未着手，也未实施处置行为，不存在未处置成功

---

① 最高人民法院《最新法律文件解读丛书》编辑委员会：《刑事法律文件解读》2019年第8辑（总第170辑），人民法院出版社2019年版，第29页。

② 肖雄：《污染环境罪的量刑规则》，载《人民司法（案例）》2016年第5期。

的事实。

法院认为：依据《危险废物经营许可证管理办法》第31条第4项之规定，张茂玉等人通过加热锅炉实现废重油的蒸馏、脱水从而提炼油料，是处置危险废物的行为。周小林明知张茂玉等人无危险废物处置资质，仍违反《固体废物污染环境防治法》第57条之规定向张茂玉等人非法运输废重油，并非法委托其处置。张茂玉等人明知其无任何环保设备，无危险废物经营许可证，工厂已被句容市人民政府决定关闭，多次被句容市环境保护局责令停产，非法提炼废重油会污染环境，仍然积极平整场地、维修设备，通知周小林到场查看炼油情况，并当场将20余吨废重油加入锅炉，系着手实施炼油的行为。

（2）根据《刑法》第23条第2款的规定，对于未遂犯，可以比照既遂犯从轻或者减轻处罚。鉴于未遂造成的社会危害性相对较小，参照以往司法解释的相关规定，实践中对未遂的定罪量刑标准可以把握为既遂标准的3倍以上。

（3）实践中存在部分既遂、部分未遂的情形，参照以往司法解释的规定，对此不宜将数量简单相加，可以分别评价既遂情节和未遂情节，看既遂和未遂分别适用的法定刑档次哪一个更重，在处罚较重的法定刑幅度内酌情从重处罚。例如，行为人用罐车装有10吨的危险废物并开往某河流旁倾倒，在倾倒完1吨时被环保执法人员及时制止，对于此案可以依法认定行为人非法倾倒危险废物既遂1吨，未遂9吨，依照上述规则作出处理。

086. 贪污罪犯罪既遂应当如何认定

应以行为人是否控制财物作为区分贪污罪既遂与未遂的标准。取得实际控制的，为贪污罪既遂；没有实际控制的，是贪污未遂。

因此，衡量的基点，应着眼于犯罪主体的实行行为，不能以客体是否受到侵犯而论。只有对公共财物取得了实际控制，才能表明贪污罪结果的发生。

对于行为人利用职务上的便利，实施了虚假平账等贪污行为，但公共财物尚未实际转移，或者尚未被行为人控制就被查获的，应当认定为贪污未遂。行为人控制公共财物后，是否将财物据为己有，不影响贪污既遂的认定。

法律依据

最高人民法院《全国法院审理经济犯罪案件工作座谈会纪要》

二、关于贪污罪

（一）贪污罪既遂与未遂的认定

贪污罪是一种以非法占有为目的的财产性职务犯罪，与盗窃、诈骗、抢夺等侵犯财产罪一样，应当以行为人是否实际控制财物作为区分贪污罪既遂与未遂的标准。对于行为人利用职务上的便利，实施了虚假平帐等贪污行为，但公共财物尚未实际转移，或者尚未被行为人控制就被查获的，应当认定为贪污未遂。行为人控制公共财物后，是否将财物据为己有，不影响贪污既遂的认定。

087. 走私犯罪是否存在犯罪未遂

走私犯罪很少被认定为犯罪未遂。

无论何种形式的走私，凡是在海关监管现场被查获的一概以犯罪既遂处理。主要是考虑到，走私犯罪因海关监管现场查获而案发的情况较为普遍，如果将是否成功逃避海关监管作为既未遂的界定标准，绝大多数走私犯罪都将按未遂处理，既不利于对于走私犯罪的有效惩治，也与立法初衷不符。规定虚假申报行为实施完毕即构成既遂，主要是考虑到，申报通关走私行为主要体现为申报环节，申报之后的海关审单、查验环节不再受走私犯罪行为人的意志支配。规定后续走私除了销售之外申请核销行为实施完毕的也应以既遂处理，主要是考虑到实践中一些申请核销行为发生在销售之前，而相对于销售而言，申请核销对于走私犯罪是否完成的认定更具实质性意义。[①]

法律依据

最高人民法院、最高人民检察院《关于办理走私刑事案件适用法律若干问题的解释》

第二十三条 实施走私犯罪，具有下列情形之一的，应当认定为犯罪既遂：

（一）在海关监管现场被查获的；

（二）以虚假申报方式走私，申报行为实施完毕的；

（三）以保税货物或者特定减税、免税进口的货物、物品为对象走私，在境内销售的，或者申请核销行为实施完毕的。

088. 诱惑侦查情况下是否构成犯罪未遂

诱惑侦查，是指侦查人员或其特情人员诱发行为人产生犯意或者特意设计某种诱发犯罪的情景、为行为人实施犯罪提供条件或机会，诱使其实施犯罪，进而侦破案件、拘捕行为人的侦查措施。乔装侦查人员经常使用引诱手段诱使犯罪嫌疑人实施相应的犯罪行为并当场将其抓获并取证，此类侦查手法在理论界被称为诱惑侦查、“警察圈套”，实务界也称为“预备案件侦查”。

司法实践中，此类手段主要是在毒品犯罪侦查中使用，在假币、

① 人民法院出版社编：《解读最高人民法院司法解释：含指导性案例 · 刑事卷（上）》，人民法院出版社 2019 年版，第 406 页。

枪支、走私、珍稀野生动物、贿赂等其他带有交易性质的无被害人犯罪中也有零星适用。《刑事诉讼法》对此类手段仅进行了概括性的授权，并未规定具体的实施程序与实施过程中的要求，只是强调“不得诱使他人犯罪，不得采用可能危害公共安全或者发生重大人身危险的方法”。“不得诱使他人犯罪”这一原则性要求来自我国特情使用多年来遵循的内部规定，然而这一要求在诱惑侦查问题上显得十分苍白，诱惑侦查这类手段自身的特点就是特情或者秘密侦查人员引诱他人犯罪并当场取证、抓捕，其本质就是引诱，如果一律要求“不得诱使他人犯罪”，禁止一切引诱，则意味着禁止使用诱惑侦查手段，这显然不符合实践发展的需要，也与立法者的初衷背道而驰。

以毒品犯罪中的诱惑侦查为例，其为利用特情侦破毒品犯罪的一种方式。这些特情人员（俗称“耳目”）打入毒品犯罪分子内部，以经允许的行为，诱使他们犯罪。但实践中又出现了违规使用特情引诱的情况。由于特情引诱涉及在处刑中如何解决罪责刑的问题，不能与普通毒品犯罪一样用刑。

对“特情介入”的毒品案件，要区分以下三种情形分别处理：

（1）犯意引诱，是指被告人本来没有实施毒品犯罪的主观故意，在特情的引诱下萌发了犯意，进而实施了某种毒品犯罪行为。这又分两种情况：一是被引诱人没有任何犯罪故意；二是被引诱人有其他犯罪故意，如其他侵财型的犯罪故意，但没有毒品犯罪的故意。对于因特情引诱而实施毒品犯罪的被告人，无论其毒品犯罪数量多大，均应从轻处罚，一般不适用死刑。在同等条件下，对于无犯罪故意的被引诱者的处罚要轻于有其他犯罪故意的被引诱者。被告人在特情既为其安排上线，又提供下线的双重引诱，即“双套引诱”下实施毒品犯罪的，处刑时可予以更大幅度地从宽处罚或者依法免予刑事处罚。但对已持有毒品待售或者有证据证明已准备实施大宗毒品犯罪者，采取特情贴靠、接洽而破获的案件，不存在犯罪引诱问题，应当依法处理。

（2）数量引诱，是指行为人本来只有实施数量小的毒品犯罪的故意，在特情引诱下实施了数量大的甚至达到可以判处死刑数量标准的毒品犯罪。凡是存在数量引诱情形的，一般应酌情从轻处罚。尤其是经引诱后，即使毒品数量超过实际掌握的死刑数量标准，一般也不判处死刑立即执行。对不能排除“犯意引诱”和“数量引诱”的案件，在考虑是否对被告人判处死刑立即执行时，要留有余地。

（3）间接引诱，是指受特情引诱的被告人的行为又引起了原本没有毒品犯意的其他人产生毒品犯罪故意，并实施了毒品犯罪行为。存在间接引诱的，参照上述原则依法处理。

需要注意的是，毒品犯罪之外的普通犯罪中，对诱惑侦查或者控制下交付的，也应区分是机会引诱还是数量引诱，如果是犯意诱发型的机会引诱，不应认定为犯罪；如果是数量引诱，交付过程处于警方控制之下的，认定为犯罪未遂。

参考案例

隋某敲诈勒索案[①]

2004年10月，被告人隋某以要将其与王某某（女，33岁）的裸照公开为由，多次向王某某索要钱财。2004年11月1日12时许，隋某打电话给王某某用裸体照片向其敲诈人民币10万元，并说好在朝阳区远洋宾馆交易。王某某报案后，民警立即开展工作，王某某根据民警安排委托陈某去远洋宾馆交付现金，后隋某在接受钱款时被民警当场抓获，并当场起获裸体照片及人民币10万元。

本案中，侦查机关的诱惑侦查并不十分明显，他们只是在暗中静观事态发展，未人为干预敲诈勒索行为过程，但这种过程是在侦查机关的控制之下，也就是说一般情况下行为人的目的是不能实现的。对此法院认定其行为系未遂。

在诱惑侦查破获的案件中，被告人一般都实施了犯罪行为，但是犯罪结果与诱惑行为有关。因为在诱惑侦查过程中，主动权掌握在侦查机关手中，它可以决定案件发展的方向和程度，可以决定被告人犯

---

① （2005）朝刑初字第577号。

罪情节的轻重。在追究被告人的刑事责任时，如果不考虑排除诱惑者对被告人犯罪所起的作用，要求被告人承担全部罪责，有失公平合理。

089. 侵犯著作权罪是否存在犯罪未遂

关于侵犯著作权犯罪是否存在未遂形态，《关于办理侵犯知识产权刑事案件适用法律若干问题意见》并未明确。有些地方已经出台相关规定，明确侵犯著作权犯罪的未遂标准，如浙江省高级人民法院刑事审判第二庭《关于审理侵犯知识产权刑事案件若干问题的解答》第4条规定："侵犯著作权罪如何认定未遂？答：对已着手非法出版、复制他人作品，尚未完成即被查获的，或者单纯销售、贩卖侵权复制品而未实际售出的，可根据情况认定为未遂。对该类案件的处理，可参照《两高一部意见》中对销售假冒注册商标的商品罪（未遂）的规定，数额或数量达到入罪标准三倍以上的，可以侵犯著作权罪（未遂）处罚。"

法律依据

最高人民法院、最高人民检察院、公安部《关于办理侵犯知识产权刑事案件适用法律若干问题的意见》

第八条 ……销售明知是假冒注册商标的商品，具有下列情形之一的，依照刑法第二百一十四条的规定，以销售假冒注册商标的商品罪（未遂）定罪处罚：

（一）假冒注册商标的商品尚未销售，货值金额在十五万元以上的；

（二）假冒注册商标的商品部分销售，已销售金额不满五万元，但与尚未销售的假冒注册商标的商品的货值金额合计在十五万元以上的。

假冒注册商标的商品尚未销售，货值金额分别达到十五万元以上不满二十五万元、二十五万元以上的，分别依照刑法第二百一十四条规定的各法定刑幅度定罪处罚。

销售金额和未销售货值金额分别达到不同的法定刑幅度或者均达到同一法定刑幅度的，在处罚较重的法定刑或者同一法定刑幅度内酌情从重处罚。

第九条 销售他人伪造、擅自制造的注册商标标识，具有下列情形之一的，依照刑法第二百一十五条的规定，以销售非法制造的注册商标标识罪（未遂）定罪处罚：

（一）尚未销售他人伪造、擅自制造的注册商标标识数量在六万件以上的；

（二）尚未销售他人伪造、擅自制造的两种以上注册商标标识数量在三万件以上的；

（三）部分销售他人伪造、擅自制造的注册商标标识，已销售标识数量不满二万件，但与尚未销售标识数量合计在六万件以上的；

（四）部分销售他人伪造、擅自制造的两种以上注册商标标识，已销售标识数量不满一万件，但与尚未销售标识数量合计在三万件以上的。

090. 组织他人偷越国（边）境罪是否存在犯罪未遂

根据《刑法》的规定和刑法理论，只要行为人已着手实施组织他人偷越国（边）境行为，即使被组织者尚未越过国（边）境，也已构成组织他人偷越国（边）境罪，但是这种情形应当认定为未遂。理由是，只有被组织者成功越过国（边）境，才对国（边）境管理秩序构成实际妨害，才能认定为犯罪既遂。

法律依据

最高人民法院、最高人民检察院《关于办理妨害国（边）境管理刑事案件应用法律若干问题的解释》

第一条第三款 以组织他人偷越国（边）境为目的，招募、拉拢、引诱、介绍、培训偷越国（边）境人员，策划、安排偷越国（边）境行为，在他人偷越国（边）境之前或者偷越国（边）境过程中被查获的，应当以组织他人偷越国（边）境罪（未遂）论处；具有刑法第三百一十八条第一款规定的情形之一的，应当在相应的法定刑幅度基础上，结合未遂犯的处罚原则量刑。

091. 组织卖淫等卖淫类犯罪是否存在犯罪未遂

只要组织、容留、介绍行为实施完毕，就处于犯罪既遂状态。至于卖淫人员与嫖客是否实际进行了卖淫嫖娼违法活动以及卖淫嫖娼活动是否处于结束状态，都不影响组织、容留、介绍卖淫行为的既遂状态成立。理由如下：

（1）涉卖淫类刑事犯罪属于妨害社会管理秩序的犯罪，其犯罪客体是社会管理秩序及社会风尚，《刑法》惩处的是组织、容留、介绍卖淫犯罪行为本身，而不是卖淫嫖娼行为。因此，以组织、容留、介绍等行为完成状态作为此类犯罪的既未遂界限符合立法目的。

（2）这样认定有利于突出打击重点。《刑法》打击的重点不在于卖淫嫖娼行为本身，而在于组织卖淫等犯罪行为。而且，在我国，卖淫嫖娼行为除故意传播性病外，其本身并不构成犯罪，如果将组织、容留、介绍卖淫犯罪的既遂标准推后到卖淫嫖娼行为完成时，无疑会在一定程度上放纵犯罪，不利于准确、严厉地打击犯罪。

（3）协助组织卖淫罪同样以其是否实施了协助组织卖淫行为为限。最高人民法院、最高人民检察院《关于办理组织、强迫、引诱、容留、介绍卖淫刑事案件适用法律若干问题的解释》第 4 条第 1 款规定，明知他人实施组织卖淫犯罪活动而为其招募、运送人员或者充当保镖、打手、管账人等的，依照《刑法》第 358 条第 4 款的规定，以协助组织卖淫罪定罪处罚，不以组织卖淫罪的从犯论处。行为人只要实施了这些行为，就属于犯罪既遂。至于组织卖淫犯罪活动中的卖淫嫖娼是否完成，甚至是否实际实施，都不影响协助组织卖淫行为的既遂。

（4）强迫卖淫罪的既遂看行为人的强迫行为是否已经实施，而无论被强迫卖淫人员的卖淫行为是否实施。卖淫嫖娼是一个过程，为卖淫嫖娼所做的谈价格、找地点、性交易前准备、性交易过程等均属卖淫嫖娼的组成部分，只要被强迫卖淫人员实施了上述一个或数个行为的，均应认定卖淫行为开始实施，不以被强迫卖淫者是否卖淫成功为既遂标准。但在下列情况下，应当认定为强迫卖淫未遂：①强迫行为并未实现目的，即强迫行为没有达到强制他人的目的，被害人一直拒绝卖淫的；②强迫行为使他人不得不同意卖淫，但被害人答应后又在进入卖淫场所前拒绝的或者进入卖淫场所前逃脱的，则行为人仍然没有达到强制他人卖淫的目的。

（5）引诱卖淫罪的既未遂认定应当以卖淫人员是否被引诱并着手实施卖淫作为标志。卖淫人员意志转变且开始实施卖淫行为时，即引诱卖淫完成时。不能将卖淫行为的完成作为引诱卖淫行为的既遂标志。

092. 虚假诉讼罪是否存在犯罪未遂

对于虚假诉讼罪，应当以妨害司法秩序或者严重侵害他人合法权益为既遂标准，只要妨害司法秩序或者严重侵害他人合法权益，无论是否取得财产或者牟取到其他非法利益，均应当认定为犯罪既遂。

当然，如果对虚假诉讼行为依照《刑法》第 307 条之一第 3 款、第 4 款的规定适用其他罪名，对既遂的认定则应当依据其他犯罪的构成要件。如应以诈骗罪论处的情形下，是否既遂就应当考察被害人是否交付财物并遭受财产损失。

093. 电信网络诈骗犯罪是否存在犯罪未遂

电信网络诈骗仍属于侵财型犯罪，应当以行为人是否有效控制了财物作为既遂与未遂的标准。

在被害人汇出资金但尚未到达行为人账户的情况下，行为人对此笔资金只具有可期待的控制权，并未实际控制，因此，应认定为未遂。而对于资金已经到达行为人账户，但行为人未取款即被抓获的情况，则需要分析不同的情形。[①] 一般情况下，资金进入行为人账户，行为人已经取得了对资金的占有和控制，可以随时提现或消费，应当认定为犯罪既遂。但在网络诈骗犯罪中，行为人一般专门开设用于收款的账户，每次诈骗得手后即将资金迅速取出，在被害人意识到被骗并报警后，侦查机关通知银行对该账户采取冻结等措施往往为时已晚。这种情形下，行为人未将账户内的钱款取出时，该账户内资金随时存在被冻结的可能，因此，还不能认为行为人已经实际控制了钱款，此时认定犯罪未遂为宜。

094. 侵占罪中是否存在可罚的犯罪未完成形态

侵占罪的既遂以行为人实施拒不退还或交出他人财物的行为为标志。拒不退还或交出是一种不作为行为，因而侵占罪是行为犯。从理论上讲，行为犯可能存在犯罪预备、中止、未遂等未完成形态，但就

① 戴长林主编、最高人民法院刑事审判第三庭编著：《网络犯罪司法实务研究及相关司法解释理解与适用》，人民法院出版社2014年版，第63页。

司法实践而言，侵占罪的预备、中止、未遂状态不可罚。[①]

行为人在拒绝退还或交出他人财物之后，也有可能改变想法，将其占有的财物退还或交给权利人。这种情形能否认定为犯罪中止？显然不能。行为人退还或交出财物的时间既可以在判决宣告之前，也可在判决宣告之后，在判决生效后交出财物的，不影响犯罪的成立，属于既遂，不能成立中止。在判决生效之前交出财物的，就不能认定行为人拒不退还或交出，如果认定为中止，则行为人的行为仍然构成犯罪，对此法院应如何处理？是宣告有罪还是宣告无罪？若宣告无罪，显然与犯罪中止的认定不相符；若不宣告无罪，则于情、于理、于法都是讲不通的。可见，在判决生效前交出财物的，均不成立侵占罪，自然不存在犯罪中止的问题。

095. 受贿罪中如何认定犯罪既遂

应以是否收到贿赂而不是以是否为他人谋取利益为标准区分。在受贿罪的其他犯罪构成要件都具备的前提下，收到贿赂的则既遂，未收到贿赂的则未遂。理由如下：

（1）这样认定符合刑法犯罪构成要件标准的通说理论。承诺、实施、实现为他人谋取利益与收受贿赂行为是受贿构成的复合行为，二者缺少其一就失去《刑法》关于受贿罪定罪的前提。如缺少为他人谋取利益行为，即便是收受贿赂也不构成受贿罪。同样地，即便是有为他人谋取利益或牟取不正当利益的行为，但缺少收受贿赂行为也不构成受贿罪。但是否完成“为他人谋取利益或谋取不正当利益”的行为，是罪与非罪的问题，而不是既遂与未遂的问题。如受贿人甲承诺利用自己职务便利为请托人乙谋取利益，请托人乙约定支付100万元，但没有实际给付给受贿人甲，此时案发，甲构成受贿罪，但是认定为未

---

① 逄锦温、臧东斌：《侵占犯罪的定罪与量刑》，人民法院出版社2002年版。

遂。只要行为人出于国家工作人员身份收受了贿赂，就已经侵犯了国家工作人员职务廉洁性。

（2）“收到贿赂”比“收受贿赂”或“收受财物”标准更清晰。用“收受”，有遗漏“索取”之嫌，而受贿罪有收受贿赂型、索取贿赂型、斡旋型贿赂、商业贿赂之分。且“贿赂”的内含广于“财物”。

（3）存在对象不能或认识错误导致的未遂。如果贿赂是伪劣产品，如何定性？作为贿赂的伪劣物品，经过物价部门实际评估的价格为零时，应按对象认识错误，以未遂处理。之所以这样处理，是因为具体的贿赂不存在，受贿人误认为存在而实施受贿行为，因而致犯罪未得逞的，应按犯罪未遂处理。作为贿赂的伪劣物品，经过物价部门实际评估的价格低于相对应的正牌商品的价值时，是对象部分认识错误，不能以未遂处理，应当以受贿既遂论处。但差额部分应认定为未遂的范畴，在量刑时酌情从轻处罚。

096. 故意伤害罪是否存在犯罪未遂

虽然理论上故意轻伤存在未遂形态，但绝大多数不具有可罚性。[①]故意伤害致人重伤、死亡的，只有构成与否，不存在既遂未遂之分。因此，故意伤害一般不存在可罚的未遂情节。

首先，在故意轻伤的情况下，行为人仅仅出于轻伤的故意，客观上又未造成轻伤的结果，因而这种行为的危害性一般是很轻微的，如果没有其他特别严重的情节，不作为犯罪处理也是适当的。否则，会造成刑罚的过多过滥使用，有违刑罚的谦抑性。而且，故意伤害致人轻伤的，法律甚至将追诉权赋予被害人，被害人未起诉的，不作为犯罪处理。造成轻伤结果尚且如此，未造成轻伤结果的，更可以不作为

① 薛淑兰、叶良芳：《故意伤害疑难问题与损害赔偿新释解》，人民法院出版社2004年版。

犯罪处理。司法实践中对大量的轻伤未遂案件不作为犯罪处理，既符合刑罚谦抑原则，也利于维护社会稳定，因而是适当的。

其次，故意重伤他人但未造成重伤、死亡后果的，一般适用故意伤害罪的基本法定刑，而不能将其认定为故意重伤罪的未遂形态而适用加重法定刑。当重伤结果出现时，有时仍很难判定行为人主观上是出于重伤故意还是轻伤故意；而当重伤结果未出现时，要判定行为人的伤害故意是重伤故意还是轻伤故意更不容易。因此，在定罪时不区分轻伤故意和重伤故意，而将其统一归为伤害故意，则将大大便于操作，也符合主客观相统一原则。综上，笔者认为，故意伤害致人重伤、死亡的，只有构成与否的问题，不存在既遂、未遂之分。

（三）犯罪中止认定的具体问题

097. 自动放弃重复侵害行为是否构成中止

自动放弃重复侵害行为，是指行为人实施了足以造成既遂危害结果的第一次侵害行为，由于意志以外的原因而未发生既遂的危害结果，在当时有继续重复实施侵害行为实际可能时，行为人自动放弃了实施重复侵害行为，因而使既遂的危害结果没有发生的情况。[①] 例如，甲以故意杀人的故意持枪向乙射击，因瞄得不够准而未击中，当时完全有条件再次射击并击中乙，但甲悔悟了，没有进行第二次射击。甲的行为是故意杀人罪未遂还是中止？

按照最高人民法院的司法观点，上述甲的行为一般应认定为犯罪中止。在具体认定过程中，有以下几方面问题需要注意：

（1）正确理解刑法意义上的侵害行为。

有观点认为，上述例子中的甲第一枪没能击中乙，是意志外因素

① 高憬宏、杨万明主编：《基层人民法院法官培训教材（实务卷·刑事审判篇）》，人民法院出版社 2005 年版，第 12~13 页。

造成的，第一次射击的行为就已经构成了杀人未遂。甲放弃重复侵害的行为，只能体现其没有进行再次犯罪。针对这种观点，应当明确：刑法意义上的侵害行为，可以是人体的单个举动或者动作，也可以是由几个连续举动或者动作组成的一个整体行为。放弃重复侵害的行为本身就说明侵害行为尚在实行过程中，还存在继续实行侵害的条件。[①]放弃重复侵害行为、避免犯罪结果发生的，应当整体评价为犯罪中止。

（2）行为人的放弃行为要有自动性。

在理论上讨论自动性的认定并不难，但是到具体实践中往往会遇到非常复杂的情况。例如，《刑事审判参考》案例第611号李某抢劫、故意杀人案中，被告人李某因急需用钱而预谋对其认识的被害人潘某秀实施抢劫后杀人灭口，但是作案过程中"一波三折"。被告人先后对被害人实施了勒颈、石头砸头、剪刀刺喉部和手臂以及水果刀刺腹部行为，均未得逞。其间被害人两次下车逃跑并向路人求救，被告人都予以追回。最终被告人威胁被害人不能报警否则继续杀她，被害人答应后，被告人将其送去医院。法院认为，被告人李某的行为属于"既具有自动性又具有被迫性的放弃重复侵害行为"，且被告人放弃犯罪及救治被害人的被迫性大于自动性，属于犯罪未遂。

虽然该案宣判后，被告人李某没有上诉，检察机关也没有抗诉。但是笔者认为被告人的行为还是认定为中止比较合适。该案中，被告人虽然先后有三次侵害行为因意志外因素未得逞，但最终的放弃行为仍然具有明显的自动性：被害人上车后，车上仍然只是一对一，被告人如果一意孤行，就可以设法阻止被害人下车呼救，不计后果地强行开车，冲出闹市区，到偏僻地点后与被害人搏斗，并极有可能最终杀死被害人。并且，这种自动性对于损害结果的避免而言是决定性的。在司法实践中，把这种情况作为犯罪中止处理，对于鼓励犯罪分子在实施犯罪的关键时刻权衡利害，从而避免造成严重危害后果，是有积

---

① 张军主编：《刑法[总则]及配套规定新释新解》，人民法院出版社2011年版，第190页。

极意义的。

（3）放弃行为应当确保避免犯罪结果的发生。

回到甲开枪射击乙的例子中，如果甲开第一枪未击中要害而将乙击伤后，决意放弃继续杀害乙的计划，停止开第二枪，但乙最后因失血过多而死亡的，则不成立犯罪中止。但如果行为人放弃重复侵害后，最终结果的发生与行为人先前行为没有必然联系，仍可以认定甲构成犯罪中止。如上例中乙被击伤后，甲将其送医救治，乙本无生命危险，伤愈出院前由于医院发生火灾致死的，甲则仍构成犯罪中止。

098. 犯罪中止的有效性如何认定

《刑法》第 24 条第 2 款规定，对于中止犯，没有造成损害的，应当免除处罚；造成损害的，应当减轻处罚。中止的有效性涉及对“损害”是否成功避免。

认定中止犯首先要构成犯罪，必须满足《刑法》第 13 条关于犯罪概念的规定，即中止犯应当是具有严重社会危害性的行为，是能够为《刑法》所评价的行为，对于那些情节显著轻微、危害不大的行为，不能认定为犯罪，自然也就谈不上成立中止犯的可能。这是确立中止犯惩罚标准“损害”的基本点。因此，中止犯造成的“损害”是建立在犯罪成立评价前提下的，不能等同于一般意义上的损伤。作为《刑法》规定的中止犯中的“损害”概念：从质的方面来说，损害，是指犯罪行为对犯罪对象造成的破坏，根据犯罪对象不同可以分为物质性损害和非物质性损害。物质性损害，如人体机能损伤、物体毁损是由以物质为对象的犯罪行为造成的；非物质性损害，如名誉的毁损、人格的损害，是由以非物质为对象的犯罪行为造成的。从量的方面来说，损害是为《刑法》所评价的达到一定严重社会危害程度的后果，而不是一般意义上的损伤，否则就存在《刑法》对中止犯的评价比既遂犯还要严苛的可能，违背《刑法》设置中止犯的初衷。

例如，在不考虑行为人主观方面的情况下，实施行为造成被害人轻微伤，如果考虑定故意伤害罪，因该损伤尚未达到《刑法》评价的严重程度，不能以犯罪追究;但如果认定为故意杀人罪中止犯的损害，则根据《刑法》的规定，应当在3年至10年有期徒刑之间量刑。如此认定中止犯的“损害”，中止犯反而成为法律从严惩处的情节，有违立法初衷。

参考案例

朱高伟强奸、故意杀人案①

被告人朱高伟与被害人陈某（女，20岁）系租房邻居。2005年8月3日凌晨1时许，朱高伟入室将陈某拖至隔壁自己住处内实施了奸淫。后朱高伟又将陈某捆绑，因害怕陈报警，使用手掐、毛巾勒其颈部，意图灭口，因发现陈某面部恐怖，心生恐惧，不忍心下手遂解开被害人手脚上的绳子，逃离现场。朱高伟对被害人掐脖、勒颈的行为造成了被害人颈部勒痕等轻微伤。

被告人构成强奸罪既遂、故意杀人罪中止没有争议；存在争议的是故意杀人罪中止是否造成了“损害”？二审法院认为，被告人朱高伟故意杀人的中止行为没有对被害人造成刑法意义上的损害，依法应当免予刑事处罚。

（四）共同犯罪中犯罪形态的认定

099. 如何认定共同犯罪的中止

按照《刑法》的规定，犯罪中止的成立需要满足“有效性”条件，

---

① 《刑事审判参考》案例第601号。

即犯罪行为实行终了而犯罪结果尚未发生的情况下，要成立犯罪中止，仅消极地停止犯罪行为还不够，行为人还必须采取积极措施有效地防止犯罪结果的发生。与单独犯罪相比，认定共同犯罪“有效性”需要满足某些特殊条件。

首先，预备阶段常见的三种共同犯罪中止情形如下：

其一，共谋共同正犯（谋划共同实施犯罪的行为人）着手实行前要成立预备阶段的中止，一般来说，需要满足“有脱离共犯关系的意思，并向对方明确表示”和“中止意思被对方接受”两个条件，才能认为成功消除了先前共谋行为对犯罪结果的心理因果力。例如，甲、乙共谋伤害丙，在着手实施前，乙因害怕而脱离共犯关系，甲独自将丙打成重伤。在本案中，如果乙未将中止的意思告诉对方，更没有成功劝说对方停止犯罪，只是在前往犯罪现场的途中偷偷逃离的，在甲故意伤害致人重伤时，乙也需要对重伤结果负责，即乙成立共同犯罪的既遂而非中止。

其二，教唆犯实施教唆之后，在他人着手之前产生中止的意思，并将该意思传递给被教唆者的，原则上可以成立预备阶段的中止。但是，如果教唆的是重罪，或者教唆犯给予对方一旦事情成功即会获得报酬的承诺的场合，要成立犯罪中止，仅仅传达中止犯罪的意思给被教唆者，即使得到被教唆者的承诺，对于成立中止仍不足够，还必须在此之外采取告知被害人、撤回许诺、报告警方等措施来阻止被教唆人犯罪。例如，甲承诺给乙 10 万元让乙杀丙，并先给了乙 5 万元。在距乙杀人还有 3 小时之际，甲突然产生后悔的意思，并打电话告诉乙不要杀丙。乙在电话里说了一声“知道了”，就挂断了电话。3 小时后，乙仍然杀死了丙，并要甲支付另外 5 万元，则甲依然成立犯罪既遂。

其三，在着手实行之前为他人的犯罪准备工具或者制造条件的人，如果告知对方自己要脱离共犯关系，就能够消除自己对未来的实行行为的积极影响，他人的着手实行就会遇到困难，同时放弃犯罪的意思得到对方同意，可以成立中止。但是，仅仅有脱离共犯关系的意思，并未消除对实行行为的积极影响，他人的着手因为帮助犯在预备阶段的行为更容易，帮助行为的加功效果并未消除的，即使放弃犯罪的意思被对方接受，也不能成立中止。

其次，在实行阶段，共同正犯中的一人自动停止实行，或者帮助犯在正犯着手之后自动停止实行帮助行为，并有效劝说、制止其他正犯继续实施犯罪，且危害结果最终被防止的，停止犯罪者成立中止，其他被制止者成立未遂。[①]

此处之所以较大篇幅地引用学术观点，是因为该观点已被司法实践广泛接受。例如，《刑事审判参考》案例第128号张烨等强奸、强制猥亵妇女案中，法院认为，“在共同犯罪的场合，犯罪一经着手，单个的共同犯罪人，仅是消极地自动放弃个人的实行行为，但没有积极阻止其他共同犯罪人的犯罪行为，并有效地防止共同犯罪结果的发生，对共同犯罪结果并不断绝因果关系，就不能构成中止犯”。《刑事审判参考》案例第199号黄土保等故意伤害案中，法院认为，“在被教唆人实施犯罪预备以前，教唆犯只有在劝说被教唆的人放弃犯罪意图的情况下，才能成立中止；在被教唆的人实施犯罪预备时，教唆犯只有在制止被教唆人的犯罪预备的情况下，才能成立中止；在被教唆的人实行犯罪后而犯罪结果尚未发生时，教唆犯只有在制止被教唆的人继续实行犯罪并有效防止犯罪结果发生时，才能成立中止”。《刑事审判参考》案例第949号刘星抢劫案中，法院认为，“刘星伙同薛占全预谋抢劫杀人，并在预备阶段准备工具、制造条件，构成共同犯罪。刘星虽然中途放弃犯罪，未参与抢劫犯罪的实行过程，但其未制止薛占全继续实施犯罪行为，亦未能有效避免危害结果的发生，与薛占全抢劫行为所致的危害结果未脱离因果关系，不能成立犯罪中止”。

当然，从辩护人立场出发，还有另一种学术观点可供参考、援引：陈兴良老师认为，在自手犯中，由于犯罪行为具有不可替代性，如强奸、脱逃，只有每个人完成了本人的行为才能视为既遂。如果没有完成本人的行为，即使其他共同犯罪人既遂，也不能认为他是既遂。这

① 周光权：《刑法总论》（第3版），中国人民大学出版社2016年版，第358页。

是由其犯罪构成的特殊性决定的。在其他犯罪，如杀人罪中，共同犯罪目的是要杀害某一个人，无论谁杀，都能实现这一杀人的意图。因此，如果共同实行犯中的某一个共同犯罪人只是消极地放弃犯罪，没有制止其他共同犯罪人的行为，那么，被害人死亡的结果仍会发生，就谈不上中止犯罪或有效地防止犯罪结果发生。

而在强奸、脱逃等自手犯中，虽然是共同实行犯罪，每个人的行为又有其相对的独立性和不可替代性，法律惩罚的是其犯罪行为。[①]按照这一观点，前述张烨等强奸、强制猥亵妇女案中被告人施嘉卫“在同案犯对被害人实施奸淫后未实施奸淫”的行为也可以被评价为犯罪中止。

100. 部分行为人未遂的是否成立加重情节（以轮奸为例）

问题引入：甲、乙共同对丁实施强奸，甲完成后，乙因意志外因素未能完成强奸行为，甲、乙二人是否构成轮奸？应如何量刑？更进一步，甲、乙、丙共同对丁实施强奸，甲、乙完成后，丙因意志外因素未能完成，丙是否构成轮奸？应如何量刑？

针对第一种情形是否成立轮奸情节，理论与实践中均存在一定争议。实践中，强奸案中部分行为人由于意志以外或者意志以内的原因未实施奸淫行为，但其他人均实施完毕的，对未完成者能否认定强奸，进而能否认定轮奸，是否适用未遂得减的规定，存在不同认识。

一种观点认为，强奸罪属于自手犯，一般只有行为人奸淫行为完成了才能认定既遂，否则只能认定为未遂，对于轮奸情节的认定，更要各个行为人均实施完毕奸淫行为方能认定。如罗某飞、罗某伟强奸案中，二审法院认为：罗某飞关于其行为不应认定为轮奸的上诉理由，

---

① 陈兴良：《共同犯罪论》（第3版），中国人民大学出版社2013年版，第372页。

经查，在犯罪过程中罗某伟因受到被害人的反抗强奸未得逞，客观上仅罗某飞一人强奸得逞，二上诉人的行为不构成轮奸。[①]

另一种观点认为，应当从共同犯罪的特点来考虑，即共同实行犯应当以最高的犯罪形态为全体的犯罪形态，只要部分行为人的行为达到犯罪既遂，则全体认定为既遂。例如，《刑事审判参考》案例第281号唐胜海、杨勇强奸案中的论理部分认为：对轮奸中一人以上强奸既遂，一人以上未遂的情形，由于各行为人均实施了轮奸行为，故首先应对各被告人以强奸罪定罪并按轮奸情节予以处罚。

笔者认为，轮奸是指两个以上男子出于共同的奸淫认识，在同一段时间内，先后对同一妇女（或幼女）轮流实施奸淫的行为。轮奸要求每人都必须与被害人发生性关系才能构成，只有一人实施强奸行为，其他人实施教唆、帮助行为，可以构成强奸妇女的共同犯罪，但不构成轮奸。《刑法》之所以对轮奸加重刑罚，一方面是因为与普通强奸相比，轮奸中的被害人连续遭受性侵害，身心受到更大的创伤；另一方面是因为轮奸的行为人，既要对自己的奸淫行为与结果承担责任，也要对他人的奸淫行为与结果承担责任。但在数人共同实行的情况下，无论行为人是否全部既遂，对于妇女性权利的侵犯行为都是多个的，这也是《刑法》予以重点打击的用意所在，因此轮奸不是独立的罪名，只是法律所明确规定的强奸罪的加重量刑情节之一，只要多人共同实施强奸行为，无论是否均为既遂，都构成轮奸，但对于其中部分未遂者，可以认定为加重量刑情节的未遂，可以在10年有期徒刑以下减轻处罚。

但从辩护的角度，仍可以强奸属于自手犯主张不构成轮奸。

---

① （2017）云25刑终68号。

专 题 六

共同犯罪中量刑情节辩护

共同犯罪作为常见犯罪类型，不仅存在主犯、从犯、胁从犯的认定难题，还会产生特殊犯罪类型中不同角色、身份的认定，尤其是相应处罚必要性的认定，以及在帮助行为正犯化的罪名中是否还可以继续适用共同犯罪原理进行量刑辩护等问题。我国的共同犯罪理论与实践有一定程度的脱节，本书希望能提供给大家更多的实践案例和理论知识，帮助读者做好共同犯罪的量刑辩护。

一、共同犯罪量刑情节辩护的基本问题

（一）相关法律规范

共同犯罪中量刑情节辩护相关法律规范如表 6–1 所示。

表 6–1　共同犯罪中量刑情节辩护相关法律规范

要素	具体规定
共同犯罪	共同犯罪是指二人以上共同故意犯罪
	二人以上共同过失犯罪，不以共同犯罪论处；应当负刑事责任的，按照他们所犯的罪分别处罚

续表

<table>
<tr><th>要素</th><th colspan="3">具体规定</th></tr>
<tr><td rowspan="10">主犯</td><td colspan="3">组织、领导犯罪集团进行犯罪活动的或者在共同犯罪中起主要作用的，是主犯</td></tr>
<tr><td rowspan="6">犯罪集团</td><td colspan="2">三人以上为共同实施犯罪而组成的较为固定的犯罪组织，是犯罪集团</td></tr>
<tr><td rowspan="5">一般应具备下列基本特征</td><td>人数较多（三人以上），重要成员固定或基本固定</td></tr>
<tr><td>经常纠集在一起进行一种或数种严重的刑事犯罪活动</td></tr>
<tr><td>有明显的首要分子。有的首要分子是在纠集过程中形成的，有的首要分子在纠集开始时就是组织者和领导者</td></tr>
<tr><td>有预谋地实施犯罪活动</td></tr>
<tr><td>无论作案次数多少，对社会造成的危害或其具有的危险性都很严重</td></tr>
<tr><td rowspan="2">首要分子</td><td colspan="2">刑事犯罪集团的首要分子，是指在该集团中起组织、策划、指挥作用的犯罪分子（《刑法》第26条、第97条）。首要分子可以是一名，也可以不止一名</td></tr>
<tr><td colspan="2">对组织、领导犯罪集团的首要分子，按照集团所犯的全部罪行处罚</td></tr>
<tr><td>一般主犯</td><td colspan="2">对于《刑法》第26条第3款以外的主犯，应当按照其所参与的或者组织、指挥的全部犯罪处罚</td></tr>
<tr><td rowspan="2">从犯</td><td>在共同犯罪中起次要或者辅助作用的，是从犯</td><td colspan="2">对于从犯，应当从轻、减轻处罚或者免除处罚</td></tr>
<tr><td colspan="3">对于从犯，综合考虑其在共同犯罪中的地位、作用等情况，应当予以从宽处罚，减少基准刑的20%~50%；犯罪较轻的，减少基准刑的50%以上或者依法免除处罚</td></tr>
<tr><td>胁从犯</td><td colspan="3">对于被胁迫参加犯罪的，应当按照他的犯罪情节减轻处罚或者免除处罚</td></tr>
</table>

续表

要素	具体规定	
教唆犯	教唆他人犯罪的，应当按照他在共同犯罪中所起的作用处罚	教唆不满 18 周岁的人犯罪的，应当从重处罚
		如果被教唆的人没有犯被教唆的罪，对于教唆犯，可以从轻或者减轻处罚

（二）适用效果及审查重点

对于从犯，综合考虑其在共同犯罪中的地位、作用等情况，应当予以从宽处罚，减少基准刑的 20%~50%；犯罪较轻的，减少基准刑的 50% 以上或者依法免除处罚。

二、常见辩点

101. 为何要重视从犯情节的量刑辩护

对共同犯罪案件，要积极做从犯辩护，即使不是从犯，作用相对较小的，也可以从宽处罚。在共同犯罪原理以作用作为区分主从犯的前提下，尽量区分当事人在案件中的作用大小、主观恶性大小以及获利和危害后果大小，从而获得从犯的认定，以获取最大限度的从宽处罚。

法律依据

《刑法》

第二十七条 在共同犯罪中起次要或者辅助作用的，是从犯。

对于从犯，应当从轻、减轻处罚或者免除处罚。

最高人民法院、最高人民检察院《关于常见犯罪的量刑指导意见（试行）》

三、……（五）对于从犯，综合考虑其在共同犯罪中的地位、作用等情况，应当予以从宽处罚，减少基准刑的20%–50%；犯罪较轻的，减少基准刑的50%以上或者依法免除处罚。

最高人民法院《关于贯彻宽严相济刑事政策的若干意见》

31. 对于一般共同犯罪案件，应当充分考虑各被告人在共同犯罪中的地位和作用，以及在主观恶性和人身危险性方面的不同，根据事实和证据能分清主从犯的，都应当认定主从犯。有多名主犯的，应在主犯中进一步区分出罪行最为严重者。对于多名被告人共同致死一名被害人的案件，要进一步分清各被告人的作用，准确确定各被告人的罪责，以做到区别对待；不能以分不清主次为由，简单地一律判处重刑。

参考案例

田某1、田某2等故意杀人案①

法院查明：被告人田某1父母田某伟、高某连与被害人李某1、李某2、李某3兄弟三人均住山西省沁县漳源镇口头村，两家素有积怨。2007年10月23日，被告人田某1、田某2、田某龙、田某宏四人与被害人李某1、李某2、李某3三人发生持械殴斗，最终导致李某2因颅脑损伤当场死亡；李某1因重度颅脑损伤，李某3因开放性颅脑损伤，均经抢救无效死亡。

法院认为：四被告人明知自己持械击打被害人的行为可能发生的

① 最高人民法院（2012）刑一复27896561号。

危害结果，仍直接打击被害人要害部位头部，且系多次打击，四被告人的客观行为反映其希望或者放任危害结果的发生，对被害人的死亡持放任态度，四被告人的行为均构成故意杀人罪。其中，田某1在案发前主动上前找被害人一方理论，对引发案件有一定责任，且在打斗中行为积极，持菜刀、木棍等参与击打被害人，共同致三被害人死亡，在共同犯罪中起主要作用，系主犯，应当按其所参与的全部犯罪处罚。虽然田某1有自首情节，但其所犯罪行特别严重，不足以从轻处罚。故对田某1判处死刑、立即执行，对其余三被告人判处死刑、缓期2年执行。

实操建议

上述案例中四名被告人犯故意杀人罪，共造成三人死亡的特别严重后果，但法院在审理中依然严格贯彻了共同犯罪案件宽严相济的刑事政策精神，这启示我们：在共同犯罪案件中一定要对从犯辩护有足够的重视。具体而言，就是对各个共犯人犯罪主客观方面进行全面剖析。考察当事人的主观恶性强弱，人身危险性大小，犯罪动机卑劣程度，以及是否存在激情犯罪、初次犯罪等主观方面差异。客观方面主要考察实际损害后果轻重、犯罪行为社会危害性大小等因素。

需要注意的是，我国《刑法》第27条第2款规定，对于从犯，应当从轻、减轻处罚或者免除处罚，这一从犯的处罚原则对于一切从犯都具有效力。也就是说，无论是起次要作用的从犯还是起辅助作用的从犯，都应当从轻、减轻处罚或者免除处罚。如果次要的实行犯情节比较轻，也可以比照主犯免除处罚。

102. 如何认定从犯

法条规定主从犯的区分以共犯人在共同犯罪中所起的“作用大小”为依据；从实际发生的共同犯罪案件看，“犯罪分工”对认定“犯罪作用”

具有重要作用。

首先，从分工视角看，大部分共犯人按照其在共同犯罪中的分工即可大致确定其所起作用，并相应地认定为主犯或者从犯。譬如，对组织犯、主要实行犯，可以直接认定为主犯；对次要实行犯和帮助犯，则理当认定为从犯。组织犯，即组织、领导犯罪集团进行犯罪活动的人。所谓主要实行犯，即在一般共同犯罪（相对于犯罪集团而言）中直接实行犯罪并“起主要作用”的人。所谓次要实行犯，即参与实行犯罪但在共同犯罪中“起次要作用”的人。所谓帮助犯，即故意帮助他人实行犯罪，在共同犯罪中“起辅助作用”的人。

在司法实践中，关于主要与次要实行犯的区分，以及辅助作用的认定范围存在不同理解。通常而言，犯罪实行行为的主要承担者，在共同犯罪中直接造成严重危害后果者，以及在完成共同犯罪中起关键作用者等，均应认定为主要实行犯。相反，只是参与实行部分犯罪构成客观要件的行为，或者是在受支配甚至被动状态下参与实行犯罪等，则可归入次要实行犯的范畴。例如，甲携带毒品搭乘乙驾驶的出租车驶往异地。甲作为毒品的直接运输者，当然是运输毒品罪的主要实行犯（主犯）；乙为赚取高额运输费，明知他人携带毒品而决意运送，相对处于受雇佣、被支配的地位，应当将其认定为运输毒品罪的次要实行犯（从犯）。此外，根据我国刑法通说的界定，帮助犯并不直接实行犯罪构成客观要件的行为，只是为他人实行犯罪提供方便条件。

其次，教唆犯属于《刑法》中按照犯罪分工来划分的共犯人种类，无法将教唆犯直接划归主犯或者从犯范畴，但根据刑法理论和司法实践，教唆犯作为犯意的发起者，没有教唆就不会有特定犯罪的发生。因此，教唆犯往往在共同犯罪中起主要作用，一般都认定为主犯。只有在少数情况下，教唆犯才可能在共同犯罪中起次要作用，应当认定为从犯。譬如，教唆他人帮助别人犯罪（“教唆从犯”），或者受教唆犯威胁、利诱下被迫或被动地接受教唆然后再去唆使他人犯罪（“连锁教唆”），以及在多人连环教唆中单纯地仅在中间起到传递犯意的作用等。

实务中认定主从犯时经常出现因为无法判断“犯罪作用”大小，从而主张不区分主从犯，而是由量刑轻重来体现不同共犯人的罪责差别。由此，次要实行犯不能依法认定为从犯，而且帮助犯也可能被事实上当作主犯来从重处罚，从而导致量刑畸重。

总之，认定主从犯的事实依据，既要看共犯人在实行犯罪中的地位、作用，也要看共犯人在犯意形成及共谋犯罪中所起作用的大小。

103. 如何最大限度地获得从犯从宽处罚辩护效果

从犯具有减轻处罚功能，所以要积极创造配套从宽情节，可以通过积极退赃、赔偿被害人等积极争取减轻处罚。

法律依据

《刑法》

第二十七条 在共同犯罪中起次要或者辅助作用的，是从犯。

对于从犯，应当从轻、减轻处罚或者免除处罚。

最高人民法院、最高人民检察院《关于常见犯罪的量刑指导意见（试行）》

三、……（五）对于从犯，综合考虑其在共同犯罪中的地位、作用等情况，应当予以从宽处罚，减少基准刑的20%-50%；犯罪较轻的，减少基准刑的50%以上或者依法免除处罚。

参考案例

林某明销售伪劣产品案[①]

2000年9月3日上午，被告人林某明在漳州接到货主阿斌的电话，

① 福建省三明市中级人民法院（2001）三刑上字第222号。

叫其从漳州运一车货（假烟）到山东济宁销售，运费 14,000 元。而后，林某明打电话叫沈某华、朱某贵（均已判刑）把货车从仙游开到漳州 324 国道立交桥边的停车场，运一车货（假烟）到山东，工资每人 1000 元。2000 年 9 月 4 日中午 1 时许，沈某华、朱某贵驾车途经宁化城南乡斑竹路段停车吃饭时，宁化烟草缉查人员觉得可疑，上前询问。沈某华出示假货单。烟草缉查人员上车检查，沈某华、朱某贵弃车而逃，后被抓获。经检查发现，搬去车厢顶部伪装的塑胶，车内装有 8 种品牌香烟 405 件，价值 1,644,840 元。上述品牌香烟经抽样送生产厂家鉴定均系假冒劣质卷烟。另查明，2001 年 8 月 13 日被告人林某明主动到公安机关投案，如实供述了以上犯罪事实。

法院认为：林某明的行为已构成销售伪劣产品罪，但林某明在帮助他人将假冒劣质卷烟从漳州运至山东济宁途中，被有关机关查获，属犯罪未遂，在共同犯罪中系从犯。案发后，林某明主动到公安机关投案，如实供述其犯罪事实，具有自首情节，依法应予以减轻处罚。归案后，其认罪态度较好，并积极缴纳罚金，有一定的悔罪表现，可适用缓刑。

实操建议

在辩护过程中，相较于单一情节，从犯情节与自首、未遂等其他从宽处罚情节搭配使用效果更佳。尤其是认罪认罚、退赃退赔等能够直接体现当事人人身危险性不大的情节，辩护人更应当尽力争取。

104. 从犯构成中止是否需要阻止犯罪结果发生

在共同故意犯罪中认定犯罪中止，要区分是主犯还是从犯，主犯的犯罪中止须以在主观上放弃犯罪意图，又在客观上有效地防止犯罪结果的发生为条件，从犯的犯罪中止则在主观上要放弃犯罪，客观上有防止犯罪结果发生的行为，但无须以有效防止犯罪结果发生为前提。

法律依据

《刑法》

第二十四条 在犯罪过程中，自动放弃犯罪或者自动有效防止犯罪结果发生的，是犯罪中止。

对于中止犯，没有造成损害的，应当免除处罚；造成损害的，应当减轻处罚。

参考案例

陈某等4人故意伤害案[①]

陈某与许某因生意上的事情产生矛盾，遂与方某、郭某等人共同商议报复许某。一日，陈某得知许一人在家，便纠集郭某、李某、张某携带凶器一同前往许某家。途经方某家门口时，方某的父亲见如此架势，对其他4人说家里有急事要办，将方某拉回家中，陈某、郭某、李某、张某4人前往许家将许某砍成重伤。

法院认为：本案的争议焦点是，在共同犯罪中，个别共犯即共同犯罪中单个行为人的行为能否构成犯罪中止。认定犯罪中止，要区分是主犯还是从犯，主犯的犯罪中止须以在主观上放弃犯罪意图，又在客观上有效地防止犯罪结果的发生为条件，从犯的犯罪中止则在主观上要放弃犯罪，客观上有防止犯罪结果发生的行为，但无须以有效防止犯罪结果发生为前提。

从本案看，方某的行为构成犯罪既遂，不能以犯罪中止处理。因为，在本案中，方某商议并邀李某、张某报复许某，形成了共同的伤害故意，虽然方某在途中被其父亲拦阻，没有直接对被害人实施伤害行为，但在客观上方某没有采取任何阻止其他共犯继续犯罪或防止犯罪结果发生的措施，被害人被伤害的结果仍然发生。因此，包括方某

---

① 黄胜：《个别共犯方某的行为是否构成犯罪中止》，载《检察实践》2005年第5期。

在内的各犯罪行为人对许某形成了共同的伤害故意，在这个共同故意的支配下所实施的共同伤害行为从整体上已经实施并达到了既遂的状态。当然，考虑到方某的放弃行为，减轻了该共同犯罪的社会危害性，虽然对其不能认定为中止犯，但在量刑上，同样可以根据犯罪人的主观恶性和危害后果区别对待，对其从轻处罚。

实操建议

如果要求单个行为人成立犯罪中止均须满足有效防止整个共同犯罪结果的发生这一条件，则是无视主犯、从犯的特点和从犯成立犯罪中止能力相对较弱的实际情况，从而人为提高从犯成立犯罪中止的条件，挫伤和压制从犯中止犯罪的积极性。应充分考虑和区分主从犯在共同犯罪中的地位和作用的不同，在认定成立犯罪中止条件上区别对待。这样既能打击犯罪，又能体现鼓励中止犯罪的立法宗旨。

对于共同犯罪中的主犯，须自动有效防止犯罪结果的发生，对于从犯，由于其密谋犯罪的先前行为而导致其只有在采取措施阻止其他共犯继续犯罪或防止犯罪结果的发生的条件下方能成立犯罪中止，但基于从犯身份在共同犯罪中的作用有限，其阻止或防止犯罪结果发生的效果没有达到，也能成立犯罪中止。从犯的中止行为对于共同犯罪结果的发生来说可分为两种情形，即有效中止与无效中止，当从犯采取措施但未能防止共同犯罪结果发生时为无效中止，有效中止和无效中止理论符合立法的精神，体现在量刑上也有区别规定，即《刑法》第24条第2款规定:“对于中止犯，没有造成损害的，应当免除处罚；造成损害的，应当减轻处罚。”

105. 单位犯罪中的法定代表人是否一概构成主犯

根据最高人民法院《全国法院审理金融犯罪案件工作座谈会纪

要》，直接负责的主管人员是在单位实施的犯罪中起决定、批准、授意、纵容、指挥等作用的人员，一般是单位的主管负责人，包括法定代表人。但直接负责包括“直接”和“负责”两个要件，在强调“负责”的同时，不能忽视“直接”。如果法定代表人并不直接负责相应的犯罪行为，则不能认定为主犯。

法律依据

《全国法院审理金融犯罪案件工作座谈会纪要》

一、……（一）……2. 单位犯罪直接负责的主管人员和其他直接责任人员的认定：直接负责的主管人员，是在单位实施的犯罪中起决定、批准、授意、纵容、指挥等作用的人员，一般是单位的主管负责人，包括法定代表人。其他直接责任人员，是在单位犯罪中具体实施犯罪并起较大作用的人员，既可以是单位的经营管理人员，也可以是单位的职工，包括聘任、雇佣的人员。应当注意的是，在单位犯罪中，对于受单位领导指派或奉命而参与实施了一定犯罪行为的人员，一般不宜作为直接责任人员追究刑事责任。对单位犯罪中的直接负责的主管人员和其他直接责任人员，应根据其在单位犯罪中的地位、作用和犯罪情节，分别处以相应的刑罚，主管人员与直接责任人员，在个案中，不是当然的主、从犯关系，有的案件，主管人员与直接责任人员在实施犯罪行为的主从关系不明显的，可不分主、从犯。但具体案件可以分清主、从犯，且不分清主、从犯，在同一法定刑档次、幅度内量刑无法做到罪刑相适应的，应当分清主、从犯，依法处罚。

由于单位犯意产生于单位的决策机构按照预设的决策程序所作的决定，而单位的决策机构中包含众多管理人员，并非每个管理人员都会参与决策的制定和完善。实践中，不同管理人员在决策程序的不同阶段的参与程度千差万别。如果管理人员存在犯意通谋，均为单位犯罪的顺利实施提供了相应的保障，则各环节的管理人员均应对单位犯罪直接负责，承担相应的刑事责任。相比单位中下层管理人员而言，高层管理人员在单位中的地位更高，决策权限更大，影响单位犯罪的能力也更强。因此，在单位犯罪中，高层管理人员的决策权比中下层管理人员更具有实质意义，但这并不意味着高层管理人员就当然地构成犯罪。是否构成单位犯罪，与职务级别、地位高低、权力大小并无必然联系，关键在于该管理人员在单位犯罪中的参与程度、是否起到了“决定、批准、授意、纵容、指挥”等重要作用。如果没起到上述重要作用，即便该管理人员是单位的法定代表人或者主要负责人，也不应对单位犯罪直接负责。

参考案例

北京中天瑞达科技发展有限公司等虚开增值税专用发票案[①]

法院查明：2014~2016年，被告单位中天瑞达公司总经理王某军、财务经理苑某（另案处理）在本单位与恒泰思源公司、恒佳众和公司无实际业务往来的情况下，从上述两公司虚开增值税专用发票169张，税款合计976万余元。案发前全部税款均已抵扣。2016年5月，被告人郑某军作为中天智通公司股东，与该公司法定代表人陈某合谋，在中天智通公司与恒佳众和公司无真实货物交易的情况下，通过苑某介绍，以支付手续费的方式从恒佳众和公司虚开增值税专用发票2张，税款合计17.5928万元。案发前全部税款均已抵扣。2017年3月31日，被告人郑某军被抓获到案，被告人王某军自动投案。涉案全部抵扣的税款均已补缴。

检察机关认为郑某军作为主管人员，应对中天瑞达公司虚开增值税专用发票的行为承担刑事责任。法院认为，中天瑞达公司从2013年分成知春和弘彧两个分部办公。在公司分部办公后，郑某军仅对弘彧分部的业务活动进行管理。而从弘彧分部的经营情况看，并无虚开增值税专用发票的需求。在工商登记方面，郑某军作为公司法定代表人必然要对外签署相关文件，履行法定代表人职责，但这些行为都只

① 北京市高级人民法院刑事判决书，（2020）京刑终46号。

是基于其法定代表人身份的正常履职行为，与公司的虚开增值税专用发票犯罪之间并无关联。郑某军从公司的获利也是基于其在公司合法享有的大股东身份，与本案虚开增值税专用发票之间没有刑法上的因果关系。换言之，郑某军承担公司法意义上的股东责任和法定代表人职责，并不等于其个人应当对公司所有的单位犯罪行为承担相应的刑事责任，二者不可相提并论。

本案的核心问题不是要查明中天瑞达公司能否分立、两个分部是否独立核算，或者郑某军对该公司是否有实际的控制权，而是需要查明郑某军在虚开增值税专用发票过程中是否发挥了实际作用，或者说犯罪的危害后果能否归责于郑某军的具体行为。

关于郑某军在指控的犯罪时段内明知并且同意中天瑞达公司虚开增值税专用发票这一点，根据现有证据，在记账凭证已证明郑某军对虚开增值税专用发票未进行审批的前提下，能够证明其对虚开行为知情的直接证据仅有王某军与苑某的供述，证人张某、刘某的证言作为间接证据并不能佐证郑某军明知虚开的事实。在本次二审开庭期间，王某军明确表示郑某军事前和事中并不知道虚开一事；在检察机关重新调取的苑某证言中，苑某对于三人是否商量过购买增值税专用发票一事仍然不能肯定，她称“记得应该是说过”，但没有说明具体细节；苑某在开票公司出事后曾告知郑某军，并不能佐证郑某军事前知情。因此，对于以上待证事项，原公诉机关提供的证据尚不够确实、充分，尚未达到排除合理怀疑的证明标准。一审、二审法院最终均认定被告人郑某军犯虚开增值税专用发票罪，判处有期徒刑 2 年 11 个月。

实操建议

实践中，很多单位犯罪中，法定代表人都被作为直接负责的主管人员追究刑事责任，辩护人在做辩护时，要查明被告人参与犯罪的主观故意相应证据是否明确，如果缺乏相应故意，且客观上仅为履行法定代表人职责，则可以主张法定代表人不属于直接负责的主管人员，不构成单位犯罪应当追诉的主体。

106. 单位犯罪中的直接责任人员能否构成从犯

根据我国刑事法律对单位犯罪其他直接责任人员的认定标准，其他直接责任人员系在单位犯罪中具体实施犯罪并起较大作用的人员，既可以是单位的经营管理人员，也可以是单位的职工，包括聘任、雇用的人员。对单位犯罪中的直接负责的主管人员和其他直接责任人员，可以根据其在单位犯罪中的地位、作用和犯罪情节，区分主从犯。即使是单位犯罪中的直接责任人员，没有起决定、批准、授意、纵容、指挥等作用的，也不应认定为主犯。

法律依据

《全国法院审理金融犯罪案件工作座谈会纪要》

（一）2.单位犯罪直接负责的主管人员和其他直接责任人员的认定：直接负责的主管人员，是在单位实施的犯罪中起决定、批准、授意、纵容、指挥等作用的人员，一般是单位的主管负责人，包括法定代表人。其他直接责任人员，是在单位犯罪中具体实施犯罪并起较大作用的人员，既可以是单位的经营管理人员，也可以是单位的职工，包括聘任、雇佣的人员。应当注意的是，在单位犯罪中，对于受单位领导指派或奉命而参与实施了一定犯罪行为的人员，一般不宜作为直接责任人员追究刑事责任。对单位犯罪中的直接负责的主管人员和其他直接责任人员，应根据其在单位犯罪中的地位、作用和犯罪情节，分别处以相应的刑罚，主管人员与直接责任人员，在个案中，不是当然的主、从犯关系，有的案件，主管人员与直接责任人员在实施犯罪行为的主从关系不明显的，可不分主、从犯。但具体案件可以分清主、从犯，且不分清主、从犯，在同一法定刑档次、幅度内量刑无法做到罪刑相适应的，应当分清主、从犯，依法处罚。

参考案例

肖某非法吸收公众存款案[①]

法院审理查明：杨某文（已判刑）系北京中行亚太科贸有限公司（原北京中行亚太酒店管理有限公司，以下简称中行亚太公司）法定代表人，被告人肖某系中行亚太公司销售部经理。2007年5月至8月，中行亚太公司以筹集该单位与中国人民解放军总医院第二附属医院（原309医院）合作开发的玉泉山康复保健中心所需项目资金的名义，向某伟等99人发售带有返利性质的“健益宝”理财产品295份，非法吸收公众存款达人民币1774万元。被告人肖某在杨某文的安排下，负责上述理财产品的销售工作。2009年6月28日，被告人肖某被抓获归案。公安机关扣押被告人肖某的蒙迪欧轿车1辆（车牌号：京M333××，含机动车行驶证1本、车钥匙1把，暂扣于北京市公安局经侦处）在案。

法院认为：被告人肖某身为单位直接责任人员，为牟取非法利益，违反国家有关规定，伙同他人以公司名义非法向社会公众吸收存款，数额巨大，其行为已构成非法吸收公众存款罪，依法应予惩处。关于被告人肖某所提其不知道涉案项目是非法的，不具备犯罪的主观故意的辩解及其辩护人所提在案证据不能证明被告人肖某是北京中行亚太科贸有限公司员工，被告人肖某不是单位犯罪的直接责任人员，不具有非法吸收公众存款的犯罪故意的辩护意见。经查，根据我国刑事法律对单位犯罪其他直接责任人员的认定标准，其他直接责任人员系在单位犯罪中具体实施犯罪并起较大作用的人员，既可以是单位的经营管理人员，也可以是单位的职工，包括聘任、雇用的人员。本案中，被告人肖某受雇担任中行亚太公司销售部经理，在未见公司具备销售理财产品资质的情况下，在杨某文的安排下，负责招聘业务员、组织业务员培训，采用返还高额利息的手段，积极实施非法吸收公众存款的具体行为；作为单位的直接责任人员，被告人肖某在主观和客观上

① 北京市朝阳区人民法院（2010）刑字第55号。

均符合非法吸收公众存款罪的构成要件。

在单位共同犯罪中，中行亚太公司、杨某文在共同犯罪中起决定性的策划、领导作用，罪责明显高于肖某，有必要区分其在共同犯罪中的主从地位，以做到罪责刑相适应。本案犯罪人肖某作为中行亚太公司的雇佣人员，在公司法定代表人杨某文的安排和指挥下参与组织公司的销售工作，担任销售部门的实际负责人，对外吸收公众存款。从中行亚太公司整个非法吸收公众存款的行为过程来看，肖某是在该公司确定实施非法吸收公众存款行为之后，经他人介绍参与进来，并不是发起者和具体策划者；另中行亚太公司以投资康复保健中心项目为名，通过销售理财产品吸收公众存款的行为，前后包括广告宣传、资金担保、具体销售、项目投入等多个环节，肖某只负责具体销售这一个环节，且也是在杨某文的安排下参与实施的；再从犯罪所得来看，肖某实际所得仅为 1 万余元，占全部犯罪金额的比例甚小。所以，在单位犯罪中，与杨某文的行为相比，肖某所起作用较小，处于从属地位，故本着罪刑相适应的原则，可认定其为从犯。

司法观点

单位犯罪中，确定被告人刑事责任的大小，应结合其所实施的具体行为以及在整个犯罪过程中的地位、作用等进行综合认定。《全国法院审理金融犯罪案件工作座谈会纪要》规定：对单位犯罪中的直接负责的主管人员和其他直接责任人员，应根据其在单位犯罪中的地位、作用和犯罪情节，分别处以相应的刑罚。主管人员与直接责任人员不是当然的主从犯关系，有的案件，主管人员与直接责任人员在实施犯罪行为中的主从关系不明显的，可不分主从犯。但具体案件可以分清主从犯，且不分清主从犯，在同一法定刑档次、幅度内量刑无法做到罪刑相适应的，应当分清主从犯，依法处罚。上述规定表明，对于具体案件，在必要时应分清单位犯罪直接责任人员的主从犯身份，以保障罪刑相适应。

同时，需要说明的是，在单位犯罪中，行为人未与单位签订劳动合同，不影响认定为单位犯罪中的其他直接责任人员。

如上述案件中被告人肖某具体参与了中行亚太公司的“健益宝”理财产品销售工作，但未与中行亚太公司签订书面的劳动合同；在薪酬方面，中行亚太公司也未向其发放工资，而是根据销售业绩进行提成。公诉机关认为肖某作为中行亚太公司的销售经理，具体组织、参与了“健益宝”理财产品的销售工作，应以单位犯罪中的其他直接责任人员追究其刑事责任。肖某辩护人认为，肖某与中行亚太公司之间并未签订书面的劳动合同手续，仅以证人证言并不能充分证明肖某是中行亚太公司的员工，且肖某也未在中行亚太公司领取工资报酬，而是按照销售协议的约定，根据销售业绩进行提成，肖某与中行亚太公司之间实质上是委托与被委托关系，并不是受雇关系，因此肖某不能被认定为中行亚太公司非法吸收公众存款犯罪中的其他直接责任人员，不应对中行亚太公司的犯罪行为承担刑事责任。

单位犯罪中，无论是直接负责的主管人员，还是其他直接责任人员，都必须为单位的组成人员，至于该人员是单位的正式职工还是聘任人员，只是形式上的差别；承担刑事责任与否，依据的是主客观方面的情况：在客观方面，其是不是按照单位意志具体实施了犯罪行为，且在犯罪过程中起较大作用；在主观方面，其是否认识到按照单位意志实施的行为具有违法性和社会危害性，希望或者放任该危害结果的发生。

上述案件中，销售理财产品属于中行亚太公司的实际经营行为，行为人肖某具体参与并负责实施该理财产品的销售工作，且负责该公司销售人员的培训及具体销售事务，客观上其按照单位的意志实施了具体犯罪行为，且作为具体负责实施的人员，所起作用较大。对于其是否为中行亚太公司的组成人员，从在案肖某签订的销售协议来看，该协议是肖某代表整个销售部门与公司签订的，并不仅仅是其单独的个人行为，该协议应理解为作为公司内部的销售部门，就产品的具体销售与公司之间签订的内部协议。肖某一方面负责公司销售部门的具体业务,另一方面作为公司销售部门的负责人与公司签订了销售协议,虽然从形式上看,肖某没有和公司签订劳动合同、办理相应手续,但实质上已经和公司之间形成了事实上的雇佣关系,是公司的销售主管人员。辩护人所称没有签订劳动协议,也没有办理相应手续的辩护意见,只是单纯从形式上进行理解。

实操建议

在单位犯罪中,应结合被告人具体从事的工作性质、事实上与单位形成的关系来判断其是否为单位的组成人员,而非仅从形式上判断。如果仅是在外部条件下,对犯罪行为的实施起牵线搭桥的作用,从中收取好处费的,则不宜认定为单位的组成人员;但若是以单位工作人员的身份,具体参与违法经营行为,则应认定其为单位组成人员。利用未签订劳动合同来做无罪辩护难度很高,可以尽量利用单位直接责任人员认定中的地位、作用、主观恶性等区别为从犯,从而得以减轻处罚;如果参与的犯罪事实严重程度较轻,也可以免除处罚。

107. 单位犯罪中,共同犯罪单位是否可以区分主从犯

虽然最高人民法院《关于审理单位犯罪案件对其直接负责的主管人员和其他直接责任人员是否区分主犯、从犯问题的批复》规定了可不区分主犯与从犯,而按照相关人员在单位犯罪中所起的作用判处刑罚,但并不意味着一概不能区分主从犯:对于责任人员可以区分主犯、从犯的,仍需按照《刑法》分则中的具体条文以及总则中关于主犯、从犯的规定判处刑罚。

法律依据

最高人民法院《关于审理单位犯罪案件对其直接负责的主管人员和其他直接责任人员是否区分主犯、从犯问题的批复》

在审理单位故意犯罪案件时，对其直接负责的主管人员和其他直接责任人员，可不区分主犯、从犯，而按照其在单位犯罪中所起的作用判处刑罚。

司法观点

1. 单位犯罪和共同犯罪是两种可以并存的犯罪形态

我国《刑法》第30条规定了单位犯罪。所谓单位犯罪，是指经过单位法定决策机构和决策程序决定、以单位名义实施、行为结果由单位承担的犯罪行为。单位的法定决策机构和决策程序由法律、法规以及单位的章程规定，可以由单位的理事会、董事会等集体作出决定，也可以由单位的董事长、总经理等个人作出决定。行为无论由单位内部人员还是单位外部人员实施，都以单位的名义进行。行为的结果必须由单位，而不是由单位中的决策人员或者具体实施人员承担，即利润归单位所有，亏损由单位承担，债权由单位享有，债务由单位偿还。可以看出，单位犯罪的主体是作为一个整体的单位，而不是单位中的某些个人，包括责任人员。

按照《刑法》第25条第1款的规定，刑法中的共同犯罪，是指“二人以上共同故意犯罪”。虽然单位犯罪是以单位整体名义实施的犯罪，但单位是法律拟制的组织，其犯罪行为只能由单位内部的有关责任人员代表单位实施。在代表单位实施故意犯罪时，有关责任人员具有共同的、实施单位犯罪的故意和共同的、实施单位犯罪的行为，在此基础上可以成立共同犯罪。关于有关责任人员，存在直接负责的主管人员和其他直接责任人员的区分，他们对于单位犯罪所起的作用也不尽相同，有主要作用和次要作用之分，根据《刑法》第26条、第27条的规定，就可以有主犯、从犯之分。

因此，单位犯罪与共同犯罪是两种不同的犯罪形态，对于犯罪单位中直接负责的主管人员和其他直接责任人员，虽然一般情况下不需要按照共同犯罪处理，进行主犯、从犯之分，但根据具体的特殊情况不排除可以进行这种区分。

2. 司法实践的需要

犯罪单位中直接负责的主管人员并不是对于任何单位故意犯罪都起主要作用,其他直接责任人员也并不都起次要作用。根据具体案情，如果单位直接负责的主管人员对于单位犯罪所起的作用相对较小，而其他直接责任人员所起的作用相对较大，对于主管人员不减轻或者免除处罚，或者对于其他直接责任人员不从重处罚，就不能做到罪、责、刑的完全适应，不能准确地对直接负责的主管人员和其他直接责任人员判处刑罚，因此，上述《关于审理单位犯罪案件对其直接负责的主管人员和其他直接责任人员是否区分主犯、从犯问题的批复》并未否认单位犯罪中主从犯的区分。

3. 单位共同犯罪中主、从犯的认定

《刑法》第26条第1款规定："组织、领导犯罪集团进行犯罪活动的或者在共同犯罪中起主要作用的,是主犯。"第27条第1款规定："在共同犯罪中起次要或者辅助作用的，是从犯。"这两款规定也适用于单位共同犯罪。单位共同犯罪的形式有单位与单位构成的共同犯罪和单位与自然人构成的共同犯罪两种。对于单位与单位构成共同犯罪中主、从犯的认定，要结合单位作为一个整体在共同犯罪中的地位、对危害结果所起的作用大小、违法所得数额多少等因素全面加以考察，从主观和客观两方面进行总体评价。

4. 单位共同犯罪中内部责任人员范围的界定及其责任分担

单位犯罪体现的是单位的意志，对单位犯意应考察有关人员在单位中是否具有决策权以及决策权的大小。对于法定代表人个人决定实施的犯罪行为，即使法定代表人系受他人怂恿而产生犯意，也应认定为主犯。对于集体讨论决定实施的犯罪行为，需要考察各有关人员在集体中所起的地位作用，对犯意提起具有决定、批准、纵容作用的一般是主犯，对犯意表示赞成、附和、服从的，一般是从犯。如果行为人个人的否决权就足以阻止单位犯罪行为的发生，但是行为人没有行使否决权，那么就应当认定为主犯，这也是行为人权利和责任相一致的体现。单位内部一般员工一般可以作为从犯。对协助犯罪单位进行走私犯罪活动的单位普通员工，对走私普通货物没有决策权，只领取固定工资，不参与非法利益分配的，按照宽严相济的刑事政策，均可以认定为从犯，且从宽量刑的幅度一般大于单位负责人被认定为从犯的情形。此类行为人作为单位员工虽然客观上参与了单位犯罪，但其只是按照在单位中的身份履行职责，对单位犯罪的决策、实施没有明显推动、促进作用，与单位犯罪的决策者、实施者的责任悬殊，应加以区别对待。

对于单位内部责任人员，原则上比照所在单位在共同犯罪中的地位和作用追究相关责任。所在单位被认定为从犯，但个人在共同犯罪中地位较高或者所起实际作用较大的，也可以按照主犯追究刑事责任；所在单位被认定为主犯，但个人在共同犯罪中地位较低或者所起作用确实较小的，也可以按照从犯追究刑事责任。通常情况下，单位为主犯时，对其内部有关责任人员的量刑要较从犯单位的成员或作为从犯的自然人为重，因为单位在共同犯罪中的地位、作用是其内部成员的合力行为在整体上的外在反映，单位行为与自然人行为具有一体性。因此，原则上讲，主犯单位中应当承担刑事责任的自然人均是主犯，不宜再区分主、从犯。司法实践中，有些单位共同犯罪案件，涉案人数较多，有可能出现单位为主犯，但其内部某一个或某几个直接负责的主管人员及其他直接责任人员仅起到次要和辅助作用，尚未达到承担主要刑事责任的程度。在此情况下，由于该单位犯罪中不同责任人员的行为确实存在危害程度上的明显差异，如果将这些被告人均按主犯处罚的话，显然不合理，有违罪、责、刑相适应的原则，此时，区分主犯、从犯就可以正确确定被告人的责任轻重。这种做法可以视为是上述不宜区分主犯、从犯原则的一个特例，是法官为了遵循刑法的罪、责、刑相适应原则，参照共同犯罪的处罚原则在司法过程中所做的一种弥补。

单位是从犯时，应当依法对该单位内的“直接负责的主管人员”和“其他直接责任人员”从轻、减轻、免除处罚，从犯单位中的承担刑事责任的自然人不能构成主犯。

参考案例

广州顺亨汽车配件贸易有限公司等走私普通货物案[①]

2007年至2009年3月，被告单位广州顺亨公司为牟取不法利益，经总经理被告人李某钦决定，指使该公司职员被告人李某坚具体操作将被告单位广州顺泰昌公司、广州宏璟公司以及香港鸿益贸易公司、广州鸿星汽配经营部委托该公司包税进口的汽车配件和其自购的进口汽车配件，以明显低于正常报关进口应缴税款的价格，转委托被告单位深圳创竞达公司、深圳天芝柏公司、广州瀚盛公司及广东新联公司等公司包税进口，从中赚取包税差价。经海关关税部门核定，广州顺亨公司（李某钦、李某坚）走私进口汽车配件277个货柜，偷逃应缴税额人民币（以下币种同）108,094,245.41元。

被告单位广州顺泰昌公司、广州宏璟公司及香港鸿益贸易公司、广州鸿星汽配经营部为降低进口汽车配件成本，少缴进口关税，在明知被告单位广州顺亨公司伙同其他单位采用低报价格、伪报品名和藏匿等手段走私进口汽车配件的情况下，经各自的负责人被告人庄某镇、许某才、张某鸿、许某棠决定，将其单位或者个人自购或其他客户委托其进口的汽车配件，以明显低于正常报关进口应缴税款的价格委托被告单位广州顺亨公司包税进口。香港鸿益贸易公司为减少中间环节，经张某鸿决定和经手，还将部分进口汽车配件以明显低于正常报关进口应缴税款的价格直接委托被告单位深圳创竞达公司、深圳天芝

① 《刑事审判参考》案例第873号。

柏公司等单位包税进口。香港鸿益贸易公司还利用其在我国香港特区的鸿益货场，为广州顺亨公司、广州顺泰昌公司等单位或者个人从美国、新加坡等国家和地区购买和运输至我国香港特区或者在我国香港特区直接购买的进口汽车配件进行集装箱拼装、压缩、再包装、藏匿等，为将上述货物从香港特区走私入境提供便利。经海关关税部门核定，张某鸿（香港鸿益贸易公司）参与走私进口汽车配件 167 个货柜，偷逃应缴税额 62,198,632.32 元；广州顺泰昌公司（庄某镇）走私进口汽车配件 61 个货柜，偷逃应缴税额 17,231,714.75 元；广州宏璟公司（许某才）走私进口汽车配件 19 个货柜，偷逃应缴税额 5,681,951.26 元；许某棠（广州市鸿星汽配经营部）走私进口汽车配件 10 个货柜，偷逃应缴税额 1,899,900.35 元。

被告单位深圳创竞达公司、深圳天芝柏公司及广东新联公司（另案处理）为获得非法利益，由其各自的负责人被告人陈某涛、陈某儒（另案处理）、黄某文决定，深圳天芝柏公司利用深圳市佳立维电子有限公司、深圳市合德贸易有限公司、深圳市鼎江投资有限公司（原名深圳市渝江投资有限公司）等公司的名义，深圳创竞达公司利用深圳市明智创业贸易有限公司、深圳市永德金工贸有限公司、广州海函机电设备有限公司等公司的名义，由职员被告人李某祥、陈某宜、陈某波等人具体操作，修改进口货物的真实价格、数量和品名等，制作虚假的报关资料，委托报关公司采用低报价格、伪报品名和藏匿等手段，将被告单位广州顺亨公司、香港鸿益贸易公司等单位委托其包税进口的汽车配件走私进境。经海关关税部门核定，深圳创竞达公司（陈某涛）走私进口汽车配件 170 个货柜，偷逃应缴税额 67,742,309.98 元，其中，李某祥参与走私进口汽车配件 103 个货柜，偷逃应缴税额 42,314,922.95 元，陈某宜参与走私进口汽车配件 15 个货柜，偷逃应缴税额 6,108,170.53 元；深圳天芝柏公司走私进口汽车配件 116 个货柜，偷逃应缴税额 46,842,717.47 元，其中陈某波参与走私进口汽车配件 100 个货柜，偷逃应缴税额 40,763,473.06 元；广东新联公司（黄某文）走私进口汽车配件 31 个货柜，偷逃应缴税额 11,515,840.05 元。

被告单位广州瀚盛公司、广州鸿桂源公司为牟取不法利益，分别由被告人苏某、施某权决定和操作，以明显低于正常报关进口应缴税款的价格，将被告单位广州顺亨公司及杭州新德通公司、杭州红马公司、杭州鑫亚新公司、广州钜安公司、广州运德公司、广州市越秀区立德汽配商行、杨宇公司、黎仕能等客户委托其包税进口的汽车配件，转委托珠海新盈基公司包税进口，从中赚取包税差价。经海关税部门核定，广州瀚盛公司（苏某）走私进口汽车配件 95 个货柜，偷逃应缴税额 21,019,877.85 元；广州鸿桂源公司（施某权）走私进口汽车配件 65 个货柜，偷逃应缴税额 19,008,236.17 元。

珠海新盈基公司为获得非法利益，由其负责人黄某铿（另案处理）决定，指使公司财务人员被告人劳某时、业务员被告人唐某平、周某鑫、王某修改进口货物的真实价格、数量和品名等，制作虚假的报关资料，收取包税费用等，委托报关公司采用低报价格、伪报品名和夹藏等手段，将被告单位广州瀚盛公司、广州鸿桂源公司、被告人黄某祥委托其包税进口的汽车配件走私进境。经海关关税部门核定，珠海新盈基公司（劳某时、唐某平、周某鑫、王某）走私进口汽车配件 179 个货柜，偷逃应缴税额 45,831,362.37 元；黄某祥走私进口汽车配件 18 个货柜，偷逃应缴税额人民币 3,296,828.91 元。

法院认为，被告单位广州顺亨公司、深圳创竞达公司、深圳天芝柏公司、广州瀚盛公司、广州鸿桂源公司、广州顺泰昌公司、广州宏璟公司，被告人张某鸿、黄某祥、许某棠违反国家法律，逃避海关监管，走私普通货物进境，偷逃应缴税额特别巨大，其行为均构成走私普通货物罪。被告人李某钦、陈某涛、黄某文、苏某、施某权、庄某镇、许某才是犯罪单位的直接负责的主管人员，被告人劳某时、李某坚、陈某宜、李某祥、陈某波、唐某平、周某鑫、王某是犯罪单位的其他直接责任人员，其行为均构成走私普通货物罪，且犯罪情节特别严重。被告单位广州顺亨公司、深圳创竞达公司、深圳天芝柏公司，被告人李某钦、张某鸿、陈某涛、黄某文在共同犯罪中起主要作用，是主犯，依法应当按照其所参与的全部犯罪处罚。被告单位广州瀚盛公司、广州鸿桂源公司、广州顺泰昌公司、广州宏璟公司，被告人苏某、施某权、庄某镇、许某才、黄某祥、许某棠、李某坚、劳某时、陈某宜、李某祥、陈某波、唐某平、周某鑫、王某在共同犯罪中所处地位和作用次要，是从犯，依法减轻处罚。判处被告单位广州顺亨汽车配件贸易有限公司犯走私普通货物罪，判处罚金人民币 11,000 万元（其他被告单位判罚情况略）；被告人李某钦犯走私普通货物罪，判处有期徒刑 14 年；被告人张某鸿犯走私普通货物罪，判处有期徒刑 12 年，并处罚金人民币 6300 万元。

实操建议

在单位犯罪中，尤其是单位共同犯罪中，首先要区分单位的主从犯责任，继而在单位内部也区分直接责任人员的主从犯责任，对于主管人员一般构成内部责任的主犯，一般员工一般构成从犯，处于从犯地位的单位中的主管人员、直接责任人员也应当作为整案的从犯予以从宽处罚。

108. 部分共同犯罪人未到案的，能否根据现有证据认定从犯

部分共同犯罪人未到案的，只要相关证据形成证据锁链，能相互印证其在共同犯罪中所起的作用，不影响对主从犯的认定。对于确有证据证明在共同犯罪中起次要或辅助作用的，不能因为其他共同犯罪人未到案而不认定为从犯，甚至将其认定为主犯处罚。只要认定为从犯，无论主犯是否到案，均应依照《刑法》关于从犯的规定从轻、减轻或者免除处罚。

参考案例

梁某销售伪劣产品案[①]

被告人梁某，因涉嫌犯销售伪劣产品罪，于 2012 年 4 月 11 日被刑事拘留，同年 5 月 18 日被逮捕。

经审理查明，2010 年 6 月、7 月，张某（另案处理）雇用被告人梁某为其运送假冒芙蓉王香烟并支付其一定的报酬，将假冒的芙蓉王香烟出售给刘某（另案处理）等人。2012 年年初，张某通过被告人梁某运送销售给刘某假冒芙蓉王香烟 600 条，价值 37,200 元。

2012 年 4 月，经张某通知，被告人梁某在太原市松庄货运部提取假冒芙蓉王香烟送至太原市万柏林区某小区武某（已不诉）处后，被太原市烟草专卖局查获，当场查扣假冒芙蓉王香烟共计 700 条，价值 43,400 元。经鉴定，所扣押的香烟均为假冒注册商标且伪劣卷烟。

法院认为，被告人梁某在应当知道其所运送物品为假烟的情况下，为张某运送假烟出售给刘某、武某，销售金额较大，其行为构成销售伪劣产品罪。被告人梁某在共同犯罪过程中起次要、辅助的作用，系从犯，依法从轻、减轻处罚。被告人梁某如实供述自己的罪行，可从轻处罚。法院依法判处被告人梁某有期徒刑。

本案的争议焦点是，在涉案主犯未到案的情况下，如何区分共同犯罪的其他被告人在共同犯罪中的作用，进而准确认定被告人的刑事责任。在共同犯罪中准确区分主从犯是准确认定被告人刑事责任的前提。笔者认为，认定被告人在共同犯罪中的作用应以审理查明的事实中被告人所起作用为依据，应综合考虑全案证据，如果现有证据能够证明系共同犯罪，且到案的被告人在共同犯罪中起次要、辅助作用，就应当认定其为从犯。

本案中，结合被告人梁某的供述、同案犯张某（本案审理时其已

---

① 柴喆、苏奇林、周玉旺：《涉案主犯尚未被提起公诉 本案被告人能否认定为从犯》，载山西高院网，https://shanxify.chinacourt.gov.cn/article/detail/2017/11/id/3090495.shtml，最后访问时间：2022 年 7 月 28 日。

被逮捕尚未被提起公诉）的供述、证人刘某、武某的证言、书证、物证，张某联系买家、提供伪劣产品，雇用梁某为其运输伪劣产品，销售伪劣产品的收益归张某，张某支付梁某一定的运输费。被告人梁某提供运输工具运输伪劣产品，帮助张某实施犯罪行为，其在共同犯罪过程中起次要、辅助作用，属于从犯，应按照从犯对其准确量刑。

实操建议

对于共同犯罪中部分犯罪人未到案的，如果现有证据足以证实到案被告人的地位和作用确属较轻，应当认定为从犯；或者现有的证据不能认定被告人系主犯，或者认定其为主犯的证据比较模糊，因刑法具有谦抑性，在证据存疑时要作出有利于被告人的解释或者认定。同时，依据证据规则，证明被告人有罪、罪重的举证责任归控方，在检察院没有提供确实充分的证据证实被告人系主犯的情况下，不能按照主犯对被告人定罪量刑，只能认定被告人系从犯，或者因证据存疑而认定无罪。

109. 主犯不负刑事责任的，从犯是否可以同样不负刑事责任

共同犯罪的构成，须由二人以上共同实施符合我国《刑法》规定的构成要件的犯罪行为。其中，将各参与人的行为看作一个整体，该整体行为须符合具体的犯罪构成要件，至于各参与人的刑事责任，则需要综合考虑该参与人的刑事责任年龄、智力精神状态，以及主观故意的内容等来具体确定。在共同犯罪中，主犯不负刑事责任的，从犯满足犯罪构成要件的，法院仍应对其定罪量刑。

参考案例

赵某、陶某抢劫案[①]

2012年1月某天22时许,怀远县褚集乡项集村少年赵某某（1998年3月19日出生）与被告人陶某（1993年3月12日出生）共谋弄点钱花。随后，被告人陶某骑摩托车带赵某某并由赵某某携带菜刀窜至褚集乡顺河村新集街道，赵某某一人持刀进入陶某某家小商店，抢劫现金200余元，后由被告人陶某骑摩托车接应赵某某逃走。赃款被二人伙分、挥霍。

本案中，被告人陶某和赵某某构成共同犯罪，且赵某某为主犯，陶某系从犯。但主犯未达刑事责任年龄不构成犯罪，是否影响共同犯罪的成立，涉及共同犯罪适用犯罪构成理论中的违法还是有责。

共同犯罪，是指二人以上共同故意犯罪。此即要求共同犯罪的构成，须由二人以上共同实施符合我国《刑法》规定的构成要件的犯罪行为。其中，将各参与人的行为看作一个整体，该整体行为须符合具体的犯罪构成要件，至于各参与人的刑事责任，则需要综合考虑该参与人的刑事责任年龄、智力精神状态，以及主观故意的内容等来具体确定。

按照三阶层说，犯罪的构成需要同时满足犯罪构成符合性、客观违法性以及主观有责性。共同犯罪是一种违法形态，其成立仅要求各参与人在客观违法性层面形成共同犯罪,因此各参与人的责任样态(是否构成犯罪，构成何种犯罪等）不影响共同犯罪的成立。承认共同犯罪是违法形态，可以有效地解决司法实践中部分共犯实行过限，以及不负刑事责任或者限制刑事责任能力的人与其他参与人对犯罪结果的责任承担。

本案中，被告人陶某与同案人赵某某具有非法占有他人财物的共同故意，且二人共同实施了持刀劫取他人财物的行为，因此构成抢劫

---

① 朱茜茜、祝平：《主犯不负刑事责任，从犯如何定罪量刑》，载蚌埠中院网，https://bbzy.chinacourt.gov.cn/article/detail/2012/12/id/1254604.shtml，最后访问时间：2022年7月28日。

罪的共同犯罪。赵某某提议并实行抢劫行为，被告人陶某在见到赵某某携带菜刀且知其具有非法占有他人财物的故意时，仍将赵带到现场并在现场等候接应。因此，应当认定，在本起抢劫犯罪中，赵某某起积极、主要作用，系主犯；陶某起次要、辅助作用，系从犯。虽然也应将本案中的法益侵害结果归属于赵某某的行为，但由于其没有达到非难可能性所需要的年龄（14 周岁），故其行为缺乏有责性，因而不构成犯罪（此为责任层面上的犯罪概念，与其能够和他人构成共同犯罪并不矛盾）。而对于被告人陶某，其符合抢劫罪的全部构成要件，且不具有责任阻却事由，因此仍必须以抢劫罪论处。

110. 如何针对分案处理的共同犯罪案件进行量刑辩护

在司法实践中，并非所有的共同犯罪人都能被一并抓获、同案审判。同一案件的共同犯罪人因抓获时间不同等原因被分案审判的情形非常常见。有的共犯人因同案犯在逃或者已经被先行判决变成单一的被告人接受审判；有的同案犯因成年与未成年被告人并存的原因被分案起诉，由不同的法官分别审理；还有的同案犯因另犯其他罪行等缘由可能由不同的法院分别审判。案件存在主从犯认定的，如何在这些差异化的审判情形下保证法律适用的一致性及司法裁判的公正性。针对这种情况，辩护人要注意通过各种途径关注、研判分案后的其他案件的诉讼进程及结果，以便从共犯量刑均衡的角度出发为当事人争取有利的量刑结果。

法律依据

《刑法》

第六十一条 对于犯罪分子决定刑罚的时候，应当根据犯罪的事实、犯罪的性质、情节和对于社会的危害程度，依照本法的有关规定判处。

最高人民法院《关于贯彻宽严相济刑事政策的若干意见》

31. 对于一般共同犯罪案件，应当充分考虑各被告人在共同犯罪中的地位和作用，以及在主观恶性和人身危险性方面的不同，根据事实和证据能分清主从犯的，都应当认定主从犯。有多名主犯的，应在主犯中进一步区分出罪行最为严重者。对于多名被告人共同致死一名被害人的案件，要进一步分清各被告人的作用，准确确定各被告人的罪责，以做到区别对待；不能以分不清主次为由，简单地一律判处重刑。

33. 在共同犯罪案件中，对于主犯或首要分子检举、揭发同案地位、作用较次犯罪分子构成立功的，从轻或者减轻处罚应当从严掌握，如果从轻处罚可能导致全案量刑失衡的，一般不予从轻处罚；如果检举、揭发的是其他犯罪案件中罪行同样严重的犯罪分子，或者协助抓获的是同案中的其他主犯、首要分子的，原则上应予依法从轻或者减轻处罚。对于从犯或犯罪集团中的一般成员立功，特别是协助抓获主犯、首要分子的，应当充分体现政策，依法从轻、减轻或者免除处罚。

最高人民法院《全国部分法院审理毒品犯罪案件工作座谈会纪要》

九、……毒品犯罪中，部分共同犯罪人未到案，如现有证据能够认定已到案被告人为共同犯罪，或者能够认定为主犯或者从犯的，应当依法认定……对于确有证据证明在共同犯罪中起次要或者辅助作用的，不能因为其他共同犯罪人未到案而不认定为从犯，甚至将其认定为主犯或者按主犯处罚。只要认定为从犯，无论主犯是否到案，均应依照刑法关于从犯的规定从轻、减轻或者免除处罚。……

参考案例

陈某等诈骗案①

张某、周某共同出资租赁相关交易系统和网上支付结算平台，以

---

① 卢祖新、贺志伟：《共同犯罪分案处理中从犯的认定与量刑》，载《人民法院报》2017年5月18日，第7版。

某商品交易中心等名义在互联网开设虚假的汽油、白银等现货交易平台，通过修改数据控制涨跌方式骗取被害人财物。陈某、田某、李某先后被招录进来从事诈骗活动，其中陈某担任业务经理，冒名给客户充当指导老师，诱导客户投资，控制交易行情，对新进的业务员进行业务培训和指导等。田某、李某任业务员，负责通过电话和QQ寻找客户。三人诱骗被害人投资现货交易以骗取钱财，工资主要是按照诈骗金额的一定比例获取提成，陈某的工资高于田某和李某，但诈骗金额获益归张某、周某所有，且二人同时被依法裁判。之后，陈某、田某、李某一同归案。审理中，陈某辩称田某负责与受害人甲联系，主张对甲被骗金额不承担责任。

本案的关键问题是，陈某的地位和作用是什么，以及其是否属于从犯？笔者认为，陈某虽在到案共犯中作用较大，但在共同犯罪中作用较小，非犯罪的组织者、领导者，与其他业务员一样，工资为从被诈骗金额中获得的提成。陈某在到案共犯中的分工、作用发挥及提成高于田某、李某的情形，都应是量刑时考量的因素，不影响对其从犯的认定。

（1）行为人在到案共犯中虽起主要作用，但相较于分案处理的犯罪组织者发挥的作用较小，应认定为从犯。在本案诈骗共同犯罪中，单就该三人之间的关系看，陈某系业务经理，田某、李某系业务员。陈某指导与培训田某等二人，在诈骗犯罪中的作用明显大于后者，但在整个犯罪过程中，张某、周某最早产生犯意，提供资金、场地、装备和租赁平台，完成了整个的组织、实施、策划等犯罪活动，诈骗所得利益也直接归属该二人，二人系主犯。陈某、田某、李某皆为招录进来，受张某等二人的雇用、安排和指使从事诈骗活动，在共同犯罪中所起的作用和地位是辅助的。所获收益以被骗额度为基础赚取提成，获益明显低于张某等二人，应均为从犯。

（2）对共同犯罪行为人量刑时，是否从侵害的法益中获利、获利多少不是决定其刑罚轻重的唯一依据，还应结合其在共同犯罪中的分工、作用综合判定。当前，通过网络实施各种诈骗的手段不断翻新，理财诈骗已成为重要噱头之一。通常情况下，从被害人被引诱进入所谓的理财体验群，到愿意投资，再到实际注入资金操作最终被骗，有一个较长的过程。在整个诈骗链条中，电话业务员、业务经理、后台控制人员等参与人员各负其责，互相配合，对诈骗成功都起着不可或缺的作用，是否从被害人受损金额中获得提成，不应是行为人承担责任的唯一依据，只要行为人在诈骗过程中发挥了相应作用，即应成为量刑的依据。

本案中，陈某作为业务经理，负责对田某、李某等业务员的培训工作，安排发布虚假的信息等，其作用大于一般业务员，应对其培训的业务员诈骗的金额承担相应的责任，因此如果主张陈某未与被害人甲联系过从而主张不对甲的损失承担责任，这种抗辩理由往往不被法院认可。但犯罪金额的认定可能会涉及量刑档次和退赔责任，辩护人还是应当积极查明相应证据，如果证据确实能证实该笔犯罪的参与人，也要对当事人涉嫌事实予以排除。

张某明、崔某发、李某等诈骗案[①]

审理查明：2013 年 10 月至 12 月，被告人张某明、崔某发、李某、韦某妹、王某明、辛某梅、陆某燕、姜某华、龚某文等人在柬埔寨王国金边市 319 大道 5 号别墅内，由被告人韦某妹、王某明、辛某梅、陆某燕、姜某华、龚某文等人冒充中国电信工作人员，被告人张某明、崔某发、李某等人冒充公安民警或检察官等，通过拨打网络电话和电信技术手段，虚构被害人信息遭到泄露且涉嫌贩毒、洗钱案等虚假内容，要求被害人将资金汇入该团伙指定的所谓安全账户内，骗取钱财。

法院认为：被告人张某明、崔某发、李某、韦某妹、王某明、辛某梅、陆某燕、姜某华、龚某文均系从犯，且均具有坦白情节，综合九名被告人参与犯罪的时间、金额及从事工作的内容，对被告人张某明、崔某发、韦某妹、王某明、辛某梅、陆某燕、姜某华依法减轻处罚，对被告人李某依法从轻处罚，同时被告人龚某文系犯罪未遂，对

① 上海市第一中级人民法院（2015）沪一中刑终字第 949 号。

其依法比照既遂犯减轻处罚。

电信诈骗团伙组织严密，犯罪手段具有较强的高科技性和反侦查性。对于团伙核心成员尚未到案的电信诈骗案件，相关证据形成证据锁链、能相互印证，证明在案被告人在该团伙中的犯罪情节和所处的地位，则全部在案被告人均可以被认定为从犯。

实操建议

除了实体上的量刑均衡之外，如果案件事实有争议，辩护人可以从程序辩护的角度尝试申请法院传唤同案被告人对质，具体条文依据是最高人民法院《关于适用〈中华人民共和国刑事诉讼法〉的解释》第 269 条："审理过程中，法庭认为有必要的，可以传唤同案被告人、分案审理的共同犯罪或者关联犯罪案件的被告人等到庭对质。"此外，根据《刑事审判参考》案例第 497 号何永国抢劫案确立的裁判规则：在审理后到案共同犯罪被告人时，对先到案共犯的裁判文书所采信的证据，应当重新逐项质证，否则不能作为认定在审案件被告人犯罪事实的证据使用。

111. 共同犯罪中作用相对较大的主犯因具有法定从轻情节而未判处死刑的，对其他主犯能否判处死刑

不能。考虑量刑均衡原则，对作用较大的主犯未判处死刑的，其他作用较轻的主犯也不应适用死刑。

法律依据

《刑法》

第六十一条 对于犯罪分子决定刑罚的时候，应当根据犯罪的事

实、犯罪的性质、情节和对于社会的危害程度，依照本法的有关规定判处。

最高人民法院《关于贯彻宽严相济刑事政策的若干意见》

31.对于一般共同犯罪案件，应当充分考虑各被告人在共同犯罪中的地位和作用，以及在主观恶性和人身危险性方面的不同，根据事实和证据能分清主从犯的，都应当认定主从犯。有多名主犯的，应在主犯中进一步区分出罪行最为严重者。对于多名被告人共同致死一名被害人的案件，要进一步分清各被告人的作用，准确确定各被告人的罪责，以做到区别对待；不能以分不清主次为由，简单地一律判处重刑。

最高人民法院《关于全国法院毒品犯罪审判工作座谈会纪要》

二、……（四）……2.……毒品共同犯罪案件的死刑适用应当与该案的毒品数量、社会危害及被告人的犯罪情节、主观恶性、人身危险性相适应。涉案毒品数量刚超过实际掌握的死刑数量标准，依法应当适用死刑的，要尽量区分主犯间的罪责大小，一般只对其中罪责最大的一名主犯判处死刑；各共同犯罪人地位作用相当，或者罪责大小难以区分的，可以不判处被告人死刑；二名主犯的罪责均很突出，且均具有法定从重处罚情节的，也要尽可能比较其主观恶性、人身危险性方面的差异，判处二人死刑要特别慎重。涉案毒品数量达到巨大以上，二名以上主犯的罪责均很突出，或者罪责稍次的主犯具有法定、重大酌定从重处罚情节，判处二人以上死刑符合罪刑相适应原则，并有利于全案量刑平衡的，可以依法判处。……

参考案例

高洪雷等贩卖、运输毒品，介绍卖淫案①

法院查明：2014年11月中旬，被告人高洪雷与杨军练、曾美英经商议决定在浙江省温州市鹿城区贩毒，由杨军练负责向毒品上家姜雯静（另案处理）购买毒品，高洪雷负责销售毒品，曾美英负责提供

① 《刑事审判参考》案例第1279号。

“冰妹”陪吸毒者吸毒和发生性关系。11月21日，杨军练前往江西省南昌市向姜雯静购得甲基苯丙胺（冰毒）970克、甲基苯丙胺片剂（俗称“麻古”）200粒，运回温州市后藏匿于浙商证券有限责任公司营业部的保安室内。后高洪雷陆续将毒品卖给他人，剩余的84.08克甲基苯丙胺、13克甲基苯丙胺片剂后被公安人员查获。其间，曾美英先后6次介绍付某某(女,未成年)等人陪吸毒者吸毒并发生性关系。后经曾美英请求，杨军练、高洪雷同意曾美英退出合伙。同年12月2日，杨军练、高洪雷一起乘坐曹某某驾驶的汽车前往南昌市向姜雯静购买毒品。次日，杨军练和姜雯静在南昌市广州路华东建材市场附近广场公厕旁进行毒品交易。交易完成后，杨军练、高洪雷乘坐上述车辆返回温州，在温州市温州西高速公路收费站处被公安人员抓获，当场查获3大包毒品疑似物及104颗毒品疑似物。经鉴定，该3大包毒品疑似物重2497.98克，均检出甲基苯丙胺，其中1000.44克甲基苯丙胺的含量为79.0%，499.50克甲基苯丙胺的含量为80.5%，998.04克甲基苯丙胺的含量为79.4%，104颗毒品疑似物重9.73克，检出甲基苯丙胺及咖啡因成分。

法院认为：被告人高洪雷、杨军练、曾美英违反国家毒品管制法规，贩卖、运输毒品，其行为均已构成贩卖、运输毒品罪；高洪雷、杨军练、曾美英多次介绍他人卖淫，其中介绍未成年人卖淫4次，情节严重，其行为又均已构成介绍卖淫罪，公诉机关指控的罪名成立。被告人高洪雷犯贩卖、运输毒品罪，犯介绍卖淫罪，决定执行死刑，剥夺政治权利终身，并处没收个人全部财产；被告人杨军练犯贩卖、运输毒品罪，犯介绍卖淫罪，决定执行死刑，缓期2年执行，剥夺政治权利终身，并处没收个人全部财产。

最高人民法院经复核认为：在共同犯罪中，高洪雷起主要作用，系主犯，应按照其所参与的全部犯罪处罚。高洪雷结伙贩卖、运输毒品数量大，罪行严重，还结伙多次介绍卖淫、介绍未成年人卖淫，情节严重，应依法惩处。鉴于高洪雷在共同贩卖、运输毒品犯罪中所起作用略小于同案被告人杨军练，归案后始终如实供述犯罪，能够认罪、悔罪，且涉案毒品大部分已查获，未进一步流入社会造成更严重危害，依法可不判处其死刑立即执行。

浙江省高级人民法院经重新审判，于 2017 年 5 月 8 日判处被告人高洪雷死刑，缓期 2 年执行。

毒品共同犯罪的死刑适用要严格贯彻罪责刑相适应原则，涉案毒品的数量不同，毒品犯罪造成的社会危害不同，适用死刑的具体情况也有所区别。对于贩卖、运输毒品共同犯罪中有两名以上主犯，涉案毒品数量刚超过实际掌握的死刑数量标准的，应当全面考察各主犯在共同犯罪中实际发挥作用的差别，一般只选择其中罪责最大的一名主犯依法判处死刑；即便两名以上主犯均具有法定从重处罚情节，也要充分比较主观恶性和人身危险性方面的差异，同时判处二人死刑应当特别慎重。换言之，即便同为罪行极其严重且依法可以判处死刑的主犯，也要注意区分彼此之间罪责大小，进一步区分出罪行最为严重者，并非一律判处死刑立即执行，更不能在罪责最为严重的主犯没有被判处死刑的情况下，对罪责稍次的主犯“升格”适用死刑。

实操建议

这个案例再一次提醒我们，在可能判处死刑的共同犯罪案件中一定要精确区分各被告人的罪责大小。哪怕当事人的罪行较之罪行最重的主犯只是“略轻”，也有可能会关乎性命。

112. 从犯是否要对全部共同犯罪数额承担刑事责任

从犯不一定应对全部犯罪数额承担刑事责任，可以区分参与情况的，按照自己参与的数额来认定，尤其是在退赔义务上，应当结合自己参与的数额认定。这种情况主要针对各个从犯的角色基本相当、分别对应不同的犯罪事实的，主犯的犯罪数额应当按照全部犯罪数额确定，从犯的犯罪数额应按照其实际参与的犯罪确定。如果是流水作业的，每一犯罪事实中均由相关人员参与，无法区分犯罪数额的，也可以按照地位作用较轻进行量刑辩护。

法律依据

《刑法》

第二十六条 组织、领导犯罪集团进行犯罪活动的或者在共同犯罪中起主要作用的，是主犯。

三人以上为共同实施犯罪而组成的较为固定的犯罪组织，是犯罪集团。

对组织、领导犯罪集团的首要分子，按照集团所犯的全部罪行处罚。

对于第三款规定以外的主犯，应当按照其所参与的或者组织、指挥的全部犯罪处罚。

参考案例

武某远、李某柱等合同诈骗案①

法院查明：被告人武某远、李某柱于2013年7月25日成立中科万利公司，并商议招聘话务员采用向网络关键词客户实施电话推荐、内部员工之间互相打配合冒充买家等系列推销方式，骗取客户在该公司包装关键词，购买付费业务。2013年9月至2014年3月7日，二被告人通过招聘被告人施某腾、黄某龙、张某、唐某强、武某康、武某爽（另案处理）等人，在签订、履行关键词网络服务合同过程中，以虚构买家，维护、优化或转卖关键词、域名等方式，共骗取被害人康某、史某某、邹某某、肖某某、张某某、蒋某某、雷某、王某某、魏某某、孟某某、赵某、史某某钱款1,315,520元。其中，被告人武某远、李某柱的诈骗金额为1,315,520元；被告人施某腾的诈骗金额

① 北京市第一中级人民法院（2015）一中刑终字第1525号。

为356,800元；被告人黄某龙的诈骗金额为343,000元；被告人张某的诈骗金额为283,900元；被告人唐某强的诈骗金额为217,230元；被告人武某康的诈骗金额为50,000元。

法院认为：被告人武某远、李某柱、施某腾、黄某龙、张某、唐某强、武某康以非法占有为目的，在签订、履行合同过程中，虚构事实，骗取他人财物，侵犯他人财产权利的同时扰乱了市场经济秩序，其中，被告人武某远、李某柱诈骗数额特别巨大；被告人施某腾、黄某龙、张某、唐某强诈骗数额巨大；被告人武某康诈骗数额较大；七被告人的行为均已构成合同诈骗罪，依法应予惩处。被告人武某远、李某柱作为公司法定代表人、经理，负责公司运营及人员管理等整体工作，在共同犯罪中起主要作用，系主犯；被告人施某腾、黄某龙、张某、唐某强、武某康作为一线业务员，负责联系具体客户，在共同犯罪中起次要作用，系从犯。鉴于各被告人均自愿认罪，在案冻结款项可弥补被害人的大部分经济损失，分别予以从轻处罚。被告人武某远、李某柱、张某、武某康到案后均能如实供述所犯罪行，被告人施某腾、黄某龙、张某、唐某强、武某康均系从犯，结合各被告人犯罪的事实、性质、情节及对社会的危害程度，分别依法对被告人武某远、李某柱、施某腾、黄某龙、张某、武某康从轻处罚；对被告人唐某强减轻处罚。

实操建议

从上述案例的裁判逻辑可知，共同犯罪中在主犯的安排下，所有成员之间交叉互为配合假扮买家诱骗被害人签订合同，对从犯的犯罪数额不宜单纯按照该共同犯罪的全部犯罪数额认定。如果要求从犯对共同犯罪的全部数额负责，有违罪责刑相适应原则。类似案件可以适用犯罪集团的理论，将主犯作为犯罪集团的首要分子，其犯罪数额按照犯罪集团所犯的全部罪行确定，其他被告人是从犯，按照自己实际参与的犯罪确定数额，定罪处罚，这样更能体现罪责刑相适应原则。

113. 共同犯罪人构成不同罪名时，能否区分主从犯

在通常情况下，共同犯罪行为往往触犯同一罪名。对于部分共同犯罪以及部分共犯人转化犯罪的，最终构成不同罪名的，是否也可以区分主从犯，应当坚持共同犯罪成立的基础是发生共同犯罪行为，而不仅仅是罪名相同，因此，在分别构成不同罪名的共同犯罪中，也可以区分主从。

例如，共同盗窃中，多名入室行窃者转化实施了抢劫犯罪，对于完全不知情的独自望风者，也可以认定为盗窃罪的从犯。

（1）从法条规定看，无论是“在共同犯罪中起主要作用的”主犯，还是“在共同犯罪中起次要或辅助作用的”从犯，其中的“共同犯罪”一语，均应理解为是指“共同犯罪行为”，而不是相应的罪名。因为，法条所强调的“作用”，只能通过“共同犯罪行为”的实施和完成过程来考察、来说明；罪名无法作为“作用大小”的观察对象与鉴别依据。换言之，区分主从犯的事实基础，首先是有无共同犯罪的行为存在，其次是不同共犯人的行为作用上的大小之分。在此基础上的罪名单复，显然并不构成区分主从犯的事实或法律障碍。

（2）从客观事实看，尽管转化犯罪下的不同罪名表明了客观犯罪事实的变化情况，但不能由此否定整个犯罪过程中曾经发生部分共同犯罪的行为事实。如前述共同盗窃的事实，不仅在实行犯罪之初客观上发生过，而且不同共犯人在其中所起的作用确有大小之别。依法准确区分、认定主从犯，可以更充分地保护被告人的合法权益。

（3）从具体操作方面看，在发生转化犯罪的情境中，不同罪名下依然存在部分共同犯罪的行为事实和区分主从犯的具体依据，这不仅是司法公开、公正性的客观需要，也符合定罪量刑均衡原则。

114. 部分共同犯罪人实行过限的，其他犯罪人是否要对过限犯罪结果承担刑事责任

实行过限，是指共同犯罪人实施了超出共同犯罪故意的行为。如果某一行为属于实行过限行为，实行过限犯罪人应当对其犯罪行为引起的后果承担刑事责任，而其他共同犯罪人则一般不对过限行为引起的后果承担责任。如果不属于行为过限，则各共同犯罪人须对该危害结果共同承担责任。所以，判定行为是否实行过限，直接影响共同犯罪人的定罪与量刑，属于共同犯罪案件审理中的重要审查判断内容。

这就首先要求辩护人明确实行过限如何界定：在教唆犯场合，判定实行行为过限的基本原则是看被教唆人的行为是否超出了教唆的范围；在共同实行犯罪的情形下，判定实行行为过限的基本原则是看其他实行犯对个别实行犯所谓的“过限行为”是否知情。

法律依据

《刑法》

第二十五条 共同犯罪是指二人以上共同故意犯罪。

二人以上共同过失犯罪，不以共同犯罪论处；应当负刑事责任的，按照他们所犯的罪分别处罚。

参考案例

谭某忠等人抢劫案[①]

2003年7月5日，被告人谭某忠、杜某洪、汪某斌商量一同出去偷狗，杜某洪向他人借了一支单筒猎枪。次日凌晨3时许，三被告人持猎枪未找到狗，便窜至某村村民高某家偷鸡。谭某忠、汪某斌进

① 李崇军：《趁夜偷鸡枪击人的行为应如何定性》，载人民法院网，访问时间：2004年12月13日。

院偷鸡，杜某洪持猎枪在院外望风。当偷出两只鸡、一只鸭时，被高某家人发现，房内亮了灯，谭、汪二人立即跑出院外。杜某洪见状，即向房门开了一枪后逃跑，枪弹击中高家房门的门框。高某及其弟闻声跑出房外，追撵三被告人未果。返回时，高某在院门外拾得猎枪护木一块，高家两兄弟即蹲在院内守候。谭某忠等三人逃离现场后，杜某洪发现猎枪的护木丢失，担心无法还枪，便提出返回寻找。三人返回高家途中，汪某斌害怕被抓，未敢继续前行。到高家院门口时，杜某洪将猎枪交给谭某忠保管，自己进院寻找护木，杜某洪刚一进院，被正欲抓捕他们的高家兄弟发现。高某刚一起身，谭某忠即向他开了一枪，枪弹击中高某刚下颌部，致其颈部动脉、静脉及周围组织严重破损，随即死亡。

法院认为：谭某钟、杜某洪、汪某斌三人经过共谋到高家偷鸡，谭、汪二人进院行窃，杜在外望风，这时院内院外都是作案现场。由于他们只偷得两只鸡、一只鸭，数额较小，情节显著轻微，此时三被告人均不构成犯罪。当他们的盗窃活动被失主高家的人发现，谭、汪二人即逃出院外，杜某洪在院外向高家房门开了一枪。此时，他们还没有离开作案现场，杜某洪的开枪行为是当场实施的，杜某洪开枪的目的就是以暴力的方法阻止高家的人出来抓捕他们。枪弹虽然没有造成人员伤亡和财产损失的严重后果，但开枪射击本身就是危害性很大的暴力行为，情节不可谓不严重。根据《刑法》第269条的规定："犯盗窃、诈骗、抢夺罪，为窝藏赃物、抗拒抓捕或者毁灭罪证而当场使用暴力或者以暴力相威胁的，依照本法第二百六十三条的规定定罪处罚。"杜某洪的行为符合这一规定，构成抢劫罪。但是，根据共同犯罪的原理，各共同犯罪人只能对其共同故意实施的行为负责，不能对超出共同故意范围的行为负责。本案谭、杜、汪三被告人共同的故意是实施盗窃，在盗窃过程中杜某洪又突然开枪的暴力行为已超出了共同的故意，是杜某洪单独实施的行为，只能由他个人负责，谭某钟、汪某斌不应对此负责。后来，谭某钟、杜某洪在返回寻找护木的过程中，与失主高家兄弟相遇，谭某钟开枪将高某刚打死。由于此时他们再未实施盗窃，谈不上行为的转化，故谭某钟的行为构成故意杀人罪。根据共同犯罪的原理，谭某钟的本人行为也只能由他个人承担刑事责任，与杜、汪二人无关。综上，被告人谭某钟的行为构成故意杀人罪，杜某洪行为构成抢劫罪，汪某斌的行为不构成犯罪。

王兴佰、韩涛、王永央故意伤害案①

法院查明：2003年，被告人王兴佰与被害人逄孝先各自承包了本村沙地售沙。被告人王兴佰因逄孝先卖沙价格较低影响自己沙地的经营，即预谋找人教训逄孝先。2003年10月8日16时许，被告人王兴佰得知逄孝先与妻子在地里干活，即纠集了被告人韩涛、王永央及崔某某、肖某某、冯某某等人。在地头树林内，被告人王兴佰将准备好的4根铁管分给被告人王永央等人，并指认了被害人逄孝先。被告人韩涛、王永央与崔某某、肖某某、冯某某等人即冲入田地殴打被害人逄孝先。其间，被告人韩涛掏出随身携带的尖刀捅刺被害人逄孝先腿部数刀，致其双下肢多处锐器创伤致失血性休克死亡。被告人王永央看到韩涛捅刺被害人并未制止，后与韩涛等人一起逃离现场。

法院认为：被告人王兴佰因行业竞争，雇用、纠集人员伤害他人；被告人韩涛、王永央积极实施伤害行为，致被害人死亡，其行为均构成故意伤害罪。虽有证据证实，被告人韩涛持刀捅刺的行为是导致被害人逄孝先死亡的主要原因，但证据同时证实，被告人王兴佰事先未向参与实施伤害者明示不得使用尖刀等锐器，被告人王永央实施伤害行为时，发现被告人韩涛持刀捅刺被害人也未予以制止，故被告人韩涛的持刀捅刺行为并非实行过限的个人行为，被告人王兴佰、韩涛、王永央应共同对被害人逄孝先的死亡后果负责。被告人王兴佰、韩涛在犯罪中起主要作用，系主犯。被告人王永央在犯罪中起次要作用，系从犯，依法予以减轻处罚。

① 《刑事审判参考》案例第409号。

实操建议

判断是否构成实行过限，需要区分不同情形：

在教唆犯场合，判定实行行为过限的基本原则是看被教唆人的行为是否超出了教唆的范围。在教唆内容较为确定的情况下，认定被教唆人的行为是否属于实行过限较为容易，但如果教唆犯的教唆内容较为概括，由于教唆内容不太明确，确定被教唆人的行为是否实行过限就较为困难。尤其是在一些教唆伤害的案件中，教唆者出于教唆伤害他人的故意往往使用诸如“收拾一顿”“整他一顿”“弄他”“摆子他”“教训”等内涵外延较为模糊的言语，在不同的语言环境中，不同阅历背景的人理解的含义往往是有分歧的。对于这种盖然性教唆,实际的危害结果取决于实行行为的具体实施状况,轻伤、重伤甚至死亡的危害结果都可能发生，但无论哪一种结果的出现都是由教唆犯的授意所引起的，均可涵盖在教唆犯的犯意中。因此，在这种情况下，由于教唆犯的盖然性教唆而使被教唆人产生了犯意，实施了教唆故意范围内的犯罪行为，只要没有明显超出教唆范围，都不应视为实行过限。

在共同实行犯场合，判定实行行为过限的基本原则是看其他实行犯对个别实行犯所谓的“过限行为”是否知情。如果共同实行犯罪人中有人实施了原来共同预谋以外的犯罪，其他共同实行犯根本不知情，则判定预谋外的犯罪行为系实行过限行为，由实行者本人对其过限行为和后果承担责任；如果其他实行犯知情，除非其有明确、有效的制止行为，否则一般认为实行犯之间在实施犯罪当场临时达成了犯意沟通，其他人对实行者的行为予以了默认或支持，个别犯罪人的行为不属于实行过限，其行为造成的危害结果由各实行犯共同承担责任。

此外还应注意，认定行为人的主观心态应当以其实施行为时为准，对于并未参与实行的行为人，不能根据其事后得知同伙的超出共同谋议范围的行为没有反对为由，推定其在场就一定会同样实施这种行为，这种推定是缺乏事实基础的，违背了行为与罪过同在的刑法基本理念。

115. 根据量刑规范对同案主从犯进行分别量刑后不能实现量刑均衡的应当如何处理

在多人共同犯罪时，在最终确定宣告刑时应当注意主从犯的量刑平衡，即便在未区分主从犯的案件中，也应当根据各被告人在犯罪中所起作用的大小确定宣告刑的轻重。如果机械地按照量刑规范的计算公式确定最终的宣告刑，可能会造成主从犯之间量刑不均衡的，可以建议承办法官或者合议庭利用好裁量权，使最终的宣告刑合理均衡。

参考案例

黄某国等寻衅滋事案[①]

法院经审理查明：2010年5月22日晚，被告人黄某国在上海市浦东新区浦明路1279号武豪酒店内因订房问题与酒店人员发生口角，即电话通知被告人柯某永纠集人员赶往上述酒店。被告人柯某永随后纠集了被告人王某平、蔡某、卢某洪、孙某（另行处理）等多人对前来处理订房纠纷的酒店负责人被害人李某中采用拳击、持刀划砍等方式随意殴打，致被害人李某中右手虎口及手掌皮肤软组织裂创，伴肌腱、指神经损伤。经法医鉴定，被害人李某中的伤势已构成轻伤。

当日晚，被告人柯某永主动至公安机关投案自首，被告人黄某国接公安机关电话通知后主动到案接受调查。被告人王某平于当日晚被公安人员抓获，协助公安机关于翌日凌晨抓获被告人蔡某、卢

① 上海市浦东新区人民法院（2010）浦刑初字第2557号刑事判决。

某洪。

审理期间，经主持调解，被告人黄某国、柯某永、王某平、蔡某、卢某洪共同赔偿了被害人李某中的经济损失。

法院认为：被告人黄某国、柯某永、王某平、蔡某、卢某洪随意殴打他人，致1人轻伤，情节恶劣，其行为均已构成寻衅滋事罪。被告人黄某国、柯某永在犯罪中起主要作用，系主犯。被告人王某平、蔡某、卢某洪在犯罪中起次要作用，系从犯，依法从轻处罚。被告人黄某国、柯某永具有自首行为，被告人王某平具有协助公安机关抓获同案犯的立功表现，依法分别予以从轻处罚。5名被告人出庭能够自愿认罪，且赔偿了被害人的经济损失，取得了被害人的谅解，有一定的悔罪表现，酌情从轻处罚。

法院根据规范量刑方式对本案量刑过程如下：

（1）确定量刑起点。本案中，被告人黄某国仅因琐事就纠集柯某永、王某平、蔡某、卢某洪等人随意殴打他人，仗着人多势众便以多欺少，且犯罪地点在酒店大堂，属于公共场所，来往人员较多，社会影响恶劣，因此，本案犯罪情节较为严重，对5名被告人量刑起点都确定为1年。

（2）确定量刑基准。《量刑指导意见》规定，在量刑起点的基础上，可以根据寻衅滋事次数、强拿硬要他人财物或任意损毁、占用公私财物数额等其他影响犯罪构成的犯罪事实增加刑罚量，确定基准刑。本案中，5名被告人仅寻衅滋事一次，无须增加基准刑；但是，从犯罪后果上来看，被告人的行为致一人轻伤，根据《量刑实施细则》的规定，对于增加一人轻伤的，增加6个月刑期据此推算被告人的基准刑为：1年（12个月）+6个月=18个月。

（3）调节基准刑。确定基准刑后，要根据其他量刑情节对基准刑予以调节，得出拟宣告刑。在本案中，5名被告人具有不同的量刑情节，具体如下：

①被告人黄某国：被告人黄某国与被告人柯某永在本案中起主要作用且作用相当，均被认定为主犯。除此之外，被告人黄某国还具有

的量刑情节有：接公安机关电话后到案接受调查，构成自首；积极赔偿被害人损失并取得被害人谅解。根据《量刑实施细则》的规定，对司法机关尚未掌握犯罪事实时主动投案自首的，可以减少基准刑的20%~40%，被告人在另外一名同案犯已经到案的情况下，接公安机关电话通知而自首，予以减少基准刑的20%；被告人积极赔偿被害人损失并取得被害人谅解，根据《量刑实施细则》可以减少基准刑的30%以下，根据实际赔偿情况予以减轻30%。据此，被告人黄某国的拟宣告刑为：18个月×（1−20%−30%）=9个月。

②被告人柯某永：被告人柯某永具有的量刑情节：主动到公安机关投案自首；积极赔偿并取得被害人谅解，根据《量刑实施细则》的规定及具体案情，对以上情节分别减少基准刑的30%及30%，即被告人柯某永的拟宣告刑为：18个月×（1−30%−30%）=7.2个月≈7个月。

③被告人王某平：被告人王某平、蔡某及卢某洪在本案中起次要作用且作用相当，被认定为从犯。被告人王某平具有的量刑情节有：从犯、协助公安机关抓捕同案犯构成立功、自愿认罪、赔偿并取得被害人谅解。根据《量刑实施细则》的规定，对于从犯，作用相对较小的，可以减少基准刑的30%~50%，根据实际情况予以减轻30%；一般立功，可以减少基准刑的20%以下，根据立功情况予以减轻15%；被告人自愿认罪的，可以减少基准刑的10%以下，予以减轻10%；与其他被告人共同赔偿被害人损失并取得被害人谅解，与其他被告人一致，均减轻30%。据此，被告人王某平的拟宣告刑为:18个月×（1−30%）×（1−15%−10%−30%）=5.67个月≈6个月。

④被告人蔡某：被告人蔡某的量刑情节有：从犯、自愿认罪、积极赔偿并取得被害人谅解，根据《量刑实施细则》及具体案情分别减轻基准刑的30%、10%、30%，即被告人蔡某的拟宣告刑为：18个月×（1−30%）×（1−10%−30%）=7.56个月≈8个月。

⑤被告人卢某洪：被告人卢某洪具有的量刑情节有：从犯、自愿认罪、积极赔偿并取得被害人谅解，与被告人蔡某基本一致，对被告人

卢某洪的拟宣告刑为：18 个月 ×（1−30%）×（1−10%−30%）=7.56 个月≈ 8 个月。

（4）确定宣告刑。

本案中，根据以上根据量刑方法计算的结果，5 名被告人的拟宣告刑分别为 9 个月、7 个月、6 个月、8 个月、8 个月，主从犯之间的量刑不平衡。如果比较第二被告人和第四被告人的调节刑，可以看出，第二被告人柯某永具有一个减轻 30% 的自首情节，第四被告人蔡某同样具有一个减轻 30% 的从犯情节；两人共同赔偿被害人损失并取得被害人谅解，都是减轻 30%。除此之外，被告人蔡某还多了一个可以减轻 10% 的自愿认罪情节，但是经过调节的拟宣告刑却是被告人蔡杰重于被告人柯某永。究其原因，是因为被告人蔡杰的自愿认罪及赔偿损失情节是在因从犯情节已经减少了 30% 的基础上进行调节的，减轻的幅度较小，被告人卢某洪的拟宣告刑也是如此。所以，考虑到主从犯之间的量刑平衡，法官在 10% 的幅度内对被告人蔡某及被告人卢某洪的拟宣告刑进行调整，即对两人的拟宣告刑调整为：8 个月 ×（1−10%）=7.2 个月≈ 7 个月。

最终确定的宣告刑分别为：判处被告人黄某国有期徒刑 9 个月，缓刑 1 年；判处被告人柯某永有期徒刑 7 个月，缓刑 1 年；判处被告人王某平拘役 6 个月，缓刑 6 个月；判处被告人蔡某有期徒刑 7 个月，缓刑 1 年；判处被告人卢某洪有期徒刑 7 个月，缓刑 1 年。经过调整后，本案主从犯之间的量刑与各被告人的地位、作用达到了平衡。

实操建议

根据新《量刑指导意见》进行规范量刑的过程中，往往会出现主犯具备法定从轻、减轻情节最终拟宣告刑轻于从犯，为解决量刑均衡问题，需要借助于法官的自由裁量权，对拟订的宣告刑作出适当修正后得出正式意义上的宣告刑。基准刑和量刑比例的机械适用不仅会制约法官的裁量权，而且也违背了量刑的基本规律，进而造成刑罚目的不能实现，这时就需要对调节基准刑之后的结果再进行一定的调整。例如，被告人并没有减轻处罚的情节，但是经过多个从轻处罚情节的调节之后，调节的结果在法定最低刑以下，这时法官通常会重新审视调节结果，将法定最低刑确定为宣告刑。在有些案件中，调节的结果完全符合法律的规定，但是与被告人的罪责却不相适应。此时，根据新《量刑指导意见》的规定，独任审判员或合议庭可以在基准刑10%的幅度内进行调整，如调整后的结果仍然与罪责不相适应，可以提交审判委员会讨论决定宣告刑。这条规定是对以调节结果依法确定宣告刑的一种补充，也是“定量分析与定性分析相结合”的量刑方法的充分体现。

116. 从犯的罚金刑等财产刑是否也应当从轻或者减轻

从犯可以从轻、减轻、免除处罚的量刑原则，不仅适用于主刑，也适用于附加刑。

参考案例

朱胜虎等非法经营案[①]

2009年9月至2012年4月，被告人朱胜虎、朱胜弟在未获取网络经营许可证的情况下，在温州市龙湾区永中街道度山村展新路4号经营“黑网吧”，营业额累计人民币（以下币种同）25万余元，非法获利约7万元。其间，王秋香（朱胜虎的妻子）在该“黑网吧”负责账目管理。

① 《刑事审判参考》案例第829号。

2010年5月至2012年4月，朱胜虎、王某乐在未获取网络经营许可证的情况下，在温州市龙湾区海滨街道蓝田路59号、60号经营黑网吧，营业额累计约22万元，非法获利约8万元。

在审理过程中，朱胜虎、朱胜弟、王秋香已共同将违法所得7万元上缴；朱胜虎、王某乐已共同将违法所得8万元上缴。

法院认为，被告人朱胜虎、朱胜弟、王某乐、王秋香结伙以营利为目的，在未获取网络经营许可证的情况下经营“黑网吧”，扰乱市场秩序，情节严重，其行为均构成非法经营罪。朱胜虎、朱胜弟、王某乐在共同犯罪中起主要作用，属主犯，应当按照其所参与的犯罪处罚；王秋香在共同犯罪中起次要作用，系从犯，应当从轻处罚。判处被告人朱胜虎犯非法经营罪，判处有期徒刑3年，缓刑5年，并处罚金人民币15万元（其他被告人的判罚情况略）。判处被告人王秋香犯非法经营罪，判处有期徒刑1年6个月，缓刑2年，并处罚金人民币4万元。

检察机关抗诉称，《刑法》规定非法经营罪的罚金为违法所得1倍以上5倍以下，原审法院认定被告人王秋香涉案违法所得额7万元，对王秋香的罚金应当在7万元以上，原审法院判处4万元罚金显属量刑错误。

二审法院认为，王秋香的作用与地位明显次要，系从犯。考虑到王秋香涉案经营数额、个人实际所得、犯罪持续时间及缴纳罚金能力，原审法院为保证罚金刑发挥应有的刑罚作用，适用从犯情节，对王秋香判处的主刑予以从轻处罚的同时，对其判处的罚金刑予以减轻处罚并无不当。裁定驳回抗诉，维持原判。

司法观点

1. 罚金刑可以依据法定减轻情节而减轻适用

在我国，《刑法》分则规定的罚金数额确定方式主要有无限额罚金制、限额罚金制和倍比罚金制。最高人民法院2000年出台的《关于适用财产刑若干问题的规定》第 2 条规定："……刑法没有明确规定罚金数额标准的，罚金的最低数额不能少于一千元。对未成年人犯罪应当从轻或者减轻判处罚金，但罚金的最低数额不能少于五百元。"可见，除《刑法》已对限额罚金和倍比罚金明文规定了法定量刑幅度外，司法解释还对无限额罚金制的罚金数额规定了成年人 1000 元的下限，即无限额罚金亦具有法定量刑幅度。

《关于适用财产刑若干问题的规定》第 2 条第 2 款明确了对未成年人犯罪的罚金刑可以从轻或者减轻处罚，并不意味着只有未成年罚金刑可以从轻或者减轻。对具有法定从轻或者减轻处罚情节的，不管是未成年人罪犯还是成年人罪犯，都可以根据案件的具体情况，决定对罪犯的罚金刑从轻或者减轻适用。具体理由如下：

第一，新《量刑指导意见》规定，量刑情节对基准刑的调节结果在法定最低刑以下，具有法定减轻处罚情节，且罪责刑相适应的，可以直接确定为宣告刑；只有从轻处罚情节的，可以确定法定最低刑为宣告刑。由此规定可知，量刑情节对刑罚的调节同时包括对附加刑的调节，只要具有减轻处罚情节且罪责刑相适应的，就可以将调节在法定最低刑以下的罚金刑确定为宣告刑。

第二，虽然绝大多数未成年人罪犯没有个人财产，在执行财产刑的问题上相对于成年人罪犯具有特殊性，但根据罪刑法定原则、罪责刑相适应原则，对未成年人罪犯原则上应当适用罚金刑。对未成年人犯罪罚金刑从轻或者减轻处罚，其原因并不是绝大多数未成年人没有个人财产，而是因为适用《刑法》第 17 条第 4 款对未成年人犯罪"应当从轻或者减轻处罚"的规定，据此，性质上属于法律规定的减轻处罚量刑情节，理应可以作为罚金刑减轻处罚的适用依据。

2. 主刑从轻处罚时罚金刑可以减轻处罚

根据新《量刑指导意见》的精神，虽然基准刑必然在法定量刑幅度范围内，但通过量刑情节调节后，并不能保证宣告刑仍在法定量刑幅度以内，宣告刑是否仍在法定量刑幅度内取决于犯罪情节的调节结果。通过犯罪情节调节后，不管主刑与附加刑是否仍在法定量刑幅度内，只要与犯罪分子所犯罪行和所应承担的刑事责任相适应，即应当确定为宣告刑。根据《刑法》第61条的规定，对于犯罪分子决定刑罚时，应当根据犯罪的事实，犯罪的性质、情节和对社会的危害程度，依照《刑法》的有关规定判处。《关于适用财产刑若干问题的规定》第2条亦进一步明确规定，判处被告人罚金刑，为避免出现空判或者使犯罪分子切身感受到财产刑的惩戒作用，不仅应当根据被告人的犯罪情节，还应当综合考虑犯罪分子缴纳罚金的能力等情况。新《量刑指导意见》也明确，判处罚金刑，应当以犯罪情节为根据，并综合考虑被告人缴纳罚金的能力，依法决定罚金数额。

由此可见，判处自由刑和罚金刑的依据并不完全相同，判处自由刑的依据不可能包括犯罪分子的经济状况，但判处罚金刑却要考虑这一因素。尽管法律并未明确规定罚金刑与自由刑必须同时从轻、减轻，但基于罚金刑与自由刑的判处依据不同，其各自调节的幅度也必然不同，调节的结果不能必然保证罚金刑和自由刑同时从轻或者减轻，但只要符合罪责刑相适应原则，实现预定的刑罚效果，即可确定为宣告刑。

因此，在对主刑选择从轻的同时对罚金刑也可以适用减轻。

另外需要注意的是，审判实践中，刑事裁判文书表述的从轻、减轻处罚仅指对主刑从轻或者减轻适用。如果量刑情节的调节结果应当是减轻处罚的，也应在裁判文书中明确表述，特别是在自由刑与罚金刑不同时从轻、减轻处罚时更应表述清楚。

实操建议

对具备从犯、自首、未遂等法定从轻、减轻情节的案件，适用罚金刑等财产刑也可以从轻或者减轻，甚至可以采用主刑从轻、附加刑减轻处罚的分别量刑方式，目的是达到罪刑相当，而且罚金刑的判处也要综合考虑被告人缴纳罚金的能力，不仅仅是根据犯罪情节，辩护人可以加强对被告人经济能力的举证，并妥当运用减轻情节，最大限度地减轻被告人人身和经济负担。

117. 涉众型经济犯罪案件中从犯如何认定

从“是否为受雇人员”“是否为行为发起者和具体策划者”“参与犯罪环节的多少”“违法所得占全部犯罪金额的比例大小”等方面入手进行分析、论证当事人是否可以认定为涉众型经济犯罪案件的从犯。

法律依据

《刑法》

第二十七条 在共同犯罪中起次要或者辅助作用的，是从犯。

对于从犯，应当从轻、减轻处罚或者免除处罚。

最高人民法院、最高人民检察院《关于常见犯罪的量刑指导意见（试行）》

三、……（五）对于从犯，综合考虑其在共同犯罪中的地位、作用等情况，应当予以从宽处罚，减少基准刑的20%–50%；犯罪较轻的，减少基准刑的50%以上或者依法免除处罚。

最高人民法院《关于贯彻宽严相济刑事政策的若干意见》

31. 对于一般共同犯罪案件，应当充分考虑各被告人在共同犯罪中的地位和作用，以及在主观恶性和人身危险性方面的不同，根据事实和证据能分清主从犯的，都应当认定主从犯。有多名主犯的，应在主犯中进一步区分出罪行最为严重者。对于多名被告人共同致死一名被害人的案件，要进一步分清各被告人的作用，准确确定各被告人的罪责，以做到区别对待；不能以分不清主次为由，简单地一律判处重刑。

参考案例

肖某非法吸收公众存款案[①]

法院查明：杨某文（已判刑）系北京中行亚太科贸有限公司（原北京中行亚太酒店管理有限公司，以下简称中行亚太公司）法定代表人，被告人肖某系中行亚太公司销售部经理。2007年5月至8月，中行亚太公司以筹集该单位与中国人民解放军总医院第二附属医院（原309医院）合作开发的玉泉山康复保健中心所需项目资金的名义，向朱伟等99人发售带有返利性质的“健益宝”理财产品295份，非法吸收公众存款达人民币1774万元。被告人肖某在杨某文的安排下，负责上述理财产品的销售工作。2009年6月28日，被告人肖某被抓获归案。公安机关扣押被告人肖赞的蒙迪欧轿车1辆（车牌号：京M333××，含机动车行驶证1本、车钥匙1把，暂扣于北京市公安局经货处）在案。

法院认为：在单位共同犯罪中，中行亚太公司、杨力文在共同犯罪中起决定性的策划、领导作用，罪责明显高于肖某，有必要区分其在共同犯罪中的主从地位，以做到罪责刑相适应。故法院认定被告人肖某在共同犯罪中是从犯，对其所犯罪行依法予以减轻处罚。

对单位犯罪中的直接负责的主管人员和其他直接责任人员，应根据其在单位犯罪中的地位、作用和犯罪情节，分别处以相应的刑罚。本案行为人作为公司的雇佣人员，在公司法定代表人的安排和指挥下参与组织公司的销售工作，担任销售部门的实际负责人，对外吸收公众存款。从该公司整个非法吸收公众存款的行为过程来看，行为人是在该公司确定实施非法吸收公众存款行为之后，经他人介绍参与进来的，并不是发起者和具体策划者；另该公司以投资项目为名，通过销售理财产品吸收公众存款的行为，前后包括广告宣传、资金担保、具体销售、项目投入等多个环节，行为人只负责具体销售这一个环节，且也是在公司法定代表人的安排下参与实施的；再从犯罪所得来看，

① 北京市第二中级人民法院（2010）刑终字第1547号。

行为人的实际所得占全部犯罪金额的比例甚小。所以，在单位犯罪中，与公司法定代表人的行为相比，行为人所起作用较小，处于从属地位，故本着罪刑相适应的原则，可认定其为从犯。

实操建议

认定从犯的辩护思路是绝大多数辩护人都能想到的，但是最终是否能够成功还是要看案件本身是否有事实基础。参考上述案例，涉众型经济犯罪案件中从犯的认定可以从“是否为受雇人员”“是否为行为发起者和具体策划者”“参与犯罪环节的多少”“违法所得占全部犯罪金额的比例大小”等方面入手进行分析、论证。

118. 数额犯中从犯既有单独犯罪又有共同犯罪的，如何认定犯罪数额

数额犯中犯罪数额的认定直接影响罪与非罪、加重处罚与非加重处罚。特别是在共同犯罪中，被告人既参与了共同犯罪，同时自己又单独实施了该同类犯罪，对其犯罪金额的认定，是将其参与的共同犯罪金额与其单独实施该类犯罪的金额直接相加予以认定，还是将二者分别认定，这直接影响量刑中属于数额较大、数额巨大还是情节严重、情节特别严重。一个基本处理原则是：如果在共同犯罪中被告人系主犯，应将在共同犯罪中参与的犯罪金额与单独犯罪所涉犯罪金额予以相加；如果在共同犯罪中系从犯，则应对两部分金额分别认定，在分别认定中，若两部分金额分别处于不同的量刑幅度，则按处罚较重的一档予以量刑；若两部分金额均对应同一量刑幅度，则酌定从重予以处罚。

相关案例

孔某军、黄某涛假冒注册商标案①

2017 年 1 月以来，被告人孔某军制作假冒贵州茅台酒、洋河系列酒等注册商标的商品并通过网络予以销售。2018 年 3 月，黄某涛帮助孔某军制作和销售假冒贵州茅台酒等。孔某军销售货款共计 1,361,575 元，其中黄某涛帮助孔某军制作销售部分为 121,151 元。

被告人黄某涛帮助孔某军制作销售假冒贵州茅台酒等商品期间，自己亦制作假冒贵州茅台酒等注册商标的商品进行销售，销售所得为 86,464 元。

法院认为：孔某军、黄某涛未经注册商标所有人许可，在同一种商品上使用与其注册商标相同的商标，已构成假冒注册商标罪。二人共同犯罪中，假冒贵州茅台酒股份有限公司和江苏洋河酒厂股份有限公司分别生产的“贵州茅台酒”和“天之蓝、海之蓝酒”，属于假冒两种以上注册商标，其中孔某军非法经营数额达 1,361,575 元，属于情节特别严重。黄某涛在明知孔某军制售假冒注册商标的商品时仍提供帮助，其帮助孔某军部分涉案非法经营数额计 121,151 元，属于情节严重的情形。同时，黄某涛又单独自行生产销售假冒“贵州茅台酒”，该部分非法经营数额计 86,464 元，亦属情节严重的情形，黄某涛在与孔某军共同犯假冒注册商标罪中所涉犯罪金额对应的量刑幅度，与其单独自行犯假冒注册商标罪对应的量刑幅度，均为“三年以下有期徒刑或者拘役，并处或者单处罚金”同一量刑幅度。据此，对黄某涛应在“三年以下有期徒刑或者拘役，并处或者单处罚金”量刑幅度内酌定从重处罚。

最终法院对黄某涛犯假冒注册商标罪，判处有期徒刑 2 年，并处罚金 9 万元。孔某军犯假冒注册商标罪，判处有期徒刑 3 年零 6 个月，并处罚金 70 万元。

---

① 贵州省高级人民法院（2019）黔刑终 315 号刑事判决书。

司法观点

对于数额犯中从犯有共同犯罪事实，又有单独犯罪事实的，一般不宜直接累计犯罪数额计算量刑档次。

（1）应当注意区分不同从犯参与共同犯罪程度的差异性。同样是共同犯罪的从犯，有的是事前共犯，只是被分工承担运输、邮寄等帮助行为，并参与分配共同犯罪的非法利益。有的是在从事正常业务活动中，为了赚取通常的业务利润而放任、帮助他人实施相应犯罪。二者的主观恶性不同，在共同犯罪中的作用、地位有别，应当实行区别对待。

（2）在共同犯罪中的从犯对犯罪结果的发生往往不起决定性作用，因此其所参与的犯罪数额与其单独实施的犯罪数额直接累加，往往会导致罪责刑不相适应，因此有必要将其单独犯罪的犯罪数额与共同犯罪的参与数额分别计算，按照量刑较高者定罪处罚，可以很好地起到量刑均衡作用，否则将不能区分主犯和从犯的量刑。

实操建议

对于数额犯中从犯既有共同犯罪事实又有单独犯罪事实的，可以参考未遂类处罚标准，分别计算相应的量刑档次，就高适用，而不是合并金额。这样可以最大限度地体现罪责刑相适应原则。如果是主犯，则应合并计算。

119. 虚开类案件中，开票方、介绍开票人、受票人是否可以区分主从犯

三种虚开方式中互为关联方，开票方、介绍开票人、受票人的起意、作用不同，有区分主从犯的空间，可以根据分工、地位作用来认

定各方责任。

（1）在开票方、受票方单方面存在多人参与虚开犯罪的场合，由于各个人在犯罪中的地位、作用大多不同，非法获利数额也常有区别，区分主从犯，可以做到罪刑相当。

（2）在开票人、介绍开票人确实是受受票人的请托而被动实施开票或介绍开票的场合，虽然开票人或介绍开票人帮助受票人实现虚开牟利的非法目的，但自己并未获取或者仅仅获取极少的非法利益，因其在犯罪的主观故意和客观行为方面都明显表现出从属性、被动性，对这种开票人、介绍开票人应当以虚开犯罪的从犯认定。对于单独处罚的介绍虚开者，其相对开票人和受票人在虚开犯罪过程中所起的作用要小一些，即使不作为共同犯罪来认定，在实际处罚上还是应当酌情考量，体现区别。尤其是在开票人、受票人均被抓获的情况下，更应注意三者在量刑上的协调性。

120. 雇凶案件中如何区分主从犯

雇凶杀人、伤害犯罪是共同犯罪中比较常见的犯罪形态，准确认定雇凶犯罪的刑事责任，涉及雇凶者与实行犯的罪责如何分担，以及发生连环教唆的场合，如何准确认定教唆犯之间的主从罪责。总体原则还是根据雇凶者的授意内容、参与程度、行为导致危害结果发生的原因力大小等诸多因素综合判断是否应当作为主犯认定，如果对犯罪结果发生不起主要作用，且并非概括授意，可以不认定为主犯。

1. 雇凶者与实行犯的责任区分

同类型的雇凶犯罪中，雇凶者与实行犯在共同犯罪中各自所起的作用有所不同：

一是根据犯意内容明确与否，区分为犯意内容确定的雇凶犯罪与犯意内容概括的雇凶犯罪。前者如雇凶者明确授意实行犯轻伤、重伤或者杀死他人；后者如雇凶者仅仅授意实行犯教训他人一顿，至于实施暴力的具体方式、程度及后果等，雇凶者均未做说明。

二是根据雇凶者是否参与组织、实行犯罪等加害行为，可以分为纯粹的雇凶犯罪与不纯粹的雇凶犯罪。前者指雇凶者的行为仅仅止于授意，后者指雇凶者在授意后还进一步实施了组织、策划、指挥犯罪等具体的加害行为。

在纯粹的雇凶犯罪中，无论是犯意内容确定还是概括的雇凶者，其行为均止于犯意发动，大多属于教唆犯，从实现犯罪与人身危险的角度，罪责比实行犯为轻。虽然雇凶者与实行犯可能都是主犯，进一步厘清二者的罪行轻重依然十分重要，尤其是在涉及死刑判决之时，审慎梳理二者关系，对于切实贯彻、落实“严格控制死刑”及“少杀、慎杀”的刑事政策具有特殊的意义。

但也需要注意，雇凶者实为间接实行犯或者分别雇用多人打压、清除多个竞争对手的故意伤害、杀人犯罪的情形中，雇凶者的责任比实行犯更重，以及在雇凶者概括性授意的场合，一般应当对实行犯的全部罪行及其加重结果承担罪责，如果根据经验法则（如雇凶者作出概括性授意的综合环境因素），可以明确判断雇凶者的概括性授意表述，实际上是应当排除实行过限如故意重伤或杀人等情形，还是应当区分认定教唆行为和实行过限行为，分别追究雇凶者与实行犯的个别责任。

在不纯粹的雇凶犯罪中，由于雇凶者在雇用实行犯之后还积极实施了组织、策划、指挥犯罪等具体的加害行为，其法律地位就不仅是教唆犯，而且是“组织犯”抑或共同实行犯，属于主犯，应当按照全部罪行承担刑事责任。从大量实际案例看，不纯粹的雇凶者在主观上往往具有犯意的确定性和坚定性，显示出比犯意内容概括的纯粹雇凶者更大的主观恶性；在客观方面，不纯粹的雇凶者通常在共同犯罪过程中处于主导、支配地位，对于实行犯的犯罪进程、打击手段及其危害后果等，都有及时、准确、完整的把握。

总之，在判断雇凶者与实行犯的责任大小、主从犯认定时，应当根据雇凶者的授意内容、参与程度、行为导致危害结果发生的原因力大小等诸多因素综合判断。

2. 雇凶犯罪中连环教唆犯的责任区分

关于雇凶犯罪中连环教唆犯的罪责界定，我国刑法通说认为：最先教唆者是犯意的发起者，一般应当认定为主犯。最后教唆者直接引起他人实行犯罪的行为，一般也应认定为主犯。中间教唆者只起犯意的中转作用，在共同犯罪中所起作用较小，一般应当认定为从犯。于是存在一个问题：最先与最后教唆者是否应当区分主从犯?

尽管最后教唆者直接引起实行行为，但相对于最先教唆者的作用来说，他仍然只是犯意传递者。哪怕最后教唆者进而实施了犯罪的组织、策划、指挥行为，其作用也不宜超过发起犯意的最先教唆者，正所谓“造意为首”。因为后者是整个共同犯罪的始作俑者，在雇凶犯罪的场合更是如此。如果最后教唆者进而主要实行了犯罪，即最先教唆者与最后教唆者的关系演变为雇凶者与主要实行犯的关系，如前所述，最后教唆者（兼主要实行犯）的作用有可能大于雇凶者。

121. 聚众斗殴案件中是否区分主从犯

在聚众斗殴中，首要分子、积极参加者构成聚众斗殴罪，而一般参与者不能构成该罪，但并不意味着首要分子、积极参加者都是主犯，聚众斗殴案中只有主犯，不存在从犯；或者说首要分子一定是主犯，积极参加者一定都是从犯。

在司法实务中，认定共同犯罪中的主犯、从犯，通常有两种方法：一是先挑出起次要或者辅助作用的认定为从犯，余皆认定为主犯，否则皆为主犯；二是先挑出起主要作用的认定为主犯，余皆认定为从犯。对于聚众斗殴罪这样的聚众犯罪，前一种认定方法更为通用。

对于聚众斗殴罪中主犯与从犯的认定，应当注意以下几点：

（1）首要分子一般是主犯，但不一定都是主犯。根据《刑法》第 26 条的规定，主犯指组织、领导犯罪集团进行犯罪活动的或者在共同犯罪中起主要作用的人。而首要分子指聚众犯罪中起组织、策划、指挥作用的犯罪分子。聚众犯罪中的首要分子一般在共同犯罪中起主要作用，故一般是主犯。但在聚众斗殴中有可能有数个首要分子，有的首要分子只是起到次要的策划作用，对于整体案件的发生作用不是很大，就有可能被认定为从犯。

（2）聚众斗殴罪中有可能没有首要分子，而只有积极参加者。如零散的个人，在没人召集的情况下聚集在一起实施斗殴的情形。

（3）积极参加者一般也可被认定为主犯，但相关事实表明积极参加者对聚众斗殴所起作用较小、参与程度较小，或者对危害后果的发生没有直接责任时，可以认定为从犯。

（4）聚众斗殴罪中，首要分子、积极参加者可以全部认定为主犯，或者部分认定为主犯，部分认定为从犯，但一般不可以全部认定为从犯。

122. 网络赌博案件中如何区分主从犯

网络赌博一旦形成共同犯罪，往往不是简单共同犯罪，而是形成固定的犯罪集团，分工往往较传统赌博更加严密、细化，如有人负责后台维护、有人负责广告推广、有人负责资金结算、有人负责网络监管，甚至有人负责坐庄凑数等，甚至某些犯罪团伙“公司化”程度极高，比一般正规网络公司更具规模。

由于网络赌博犯罪行为尤其是分工的隐蔽性，甚至各共同行为人之间彼此互不认识，有时同一人使用多个账户，或者多人使用一个账户进行网络赌博犯罪活动，使行为的对应行为人不清。因此，在网络赌博犯罪中，查清行为人之间的地位、作用等较普通赌博犯罪难度更大。

基于网络赌博犯罪集团化的特点，主从犯的标准也不能直接参考普通共同犯罪，而是以多重标准综合考评行为人的地位和作用以及参加的时间长短、所从事的事务多少及重要程度、所获利益的大小等，以确定行为人在整个网络犯罪团伙中的主从犯地位。辩护人应该重视对系统数据、鉴定意见等电子数据的深度挖掘，深挖案件的源头和终点，由此确定犯罪的分工和当事人的地位、作用，将量刑辩护效果最大化。

123. 命案中如何对共同犯罪人进行量刑辩护

要在理解、把握我国现阶段宽严相济和死刑政策（尽量限制死刑尤其是死刑立即执行的适用）的基础上，充分考量当事人在共同犯罪中的地位和作用、犯罪后果、被告人的主观恶性和人身危险性等情况，论证其从犯或者罪责相对较轻的作用、地位。

法律依据

《刑法》

第二十七条 在共同犯罪中起次要或者辅助作用的，是从犯。

对于从犯，应当从轻、减轻处罚或者免除处罚。

最高人民法院、最高人民检察院《关于常见犯罪的量刑指导意见（试行）》

三、……（五）对于从犯，综合考虑其在共同犯罪中的地位、作用等情况，应当予以从宽处罚，减少基准刑的20%–50%；犯罪较轻的，减少基准刑的50%以上或者依法免除处罚。

最高人民法院《关于贯彻宽严相济刑事政策的若干意见》

31.对于一般共同犯罪案件，应当充分考虑各被告人在共同犯罪中的地位和作用，以及在主观恶性和人身危险性方面的不同，根据事实和证据能分清主从犯的，都应当认定主从犯。有多名主犯的，应在主犯中进一步区分出罪行最为严重者。对于多名被告人共同致死一名被害人的案件，要进一步分清各被告人的作用，准确确定各被告人的罪责，以做到区别对待；不能以分不清主次为由，简单地一律判处重刑。

司法观点

对于故意杀人、共同犯罪案件的死刑适用，总的要求是要充分考虑各被告人在共同犯罪中的地位和作用、犯罪后果、被告人的主观恶性和人身危险性等情况，正确认定各被告人的罪责并适用刑罚。一案中有多名主犯的，要在主犯中区分出罪责最为严重者和较为严重者。①

实操建议

根据上述司法观点，针对共同故意杀人死刑案件进行辩护时须重点关注以下几个问题：

其一，对于共同致一人死亡，依法应当判处被告人死刑立即执行的，原则上只判处一名被告人死刑立即执行。罪行极其严重的主犯因有立功、自首等法定从轻处罚情节而依法不判处死刑立即执行的，也不能对罪行相对较轻的主犯判处死刑立即执行。

其二，对于被告人地位、作用相当，罪责相对分散，或者罪责确实难以分清的，一般不判处被告人死刑立即执行。确需判处被告人死刑立即执行的，要充分考虑被告人在主观恶性和人身危险性等方面的

---

① 周道鸾、张军：《刑法罪名精释》（第4版），人民法院出版社2013年版，第509页。

不同，审慎决定。

其三，对于家庭成员共同犯罪案件，适用死刑要特别慎重，应尽量避免判处同一家庭两名以上成员死刑立即执行。

其四，对于有同案犯在逃的案件，要分清罪责，慎重决定对在案的被告人判处死刑立即执行。

其五，对于雇凶杀人只致一人死亡的案件，一般不宜同时判处雇凶者与受雇者死刑立即执行。对于案情特别重大，后果特别严重，确需判处两名以上被告人死刑立即执行的，要严格区分多名受雇者的地位、作用，根据其罪责和犯罪情节，一般可对雇凶者和其中罪行最严重的受雇者判处死刑立即执行。

124. 行为人被胁迫参与犯罪的，是否可以主张胁从犯从宽处罚

判断是否构成胁从犯，主要依据是当事人在行为过程中是否丧失意志自由。胁从犯在共同犯罪的活动中处于从属的地位，其所起的作用在一般情况下比从犯还要小，在个别情况下也可能等于从犯。胁从犯实施的犯罪行为既可能是实行行为也可能是帮助行为，不能把胁从犯的行为限于帮助行为。

有观点认为，虽然被胁迫参加犯罪，但在共同犯罪中起主要作用的，不能以胁从犯论处。上述观点是从主犯、从犯、胁从犯在共同犯罪中的规定来看，认为系作用逐级递减。但需要指出的是，《刑法》规定的胁从犯，是从其被胁迫参与犯罪的角度来认定的，而不是从其发挥作用大小的角度来认定的，所以，即使作用较大，确属被胁迫参与犯罪，具备一定的紧急避险成分，也应当减轻处罚。

在认定胁从犯时应当注意以下几个问题：

（1）胁从犯并没有完全丧失意志自由。胁从犯在主观上的基本特

征在于虽然是非主动、非自愿的，但却并没有失去或完全失去意志自由。如果行为人在身体受到强制的情况下完全失掉了意志自由，则失去了与胁迫者的犯意联络，不具有与胁迫者共同犯罪的故意。

（2）注意区分胁从犯与紧急避险。胁从犯与紧急避险的界限就在于行为人损害的利益是否小于他所保护的利益。如果是因为受人胁迫，为了保护自己的某种利益，而对第三者的利益造成损害，且这种损害大于其所欲保护的利益，则属于胁从犯。

（3）在共同犯罪中，胁从犯的作用可能发生转化。对被胁迫者要用“发展”的眼光来看，即开始被胁迫、不情愿地参与犯罪活动，但后来尝到了甜头、得到了好处，而非常积极地、自愿地继续参与犯罪者，不能认为仍然属于胁从犯，综合全案，可能就是从犯甚至主犯了。[①]

法律依据

《刑法》

第二十一条 为了使国家、公共利益、本人或者他人的人身、财产和其他权利免受正在发生的危险，不得已采取的紧急避险行为，造成损害的，不负刑事责任。

紧急避险超过必要限度造成不应有的损害的，应当负刑事责任，但是应当减轻或者免除处罚。

第一款中关于避免本人危险的规定，不适用于职务上、业务上负有特定责任的人。

第二十八条 对于被胁迫参加犯罪的，应当按照他的犯罪情节减轻处罚或者免除处罚。

---

① 李少平等主编：《中华人民共和国刑法案典（上）》，人民法院出版社2016年版，第128页。

参考案例

薛某、王某放火案[①]

法院查明：2003年3月3日6时许，天津轻纺商城某公司的法人代表李某，携带4桶共100千克的汽油到了公司。当日，李某因为租赁房屋等问题情绪十分低落。进入公司后，李某便将汽油泼洒在公司员工薛某及王某的身上，然后，手持打火机逼迫薛某和王某二人将剩余的汽油洒满公司。薛某和王某在李某的胁迫下，将汽油洒到公司的一、二楼各处以及李某的身上。而后，薛、王二人离开李某七八米。这时，李某自己引燃了汽油并最终丧生。火灾使轻纺商城损失惨重，轻纺商城租赁柜台的经营者自报损失达190余万元。事发后，薛、王二人迅速逃离了现场，且当时均未报警。当天上午，思虑一番的薛某到公安机关投案。1个多月后，先是逃回原籍山东后又潜回天津市的王某被抓获归案。

法院认为：薛某等人明知自己的行为会造成极为严重的后果，但却为了保全自己，对可能给周围群众造成的损失不予理睬，放任后果的发生，他们的行为完全符合刑事犯罪中的"间接故意"。"在可以选择实施或不实施的情况下，二被告人却实施了泼洒汽油的行为，且在案发后逃离现场，不尽报警职责，对于火灾的发生有间接故意，故依法应定为胁从犯。"判断被告人的行为是否构成胁从犯，关键要看行为人是否完全失去意志自由：如果其行为完全不受意志支配，那么其行为不构成犯罪，但反之则构成胁从犯。具体到本案来看，二被告人在与李某"二对一"的力量对比中，并未完全失去意志自由。在李某的胁迫下，二被告人却实施了泼洒汽油的行为，且在案发后逃离现场，不尽报警职责，对于火灾的发生有间接故意，故依法应认定为胁从犯。

紧急避险是通过损害一个较小合法权益保护一个较大合法权益的

---

① 《在行为人可以采取其他办法避免损失，却在犯罪分子的胁迫之下实施了犯罪行为的，其行为不成立紧急避险，而是胁从犯》，载法信网，http://faxin.cn/lib/cpal/AlyzContent.aspx?gid=C1346250。

行为，只能在不得已的情况下实施。紧急避险与胁从犯区分的关键之处在于行为人是否丧失了意志自由。在行为人可以采取其他办法避免损失，却在犯罪分子的胁迫之下实施了犯罪行为的情况下，行为人的行为不成立紧急避险，而是胁从犯。

刘某、李某盗窃案①

法院查明：刘某是某市电视机厂临时工，李某是该电视机厂仓库保管员。刘某因经常参加赌博而欠下很多赌债，遂产生盗窃本厂生产电视机的材料卖钱还债的想法。2004年4月25日23时30分许，刘某骑一辆三轮车窜至本厂仓库，令李某打开仓库，同时威胁李某，如果不从，就向公安机关告发其开办的录像厅播放黄色录像。李某无奈，打开仓库门锁，刘某盗走各种原材料价值1万余元。

法院认为：根据我国《刑法》第28条的规定，胁从犯是被胁迫参加犯罪的人，即在他人威胁下不完全自愿地参加共同犯罪，并在共同犯罪中起较小作用的人。胁从犯具有以下特征：（1）行为人在客观上实施了犯罪行为。本案中，李某在客观上实施了犯罪行为。（2）行为人明知自己实施的行为是犯罪行为，在可以选择不实施犯罪的情况下，虽不愿意但仍然实施了犯罪行为。如果行为人不知道自己实施的行为是犯罪行为，或者知道自己实施的行为是犯罪行为，但丧失了选择行为的可能性，则不能成立胁从犯。本案中李某可以选择不实施犯罪，但其虽不愿意但还是实施了犯罪行为。（3）行为人因为受他人胁迫而参加犯罪。被胁迫，是指由于各种原因而在精神上受到一定程度的威逼或者强制，如受到剥夺生命、损害健康、揭发隐私、毁损财物等精神强制。但是，在这种情况下，行为人没有完全丧失意志自由，因此，仍应对其行为承担刑事责任。在司法实践中，认定胁从犯的时候，应当注意要把被胁迫参加犯罪的胁从犯与身体上完全受到限制、失去了意志自由的情况区别开来。在身体完全受强制的情况下，行为人失

① 王明、王运声：《侵害人身财产犯罪案例——以案说法丛书》（第3辑），人民法院出版社2006年版，第361页。

去了支配自己行为的能力，因而他缺乏刑法意义上的行为，主观上也没有犯罪的故意或者过失，当然不应对由此而发生的危害结果承担刑事责任。例如，犯罪分子将铁路上的扳道员捆绑起来，火车到时，扳道员因身体受强制而不能正常履行其职责，以致发生车毁人亡的重大事故，该扳道员是无罪的，不能视为胁从犯。本案中李某没有丧失意志自由，应该视为胁从犯。

胁从犯是被胁迫参加犯罪的人，即在他人威胁下不完全自愿地参加共同犯罪，并在共同犯罪中起较小作用的人。行为人明知自己实施的行为是犯罪行为，在可以选择不实施犯罪的情况下，虽不愿意但仍然实施了犯罪行为的，即为胁从犯。

在被胁迫参加犯罪的情况下，除不可抗力与紧急避险，是否还存在其他阻却行为人的刑事责任的事由？我国刑法学界对这个问题的认识并非一致，主要分歧在于精神强制的情况下是否可以阻却责任，对此存在互相对立的两种观点。第一种观点认为，在受到已实施了某些暴力侵害或以当场实施暴力相威胁的胁迫下，被强迫者具有下列心理状态：第一，意志自由被突然的侵袭所抑制，神经处于高度紧张状态之中，基本上处于不能自制和不能自由表示的境地；第二，被强迫者本无犯罪意图，此时亦不希望犯罪结果发生，同样，更没有放任的心理态度；第三，在不情愿或身不由己（不得已）的情况下，他的行为是不自觉地实施的，完全违背其本意的。上述心理状态表明，被强迫者的意志自由基本丧失。因此，不应该让其负刑事责任。第二种观点认为，被胁迫者的行为不符合紧急避险时，不可能由于受胁迫达到一定程度而阻却责任。因为，除非胁迫者诱发了被胁迫者的精神病，即使以死相逼也未必能使被胁迫者丧失意志自由或成为机械。

根据我国《刑法》的有关规定，笔者同意精神强制不能阻却行为人的刑事责任的观点。因为在这种情况下，行为人的意志只是受到一定的抑制，但并没有完全丧失意志。被胁迫的人之所以违心地屈从胁迫者而参加了犯罪，也正是经过利弊权衡以后作出的决定，这一决定本身就表明被胁迫者还是具有一定程度的意志自由的，对其以胁从犯论处是应该的。

被胁迫的程度对于胁从犯的处罚具有重大意义。因为被胁迫的程度与其意志自由的程度是成反比例的，当然也与其行为的社会危害程度成反比例。被胁迫程度轻，说明他参加犯罪的自觉自愿程度大一些；相应地，其行为的社会危害性程度也要严重一些。反之，被胁迫的程度重，说明他参加犯罪的自觉自愿程度小一些；相应地，其行为的社会危害性程度也要轻一些。

被胁迫的程度是由胁迫的手段决定的。胁迫手段可以分为三类：第一类是重度胁迫，是指以杀害相威胁；这里的杀害对象既可以是被胁迫者本人，也可以是被胁迫者的亲属。在这种情况下，被胁迫者如果不参与犯罪，就会当场被杀死。有时胁迫者甚至先杀死一个人，以此来胁迫其他人参与犯罪。这种胁迫程度比较严重，如果被胁迫者违心地屈从于胁迫者的淫威而实施了犯罪，可宽恕性大，一般可以免除处罚。在我国《刑法》中，因被杀害的胁迫而参加犯罪虽然不能阻却刑事责任，但在通常的情况下予以免除处罚是合适的。第二类是中度胁迫，是指以伤害相威胁，包括以重伤与轻伤相威胁，在这种情况下，应结合其在共同犯罪中的作用，以确定对其是减轻处罚还是免除处罚。第三类是轻度胁迫，指以损害财产或揭发隐私等相威胁，在这种情况下，被胁迫的人参加了犯罪，在共同犯罪中作用较小，仍然可以构成胁从犯。但一般来说，不宜免除处罚，而应该减轻处罚。

125. 犯罪集团的首要分子如何认定

犯罪集团，是指三人以上为共同实施犯罪而组成的较为固定的犯罪组织。其主要具有以下特征：（1）人数在3人以上，主要成员固定或基本固定。（2）经常纠集在一起共同进行一种或数种犯罪活动。（3）有明显的首要分子。有的首要分子是在纠集过程中形成的，有的首要分子则在纠集开始时就是组织者和领导者。（4）有预谋地实施犯罪活动。（5）无论作案次数多少，对社会造成的危害或其具有的危险性都很严重。

犯罪集团的首要分子，是指在犯罪集团中起组织、策划、指挥作用的犯罪分子。首要分子既可以是1名，也可以不止1名。认定首要分子，不能只看他在犯罪集团中的“头衔”，而应更重视他的实际作用，实事求是地予以认定。如果在某个犯罪集团中，有头衔的人有名无实，某个无头衔的成员握有实际领导权，则应当认定后者为首要分子。首要分子是犯罪集团的核心，他组织、领导犯罪集团，策划犯罪活动，指挥其他成员实施犯罪计划。[①]

法律依据

《刑法》

第九十七条 本法所称首要分子，是指在犯罪集团或者聚众犯罪中起组织、策划、指挥作用的犯罪分子。

最高人民法院、最高人民检察院、公安部《关于当前办理集团犯罪案件中具体应用法律的若干问题的解答》

二、在办案实践中怎样认定刑事犯罪集团？

刑事犯罪集团一般应具备下列基本特征：（1）人数较多（三人以上），重要成员固定或基本固定。（2）经常纠集一起进行一种或数种严重的刑事犯罪活动。（3）有明显的首要分子。有的首要分子是在纠集过程中形成的，有的首要分子在纠集开始时就是组织者和领导者。（4）有预谋地实施犯罪活动。（5）不论作案次数多少，对社会造成的危害或其具有的危险性都很严重。

刑事犯罪集团的首要分子，是指在该集团中起组织、策划、指挥作用的犯罪分子（见刑法第二十三条、第八十六条）。首要分子可以

---

① 张军主编：《刑法［总则］及配套规定新释新解（下）》（第7版），人民法院出版社2017年版，第1035页。

是一名，也可以不只一名。首要分子应对该集团经过预谋、有共同故意的全部罪行负责。集团的其他成员，应按其地位和作用，分别对其参与实施的具体罪行负责。如果某个成员实施了该集团共同故意犯罪范围以外的其他犯罪，则应由他个人负责。……

参考案例

李某辉、陈某清、王某顺等诈骗案[①]

法院查明：2019年2月，被告人李某辉、陈某清、王某顺、钟某彪、万某嘉共同出资，在福建省霞浦县合伙经营蓝某公司，后招募叶某川、李某兰、林某婷、张某（均不起诉）等人为业务组长，李某丽、邓某辉、石某（均不起诉）等人为业务员，从事淘宝推广、蓝某等相关业务。其中，被告人李某辉占股40%，统筹安排公司事务；被告人陈某清占股20%，担任业务小组长；被告人王某顺占股20%，负责后台运营、售后及发货；被告人钟某彪占股10%，负责财务兼职业务员；被告人万某嘉占股10%，担任公司业务员。李某辉、陈某清、王某顺、钟某彪、万某嘉各司其职，根据所占股份进行分红。被告人李某辉等人已形成一个以被告人李某辉为首要分子，被告人王某顺、钟某彪、陈某清、万某嘉为主犯的诈骗犯罪集团。

法院认为：被告人李某辉、陈某清、王某顺、钟某彪、万某嘉经商量后共同出资经营蓝某公司，后招募其他人员从事淘宝推广、蓝某等相关业务，形成一个以淘宝推广、蓝某为幌子的诈骗集团。被告人李某辉占股40%，统筹安排公司事务，系该犯罪集团的组织者、领导者。被告人陈某清、王某顺、钟某彪、万某嘉虽出资成立该公司，但占股比例较小，且只各自负责一部分事务或只从事业务工作，并不具有对整个集团的领导、决策、指挥作用，不属于首要分子，但系该犯罪集团的重要实行者，系主犯。对公诉机关指控被告人陈某清、王某顺、钟某彪、万某嘉系首要分子的意见，法院不予支持。采纳辩护人

① （2020）浙0603刑初553号。

娄某祥关于被告人万某嘉不属于首要分子的意见，不采纳辩护人李某南、孙某峰关于被告人陈某清、钟某彪系从犯的意见。

实操建议

关于此类案件的辩护一般可以分为两个步骤：首先，要明确当事人的共同犯罪行为是否达到了认定犯罪集团的标准；其次，要区分首要分子和主犯，如上述李某辉、陈某清、王某顺等诈骗案中，被告人陈某清、王某顺、钟某彪、万某嘉虽然被认定为主犯，但是因其各自只负责整体犯罪行为的一部分，不具有对整个集团的领导、决策、指挥作用，所以未被认定为首要分子。

126. 如何区分涉黑案件中的组织者、积极参加者、一般参加者

组织、领导和参加黑社会性质的组织的犯罪，只要有组织、领导或者参加黑社会性质的组织的行为，就可以构成犯罪，不要求本人有其他犯罪行为。

所谓“组织”黑社会性质的组织，是指倡导、发起、策划、建立黑社会性质的组织的行为；“领导”黑社会性质的组织，是指在黑社会性质的组织中处于领导地位，对该组织的发展、运行、活动进行策划、决策、指挥、协调、管理的行为。组织者、领导者既包括通过一定形式产生的有明确职务、称谓的组织者、领导者，也包括在该组织中被公认的事实上的组织者、领导者。

“积极参加”黑社会性质的组织，是指积极、主动加入黑社会性质的组织的行为，包括多次积极参与该组织的违法犯罪活动，或者在违法犯罪活动中作用突出，或者在组织中起重要作用等。

“其他参加的”，即指一般参加者，是指在黑社会性质的组织中，

除组织、领导和积极参加者外，其他参加该组织的成员。实践中，对于一些只参加黑社会性质的组织，没有实施其他违法犯罪活动的，或者受蒙蔽、胁迫参加黑社会性质的组织，情节轻微的，一般不应作为犯罪处理。[①]

法律依据

《刑法》

第六十一条 对于犯罪分子决定刑罚的时候，应当根据犯罪的事实、犯罪的性质、情节和对于社会的危害程度，依照本法的有关规定判处。

第二百九十四条第一款 组织、领导黑社会性质的组织的，处七年以上有期徒刑，并处没收财产；积极参加的，处三年以上七年以下有期徒刑，可以并处罚金或者没收财产；其他参加的，处三年以下有期徒刑、拘役、管制或者剥夺政治权利，可以并处罚金。

参考案例

李军等参加黑社会性质组织案[②]

法院查明：1997年6月，张成义（殁年49岁，2005年9月因与被告人李军发生矛盾而被李军等人枪杀）在湖北省武汉市武昌区被人持枪打残双腿，在公安机关询问期间逃走，张成义认为此事是潘润生及其手下所为，为报复潘润生，也为扩充自己的势力，张成义遂纠集被告人陈忠桥、周启鸿、佘瑞涛、胡少国、王武斌、刘非、吴俊、张宏及陈汉军、胡文涛、宋幼华（均在逃）等人，于1998年2月至2001年5月，先后有组织地策划、实施了枪杀黄成荣、绑架金喜玲、伤害邹望生、枪杀吕建润等一系列恶性案件；逐步形成了以张成义为

---

① 王爱立主编：《中华人民共和国刑法释义与适用（下）》，中国民主与法制出版社2021年版。

② 《刑事审判参考》案例第621号。

首，以陈忠桥、周启鸿、余瑞涛、胡少国和陈汉军、胡文涛、宋幼华等人为骨干，以王武斌、刘非、吴俊、张宏等人为成员的黑社会性质组织。2003年后，由于该组织的多名成员先后被司法机关抓获或负案潜逃，张成义通过被告人李光辉吸纳被告人李军为组织骨干成员，李军又网罗了被告人孙军、郑金喜、熊良平、梅腊运、李建、胡章云等一批新成员。上述老成员由张成义直接控制、指挥，新成员则在李军、李光辉的策划、组织下，大肆购买枪支、车辆等作案工具，于2003年4月和2004年6月实施了枪杀穆仁刚、熊利军等恶性案件；形成了以李军、李光辉、孙军为骨干，以郑金喜、熊良平、梅腊运、李建、胡章云等人为成员的黑社会性质组织的“新班子”。

在该组织中，张成义处于绝对的组织者、领导者地位；李军、孙军、陈忠桥等骨干成员则根据张成义的指使，或亲自实施或指使其他组织成员实施犯罪；其他组织成员则根据张成义、李军等人的指使，具体实施各类违法犯罪活动。

张成义对先后吸纳的上述人员分别实行“发放工资奖金”和“一案一酬”两种管理模式，相互独立，互不干扰，并以集中住宿、组织旅游、到劳改场所看望组织成员等方式控制、指挥该组织的成员。张成义还通过日常管理和有组织地实施一系列违法犯罪活动，逐步形成了不该问的不问、不该说的不说、不该看的不看、作案时单线联系等一套约定俗成和普遍认同的组织纪律。张成义通过上述措施不断强化自己的组织、领导地位。李军在自己的势力范围内对其成员也按照上述管理模式强化自己的地位。

张成义为了增强该黑社会性质组织的经济实力，在其策划和指挥下，通过违法犯罪活动，利用黑恶势力向社会施加影响，有组织地渗透、控制缅甸、武汉等地的赌博业，强行占股参股，抽头吃红；还控制武汉市部分布匹运输线路，插手运输纠纷，垄断布匹货源，收取保护费；同时，张成义、李军还通过受雇用杀人获取巨额报酬。该组织利用上述手段获取的非法利益高达人民币（以下所涉币种均为人民币）千余万元。

张成义等人将获取的经济利益主要用于该组织的违法犯罪活动、增添作案工具及日常开支，以进一步增强犯罪实力。张成义、李军购买作案车辆、枪支等花费一百余万元；给组织成员发放工资、生活费及奖励住房、车辆等花费一百余万元；给组织成员发放作案酬金达两百余万元；给组织成员家属发放“安抚金”，探望、营救被抓捕的组织成员及组织旅游等花费四十余万元。案发后收缴赃款四百余万元。

1998 年以来，该黑社会性质组织为了组织利益，共实施故意杀人案件六起，故意伤害案件一起，绑架案件一起，非法买卖、运输枪支案件一起，上述犯罪活动共造成五人死亡、一人重伤。该组织的违法犯罪活动严重破坏了当地的经济和社会生活秩序，造成了极其恶劣的社会影响。

法院认为：张成义积极纠集、网罗被告人李军、李光辉、孙军、陈忠桥等人形成较稳定的、人员众多的犯罪组织。该组织有明确的组织者、领导者，骨干成员基本固定，并通过暴力、威胁等手段，有组织地多次进行违法犯罪活动，为非作恶，逐步控制、影响并插手武汉市地下非法赌场和部分布匹运输线路，造成了极其恶劣的社会影响，严重破坏了社会正常的生活秩序和经济秩序。公诉机关指控被告人李军、李光辉、孙军等 17 人犯参加黑社会性质组织罪的事实成立，但指控被告人邢国斌、苏建文、黄智成犯参加黑社会性质组织罪的事实不能成立。

根据《办理黑社会性质组织犯罪案件座谈会纪要》的精神，应从以下三个方面认定积极参加者：首先，应根据行为人实施具体犯罪的客观方面来判断，对那些多次积极参与黑社会性质组织的违法犯罪活动、积极参与较严重的黑社会性质组织的犯罪活动，且作用突出，以及其他在黑社会性质组织中起重要作用的犯罪分子，一般应认定为积极参加者。其次，从行为人在黑社会性质组织中的地位、作用，与组织、领导者之间的关系来判断，那些与组织、领导者关系密切，在组织中地位、作用突出的，一般应认定为积极参加者。最后，从行为人所获取的犯罪所得来判断，所获报酬数额较大的组织成员一般应认定为积极参加者。对除上述组织成员之外，其他接受黑社会性质组织的领导和管理的犯罪分子可认定为其他参加者。如对本案被告人陈忠桥的认定，从其参加的具体犯罪活动来看，其参与了枪杀吕建润和枪杀穆仁刚、潘润生（未遂）两起犯罪，在枪杀吕建润案中接受张成义的指使，具体牵头负责此案，现场指挥其他同案人，是致人死亡的直接凶手之一，在犯罪中积极主动，地位、作用突出；从其与组织者、领导者张成义的关系来看，其长期与张成义在一起从事违法犯罪活动，是张成义的左膀右臂；从其获取的报酬数额来看，张成义为陈忠桥长期发放工资、奖金，还奖励给陈忠桥十几万元的房产，获取的报酬超过其他同案人。综合上述三个方面，应当认定陈忠桥系该黑社会性质组织的积极参加者和骨干成员。

实操建议

辩护人在处理此类案件时还要注意“黑社会性质组织骨干成员”这个概念。《刑法》第294条第1款对组织者、领导者、积极参加者、一般参加者（其他参加者）分别设置了不同的法定刑，并没有“骨干成员”的概念，但该条第5款关于组织特征的规定中却有“骨干成员基本固定”的要求。由于概念不明，实践中将骨干成员、积极参加者相互替代使用的情况时有出现。为此，《全国部分法院审理黑社会性质组织犯罪案件工作座谈会纪要》明确指出，骨干成员只是积极参加者中较为核心的一部分，除了直接听命于组织者、领导者之外，还要求多次指挥或积极参与实施有组织的违法犯罪活动或者长时间在犯罪组织中起重要作用。之所以要加上“多次”和“长时间”的限定，主要是为了从作用上将其与一般的积极参加者相区别。

127. 积极参加者是否一概构成主犯

主犯，是指“在共同犯罪中起主要作用”，而“积极参加者”不等于起主要作用者，立法上将“积极参加者”纳入部分犯罪的主体范围，将从犯中作用不大的人划出犯罪主体之外，并不是将所有从犯不予追究刑事责任，因此，作为犯罪主体的“积极参加者”包括主犯和部分从犯。

参考案例

赵某故意杀人、李某等人聚众斗殴案[①]

赵某与麦某因琐事发生纠纷，后赵某纠集了李某以及甲、乙、丙、丁四名男子，麦某纠集了被害人林某等多名男子，双方相约打斗。案发当时，赵某一方携带刀具、铁管到达相约地点后，赵某、李某先前往试探，已经到达该处的麦某等人和被害人林某等人随即使用准备的铁管对赵某、李某实施殴打，在斗殴过程中，赵某用尖刀刺伤被害人林某的胸部，李某持铁管将麦某打成轻微伤。此时，甲、乙、丙、丁四名男子前来帮助赵某、李某，对方见状即刻逃跑，甲、乙、丙、丁即持铁管、石块等追赶、投掷对方，后双方逃离现场。被害人林某经医院抢救无效死亡。

法院认为：赵某系聚众斗殴中的首要分子，因其致人死亡，应定性为故意杀人。李某及甲、乙、丙、丁均应认定为聚众斗殴中的其他积极参加者，但李某持铁管积极殴打对方，应是积极参加者中的主犯，甲、乙、丙、丁四人只是在见到赵某、李某被围打时以及对方逃跑时持铁管、石块等追赶、投掷对方，应认定为积极参加者中的从犯。

（1）因为《刑法》第26条所称主犯是指“在共同犯罪中起主要作用”，而“积极参加者”不等于起主要作用者，立法上以“积极参加者”纳入聚众斗殴罪的主体范围，只是将从犯中作用不大的人划出犯罪主体之外，并不是将所有从犯不予追究刑事责任，因此聚众斗殴中的“积极参加者”包括主犯和部分从犯。故本案可区分主从犯，其

① 邓娟：《本案应否区分主从犯？》，载重庆一中院网，https://cqyzy.chinacourt.gov.cn/article/detail/2010/06/id/987181.shtml，最后访问时间：2022年7月28日。

中李某为聚众斗殴中的主犯，甲、乙、丙、丁四人为从犯。

（2）从罪刑相适应的原则出发，甲、乙、丙、丁四人是被纠集参与本案的，四人在见到赵某、李某被对方围打时便持铁管、砖块等物品上前帮助，对方见状便逃跑，四人便向对方扔掷上述物品，但均未直接给对方造成伤害。四人在聚众斗殴中所起作用轻微，但由于四人持铁管、砖块等物品，应认定为持械聚众斗殴，如果不认定为从犯，则应在3年以上10年以下有期徒刑量刑，此类处罚对甲、乙、丙、丁四人显然畸重。如果认定从犯，则可减轻处罚，达到罪行相适应的目的。

128. 将帮助行为正犯化的罪名如何进行量刑辩护

以协助组织卖淫罪为例，针对帮助行为正犯化的量刑辩护可以从两个角度展开：其一，准确区分组织卖淫罪的从犯与协助组织卖淫罪；其二，协助组织卖淫罪本身也有主从犯之分。概言之，只要是共同故意犯罪，都可能存在主从犯的问题。

法律依据

《刑法》

第三百五十八条 组织、强迫他人卖淫的，处五年以上十年以下有期徒刑，并处罚金；情节严重的，处十年以上有期徒刑或者无期徒刑，并处罚金或者没收财产。

组织、强迫未成年人卖淫的，依照前款的规定从重处罚。

犯前两款罪，并有杀害、伤害、强奸、绑架等犯罪行为的，依照数罪并罚的规定处罚。

为组织卖淫的人招募、运送人员或者有其他协助组织他人卖淫行为的，处五年以下有期徒刑，并处罚金；情节严重的，处五年以上十年以下有期徒刑，并处罚金。

最高人民法院、最高人民检察院《关于办理组织、强迫、引诱、容留、介绍卖淫刑事案件适用法律若干问题的解释》

第四条 明知他人实施组织卖淫犯罪活动而为其招募、运送人员或者充当保镖、打手、管账人等的，依照刑法第三百五十八条第四款的规定，以协助组织卖淫罪定罪处罚，不以组织卖淫罪的从犯论处。

在具有营业执照的会所、洗浴中心等经营场所担任保洁员、收银员、保安员等，从事一般服务性、劳务性工作，仅领取正常薪酬，且无前款所列协助组织卖淫行为的，不认定为协助组织卖淫罪。

参考案例

方斌等组织卖淫案①

法院查明：2013 年 3 月 20 日，被告人方斌租用位于绵阳市涪城区会仙路 16 号的四川豪瑞特酒店 8 楼成立“绵阳城区乔治五号商务娱乐会所”，经营卡拉 OK、洗浴、足浴服务。2016 年 3 月，被告人方斌聘用彭建智（另案处理）担任“绵阳城区乔治五号商务娱乐会所”总经理，负责会所经营管理活动。当月，彭建智又聘用被告人秦辉明在会所担任店长，负责会所员工日常管理等工作。此后，彭建智与方斌等人共谋在会所组织卖淫人员从事卖淫活动，方斌安排被告人方勇监督会所经营情况，负责保管卖淫活动营业款等工作。2016 年 4 月至 8 月 18 日，该会所聘用被告人于振洋负责招聘、管理卖淫人员，被告人张后龙、吴聪、潘强为足浴店接待员保安，负责接待嫖娼人员，推荐、介绍卖淫服务，领取卖淫提成等；并先后制定豪瑞特养生会馆足浴技师提成方案营业基本任务、理疗部项目提成方案等关于卖淫活动收入的分配方案，同时在互联网网站上发布招聘按摩师等信息，组织马某、王某等多名卖淫人员，在“绵阳城区乔治五号商务娱乐会所”从事卖淫活动，其中，2016 年 8 月 1 日至 18 日，该会所组织卖淫活

① 《刑事审判参考》案例第 1268 号。

动346次。

法院认为：被告人方斌、秦辉明、于振洋在豪瑞特酒店利用从事服务行业的便利条件，在经营服务业的同时，招募多名卖淫人员，有组织地从事卖淫活动，其行为已构成组织卖淫罪；被告人张后龙、吴聪、潘强、方勇帮助他人组织卖淫，其行为已构成协助组织卖淫罪，应依法惩处。在共同犯罪过程中，被告人方斌起主要作用，是主犯，应当按照其组织的全部犯罪处罚；被告人秦辉明、于振洋起次要作用，是从犯，应当减轻处罚。

区分组织卖淫罪和协助组织卖淫罪的关键在于是否实施了管理、控制卖淫活动的组织行为。所谓组织卖淫行为，一般是指以招募、雇用、容留等手段，管理或者控制多人从事卖淫的行为。认定的关键是行为人对卖淫活动有策划、指挥、管理、控制、安排、调度等组织行为（实行行为），对卖淫者的卖淫活动已经形成有效管理与控制。因此，在组织卖淫活动中对卖淫者的卖淫活动直接实施安排、调度等行为的，也属于对卖淫者进行管理的组织行为，无论是主犯、从犯，还是实行犯、帮助犯，都应当按照组织卖淫罪定罪处罚，绝不能根据分工或者作用的不同而分别定罪。本案被告人于振洋在整个犯罪体系中属于管理卖淫人员的负责人，卖淫人员的请销假、排班、调度、薪酬等都由其控制掌握，其在整个共同犯罪过程中地位极其重要，仅次于“大老板”方斌，负责管理、培训卖淫女等工作，与一般工作人员工作内容不同，其管理、支配、控制卖淫活动，也就是与卖淫人员之间存在管理与被管理的关系，这些行为已经超越了单纯的帮助行为的界限，其行为实质上属于管理和控制他人从事卖淫活动，符合组织卖淫罪构成要件，应当以组织卖淫罪定罪处罚。

胡杨等协助组织卖淫案①

审理查明：2016年8月3日，余永洪（另案处理）作为老板，

① 《刑事审判参考》案例第1309号。

承包使用1886汽车服务有限公司地下停车场，招募、雇用人员利用该场所从事组织卖淫活动。后余永洪招聘被告人胡杨为执行经理负责日常管理，被告人龙兴桥负责看门、望风并核实确认嫖客身份等工作，被告人夏玲玲负责收银、记账等财务工作，被告人方珂、李星、张江、严寒寒、吴鑫芝等营销人员负责通过互联网、QQ、微信等方式发布招嫖信息，联系嫖客并带到“1886汽车俱乐部”后安排房间和卖淫女进行卖淫嫖娼活动。卖淫女按照自己价格的50%提成，营销人员按照剩余部分的30%提成，其余部分归公司。2016年8月30日23时许，公安人员对“1886汽车俱乐部”进行清查，查获正在进行卖淫嫖娼违法活动人员5对10人，当场抓获协助组织卖淫活动的被告人胡杨、龙兴桥、方珂、李星、张江、严寒寒、夏玲玲、吴鑫芝等人及该俱乐部其他卖淫女13人。

法院认为：被告人胡杨、龙兴桥、方珂李星、张江、严寒寒、夏玲玲、吴鑫芝协助组织他人卖淫，其行为均已构成协助组织卖淫罪。在共同犯罪中，各被告人分工不同，相互配合，地位、作用相当，不宜区分主从犯，但被告人龙兴桥、方珂、李星、张江、严寒寒、夏玲玲、吴鑫芝罪责均相对较轻，可酌情从宽处罚。判决如下：（1）被告人胡杨犯协助组织卖淫罪，判处有期徒刑1年6个月，并处罚金人民币15,000元。（2）被告人龙兴桥犯协助组织卖淫罪，判处有期徒刑1年2个月，并处罚金人民币1万元。（3）被告人方珂犯协助组织卖淫罪，判处有期徒刑1年，并处罚金人民币1万元。（4）被告人李星犯协助组织卖淫罪，判处有期徒刑1年，并处罚金人民币1万元。（5）被告人张江犯协助组织卖淫罪，判处有期徒刑1年1个月，并处罚金人民币1万元。（6）被告人严寒寒犯协助组织卖淫罪，判处有期徒刑1年，并处罚金人民币1万元。（7）被告人夏玲玲犯协助组织卖淫罪，判处有期徒刑1年，并处罚金人民币1万元。（8）被告人吴鑫芝犯协助组织卖淫罪，判处有期徒刑1年，并处罚金人民币1万元。

有观点认为，协助组织卖淫罪没有主犯，其理由就在于协助组织卖淫罪其实是法律将原本属于组织卖淫罪的从犯予以单独规定罪名的结果，故所有协助组织卖淫行为人，就其行为本质来说，都属于组织卖淫罪的从犯。笔者认为，这种观点既不符合《刑法》关于主从犯划分的理论，也与司法实践不相符。第一，从刑法理论上说，凡是共同犯罪案件，一般来说都存在罪犯之间有主有从的问题，当然也有可能共同犯罪人都是主犯，但不可能都是从犯。协助组织卖淫罪与组织卖淫罪分离，单独成罪后，显然不能在组织卖淫罪的范围内讨论协助组织卖淫罪有无主犯，而是要以协助组织卖淫罪为评价对象，判断协助行为本身的主从之分。《刑法》将协助组织卖淫罪从组织卖淫罪中分离出来，其主要原因就是协助组织卖淫行为的类型化。组织卖淫罪实施过程中需要保镖、打手、管账人予以协助已经成为常态，而“协助者”们往往由于分工不同而获利不同，因此他们在共同犯罪中所起的作用不同，罪责也相应有所区别。第二，司法实践中，一些协助组织卖淫行为往往不依附于组织卖淫者，相反却有自己相对独立的组织，如专门的运输组织、专门的培训机构、专门的保镖组织。这些相对独立的组织往往不只与一个卖淫犯罪团伙发生关系，而是同时与多个卖淫犯罪团伙发生关系。因此，那种认为协助组织卖淫行为一定是组织卖淫行为从犯的观点与犯罪方式的变化已经不相称了。在这些相对独立的协助组织卖淫机构内，完全有可能存在主从犯的区分问题。

实操建议

帮助行为正犯化的罪名都有一个重要特点，就是法定刑幅度要明显轻于其所对应的正犯罪名。仍以协助组织卖淫罪和组织卖淫罪举例说明，前者两个法定刑幅度为 5 年以下有期徒刑、5~10 年有期徒刑，后者两个法定刑幅度为 5~10 年有期徒刑、10 年以上有期徒刑或者无期徒刑。尽管当事人被认定为组织卖淫罪的从犯也有可能减轻处罚至下一个刑档，但减轻处罚只是可能之一，从犯还有可能只是从轻处罚。因此，在针对类似罪名的辩护工作中，准确识别当事人的行为属于帮助行为正犯化还是正犯行为本身，这一点还是非常重要的。

专题七

退赃退赔情节中的量刑辩护

大量案件不仅涉及主刑的量刑辩护，还有针对财产部分的辩护，包括退赃退赔的范围、财产刑的处罚、涉刑财产处置等问题，我们将分三个部分逐一拆解。相对于传统的针对法定刑的量刑辩护，针对财产权利的辩护和救济，也是刑事律师的职责所在，而且，实践中也存在大量不规范、制度空白、衔接不畅的地方，需要律师结合立法宗旨，妥善维护当事人权利。

一、退赃退赔的基本问题

（一）相关法律规范

退赃退赔情节中量刑辩护相关法律规范见表 7-1。

表 7-1　退赃退赔情节中量刑辩护相关法律规范

要素	具体规定
犯罪物品的处理	犯罪分子违法所得的一切财物，应当予以追缴或者责令退赔
	对被害人的合法财产，应当及时返还
	违禁品和供犯罪所用的本人财物，应当予以没收

续表

要素	具体规定
退赃退赔	对于退赃退赔的，综合考虑犯罪性质，退赃退赔行为对损害结果所能弥补的程度，退赃退赔的数额及主动程度等情况，可以减少基准刑的 30% 以下
	对抢劫等严重危害社会治安犯罪的，应当从严掌握

（二）适用效果及审查重点

（1）退赃退赔的普适性量刑效果。

对于退赃退赔的，综合考虑犯罪性质，退赃退赔行为对损害结果所能弥补的程度，退赃退赔的数额及主动程度等情况，可以减少基准刑的 30% 以下；对抢劫等严重危害社会治安犯罪的，应当从严掌握。

（2）新《量刑指导意见》对具体罪名中退赃退赔量刑效果的规定。

明确将退赃退赔作为非法吸收公众存款罪、集资诈骗罪、信用卡诈骗罪、合同诈骗罪、盗窃罪、诈骗罪、抢夺罪、职务侵占罪、敲诈勒索罪等罪名中是否对行为人适用缓刑的重要考量标准。

（3）退赃退赔在不同具体类型案件中的量刑效果见表 7–2。

表 7–2　退赃退赔在不同案件中的量刑效果

序号	案件罪名或类型	法律依据	量刑效果
1	非法吸收公众存款罪	《刑法》第 176 条第 3 款规定：在提起公诉前积极退赃退赔，减少损害结果发生的，可以从轻或者减轻处罚	从轻、减轻处罚

续表

序号	案件罪名或类型	法律依据	量刑效果
2	挪用资金罪	《刑法》第272条第3款规定：有第一款行为，在提起公诉前将挪用的资金退还的，可以从轻或者减轻处罚。其中，犯罪较轻的，可以减轻或者免除处罚	从轻、减轻处罚、免除处罚
3	贪污罪	《刑法》第383条第3款贪污罪规定：犯第1款罪，在提起公诉前如实供述自己罪行、真诚悔罪、积极退赃，避免、减少损害结果的发生，有第1项规定情形的，可以从轻、减轻或者免除处罚；有第2项、第3项规定情形的，可以从轻处罚	从轻、减轻处罚、免除处罚
4	受贿罪	《刑法》第386条规定：对犯受贿罪的，根据受贿所得数额及情节，依照《刑法》第383条的规定处罚	从轻、减轻处罚、免除处罚
5	监察委管辖案件	《监察法》第31条：涉嫌职务犯罪的被调查人主动认罪认罚，有下列情形之一的，监察机关经领导人员集体研究，并报上一级监察机关批准，可以在移送人民检察院时提出从宽处罚的建议……	提出从宽处罚的建议
6	认罪认罚案件	《关于适用认罪认罚从宽制度的指导意见》第7条第2款规定："认罚"考察的重点是犯罪嫌疑人、被告人的悔罪态度和悔罪表现，应当结合退赃退赔、赔偿损失、赔礼道歉等因素来考量	"认罚"考量因素
7	非法集资案件	最高人民法院《关于审理非法集资刑事案件具体应用法律若干问题的解释》第6条第1款、第2款规定：非法吸收或者变相吸收公众存款的数额，以行为人所吸收的资金全额计算。在提起公诉前积极退赃退赔，减少损害结果发生的，可以从轻或者减轻处罚；在提起公诉后退赃退赔的，可以作为量刑情节酌情考虑。非法吸收或者变相吸收公众存款，主要用于正常的生产经营活动，能够在提起公诉前清退所吸收资金，可以免予刑事处罚；情节显著轻微危害不大的，不作为犯罪处理	从轻、减轻处罚、不作为犯罪处理

续表

序号	案件罪名或类型	法律依据	量刑效果
8	虚假诉讼罪	最高人民法院、最高人民检察院《关于办理虚假诉讼刑事案件适用法律若干问题的解释》第9条规定：实施《刑法》第307条之一第1款行为，未达到情节严重的标准，行为人系初犯，在民事诉讼过程中自愿具结悔过，接受人民法院处理决定，积极退赃、退赔的，可以认定为犯罪情节轻微，不起诉或者免予刑事处罚；确有必要判处刑罚的，可以从宽处罚	不起诉或者免予刑事处罚、从宽处罚
9	互联网金融犯罪案件	最高人民检察院《关于办理涉互联网金融犯罪案件有关问题座谈会纪要》第27条规定：最大限度减少投资人的实际损失是办理涉互联网金融犯罪案件特别是非法集资案件的重要工作。在决定是否起诉、提出量刑建议时，要重视对是否具有认罪认罚、主动退赃退赔等情节的考察……	属于起诉、量刑建议的考察情节
10	掩饰、隐瞒犯罪所得、犯罪所得收益罪	最高人民法院《关于审理掩饰、隐瞒犯罪所得、犯罪所得收益刑事案件适用法律若干问题的解释》第2条规定：掩饰、隐瞒犯罪所得及其产生的收益行为符合本解释第1条的规定，认罪、悔罪并退赃、退赔，且具有下列情形之一的，可以认定为犯罪情节轻微，免予刑事处罚……	免除处罚
11	减刑、假释案件	最高人民法院《关于减刑、假释案件审理程序的规定》第5条第1款规定：人民法院审理减刑、假释案件，除应当审查罪犯在执行期间的一贯表现外，还应当综合考虑犯罪的具体情节、原判刑罚情况、财产刑执行情况、附带民事裁判履行情况、罪犯退赃退赔等情况	审理减刑、假释参考情节

续表

序号	案件罪名或类型	法律依据	量刑效果
12	抢夺罪	最高人民法院、最高人民检察院《关于办理抢夺刑事案件适用法律若干问题的解释》第5条规定：抢夺公私财物数额较大，但未造成他人轻伤以上伤害，行为人系初犯，认罪、悔罪，退赃、退赔，且具有下列情形之一的，可以认定为犯罪情节轻微，不起诉或者免予刑事处罚；必要时，由有关部门依法予以行政处罚……	不起诉或者免予刑事处罚
13	诈骗罪	最高人民法院、最高人民检察院《关于办理诈骗刑事案件具体应用法律若干问题的解释》第3条规定：诈骗公私财物虽已达到本解释第一条规定的“数额较大”的标准,但具有下列情形之一,且行为人认罪、悔罪的，可以根据《刑法》第37条、《刑事诉讼法》第142条的规定不起诉或者免予刑事处罚：……（二）一审宣判前全部退赃、退赔的……	不起诉或者免予刑事处罚
14	“套路贷”案件	最高人民法院、最高人民检察院、公安部、司法部《关于办理“套路贷”刑事案件若干问题的意见》第8条规定:以老年人、未成年人、在校学生、丧失劳动能力的人为对象实施“套路贷”，或者因实施“套路贷”造成被害人或其特定关系人自杀、死亡、精神失常、为偿还“债务”而实施犯罪活动的，除刑法、司法解释另有规定的外，应当酌情从重处罚。在坚持依法从严惩处的同时，对于认罪认罚、积极退赃、真诚悔罪或者具有其他法定、酌定从轻处罚情节的被告人，可以依法从宽处罚	从宽处罚

续表

序号	案件罪名或类型	法律依据	量刑效果
15	审查批捕过程中的案件	最高人民检察院《刑事诉讼规则》第140条规定：犯罪嫌疑人涉嫌的罪行较轻，且没有其他重大犯罪嫌疑，具有下列情形之一的，可以作出不批准逮捕或者不予逮捕的决定：……（二）主观恶性较小的初犯，共同犯罪中的从犯、胁从犯，犯罪后自首、有立功表现或者积极退赃、赔偿损失、确有悔罪表现的；（三）过失犯罪的犯罪嫌疑人，犯罪后有悔罪表现，有效控制损失或者积极赔偿损失的…… 第463条规定：罪行较轻，具备有效监护条件或者社会帮教措施，没有社会危险性或者社会危险性较小的未成年犯罪嫌疑人，应当不批准逮捕。对于罪行比较严重，但主观恶性不大，有悔罪表现，具备有效监护条件或者社会帮教措施，具有下列情形之一，不逮捕不致发生社会危险性的未成年犯罪嫌疑人，可以不批准逮捕：……（五）犯罪后认罪认罚，或者积极退赃，尽力减少和赔偿损失，被害人谅解的	不批准逮捕或者不予逮捕
16	电信诈骗案件	《检察机关办理电信网络诈骗案件指引》第3条规定：在犯罪嫌疑人罪行较轻的前提下，根据犯罪嫌疑人在犯罪团伙中的地位、作用、参与时间、工作内容、认罪态度、悔罪表现等情节，结合案件整体情况，依据主客观相一致原则综合判断犯罪嫌疑人的社会危险性或者羁押必要性。在犯罪嫌疑人真诚认罪悔罪，如实供述且供述稳定的情况下，有下列情形的可以考虑社会危险性较小：5.直接参与诈骗的数额未达巨大，积极退赃的从犯	判断犯罪嫌疑人的社会危险性或者羁押必要性依据

续表

序号	案件罪名或类型	法律依据	量刑效果
17	侵犯公民个人信息案件	《检察机关办理侵犯公民个人信息案件指引》规定，社会危险性及羁押必要性审查：……犯罪嫌疑人实施侵犯公民个人信息犯罪，不属于“情节特别严重”，系初犯，全部退赃，并确有悔罪表现的，可以认定社会危险性较小，没有逮捕必要	可以认定社会危险性较小，没有逮捕必要
18	侵犯公民个人信息案件	最高人民法院、最高人民检察院《关于办理侵犯公民个人信息刑事案件适用法律若干问题的解释》第10条规定：实施侵犯公民个人信息犯罪，不属于“情节特别严重”，行为人系初犯，全部退赃，并确有悔罪表现的，可以认定为情节轻微，不起诉或者免予刑事处罚；确有必要判处刑罚的，应当从宽处罚	不起诉或者免予刑事处罚、从宽处罚
19	未成年人案件	《未成年人刑事检察工作指引（试行）》第160条第2款规定：对于罪行较重，但主观恶性不大，有悔罪表现，具备有效监护条件或者社会帮教措施，具有下列情形之一，不逮捕不致再危害社会和妨害诉讼正常进行的，可以不批准逮捕：……（五）犯罪后如实交待罪行，真诚悔罪，积极退赃，尽力减少和赔偿损失，与被害人达成和解的……	可以不批准逮捕、认为具有悔罪表现
20	非法采矿、破坏性采矿罪	最高人民法院、最高人民检察院《关于办理非法采矿、破坏性采矿刑事案件适用法律若干问题的解释》第10条规定：实施非法采矿犯罪，不属于“情节特别严重”，或者实施破坏性采矿犯罪，行为人系初犯，全部退赃退赔，积极修复环境，并确有悔改表现的，可以认定为犯罪情节轻微，不起诉或者免予刑事处罚	不起诉或者免予刑事处罚

续表

序号	案件罪名或类型	法律依据	量刑效果
21	减刑、假释案件	最高人民法院《关于办理减刑、假释案件具体应用法律的规定》第 3 条第 2 款规定：对职务犯罪、破坏金融管理秩序和金融诈骗犯罪、组织（领导、参加、包庇、纵容）黑社会性质组织犯罪等罪犯，不积极退赃、协助追缴赃款赃物、赔偿损失，或者服刑期间利用个人影响力和社会关系等不正当手段意图获得减刑、假释的，不认定其“确有悔改表现”	“确有悔改表现”依据之一
22	贪污贿赂案件	最高人民法院、最高人民检察院《关于办理贪污贿赂刑事案件适用法律若干问题的解释》第 4 条第 1 款、第 2 款规定：贪污、受贿数额特别巨大，犯罪情节特别严重、社会影响特别恶劣、给国家和人民利益造成特别重大损失的，可以判处死刑。符合前款规定的情形，但具有自首，立功，如实供述自己罪行、真诚悔罪、积极退赃，或者避免、减少损害结果的发生等情节，不是必须立即执行的，可以判处死刑缓期 2 年执行	可以判处死刑缓期 2 年执行
23	毒品犯罪案件	最高人民法院《关于审理毒品犯罪案件适用法律若干问题的解释》第 6 条第 3 款规定：包庇走私、贩卖、运输、制造毒品的近亲属，或者为其窝藏、转移、隐瞒毒品或者毒品犯罪所得的财物，不具有本条前两款规定的“情节严重”情形，归案后认罪、悔罪、积极退赃，且系初犯、偶犯，犯罪情节轻微不需要判处刑罚的，可以免予刑事处罚	可以免予刑事处罚

续表

序号	案件罪名或类型	法律依据	量刑效果
24	减刑、假释案件	《人民检察院办理减刑、假释案件规定》第7条规定：人民检察院可以采取调阅复制有关材料、重新组织诊断鉴别、进行文证鉴定、召开座谈会、个别询问等方式，对下列情况进行调查核实：……（二）拟提请减刑、假释罪犯的财产刑执行、附带民事裁判履行、退赃退赔等情况……	减刑、假释
25	减刑、假释案件	司法部《关于贯彻中政委〔2014〕5号文件精神严格规范减刑、假释、暂予监外执行工作的通知》第2条规定：认定三类罪犯“确有悔改表现”的，不仅应当考察其是否认罪悔罪，认真遵守法律法规及监规、接受教育改造，积极参加思想、文化、职业技术教育，积极参加劳动、努力完成劳动任务，而且应当考察其是否通过主动退赃、积极协助追缴境外赃款赃物、主动赔偿损失等方式，积极消除犯罪行为所产生的社会影响，对服刑期间利用个人影响力和社会关系等不正当手段企图获得减刑、假释机会的，不认定其“确有悔改表现”	“确有悔改表现”依据之一
26	减刑、假释案件	中共中央政法委《关于严格规范减刑、假释、暂予监外执行切实防止司法腐败的意见》第1条规定：对三类罪犯“确有悔改表现”的认定，不仅应当考察其是否认罪悔罪，认真遵守法律法规及监规、接受教育改造，积极参加思想、文化、职业技术教育，积极参加劳动、努力完成劳动任务，而且应当考察其是否通过主动退赃、积极协助追缴境外赃款赃物、主动赔偿损失等方式，积极消除犯罪行为所产生的社会影响。对服刑期间利用个人影响力和社会关系等不正当手段企图获得减刑、假释机会的，不认定其“确有悔改表现”	“确有悔改表现”依据之一

续表

序号	案件罪名或类型	法律依据	量刑效果
27	敲诈勒索罪	最高人民法院、最高人民检察院《关于办理敲诈勒索刑事案件适用法律若干问题的解释》第5条规定："敲诈勒索数额较大，行为人认罪、悔罪，退赃、退赔，并具有下列情形之一的，可以认定为犯罪情节轻微，不起诉或者免予刑事处罚，由有关部门依法予以行政处罚：（一）具有法定从宽处罚情节的；（二）没有参与分赃或者获赃较少且不是主犯的；（三）被害人谅解的；（四）其他情节轻微、危害不大的。"	不起诉或者免予刑事处罚
28	盗窃罪	最高人民法院、最高人民检察院《关于办理盗窃刑事案件适用法律若干问题的解释》第7条规定："盗窃公私财物数额较大，行为人认罪、悔罪，退赃、退赔，且具有下列情形之一，情节轻微的，可以不起诉或者免予刑事处罚；必要时，由有关部门予以行政处罚：（一）具有法定从宽处罚情节的；（二）没有参与分赃或者获赃较少且不是主犯的；（三）被害人谅解的；（四）其他情节轻微、危害不大的。"	可以不起诉或者免予刑事处罚
29	盗窃罪、抢夺罪、诈骗罪（偶发、刚到追诉标准）	最高人民法院《关于贯彻宽严相济刑事政策的若干意见》第12条规定，被告人非法占有、处置被害人财产不能退赃的，在决定刑罚时，应作为重要情节予以考虑，体现从严处罚的精神。第20条规定，对于偶尔盗窃、抢夺、诈骗，数额刚达到较大的标准，案发后能如实交代并积极退赃的，可以认定为情节显著轻微，不作为犯罪处理	量刑情节、不作为犯罪处理
30	职务犯罪案件	最高人民法院、最高人民检察院《关于办理职务犯罪案件认定自首、立功等量刑情节若干问题的意见》第4条第3款：犯罪分子及其亲友主动退赃或者在办案机关追缴赃款赃物过程中积极配合的，在量刑时应当与办案机关查办案件过程中依职权追缴赃款赃物的有所区别	量刑情节

续表

序号	案件罪名或类型	法律依据	量刑效果
31	未成年人案件	最高人民法院《关于审理未成年人刑事案件具体应用法律若干问题的解释》第9条第1款规定："已满十六周岁不满十八周岁的人实施盗窃行为未超过三次，盗窃数额虽已达到'数额较大'标准，但案发后能如实供述全部盗窃事实并积极退赃，且具有下列情形之一的，可以认定为'情节显著轻微危害不大'，不认为是犯罪：（一）系又聋又哑的人或者盲人；（二）在共同盗窃中起次要或者辅助作用，或者被胁迫；（三）具有其他轻微情节的。"第16条规定："对未成年罪犯符合刑法第七十二条第一款规定的，可以宣告缓刑。如果同时具有下列情形之一，对其适用缓刑确实不致再危害社会的，应当宣告缓刑：（一）初次犯罪；（二）积极退赃或赔偿被害人经济损失……"	不认为是犯罪、宣告缓刑
32	适用财产刑案件	最高人民法院《关于适用财产刑若干问题的规定》第4条规定："犯罪情节较轻，适用单处罚金不致再危害社会并具有下列情形之一的，可以依法单处罚金：……（六）全部退赃并有悔罪表现的……"	可以依法单处罚金
33	在逃人员自首案件	最高人民法院、最高人民检察院、海关总署《关于敦促走私废物违法犯罪人员投案自首的公告》和国家监察委员会、最高人民法院、最高人民检察院、公安部、外交部《关于敦促职务犯罪案件境外在逃人员投案自首的公告》规定，积极退赃的可以减轻免除处罚	可以减轻免除处罚
34	挪用公款罪	最高人民法院《关于审理挪用公款案件具体应用法律若干问题的解释》第5条规定，"挪用公款数额巨大不退还的"，是指挪用公款数额巨大，因客观原因在一审宣判前不能退还的	量刑幅度

二、常见辩点

129. 退赃退赔和追缴的范围是否一致

《刑法》第 64 条规定，犯罪分子违法所得的一切财物，应当予以追缴或者责令退赔，《刑法》并不存在“退赃退赔”一词，而是将退赃与退赔分开使用，实践中处理赃款、赃物的常见形式有四种：追缴（追赃）、责令退赔、退赃和退赔，其中追缴（追赃）、责令退赔是司法机关依职权采取的行为，退赃和退赔是犯罪嫌疑人、被告人的主动行为。

“追缴”，是将犯罪分子的违法所得强制收缴。例如，在刑事诉讼过程中，对犯罪分子的违法所得进行追查、收缴；对于在办案过程中发现的犯罪分子已转移、隐藏的赃物追查下落，予以收缴。

“责令退赔”，是指犯罪分子已将违法所得使用、挥霍或者毁坏的，也要责令其按违法所得财物的价值退赔。

“退赔行为”，是指犯罪嫌疑人、被告人在其犯罪行为致损范围内对被害人进行赔偿，一般指物质上的直接损失，但不包括补偿性赔偿。

“退赃”，是指犯罪嫌疑人或被告人、罪犯及其委托人依据法律法规主动或被动性地将非法获得的财物直接退还给被害人或者上缴司法机关的行为。

退赃的核心是有“赃”存在且可退，退赔的核心是“赃”已灭失或客观原因不可退，导致无法返还时针对该“赃”的赔偿。需要注意的是，退赃退赔与赔偿损失是两个不同的概念，赔偿损失是指赔偿被害人因生命、健康遭受犯罪行为侵害而引发的各种经济损失，包括医疗费、丧葬费、交通费、误工费等。

实践中，退赃和退赔虽然是被告人的主动行为，但是其退赃退赔的范围往往与追缴和责令退赔的范围一致，因此，需要明确追缴和责令退赔的范围。最高人民法院 1999 年 10 月 27 日《全国法院维护农村稳定刑事审判工作座谈会纪要》规定，如赃款赃物尚在的，应一律追缴；已被用掉、毁坏或挥霍的，应责令退赔。实践中一般的掌握原则是，如果部分赃款赃物尚在，部分赃款赃物已经不在，判决主文可以不做区分，只写责令退赔；如果赃物虽然尚在但已被毁坏，或者不能排除第三方属于善意取得，宜判决责令退赔。

有司法观点[①]认为，退赃退赔与追缴虽同样针对违法所得，但在共同犯罪中二者的处置模式不尽相同。共同犯罪中，责令退赔模式下，基于对被害人合法收益的最大保护，犯罪分子之间应承担连带责任；追缴模式下，犯罪分子应根据实际取得的违法所得分别承担独立责任，无法区分实际取得时，根据犯罪分子在共同犯罪中所起的作用，按照比例确定各自的追缴数额。

笔者认为，根据《刑法》第64条的规定，追缴和责令退赔的对象都是犯罪分子所占有、处置的被害人财产部分，因此超出被告人实际占有部分的财产数额，不应作为追缴或者责令退赔的对象。

法律依据

《刑法》

第六十四条 犯罪分子违法所得的一切财物，应当予以追缴或者责令退赔；对被害人的合法财产，应当及时返还；违禁品和供犯罪所用的本人财物，应当予以没收。没收的财物和罚金，一律上缴国库，不得挪用和自行处理。

最高人民法院《关于适用〈中华人民共和国刑事诉讼法〉的解释》

第一百七十六条 被告人非法占有、处置被害人财产的，应当依法予以追缴或者责令退赔。被害人提起附带民事诉讼的，人民法院不予受理。追缴、退赔的情况，可以作为量刑情节考虑。

---

① 杨传祥、赵某容留卖淫案，载《人民法院案例选》2020年第6辑（总第108辑）。

最高人民法院、最高人民检察院《关于常见犯罪的量刑指导意见（试行）》

三、……（十）对于退赃、退赔的，综合考虑犯罪性质，退赃、退赔行为对损害结果所能弥补的程度，退赃、退赔的数额及主动程度等情况，可以减少基准刑的30%以下；对抢劫等严重危害社会治安犯罪的，应当从严掌握。

最高人民法院《关于适用刑法第六十四条有关问题的批复》

河南省高级人民法院：

你院关于刑法第六十四条法律适用问题的请示收悉。经研究，批复如下：

根据刑法第六十四条和《最高人民法院关于适用〈中华人民共和国刑事诉讼法〉的解释》第一百三十八条、第一百三十九条的规定，被告人非法占有、处置被害人财产的，应当依法予以追缴或者责令退赔。据此，追缴或者责令退赔的具体内容，应当在判决主文中写明；其中，判决前已经发还被害人的财产，应当注明。被害人提起附带民事诉讼，或者另行提起民事诉讼请求返还被非法占有、处置的财产的，人民法院不予受理。

参考案例

杨某祥、赵某容留卖淫案[①]

2016年12月，杨某祥在南京市浦口区顶山街道丁圩118号经营南苑洗浴休闲浴室（以下简称浴室），负责日常经营管理，并雇用被告人赵某为浴室收银，雇用卢某某（另案处理）在浴室二楼开展按摩服务，其间，浴室二楼存在卖淫嫖娼行为。浴室内卖淫分为120元、150元和200元三个标准，在记账时分别以“三角形、五角星和200”进行区别，卖淫收入由浴室和卖淫女四六分成。赵某在一楼收银台负

① 杨某祥、赵某容留卖淫案，载《人民法院案例选》2020年第6辑（总第108辑）。

责记录二楼通过对讲机报下来的金额并收银，按照杨某祥的要求每日将一楼记账本与卢某某的记录进行核对，并按照四六分成的比例当日与卢某某进行结算。为躲避公安机关的查处，杨某祥在一楼收银台安装了与二楼相连接的报警灯开关，赵某通过控制开关或者利用对讲机为二楼卖淫女通风报信。2017年4月23日，卢某某带领部分卖淫女离开浴室，卖淫女只留下孟某某（编号为15）一人。杨某祥要求赵某寻找卖淫女前来卖淫。4月24日，赵某联系雷某某（编号为8）前来浴室进行卖淫活动。2017年4月25日，公安机关对浴室进行检查，当场查获杨传祥、赵某、孟某某、雷某某等人。经检查，2017年4月24日、25日两天，该浴室共有卖淫女孟某某、雷某某两人，并当场查获黑色笔记本一本、紫色塑料封皮笔记本一本、咖啡色笔记本一本和咖啡色黑色相间笔记本一本。经核算，浴室从2017年3月5日至4月25日容留卖淫约1600余次，违法所得共计257,930元，其中：杨某祥在案涉浴室实际违法所得为103,172元（257,930元×40%）。赵某在浴室每月收入6000元。已扣押在案人民币3445元。

江苏省南京市浦口区人民法院于2018年12月3日作出（2018）苏0111刑初349号刑事判决：被告人杨某祥犯容留卖淫罪，判处有期徒刑5年5个月，并处罚金人民币40万元；被告人赵某犯容留卖淫罪，判处有期徒刑2年6个月，并处罚金人民币12万元。再审后，法院另判决追缴原审被告人杨某祥违法所得人民币103,172元。

法院认定赵某与杨某祥构成共同犯罪，且杨某祥为主犯，赵某为从犯。对主犯案涉违法所得应当予以追缴，从犯所得如果不能完全认定为违法行为所得的话，不宜追缴，犯罪成本不予扣除。具体理由如下：

第一，《刑法》上的违法所得指通过实施犯罪直接或者间接产生或者获得的任何财产，违法所得追缴指向的直接对象应是违法所得的财产，应对占有该特定违法所得的人进行追缴，故辩护人认为案涉违法所得应以原审两被告人实际所得为限分别追缴的辩护意见成立。

第二，无直接证据证明赵某月收入来自浴室违法所得，也不能排除其上述收入是其在浴室从事正常劳动所得的合法收入，故赵某月工资收入不宜认定为违法所得。

第三，容留卖淫罪构成要件中客观上的容留行为包括为卖淫提供场所，原审被告人利用浴室所具备的洗浴等条件实施容留卖淫犯罪，该犯罪成本包括澡资等不应在违法所得中扣减。

实操建议

当事人实际只分得共同犯罪违法所得总额的一部分，又无力或不愿做全额退赔时，辩护人便可以《刑法》第64条进行辩护，强调追缴和责令退赔的范围都是针对被告人实际占有处分的被害人财产，尤其是在司法机关对当事人财产进行超额查扣冻时，辩护人可以援引“应以实际所得为限分别追缴”之观点进行救济。

130. 何时退赃退赔可以取得更好的量刑效果

通常来讲，退赃退赔的时间越早越能体现当事人的悔罪表现，效果越好。犯罪人在侦查阶段退赃，办案机关就基本上查清了赃款去向，定罪证据更加充分，便于早日将案件移送审查起诉，相比还需大量人力、物力、财力查证赃款去向的情况而言，无疑节约了大量的司法资源，因此应对在侦查阶段的退赃行为规定较大的从宽幅度；在审查起诉阶段甚至在案件移送法院审理阶段的退赃，对侦办案件没有帮助，但体现了犯罪人的悔过之心，为国家挽回了经济损失，也应从轻处罚，但从轻处罚幅度应小于在侦查阶段的退赃；在案件一审结束时尚未退赃，而在二审法院审理期间退赃的，除因客观原因无法提前退赃的情况之外，此类犯罪人抱有一定的侥幸心理，悔过之心不强，但从其能为国家挽回损失的角度出发，可以考虑给予其从轻处罚，也可不对其从轻处罚。[①]

---

① 景景：《受贿罪量刑均衡问题研究》，人民法院出版社2015年版，第169页。

但是，根据不同案件当事人退赃退赔能力、案件进展时间节点等因素的不同，在一些案件中退赃退赔也不是越早越好，需要具体问题具体分析。参考上述学者对退赃退赔意义的归纳，可将退赃退赔与刑事诉讼进程中的重要节点结合起来，如检察院批捕、移送审查起诉、签署认罪认罚具结书。

在侦查阶段：对于故意伤害（轻伤）、交通肇事等轻罪案件，如果尽早积极退赃退赔、争取到被害人谅解，可以快速修复法益、化解矛盾，从而据以为当事人争取侦查机关撤销案件、取保候审等。如经沟通获知上述目的无法实现，尤其是在当事人被批捕后（侦查机关基本无权自主作出取保候审的决定），可以另择时机再行退赃退赔。

在审查批捕阶段：《刑事诉讼法》将社会危险性条件细化为五项，《人民检察院刑事诉讼规则》第140条规定，“犯罪嫌疑人涉嫌的罪行较轻，且没有其他重大犯罪嫌疑，具有下列情形之一的，可以作出不批准逮捕或者不予逮捕的决定：……（二）主观恶性较小的初犯，共同犯罪中的从犯、胁从犯，犯罪后自首、有立功表现或者积极退赃、赔偿损失、确有悔罪表现的……（五）犯罪嫌疑人认罪认罚的……”对于罪行较轻且没有其他重大犯罪嫌疑的犯罪嫌疑人，如果认罪认罚，可以不捕。对于主观恶性较小的初犯，共同犯罪中的从犯、胁从犯，犯罪后自首、有立功表现或者积极退赃、赔偿损失、确有悔罪表现的，即使未认罪认罚，也可以不捕。也就是说，对于罪行较轻且没有其他重大犯罪嫌疑的犯罪嫌疑人，满足积极退赃和认罪认罚其中一个条件，就已具备不捕的条件。这也表明，退赃退赔与认罪认罚一样，是判断犯罪嫌疑人社会危险性的独立的考量因素。

犯罪嫌疑人认罪认罚的，是否一定具备不捕的条件？在认罪认罚的同时积极退赃退赔的，是否一定会增加不捕的概率？《人民检察院刑事诉讼规则》第140条所列的包括犯罪嫌疑人认罪认罚在内的七种情形通常可以作为不具有社会危险性的考量因素进行考虑，但并非必然地认为认罪认罚的犯罪嫌疑人不具有社会危险性，还需要结合其他因素综合判断。如果犯罪嫌疑人存在《人民检察院刑事诉讼规则》第

128~133 条规定应当批捕的情形，积极退赃退赔作为悔罪态度和悔罪表现的考察因素之一，对判断犯罪嫌疑人的社会危险性评价存在积极的影响，但与是否逮捕的结果之间没有必然的关系，尤其在重罪案件中，对有证据证明有犯罪事实，可能判处 10 年有期徒刑以上刑罚的犯罪嫌疑人，应当批准或者决定逮捕。

在审查起诉阶段：对于《刑法》分则明确规定公诉前退赃退赔可以从轻、减轻或者免除处罚的罪名，如挪用资金罪、非法吸收公众存款罪、贪污罪，在事实清楚、证据扎实的前提下，建议当事人尽量在提起公诉前完成退赃退赔；同时，对于轻罪案件，也可以通过积极退赃退赔并取得被害人的谅解，争取公诉机关的不起诉决定。一般可以通过审查起诉阶段的退赃退赔来争取变更强制措施，或结合其他证据作出不起诉决定。审查起诉阶段的退赃退赔可以获得人民检察院的量刑建议书的确认，但最终量刑的幅度还是要经人民法院审判庭来确认的。

在审判阶段：在可能获取优惠刑期或者存在适用缓刑机会时，尽早退赃退赔的量刑效果会体现得更加直观。法院审判阶段是被告人退赃退赔的通常阶段，此时退赃退赔可以获得法庭的直接认可，并在量刑中直接使用。有些职务犯罪案件涉及上缴国库的退赃，对审判机关会更有冲击力。另外，随着长期的诉讼期间的经过，各方都心态逐渐平和，并趋于理性，同时各方对案件事实有了更加清晰的认识，责任的承担都基本心中有数。因此，这时双方当事人更能趋于理性地谈判，更有利于化解矛盾，达成共识，甚至有些不可谅解的矛盾此时都有达成刑事和解的空间。

法律依据

《人民检察院刑事诉讼规则》

第一百四十条 犯罪嫌疑人涉嫌的罪行较轻，且没有其他重大犯罪嫌疑，具有下列情形之一的，可以作出不批准逮捕或者不予逮捕的决定：

（一）属于预备犯、中止犯，或者防卫过当、避险过当的；

（二）主观恶性较小的初犯，共同犯罪中的从犯、胁从犯，犯罪后自首、有立功表现或者积极退赃、赔偿损失、确有悔罪表现的；

（三）过失犯罪的犯罪嫌疑人，犯罪后有悔罪表现，有效控制损失或者积极赔偿损失的；

（四）犯罪嫌疑人与被害人双方根据刑事诉讼法的有关规定达成和解协议，经审查，认为和解系自愿、合法且已经履行或者提供担保的；

（五）犯罪嫌疑人认罪认罚的；

（六）犯罪嫌疑人系已满十四周岁未满十八周岁的未成年人或者在校学生，本人有悔罪表现，其家庭、学校或者所在社区、居民委员会、村民委员会具备监护、帮教条件的；

（七）犯罪嫌疑人系已满七十五周岁的人。

实操建议

律师在协助家属判断何时及如何退赃退赔时，需要结合案件基本事实和证据情况、被害人及家属情况、办案机关及办案人员情况、当地各种土政策等，综合、全面考虑，以现有法律法规作为判断标尺来综合衡量，最终实现当事人最大法律利益。

131. 退赃退赔是否可以由家属代为进行

可以。

法律依据

最高人民法院《关于被告人亲属主动为被告人退缴赃款应如何处理的批复》

…………

一、被告人是成年人，其违法所得都由自己挥霍，无法追缴的，应责令被告人退赔，其家属没有代为退赔的义务。

被告人在家庭共同财产中有其个人应有部分的，只能在其个人应有部分的范围内，责令被告人退赔。

二、如果被告人的违法所得有一部分用于家庭日常生活，对这部分违法所得，被告人和家属均有退赔义务。

三、如果被告人对责令其本人退赔的违法所得已无实际上的退赔能力，但其亲属应被告人的请求，或者主动提出并征得被告人同意，自愿代被告人退赔部分或者全部违法所得的，法院也可考虑其具体情况，收下其亲属自愿代被告人退赔的款项，并视为被告人主动退赔的款项。

四、属于以上三种情况，已作了退赔的，均可视为被告人退赃较好，可以依法适用从宽处罚。

五、如果被告人的罪行应当判处死刑，并必须执行，属于以上第一、二两种情况的，法院可以接收退赔的款项；属于以上第三种情况的，其亲属自愿代为退赔的款项，法院不应接收。

参考案例

俞某勇盗窃案[①]

2008年4月至5月，被告人俞某勇盗窃作案8起，窃得5辆摩托车及数码相机、手机、笔记本电脑等财物，所窃财物合计价值16,680元；为销赃，结伙他人伪造行驶证3份、驾驶证1份。案发后，经公安机关追缴，发还被害人部分被盗财物。俞某勇的亲属自愿将俞某勇盗窃的摩托车4辆、数码相机1部从典当行赎出退赔给被害人，并将不能原物返还的被窃财物按照评估值折价1050元退赔给被害人。

法院认为：俞某勇盗窃所得财物均已由公安机关追缴及俞某勇的亲属退赔，可酌情对被告人俞某勇从轻处罚。亲属代赎赃物并返还失主的行为可视为被告人退赃的行为，并作为被告人认罪、悔罪表现而

---

① 蒋敏、章豪杰:《亲属代为退赃可影响对犯罪危害的评估》，载《人民法院报》2009年5月22日，第5版。

计入对其犯罪行为社会危害性的评估，从而纳入对其量刑的考虑因素。

实操建议

根据《关于被告人亲属主动为被告人退缴赃款应如何处理的批复》之规定，当事人家属是没有退赃退赔义务的，其为了当事人量刑利益而主动代为退赃退赔的行为，须以“被告人请求或者同意”为前提。否则，尤其是在当事人自身不认罪的情况下，家属的主动退赃退赔行为可能出现“人财两空”的局面。

132. 退赃退赔义务能否因被害人放弃而免除

不能。

多被告人负有共同退赔责任，某一被告人赔偿部分损失后被害人放弃向其追要余下损失，因其单方意思表示不能对抗《刑法》的强制性规定，故仍应判决各被告人一起对余下损失承担退赔责任。

法律依据

《刑法》

第六十四条 犯罪分子违法所得的一切财物，应当予以追缴或者责令退赔；对被害人的合法财产，应当及时返还；违禁品和供犯罪所用的本人财物，应当予以没收。没收的财物和罚金，一律上缴国库，不得挪用和自行处理。

最高人民法院《关于刑事裁判涉财产部分执行的若干规定》

第十六条 人民法院办理刑事裁判涉财产部分执行案件，刑法、刑事诉讼法及有关司法解释没有相应规定的，参照适用民事执行的有关规定。

参考案例

陈某彬等盗窃案[1]

2014年5月22日上午，被告人陈某彬、周某栓、申某展经预谋来到南召县黄洋路某小区，进入赵某居室内实施盗窃，盗走黄金项链、戒指、银手镯等物品价值55,240元。后三人将金首饰低价销售，所得价款三人分赃。其后，被告人陈某彬又伙同他人实施盗窃，盗窃物品价值13,453元，在准备离开时被公安人员抓获，赃物已发还失主。归案后，公安人员在申某展家中提取银手镯2对，已退还赵某。陈某彬主动赔偿了赵某被盗财物损失人民币2.5万元，赵某出具了谅解书，表示余下损失不再向陈某彬追要，请求法院对陈某彬从轻处理。

法院认为：被告人陈某彬等人以非法占有为目的，结伙入户盗窃他人财物，数额巨大，已构成盗窃罪。根据各被告人在犯罪中所起作用及相关量刑情节，分别判处陈某彬三人2年3个月至4年6个月有期徒刑，并处罚金。同时，责令被告人陈某彬、申某展、周某栓退赔被害人赵某被盗物品余下价值人民币29,240元。

被告人陈某彬不服判决，认为赵某已明确表示余下损失不再向其追要，一审判决仍然责令其退赔被害人余下损失不当，提出上诉。南阳市中级人民法院经审理认为，被害人的放弃行为仅是单方意思表示，并不能对抗《刑法》的强制性规定，遂判决驳回上诉，维持原判。

实操建议

虽然被害人的放弃不能免除被告人的退赃退赔义务，但是可以在执行时适当考虑。最高人民法院《关于刑事裁判涉财产部分执行的若干规定》强化了责令退赔执行的国家强制性，其第16条规定，人民法院办理刑事裁判涉财产部分执行案件，《刑法》《刑事诉讼法》及有关司法解释没有相应规定的，参照适用民事执行的有关规定。因执行

---

① （2014）南召刑初字第272号，（2015）南刑一终字第00010号。

活动最终权利承受人为被害人，故其意见在执行程序中可以适当考虑。如果被害人在执行中自愿放弃向所有被告人追要退赔损失，可参照民事执行的相关操作，对被害人的全部放弃行为予以认可，据此终结执行，这也符合诉讼经济的原理。

133. 共同犯罪人是否均应对全部违法所得承担退赃退赔义务

关于共同犯罪人是否需要承担共同犯罪数额的退赃责任，实务中有不同做法：一种处理是共同犯罪人仅承担自己实际分得部分的追缴、退赔义务，还有是共同犯罪人均对全案违法所得承担追缴、退赔义务；另一种处理是对共同犯罪人应承担的份额不明确带有任意性，在共同犯罪违法所得范围内均可能承担追缴、退赔义务。

正确处理共同犯罪人退赔责任问题，要区分共同犯罪人在定罪量刑层面刑事责任分担以及退赃退赔层面民事责任分担问题。共同犯罪人因犯罪行为导致被害人人身及财产受到了损害，由此产生了两层责任。其中，刑事责任由司法机关强制犯罪人承担，根据"部分行为，全部责任"原则，犯罪人需共同对其犯罪行为给被害人造成的物质损失承担相应的刑事责任，也就是定罪量刑的标准要以共同犯罪数额为基础，而不是以各人分得部分或者实际实施部分为基础。承担刑事责任的同时，也有因民事侵权而负有退赃退赔的责任，根据《刑法》和最高人民法院《关于适用〈中华人民共和国刑事诉讼法〉的解释》等规定，被告人非法占有、处置被害人财产的，应当依法予以追缴或者责令退赔，因此追缴或者责令退赔的范围是被告人实际占有、处置的被害人财产；这种处理方式符合比例原则，但不适用于共同犯罪中的主犯，共同犯罪的主犯应当对全部犯罪事实承担刑事责任和民事责任。当共同犯罪人中的一人或数人全部赔偿了被害人的损失，共同犯罪人与被害人之间的损害赔偿法律关系归于消灭，在共同犯罪人内部，根据行为人在共同犯罪中的地位、作用大小以及分赃数额等因素，确定具体的责任份额，如部分共同犯罪人的退赃退赔数额总和已完全弥补犯罪造成的损失时，在共同犯罪人之间产生了民法上的权利义务关系，退赃退赔人就其超过自己应当履行义务份额的部分可进行追偿。

法律依据

《刑法》

第六十四条 犯罪分子违法所得的一切财物，应当予以追缴或者责令退赔；对被害人的合法财产，应当及时返还；违禁品和供犯罪所用的本人财物，应当予以没收。没收的财物和罚金，一律上缴国库，不得挪用和自行处理。

参考案例

陈某、沈某、戴某合同诈骗案①

陈某、沈某、戴某伙同陶某、姚某等人（另处），为帮助李某骗取被害人陈某本的钱款，经共谋，于2014年5月8日至上海市东方公证处，由陶某冒名顶替李某的妻子“张某”，戴某另找二人冒名顶替李某的父母“李某明、李某萍”，同时李某提供伪造的结婚证、居民身份证等材料，骗取公证处出具了确认内容为“委托人李某明、李某萍、张某同意将上海市浦东新区川沙镇城西路的房产作为抵押物为李某向陈某本的借款提供担保”的公证书。同日，在陈某、沈某、戴某等人的陪同下，李某与被害人陈某本签订了房地产抵押借款合同，骗取了人民币160万元（以下币种均同），并办理了房产抵押权登记。事后，陈某、沈某、戴某及姚某等人从李某处共分得5万元。案发前，

① 上海法院：《共同犯罪中各共犯人退赔责任承担方式的认定》，载上海法院网，http://shfy.chinacourt.gov.cn/article/detail/2017/01/id/2517712.shtml，最后访问时间：2022年7月28日。

被害人陈某本以利息为名收回26.4万元。案发后，李某家属代为退赔20万元。一审审理中，陈某归还陈某本1万元，沈某向法院退缴了1万元。

一审法院于2016年3月16日就原审被告人陈某、沈某、戴某犯合同诈骗罪一案作出刑事判决。判决主文第四项载明："被告人陈某、沈某、戴某应于本判决生效之日起退赔人民币一百一十一万六千元，连同被告人沈某退缴的人民币一万元，发还被害人陈某本。"

原审被告人戴某不服，提出上诉。二审法院经审理另查明，一审法院于2015年11月24日对李某、陶某犯合同诈骗罪一案作出刑事判决，判决主文第三项载明，"李某、陶某应于本判决生效之日起退赔被害人陈某本人民币一百一十三万六千元"；该法院于2015年12月15日对姚某犯合同诈骗罪一案作出刑事判决，判决主文第二项载明，"姚某应于本判决生效之日起退赔被害人陈某本人民币一百一十三万六千元"。

二审法院认为，原审判决主文第四项的内容不当，据此改判为："原审被告人沈某已退缴的人民币一万元，发还被害人陈某本；责令上诉人戴某、原审被告人陈某、沈某连同李某、陶某、姚某共同退赔尚未退清的违法所得共计人民币一百一十一万六千元，发还被害人陈某本。"

朱某、杨某诈骗案[①]

2016年4月，被告人朱某、杨某伙同他人，编造虚假身份信息，以介绍杨某与被害人王某结婚生活为诱饵，骗取被害人王某人民币10万元，杨某在被害人王某家短暂生活后借机离开。朱某分得赃款人民币4万元，杨某分得赃款人民币6万元。

法院认为：（1）连带退赔责任的承担与共犯理论、民事共同侵权连带责任的承担具有理论上的一致性。只要认定成立共同犯罪，就要将法益侵害结果归属于各参与者的行为。既然各共犯人均按违法所得

① 《人民法院报》2018年5月30日，第6版。

总额定罪量刑，也应当按照违法所得总额承担连带退赔责任才符合刑法理论的一致性。共同犯罪行为符合共同侵权行为要件时，可能发生刑事责任与民事侵权责任之竞合，此时可适用侵权规则，而共同侵权行为的法律后果是连带责任。（2）共犯人连带退赔数额超出自己实际违法所得的部分，可向其他共犯人追偿。有关各共犯人内部之追偿，属于民事纠纷，享有追偿权的共犯人向法院提起民事诉讼后，可由法院受理。此外，如共犯人承担连带退赔责任后不具有追偿权，则该共犯人既因犯罪行为受到刑罚处罚，又需负担超出自己实际违法所得的退赔数额，对其来说有失公允。

实操建议

共同犯罪中的各共犯人是按各自实际分得的违法所得数额承担按份退赔责任，还是按共同犯罪行为所获得的违法所得总额承担连带退赔责任，是理论及实务界长期争论的话题。主流观点是后者，但在涉众类案件中，部分法院采取了以实际违法所得作为退赔范围的司法意见。从《刑法》第64条规定本身以及比例原则来看，应当认为责令退赔和追缴的范围仅限于被告人实际所得部分，除非是主犯或者证据不能证实违法所得的，才有可能承担连带责任，否则判处未实际取得赃款的从犯连带退赔就违反了比例原则。刑事涉案财物的处置应当遵循比例原则，包括处置手段是否妥当、是否必要及处罚是否与罪责相适应等。对于公司型电信诈骗和非法集资类犯罪来讲，大部分从犯都仅仅领取几千块钱的基本工资，最多再加上少量提成，最终资金的管理权和使用权完全不在他们手里。在案涉金额较大的情况下，要求这些人对全案数额承担连带退赔责任，无疑是不平衡的，有违比例原则。

（1）即时转交违法所得型从犯，仅就自己违法所得部分承担退赃义务。

案例1：被告人甲按被告人乙的要求，负责在自动取款机上持卡取出诈骗所得款项后转入乙提供的账户内，按6%的比例提成，甲帮乙取款后转账100万元。

案例2：被告人甲按被告人乙的指示向他人交付毒品并收受毒品款6万元，甲将6万元毒品出售款交给乙，乙给付甲酬金2000元。

司法实践中，对于案例2一般仅没收被告人甲获得的酬金，但具有相同实质的案例1则往往对被告人甲也因认定共同诈骗的金额为100万元而判决其承担共同退赔100万元的责任。实际上，案例1和案例2在本质上并没有区别，被告人甲的违法所得都仅限于“酬金”部分，案例1对于100万元的犯罪对象没有形成事实上的“财产上的利益”的控制，这100万元不能计入犯罪分子的违法所得。事实上，帮助行为人从一开始就是为了实行犯而有行为，其对于整个诈骗或销售毒品行为欠缺犯罪支配，只是因为自己的取款转账或运送行为获得报酬，对其违法所得仅在就因为帮助行为所得的范围内宣告没收。

（2）集团犯罪中仅领取工资的从犯，也仅就自己的违法所得部分承担退赃义务。

案例3：被告人甲是电信诈骗集团的后勤人员，每月领取固定工资4500元，该电信集团共骗取不特定对象共人民币500万元。骗取资金最终均进入主犯乙的个人账户。电信诈骗集团不同人员根据地位分工各自取得不同的“工资”和“奖金”。

司法实践中，一般对案例3亦判决所有共同犯罪人共同退赔所有违法所得。但是，只有当行为人或参与者直接因犯罪行为获有经济上的利益时，才能对他们进行追缴或责令退赔。在案例3中，甲作为电信诈骗集团的后勤管理人员，每月领取的是无提成和奖金的固定工资，不会因犯罪行为获取直接上的经济利益，应该对被告进行独立没收,仅在获得的“工资”范围内承担退赔责任。如果甲不是后勤人员，而是负责电信诈骗的“业务员”，所得工资为基本工资+提成的模式，那该行为人直接因犯罪行为而获利，应该对其参与诈骗的数额进行独立追缴或责令退赔，才符合个人责任原则。

（3）共同分赃型共犯，不宜区分主从的，承担连带退赃义务。

案例 4：被告人甲与被告人乙商议通过为房地产开发商调整容积率，向开发商索取贿赂，并商议共同分配好处费，乙按甲的授意从开发商丙处共取得 100 万元人民币的贿赂款，并且将其中部分款项与甲商议后转交给甲。

案例 4 中，甲和乙为共同犯罪关系，二人均有将整体行为视为自己行为的主观故意，他们因此必须被视为一个整体，因此犯罪数额的认定应当为 100 万元，此为刑事责任的承担基础，同时，因为不能区分主从犯，因此退赃范围应当为共同犯罪数额。在仅有部分人员到案，不能查明实际分赃情况或行为人拒绝供出贿款分配方式的情况下，可以要求到案者承担全部退赃义务。

综上，共同犯罪中的从犯可按违法所得部分承担退赔责任，对于共同犯罪中的主犯，可以由各共犯人承担连带退赔责任，对超出自己实际违法所得的部分，可向其他共犯人追偿。例如，上节问题中提到的“杨某祥、赵某容留卖淫案”中，法院关于追缴的认定。又如，浙江省高级人民法院、浙江省人民检察院、浙江省公安厅《关于办理电信网络诈骗犯罪案件若干问题的解答》指出：主犯原则上具有共同的退赔义务。首要分子按照犯罪集团所犯罪行的全部数额进行退赃和退赔，其他主犯按其参与、组织、指挥的全部犯罪数额进行退赃和退赔。从犯一般按实际违法所得进行退赃和退赔。被告人主动退赔或其亲友代为退赔的数额超过实际违法所得的，可在量刑时予以酌情从宽处罚。

另外，未能全额退赃的共同犯罪人是否也可以因其他共犯全额退赃退赔而享受从宽处罚，这个问题实践中也有不同做法。从有利于被告人的角度，在其他共同犯罪人就犯罪总额全部退赃退赔时，未能全额退赃退赔的犯罪人也应得到从宽处理。因为这种情况下，被害人损失得到弥补、社会矛盾得到化解，全案的社会危害性均得到降低，对全案从宽处罚具备法理基础，只是在从宽幅度上可以与行为人本人退赃退赔的情形有所区别。

当然，需要引起注意的一个问题是：超额退赃当事人向其他共同犯罪人追偿的权利可能面临限制。实践中，有的案例[①]认为多退赃的共同犯罪人不能提起民事诉讼向其他共犯追偿，共犯取得追偿权必须具备一定条件，例如，各共犯在刑事诉讼中就退赃达成由某一共犯先行垫付后偿还合意的，在垫付后可以就多退赃部分向其他共犯追偿。笔者认为，部分共同犯罪人退赃行为导致共同被告人与被害人之间的民事侵权关系消灭，转化成共犯人内部的债权债务关系，超额退赃方可以就多退赃部分向其他共犯人追偿，符合责任自负原则。

134. 针对已经由第三人受让的赃款赃物，是否可以进行追缴

实践中经常出现被告人将犯罪所得转移给第三人的情况，对此能否要求第三人退赃，也存在一定举证责任和处理方式的分歧。

最初有关追赃问题的司法解释和司法性文件，基本上是以主动追赃为主，如最高人民法院研究室《关于对诈骗后抵债的赃款能否判决追缴问题的电话答复》（已失效）明确提出："犯罪分子以诈骗手段，非法骗取的赃款，即使用以抵债归还了债权人的，也应依法予以追缴。""赃款赃物的追缴并不限于犯罪分子本人，对犯罪分子转移、隐匿、抵债的，均应顺着赃款赃物的流向，一追到底，即使是享有债权的人善意取得的赃款，也应追缴。刑法并不要求善意取得赃款的债权人一定要参加刑事诉讼，不参加诉讼不影响判令其退出取得的赃款。"

1996年最高人民法院《关于审理诈骗案件具体应用法律的若干问题的解释》（以下简称1996年《诈骗罪司法解释》）对上述电话批复的追赃范围进行了一定限定，即规定"行为人将诈骗财物已用于归

① 程新伟、巫庚翔挪用资金案，（2007）锡民再终字第17号。来源：《人民司法·案例》2008年第22期。

还个人欠款、货款或者其他经济活动的，如果对方明知是诈骗财物而收取，属恶意取得，应当一律予以追缴；如确属善意取得，则不再追缴”。

2011 年最高人民法院、最高人民检察院《关于办理诈骗刑事案件具体应用法律若干问题的解释》（为区别 1996 年司法解释简称为 2011 年《诈骗罪司法解释》），延续了 1996 年《诈骗罪司法解释》的思路，进一步明确了推定恶意的几种情形，包括第三人明知是赃物、无偿取得、明显低价取得、源于非法债务或者违法活动的。

2017 年最高人民检察院、公安部《关于公安机关办理经济犯罪案件的若干规定》同样规定了推定恶意的四种情形，包括第三人明知是赃物，无偿取得或以明显低价取得，源于非法债务或者违法活动，通过其他恶意方式取得的。从上述四种情形看，前三种都是关于具体情形的列举，对应 2011 年《诈骗罪司法解释》第 10 条所列四种情形；第四种情形是一个兜底条款，相对于 2011 年《诈骗罪司法解释》第 10 条而言，属于新增情形，增加规定兜底性条款，其目的在于扩大适用范围，以适应实践中各种复杂的情形。

立法初衷是保护善意第三人以及维护经济社会秩序稳定，但在当前司法环境下，也有可能导致追赃不利。相应的证明责任实践中一般都由办案机关承担，办案机关查办案件的动力主要是定罪量刑，对追赃挽损关注不多，证明责任的增加，更加降低了办案机关追赃挽损的动力。因此，从保护被害人权益、第三方权益平衡的角度，建议对善意取得的证明责任交由第三方，即第三方应当举证自己具备合法、合理的受让钱款的理由，尤其是对于主张存在债权债务关系的，应当对债权债务关系成立进行举证，排除非法债务（高利贷）或者违法活动等。

上述意见也得到了部分地方司法机关的支持，如 2020 年《河南省高级人民法院刑事裁判涉财产部分执行异议复议案件办理指南》规定，如果在执行程序中第三人主张善意取得不能追缴涉案财物的，第三人应对其取得涉案财物是善意承担举证责任。如果第三人不能提供证据证明其善意取得涉案财物，但有正当理由，人民法院可以依职权调查。

法律依据

最高人民法院、最高人民检察院《关于办理诈骗刑事案件具体应用法律若干问题的解释》

第十条 行为人已将诈骗财物用于清偿债务或者转让给他人，具有下列情形之一的，应当依法追缴：

（一）对方明知是诈骗财物而收取的；

（二）对方无偿取得诈骗财物的；

（三）对方以明显低于市场的价格取得诈骗财物的；

（四）对方取得诈骗财物系源于非法债务或者违法犯罪活动的。

他人善意取得诈骗财物的，不予追缴。

最高人民检察院、公安部《关于公安机关办理经济犯罪案件的若干规定》

第五十四条 犯罪分子违法所得的一切财物及其孳息，应当予以追缴或者责令退赔。

发现犯罪嫌疑人将经济犯罪违法所得和其他涉案财物用于清偿债务、转让或者设定其他权利负担，具有下列情形之一的，应当依法查封、扣押、冻结：

（一）他人明知是经济犯罪违法所得和其他涉案财物而接受的；

（二）他人无偿或者以明显低于市场价格取得上述财物的；

（三）他人通过非法债务清偿或者违法犯罪活动取得上述财物的；

（四）他人通过其他恶意方式取得上述财物的。

他人明知是经济犯罪违法所得及其产生的收益，通过虚构债权债务关系、虚假交易等方式予以窝藏、转移、收购、代为销售或者以其他方法掩饰、隐瞒，构成犯罪的，应当依法追究刑事责任。

四川省高级人民法院《关于进一步规范刑事诉讼涉案财物认定、处置等若干问题的意见（试行）》

第十二条 【案外人不能取得涉案财物的情形】被告人将涉案财

物用于清偿债务、转让、无偿赠与或者设置其他权利负担，具有下列情形之一的，人民法院应予追缴：

（一）案外人明知是涉案财物而接受的；

（二）案外人无偿取得涉案财物的；

（三）案外人以明显不合理的低价受让涉案财物的；

（四）案外人通过非法债务清偿或者违法犯罪活动取得涉案财物的；

（五）案外人取得涉案财物具有《合同法》第五十二条规定的合同无效情形的。

转让价格达不到交易时交易地的指导价或者市场交易价百分之七十的，一般可以视为明显不合理的低价。

《河南省高级人民法院刑事裁判涉财产部分执行异议复议案件办理指南》

十七、第三人善意取得的具体情形有哪些？

答：以下情形应视为第三人善意取得涉案财物，执行程序中不予追缴：1、第三人受让涉案财物时，不知道被执行人无处分权或者不知道是涉案财物，且无重大过失的；2、被执行人以合理的价格转让；3、转让的不动产或者动产依照法律规定应当登记的已经登记，不需要登记的已经交付给受让的第三人。

此种情形，第三人应对其取得涉案财物是善意承担举证责任。如果第三人不能提供证据证明其善意取得涉案财物，但有正当理由的，人民法院可以依职权调查。

参考案例

张某等人票据诈骗国家赔偿案[①]

张某等人利用高息引存包括马某公司在内的17家单位的资金到

---

① 参见最高人民法院赔偿委员会（2012）法委赔字第4号国家赔偿决定书，载《最高人民法院公报》2014年第2期。

银行，在银行实施票据诈骗行为。涉案金额为1.4亿元，所付马某公司等单位的高息为张某等人实施票据诈骗犯罪所得赃款。据此，侦查机关扣押了马某公司在银行账户下的5500万元存款。案件侦查过程中，马某则提出愿将收取的高息交还银行，并办理了相关手续。侦查机关遂将1272万元返还给被害银行。2011年12月13日，马某以侦查机关错误追缴了其财产为由申请国家赔偿。最高人民法院国家赔偿委员会经审理后认为，公安机关依据《刑事诉讼法》的规定，对犯罪嫌疑人以票据诈骗犯罪所得赃款支付给本案赔偿请求人的高息部分予以追缴并返还被骗银行，其行为并无不当。赔偿请求人收取高息的行为具有违法性，不符合最高人民法院《关于审理诈骗案件具体应用法律的若干问题的解释》第11条规定的善意取得情形。马某提出其收取高息属善意取得不应予以追缴的理由不能成立。

实操建议

律师作为被害人代理人的，可以向办案机关提出善意取得应当由第三方来主张，如果第三方不能主张自己系善意取得，相应赃款应当予以追缴，或者自行调取可以证实第三方恶意取得的证据。

135. 案外人对涉案财物是否为赃款赃物有异议的，如何进行权利救济

刑事案件也常涉及财物处理问题，尤其是涉案财物的数额价值越来越大、法律关系越来越复杂的情况下，依法维护当事人的财产权也是律师法律服务的应有之义。目前，《刑事诉讼法》规定了专门的就涉案财物权属问题进行调查核实的程序，要求对定罪量刑和涉案财物处理并重，赋予了案外人就涉案财物权属问题参与诉讼的权利，即规定，案外人认为刑事裁判中对涉案财物是否属于赃款赃物认定错误或

者应予认定而未认定、对涉案财物及其孳息的权属提出异议的，法院应当听取案外人意见，必要时，法院也可以通知案外人出庭。

自一审程序开始，法院就有义务查明涉案财物权属问题，《刑事诉讼法》的修改要求审判人员、检察人员和诉讼参与人在审判程序中应当重视对涉案财物的处理问题，庭审中，检察机关要对涉案财物的权属情况作出说明，提出处理意见，并提供相关证据材料。

关于案外人对涉案财物提出权属异议的处理，早在2015年中共中央办公厅、国务院办公厅《关于进一步规范刑事诉讼涉案财物处置工作的意见》中就有了相关规定："明确利害关系人诉讼权利。善意第三人等案外人与涉案财物处理存在利害关系的，公安机关、国家安全机关、人民检察院应当告知其相关诉讼权利，人民法院应当通知其参加诉讼并听取其意见。"2021年最高人民法院《关于适用〈中华人民共和国刑事诉讼法〉的解释》吸纳上述规定，新增了对涉案财物案外人参与庭审的异议权："案外人对查封、扣押、冻结的财物及其孳息提出权属异议的，人民法院应当听取案外人的意见；必要时，可以通知案外人出庭。"该规定主要是考虑到涉众型案件可能存在案外人众多的情形，一律通知到庭不具有可操作，故规定为"必要时，可以通知案外人出庭"。

自此，案外人有权在刑事审判阶段即参与诉讼，对涉案财物及其孳息的权属问题主张权利，尤其是案外人是优先权人的情况下，更应积极主张权利，避免因权利主张不及时延误权利行使。

法律依据

最高人民法院《关于适用〈中华人民共和国刑事诉讼法〉的解释》

第二百七十九条 法庭审理过程中，应当对查封、扣押、冻结财物及其孳息的权属、来源等情况，是否属于违法所得或者依法应当追缴的其他涉案财物进行调查，由公诉人说明情况、出示证据、提出处理建议，并听取被告人、辩护人等诉讼参与人的意见。

案外人对查封、扣押、冻结的财物及其孳息提出权属异议的，人民法院应当听取案外人的意见；必要时，可以通知案外人出庭。

经审查，不能确认查封、扣押、冻结的财物及其孳息属于违法所得或者依法应当追缴的其他涉案财物的，不得没收。

最高人民法院《关于刑事裁判涉财产部分执行的若干规定》

第十三条 被执行人在执行中同时承担刑事责任、民事责任，其财产不足以支付的，按照下列顺序执行：

（一）人身损害赔偿中的医疗费用；

（二）退赔被害人的损失；

（三）其他民事债务；

（四）罚金；

（五）没收财产。

债权人对执行标的依法享有优先受偿权，其主张优先受偿的，人民法院应当在前款第（一）项规定的医疗费用受偿后，予以支持。

第十一条第二款 第三人善意取得涉案财物的，执行程序中不予追缴。作为原所有人的被害人对该涉案财物主张权利的，人民法院应当告知其通过诉讼程序处理。

136. 经营性犯罪中，认定违法所得额时是否可以扣除成本

违法所得范围的确定是退赃退赔的前提要件。根据违法所得来源不同，产生违法所得的犯罪可区分为取得利益型犯罪和经营利益型犯罪。对于后者，认定违法所得时应扣除犯罪成本。对一些社会危害大或违法成本难以计算的违法犯罪行为，可以其销售收入为违法所得。但是，这种例外应当有法律、司法解释的明确规定。

取得利益型（以非法占有为目的）的犯罪，如盗窃罪、贪污罪、受贿罪。经营利益型的犯罪，如高利转贷罪、非法经营罪、侵犯著作权罪、销售侵权复制品罪。由于这两类犯罪中违法所得产生的方式不同，在追缴、责令退赔时，其计算方式也应有所区别。对于前者，其所取得的非法财产本身即是违法所得，犯罪数额和违法所得数额具有一致性；而对于后者，一般应作出相应的扣除，如在高利转贷罪中，即应以所谓的“利差”所得作为违法所得。整体而言，认定违法所得利益一般不应高于被告人实际所获利益，否则追缴、责令退赔具有了“附加刑”的刑罚特征。

法律依据

《刑法》

第六十四条 犯罪分子违法所得的一切财物，应当予以追缴或者责令退赔；对被害人的合法财产，应当及时返还；违禁品和供犯罪所用的本人财物，应当予以没收。没收的财物和罚金，一律上缴国库，不得挪用和自行处理。

最高人民法院《关于审理非法出版物刑事案件具体应用法律若干问题的解释》

第十七条第一款、第二款 本解释所称“经营数额”，是指以非法出版物的定价数额乘以行为人经营的非法出版物数量所得的数额。

本解释所称“违法所得数额”，是指获利数额。

最高人民法院、最高人民检察院、公安部《关于办理非法集资刑事案件适用法律若干问题的意见》

五、……向社会公众非法吸收的资金属于违法所得。以吸收的资金向集资参与人支付的利息、分红等回报，以及向帮助吸收资金人员支付的代理费、好处费、返点费、佣金、提成等费用，应当依法追缴。……

最高人民法院、最高人民检察院《关于适用犯罪嫌疑人、被告人逃匿、死亡案件违法所得没收程序若干问题的规定》

第六条第一款 通过实施犯罪直接或者间接产生、获得的任何财产，应当认定为刑事诉讼法第二百八十条第一款规定的“违法所得”。

最高人民法院《关于审理生产、销售伪劣产品刑事案件如何认定“违法所得数额”的批复》（已失效）

……全国人民代表大会常务委员会《关于惩治生产、销售伪劣商品犯罪的决定》规定的“违法所得数额”，是指生产、销售伪劣产品获利的数额。……

国家工商行政管理总局《工商行政管理机关行政处罚案件违法所得认定办法》

第二条 工商行政管理机关认定违法所得的基本原则是：以当事人违法生产、销售商品或者提供服务所获得的全部收入扣除当事人直接用于经营活动的适当的合理支出，为违法所得。

本办法有特殊规定的除外。

参考案例

杨某军、王某英非法经营案[①]

2016年4月至12月，被告人杨某军、王某英以库宏公司名义分别与上海石油化工交易中心有限公司等多家交易平台的会员单位签订居间协议，成为会员单位的下属居间商，发展客户到上述交易平台开户进行金属、原油等物资的现货交易……业务员根据“网络部”收集的客户信息资料与客户联系，采用夸大客户收益、发送虚假盈利截图、包装指导老师等手段，吸引客户到上述现货交易平台进行开户交易，再介绍对接指导老师指导客户进行交易。交易平台根据会员单位名下客户的整体盈亏情况与会员单位进行结算，扣除费用后返还给会员单位客户交易产生的手续费、亏损等，会员单位再根据库宏公司名下客

① （2018）苏02刑终520号。

户的整体盈亏情况扣除相关费用后再返还给库宏公司。

2016年5月至12月，被告人杨某军、王某英在经营合才公司、库宏公司期间，从会员单位处，以居间报酬、佣金等形式获取返还资金共计3160余万元。

法院认为：关于本案的犯罪数额，首先，原审法院将原审被告人杨某军、王某英等人于2016年5月至12月以居间报酬、佣金等形式，从多家会员单位获取返还资金3160万元作为非法经营数额有误。非法经营期货的非法经营数额，是指非法经营期货业务的价值数额，即客户在涉案交易平台的总成交金额。由于侦查机关未能从涉案交易平台中搜集到完整的客户交易记录及交易明细，故无法确定本案的非法经营数额。现仅能根据库宏公司从会员单位获取返还佣金的情况，计算出杨某军、王某英获取的违法所得数额共计3160万余元。其次，根据2013年最高人民法院研究室《关于非法经营罪中"违法所得"认定问题的研究意见》，"非法经营罪中的'违法所得'，应指获利数额，即以行为人违法生产、销售商品或者提供服务所获的全部收入（即非法经营数额），扣除其直接用于经营活动的合理支出部分后剩余的数额"。参照该意见的精神，非法经营罪中的违法所得数额，应当为扣减经营场所租金等经营成本后所获取的利润。本案中，杨某军、王某英从会员单位获取的佣金返还共3160万余元系违法所得数额。但应扣除库宏公司、合才公司非法经营期间场所租金、水电费数额等合理支出共计92.7万余元，杨某军、王某英等人实际违法所得为3067.3万余元。

实操建议

需要指出的是，实践中法院对"经营利益型犯罪计算违法所得应扣除成本"的裁判规则的接受度不够高。对于类似辩护意见，很多判决中直接以"没有法律依据"为由不予采纳。甚至于最高人民检察院发布的2018年度检察机关保护知识产权典型案例——广东宋飞等二人假冒注册商标案中还明确指出：《刑法》规定的追缴对象是违法所得的一切财物，立法原意是“不让犯罪分子通过实施犯罪获得任何收益”。将销售金额认定为违法所得并足额追缴，是对立法精神的贯彻。

这就要求辩护人在提出相关辩护意见时，能够提出更有力的论据支撑，具体如下：第一，从文义解释分析，付出的成本并非获取的利益，不能称为违法所得；第二，从有利于被告人的原则出发，认定违法所得利益一般不得高于被告人实际所获利益；第三，现行法律规定中有违法所得数额系“获利数额”的例证，即《关于审理非法出版物刑事案件具体应用法律若干问题的解释》第17条明确“经营数额”不等同于“违法所得数额”。前者指以非法出版物的定价数额乘以行为人经营的非法出版物数量所得的数额，后者则指扣除成本后的获利数额。

137. 如何针对非法吸收公众存款、电信诈骗等涉众案件的退赃退赔情节进行量刑辩护

辩护人应把握以下几点：（1）单位或者单位主要负责人退赃退赔的，相关责任人员也应适用从宽处罚条款；（2）非法吸收公众存款、电信诈骗等涉众犯罪中的从犯退赃退赔数额应当以实际违法所得为限；（3）有公诉前退赃退赔情形的，可以“混搭”适用《刑法修正案（十一）》生效前后的不同条款，以最大化当事人的量刑利益。

法律依据

《刑法》

第二十六条 组织、领导犯罪集团进行犯罪活动的或者在共同犯罪中起主要作用的，是主犯。

三人以上为共同实施犯罪而组成的较为固定的犯罪组织，是犯罪集团。

对组织、领导犯罪集团的首要分子，按照集团所犯的全部罪行处罚。

对于第三款规定以外的主犯，应当按照其所参与的或者组织、指挥的全部犯罪处罚。

第二十七条 在共同犯罪中起次要或者辅助作用的，是从犯。

对于从犯，应当从轻、减轻处罚或者免除处罚。

第六十四条 犯罪分子违法所得的一切财物，应当予以追缴或者责令退赔；对被害人的合法财产，应当及时返还；违禁品和供犯罪所用的本人财物，应当予以没收。没收的财物和罚金，一律上缴国库，不得挪用和自行处理。

第一百七十六条 非法吸收公众存款或者变相吸收公众存款，扰乱金融秩序的，处三年以下有期徒刑或者拘役，并处或者单处罚金；数额巨大或者有其他严重情节的，处三年以上十年以下有期徒刑，并处罚金；数额特别巨大或者有其他特别严重情节的，处十年以上有期徒刑，并处罚金。

单位犯前款罪的，对单位判处罚金，并对其直接负责的主管人员和其他直接责任人员，依照前款的规定处罚。

有前两款行为，在提起公诉前积极退赃退赔，减少损害结果发生的，可以从轻或者减轻处罚。

重庆市高级人民法院、重庆市人民检察院、重庆市公安局《关于办理非法集资类刑事案件法律适用问题的会议纪要》

24.对于追缴或者责令退赔财物的范围问题，追缴或者责令退赔违法所得与民事诉讼中共同被告对集资参与人的损失承担连带赔偿责任有所区别，追缴或者退赔违法所得不属于民事赔偿诉讼，不涉及民事连带责任的问题，应以行为人实际的违法所得为限，尚未追缴或者无法追缴的，可以依法责令退赔，退赔亦应以实际违法所得为限。

参考案例

刘某、朱某明非法吸收公众存款案[①]

2007年3月13日,刘某2一人出资人民币600万元(以下币种相同)登记成立绥宁正方林业有限公司。2008年6月17日，股东变更为刘某2、杨某华（另案处理）等五人各持有股份120万元。2012年7月25日，绥宁正方林业有限公司更名为湖南华创远大农业发展有限公司（以下简称华创远大公司），公司注册资本2000万元，股东及占股情况为：杨某华占股1640万元、唐某1占股180万元、刘某占股180万元。法定代表人杨某华，经营范围：林木栽培、种植养殖业及林业开发、休闲观光开发、农产品销售、国家法规允许的产业项目投资开发。2012年8月15日，杨某华等人注册成立华创远大公司长沙分公司，自此之后直至2015年5月，杨某华等人未经依法批准，以华创远大公司名义设立未实际经营的玫瑰花、金银花、娃娃鱼、红酒等基地,宣传开发未实际成功签订合同的“佛光之城”项目,招募张某1(化名“张某2”，已亡故）、周某龙（另案处理）等人组建融资团队，在长沙地区通过发放传单、召开推介会、招商会、考察项目等途径向社会公开宣传，以华创远大公司的名义与投资人签订《借贷合同》，承诺每月支付本金的2%并按月支付利息，一年还本的方式，向社会公众吸收资金，所吸收资金直接存入杨某华私人账户，并按照融资金额的20%~37%支付佣金给融资团队总负责人。被告人刘某与杨某华系男女朋友关系且同居生活，其明知杨某华利用华创远大公司名义吸收资金，仍按照杨某华的指示与安排，协助杨某华管理非法吸收资金的财务收支、安排办公场所;被告人彭某、朱某明、何某、郑某、李某、谢某德、赵某恒、王某亮，明知华创远大公司未经有关部门批准，不具备向公众吸收存款的资质，仍积极参与华创远大公司向社会公众吸收存款的活动,并按吸收资金额的5%~28%获取佣金。2015年5月开始，因资金链断裂，杨某华已无法支付投资人的本金和利息，为了缓解资

---

① （2020）湘01刑终425号。

金兑付压力，杨某华决定通过签订《股权认购书》，承诺每月支付本金的1.8%，并按年支付利息、3年返本的方式，将部分已参与投资的投资人的债权转为股权，同时吸收新的投资人的资金。经审计：截至案发，被告人刘某、彭某、朱某明、何某、郑某、李某、谢某德、赵某恒、王某亮及杨某华等人共向1941名社会人员非法吸收存款共计28,956万元，除已按约定以本金及利息名义支付投资人4148.52万元外，仍有24,960.88万元未予退还。

法院认为：关于涉案财物的处理以及退赔责任，本案查封、扣押的涉案财物与杨某华、宋某鸣集资诈骗罪一案查封、扣押的涉案财物基本相同，本案集资参与人名单与杨某华、宋某鸣集资诈骗一案的集资参与人名单重叠交叉。追缴或者退赔违法所得与民事诉讼中共同被告对集资参与人的损失承担连带退赔责任是有区别的，追缴或者退赔违法所得不涉及民事连带责任问题，应以被告人的实际违法所得为限，尚未追缴或者无法追缴的，可以依法责令退赔，退赔亦应以实际违法所得为限。对于被告人主动退赔的数额超过其实际违法所得的，可在量刑时予以充分考虑。退赔的款项应当与其他涉案资产一同进入统一的资产清退程序。

实操建议

（1）在非法吸收公众存款案件中，单位或者单位主要负责人退赃退赔的，投资人损失得到弥补、社会矛盾得到化解，全案的社会危害性均得到降低，对全案从宽处罚具备法理基础，只是在从宽幅度上可以与行为人本人退赃退赔的情形有所区别。

（2）因为非法吸收公众存款行为通常都是以单位名义实施的，即公司化作案，其中很多参与人在全案中都是“各司其职”的，并不会参与整个非法吸收公众存款过程，有的甚至对于全案行为都没有一个明确的认识。从这个角度讲，非法吸收公众存款案件的共同参与人与普通共同犯罪的参与人的刑事违法性、社会危害性是有明显差异的。

因此，追缴或者退赔违法所得不涉及民事连带责任问题，应以被告人的实际违法所得为限。

（3）此问题主要涉及从旧兼从轻原则的具体适用，前文已经讲过，这里不过多展开。简言之，就是对同一行为可以同时适用新旧法的不同条款，至少目前没有明确的相反规定。

138. 非法集资、电信诈骗等涉众案件中一般员工的基本工资是否应作为赃款纳入退赃范围

首先要审查资金来源是否系非法吸收资金，以及员工是否涉案，如果二者都为否定答案，此部分不应作为赃款纳入退赃范围。

非法集资、电信诈骗等公司型案件中，除公司负责人或实控人外，不管是下属的部门主管，还是一般业务员，或是业务辅助人员，通常都被视为“帮助吸收资金人员”。根据最高人民法院、最高人民检察院、公安部于2014年联合颁行的《关于办理非法集资刑事案件适用法律若干问题的意见》“关于涉案财物的追缴和处置问题”的相关规定，向社会公众非法吸收的资金属于违法所得。以吸收的资金向集资参与人支付的利息、分红等回报，以及向帮助吸收资金人员支付的代理费、好处费、返点费、佣金、提成等费用，应当依法追缴。

《关于办理非法集资刑事案件适用法律若干问题的意见》中将追缴范围限定在“代理费、好处费、返点费、佣金、提成等费用”，未直接提及“基本薪资报酬（工资）”，但如果是以吸收的资金支付一般员工工资，因为系违法所得，应予以追缴，故属于退赃退赔的范围。

如果不属于吸收的资金，如在单位犯罪中，涉案公司非法吸收资金，只是其经营过程中的一个业务分支，公司仍有其他正常的经营业

务和合法盈利来源，那一般员工的基本薪资报酬可以有合法资金用于支付。所以，此时需要查明涉案公司支付员工基本工资的资金来源，不能“一刀切”地让一般员工退出工作期间的所有工资。

这种理解也符合法律规范的应有之义。《关于办理非法集资刑事案件适用法律若干问题的意见》条文并未将员工的基本工资纳入追缴的范畴，即使《关于办理非法集资刑事案件适用法律若干问题的意见》规定了“等”费用的情形，根据同类解释规则，“等”前列举事项与“等”后概括部分均应限制对“等”的解释。也即《关于办理非法集资刑事案件适用法律若干问题的意见》中“等”前列举的“代理费、好处费、返点费、佣金、提成”事项均不属“基础工资”的范畴，而是在“基础工资”之外，公司基于员工超长工作时间、完成超高业绩量等，给员工支付的额外报酬或奖励。因此，不能基于《关于办理非法集资刑事案件适用法律若干问题的意见》中的“等”费用情形而将员工的基本工资纳入应予追缴的范围。

另外，还需要审查“一般员工”是否真实涉案。不能简单地认定一个公司涉嫌非法集资，那这个单位的所有员工也都涉嫌犯罪。对于那些主观不存在犯罪明知，或者客观上所提供的工作并不能归属为“帮助吸收资金人员”（此处应作狭义理解）的，则不应作为涉案人员处理，故其获取的基本工资，应属合法收入，不应予以追缴，不应要求其退出。

法律依据

最高人民法院、最高人民检察院、公安部《关于办理非法集资刑事案件适用法律若干问题的意见》

五、关于涉案财物的追缴和处置问题

向社会公众非法吸收的资金属于违法所得。以吸收的资金向集资参与人支付的利息、分红等回报，以及向帮助吸收资金人员支付的代理费、好处费、返点费、佣金、提成等费用，应当依法追缴。集资参与人本金尚未归还的，所支付的回报可予折抵本金。……

139. 非法集资案件中前期离场的集资参与人可否被追缴违法所得

在非法集资犯罪案件中，因非法集资时间持续较长，往往存在先期集资参与人获取本息后离场的问题，而其中的利息部分又来源于后期的集资参与人投入的资金，那么对已经足额领取本息而先期离场的集资参与人，其所得利息、分红等是否应予追缴？对此，《关于办理非法集资刑事案件适用法律若干问题的意见》作出相关规定，即“向社会公众非法吸收的资金属于违法所得。以吸收的资金向集资参与人支付的利息、分红等回报……应当依法追缴”。但该规定并没有区分集资参与人是否已先期离场，即不管集资参与人是否已经先期离场，只要其获取的利息、分红等源于非法吸收的资金，均应依法追缴。

司法实践中，对于已经先期立场的集资参与人，因实践操作较为困难，对其所得的利息、分红等收益往往无人追缴。司法机关倾向性意见认为：实践中很多集资参与人是明知非法集资性质而参与，就是意图先期获取好处后及时离场，而且随着非法集资犯罪的发展，这类集资参与人越来越多，这个群体已不单纯是非法集资活动的参与者，在某种意义上对后期的非法集资犯罪起到推波助澜作用。[①] 因此，依法惩治非法集资犯罪，不仅要依法打击实施非法集资的犯罪分子，也要依法处置明知非法集资性质而参与其中的获利者，通过司法行为明确“任何人不得从自己的违法行为中获得好处”这一道理。换言之，不能让集资参与人从非法集资中获利，从源头上防止非法集资的发生

---

① 最高人民法院刑事审判第一庭等编：《刑事审判参考》（总第 117 集），法律出版社 2019 年版，第 184 页。

与蔓延。故此，司法机关倾向于对获利后先期离场的集资参与人追缴其利息、分红等收益。

法律依据

上海市高级人民法院、上海市人民检察院、上海市公安局《关于办理涉众型非法集资犯罪案件的指导意见》

十一、关于追缴集资参与人的非法收益及被告人的退赔

向社会公众非法吸收的资金属于违法所得。以吸收的资金向集资参与人支付的利息、分红等回报，不论集资参与人是否已先期离场，均应当依法追缴。集资参与人本金尚未归还的，所支付的回报可予折抵本金。

参与非法集资犯罪的被告人（包括被追究刑事责任的业务员），应当对其犯罪行为造成的损失承担退赔责任，除应当依法追缴其获取的佣金、提成等违法所得外，还可以责令在其犯罪行为造成的损失范围内承担退赔责任。

140. 未被起诉的犯罪单位可否被判决退赃退赔

对于涉嫌犯罪但因无合适诉讼代表人等原因没有被起诉的单位，其名下的财产能否予以追缴或责令退赔，实践中存在较大争议。一种观点认为，单位没有被起诉，当然就不能判决承担法律责任，对其名下的财产予以追缴或责令退赔缺乏法律依据。另一种观点则认为，虽然没有起诉单位，但原因是没有合适的诉讼代表人等，并不是单位不构成犯罪，而且在裁判文书中实际上已认定单位构成犯罪，故对于犯罪单位名下的财产可以根据犯罪事实依法予以追缴或者责令退赔。

实践中，相当一部分司法机关采信第二种观点，即认为对于未被起诉的单位，其名下财产如果能被查证属于违法所得，依法予以追缴，单位虽未被起诉，但对直接负责的主管人员和其他直接责任人员的判决已经认定了单位构成犯罪，犯罪单位应当对其犯罪行为造成的他人损失承担赔偿责任，故其名下的财产，即使无法确定系违法所得，也可责令其退赔发还被害人。①

笔者认为，上述观点违反了罪责刑自负原则，单位犯罪虽然通常为“双罚制”，但犯罪单位只有在被追究刑事责任的情况下，才属于犯罪分子，负有《刑法》第64条所规定的追缴和退赔义务，在未被起诉的情况下，虽然法院引用单位犯罪条款，但未追究单位刑事责任，单位既不应当承担刑事责任，也不应承担基于刑事责任的退赃和追缴义务。需要注意的是，如果能证实违法所得进入单位、由单位管理使用的，单位因不具备善意取得的条件，故该部分违法所得应当予以追缴。

法律依据

《刑法》

第三十条 公司、企业、事业单位、机关、团体实施的危害社会的行为，法律规定为单位犯罪的，应当负刑事责任。

第三十一条 单位犯罪的，对单位判处罚金，并对其直接负责的主管人员和其他直接责任人员判处刑罚。本法分则和其他法律另有规定的，依照规定。

第六十四条 犯罪分子违法所得的一切财物，应当予以追缴或者责令退赔；对被害人的合法财产，应当及时返还；违禁品和供犯罪所用的本人财物，应当予以没收。没收的财物和罚金，一律上缴国库，不得挪用和自行处理。

---

① 黄祥青、肖晚祥、罗开卷、许浩：《涉众型非法集资犯罪的法律、政策规制》，载《刑事审判参考》（总第117集），法律出版社2019年版，第175页。

最高人民法院《关于适用〈中华人民共和国刑事诉讼法〉的解释》

第三百四十条 对应当认定为单位犯罪的案件，人民检察院只作为自然人犯罪起诉的，人民法院应当建议人民检察院对犯罪单位追加起诉。人民检察院仍以自然人犯罪起诉的，人民法院应当依法审理，按照单位犯罪直接负责的主管人员或者其他直接责任人员追究刑事责任，并援引刑法分则关于追究单位犯罪中直接负责的主管人员和其他直接责任人员刑事责任的条款。

141. 行受贿双方分别退出的赃款是否均应予以追缴

行受贿案件中，经常会出现受贿人在案发前出于各种原因将受贿款退回行贿人或者仍由行贿人控制行贿款的情况。案发之后，监察机关在办案时既会要求受贿人对全部受贿金额进行退赃，也会要求行贿人退出行贿款。这种情况下，关于行受贿双方均退出赃款的，是否均应追缴，实践中存在不同做法。一种观点认为，受贿人退还行贿人的款项系其对赃款的处置，对受贿人及其家属的全额退赃应当予以扣押，对于行贿人占有的行贿款系其用于行贿活动的赃款，也应予以扣押。另一种观点认为，受贿人将收受的赃款已退给行贿人，应向行贿人追缴，应扣押行贿人主动退出的款项，对于受贿人，仅需扣押剩余部分款项，与行贿人退赃重复的部分应解除扣押予以归还。

笔者同意第二种观点，即不应重复追缴。

（1）针对同一笔行受贿事实，不宜分别扣押行受贿双方主动退出的赃款。

《刑法》第64条规定，犯罪分子违法所得的一切财物，应当予以追缴或者责令退赔；对被害人的合法财产，应当及时返还；违禁品和供犯罪所用的本人财物，应当予以没收。根据该规定，行贿人给予受贿人的财物，系行贿人用于行贿犯罪的财物，依法应当予以没收。受贿人收受的财物系其受贿所得，依法应予以追缴。由于行贿与受贿属于对合犯罪，对于同一起犯罪事实而言，行受贿双方权钱交易所涉及的财物既是行贿罪的犯罪对象也是受贿罪的犯罪对象，受贿人的违法所得与行贿人用于行贿的财物具有同一性。

在受贿人将受贿款退给行贿人的情况下，受贿人并不存在实际的受贿所得，此时扣押受贿人主动退出的赃款，实际上扣押的是与该犯罪事实无关的受贿人的其他财产。在受贿人未将受贿款退给行贿人的情况下，行贿人用于行贿犯罪的财物已转移为受贿人的犯罪所得，此时扣押行贿人主动退出的赃款，实际上扣押的是与该犯罪事实无关的行贿人的其他财产。针对同一犯罪事实，分别扣押行受贿双方主动退出的赃款，必然会导致行受贿中某一方与案件无关的财产受到侵害。因此，针对同一起犯罪事实，不宜分别扣押行受贿双方主动退出的赃款。

（2）受贿人已将赃款退给行贿人，行受贿双方均主动退赃的，应区别不同情况处理：

①行受贿双方均构成犯罪。在行受贿双方均构成犯罪的情况下，行贿人将财物给予受贿人之前，该财物属于行贿人用于犯罪的本人财物，依法应当没收；在该财物给予受贿人之后，该财物属于受贿人的受贿所得，依法应当追缴。虽然受贿人将该财物退给行贿人，但并不改变该财物系行贿人用于犯罪的本人财物和受贿人受贿所得的性质，因涉案财物已实际转移至行贿人所占有，故应扣押行贿人主动退出的赃款。

②受贿人构成犯罪，行贿人因系被勒索而不构成犯罪。《刑法》第 389 条第 3 款规定，因被勒索给予国家工作人员以财物，没有获得不正当利益的，不是行贿。这种情形下，相对方本身没有行贿犯罪的故意，其给予受贿人财物完全系被迫，受贿人违背相对方意愿而占有其财物，一定程度上侵犯了相对方的财产权，相对方此时属于被害人的角色，受贿人退还的财物实际上属于相对方的合法财产。依

据《刑法》第64条的规定，对被害人的合法财产应当及时返还。因此，这种情况下，如受贿人在案发前已将受贿款退还相对方，不能认定给予财物的一方为行贿方，不宜以追缴赃款的名义扣押其主动退出的款物。

③国家工作人员将财物及时退还，不构成犯罪，行贿人构成犯罪。根据最高人民法院、最高人民检察院《关于办理受贿刑事案件适用法律若干问题的意见》第9条第1款的规定，国家工作人员收受请托人财物后及时退还或者上交的，不是受贿。如国家工作人员及时将财物退还给行贿人，只是国家工作人员不构成受贿罪，并不意味着行贿人也不构成行贿罪。由于行贿罪属于行为犯，若行贿人为牟取不正当利益给予国家工作人员财物，该财物仍属于行贿人用于行贿犯罪的财物，依据《刑法》第64条之规定，依法应予没收。此时，应扣押行贿人主动退出的赃款。

参考案例

李某受贿案[①]

李某，A市B区环卫处原主任。2015年至2017年，李某利用职务之便，为周某、王某、张某在承接环卫工程项目上谋取利益，分别收受周某、王某、张某给予的贿赂款10万元、10万元、20万元。2019年，张某的公司因偷税漏税问题被公安机关调查，李某担心罪行败露，便将收受张某的20万元退还给了张某。2020年10月，李某因涉嫌职务犯罪被B区纪检监察机关立案审查调查并采取留置措施。留置期间，李某如实交代了上述事实并书写委托书让其妻子代为退赃40万元，11月，其妻子退出赃款40万元，B区纪检监察机关依法予以扣押。2020年12月，监察机关找张某核实后，张某也主动退出该20万元赃款。

---

① 张茂祥：《行受贿双方分别退出赃款是否均应追缴》，载《中国纪检监察报》2021年11月24日，第6版。

本案中，李某构成受贿罪，受贿数额为40万元，且均为既遂，李某已经将20万元赃款退给行贿人张某，张某属于行贿方且实际占有该赃款，依法应当予以追缴。因此，监察机关应扣押张某主动退出的赃款20万元，对于扣押的李某妻子代为退赃的40万元，应解除对其中20万元的扣押措施，退还给李某妻子。

专题八

特殊主体犯罪的量刑辩护

特殊主体犯罪在实践中发生概率不算太高，但对特殊主体的量刑从轻作为法定原则，需要律师熟练掌握各类特殊主体的认定标准，以及刑法对特殊主体的保护要求，如未成年人能否适用特殊累犯，针对最新出台的未成年人犯罪记录封存制度，律师还可以做哪些工作。这些问题不仅出现在辩护过程中，在控告、报案时也会遇到。

一、未成年人情节的量刑辩护

（一）相关法律规范

未成年人情节量刑相关法律规范见表 8-1。

表 8-1　未成年人情节量刑相关法律规范

要素	具体规定
刑事责任年龄	已满 16 周岁的人犯罪，应当负刑事责任
	已满 14 周岁不满 16 周岁的人，犯故意杀人、故意伤害致人重伤或者死亡、强奸、抢劫、贩卖毒品、放火、爆炸、投放危险物质罪的，应当负刑事责任

续表

<table>
<tr><th>要素</th><th colspan="2">具体规定</th></tr>
<tr><td rowspan="3">刑事责任年龄</td><td colspan="2">已满12周岁不满14周岁的人，犯故意杀人、故意伤害罪，致人死亡或者以特别残忍手段致人重伤造成严重残疾，情节恶劣，经最高人民检察院核准追诉的，应当负刑事责任</td></tr>
<tr><td colspan="2">对依照前3款规定追究刑事责任的不满18周岁的人，应当从轻或者减轻处罚</td></tr>
<tr><td colspan="2">因不满16周岁不予刑事处罚的，责令其父母或者其他监护人加以管教；在必要的时候，依法进行专门矫治教育</td></tr>
<tr><td>不适用死刑</td><td colspan="2">犯罪的时候不满18周岁的人和审判的时候怀孕的妇女，不适用死刑</td></tr>
<tr><td>不适用累犯</td><td colspan="2">被判处有期徒刑以上刑罚的犯罪分子，刑罚执行完毕或者赦免以后，在5年以内再犯应当判处有期徒刑以上刑罚之罪的，是累犯，应当从重处罚，但是过失犯罪和不满18周岁的人犯罪的除外</td></tr>
<tr><td rowspan="2">“周岁”的计算</td><td colspan="2">《刑法》第17条规定的“周岁”，按照公历的年、月、日计算，从周岁生日的第二天起算</td></tr>
<tr><td colspan="2">对抢劫等严重危害社会治安犯罪的，应当从严掌握</td></tr>
<tr><td rowspan="2">刑罚适用</td><td colspan="2">对未成年罪犯适用刑罚，应当充分考虑是否有利于未成年罪犯的教育和矫正</td></tr>
<tr><td>未成年罪犯量刑应当依照《刑法》第61条的规定，并充分考虑未成年人实施犯罪行为的动机和目的、犯罪时的年龄、是否初次犯罪、犯罪后的悔罪表现、个人成长经历和一贯表现等因素</td><td>对符合管制、缓刑、单处罚金或者免予刑事处罚适用条件的未成年罪犯，应当依法适用管制、缓刑、单处罚金或者免予刑事处罚</td></tr>
</table>

续表

<table>
<tr><th>要素</th><th colspan="2">具体规定</th></tr>
<tr><td rowspan="2">年满18周岁前后犯罪的处理</td><td colspan="2">行为人在达到法定刑事责任年龄前后均实施了危害社会的行为，只能依法追究其达到法定刑事责任年龄后实施的危害社会行为的刑事责任</td></tr>
<tr><td>行为人在年满18周岁前后实施了不同种犯罪行为，对其年满18周岁以前实施的犯罪应当依法从轻或者减轻处罚</td><td>行为人在年满18周岁前后实施了同种犯罪行为，在量刑时应当考虑对年满18周岁以前实施的犯罪适当给予从轻或者减轻处罚</td></tr>
<tr><td rowspan="2">无期徒刑的适用</td><td colspan="2">未成年人犯罪只有罪行极其严重的，才可以适用无期徒刑</td></tr>
<tr><td colspan="2">对已满14周岁不满16周岁的人犯罪一般不判处无期徒刑</td></tr>
<tr><td rowspan="3">剥夺政治权利的适用</td><td colspan="2">除《刑法》规定“应当”附加剥夺政治权利的外，对未成年罪犯一般不判处附加剥夺政治权利</td></tr>
<tr><td colspan="2">如果对未成年罪犯判处附加剥夺政治权利的，应当依法从轻判处</td></tr>
<tr><td colspan="2">对实施被指控犯罪时未成年、审判时已成年的罪犯判处附加剥夺政治权利，适用前款的规定</td></tr>
<tr><td rowspan="3">财产、罚金刑的适用</td><td>对未成年罪犯实施《刑法》规定的“并处”没收财产或者罚金的犯罪，应当依法判处相应的财产刑</td><td>对未成年罪犯实施《刑法》规定的“可以并处”没收财产或者罚金的犯罪，一般不判处财产刑</td></tr>
<tr><td colspan="2">对未成年罪犯判处罚金刑时，应当依法从轻或者减轻判处，并根据犯罪情节，综合考虑其缴纳罚金的能力，确定罚金数额。但罚金的最低数额不得少于500元</td></tr>
<tr><td colspan="2">对被判处罚金刑的未成年罪犯，其监护人或者其他人自愿代为垫付罚金的，人民法院应当允许</td></tr>
</table>

续表

要素	具体规定
缓刑的适用	对未成年罪犯符合《刑法》第72条第1款规定的，可以宣告缓刑
	如果同时具有下列情形之一，对其适用缓刑确实不致再危害社会的，应当宣告缓刑： （1）初次犯罪； （2）积极退赃或赔偿被害人经济损失； （3）具备监护、帮教条件
免予刑事处罚的适用	成年罪犯根据其所犯罪行，可能被判处拘役、3年以下有期徒刑，如果悔罪表现好，并具有下列情形之一的，应当依照《刑法》第37条的规定免予刑事处罚： （1）系又聋又哑的人或者盲人； （2）防卫过当或者避险过当； （3）犯罪预备、中止或者未遂； （4）共同犯罪中从犯、胁从犯； （5）犯罪后自首或者有立功表； （6）其他犯罪情节轻微不需要判处刑罚的
从宽幅度	对于未成年人犯罪，综合考虑未成年人对犯罪的认知能力，实施犯罪行为的动机和目的，犯罪时的年龄，是否初犯、偶犯，悔罪表现，个人成长经历和一贯表现等情况，应当予以从宽处罚： （1）已满12周岁不满16周岁的未成年人犯罪，减少基准刑的30%~60%； （2）已满16周岁不满18周岁的未成年人犯罪，减少基准刑的10%~50%
犯罪记录封存	犯罪的时候不满18周岁，被判处5年有期徒刑以下刑罚以及免予刑事处罚的未成年人犯罪记录，应当依法予以封存
无犯罪证明	被封存犯罪记录的未成年人本人或者其法定代理人申请为其出具无犯罪记录证明的，受理单位应当在3个工作日内出具无犯罪记录的证明

（二）适用效果

从宽幅度：

对于未成年人犯罪，综合考虑未成年人对犯罪的认知能力，实施犯罪行为的动机和目的，犯罪时的年龄，是否初犯、偶犯，悔罪表现，个人成长经历和一贯表现等情况，应当予以从宽处罚。

1. 已满 12 周岁不满 16 周岁的未成年人犯罪，减少基准刑的 30%~60%；

2. 已满 16 周岁不满 18 周岁的未成年人犯罪，减少基准刑的 10%~50%。

（三）常见辩点

142. 如何用好未成年人犯罪记录封存制度

2022 年 5 月出台的《关于未成年人犯罪记录封存的实施办法》对《刑事诉讼法》规定的未成年人犯罪记录封存制度进一步明确了操作规范，目的在于最大限度教育、感化、挽救罪错未成年人，解决目前未成年人犯罪记录封存中遇到的主要问题，进一步细化未成年人犯罪记录的范围、封存情形、封存主体及程序、查询主体及申请条件、提供查询服务的主体及程序、解除封存的条件及后果、保密义务及相关责任等内容。律师办理未成年人相关案件时，要熟悉、了解犯罪记录封存制度，切实维护好未成年当事人权利，避免其在后续上学、就业、参军中遭受歧视。

（1）哪些记录可以纳入封存范围？

①侦查、起诉、审判及刑事执行过程中形成的有关未成年人犯罪或者涉嫌犯罪的全部案卷材料与电子档案信息。也就是说，不仅包括纸质卷宗资料，司法机关常见的电子卷宗也需要同步封存。

②不予刑事处罚、不追究刑事责任、不起诉、采取刑事强制措施的记录。

③对涉罪未成年人进行社会调查、帮教考察、心理疏导、司法救助等工作的记录。

④未成年人因事实不清、证据不足被宣告无罪的案件，对其涉罪记录予以封存。

（2）适用记录封存的未成年人范围有哪些?

①犯罪的时候不满18周岁，被判处5年有期徒刑以下刑罚的未成年人；

②犯罪的时候不满18周岁，被免予刑事处罚的未成年人；

③年满18周岁前后实施数个行为，构成一罪或者一并处理的数罪，主要犯罪行为是在年满18岁周岁前实施的，被判处或者决定执行5年有期徒刑以下刑罚以及免予刑事处罚的未成年人犯罪记录，应当对全案依法予以封存。

（3）哪些案件适用犯罪记录封存?

①对未成年人单独犯罪或者全案都属于未成年人主体的刑事案件，直接全案封存。

②分案办理的未成年人与成年人共同犯罪案件，在封存未成年人案卷材料和信息的同时，对于未封存的成年人卷宗，也要在封面标注“含犯罪记录封存信息”等明显标识,并对相关信息采取必要保密措施。

③对于未分案办理的未成年人与成年人共同犯罪案件，全案卷宗封面都要标注“含犯罪记录封存信息”等明显标识，并对相关信息采取必要保密措施。

④其他刑事、民事、行政及公益诉讼案件，因办案需要使用了被封存的未成年人犯罪记录信息的，也应当在相关卷宗封面标明“含犯罪记录封存信息”，并对相关信息采取必要保密措施。

（4）犯罪记录封存要达到怎样的标准?

①遵循《个人信息保护法》不予公开，并建立专门的未成年人犯罪档案库，执行严格的保管制度。

②对于电子信息系统中需要封存的未成年人犯罪记录数据，应当加设封存标记，未经法定查询程序，不得进行信息查询、共享及复用。

③封存的未成年人犯罪记录数据不得向外部平台提供或对接。

（5）解除犯罪记录封存的情形有哪些？

①在未成年时实施新的犯罪，且新罪与封存记录之罪数罪并罚后被决定执行刑罚超过5年有期徒刑的。这种情况下前罪不能继续适用犯罪记录封存，并罚审理的新旧案件资料都不适用犯罪记录封存制度。

②发现未成年时实施的漏罪，且漏罪与封存记录之罪数罪并罚后被决定执行超过5年有期徒刑刑罚的。这种情况下前罪不能继续适用犯罪记录封存，并罚审理的新旧案件资料都不适用犯罪记录封存制度。

③经审判监督程序改判5年有期徒刑以上刑罚的。这种情况下，审判监督的案件资料不能适用犯罪记录封存，之前已被封存的前科资料也会被解除封存。

（6）未成年人及其家属犯罪记录封存后的权利义务有哪些？

①入伍、就业时可以免除犯罪记录的报告义务。

②可以向公安机关申请提供无犯罪记录证明。

③未成年人如果再次犯罪接受司法机关调查时，不能隐瞒、回避自己之前被封存的前科，还是需要主动、如实地供述其犯罪记录情况，但该前科资料有可能不会被认定为累犯、惯犯等从重处罚情节或者因前科降低入罪标准。

④未成年人如果该案生效后又被审判监督程序改判为5年以上刑罚的，也是要被取消犯罪记录封存资格。

⑤如果再犯新罪或者被发现漏罪，符合一定条件的，会被取消犯罪记录封存资格。相关条件参见上文。

⑥符合犯罪记录封存条件但封存信息被司法机关、教育行政部门、未成年人所在学校、社区等相关单位以及使用该信息的机构不当公开的，可以申请上述单位依法封存，消除影响，也可以向同级检察机关未成年人检察部门申请监督。

（7）成年后故意犯罪是否未成年犯罪前科一概写入裁判文书？

《关于未成年人犯罪记录封存的实施办法》第18条第2款规定，“被封存犯罪记录的未成年人，成年后又故意犯罪的，人民法院应当在裁判文书中载明其之前的犯罪记录”。

该款规定如果被认为与第1款是并列关系的话，将明显违反前科封存制度的立法本意——不希望被前科封存的未成年人因为过往罪错被公开后影响其后融入社会生活，如果认为所有成年后再故意犯罪的，裁判文书中均应载明“之前的犯罪记录”，这种“载明”就是将其已封存的前科予以公开，违反了封存制度的核心要求，而且解除犯罪记录封存的情况限于第1款的三种情形，成年后犯罪并非解除的情况之一。

故尝试善意地理解该款规定，从上下文以及体系解释的角度，应当理解为对第1款所列例外情形的裁判文书书写要求，即如果出现上面三种情况，需要解除前科封存的，裁判文书中需要写明未成年犯罪记录。

法律依据

《刑事诉讼法》

第二百八十六条 犯罪的时候不满十八周岁，被判处五年有期徒刑以下刑罚的，应当对相关犯罪记录予以封存。

犯罪记录被封存的，不得向任何单位和个人提供，但司法机关为办案需要或者有关单位根据国家规定进行查询的除外。依法进行查询的单位，应当对被封存的犯罪记录的情况予以保密。

《关于未成年人犯罪记录封存的实施办法》

第四条 犯罪的时候不满十八周岁，被判处五年有期徒刑以下刑罚以及免予刑事处罚的未成年人犯罪记录，应当依法予以封存。

对在年满十八周岁前后实施数个行为，构成一罪或者一并处理的数罪，主要犯罪行为是在年满十八岁周岁前实施的，被判处或者决定执行五年有期徒刑以下刑罚以及免予刑事处罚的未成年人犯罪记录，应当对全案依法予以封存。

第七条 未成年人因事实不清、证据不足被宣告无罪的案件，应当对涉罪记录予以封存；但未成年被告人及其法定代理人申请不予封存或者解除封存的，经人民法院同意，可以不予封存或者解除封存。

最高人民法院《关于适用〈中华人民共和国刑事诉讼法〉的解释》

第五百八十一条 犯罪时不满十八周岁，被判处五年有期徒刑以下刑罚以及免予刑事处罚的未成年人的犯罪记录，应当封存。

司法机关或者有关单位向人民法院申请查询封存的犯罪记录的，应当提供查询的理由和依据。对查询申请，人民法院应当及时作出是否同意的决定。

《人民检察院刑事诉讼规则》

第四百八十二条 犯罪的时候不满十八周岁，被判处五年有期徒刑以下刑罚的，人民检察院应当在收到人民法院生效判决、裁定后，对犯罪记录予以封存。

生效判决、裁定由第二审人民法院作出的，同级人民检察院依照前款规定封存犯罪记录时，应当通知下级人民检察院对相关犯罪记录予以封存。

第四百八十三条 人民检察院应当将拟封存的未成年人犯罪记录、案卷等相关材料装订成册，加密保存，不予公开，并建立专门的未成年人犯罪档案库，执行严格的保管制度。

第四百八十四条 除司法机关为办案需要或者有关单位根据国家规定进行查询的以外，人民检察院不得向任何单位和个人提供封存的犯罪记录，并不得提供未成年人有犯罪记录的证明。

司法机关或者有关单位需要查询犯罪记录的，应当向封存犯罪记录的人民检察院提出书面申请。人民检察院应当在七日以内作出是否许可的决定。

第四百八十五条 未成年人犯罪记录封存后，没有法定事由、未经法定程序不得解封。

对被封存犯罪记录的未成年人，符合下列条件之一的，应当对其犯罪记录解除封存：

（一）实施新的犯罪，且新罪与封存记录之罪数罪并罚后被决定执行五年有期徒刑以上刑罚的；

（二）发现漏罪，且漏罪与封存记录之罪数罪并罚后被决定执行五年有期徒刑以上刑罚的。

第四百八十六条 人民检察院对未成年犯罪嫌疑人作出不起诉决定后，应当对相关记录予以封存。除司法机关为办案需要进行查询外，不得向任何单位和个人提供。封存的具体程序参照本规则第四百八十三条至第四百八十五条的规定。

第四百八十七条 被封存犯罪记录的未成年人或者其法定代理人申请出具无犯罪记录证明的，人民检察院应当出具。需要协调公安机关、人民法院为其出具无犯罪记录证明的，人民检察院应当予以协助。

实操建议

律师可以认真学习《关于未成年人犯罪记录封存的实施办法》，为未成年人及其法定代理人提供犯罪记录封存法律服务。

（1）结合上述内容对未成年人及其法定代理人提供犯罪记录封存法律咨询服务，告知未成年人及其法定代理人法定权利义务。

（2）对符合条件的未成年人，为其申请无犯罪记录证明。通常向公安机关申请，受理单位应当在3个工作日内出具无犯罪记录的证明。

（3）要求相应单位及个人依法履行封存职责。

①对于法院已判决的，向作出生效判决的法院申请履行封存职责，要求法院将刑事裁判文书、《犯罪记录封存通知书》及时送达被告人，并同时送达同级人民检察院、公安机关，同级人民检察院、公安机关在收到上述文书后应当在3日内统筹相关各级检察机关、公安机关将涉案未成年人的犯罪记录整体封存。必要时要对其封存结果是否符合法律要求（如是否全案封存，是否在封面标明“含犯罪记录封存信息”，

是否将电子信息加设封存标记，禁止对外公开）进行查阅。

②对于检察机关做不起诉的，向作出不起诉决定的检察院申请履行封存职责，要求检察机关将《不起诉决定书》《犯罪记录封存通知书》及时送达被不起诉人，并同时送达同级公安机关，同级公安机关收到上述文书后应当在3日内将涉案未成年人的犯罪记录封存。必要时要对其封存结果是否符合法律要求（如是否全案封存，是否在封面标明“含犯罪记录封存信息”，是否将电子信息加设封存标记，禁止对外公开）进行查阅。

③对于社区矫正完毕的，向执行地社区矫正机构申请履行封存职责，要求执行地社区矫正机构应当在刑事执行完毕后3日内将涉案未成年人的犯罪记录封存。适用于被判处管制、宣告缓刑、假释或者暂予监外执行、实行社区矫正的未成年罪犯。必要时要对其封存结果是否符合法律要求进行查阅。

④对于因工作原因获知未成年人封存信息的司法机关、教育行政部门、未成年人所在学校、社区等单位组织及其工作人员、诉讼参与人、社会调查员、合适成年人等，要求其做好保密工作，不得泄露被封存的犯罪记录，不得向外界披露该未成年人的姓名、住所、照片，以及可能推断出该未成年人身份的其他资料。

（4）对未依法履行封存职责的单位和个人不当泄露未成年人前科信息的，进行控告和提请监督。

如上述单位和个人未按要求履行相应封存职责，导致侵害未成年人利益的，如造成未成年人在就学、就业、生活保障等方面未受到同等待遇的，可以要求相关单位进行纠正，要求相关单位履行封存职责；并要求对责任人员追究责任，涉及公职人员的，可以要求对其进行政务处分，造成严重后果的，也可以追究其失职渎职的刑事责任。

如果相关单位未自行纠正或者未追究相关人员责任的，也可以向同级检察机关申请法律监督。检察机关审查后，对确实存在错误的，应当及时通知有关单位予以纠正。

也可以不向责任单位申请纠正，直接向同级检察机关申请法律监督。

常见违反封存义务的情形见表8–2。

表8–2 常见违反封存义务情形

事项类型	违法内容
违反封存职责	应当封存不封存
	不应当封存而封存
	封存范围不全面
	对不符合例外条件的案件解除封存
	对符合条件的单位、人员拒不提供查询途径和查询结果
违反保密义务	封存机关未对司法机关之外的单位查询范围进行限制，超范围提供前科信息，非必要提供法律文书复印件
	在法律文书中公开使用应当封存的前科记录
	违反规定对外提供前科记录的
	向外界披露适用犯罪记录封存的未成年人的姓名、住所、照片，以及可能推断出该未成年人身份的其他资料
违反封存制度	对符合条件的未成年人拒不提供无犯罪记录的
	不按照规定时间对档案材料进行封存的
	未按照封存要求对卷宗和电子数据进行封存的
	对符合条件的未成年人申请公开封存资料，拒不解除封存的
	未按照规定时间提供无犯罪记录证明的

（5）对不需要犯罪记录封存的案件，向办案机关申请解除封存。

通常情况下，未成年人前科罪错需要进行匿名、封存处理，但特殊情况下的无罪案件，未成年人及其法定代理人出于恢复声誉等考虑，也希望能予以公开。律师可以代为向相应封存机关申请解除封存，如针对不起诉、免予刑事处罚、不追究刑事责任、证据不足的无罪案件，均可以向办案机关申请解除封存。

143. 未成年人是否适用特殊累犯的规定

未成年人不构成特殊累犯。未成年人不构成累犯属于对未成年人的特别规定，与《刑法》第 17 条的规定一脉相承，不仅限于一般累犯，也应当适用于特殊累犯的规定。

法律依据

《刑法》

第六十五条 被判处有期徒刑以上刑罚的犯罪分子，刑罚执行完毕或者赦免以后，在五年以内再犯应当判处有期徒刑以上刑罚之罪的，是累犯，应当从重处罚，但是过失犯罪和不满十八周岁的人犯罪的除外。

前款规定的期限，对于被假释的犯罪分子，从假释期满之日起计算。

第六十六条 危害国家安全犯罪、恐怖活动犯罪、黑社会性质的组织犯罪的犯罪分子，在刑罚执行完毕或者赦免以后，在任何时候再犯上述任一类罪的，都以累犯论处。

立法观点

2011 年通过的《刑法修正案（八）》增加了未成年人犯罪不构成累犯的规定。这一规定主要是考虑到未成年人身心发育尚未成熟，对犯罪的未成年人更好地体现以教育挽救为主的方针，以使他们能更好地接受教育矫正，便于他们以后顺利地融入社会。因此，未成年人不构成累犯属于对未成年人的特别规定，与《刑法》第 17 条的规定一脉相承，不仅限于第65条，也应当适用于本条关于特殊累犯的规定。

同时，从《刑法》第65条和第66条的关系来看，第65条既是一般累犯的规定，也是对累犯制度的一般性和基础性规定。而第66条是《刑法》在确立累犯基本制度的基础上进一步针对几类特殊犯罪作出的专门性规定。《刑法》第66条的立法目的在于，针对几类特殊犯罪，考虑到再次犯罪充分表明其主观方面顽固坚持恐怖等立场和难以悔改的态度，给予其更为严厉的惩处。未成年人由于心智发育等方面的情况，具有较强的可塑性，既然不能构成一般累犯，也不应构成特殊累犯。另外，《刑法》关于未成年人不构成累犯的规定，与对特殊累犯增加恐怖活动犯罪、黑社会性质组织犯罪的规定，都是2011年《刑法修正案（八）》中增加的体现宽严相济刑事政策的内容，对此问题立法机关做过专门研究，二者是并行不悖的。①

144. 未成年时实施毒品犯罪，成年后又实施毒品犯罪的，是否适用毒品再犯从重处罚的规定

对于未成年人是否构成毒品再犯问题，司法观点目前趋于一致，即根据未成年人犯罪记录封存制度的立法精神，如果未成年时实施毒品犯罪被判处刑罚，后续再犯毒品犯罪的，也不适用毒品犯罪再犯情节，不能直接引用毒品再犯条款予以从重处罚。

法律依据

《刑法》

第三百五十六条 因走私、贩卖、运输、制造、非法持有毒品罪被判过刑，又犯本节规定之罪的，从重处罚。

---

① 王爱立主编：《中华人民共和国刑法释义与适用（上）》，中国民主法制出版社2021年版，第128页。

第一百条 依法受过刑事处罚的人，在入伍、就业的时候，应当如实向有关单位报告自己曾受过刑事处罚，不得隐瞒。

犯罪的时候不满十八周岁被判处五年有期徒刑以下刑罚的人，免除前款规定的报告义务。

第六十五条第一款 被判处有期徒刑以上刑罚的犯罪分子，刑罚执行完毕或者赦免以后，在五年以内再犯应当判处有期徒刑以上刑罚之罪的，是累犯，应当从重处罚，但是过失犯罪和不满十八周岁的人犯罪的除外。

《刑事诉讼法》

第二百八十六条 犯罪的时候不满十八周岁，被判处五年有期徒刑以下刑罚的，应当对相关犯罪记录予以封存。

犯罪记录被封存的，不得向任何单位和个人提供，但司法机关为办案需要或者有关单位根据国家规定进行查询的除外。依法进行查询的单位，应当对被封存的犯罪记录的情况予以保密。

参考案例

邱某强贩卖毒品案[①]

法院经审理查明：

2014 年 9~10 月、2015 年 1 月 12 日，被告人邱某强先后 3 次在建瓯市网吧、宾馆内以 100 至 500 元不等的价格向吸毒人员贩卖甲基苯丙胺（冰毒）。另查明，被告人邱某强于 2012 年 1 月 12 日（时系未成年人）因犯贩卖毒品罪被判处有期徒刑 1 年 6 个月，缓刑 2 年，并处罚金 15,000 元。2015 年 1 月 21 日，因吸毒被行政拘留 15 日，并于 2015 年 1 月 30 日被建瓯市公安局责令接受社区戒毒 3 年。

公诉机关认为，本案被告人邱某强符合毒品再犯，应当根据《刑法》第 356 条的规定从重处罚。法院认为，根据《刑事诉讼法》未成年人犯罪记录封存的规定，依照罪刑法定的基本原则，被告人邱某强

① （2016）闽 0783 刑初 222 号。

不构成毒品再犯，最终判处邱某强犯贩卖毒品罪，判处有期徒刑4年，并处罚金人民币5000元。

司法观点

《刑法修正案（八）》增加的未成年人犯罪不构成累犯、未成年人轻罪前科报告义务免除制度，及《刑事诉讼法》新增的未成年人轻罪犯罪记录封存制度等，体现了对未成年犯罪人教育为主、惩罚为辅的立法精神，目的在于防止未成年犯罪人被标签化，使其能够更好地回归社会，未成年人犯罪记录封存意味着对未成年人的犯罪情况不宜对外公开。未成年人曾因贩卖毒品罪被判处刑罚后又实施毒品犯罪的，其被封存的犯罪记录不能作为判断未成年人毒品再犯、对其从重处罚的依据。否则，依据未成年人罪犯的前科记录作出判决，将会造成未成年人被封存的犯罪记录公之于众，导致未成年人犯罪记录封存制度形同虚设，也违反了相关保密义务。

145. 未成年时期的犯罪前科能否作为成年后再犯新罪时降低立案标准的入罪条件

虽然被封存记录之后的未成年人不再有构成累犯的可能，但其前科能否在新罪中被提及，甚至在特定场景下将前科作为其成年后再犯新罪时降低立案标准的入罪条件？如盗窃、抢夺、敲诈勒索等罪名中，司法解释都有规定，曾因盗窃、抢劫、抢夺或者聚众哄抢受过刑事处罚的，“数额较大”的标准按照规定标准的50%确定，同时，也有部分罪名规定，只要具备犯罪前科的，即可认为符合立案标准（详见表8–3）。

表 8-3 前科作为入罪要素的法律规定

类型	司法解释名称	法条内容
入罪标准=前科+立案标准减半	最高人民法院、最高人民检察院《关于办理危害食品安全刑事案件适用法律若干问题的解释》	第三条 生产、销售不符合食品安全标准的食品，具有下列情形之一的，应当认定为刑法第一百四十三条规定的“其他严重情节”：(一)生产、销售金额二十万元以上的……(五)生产、销售金额十万元以上不满二十万元，曾因危害食品安全犯罪受过刑事处罚或者二年内因危害食品安全违法行为受过行政处罚的……
	最高人民法院《关于审理毒品犯罪案件适用法律若干问题的解释》	第七条第二款 违反国家规定，非法生产、买卖、运输制毒物品、走私制毒物品，达到前款规定的数量标准最低值的百分之五十，且具有下列情形之一的，应当认定为刑法第三百五十条第一款规定的“情节较重”:(一)曾因非法生产、买卖、运输制毒物品、走私制毒物品受过刑事处罚的……
	最高人民法院、最高人民检察院《关于办理抢夺刑事案件适用法律若干问题的解释》	第二条 抢夺公私财物，具有下列情形之一的，“数额较大”的标准按照前条规定标准的百分之五十确定：(一)曾因抢劫、抢夺或者聚众哄抢受过刑事处罚的……
	最高人民法院、最高人民检察院《关于办理敲诈勒索刑事案件适用法律若干问题的解释》	第二条 敲诈勒索公私财物，具有下列情形之一的，“数额较大”的标准可以按照本解释第一条规定标准的百分之五十确定：(一)曾因敲诈勒索受过刑事处罚的……
	最高人民法院、最高人民检察院《关于办理盗窃刑事案件适用法律若干问题的解释》	第二条 盗窃公私财物，具有下列情形之一的，“数额较大”的标准可以按照前条规定标准的百分之五十确定：(一)曾因盗窃受过刑事处罚的……

续表

类型	司法解释名称	法条内容
前科＝入罪标准	最高人民法院、最高人民检察院《关于办理侵犯公民个人信息刑事案件适用法律若干问题的解释》	第五条　非法获取、出售或者提供公民个人信息，具有下列情形之一的，应当认定为刑法第二百五十三条之一规定的“情节严重”……（九）曾因侵犯公民个人信息受过刑事处罚或者二年内受过行政处罚，又非法获取、出售或者提供公民个人信息的……
	《检察机关办理侵犯公民个人信息案件指引》	二、……（四）对“情节严重”和“情节特别严重”的审查认定……（5）主观恶性。曾因侵犯公民个人信息受过刑事处罚或者二年内受过行政处罚，又非法获取、出售或者提供公民个人信息的，即可认为“情节严重”
	最高人民法院、最高人民检察院《关于办理扰乱无线电通讯管理秩序等刑事案件适用法律若干问题的解释》	第二条　违反国家规定，擅自设置、使用无线电台（站），或者擅自使用无线电频率，干扰无线电通讯秩序，具有下列情形之一的，应当认定为刑法第二百八十八条第一款规定的“情节严重”……（九）曾因扰乱无线电通讯管理秩序受过刑事处罚，或者二年内曾因扰乱无线电通讯管理秩序受过行政处罚，又实施刑法第二百八十八条规定的行为的……
前科＝推定明知	最高人民法院、最高人民检察院、海关总署《办理走私刑事案件适用法律若干问题的意见》	五、关于走私犯罪嫌疑人、被告人主观故意的认定问题 行为人明知自己的行为违反国家法律法规，逃避海关监管，偷逃进出境货物、物品的应缴税额，或者逃避国家有关进出境的禁止性管理，并且希望或者放任危害结果发生的，应认定为具有走私的主观故意。 走私主观故意中的“明知”是指行为人知道或者应当知道所从事的行为是走私行为。具有下列情形之一的，可以认定为“明知”，但有证据证明确属被蒙骗的除外：……（六）曾因同一种走私行为受过刑事处罚或者行政处罚的……

我们认为，对于被封存的未成年犯罪记录，司法机关即使出于办案需要进行查询，也应依法予以保密。被封存的犯罪记录，不能在行为人本次犯罪的处理中予以评价，因此不能以未成年前科来降低入罪标准。

第一，相关司法解释之所以规定前科、惯犯减半入刑，是出于打击惯犯的目的，将前科劣迹视为其中一项入罪情节，但其本质上仍属于刑罚中酌定的量刑情节。根据《刑法》第65条的规定，一般累犯作为重要的法定量刑情节对未成年时所犯罪行已不再作刑罚评价。“举重以明轻”，作为酌定量刑情节的未成年时的前科劣迹，在评价其成年后的犯罪行为时亦不应再重复评价，即不应以此作为对其从重或加重处罚的原因。因此，具有未成年时的前科不属于刑法意义上的惯犯，在适用相关司法解释时，应将此作为例外，排除适用。

第二，我国《刑事诉讼法》规定的犯罪记录封存和保密制度，体现了我国对未成年人犯罪以教育为主、惩罚为辅的刑事政策。行为人未成年时的犯罪被依法封存后，其成年后又犯罪的，不应将其视为犯罪惯犯，对其成年后的犯罪行为应单独评价，按照法律关于本罪的一般定罪量刑标准进行定罪处罚，不将行为人未成年犯罪的前科作为因前科减半认定构成犯罪的情形。

参考案例

许某峰盗窃案[①]

2013年6月7日1时许，被告人许某峰在东台市撬锁入店，窃得许某商店内香烟3包以及现金1020元。经鉴定，被盗香烟价值人民币137元。被告人许某峰窃得财物合计价值人民币1157元。

另查明，2007年1月19日，被告人许某峰因犯盗窃罪被判处有期徒刑4年，并处罚金人民币24,287元（盗窃时未满18周岁），2009年11月12日刑满释放。江苏省执行盗窃公私财物数额较大的认定标

① （2014）东刑二初字第0054号。

准，达到2000元以上属于数额较大。

检察机关认为：上述案件中，许某峰未满18周岁时曾因犯盗窃罪被判处有期徒刑4年，许某峰成年后盗窃财物1157元，符合最高人民法院、最高人民检察院《关于办理盗窃刑事案件适用法律若干问题的解释》所规定的减半认定入罪数额的情形。

法院认为：许某峰虽然有过多次盗窃行为，但均是在18周岁前实施，在对其相应的犯罪记录依法封存后，就不应将其视为《刑法》意义上的盗窃惯犯，即不应适用《关于办理盗窃刑事案件适用法律若干问题的解释》第2条第1项的规定，对许某峰盗窃数额的认定标准减半确定。本案中，许某峰盗窃财物计人民币1157元，不足2000元，不属于数额较大，依法不构成盗窃罪，最终公诉机关撤回起诉。

实操建议

对于被告人犯罪前科系发生于未成年阶段的，辩护人要注意法律适用，排除所有与前科加重处罚相关的情节和定罪标准的适用。

同时，在案件办理过程中及办结后，及时敦促相关机关依照《实施意见》的规定对未成年人犯罪前科进行封存，对于“因事实不清、证据不足被宣告无罪的”，以及“不予刑事处罚、不追究刑事责任、不起诉”的案件，一般也应当对涉罪记录予以封存，如果认为不封存更有助于未成年人的名誉恢复的，也可以申请不予封存或者解除封存。

146. 可否判处未成年人无期徒刑、附加剥夺政治权利

某些特定情形下可以判处未成年人无期徒刑，但应当特别慎重、严格把握，依照《刑法》对未成年人犯罪“应当从轻或者减轻处罚”的规定，对犯罪时不满18周岁的未成年人，一般可以不附加剥夺政

治权利。

法律依据

《刑法》

第十七条 已满十六周岁的人犯罪，应当负刑事责任。

已满十四周岁不满十六周岁的人，犯故意杀人、故意伤害致人重伤或者死亡、强奸、抢劫、贩卖毒品、放火、爆炸、投放危险物质罪的，应当负刑事责任。

已满十二周岁不满十四周岁的人，犯故意杀人、故意伤害罪，致人死亡或者以特别残忍手段致人重伤造成严重残疾，情节恶劣，经最高人民检察院核准追诉的，应当负刑事责任。

对依照前三款规定追究刑事责任的不满十八周岁的人，应当从轻或者减轻处罚。

因不满十六周岁不予刑事处罚的，责令其父母或者其他监护人加以管教；在必要的时候，依法进行专门矫治教育。

第四十九条 犯罪的时候不满十八周岁的人和审判的时候怀孕的妇女，不适用死刑。

审判的时候已满七十五周岁的人，不适用死刑，但以特别残忍手段致人死亡的除外。

最高人民法院《关于贯彻宽严相济刑事政策的若干意见》

20.对于未成年人犯罪，在具体考虑其实施犯罪的动机和目的、犯罪性质、情节和社会危害程度的同时，还要充分考虑其是否属于初犯，归案后是否悔罪，以及个人成长经历和一贯表现等因素，坚持“教育为主、惩罚为辅”的原则和“教育、感化、挽救”的方针进行处理。对于偶尔盗窃、抢夺、诈骗，数额刚达到较大的标准，案发后能如实交代并积极退赃的，可以认定为情节显著轻微，不作为犯罪处理。对于罪行较轻的，可以依法适当多适用缓刑或者判处管制、单处罚金等非监禁刑；依法可免予刑事处罚的，应当免予刑事处罚。对于犯罪情节严重的未成年人，也应当依照刑法第十七条第三款的规定予以从轻或者减轻处罚。对于已满十四周岁不满十六周岁的未成年犯罪人，一般不判处无期徒刑。

立法观点

根据现行《刑法》的规定，并未排除对未成年人犯罪适用无期徒刑。这里涉及对《刑法》第49条规定的理解与把握。《刑法》第49条的规定仅仅是对死刑的限制性适用，并不是量刑情节。未成年人犯罪的，对其量刑应以《刑法》分则规定的法定刑为量刑基准，对于法定最高刑为死刑的，不能根据《刑法》第49条的规定，将适用的法定刑降格。因此，适用无期徒刑不存在法律障碍。但是，考虑到未成年人的特殊性和改造罪犯的刑罚功能，对未成年人犯罪适用无期徒刑应当特别慎重、严格把握。正因如此，最高人民法院《关于贯彻宽严相济刑事政策的若干意见》第20条规定，对未成年犯罪人“一般不判处无期徒刑”。相比较而言，对已满12周岁不满14周岁的未成年人，更需要考虑“教育、感化、挽救”，从宽处罚幅度应该比罪行类似的其他未成年人更大，故通常应当在有期徒刑的范围内裁量刑罚。[①]

（1）要根据具体案情，只有对极少数未成年人所犯罪行极其严重、论罪依法应当判处死刑的情况，才可以适用无期徒刑。（2）鉴于12~16周岁年龄段未成年人属于未成年人犯罪当中的低龄犯，他们对危害社会行为的认知程度和自我控制能力都较16~18周岁年龄段未成年人更低，对12~16周岁未成年人犯罪原则上不判处无期徒刑，但不排除在极个别案件中，根据案件具体情况，对12~16周岁罪行极其严重的未成年人依法判处无期徒刑。

另外，根据《刑法》的规定，对被判处死刑、无期徒刑的犯罪分子，

---

① 杨万明主编：《〈刑法修正案（十一）〉条文及配套〈罪名补充规定（七）〉理解与适用》，人民法院出版社2021年版，第27页。

应当附加剥夺政治权利。对于犯罪时不满18周岁的被判处无期徒刑的犯罪分子，同样应当依法附加剥夺政治权利。但是，在决定剥夺其政治权利的期限时，也应当根据《刑法》第17条第4款的规定，从轻或者减轻处罚。按照《刑法》第56条的规定，对于故意杀人、放火、强奸、爆炸、投毒、抢劫等严重破坏社会秩序的犯罪分子，也可以附加剥夺政治权利。这个规定对于犯罪时不满18周岁的犯有上述严重破坏社会秩序罪的犯罪分子并没有排除。但是，根据未成年人从轻、减轻处罚的规定，对犯罪时不满18周岁的这类犯罪分子，一般可以不附加剥夺政治权利。①

参考案例

扎西达娃等抢劫案②

2000年9月23日15时许，被告人扎西达娃、索朗扎西、尼玛扎西、次仁格桑在一块闲聊时，议论到西藏自治区勘探集团公司退休职工翁俊兴有许多钱。在索朗扎西的提议下，四被告人预谋抢劫翁俊兴的钱财。之后，扎西达娃安排次仁格桑去翁俊兴的住房周围察看情况兼望风，自己则伙同索朗扎西、尼玛扎西借故进入翁俊兴的住处。当听到次仁格桑按约定发出附近无人的信号后，扎西达娃又让索朗扎西将次仁格桑也叫进屋里。扎西达娃随即按原定计划从背后用手勒住翁俊兴的脖子，尼玛扎西则持事先准备好的石块击打翁俊兴的额部、脸部，后二人又共同将翁俊兴摁倒在床上，使其不能反抗。其间，索朗扎西、次仁格桑则在屋里四处搜寻财物，并从一军用挎包中找到1把匕首、1条领带及若干人民币。索朗扎西用该领带勒紧翁俊兴的脖子，被扎西达娃、尼玛扎西劝阻。索朗扎西将领带松开后，又与次仁格桑一起用匕首撬屋里的箱子。翁俊兴此时开始大声呼救，索朗扎西便拿

① 张军主编：《刑法［总则］及配套规定新释新解（下）》（第7版），人民法院出版社2017年版，第618页。

② 《刑事审判参考》案例第184号。

起屋内的铁锹砍砸翁俊兴的手，并将匕首递给了扎西达娃，尼玛扎西则用脚猛踢翁俊兴的腹部。扎西达娃用匕首架在翁俊兴的脖颈处进行威胁,但翁俊兴仍高声呼救。扎西达娃询问他人要不要把翁俊兴杀掉，尼玛扎西等人起初不同意，后见翁俊兴仍在继续喊叫，唯恐事情败露，便示意扎西达娃下手杀死翁俊兴。于是，扎西达娃用匕首朝翁俊兴的颈部、胸部、腹部等处连捅7刀致其死亡。经法医鉴定，被害人翁俊兴系被他人用单刃锐器刺击躯干部致失血性休克死亡。在杀死被害人后，四被告人用被子、大衣覆盖在尸身上，将匕首及被害人的身份证等物品扔入附近的厕所或藏匿在墙缝中，锁上房门以后，携带从被害人处劫取的现金共计人民币8700元逃离现场。同年10月9日，公安人员将潜逃至外地的四被告人全部抓获归案，并查获部分赃款人民币3233.5元及用赃款购买的赃物。

一审法院认为，被告人扎西达娃、索朗扎西、尼玛扎西、次仁格桑实施暴力抢劫他人钱财的行为，均已构成抢劫罪，且有入户抢劫、抢劫致人死亡的严重情节，情节特别恶劣，后果特别严重。在共同犯罪中扎西达娃、索朗扎西、尼玛扎西起主要作用，系本案主犯；次仁格桑在共同犯罪中起辅助作用，系本案从犯，且犯罪时未满16周岁，依法予以减轻处罚。判决四被告人犯抢劫罪，判处扎西达娃、索朗扎西、尼玛扎西无期徒刑，次仁格桑有期徒刑4年。一审宣判后，被告人尼玛扎西以其在共同犯罪中仅起辅助作用应为从犯，且犯罪时未成年，归案后认罪态度好，依法应从轻、减轻处罚，原判对其判处无期徒刑量刑畸重为由，向西藏自治区高级人民法院提出上诉。其他被告人未上诉。西藏自治区高级人民法院经审理认为，扎西达娃、索朗扎西、尼玛扎西均系本案主犯，次仁格桑系从犯，依法均应惩处。但鉴于上诉人尼玛扎西及原审被告人索朗扎西的作用较扎西达娃要小，量刑上应有所区别。原判认定的事实清楚，证据确实、充分，定罪准确，对原审被告人扎西达娃、次仁格桑量刑适当，予以维持。改判尼玛扎西、索朗扎西为15年有期徒刑。

实操建议

尽管立法并未排除对未成年人犯罪适用无期徒刑，但是司法实践中对未成年人适用无期徒刑是十分慎重的。只有对罪行极其严重的未成年人罪犯才适用。因为从《刑法》规定本身看，未成年人犯罪的法定最高刑是无期徒刑，而又“应当从轻或减轻处罚”，所以，对罪行极其严重的未成年被告人除另有从重情节外，一般可不判处无期徒刑。

147. “骨龄鉴定”能否作为认定未成年人年龄证据的唯一证据

未成年人年龄鉴定中适用骨龄鉴定有一定的条件，也存在一些不宜适用骨龄鉴定的情形，目前骨龄鉴定意见尚不宜作为认定被告人、犯罪嫌疑人年龄的唯一证据。在没有其他证据证明时，运用骨龄鉴定应按照有利于被告人的原则对其年龄作出推定。

法律依据

最高人民检察院《关于“骨龄鉴定”能否作为确定刑事责任年龄证据使用的批复》

…………

犯罪嫌疑人不讲真实姓名、住址，年龄不明的，可以委托进行骨龄鉴定或其他科学鉴定，经审查，鉴定结论能够准确确定犯罪嫌疑人实施犯罪行为时的年龄的，可以作为判断犯罪嫌疑人年龄的证据使用。如果鉴定结论不能准确确定犯罪嫌疑人实施犯罪行为时的年龄，而且鉴定结论又表明犯罪嫌疑人年龄在刑法规定的应负刑事责任年龄上下的，应当依法慎重处理。

…………

参考案例

韩某某盗窃案[①]

基本案情:2015年11月,韩某某先后实施3起盗窃行为(具体略)。本案争议焦点是被告人韩某某的年龄认定问题，即被告人在作案时是否为未成年人。被告人韩某某在检察机关审查起诉阶段，于2016年1月14日提出自己在公安机关侦查阶段所述年龄有误，实际是1998年10月生。2016年2月1日，上海市长宁区人民检察院将案件退回上海市公安局长宁分局补充侦查，要求补充韩某某的年龄证据。2016年3月3日，上海市公安局长宁分局补充侦查完毕后，将韩某某父亲韩某坤的询问笔录、由韩某坤转交的安徽省涡阳县××镇××行政村村民委员会证明两份证言，随补充侦查报告书一并移送上海市长宁区人民检察院，要求依法起诉。因公安机关补充侦查收集的两份证人证言尚不足以推翻户籍年龄证据,法院要求公诉机关补充提供。随后，公诉机关向法院补充递交了丁某兰（系被告人韩某某的母亲）的询问笔录、刘某凤（系被告人韩某某的祖母）的询问笔录、韩某（系被告人韩某某的邻居）的书面证言、王某（系被告人韩某某的邻居）的询问笔录、丁某勤（系被告人韩某某的小学四年级班主任）的询问笔录等证人证言。由于公安机关和检察机关提供的涉及被告人韩某某的年龄证据全部是证人证言，证据的客观性仍然不足。为了进一步核实被告人韩某某的真实年龄，穷尽司法调查取证的手段，排除合理怀疑，避免将未成年人犯罪当作成年人犯罪处理或者将成年人犯罪当作未成年人犯罪处理，保护被告人韩某某的合法权利，在公安机关、检察机关提供的证人证言等言词证据尚不足以推翻法定户籍登记年龄的情况下，2016年6月1日，法院委托司法科学技术研究所司法鉴定中心对被告人韩某某进行骨龄鉴定。6月20日，法院派员前往安徽省亳州市涡阳县进行实地调查，核实与被告人年龄认定有关的证据材料，

---

① 《最高人民法院公报》2018年第1期（总第255期）。

尤其是形成于案发前的原始书证等客观证据材料。7 月 13 日，上海市长宁区人民法院委托涡阳县人民法院调查韩某某家庭其他兄弟姐妹入户登记资料。7 月 20 日，上海市长宁区人民法院收到涡阳县公安局 ×× 镇派出所出具的查询情况说明并附查询资料。

法院认为：鉴于通过法庭调查确实无法查明被告人韩某某真实的出生日期，为了避免将未成年人犯罪当作成年人犯罪处理，保护被告人的合法权利，法院根据掌握的韩某某陈述与部分证人证言相互印证、与学籍资料中的初中入学日期以及司法骨龄鉴定中存在的未成年人年龄段的鉴定意见没有矛盾等现有证据材料，依法推定被告人韩某某实施被指控的犯罪时已满 16 周岁不满 18 周岁，系未成年人。据此，被告人韩某某犯罪时已满 16 周岁不满 18 周岁，应当从轻处罚。

司法观点

根据相关司法观点，骨龄鉴定的适用条件如下：（1）犯罪嫌疑人不讲真实姓名、住址，年龄不明的；（2）犯罪嫌疑人、被告人所在地派出所出具的户籍证明证实其已达到刑事责任年龄或已满 18 周岁，但辩方出具的学籍证明、出生证明与户籍证明相矛盾的；（3）犯罪嫌疑人、被告人称自己未达到刑事责任年龄或未成年，但无证据证明，发函至其“老家”调查却无回信的。

不宜适用骨龄鉴定的情形如下：（1）户籍、出生证明、学籍等具有较强证明力的证据证明犯罪嫌疑人、被告人已经达到刑事责任年龄或已满 18 周岁，辩方仅能提供村委会、邻居、其他亲属等证人证言证明其尚未达到刑事责任年龄或未成年的。在这种情形下，由于户籍等具有直接的证明效力，应当以户籍等作为认定年龄事实的依据，不宜再进行骨龄鉴定。（2）对于是否达到刑事责任年龄或已满 18 周岁，控、辩双方分别提供了证明力相当的相反证据，证明犯罪嫌疑人、被告人的年龄差在 1 岁以内的，可以直接认定犯罪嫌疑人、被告人未达到刑事责任年龄或未满18周岁，不宜进行骨龄鉴定。[①]

同时，根据上述最高人民检察院公报案例，对被告人年龄发生争议的，一般采用以下规则处理：

一是公文性书证优先原则。公文性书证，一般是指国家机关、企业事业单位、人民团体在法定的权限范围内所制作的文书，并以此文书作为证明案件有关情况的书证。一般包括公安机关的户籍信息材料、医院的出生证明、学校的学籍信息等。这类书证与其他证据相比，具有较强的权威性与可信性，因此在法律上也具有较强的证明力。另外，如果同一案件中存在多份内容不一致的公文性书证，则应区别不同情况加以认定：（1）以认定户籍登记信息为原则，以推翻户籍登记信息认定为例外；（2）医院的出生证明与公安机关的户籍登记不一致的，如能够予以合理解释，应认定出生证明的效力高于户籍登记，因为出生证明是户籍登记信息的基础依据；（3）没有出生证明的情况下，公安机关的户籍登记与医院的分娩病例或被告人案发前的学籍信息、疫苗注射登记等原始信息不一致的，应结合被告人的供述及其家属的证言，在能够得到合理解释的前提下，作出对有利于被告人的认定；（4）公安机关出具的证明材料与户籍登记信息不一致的，原则上应按照公安机关原始的户籍登记信息来认定被告人的年龄，在公安机关依法说明理由，并对被告人的户籍登记信息依法作出修改后，可以结合在案证据，依照变更后的、与其之前出具的证明材料一致的年龄予以认定；（5）村（居）委会、乡（镇）政府出具的证明材料如果没有加盖公安机关的户籍专用章，其证明力要低于公安机关出具的证明材料及公民的户籍登记信息，且一般要与其他证据结合起来综合判定其证明效力。

二是原始书证优先原则。有关年龄认定的原始证据一般形成于案发之前，且直接源于客观事实，因此具有较强的证明力。但原始证据

---

① 李少平等主编：《中华人民共和国刑法案典（上）》，人民法院出版社2016年版，第66页。

中的言词证据具有不稳定、不准确等特点，故其效力要低于原始书证。例如，村（居）委会的原始户籍登记材料已经交给了派出所或者因时间久远而丢失，村（居）委会的当事者根据记忆写成书面证明材料并加盖村（居）委会乃至镇政府的公章，由于原始书证已经无法查找，故上述表面上看为书证的证明材料，实际性质为证人证言，属于原始言词证据，其单独作为证据使用的证明力是较低的，基本不具有独立的证据价值。

三是注重言词证据与其他类型证据结合判断的原则。言词证据（被告人供述、证人证言等）具有易变、模糊等特征，如果存在与其他类型的证据（如书证、鉴定结论）不一致的地方，原则上应以其他类型的年龄证据为准，其单独作为证据使用的证明力较低。但是，考虑到我国一些地方客观条件所限、户籍登记混乱等因素，即使户籍登记信息完全可采，仍有可能在其生成阶段发生错误，因此，如果结合其他类型的证据能够相互印证补强，对公安机关的户籍登记信息形成合理的质疑，那么就可以采纳补强的言词证据作为裁判的依据。如接生婆、邻居、同班同学出具的证言均证明被告人的出生日期系按农历计算，且经核实，当时当地确实存在按照农历填报出生日期的习惯，同时通过骨龄鉴定无法排除被告人犯罪时未成年可能性的，可依法推定被告人犯罪时尚未成年。

四是存疑有利于被告人的原则。对于没有充分证据证明被告人实施被指控的犯罪时已经达到法定刑事责任年龄且确实无法查明的，应当推定其没有达到相应法定刑事责任年龄。相关证据足以证明被告人实施被指控的犯罪时已经达到法定刑事责任年龄，但是无法准确查明被告人具体出生日期的，应当认定其达到相应法定刑事责任年龄。但需要注意的是，只有在穷尽一切司法调查手段仍无法查清被告人的具体出生日期的情况下，才能适用上述推定规则。司法骨龄鉴定意见对判断被鉴定人年龄有科学参考价值。如果骨龄鉴定意见不能准确确定被告人实施犯罪行为时的实际年龄，存在一定的跨龄鉴定幅度，该鉴定意见不能单独作为认定年龄的证据加以使用，应当结合其他证据且必须是有效证据慎重判断才能作出综合认定。

实操建议

在被告人年龄证据有冲突的情况下，辩护人应当加强调取证据，尽量取得被告人出生、疫苗、上学、就医等过程中登记的原始书证记录，并通过走访相关人员的方式，印证上述书证的可信性。

148. 未成年人犯抢劫等法定刑为3年以上有期徒刑重罪的，是否可以免刑

未成年人犯抢劫等法定刑为3年以上有期徒刑重罪的，可以免刑。

法律依据

《刑法》

第三十七条 对于犯罪情节轻微不需要判处刑罚的，可以免予刑事处罚，但是可以根据案件的不同情况，予以训诫或者责令具结悔过、赔礼道歉、赔偿损失，或者由主管部门予以行政处罚或者行政处分。

最高人民法院《关于审理未成年人刑事案件具体应用法律若干问题的解释》

第十一条 对未成年罪犯适用刑罚，应当充分考虑是否有利于未成年罪犯的教育和矫正。

对未成年罪犯量刑应当依照刑法第六十一条的规定，并充分考虑未成年人实施犯罪行为的动机和目的、犯罪时的年龄、是否初次犯罪、犯罪后的悔罪表现、个人成长经历和一贯表现等因素。对符合管制、缓刑、单处罚金或者免予刑事处罚适用条件的未成年罪犯，应当依法适用管制、缓刑、单处罚金或者免予刑事处罚。

第十七条 未成年罪犯根据其所犯罪行，可能被判处拘役、三年

以下有期徒刑，如果悔罪表现好，并具有下列情形之一的，应当依照刑法第三十七条的规定免予刑事处罚：

（一）系又聋又哑的人或者盲人；

（二）防卫过当或者避险过当；

（三）犯罪预备、中止或者未遂；

（四）共同犯罪中从犯、胁从犯；

（五）犯罪后自首或者有立功表现；

（六）其他犯罪情节轻微不需要判处刑罚的。

参考案例

李春伟、史卓东抢劫案①

基本案情：2006年5月3日23时40分许，被告人李春伟、史熠东结伙，在上海市闵行区莘朱路1398弄69号上海新成保温材料有限公司附近，采用扼颈、捂嘴等方法，从途经该处的被害人高某某处劫得现金人民币1700余元及价值人民币100元的迪比特手机1部。2006年5月8日，被告人史熠东因形迹可疑受到公安机关查询时，主动交代了上述抢劫事实，并协助公安机关抓获犯罪嫌疑人李春伟。案发后，赃款、赃物已发还给被害人。

上海市闵行区人民法院认为，被告人李春伟、史熠东以非法占有为目的，采用暴力手段劫取他人财物，其行为均已构成抢劫罪。根据本案的事实、情节、性质和对社会的危害程度，结合2名被告人犯罪时未成年、史熠东还有自首情节和立功表现，依法对2名被告人予以减轻处罚。判决如下：（1）被告人李春伟犯抢劫罪，判处有期徒刑1年，缓刑1年，并处罚金人民币2000元。（2）被告人史熠东犯抢劫罪，判处有期徒刑6个月，缓刑1年，并处罚金人民币1000元。一审宣判后，被告人史熠东以量刑过重为由，向上海市第一中级人民法院提出上诉。史熠东的法定代理人、辩护人提出，史熠东犯罪时未成年，有自首和立

① 《刑事审判参考》案例第480号。

功情节，在共同犯罪中属从犯，又系初犯，且本案的赃款、赃物已扣押并发还给被害人，请求对史熠东免予刑事处罚。二审法院认为，原判认定事实清楚，定性正确。上诉人史熠东悔罪态度较好，且具有自首和立功情节，依法应免予刑事处罚，故对史熠东的法定代理人、辩护人的相关意见予以采纳，改判上诉人史熠东犯抢劫罪，免予刑事处罚。

实操建议

通过上述案例，辩护人可以对最高人民法院《关于审理未成年人刑事案件具体应用法律若干问题的解释》第17条之规定有更深入的理解：该规定并未涵括所有免予刑事处罚的情形，也未禁止对犯法定刑为3年以上有期徒刑之罪的未成年被告人免予刑事处罚。

此外，《刑法》及相关司法解释中的“被判处拘役、三年以下有期徒刑”应当理解为宣告刑而非法定刑，法定刑为3年徒刑以上时，也存在免予刑事处罚的余地。并且，这一理解不仅适用于未成年犯罪人，也不仅适用于免予刑事处罚问题，还可以推广适用至成年犯罪人以及缓刑适用问题。

149. 被告人前次犯罪横跨18周岁时如何认定累犯

须具体判断行为人前次犯罪中18周岁后实施的犯罪是否必然判处有期徒刑以及是否适用犯罪记录封存及其例外制度，如果不必然判处有期徒刑，或者前罪适用犯罪记录封存，且不存在例外情形的，则不认定其构成累犯。

法律依据

《刑法》

第六十五条 被判处有期徒刑以上刑罚的犯罪分子，刑罚执行完毕或者赦免以后，在五年以内再犯应当判处有期徒刑以上刑罚之罪的，是累犯，应当从重处罚，但是过失犯罪和不满十八周岁的人犯罪的除外。

前款规定的期限，对于被假释的犯罪分子，从假释期满之日起计算。

第六十六条 危害国家安全犯罪、恐怖活动犯罪、黑社会性质的组织犯罪的犯罪分子，在刑罚执行完毕或者赦免以后，在任何时候再犯上述任一类罪的，都以累犯论处。

最高人民法院《关于审理未成年人刑事案件具体应用法律若干问题的解释》

第十二条 行为人在达到法定刑事责任年龄前后均实施了危害社会的行为，只能依法追究其达到法定刑事责任年龄后实施的危害社会行为的刑事责任。

行为人在年满十八周岁前后实施了不同种犯罪行为，对其年满十八周岁以前实施的犯罪应当依法从轻或者减轻处罚。行为人在年满十八周岁前后实施了同种犯罪行为，在量刑时应当考虑对年满十八周岁以前实施的犯罪，适当给予从轻或者减轻处罚。

《关于未成年人犯罪记录封存的实施办法》

第十八条 对被封存犯罪记录的未成年人，符合下列条件之一的，封存机关应当对其犯罪记录解除封存：

（一）在未成年时实施新的犯罪，且新罪与封存记录之罪数罪并罚后被决定执行刑罚超过五年有期徒刑的；

（二）发现未成年时实施的漏罪，且漏罪与封存记录之罪数罪并罚后被决定执行刑罚超过五年有期徒刑的；

（三）经审判监督程序改判五年有期徒刑以上刑罚的；

被封存犯罪记录的未成年人，成年后又故意犯罪的，人民法院应当在裁判文书中载明其之前的犯罪记录。

参考案例

钟某抢劫案[①]

基本案情：2012年1月11日22时许，被告人钟某至吴江经济技术开发区城南花苑×号住房门前的小巷子内，采用卡脖子、拳打脚踢等手段，劫取被害人石某某现金400余元及总价值420元的数码相机、MP4、挎包及钱包等财物，并致石某某轻微伤。案发后，公安机关追回全部赃款（物），并已发还给石某某。归案后，钟某如实供述了自己的犯罪事实。另查明，被告人钟某于2009年2月至9月（作案时已满16周岁不满18周岁），在吴江市平望镇、横扇镇等地，先后盗窃作案7起，窃得财物共计3580元；于2010年7月8日（作案时已满18周岁）在吴江市平望镇人户窃得其伯父钟某某现金2280元。吴江市人民法院于2010年12月6日以盗窃罪判处被告人钟某有期徒刑9个月，并处罚金人民币1000元，2011年4月17日刑满释放。

法院认为：被告人钟某以非法占有为目的，采取暴力手段，强行劫取他人财物，其行为已构成抢劫罪，应依法惩处。钟某归案后如实供述自己的罪行，依法可以从轻处罚。钟某赔偿了被害人石某某的经济损失，并获得谅解，酌情从轻处罚。据此，依照《中华人民共和国刑法》第263条、第67条第3款的规定，以抢劫罪判处被告人钟某有期徒刑3年3个月，并处罚金人民币3000元（未认定累犯）。

裁判要旨：被告人钟某在前罪中共实施八起盗窃行为，不满18周岁时实施的七起盗窃行为数额总计为3580元，钟某在实施第八起盗窃行为时已满18周岁，数额达到2280元。故无论从盗窃次数还是数额来看，钟某不满18周岁时所实施的犯罪行为所占的比例较大，同时具有认罪悔罪、退赃等从轻处罚情节，其18周岁后实施的盗窃犯罪不是必然判处有期徒刑。从有利于被告人的原则出发，应当认定其前罪系不满18周岁的人犯罪，继而不能认定其构成累犯。

---

① 《刑事审判参考》案例第1173号。

二、老年人情节的量刑辩护

（一）相关法律规范

老年人情节量刑相关法律规范见表 8–4。

表 8–4　老年人情节量刑相关法律规范

要素	具体规定
刑事责任年龄	已满 75 周岁的人故意犯罪的，可以从轻或者减轻处罚；过失犯罪的，应当从轻或者减轻处罚
限制适用死刑	审判的时候已满 75 周岁的人，不适用死刑，但以特别残忍手段致人死亡的除外
应当适用缓刑	对于被判处拘役、3 年以下有期徒刑的犯罪分子，同时符合下列条件的，可以宣告缓刑，对其中不满 18 周岁的人、怀孕的妇女和已满 75 周岁的人，应当宣告缓刑： （1）犯罪情节较轻； （2）有悔罪表现； （3）没有再犯罪的危险； （4）宣告缓刑对所居住社区没有重大不良影响
从宽处罚幅度	对于已满 75 周岁的老年人故意犯罪，综合考虑犯罪的性质、情节、后果等情况，可以减少基准刑的 40% 以下
	过失犯罪的，减少基准刑的 20% ~50%

（二）适用效果

从宽幅度：

对于已满 75 周岁的老年人故意犯罪，综合考虑犯罪的性质、情节、后果等情况，可以减少基准刑的40%以下；过失犯罪的，减少基准刑的20%~50%。

（三）常见辩点

150. 已满75周岁的人是否可以判处死刑

对已满75周岁的老年犯，通常不能判处死刑，但以特别残忍手段致人死亡的，也可以适用死刑。

按照权威司法观点[①]的归纳，理解《刑法》第49条第2款需要关注以下内容：

（1）“已满75周岁”指按公历计算所得出的实足年龄，即过了75周岁生日的第二天零时，才能确认为已满75周岁。

（2）“不适用死刑”，指不允许对审判时已满75周岁的老年人适用死刑，既不允许判处死刑，更不允许执行死刑。死刑缓期两年执行是死刑的执行方式之一，对审判时已满75周岁的老年人也不能判处死刑缓期两年执行。

（3）审判的时候年满75周岁的老年人，既包括男性，也包括女性，既包括中国人，也包括外国人、无国籍人。

（4）和第49条第1款关于未成年人适用死刑限制的规定不同的是，老年人年龄的判断是以审判时为依据，而未成年人是以犯罪时为计算时点。

（5）已满75周岁的老年人以特别残忍手段致人死亡的，也可以适用死刑，但对于不满18周岁的人不适用死刑没有例外，也就是说，绝对不适用死刑。

---

① 张军主编：《刑法[总则]及配套规定新释新解》，人民法院出版社2011年版，第367页。

151. 死刑复核时才满 75 周岁的，是否可以适用死刑

死刑复核时才满 75 周岁的，不可以适用死刑。死刑复核阶段属于《刑法》第 49 条第 2 款规定的“审判的时候”，对于死刑复核时才已满 75 周岁的人，不适用死刑，但以特别残忍手段致人死亡的除外。

法律依据

《刑法》

第四十九条 犯罪的时候不满十八周岁的人和审判的时候怀孕的妇女，不适用死刑。

审判的时候已满七十五周岁的人，不适用死刑，但以特别残忍手段致人死亡的除外。

参考案例

尹宝书故意杀人案[①]

基本案情：被告人尹宝书与被害人吴兆义（男，殁年 65 岁）、被害人王玉瑛（女，殁年 62 岁）夫妇同住沈阳市苏家屯区十里河镇柳三家子村，系邻居关系，两家因栅栏占道及堆放粪堆问题产生矛盾。2011 年 4 月 2 日 6 时许，尹宝书发现其栽种在吴兆义家粪堆附近的两棵柳树棒被人拔掉，质问吴兆义时双方发生口角，继而厮打。厮打中，尹宝书用其栽种的柳树棒击打吴兆义头面部数下，致吴兆义因头面部损伤导致颅脑损伤当场死亡。嗣后，尹宝书到吴兆义家将吴的妻子王玉瑛叫到粪堆附近。王玉瑛发现吴兆义倒地后，与尹宝书发生厮打，尹宝书用柳树棒击打王玉瑛头面部数下，致王玉瑛因头面部损伤导致颅脑损伤当场死亡。当日，尹宝书委托其表弟尹宝伦代为报案，后在家中被公安机关抓获。

---

① 《刑事审判参考》案例第 1022 号。

法院认为：沈阳市中级人民法院以被告人尹宝书犯故意杀人罪，判处死刑，剥夺政治权利终身。后辽宁省高级人民法院裁定驳回被告人上诉，维持原判，并依法报请最高人民法院核准。最高人民法院经复核认为，被告人尹宝书故意非法剥夺他人生命，其行为构成故意杀人罪。尹宝书仅因邻里纠纷，连续杀死二人，犯罪情节恶劣，后果和罪行极其严重，依法应当严惩。鉴于尹宝书作案后委托他人报案，并在家中等候公安人员抓捕，到案后如实供认犯罪事实，有自首情节，且在本院复核期间已年满75周岁，依法对其可不判处死刑立即执行，遂裁定不核准并撤销辽宁省高级人民法院维持第一审以故意杀人罪判处被告人尹宝书死刑，剥夺政治权利终身的刑事裁定：发回辽宁省高级人民法院重新审判。

裁判要旨：死刑复核阶段属于《刑法》第49条第2款规定的"审判的时候"。我国的刑事案件审判实行两审终审制，但死刑案件有特殊性，除一审、二审程序外，还有死刑复核程序，只有经过最高人民法院适用死刑复核程序审理并裁定核准后，死刑案件的判决才发生法律效力。尽管死刑复核程序不采取开庭审理方式，检察机关和辩护律师的介入方式也与一审、二审有所区别，但死刑复核程序无疑仍然属于"审判的时候"。被告人在侦查、起诉，以及一审、二审期间未满75周岁，但经过一段时间的诉讼期间后，在死刑复核程序中年龄达到75周岁的，仍然应当认定为在"审判的时候"年满75周岁。本案中，被告人尹宝书作案时的年龄是73周岁，一审、二审时均未满75周岁，但在报请最高人民法院复核时已年满75周岁，故符合《刑法》第49条第2款的规定，原则上不适用死刑。

152. 如何理解"以特别残忍手段致人死亡"

全国人大常委会法制工作委员会刑法室编著的《中华人民共和国

刑法释义》对“特别残忍手段”的释义是：采用毁容、挖人眼睛、砍掉双脚等特别残忍的行为。实践中对“特别残忍手段”的认定不能泛化，要与前述释义具有同质性。

一般手段杀人与以特别残忍手段杀人，两者的相同之处在于侵害了被害人的生命权，两者的区别在于对善良风俗、伦理底线、人类恻隐心的侵犯程度不同。因此，对故意杀人罪中“特别残忍手段”的理解和认定，应当符合社会民众一般的观念。

实践中，一般认为，出自冷酷坚决的犯意，给被害人的肉体和精神造成特别严重的痛苦、折磨、恐惧的，可视为特别残忍手段。例如，使用焚烧、冷冻、泼洒强酸强碱等强腐蚀物品致人死亡的；砍下被害人四肢或者挑断被害人筋脉的；以挖眼睛、割耳鼻等手段毁损被害人容颜的；砍击、刺扎被害人生殖器部位的；用尖刀等利器捅刺被害人要害部位数十刀，或者用铁锤、砖块等钝器反复击打被害人头部致人死亡的；活埋被害人致人窒息死亡的；杀死被害人后肢解其尸体的；长时间暴力折磨被害人肉体的。

可以综合从以下几个方面理解和认定：（1）杀人手段：使用焚烧、冷冻、油煎、毒蛇猛兽撕咬、分解肢体、剥皮等凶残狠毒方法杀死被害人的。（2）行为过程：犯罪行为持续时间长、次数频繁、折磨被害人的主观故意强。如用凶器数十次捅刺被害人的；长时间暴力折磨被害人，故意加重其痛苦程度的；在被害人失去反抗能力后求饶、逃跑、呼救的过程中，仍然执意追杀被害人的。（3）以其他让社会民众普遍难以接受的手段和方式杀害被害人的。

“特别残忍手段”应当是给被害人肉体上带来极大痛苦、公众心理上难以接受的作案手段。因此，不能认为只要使用了暴力手段，就属于手段特别残忍。

因此，如果不属于上述情形的75周岁以上老年人犯罪，一般不应适用死刑。

153. 已满 75 周岁的人是否可以适用无期徒刑

已满 75 周岁的人可以适用无期徒刑。对年满 75 周岁的老年人罪犯，是否可以判处无期徒刑，取决于对年满 75 周岁的老年人故意犯罪是否适用从轻或者减轻处罚。

法律依据

《刑法》

第十七条之一　已满七十五周岁的人故意犯罪的，可以从轻或者减轻处罚；过失犯罪的，应当从轻或者减轻处罚。

第四十九条　犯罪的时候不满十八周岁的人和审判的时候怀孕的妇女，不适用死刑。

审判的时候已满七十五周岁的人，不适用死刑，但以特别残忍手段致人死亡的除外。

参考案例

胡金亭故意杀人案①

基本案情：被告人胡金亭认为村干部黄建忠等三人分地时对其不公，一直欺压自己，遂对黄建忠等怀恨在心，预谋将黄建忠杀害，并为此准备了杀人工具尖刀一把。2011 年 11 月 7 日 19 时 30 分许，胡金亭得知黄建忠与其他工作人员来村里做群众工作，即一边尾随其后，一边用脏话挑衅黄建忠，途中趁黄建忠不备之机，用事先准备的尖刀朝黄建忠左侧后背猛刺一刀。黄建忠因左肺下叶破裂、心脏破裂致心肺功能衰竭、失血性休克而死亡。当晚，胡金亭主动拦下警车向公安机关投案。

法院认为：金华市中级人民法院认为，被告人胡金亭携尖刀故意杀人，并致被害人死亡，其行为构成故意杀人罪。胡金亭犯罪时已满 75 周岁，且具有自首情节，依法本可以从轻处罚，但鉴于胡金亭主

① 来源：《中国刑事审判指导案例 5. 妨害社会管理秩序罪》。

观上具有事先准备尖刀的故意，且预谋杀害三人，客观上又尾随、辱骂黄建忠并公然持刃猛刺黄建忠的背部，致黄建忠心、肺破裂后死亡，应当认定“以特别残忍手段致人死亡”，依法应当严惩。依照《刑法》第 232 条、第 67 条第 1 款、第 49 条第 2 款、第 57 条第 1 款之规定，金华市中级人民法院以被告人胡金亭犯故意杀人罪，判处死刑，剥夺政治权利终身。一审宣判后，被告人胡金亭提出上诉，理由是：一审认定其“以特别残忍手段致人死亡”属于认定错误；胡金亭主动投案自首，犯罪时已年满 75 周岁，原判量刑不当，请求依法改判。浙江省高级人民法院经审理认为，被告人胡金亭为泄私愤，预谋故意非法剥夺他人生命，其行为构成故意杀人罪。胡金亭实施犯罪时已年满 75 周岁，其作案手段不属于特别残忍，依法对其可不适用死刑。胡金亭犯罪时虽已年满 75 周岁并具有自首情节，但其所犯罪行极其严重，不足以对其从轻或者减轻处罚，改判被告人胡金亭犯故意杀人罪，判处无期徒刑，剥夺政治权利终身。

实操建议

此问题与上一节中“未成年人可否判处无期徒刑”具有一定相似性。即《刑法》同时规定了已满 75 周岁的人原则上不判处死刑，又可以从轻或者减轻处罚（差异在于此处是故意犯罪“可以”，而未成年人是一律“应当”）。由此，可以推出这样一个结论：在不具有“以特别残忍手段致人死亡”情节的前提下，审判时已满 75 周岁的故意犯罪人，只要根据具体犯罪事实和犯罪情节可以从轻或者减轻处罚，就不应被判处无期徒刑。

154. 老年犯的刑罚执行是否也可以适当宽缓

满足特定条件的，可以对老年人适当放宽减刑幅度、优先适用假释。

法律依据

最高人民法院《关于办理减刑、假释案件具体应用法律的规定》

第二十条 老年罪犯、患严重疾病罪犯或者身体残疾罪犯减刑时，应当主要考察其认罪悔罪的实际表现。

对基本丧失劳动能力，生活难以自理的上述罪犯减刑时，减刑幅度可以适当放宽，或者减刑起始时间、间隔时间可以适当缩短，但放宽的幅度和缩短的时间不得超过本规定中相应幅度、时间的三分之一。

第二十六条 对下列罪犯适用假释时可以依法从宽掌握：

（一）过失犯罪的罪犯、中止犯罪的罪犯、被胁迫参加犯罪的罪犯；

（二）因防卫过当或者紧急避险过当而被判处有期徒刑以上刑罚的罪犯；

（三）犯罪时未满十八周岁的罪犯；

（四）基本丧失劳动能力、生活难以自理，假释后生活确有着落的老年罪犯、患严重疾病罪犯或者身体残疾罪犯；

（五）服刑期间改造表现特别突出的罪犯；

（六）具有其他可以从宽假释情形的罪犯。

罪犯既符合法定减刑条件，又符合法定假释条件的，可以优先适用假释。

第三十一条 年满八十周岁、身患疾病或者生活难以自理、没有再犯罪危险的罪犯，既符合减刑条件，又符合假释条件的，优先适用假释；不符合假释条件的，参照本规定第二十条有关的规定从宽处理。

第三十九条第一款 本规定所称"老年罪犯"，是指报请减刑、假释时年满六十五周岁的罪犯。

《监狱计分考核罪犯工作规定》

第二十条 对老年、身体残疾、患严重疾病等经鉴定丧失劳动能力的罪犯，不考核劳动改造表现，每月基础总分为100分，其中监管改造基础分50分，教育和文化改造基础分50分。

实操建议

在刑罚执行过程中，对老年犯不考核劳动改造表现，只要服从监管、参加学习培训即可满足计分考核要求，进行减刑考核时，只考核认罪悔罪表现，如果是基本丧失劳动能力、生活难以自理的老年犯，减刑幅度、减刑起始时间、间隔时间均可以适当缩短，如果属于假释后生活确有着落的老年罪犯，也可以优先适用假释程序。这里的“老年罪犯”的年龄标准是65周岁以上；而前面《刑法》《量刑指导意见（试行）》中提及的老年人的年龄标准是75周岁以上。

对于执行过程中年满80周岁、身患疾病或者生活难以自理、没有再犯罪危险的老年犯，假释程序优先于减刑程序适用。

三、聋哑人、盲人情节的量刑辩护

（一）相关法律规范

聋哑人、盲人情节量刑相关法律规范如表8-5所示。

表8-5 聋哑人、盲人情节量刑相关法律规范

要素	具体规定
盲聋哑人的刑事责任	又聋又哑的人或者盲人犯罪，可以从轻、减轻或者免除处罚
从宽处罚幅度	对于又聋又哑的人或者盲人犯罪，综合考虑犯罪性质、情节、后果以及聋哑人或者盲人犯罪时的控制能力等情况，可以减少基准刑的50%以下
	犯罪较轻的，可以减少基准刑的50%以上或者依法免除处罚

（二）适用效果

从宽幅度：

对于又聋又哑的人或者盲人犯罪，综合考虑犯罪性质、情节、后果以及聋哑人或者盲人犯罪时的控制能力等情况，可以减少基准刑的50%以下；犯罪较轻的，可以减少基准刑的50%以上或者依法免除处罚。

（三）常见辩点

155. 盲聋哑人犯罪是否一律从宽处罚

盲聋哑人犯罪不是一律从宽处罚。而是原则上要从宽处罚，对于手段残忍，情节恶劣，危害后果严重的，也可以不从轻、减轻或者免除处罚。

法律依据

《刑法》

第十九条 又聋又哑的人或者盲人犯罪，可以从轻、减轻或者免除处罚。

立法观点

本条包含两层意思：一是又聋又哑的人或者盲人犯罪，应当负刑事责任。这是因为又聋又哑的人或者盲人，虽然生理上有视听缺陷，但其智力是正常的，不属于丧失辨认或者控制自己行为能力的情况，不能作为无刑事责任能力人。因此，应当对其造成危害结果的行为负刑事责任。二是对又聋又哑的人或者盲人犯罪，可以从轻、减轻或者免除处罚。这是因为，人体感知世界主要靠各种感官，其中，听觉、视觉器官对于人类了解客观世界、形成认知能力具有不可或缺的重要作用。一般情况下，又聋又哑的人或者盲人由于视听缺陷，在受教育、了解外界世界、参与社会活动、与他人沟通等方面会受到很大限制，从而认知能力或多或少会受到影响。另外，有的造成危害后果的行为，可能与视听缺陷有直接关系，特别是一些过失犯罪的场合。因此，根据又聋又哑的人或者盲人视听缺陷的具体情况，认知能力受到影响的程度，其实施的加害行为与视听缺陷之间的关联程度等，给予相对从宽的处理，是完全必要的，也是符合罪责刑相适应和主客观相统一的要求的。同时，考虑到实践中案件情况的复杂性，本条将从轻、减轻或者免除处罚规定为“可以”，而不是“应当”。这样，便于司法机关在办理案件时结合具体案件中行为人所实施犯罪的情节、造成危害结果的严重程度、生理缺陷的具体情况等，准确确定是从轻、减轻还是免除处罚。“可以”从轻、减轻或者免除处罚，是指根据行为人的上述具体情况，决定是否从轻、减轻或者免除处罚，不是必须从轻、减轻或者免除处罚。对于手段残忍，情节恶劣，危害后果严重的，也可以不从轻、减轻或者免除处罚。①

参考案例

陈善义等故意杀人案②

基本案情：1999年5月14日23时许，被害人赵某祥（已死亡）与其朋友在内江市东兴区椑木镇“味中乐”餐馆吃饭。凌晨零时左右，赵德祥为躲避喝酒，到与餐馆相邻的“红运来”歌舞厅看一小姐翻麻将玩耍。被告人陈某、黄某此时也到桌前观看。被告人陈某认为赵将

---

① 王爱立主编：《中华人民共和国刑法释义与适用（上）》，人民法院出版社2021年版，第41~42页。

② 国家法官学院、中国人民大学法学院编：《中国审判案例要览（2001年刑事审判案例卷）》，中国人民大学出版社2002年版。

口水吐在了他面前，遂动手打赵某祥，黄某见状前去帮忙。被人劝止后，被害人赵德祥回到餐馆。二被告人仍不解气，冲进餐馆追打赵，黄某抓起桌上一啤酒杯将赵某祥的头部打伤，被人劝止。二被告人走出餐馆后仍不服气，陈即拿了一把猎刀给黄，自己持一把长刀，再次冲进餐馆追打赵某祥。赵某祥在跑动中，因地滑摔倒在地，二被告人趁机用刀向赵某祥臀部、背部、腿部及面部乱刺数刀后，逃离现场。被害人赵德祥因左腿股动静脉横断，大失血死亡。

法院认为：一审法院判决陈某犯故意杀人罪，判处死刑，剥夺政治权利终身；黄某犯故意杀人罪，判处无期徒刑，剥夺政治权利终身。一审判决后，陈某不服，以"聋哑人犯罪，应从轻处罚"为由（上诉理由之一）提出上诉。二审法院认为，上诉人陈某系又聋又哑的人犯罪，结合本案的具体情况可以对其从轻处罚，于是改判陈某犯故意杀人罪，判处死刑，缓期二年执行，剥夺政治权利终身。

实操建议

我国《刑法》第19条虽然使用的是"可以"而不是"应当"，主要考虑的是，又聋又哑的人或者盲人犯罪，有的并不因其生理功能缺陷而影响其刑事责任能力。但是，在大多数情况下，丧失听能、语能、视能等重要生理功能的人，其辨认和控制自己行为的能力均不同程度地有所减弱。对其从宽处罚既是刑罚人道的体现，也是罪刑相适应原则的当然要求。因此，对于又聋又哑的人和盲人犯罪，原则上都要予以从宽处罚；只是对于极少数知识和智力水平不低于正常人、犯罪性质恶劣、情节后果严重的，才可不予从宽处罚。

156. 盲聋哑人是否可以适用死刑

对"罪行极其严重"的盲聋哑人，可以适用死刑。

法律依据

《刑法》

第十九条 又聋又哑的人或者盲人犯罪，可以从轻、减轻或者免除处罚。

第四十八条 死刑只适用于罪行极其严重的犯罪分子。对于应当判处死刑的犯罪分子，如果不是必须立即执行的，可以判处死刑同时宣告缓期二年执行。

死刑除依法由最高人民法院判决的以外，都应当报请最高人民法院核准。死刑缓期执行的，可以由高级人民法院判决或者核准。

参考案例

陈孝兵故意杀人案[①]

基本案情：2009年6月，被告人陈孝兵从安徽省来到青海省西宁市，和被害人张正通、刘幸福等八名聋哑人租住西宁市海西西路三号院五号楼×××室，平时进行偷窃。其间，其他聋哑人对陈孝兵有打骂、体罚行为。2009年8月23日7时许，陈孝兵起床后想起同住的这些人经常欺负自己，即起杀人之念，即到客厅电视柜内拿出单刃砍刀及一棒球棍，返回其睡的第二间卧室朝同屋睡在最里面的一男性被害人（3号死者）头部猛击一棍，又持砍刀砍其颈部，将其杀死。同屋另一男性被害人（4号死者）被惊醒，陈孝兵随即用砍刀朝其颈部、头面部等处连砍数刀，将其砍死。接着，陈孝兵又从电视柜拿出一把单刃匕首，右手拿砍刀左手拿匕首冲进第一间卧室，用砍刀砍被害人刘幸福、张正通及另一男性被害人（1号死者）。三被害人朝阳台跑去，陈孝兵在后面边追边砍，将张正通、刘幸福砍伤，刘幸福和张正通躲进第二间卧室并将门堵住，陈孝兵将另一男性被害人（1号死者）追

---

① （2010）刑三复38698146号，载《人民法院案例选》2012年第2期（总第80辑）。

至第一间卧室和阳台门口处，持匕首捅刺，并持砍刀在其颈部、头面部、四肢等处连续砍击，将其杀死。因第二间卧室门被堵住，陈孝兵随即持刀向睡在客厅小床上的一男性被害人（2 号死者）身上砍了几刀，该男子跑进第一间卧室，陈孝兵又持砍刀朝其颈部、头面部等处乱砍，认为人已死，即拿砍刀去杀睡在第三间卧室的两名女子。陈孝兵发现其中一女性被害人（5 号死者）藏在卫生间里并将门反锁，即到厨房拿一把菜刀，砍开卫生间门后，丢弃菜刀，又持砍刀砍击该女性被害人（5 号死者）颈部等处，将其杀死。后陈孝兵走进第三间卧室，将躲在大衣柜里的另一女性被害人（6 号死者）从柜子里拉出，持砍刀朝其颈部等处砍击，将其杀死。后陈孝兵发现被砍倒的一男性被害人（2 号死者）已爬到客厅，即持砍刀在其颈部砍击，将其杀死。因刘幸福、张正通躲藏在第二间卧室并将门堵住，陈孝兵去厨房割断煤气罐橡胶管，将煤气罐抬到第二间卧室门口点火烧门，门打开后发现刘幸福、张正通已从阳台窗户逃跑。1、2、4、5、6 号死者系失血性休克死亡，3 号死者系闭合性颅脑损伤死亡。陈孝兵准备逃离现场时被公安人员当场抓获。另外，由于被害死者均系流浪的聋哑人，无法查清他们的真实身份。

法院认为：被告人陈孝兵因不满被害人对其体罚等行为，故意非法剥夺他人生命，持刀砍死 6 人，砍伤 2 人，其行为已构成故意杀人罪。陈孝兵虽系聋哑人，案发前亦有被打骂等情形，但其持刀杀死 6 人，致伤 2 名聋哑人，犯罪手段极其残忍，情节特别恶劣，后果特别严重，社会危害极大，对其不予从轻处罚。

实操建议

与未成年人、老年人明显不同的是，《刑法》并未将盲聋哑人规定为禁止或限制适用死刑的对象。所以，在进行盲聋哑人死刑案件辩护时，重点应该放在行为人是否属于“罪行极其严重”的判断上。

157.“盲人”情节如何认定

“盲人”情节应参考通行医学标准，并经省级以上医疗机构认定。参照《残疾人实用评定标准》，其标准为，好眼的最佳矫正视力等于或优于 0.02，而低于 0.05；或视野半径小于 10 度。

医学上盲人的标准不一，联合国世界卫生组织颁布的《盲和视力损伤的分类标准》规定，“双眼中视力较好眼的矫正视力低于 0.05 的为‘盲’”。国务院批准的《全国残疾人抽样调查五类〈残疾标准〉》确定的一级盲的标准是“好眼的最佳矫正视力低于 0.02；或视野半径小于 5 度”；二级盲的标准是“好眼的最佳矫正视力等于或优于 0.02，而低于 0.05；或视野半径小于 10 度”。最高人民法院、最高人民检察院、司法部、公安部《人体损伤程度鉴定标准》中有关盲人的分类标准，即“盲目三级：最低视力等于或优于 0.02，最好视力低于 0.05；盲目四级：最好视力低于 0.02，最低视力等于或优于光感；盲目五级：双眼无光感”。其中，双目盲目四级或者一眼眼球萎缩或者缺失，另一眼盲目三级的，构成重伤一级；一眼盲目三级的构成重伤二级。

盲人的失明程度作为被告人特殊的身份状况之一，如果需要作出法定的从轻、减轻或者免除处罚，就构成了影响定罪量刑的有关事实，与精神病人犯罪不负刑事责任和尚未完全丧失辨认或者控制自己行为能力的精神病人犯罪可以从轻、减轻处罚实质是相同的，因此，对于盲人或者又聋又哑的人的伤残等级也必须运用证据加以证明，不能单凭法庭审理时法官看到的被告人实际情况就作为盲人对待，而且相关机关（如残联）颁发的视力残疾证书不能直接作为认定是否为盲人的证据，需要省级人民政府指定的医学鉴定机构鉴定确认其盲目程度。

需要注意的是，因严重疾病保外就医的视力障碍标准与上述盲人的认定标准不同，低视力的认定为：1 级：矫正视力 < 0.3；2 级：矫正视力 < 0.1，认定视力障碍一般要达到低视力 2 级以上。盲的认定为：

矫正视力＜0.05。其中，伤、病后双眼矫正视力＜0.1，经影像检查证实患有白内障、眼外伤、视网膜剥离等需要手术治疗的，属于严重疾病，可以申请保外就医。

法律依据

《刑法》

第十九条 又聋又哑的人或者盲人犯罪，可以从轻、减轻或者免除处罚。

参考案例

苏同强、王男敲诈勒索案[①]

基本案情：被告人苏同强和被告人王男经预谋，决定向宾馆、酒店发送具有恐吓内容的电子邮件，以勒索财物。苏同强提供了其冒用“尹跃才”的身份在吉林市中国工商银行和中国建设银行所办理的两张银行卡作为接收敲诈所得钱款的账号。王男则使用电脑注册了户名为“boomhello@163.com”的电子邮箱，并于2006年6月9日和16日先后通过该邮箱向北京市樱花宾馆和广东省东莞市的新城市酒店发送电子邮件，以爆炸相威胁，各勒索人民币20万元，并要求将该款汇往苏同强所开账户内。樱花宾馆和新城市酒店接到恐吓电子邮件后即向公安机关报案，二被告人于2006年6月23日被抓获归案。

法院认为：北京市朝阳区人民法院认为，被告人苏同强、王男采用威胁、恐吓的方式向他人勒索数额巨大的财物，二被告人的行为均已构成敲诈勒索罪，依法应予惩处。鉴于二被告人犯罪未遂，依法予以从轻处罚。判决如下：被告人苏同强犯敲诈勒索罪，判处有期徒刑3年6个月。被告人王男犯敲诈勒索罪，判处有期徒刑3年6个月。一审宣判后，苏同强上诉称其双眼矫正视力分别为0.06和0.08，并持有吉林市船营区人民政府残疾人联合会颁发的视力残疾证书，可以

① 《刑事审判参考》案例第469号。

证明其属于“盲人”，依法可以从轻、减轻或者免除处罚。针对苏同强所提其为盲人，可从轻、减轻或者免除处罚的意见，经查，苏同强所持的残疾人证书可证明其视力为二级低视力，但根据相关标准尚不能认定为盲人，不能适用《刑法》第 19 条的规定对其从轻、减轻或者免除处罚。

158. 如何针对盲聋哑人的特殊身份进行量刑辩护

辩护人应将辩护重点放在对“行为人的生理残疾与犯罪行为的关系”的论述上。如果被告人所实施的犯罪行为与其自身的“盲聋哑”无关或者没有直接关系，则可能不会被从轻或减轻处罚。

例如，在《刑事审判参考》案例第 469 号苏同强、王男敲诈勒索案中，法院评论部分曾做如下阐释：“司法中适用刑法第十九条对盲人被告人从宽处罚，应当在全面分析犯罪性质、情节和危害程度的基础上，重点分析‘盲人’身份对实施犯罪行为的具体影响。对于被告人实施犯罪行为与其‘盲人’身份有直接联系的，应当依法从宽处罚。当被告人系过失犯罪时，如被告人因目盲而违反交通规则横穿马路，导致机动车为避让而发生交通事故，致人重伤或者死亡构成交通肇事犯罪的，就应比正常人过失犯罪加大从宽幅度。如果被告人系故意犯罪，一般也要根据具体案件情形从宽处罚。例如，被告人因目盲而丧失劳动能力，没有收入来源，生活困难，实施了盗窃、诈骗、侵占等财产性犯罪的，可以从轻或者减轻处罚，对于犯罪轻微的，可以免除处罚。再如，盲人因认知、交流能力下降，生活中可能受到冷遇或者歧视，其内心往往积蓄了较大的心理压力，甚至性格上较为偏执，比正常人的自尊心更强，一旦受到刺激，容易冲动伤害对方。对于因被害人言语不当而受到盲人被告人伤害的案件，即使不认定被害人有过错，也要考虑到盲人被告人的特别心理状况，予以从轻处罚。”

159. 盲聋哑人是否可以适用认罪认罚制度

盲聋哑人可以适用认罪认罚制度，并且不需要签署认罪认罚具结书。

法律依据

《刑事诉讼法》

第一百七十四条 犯罪嫌疑人自愿认罪，同意量刑建议和程序适用的，应当在辩护人或者值班律师在场的情况下签署认罪认罚具结书。

犯罪嫌疑人认罪认罚，有下列情形之一的，不需要签署认罪认罚具结书：

（一）犯罪嫌疑人是盲、聋、哑人，或者是尚未完全丧失辨认或者控制自己行为能力的精神病人的；

（二）未成年犯罪嫌疑人的法定代理人、辩护人对未成年人认罪认罚有异议的；

（三）其他不需要签署认罪认罚具结书的情形。

专题九

认罪认罚、羁押表现的量刑辩护

认罪认罚目前已经成为主流审判模式。在大部分案件都要适用认罪认罚、绝大部分案件检察机关都会提出精准量刑建议的情况下，律师如何利用好认罪认罚程序，为当事人争取最大化量刑减让，是一个充满挑战和智慧的话题，也可以充分体现控辩平等、律师工作能力和工作责任心。新《量刑指导意见》中首次提出了羁押表现好也可以作为量刑从轻情节，那如何取得羁押表现好的量刑证据、羁押表现好与认罪认罚之间的关系如何，本专题将逐一拆解。

一、认罪认罚量刑辩护

（一）相关法律规范

《刑事诉讼法》第182条规定，犯罪嫌疑人自愿如实供述涉嫌犯罪的事实，有重大立功或者案件涉及国家重大利益的，经最高人民检察院核准，公安机关可以撤销案件，人民检察院可以作出不起诉决定，也可以对涉嫌数罪中的一项或者多项不起诉。

（二）适用效果及审查重点

认罪认罚有何辩护效果？

对于被告人认罪认罚的，综合考虑犯罪的性质，罪行的轻重，认罪认罚的阶段、程度、价值、悔罪表现等情况，可以减少基准刑的 30% 以下；具有自首、重大坦白、退赃退赔、赔偿谅解、刑事和解等情节的，可以减少基准刑的 60% 以下，犯罪较轻的，可以减少基准刑的 60% 以上或者依法免除处罚。认罪认罚与自首、坦白、当庭自愿认罪、退赃退赔、赔偿谅解、刑事和解、羁押期间表现好等量刑情节不做重复评价。

认罪认罚对强制措施的影响：2020 年全年，检察院批准逮捕各类犯罪嫌疑人 770,561 人。捕后认罪认罚可不继续羁押的，建议释放或变更强制措施 2.5 万人，占比为 3.24%。

二、常见辩点

160. 何时认罪认罚会获得更好的量刑效果

认罪认罚没有时间限制，从到案后一直到一审、二审阶段，随时可以做认罪认罚，但认罪认罚时间越早，从宽处罚效果越好。

2020 年全国检察机关认罪认罚从宽制度适用率达 86.8%，2020 年全国法院审结认罪认罚案件 79.5 万件（占比为 71.3%）。

法律依据

最高人民法院、最高人民检察院《关于常见犯罪的量刑指导意见（试行）》

三、……（十四）对于被告人认罪认罚的，综合考虑犯罪的性质、罪行的轻重、认罪认罚的阶段、程度、价值、悔罪表现等情况，可以减少基准刑的30%以下；具有自首、重大坦白、退赃退赔、赔偿谅解、刑事和解等情节的，可以减少基准刑的60%以下，犯罪较轻的，可以减少基准刑的60%以上或者依法免除处罚。认罪认罚与自首、坦白、当庭自愿认罪、退赃退赔、赔偿谅解、刑事和解、羁押期间表现好等量刑情节不作重复评价。

最高人民法院《关于适用〈中华人民共和国刑事诉讼法〉的解释》

第三百五十五条 对认罪认罚案件，人民法院一般应当对被告人从轻处罚；符合非监禁刑适用条件的，应当适用非监禁刑；具有法定减轻处罚情节的，可以减轻处罚。

对认罪认罚案件，应当根据被告人认罪认罚的阶段早晚以及认罪认罚的主动性、稳定性、彻底性等，在从宽幅度上体现差异。

共同犯罪案件，部分被告人认罪认罚的，可以依法对该部分被告人从宽处罚，但应当注意全案的量刑平衡。

第三百五十七条 对被告人在第一审程序中未认罪认罚，在第二审程序中认罪认罚的案件，应当根据其认罪认罚的具体情况决定是否从宽，并依法作出裁判。确定从宽幅度时应当与第一审程序认罪认罚有所区别。

最高人民法院、最高人民检察院、公安部、国家安全部、司法部《关于适用认罪认罚从宽制度的指导意见》

第9条第1款 从宽幅度的把握。办理认罪认罚案件，应当区别认罪认罚的不同诉讼阶段、对查明案件事实的价值和意义、是否确有悔罪表现，以及罪行严重程度等，综合考量确定从宽的限度和幅度。在刑罚评价上，主动认罪优于被动认罪，早认罪优于晚认罪，彻底认罪优于不彻底认罪，稳定认罪优于不稳定认罪。

第50条 第二审程序中被告人认罪认罚案件的处理。被告人在第一审程序中未认罪认罚，在第二审程序中认罪认罚的，审理程序依照刑事诉讼法规定的第二审程序进行。第二审人民法院应当根据其认罪认罚的价值、作用决定是否从宽，并依法作出裁判。确定从宽幅度时应当与第一审程序认罪认罚有所区别。

参考案例

吴春兰、鲁长学容留卖淫案[①]

2015年4月以来，被告人吴春兰、鲁长学伙同曾德海、刘洪（另案处理，已判刑）共同出资经营位于厦门市集美区杏林街道董任路6号附近的“迎宾来”茶馆，密谋在该茶馆内提供房间给卖淫女卖淫。后吴春兰、鲁长学等人容留刘某、张某在该茶馆内卖淫，并从中抽成牟利。该案中，被告人吴春兰、鲁长学在共同犯罪中的地位、作用相当。吴春兰虽系自动投案，但到案后未如实供述自己的罪行，故依法不能认定为自首。被告人鲁长学归案后即如实供述自己的罪行，属侦查阶段的坦白，对案件事实的及时准确查明具有重要意义。一审合议庭评议时，综合考量二被告人认罪阶段和作用的不同，在量刑规范化框架内作出不同的刑罚评价：二被告人的地位、作用相当，其基准刑均确定为15个月。吴春兰当庭认罪，有自动投案情节，减让基准刑的10%，宣告刑为13个月；鲁长学在侦查阶段认罪，减让基准刑的25%，宣告刑为11个月。

上述二被告人地位、作用相当，鲁长学侦查阶段认罪，减让基准刑的25%；吴春兰当庭认罪，虽然有自动投案情节的，仅仅减让了基准刑的10%。

学理解释

通常来讲，犯罪嫌疑人认罪越早自然会更大程度地缩短诉讼周期、节约国家追诉犯罪的成本，也更能体现被追诉人认罪悔罪、自我救赎的低人身危险性。因此，早在认罪认罚制度试点时期，厦门集美、山东青岛等地就曾探索实践了“3–2–1”阶梯式从宽量刑机制，即针对在侦查、起诉、审理不同阶段认罪，分别给予最高30%、20%、10%

① 《刑事审判参考》案例第1431号。

的量刑减让。

对于轻罪被追诉人而言，除实体量刑减让幅度之外，更早地认罪认罚还更有可能在程序上获得“从宽处理”。例如，最高人民检察院《就十三届全国人大常委会对人民检察院适用认罪认罚从宽制度情况报告的审议意见提出28条贯彻落实意见》第3条中就曾明确指出，“对认罪认罚的轻罪案件，一般应当依法从简从宽办理，依法能不捕的不捕，能不诉的不诉；能适用缓刑的，依法提出适用缓刑量刑建议；能适用速裁或者简易程序的，及时提出程序适用的建议”。

实操建议

辩护律师应该尽可能早地通过会见当事人或者阅卷，对当事人是否构成犯罪形成初步判断，对于证据确实充分应该作为犯罪处理的，要及时向当事人明确不同阶段认罪认罚对量刑减让幅度影响的可视化差异，对于确实不构成犯罪或者证据存在较大瑕疵的，辩护人可以在征求被告人同意的基础上，开展独立辩护。

161. 认罪认罚适用于哪些案件范围

认罪认罚原则上适用于所有案件、所有刑罚、所有阶段（不含再审）。

实践中，司法机关掌握的原则是，对于轻罪案件及过失犯罪、未成年人犯罪案件，社会危害不大且案情清楚、证据充分、具备从宽条件的案件，是认罪认罚从宽制度适用的重点，要用好用足。对于严重危害国家安全、公共安全、严重影响人民群众安全感的案件，对于社会普遍关注、群众反映强烈的重大敏感案件，对于被告人主观恶性深、人身危险性大的案件，该重判的要坚决依法重判，认罪认罚虽然适用没限制，但从宽有门槛。

通常而言，占全部刑事案件80%以上的3年以下的轻刑案件是认罪认罚从宽制度的重点，甚至有些检察机关还内部规定了85%以上的认罪认罚考核率，也即除了轻刑案件外，还有一部分重罪案件也会适用认罪认罚，但也要注意对重大、复杂案件不能通过认罪认罚从宽简单处理，更不能忽略证据标准，一味强调认罪认罚，减轻控方证明责任，削弱辩护力度。

另外，认罪认罚从宽制度虽没有适用罪名和可能判处刑罚的限制，但是认罪认罚从宽制度的适用应当坚持宽严相济的刑事政策，最高人民法院指导案例要求，对于民间矛盾引发的案件特别是过失犯罪，对于涉及社会敏感因素、复杂背景、隐藏风险的案件，即便是被告人认罪认罚，也切忌一味图快，简单化处理。

法律依据

《刑事诉讼法》

第十五条 犯罪嫌疑人、被告人认罪认罚的，可以依法从宽处理。

参考案例

黄来珠交通肇事案[①]

被告人开车时因一时紧张误把油门当成刹车踩而造成三人死亡、三人轻伤和多辆车辆受损的严重后果。其中，死亡的三被害人系一家三口，祖孙三代，可想而知被害人家庭遭受打击之重。虽被告人具有自首情节，愿意接受处罚，并自审查起诉阶段起积极赔偿被害人损失，检察机关也提出自首减轻、赔偿酌情从轻处罚的意见，并建议在3~4年判处刑罚，但是一审法院作为认罪认罚从宽制度试点法院，考虑到该案后果严重，在当地影响较大，并未适用认罪认罚从宽制度简单处理，而是依法组成合议庭，适用普通程序公开审理此案，并把附带民事赔偿与刑事责任一体化解决，把妥善处理善后工作作为本案的重

① 《刑事审判参考》案例第1403号。

点。本案死亡被害人提出500余万元的巨额赔偿请求，被告人及其亲属无能力全额赔偿或者代赔，为避免附带民事判决无法执行，给被害人家属造成二次伤害，也避免矛盾扩大化，一审法院对附带民事诉讼没有简单下判，合议庭成员努力做被告人家属工作，动员被告人家属向家族筹款。经过多方努力，附带民事诉讼双方当事人在人民法院主持下达成调解协议：被告人共赔偿死者家属合计人民币450万元（黄来珠家属支付389万元、保险公司商业险和交强险61万元），该赔偿款以现金的方式打入附带民事诉讼各原告指定的银行账户，各原告对被告人表示谅解，同意对被告人予以从轻处罚并适用缓刑。一审法院综合本案性质、情节、后果等因素，结合被告人具有自首、积极赔偿并获得谅解等法定从宽处罚情节，采纳辩护人提出的判处被告人缓刑的意见，判处被告人有期徒刑3年，缓刑4年。

司法观点

认罪认罚从宽制度集程序与实体于一身，它赋予认罪认罚的犯罪嫌疑人、被告人程序选择权，同时实体上给予从宽处理，以此鼓励犯罪嫌疑人、被告人自愿选择认罪认罚，而且通过附带民事诉讼赔偿和刑事责任一体化解决促进被告人和被害人权益保障实现平衡。认罪认罚从宽制度不仅着眼于案件繁简分流，而且注重矛盾化解，实现恢复性司法。

程序上，要根据案件性质、刑罚轻重、案件难易以及被告人的选择，采取与之相适应的诉讼程序，符合速裁程序和简易程序适用条件的，依法适用速裁和简易程序，充分发挥速裁、简易程序的分流功能，避免程序空转，在更高层次上实现公正与效率的统一。

强制措施的适用上，要把犯罪嫌疑人、被告人认罪认罚作为其是否具有社会危险性的重要考虑因素，能不捕的，不捕，减少羁押；犯罪情节轻微，依法可不判处刑罚的，可不诉的，不诉；符合缓刑适用条件的，依法判处缓刑，扩大非监禁刑的适用。既要通过及时惩治犯罪发挥刑罚的惩罚功能，又要通过给出路发挥刑罚的教育矫治功能，减少社会对立面，促进社会长治久安。[①]

162. 单位犯罪是否可以适用认罪认罚

犯罪单位作为独立的刑事诉讼主体，依法享有相应的诉讼权利，认罪认罚从宽可以适用于所有刑事案件，对犯罪单位与自然人一样应当平等适用，而且，根据最高人民检察院的要求，对犯罪情节较轻的民营企业经营者慎用人身强制措施，检察机关要主动听取被告方意见，充分开展量刑协商，并通过建议适用速裁程序、合规不起诉程序等，从快、从简、从宽处理案件，最大限度降低对企业正常经营的影响。

相关案例

无锡F警用器材公司虚开增值税专用发票案[②]

2015年12月间，乌某某（F警用器材公司董事长）、陈某某（F警用器材公司总监）为了F警用器材公司少缴税款，商议在没有货物实际交易的情况下，从其他公司虚开增值税专用发票抵扣税款，并指使倪某（F警用器材公司采购员）通过公司供应商杜某某（无锡B科技有限公司法定代表人）等人介绍，采用伪造合同、虚构交易、支付开票费等手段，从王某某（另案处理）实际控制的商贸公司、电子科技公司虚开增值税专用发票24份，税额计人民币377,344.79元，后F警用器材公司从税务机关抵扣了税款。

乌某某、陈某某、倪某、杜某某分别于2018年11月22日、23日至公安机关投案，均如实供述犯罪事实。11月23日，公安机关对乌某某等四人依法取保候审。案发后，F警用器材公司补缴全部税款

① 朱纪红、亓淑云：《指导案例第1406号马贺飞盗窃案——轻罪案件如何适用认罪认罚从宽制度》，载《刑事审判参考》第127辑，人民法院出版社2021年版。

② 检例第81号。

并缴纳滞纳金。

检察机关在审查起诉阶段，为全面评估案件的处理对企业生产经营的影响，通过实地走访、调查，查明该公司系科技创新型民营企业，无违法经营处罚记录，近三年销售额人民币7000余万元，纳税额人民币692万余元，拥有数十项专利技术、计算机软件著作权和省级以上科学技术成果，曾参与制定10项公共安全行业标准，在业内有较好的技术创新影响力。该企业发案前有基本的经营管理制度，但公司治理制度尚不健全。在评估案件情况后，检察机关围绕如何推动企业合法规范经营提出具体的检察建议，督促涉罪企业健全完善公司管理制度。该公司根据检察机关建议，制定合规经营方案，修订公司规章制度，明确岗位职责，对员工开展合法合规管理培训，并努力完善公司治理结构。结合该企业上述改进情况，根据单位犯罪特点，在检察机关主持下，由单位诉讼代表人签字、企业盖章，在律师见证下签署《认罪认罚具结书》。

检察机关考虑本案犯罪情节较轻且涉罪企业和直接责任人员认罪认罚，检察机关拟对涉罪企业及有关人员作出不起诉处理，并经过公开听证，对涉案单位作出不起诉决定，同时依法向公安机关、税务机关提出行政处罚的检察意见。公安机关、税务机关对该公司作出相应行政处罚，并没收违法所得。

司法观点

最高人民检察院强调，办理涉民营企业案件，应当根据修改后《刑事诉讼法》的相关规定，落实认罪认罚从宽的相关要求。

一是坚持平等保护，对所有经济主体一视同仁，不能因不同经济主体而在认罪认罚从宽适用范围上有所不同。

二是准确认定“认罪”“认罚”。涉案民营企业经营者承认指控的主要犯罪事实，仅对个别细节提出异议的，或者对犯罪事实没有异议，仅对罪名认定提出异议的，不影响“认罪”的认定。涉案民营企业经营者同意量刑建议，签署具结书，对检察机关建议判处的刑罚种类、幅度及刑罚执行方式没有异议的，可认定为“认罚”。

三是充分体现“从宽”。对于涉案民营企业经营者能够主动配合检察机关调查取证，认罪态度好，没有社会危险性的，不采取拘留、逮捕措施。对于符合速裁程序和简易程序条件的涉民营企业案件，应当依法从速办理。

实操建议

民营企业违规经营触犯刑法情节较轻，可以建议企业走认罪认罚程序，对涉案单位认罪认罚的，检察机关对单位和直接责任人员依法能不捕的不捕，能不诉的不诉，可以利用涉案企业合规不起诉制度，通过民营企业的合法规范经营，换取对企业、单位负责人的最大化从宽刑事处理。

163. 涉黑等严重案件是否可以适用认罪认罚

认罪认罚从宽制度可以适用于所有刑事案件，没有适用罪名和可能判处刑罚的限定，涉黑涉恶犯罪案件依法可以适用该制度。认罪认罚从宽制度贯穿刑事诉讼全过程，适用于侦查、起诉、审判各个阶段。检察机关办理涉黑涉恶犯罪案件，要积极履行主导责任，发挥认罪认罚从宽制度在查明案件事实、提升指控效果、有效追赃挽损等方面的作用。

参考案例

林某彬等人组织、领导、参加黑社会性质组织案[①]

被告人林某彬自2013年9月至2018年10月，以实际控制的北

① 检例第84号。

京某投资有限公司、某金融服务外包（北京）有限公司，通过招募股东、吸收业务员的方式，逐步形成了以林某彬为核心，被告人增某、胡某凯等9人为骨干，被告人林某强、杨某明等9人为成员的黑社会性质组织。该组织以老年人群体为主要目标，专门针对房产实施系列“套路贷”犯罪活动，勾结个别公安民警、公证员、律师以及暴力清房团伙，先后实施了诈骗、敲诈勒索、寻衅滋事、虚假诉讼等违法犯罪活动，涉及北京市朝阳区、海淀区等11个区、72名被害人、74套房产，造成被害人经济损失人民币1.8亿余元。

在北京市人民检察院第三分院主持下，全案52名被告人中先后有36名签署了《认罪认罚具结书》。根据被告人在犯罪中的地位和作用以及认罪认罚的阶段，检察机关分别确定是否从宽以及从宽幅度。一是将被告人划分为“三类三档”。“三类”分别是公司股东及业务员、暴力清房人员、公证人员，“三档”是根据每一类被告人在犯罪中的地位和作用确定三档量刑范围，为精细化提出量刑建议提供基础。二是是否从宽以及从宽幅度坚持区别对待。一方面，坚持罪责刑相适应，对黑社会性质组织的组织者、领导者林某彬从严惩处，建议法庭依法不予从宽；对积极参加者，从严把握从宽幅度。另一方面，根据被告人认罪认罚的时间先后、对查明案件事实所起的作用、认罪悔罪表现、退赃退赔等不同情况，提出更具针对性的量刑建议。

实操建议

辩护人在代理涉黑涉恶等严重犯罪时，首先是要查明事实、证据情况，对于证据确实可以认定为犯罪的，要跟当事人讲清楚认罪认罚的好处和作用，充分利用侦查阶段、审查起诉阶段、庭前会议阶段、庭审阶段等不同诉讼阶段，在了解公诉机关掌握证据的情况下，尽早配合检方作出认罪认罚协议，对自身当事人的地位、作用，配合退赃退赔工作等进行积极辩护，必要时，可以做“囚徒困境”中的污点证人，但这种处理方式比较考验辩护人对整体案件走向和对证据的整体把握情况以及当事人对法律问题的理解程度，需要慎重使用。

实践中，有个别检察机关为了完成认罪认罚考核率，对死刑案件也强迫被告人认罪认罚，同时提出概括的死刑量刑建议（解释为包括死刑立即执行、死刑缓期执行、死刑缓期执行并限制减刑），这种量刑建议并无意义，也未体现认罪认罚从宽的立法初衷，辩护人要对被告人加强引导，并与检察机关加强量刑沟通。

164. 如何准确把握“认罪”

“认罪”实质上就是“认事"，认主要犯罪事实。对指控细节有异议或者对行为性质的辩解不影响认罪的认定。

“认罪”，是指犯罪嫌疑人、被告人自愿如实供述自己的罪行，承认指控的犯罪事实。“如实供述自己的罪行”，应当依照《刑法》关于自首、坦白的规定以及关于自首、立功相关司法解释的规定予以把握。“认罪”实质上就是“认事”，认主要犯罪事实。犯罪嫌疑人、被告人对指控的个别细节有异议或者对行为性质的辩解不影响“认罪”的认定。“认罪”可以是自首、坦白，也可以是当庭认罪等其他表现形式。不同表现形式的“认罪”反映了犯罪人对待犯罪的不同态度，在从宽处理上会得到不同评价，是否从宽以及从宽幅度会结合认罪的价值以及认罪的阶段等因素综合考量。

法律依据

最高人民法院《关于适用〈中华人民共和国刑事诉讼法〉的解释》

第三百四十七条 刑事诉讼法第十五条规定的“认罪”，是指犯罪嫌疑人、被告人自愿如实供述自己的罪行，对指控的犯罪事实没有异议。

刑事诉讼法第十五条规定的“认罚”，是指犯罪嫌疑人、被告人真诚悔罪，愿意接受处罚。

被告人认罪认罚的，可以依照刑事诉讼法第十五条的规定，在程序上从简、实体上从宽处理。

最高人民法院、最高人民检察院、公安部、国家安全部、司法部《关于适用认罪认罚从宽制度的指导意见》

第6条 “认罪”的把握。认罪认罚从宽制度中的“认罪”，是指犯罪嫌疑人、被告人自愿如实供述自己的罪行，对指控的犯罪事实没有异议。承认指控的主要犯罪事实，仅对个别事实情节提出异议，或者虽然对行为性质提出辩解但表示接受司法机关认定意见的，不影响“认罪”的认定。犯罪嫌疑人、被告人犯数罪，仅如实供述其中一罪或部分罪名事实的，全案不作“认罪”的认定，不适用认罪认罚从宽制度，但对如实供述的部分，人民检察院可以提出从宽处罚的建议，人民法院可以从宽处罚。

165. 如何准确把握“认罚”

“认罚”的核心在于犯罪嫌疑人、被告人真诚悔罪，如案后主动赔偿、刑事和解、退赃退赔，都可以体现被告人自愿认罚。对被告人有能力退赃而逃避退赃、有能力执行生效判决而拒不执行或者拖延执行的，不认定其具有“认罚”情节。

法律依据

最高人民法院《关于适用〈中华人民共和国刑事诉讼法〉的解释》

第三百四十七条 刑事诉讼法第十五条规定的“认罪”，是指犯罪嫌疑人、被告人自愿如实供述自己的罪行，对指控的犯罪事实没有异议。

刑事诉讼法第十五条规定的“认罚”，是指犯罪嫌疑人、被告人真诚悔罪，愿意接受处罚。

被告人认罪认罚的，可以依照刑事诉讼法第十五条的规定，在程序上从简、实体上从宽处理。

参考案例

王建受贿案[①]

江苏省泰州市姜堰区人民检察院指控被告人王建犯受贿罪，向泰州市姜堰区人民法院提起公诉。公诉机关认为被告人王建自愿认罪认罚，建议判处被告人王建有期徒刑3年6个月至4年6个月，并处罚金人民币38万~48万元；建议适用简易程序。

审查起诉阶段，被告人王建对起诉书指控的犯罪事实和罪名均无异议，自愿认罪认罚，签署认罪认罚具结书。

泰州市姜堰区人民法院认为：辩护人提出"被告人认罪认罚"的辩护意见，经查，被告人王建在审查起诉阶段签署了认罪认罚具结书，提起公诉时，量刑建议书中认定其具有认罪认罚情节，但在审理过程中查明，王建职务犯罪既遂，在案发前对外享有债权，归案后其银行卡账户余额30余万元也未用于退赃、缴纳财产刑，直至一审宣判前其未有退赃表现，其亲属亦未能代其积极退赃，故不宜认定其具有认罚情节，对被告人具有认罚情节的辩护意见不予采纳。

于国民拒不执行判决案[②]

2019年2月18日，顺义区人民法院出具（2018）京0113执7688号限制消费令及失信决定书，2月28日，顺义区人民法院决定对于国民拘留15日。拘留期限届满后，于国民在有执行能力的情况下仍拒不执行判决，致使法院的判决无法执行。3月14日，于国民被公安机关抓获。于国民到案后委托他人返还涉案天正阳公司公章1枚、法定代表人人名章1枚、税务登记证副本1个、营业执照副本1个。截至本案一审辩论结束，于国民尚未返还天正阳公司营业执照正

① 《刑事审判参考》案例第1414号。

② 《刑事审判参考》案例第1410号。

本、税务登记证正本、组织机构代码证正副本、财务章、合同专用章、企业会计账簿。

被告人于国民辩解称自己已经将部分执行标的交给公安机关，剩余的待执行标的自己找不着了。其辩护人提出，于国民具有认罪认罚情节，剩余的待执行标的是于国民忘记放在何处，而不是故意不交。

北京市顺义区人民法院认为，被告人于国民对人民法院生效的判决有能力执行而拒不执行，情节严重，其行为已经构成了拒不执行判决罪，依法应予惩处。于国民虽然表示认罪，但仅返还小部分执行标的，在一审法庭辩论结束时，仍拒不返还大部分执行标的，其没有真诚悔过，无法认定其具有“认罪认罚”的从宽情节，对其以拒不执行判决罪，判处有期徒刑 1 年 4 个月。

一审宣判后，被告人于国民提出上诉，理由是剩余待执行标的自己忘记存放地点，并非拒不执行；自己有认罪认罚情节，社会危害性小，请求二审法院减轻处罚或者适用缓刑。

北京市第三中级人民法院经审理认为，自相关判决生效至于国民被抓获，历时数月，于国民在明知负有判决确定的交付义务，亦有履行判决的时间和条件情况下，却予以推脱，致使生效判决无法执行，其行为符合本罪情节严重的认定标准，上诉人的上诉理由及辩护意见缺乏事实及法律依据，本院不予采纳。关于上诉人于国民及其辩护人针对量刑所提相关上诉理由及辩护意见，经查，原审法院根据于国民返还执行标的等情况综合其悔过态度不予认定认罪认罚从宽情节，并根据案件具体情节，在法定幅度判处刑罚，并无不当，该上诉理由及相关辩护意见本院不予采纳。综上，原审法院根据上诉人于国民犯罪的事实、性质、情节和对于社会的危害程度所作出的判决，定罪及适用法律正确，量刑适当，应予维持。据此，依法作出驳回上诉，维持原判的终审裁定。

司法观点

“认罚”是指愿意接受处罚，愿意接受处罚是犯罪嫌疑人、被告人悔罪的表现,“认罚”的核心在于犯罪嫌疑人、被告人真诚悔罪。“认罚”在不同的诉讼阶段有不同的表现形式：在侦查阶段表现为犯罪嫌疑人真诚悔罪愿意接受处罚；在审查起诉阶段表现为犯罪嫌疑人自愿签署认罪认罚具结书，认可检察机关的量刑建议；在审判阶段表现为被告人当庭确认签署具结书系出于自愿，或者当庭表示认罪，愿意接受处罚。

实践中，“认罚”考察的重点是犯罪嫌疑人、被告人的悔罪态度和悔罪表现。犯罪嫌疑人、被告人主动退赃退赔、积极赔偿损失、取得谅解等也是悔罪认罚的表现。需要注意的是，犯罪嫌疑人、被告人认罪认罚，但确无能力退赃退赔、赔偿损失的，不能以此否定“认罚”情节的认定。当然，对于犯罪嫌疑人、被告人表面上接受量刑建议，背后隐匿、转移财产，拒不退赃退赔、赔偿损失、履行财产刑，显无真诚悔罪表现的，不应当认定为“认罚”。[①]

166. 未能足额退赃退赔、缴纳罚金的，能否认定为认罪认罚

如果是有退赃退赔能力而不退赔的，会被认定为“不认罚”，从而不适用认罪认罚从宽制度，但如果是确无退赔能力的，则不应一概认定为不认罚；另外，缴纳罚金不是判断是否认罪认罚的标准，而且缴纳罚金的顺序也应当在退赔被害人损失之后，司法实践中，部分法院基于惯性思维，在决定适用缓刑时将缴纳罚金作为必备条件，根据《刑法》第72条规定适用缓刑的条件，并不存在必须先缴纳罚金这一前提。因此，各地法院在退赃或退赔被害人等经济义务尚未履行的情况下，不应当优先收取罚金，这种做法应予纠正。

---

① 杨立新：《关于认罪认罚从宽制度常见问题释疑》，载《刑事审判参考》总第127辑，人民法院出版社2021年版，第136页。

法律依据

最高人民法院、最高人民检察院、公安部、国家安全部、司法部《关于适用认罪认罚从宽制度的指导意见》

第7条第1款 “认罚”的把握。认罪认罚从宽制度中的“认罚”，是指犯罪嫌疑人、被告人真诚悔罪，愿意接受处罚。“认罚”，在侦查阶段表现为表示愿意接受处罚；在审查起诉阶段表现为接受人民检察院拟作出的起诉或不起诉决定，认可人民检察院的量刑建议，签署认罪认罚具结书；在审判阶段表现为当庭确认自愿签署具结书，愿意接受刑罚处罚。

最高人民法院《关于刑事裁判涉财产部分执行的若干规定》

第十三条第一款 被执行人在执行中同时承担刑事责任、民事责任，其财产不足以支付的，按照下列顺序执行：

（一）人身损害赔偿中的医疗费用；

（二）退赔被害人的损失；

（三）其他民事债务；

（四）罚金；

（五）没收财产。

参考案例

《刑事审判参考》案例第1414号王建受贿案，详见问题165。

司法观点

《关于适用认罪认罚从宽制度的指导意见》第7条对“认罚”的表述为：认罪认罚从宽制度中的“认罚”，是指犯罪嫌疑人、被告人真诚悔罪，愿意接受处罚。从规定来看，只是要求被告人接受处罚，而并没有要求被告人必须全部履行经济上的处罚,才能认定为“认罚”。在认定被告人是否“认罚”时，必须查明被告人的经济能力，只要被告人穷尽自己的经济能力进行退赔，即使没有全部履行退赔等义务，也应当认定为“认罚”。

实操建议

辩护人要充分核实被告人的经济能力，并提供相应证据，一方面可以作为是否具有足额退赔能力的证据，另一方面也可以作为缴纳罚金的依据，如果确实不具备足额退赔能力，也要跟法庭充分说明理由，对法院以预缴罚金后才能从宽处罚的，要在展示被告人罚金缴纳能力证据的同时与法院充分说明准确法律适用问题。

167. 是否可以仅根据认罪认罚而减轻或免除处罚

通常情况下不可以仅根据认罪认罚而减轻、免除处罚，特殊情况下可以。

法律依据

最高人民法院、最高人民检察院、公安部、国家安全部、司法部《关于适用认罪认罚从宽制度的指导意见》

第8条第2款 办理认罪认罚案件，应当依照刑法、刑事诉讼法的基本原则，根据犯罪的事实、性质、情节和对社会的危害程度，结合法定、酌定的量刑情节，综合考虑认罪认罚的具体情况，依法决定是否从宽、如何从宽。对于减轻、免除处罚，应当于法有据；不具备减轻处罚情节的，应当在法定幅度以内提出从轻处罚的量刑建议和量刑；对其中犯罪情节轻微不需要判处刑罚的，可以依法作出不起诉决定或者判决免予刑事处罚。

《刑事诉讼法》

第一百八十二条 犯罪嫌疑人自愿如实供述涉嫌犯罪的事实，有重大立功或者案件涉及国家重大利益的，经最高人民检察院核准，公安机关可以撤销案件，人民检察院可以作出不起诉决定，也可以对涉嫌数罪中的一项或者多项不起诉。

学理解释

通过前述司法解释规定可知，认罪认罚制度中的“从宽”处理通常是不能做减轻或者免除处罚的，只是从轻处罚，但对于有重大立功或者涉及国家重大利益的，经最高人民检察院核准，可以撤案或者不起诉，视为免除处罚。

实操建议

在具备《刑事诉讼法》第182条情形的情况下，要争取适用认罪认罚核准不起诉；不具备上述情形的情况下，也可以结合案件的整体情况、被告人认罪悔罪态度以及社会关系修复程度，建议法庭适当突破从轻处罚的限制，予以减轻处罚。具体理由如下：

（1）《刑事诉讼法》第15条规定为“从宽”而非“从轻”，将其限制为从轻，可以适用的法定刑幅度较小，往往难以解决共同犯罪中犯罪人刑事责任的区分问题，有些情况下对认罪认罚的被告人不能兑现从宽政策，限制了认罪认罚的适用效果。

（2）随着形势发展，一些定罪量刑标准明显滞后于经济社会发展，对于认罪认罚的被告人，如果能够减轻处罚，更加符合罪责刑相适应原则，并且可以避免法定刑以下判处刑罚的核准程序的烦琐。

（3）通过严格程序（如要求报请审委会研究或者报请上级法院批准），可以防止减轻处罚的滥用。

168. 认罪认罚与自首、坦白等情节并存时如何处理

虽然法律规定不做重复评价，但这种不重复评价是指情节重合部分的不重复评价，各个情节与认罪认罚的外延有所不同，在未重合部分可以分别享受从宽处理的规定，在法定刑幅度内适用最大限度从宽

处理的，不属于重复评价。

法律依据

最高人民法院、最高人民检察院、公安部、国家安全部、司法部《关于适用认罪认罚从宽制度的指导意见》

第9条第2款 认罪认罚的从宽幅度一般应当大于仅有坦白，或者虽认罪但不认罚的从宽幅度。对犯罪嫌疑人、被告人具有自首、坦白情节，同时认罪认罚的，应当在法定刑幅度内给予相对更大的从宽幅度。认罪认罚与自首、坦白不作重复评价。

最高人民法院、最高人民检察院《关于常见犯罪的量刑指导意见（试行）》

三、……（十四）对于被告人认罪认罚的，综合考虑犯罪的性质、罪行的轻重、认罪认罚的阶段、程度、价值、悔罪表现等情况，可以减少基准刑的30%以下；具有自首、重大坦白、退赃退赔、赔偿谅解、刑事和解等情节的，可以减少基准刑的60%以下，犯罪较轻的，可以减少基准刑的60%以上或者依法免除处罚。认罪认罚与自首、坦白、当庭自愿认罪、退赃退赔、赔偿谅解、刑事和解、羁押期间表现好等量刑情节不作重复评价。

司法观点

最高人民检察院苗生明厅长在《〈关于认罪认罚从宽制度指导意见〉的理解与适用》（与周颖合作，载《人民检察》2020年第2期）一文中指出："对犯罪嫌疑人、被告人具有自首、坦白情节，同时认罪认罚的，应当在法定刑幅度内给予相对更大的从宽幅度。需要注意的是，对认罪认罚与自首、坦白相交叉和叠加的'认罪'部分，在把握具体从宽幅度时，不作重复评价。"

最高人民法院杨立新审判长在《认罪认罚从宽制度理解与适用》（载《国家检察官学院学报》2019年第1期）一文中指出："从实体角度言之，认罪认罚包含认罪、认罚的一系列情节，不是新的独立的量刑情节。就认罪情节而言，它与自首、坦白、当庭认罪有重合之处；就认罚情节而言，它与退赃退赔、积极赔偿被害人损失亦有重合之处。因此，在实体从宽处理上，对重合情节不应重复评价。”

学理解释

学界目前对于这个问题的讨论多为整体性判断，即认罪认罚从宽能否与作为整体的自首、坦白、立功并列评价，而不区分具体关系。而且，一般认为认罪认罚从宽不可与自首、坦白、立功并列评价。不能并列评价的原因有所差别，主要有两种主张：（1）认为认罪认罚从宽是一项集合性制度，认罪认罚就包括了自首、坦白和立功。[①]（2）在（1）的基础上认为认罪认罚如果与自首、坦白、立功并列评价则会引起量刑情节重复评价的问题。[②] 即认罪认罚本身与自首、坦白存在交叉关系，自首、坦白本身就包括了对罪的承认，以及间接对刑罚本身的概括承认，因此，如果认罪认罚与自首、坦白并列评价会使同样的量刑情节被重复评价。[③]

但也有个别学者提出应当区别分析认罪认罚与自首、坦白、立功的关系，不应一概认为是重复评价，并提出认罪认罚从宽是在承认量刑建议基础上的再从宽，量刑建议的作出需要综合考虑各类量刑情节。[④]

实操建议

从最高人民法院、最高人民检察院负责人的解读来看，这里的不

① 顾永忠：《关于“完善认罪认罚从宽制度”的几个理论问题》，载《当代法学》2016 年第 6 期。

② 何明田、芝春燕：《刑事一体化下的认罪认罚从宽制度难题解决》，载《中国检察官》2017 年 11 月（下）。

③ 陈其琨：《对象与主体之间：行为人自首坦白与认罪认罚关系探究》，载《学术探索》2018 年第 1 期。

④ 程龙：《误区与正道：认罪认罚从宽的实体法定位》，载《甘肃政法学院学报》2020 年第 1 期。

重复评价是指重合部分不做重复评价。鉴于指导意见也规定了各个情节有所重叠的情况下，减轻处罚的上限（60%），情节较轻的，可以减少 60% 以上或者免于刑事处罚），在应用上述规则时，不能简单以不可以重复评价就对其中某个情节不予评价，而是应该在坚持重叠处理上限的前提下，对各个情节予以充分认定，这样也可以避免对各个情节的重叠部分不易把握的缺陷。

比如，一个受贿案件，基准刑为 5 年，有认罪认罚、自首、全部退赃、羁押表现好等情节，侦查阶段认罪认罚减 20%，自首减 25%，全部退赃减 25%，羁押表现好减 10%，综合起来本应减 80%，但鉴于存在重叠部分，只能适用 60% 减轻上限，最终量刑 5 年 ×（1-60%）=2 年。

169. 认罪认罚案件未适用速裁或简易程序的，是否影响实体从宽处罚

不影响。

法律依据

最高人民法院《关于适用〈中华人民共和国刑事诉讼法〉的解释》

第三百四十七条 刑事诉讼法第十五条规定的“认罪”，是指犯罪嫌疑人、被告人自愿如实供述自己的罪行，对指控的犯罪事实没有异议。

刑事诉讼法第十五条规定的“认罚”，是指犯罪嫌疑人、被告人真诚悔罪，愿意接受处罚。

被告人认罪认罚的，可以依照刑事诉讼法第十五条的规定，在程序上从简、实体上从宽处理。

最高人民法院、最高人民检察院、公安部、国家安全部、司法部《关于适用认罪认罚从宽制度的指导意见》

第 7 条第 2 款 ……犯罪嫌疑人、被告人享有程序选择权，不同

意适用速裁程序、简易程序的，不影响“认罚”的认定。

第8条第1款 ……从宽处理既包括实体上从宽处罚，也包括程序上从简处理。……

参考案例

黄来珠交通肇事案[①]

本案系交通肇事案，被告人开车时因一时紧张误把油门当成刹车踩而造成三人死亡、三人轻伤和多辆车辆受损的严重后果。其中死亡的三被害人系一家三口，祖孙三代，可想而知被害人家庭遭受打击之重。虽被告人具有自首情节，愿意接受处罚，并自审查起诉阶段起积极赔偿被害人损失，检察机关也提出自首减轻、赔偿酌情从轻处罚的意见，并建议在3~4年判处刑罚，但是一审法院作为认罪认罚从宽制度试点法院，考虑到该案后果严重，在当地影响较大，并未适用认罪认罚从宽制度简单处理，而是依法组成合议庭，适用普通程序公开审理此案。

尽管被告人黄来珠并未在案件程序上获得从宽处理，但因其实质上确实有认罪认罚表现，所以最终一审法院综合本案性质、情节，后果等因素，结合被告人具有自首、积极赔偿并获得谅解等法定从宽处罚情节，采纳辩护人提出的判处被告人缓刑的意见，判处被告人有期徒刑3年，缓刑4年。

学理解释

根据《刑事诉讼法》及《关于认罪认罚从宽制度的指导意见》的规定，对认罪认罚犯罪嫌疑人、被告人的“从宽处理”，包括实体从宽与程序从简两个方面，并且二者之间是相互独立的关系。因此，即便在个别案件中，司法机关基于案件涉及社会敏感因素、社会影响巨大等考虑未在程序上按认罪认罚模式适用简易程序或者速裁程序的，

① 《刑事审判参考》案例第1403号。

依然可以在实体上对被告人进行从宽处理。

实操建议

针对一些犯罪嫌疑人、被告人自愿认罪认罚并实际有认罪认罚表现，但司法机关因为其他考虑没有适用认罪认罚从宽制度及相应建议程序的案件，辩护人依然可以按照认罪认罚应有的实体量刑减让效果进行辩护，向司法机关提出对犯罪嫌疑人、被告人“实体从宽”的辩护意见。

170. 检察机关未启动认罪认罚程序的，人民法院是否可以适用认罪认罚

可以。认罪认罚的启动权不是仅掌握在检察机关手中。

法律依据

最高人民法院《关于适用〈中华人民共和国刑事诉讼法〉的解释》

第三百五十六条 被告人在人民检察院提起公诉前未认罪认罚，在审判阶段认罪认罚的，人民法院可以不再通知人民检察院提出或者调整量刑建议。

对前款规定的案件，人民法院应当就定罪量刑听取控辩双方意见，根据刑事诉讼法第十五条和本解释第三百五十五条的规定作出判决。

参考案例

雒法池、雒法高等故意伤害案[①]

被告人雒法池、雒仁天，被告人雒法高、雒仁兵因民间纠纷处理

① 《刑事审判参考》案例第1405号。

不当，继而引发厮打，故意伤害他人身体，分别致对方二人轻伤，四被告人对起诉书指控的犯罪事实及罪名均无异议、均真诚悔罪，并主动提出适用认罪认罚程序处理，青岛市即墨区人民法院据此建议公诉机关启动认罪认罚程序。本案发生在认罪认罚从宽制度试点期间，青岛为18个试点地区之一。控辩双方庭前进行了量刑协商和具结，公诉机关鉴于四被告人均自愿认罪认罚，且已取得对方谅解，分别建议判处四被告人有期徒刑12~18个月，可适用缓刑。最终法院认定四被告人犯故意伤害罪，系因民间纠纷引发，且被告人均当庭自愿认罪认罚，并已取得被害人谅解，确有悔罪表现，没有再犯罪的危险，对四被告人判处有期徒刑1年，缓刑1年。

司法观点

案件已经进入审判阶段后被告人才认罪认罚的，人民法院将认罪认罚作为量刑因素予以考量即可，无须由人民检察院提出或者调整量刑建议，否则造成程序烦琐，也与以审判为中心的要求相悖，不是说每一个案件必须有量刑建议或者调整量刑建议。

实操建议

对于检察机关未启动认罪认罚，但在审判阶段，辩护人认为确有必要适用认罪认罚的，可以建议法院启动认罪认罚从宽程序，以保障被告人从轻处理的权利。

171. 人民法院认为量刑建议明显不当，检察机关不予调整的，如何处理

人民法院应当及时作出判决。

法律依据

《刑事诉讼法》

第二百零一条 对于认罪认罚案件，人民法院依法作出判决时，一般应当采纳人民检察院指控的罪名和量刑建议，但有下列情形的除外：

（一）被告人的行为不构成犯罪或者不应当追究其刑事责任的；

（二）被告人违背意愿认罪认罚的；

（三）被告人否认指控的犯罪事实的；

（四）起诉指控的罪名与审理认定的罪名不一致的；

（五）其他可能影响公正审判的情形。

人民法院经审理认为量刑建议明显不当，或者被告人、辩护人对量刑建议提出异议的，人民检察院可以调整量刑建议。人民检察院不调整量刑建议或者调整量刑建议后仍然明显不当的，人民法院应当依法作出判决。

最高人民法院《关于适用〈中华人民共和国刑事诉讼法〉的解释》

第三百五十三条第一款 对认罪认罚案件，人民法院经审理认为量刑建议明显不当，或者被告人、辩护人对量刑建议提出异议的，人民检察院可以调整量刑建议。人民检察院不调整或者调整后仍然明显不当的，人民法院应当依法作出判决。

最高人民法院、最高人民检察院、公安部、国家安全部、司法部《关于适用认罪认罚从宽制度的指导意见》

第41条 量刑建议的调整。人民法院经审理，认为量刑建议明显不当，或者被告人、辩护人对量刑建议有异议且有理有据的，人民法院应当告知人民检察院，人民检察院可以调整量刑建议。人民法院认为调整后的量刑建议适当的，应当予以采纳；人民检察院不调整量刑建议或者调整后仍然明显不当的，人民法院应当依法作出判决。

适用速裁程序审理的，人民检察院调整量刑建议应当在庭前或者当庭提出。调整量刑建议后，被告人同意继续适用速裁程序的，不需要转换程序处理。

最高人民检察院《就十三届全国人大常委会对人民检察院适用认罪认罚从宽制度情况报告的审议意见提出28条贯彻落实意见》

第22条 ……对法院认为量刑建议明显不当要求检察机关调整的，要认真对待。认为法院意见正确的，听取被告人及其辩护人意见后，依法进行调整；认为量刑建议并无明显不当的，也要加强与法院沟通，争取法官认同和支持。对法院违反刑事诉讼法及相关规定精神，未告知检察机关调整量刑建议而迳行判决的，依法进行监督。

参考案例

刘正民、马武凯故意毁坏财物案[①]

浙江省杭州市富阳区人民检察院指控被告人刘正民、马武凯犯故意毁坏财物罪，向杭州市富阳区人民法院提起公诉。鉴于二被告人认罪认罚，建议分别判处被告人刘正民有期徒刑3年，缓刑4年；被告人马武凯有期徒刑3年，缓刑3年；并建议法院适用简易程序进行审理，同时移送了二被告人签署的认罪认罚具结书。

杭州市富阳区人民法院审理发现本案需调查核实重要量刑情节和证据，依法将该案转为普通程序进行审理。后审查发现，公诉机关没有考虑被告人刘正民、马武凯在共同犯罪中的地位、作用存在明显不同的情况，未区分主从犯，量刑建议明显不当，遂函告公诉机关调整量刑建议。公诉机关在规定的期限内未调整量刑建议，并在庭审中明确表示不再变更量刑建议。

杭州市富阳区人民法院认为，公诉机关指控的罪名成立，但对被告人应当区分主从犯，最终判决：（1）被告人刘正民犯故意毁坏财物罪，判处有期徒刑3年，缓刑3年。（2）被告人马武凯犯故意毁坏财物罪，判处有期徒刑2年，缓刑2年。

---

① 《刑事审判参考》案例第1407号。

司法观点

人民法院认为量刑建议明显不当的，检察机关可以调整量刑建议，也可以不调整。检察机关不予调整的，人民法院应当依法及时作出判决，确保案件及时审结，被告人能够获得迅速及时的审判，被犯罪破坏的社会秩序能够及时得到恢复。需要明确的是，侦查权、检察权、审判权仍是由公检法三机关分别依法行使，定罪量刑作为审判权的核心内容，具有专属性，检察机关的量刑建议仍然属于程序职权，是否适当、是否采纳，要由人民法院依法裁判。

检察机关调整量刑建议应严格限制为以下两种情形：一是人民法院认为量刑建议明显不当的，二是被告人或者辩护人对量刑建议提出异议的。

检察机关调整量刑建议，形式要灵活简便，避免因量刑建议调整造成速裁不速、简易不简，进而影响认罪认罚从宽制度功能的发挥，影响庭审实质化。①

实操建议

我们执业过程中可能会遇到以下情形：经过前期与检察机关的有效沟通，获得了令当事人比较满意的量刑建议，但审理阶段法院认为量刑过轻，函告检察院调整。对此，辩护律师切不可因为当事人已签署认罪认罚便想当然地认为“大功告成”，而应该持续跟进案件进展，一旦获知法院函告调整量刑建议的情形，及时与检察机关进行沟通，力促其与法院进行进一步的沟通，争取法官的认同和支持。

---

① 潘蔚、杨立新：《刘正民、马武凯故意毁坏财物案——人民法院建议调整量刑建议，公诉机关不予调整的，人民法院应及时依法作出判决》，载《刑事审判参考》总第 127 辑，人民法院出版社 2021 年版，第 17 页。

172. 人民法院未建议检察机关调整量刑建议而径行作出判决的，是否属于程序违法、能否成为检察机关的抗诉理由

不属于程序违法，二审法院不能据此认定程序违法、发回重审。

司法实践中，对于有的认罪认罚案件，人民法院认为人民检察院的量刑建议明显不当，在未通知人民检察院调整量刑建议的情况下就作出判决。对此，有的人民检察院提出抗诉，但被二审法院驳回。法院系统主流意见认为，在量刑建议明显不当的情况下，通知人民检察院调整量刑建议，只是工作层面上的要求，不是法定义务。根据《刑事诉讼法》第236条、第238条的规定，对于上诉案件发回重审的条件是"原判事实不清、证据不足"或者"违反法定诉讼程序，可能影响公正审判"。对未通知人民检察院调整量刑建议而径直作出判决的情形，明显不符合上述发回重审的条件，二审法院维持原判、不支持抗诉没有问题。

法律依据

最高人民法院《关于适用〈中华人民共和国刑事诉讼法〉的解释》

第三百五十三条第一款 对认罪认罚案件，人民法院经审理认为量刑建议明显不当，或者被告人、辩护人对量刑建议提出异议的，人民检察院可以调整量刑建议。人民检察院不调整或者调整后仍然明显不当的，人民法院应当依法作出判决。

《刑事诉讼法》

第二百三十六条 第二审人民法院对不服第一审判决的上诉、抗诉案件，经过审理后，应当按照下列情形分别处理：

（一）原判决认定事实和适用法律正确、量刑适当的，应当裁定驳回上诉或者抗诉，维持原判；

（二）原判决认定事实没有错误，但适用法律有错误，或者量刑

不当的，应当改判；

（三）原判决事实不清楚或者证据不足的，可以在查清事实后改判；也可以裁定撤销原判，发回原审人民法院重新审判。

原审人民法院对于依照前款第三项规定发回重新审判的案件作出判决后，被告人提出上诉或者人民检察院提出抗诉的，第二审人民法院应当依法作出判决或者裁定，不得再发回原审人民法院重新审判。

第二百三十八条 第二审人民法院发现第一审人民法院的审理有下列违反法律规定的诉讼程序的情形之一的，应当裁定撤销原判，发回原审人民法院重新审判：

（一）违反本法有关公开审判的规定的；

（二）违反回避制度的；

（三）剥夺或者限制了当事人的法定诉讼权利，可能影响公正审判的；

（四）审判组织的组成不合法的；

（五）其他违反法律规定的诉讼程序，可能影响公正审判的。

参考案例

苏桂花开设赌场案[①]

湖南省浏阳市人民检察院指控被告人苏桂花犯开设赌场罪，向浏阳市人民法院提起公诉，建议适用简易程序审理本案，对苏桂花在有期徒刑8个月以上10个月以下判处刑罚，并处罚金。检察机关一并移送苏桂花签署的认罪认罚具结书。

湖南省浏阳市人民法院审理后认为，公诉机关指控的罪名成立，但未采纳公诉机关的量刑建议，而是径行判决被告人苏桂花犯开设赌场罪，判处拘役5个月，并处罚金人民币3000元。

一审宣判后，湖南省浏阳市人民检察院抗诉称：本案系认罪认罚案件，检察院提出的量刑建议为有期徒刑8个月以上10个月以下，

① 《刑事审判参考》案例第1409号。

法院在事先并未书面或口头征求检察院是否调整量刑建议的情况下径行在量刑建议幅度以下作出判决，违反《刑事诉讼法》第 201 条之规定，量刑畸轻。长沙市人民检察院支持浏阳市人民检察院的上述抗诉意见。

长沙市中级人民法院二审审理后认为：浏阳市人民检察院对被告人提出的 8 个月以上 10 个月以下有期徒刑的量刑建议明显不当。原审法院综合考虑苏桂花的犯罪事实、性质、情节、对社会的危害程度及同类案件的量刑平衡，对其判处拘役 5 个月，并处罚金人民币 3000 元并无不当。浏阳市人民法院依法径行作出判决，但量刑并无不当，对当事人诉讼权利没有实质影响，保证了公正审判。原审判决认定事实清楚，证据确实、充分，定罪准确，量刑适当，审判程序合法，裁定驳回抗诉，维持原判。

司法观点

《刑事诉讼法》规定量刑建议调整的目的本质在于缓和检察机关量刑建议准确性欠缺和司法裁判量刑公平性要求之间的差距。实践中，人民法院在庭审中已就量刑充分听取控辩双方意见，并在此基础上依法径行作出判决的，不属于程序违法，符合确保裁判形成在法庭的庭审实质化要求，同时还避免了因量刑建议调整造成审判周期的延长和司法资源的浪费。检察机关以此提起抗诉的，二审法院应全面审查，审理后认为一审判决事实认定、定罪量刑没有错误的，不应以程序违法为由发回重审。

实操建议

很多案件中，当事人虽然自愿签署了《认罪认罚具结书》，但上面载明的量刑建议对当事人而言不一定是完全适当的。这一问题提醒我们，实践中还存在“法院认为检察院量刑建议过重”的情形。因此，在后续的法院审理乃至二审审理中，辩护人依然要尽可能全面地向法院提出当事人罪轻的事实、法律依据。

173. 对认罪认罚且检察机关已经作出量刑建议的案件，法院是否可以作出无罪或者低于量刑建议的判决

可以。这也是以审判为中心、司法最终裁量原则的应有之义。

参考案例

张永利出售出入境证件案[①]

北京市朝阳区人民检察院指控被告人张永利犯出售出入境证件罪，向北京市朝阳区人民法院提起公诉。鉴于张永利自愿认罪认罚，建议判处张永利有期徒刑 7 个月至 1 年，并处罚金，并建议适用速裁程序审理本案。被告人张永利在审查起诉阶段签署认罪认罚具结书，认可公诉机关的量刑建议，同意适用速裁程序。张永利对于公诉机关指控的事实及罪名在法院送达起诉书副本及开庭审理过程中均表示认可，其辩护律师亦对本案做罪轻辩护。

北京市朝阳区人民法院经审查认为，被告人张永利出售的是办理商务签证时所需的材料商务邀请函，该文件不属于《刑法》规定的出入境证件，其行为可能不构成犯罪，遂决定适用普通程序审理本案，最终法院认为，本案证据仅能证明被告人张永利出售的是办理商务签证时所需的材料——商务邀请函，该文件本身不属于《刑法》规定的出入境证件，张永利的行为不构成出售出入境证件罪。北京市朝阳区人民检察院于 2019 年 1 月 2 日以证据不足为由向北京市朝阳区人民法院申请撤回起诉。

司法观点

被告人认罪认罚降低了控方指控的难度，但没有理由也不应降低

① 《刑事审判参考》案例第 1411 号。

证明标准，这是我国认罪认罚从宽制度与辩诉交易的重要区别。认罪认罚从宽制度的最大风险是无辜的人因认罪认罚被错误定罪，因此，从试点到 2018 年修改《刑事诉讼法》，坚持从准入和准出两个环节严把证明标准关。修改后的《刑事诉讼法》第 222 条明确规定速裁程序的适用以案件事实清楚，证据确实、充分为前提；同时，第 201 条第 1 款明确规定被告人的行为不构成犯罪或者不应当追究刑事责任的，人民法院不得采纳检察机关的量刑建议。审理发现认罪认罚案件需要转程序审理的，应当及时转程序审理。

人民法院对认罪认罚案件的审查，应从证据采信、事实认定、定罪量刑、程序操作等方面进行全面的、实质的审查；不仅要把好认罪认罚自愿性的审查关，而且要严格落实庭审实质化的要求；发现事实不清、证据不足依法应当转程序的要及时转程序重新审理；要严格证据审查，严把事实证据关，不因控辩协商一致就降低裁判标准，切实防范发生冤假错案。[①]

实操建议

辩护人的首要工作是根据本案事实证据、准确适用法律，尤其是在一些非常见罪名上，更要对定罪标准中各项规定进行详细研读，避免因为自己不专业导致原本无罪的案件而成为轻罪案件。这是一个长期的过程，也是一个需要不断努力的过程。

对于检察机关量刑建议妥当性的审查和辩护，可以从以下三个方面进行：

（1）量刑建议的形成过程是否规范。最高人民法院自 2008 年以来试行的《人民法院量刑指导意见》规定的量刑步骤和方法，就是提供了一个宏观的规范的量刑思路和方法，这也是当前司法实践通行的量刑思路和方法。

---

① 王杨：《指导案例第 1411 号张永利出售出入境证件案》，载《刑事审判参考》第 127 辑，人民法院出版社 2021 年版。

（2）量刑建议刑期是否均衡。由于量刑指导意见规定的量刑思路和方法比较原则、量刑情节适用的比例幅度也比较宽泛，仅仅从规范的维度并不足以实现个案之间量刑的均衡，认罪认罚、自首、立功等情节从轻的比例大小，适用从轻还是减轻，减轻的幅度大小，都需要结合各被告人犯罪事实的社会危害程度，进行横向、纵向的反复综合权衡，机械适用比例并不能实现量刑的均衡。

（3）量刑建议刑期是否适当。社会生活纷繁复杂，刑事法律、司法解释不可能面面俱到。在量刑过程规范、量刑建议刑期均衡的情况下，量刑建议结论依然突破正常人的认知时，则应反思个案中认定事实是否符合常识、常理、常情；有无遗漏特殊的影响量刑的法定、酌定情节，该情节是否足以启动《刑法》第63条第2款，经最高人民法院核准在法定刑以下减轻处罚。

通过充分评估量刑建议妥当性，指出量刑建议不当之处，提出更为合理的量刑意见，供法庭采信，是辩护工作的重中之重。

174. 被告人以量刑过重为由上诉、检察机关因此抗诉的，二审法院是否会加重处罚

通常不会。

法律依据

《刑事诉讼法》

第二百二十七条第三款 对被告人的上诉权，不得以任何借口加以剥夺。

第二百三十七条 第二审人民法院审理被告人或者他的法定代理人、辩护人、近亲属上诉的案件，不得加重被告人的刑罚。第二审人民法院发回原审人民法院重新审判的案件，除有新的犯罪事实，人民

检察院补充起诉的以外，原审人民法院也不得加重被告人的刑罚。

最高人民法院、最高人民检察院、公安部、国家安全部、司法部《关于适用认罪认罚从宽制度的指导意见》

第45条第2款第2项 发现被告人以量刑不当为由提出上诉的，原判量刑适当的，应当裁定驳回上诉，维持原判；原判量刑不当的，经审理后依法改判。

参考案例

杨灏然贩卖毒品案[①]

北京市朝阳区人民检察院指控被告人杨灏然犯贩卖毒品罪，向北京市朝阳区人民法院提起公诉，并建议对被告人杨灏然判处有期徒刑9个月至1年，并处罚金。被告人杨灏然自愿认罪认罚，审查起诉阶段，在律师在场的情况下，签署认罪认罚具结书。

北京市朝阳区人民法院经审理认为，公诉机关指控的罪名成立且量刑建议适当。判决被告人杨灏然犯贩卖毒品罪，判处有期徒刑10个月，并处罚金人民币1万元。

一审宣判后，被告人以一审判决量刑过重为由上诉；检察院则以"杨灏然上诉表明其认罪动机不纯，一审认罪认罚从宽处理不应再适用，应对杨灏然处以更重的刑罚"为由提出抗诉。

二审审理过程中，上诉人杨灏然申请撤回上诉；出庭履行职务的北京市人民检察院第三分院申请撤回抗诉。最终，北京市第三中级人民法院审理认为，原判认定事实和适用法律正确，量刑适当，裁定准许撤回上诉、抗诉，维持原判。

司法观点

《刑事诉讼法》并未对认罪认罚案件中被告人的上诉权进行限制，二审终审制仍是我国《刑事诉讼法》的基本制度。被告人以量刑过重

① 《刑事审判参考》案例第1412号。

为由上诉的，二审法院应坚持全面审查和依法裁判原则，不能因此否定一审对认罪认罚情节的认定，发现量刑过重的，应当依法改判，原判量刑适当的，应当依法驳回上诉，维持原判，切实发挥二审的救济和纠错功能，依法保障被告人的合法权益。检察机关因被告人上诉而提起抗诉的，二审法院也要坚持全面审查和依法裁判原则，不能仅因检察机关抗诉就一律加重被告人刑罚。

二审法院经审理后发现一审裁判认定事实、证据采信、适用法律和量刑均无错误的情况下，应当依法驳回上诉、抗诉，维持原判。不能仅因被告人就量刑提出上诉就简单否定认罪认罚情节，也不能仅因检察机关抗诉就一律加重被告人刑罚。二审法院应注重发挥纠错功能，确保认罪认罚案件的公正处理和法律的统一适用。[①]

实操建议

虽然被告人以量刑过重为由提起上诉一般不会影响认罪认罚情节的认定，但鉴于检察机关一贯的思维惯性是只要被告人上诉就抗诉，尤其是最高人民检察院副检察长陈国庆在“答记者问”中提出检察机关针对反悔上诉的抗诉并不违反“上诉不加刑”原则，更是给了各地检察机关相应指导方针[②]。但我们也要看到最高人民法院对于检察机关动辄抗诉的做法是有所抵触的，上述指导案例就很好体现了最高人民法院对这种抗诉权的否定，因此，在面对检察机关以此为由提出抗诉或者法院基于检察机关抗诉而改判的案件，要敢于运用上述指导案例确定的裁判要旨，维护被告人的上诉权。当然，前提还是原审的定罪量刑恰当，如果量刑明显不当的，也可以通过上诉利用二审程序进行纠正。

---

① 魏彤、杨立新：《杨灏然贩卖毒品案——认罪认罚案件被告人以量刑过重为由提起上诉是否影响对原认罪认罚情节的认定》，载《刑事审判参考》总第127辑，人民法院出版社2021年版，第40页。

② 陈国庆：《认罪认罚从宽制度若干争议问题解析（下）》，参见最高人民检察院官网“重点推荐”板块。

175. 速裁案件被告人是否可以反悔不认罪而上诉，量刑是否会增加

被告人不认罪的，属于事实不清、证据不足提出上诉，二审法院应当发回重审，再审一审时，调整为普通程序，有可能不再从宽处罚。

法律依据

最高人民法院《关于适用〈中华人民共和国刑事诉讼法〉的解释》

第三百七十七条 适用速裁程序审理的案件，第二审人民法院依照刑事诉讼法第二百三十六条第一款第三项的规定发回原审人民法院重新审判的，原审人民法院应当适用第一审普通程序重新审判。

最高人民法院、最高人民检察院、公安部、国家安全部、司法部《关于适用认罪认罚从宽制度的指导意见》

第45条 速裁案件的二审程序。被告人不服适用速裁程序作出的第一审判决提出上诉的案件，可以不开庭审理。第二审人民法院审查后，按照下列情形分别处理：

（一）发现被告人以事实不清、证据不足为由提出上诉的，应当裁定撤销原判，发回原审人民法院适用普通程序重新审理，不再按认罪认罚案件从宽处罚；

（二）发现被告人以量刑不当为由提出上诉的，原判量刑适当的，应当裁定驳回上诉，维持原判;原判量刑不当的，经审理后依法改判。

参考案例

段红安妨害公务案[①]

被告人段红安犯妨害公务罪，检察机关对其适用认罪认罚程序，并建议适用速裁程序，在有期徒刑6个月以上1年3个月以下范围内

---

① 《刑事审判参考》案例第1408号。

量刑，适用缓刑。被告人段红安对指控事实、罪名及量刑建议、程序适用没有异议且签字具结，在开庭审理过程中亦无异议。最终法院认为其具备自首情节，且对被害人进行了赔偿并取得谅解，可以酌情从轻处罚，对其以妨害公务罪，判处有期徒刑 8 个月，缓刑 1 年。

宣判后，被告人段红安以原判事实不清，证据不足，其无罪为由提起上诉。二审法院撤销原判、发回重审。经洪江市人民检察院变更起诉，洪江市人民法院适用普通程序审理本案。庭审查明的事实与原判决一致。段红安在法庭调查阶段认罪认罚，但在法庭辩论及最后陈述阶段均提出同意辩护人的无罪辩护意见，自己不构成妨害公务罪。

法院重新审理认为，被告人段红安以暴力方法阻碍国家机关工作人员依法执行职务，其行为已构成妨害公务罪。段红安犯罪以后自动投案，如实供述自己的罪行，是自首，可以从轻处罚。段红安对被害人进行了赔偿并取得其谅解，可酌情从轻处罚。段红安不悔罪，不符合缓刑条件，依法不适用缓刑，对其判处有期徒刑 8 个月。

司法观点

实践中，适用速裁程序审理的案件，往往不再进行庭审质证，因为控辩双方无争议，基本很少进行法庭辩论。基于此，当被告人认为案件事实不清、证据不足而提出上诉时，实际上是反悔不再认罪。此时，由二审发回重审，目的是通过完整的一审庭审质证及法庭辩论程序，查清被告人是否构成犯罪这一关键事实。发回重审一方面有利于保障被告人的质证权，另一方面有利于保障被告人对重新审理后法院所做判决享有上诉权。

一是只有速裁案件被告人反悔上诉的，二审法院才“应当发回重审”，因此，非速裁案件，如适用简易或者普通程序审理的案件，即便是被告人反悔不认罪而上诉的，也不适用该项规定。

二是发回重审后案件只能依普通程序审理。因为，被告人反悔不再认罪，导致控辩双方在罪与非罪问题上有了根本分歧，案件不再符合速裁和简易程序适用的条件。

三是发回重审后不再按认罪认罚案件从宽处罚，并不排除重审后宣告无罪。这里的“不再按认罪认罚案件从宽处罚”，是指案件回到了检察机关指控被告人构成犯罪而被告人认为自己无罪的“控辩对抗”的原点。因此，原审法院应当根据庭审查明的事实，依法作出判决。该宣告无罪的，宣告无罪；指控成立构成犯罪的，依法裁量刑罚，原有的认罪认罚从宽优惠不再享有。重新判罚的结果如果比原审重，是根据案件事实、性质、情节以及被告人因认罪认罚获得从宽处罚的待遇被取消等因素所致，而不是“加重”被告人的刑罚。

实操建议

辩护人对于速裁程序审理的案件，要向当事人充分释明程序要求，并在准确分析案件事实的情况下，选择是独立行使辩护权，还是建议被告人认罪认罚，尽量避免因上诉发回重审而加重刑期的情况。

176. 辩护人见证认罪认罚的，还能否提出不同辩护意见抑或无罪辩护

可以。

法律依据

《刑事诉讼法》

第三十七条 辩护人的责任是根据事实和法律，提出犯罪嫌疑人、被告人无罪、罪轻或者减轻、免除其刑事责任的材料和意见，维护犯罪嫌疑人、被告人的诉讼权利和其他合法权益。

最高人民法院、最高人民检察院、公安部、国家安全部、司法部《关于适用认罪认罚从宽制度的指导意见》

第39条第1款第5项 值班律师或者辩护人是否与人民检察院

进行沟通，提供了有效法律帮助或者辩护，并在场见证认罪认罚具结书的签署。

司法观点

犯罪嫌疑人、被告人自愿认罪认罚，而辩护人做无罪辩护的，能否适用认罪认罚从宽制度，已经引起社会关注。对此，应明确以下几点认识：

一要明确案件是否适用认罪认罚从宽制度，以犯罪嫌疑人、被告人是否自愿认罪认罚为前提，不以辩护人做有罪辩护为前提。根据《刑事诉讼法》的规定，辩护人有权根据事实和法律提出无罪辩护意见。

二要明确辩护人做无罪辩护的，犯罪嫌疑人、被告人的程序选择权受到限制，即案件依法不能适用速裁和简易审判程序，只能适用普通程序审理。

三要明确虽然适用程序受到限制，如果辩护人的无罪辩护意见不能成立，实体仍要根据犯罪嫌疑人、被告人认罪认罚的价值和意义来考虑是否从宽把握。需要强调的是，如果辩护人的无罪辩护意见成立，不能因被告人认罪认罚将本应宣告无罪的案件做从轻处罚处理。

此外，审查起诉阶段犯罪嫌疑人自愿认罪认罚，同意签署具结书，而辩护人提出无罪辩护意见，拒绝到场或者虽到场但拒绝签字的，如何处理？对此，检察机关应当尊重犯罪嫌疑人的自愿选择，并通知辩护人到场，辩护人拒绝签字的，记录在案，一并提交法庭，便于法庭全面审查被告人的认罪悔罪表现。[①]

实操建议

庭审中如遇到限制律师提出其他意见的法官、检察官可抛出上述

---

① 杨立新：《关于认罪认罚从宽制度常见问题释疑》，载《刑事审判参考》总第127辑，人民法院出版社2021年版，第141页。

案例、司法观点，与之据理力争。根据《认罪认罚意见》，认罪认罚是被告人与检察机关协商的结果，律师只是做“见证”，故当然可以提出不同意见；并且，《律师办理刑事案件规范》第5条指出，律师担任辩护人或为犯罪嫌疑人提供法律帮助，依法独立进行诉讼活动，不受当事人的意志限制。即可以建议当事人当庭表达“我本人认罪认罚，希望法院查明事实、公正审判”的态度。

三、羁押表现的量刑辩护

（一）相关法律规范

经深入调研，羁押表现作为量刑证据的合法性并非始于新《量刑指导意见》，早在2001年各地司法机关就在进行相应尝试，2017年公安部《看守所法（征求意见稿）》中也规定了可以将羁押表现作为量刑情节，2018年最高人民法院在答复全国人大代表建议的答复意见中也明确提出，最高人民法院将与最高人民检察院、公安部适时出台关于将犯罪嫌疑人、被告人在看守所羁押期间表现纳入量刑情节的意见，新《量刑指导意见》正式将羁押表现好作为从轻量刑情节予以规定，明确了调节幅度。但遗憾的是，未能同步出台相应的工作机制和操作程序，导致该情节在适用过程中还存在一定障碍。

《最高人民法院对十三届全国人大一次会议第2236号建议的答复》

……将犯罪嫌疑人、被告人在看守所羁押期间表现纳入量刑情节符合法律规定和刑事政策精神，有利于维护监管秩序。……下一步，最高人民法院将加强与最高人民检察院、公安部的沟通协调，在充分调研、总结经验的基础上，适时出台关于将犯罪嫌疑人、被告人在看守所羁押期间表现纳入量刑情节的意见，同时完善相关工作机制和操作程序，明确调节幅度，规范该量刑情节的适用。……

最高人民法院、最高人民检察院《关于常见犯罪的量刑指导意见（试行）》

三、……（十三）对于被告人在羁押期间表现好的，可以减少基准刑的10%以下。

（二）常见辩点

177. 哪些地区已经将羁押表现规定为量刑证据？

目前已有40余个地方性司法规定将看守所在押人员羁押表现作为量刑情节，并配置了相应的考核标准、考核程序等，其中最早的是2001年上海市金山区公检法机关出台的《看守所在押人员兑现刑事法律政策的意见》，明确把在押人员羁押期间的表现作为量刑的参考，“意见”将在押人员严重扰乱监管秩序，辱骂管教、司法人员，殴打、侮辱在押人员等9类行为定为建议酌情从重处罚情节，将接受教育管理、多次受到表扬等定为建议酌情从轻处罚情节。自2001年以来，看守所共向法院提供在押人员羁押期间表现证明材料50余份，相关人员被分别从重或者从轻处罚。据报道，这一措施的施行有效促进了看守所监管秩序的稳定，在押人员违反监规行为减少了60%，使用戒具到2005年减少至20余人次，再也未发生在押人员因严重违反监规引发的刑事案件和重大安全事故。

后续20年里，北京平谷、浙江宁波、重庆荣昌、云南安宁、江西分宜、山东蓬莱、福建莆田、福建云霄、上海、广东中山、山西泽州、宁夏银川、山东文登、山东乐陵、福建厦门、山西平定、广东蕉岭、福建龙海、福建龙溪、安徽金寨、安徽临泉、福建连江、江苏南京、河南郾城、内蒙古奈曼旗、河北献县等多地均已尝试将在押人员羁押表现作为量刑情节。这些生动的司法实践也奠定了新《量刑指导意见》

将羁押表现正式纳入量刑情节的基础。指导意见实施后，新疆吉木萨尔县检察院、法院、公安局第一时间予以响应，出台《关于将在羁押期间表现好的被告人量刑时减少基准刑的实施意见（试行）》，从适用对象、工作原则、考核内容、工作流程、执法监督等方面做了具体规定。

需要注意的是，部分地方将上述地方规范的适用主体限定在未成年犯，很多地方将从重情节也作为羁押表现的考核内容，与新《量刑指导意见》有冲突之处。

178. 羁押表现好与认罪认罚是否属于重复评价

羁押表现具有相对独立性，可以作为认罪认罚态度的外在表现，但在当事人不认罪的情况下，也可以作为独立情节，享受量刑从宽。因此，在对羁押表现进行量刑评价时，也要充分考虑其客观独立性。

根据新《量刑指导意见》，认罪认罚与自首、坦白、当庭自愿认罪、退赃退赔、赔偿谅解、刑事和解、羁押期间表现好等量刑情节不作重复评价。

对其中“不作重复评价”如何理解容易产生分歧。

从最高人民法院、最高人民检察院负责人的解读来看，这里的不重复评价是指重合部分不重复评价，同时新《量刑指导意见》也规定了各个情节有所重叠的情况下减轻处罚的上限（60%），情节较轻的，可以减少 60% 以上或者免于刑事处罚，因此，在应用上述规则时，不能简单以不做重复评价就对其中某个情节不予评价，而是应该在坚持重叠处理上限的前提下，对各个情节予以充分认定，这样也可以避免对各个情节的重叠部分不易把握的缺陷。比如，一个受贿案件，基准刑为 5 年，有认罪认罚、自首、全部退赃、羁押表现好等情节，侦查阶段认罪认罚减 20%，自首减 25%，全部退赃减 25%，羁押表现好减 10%，综合起来本应减 80%，但鉴于存在重叠部分，只能适用

60% 减轻上限，最终量刑 5 年 ×（1-60%）=2 年。

179. 如何区分羁押表现好和立功

目前最高人民法院、最高人民检察院尚未出台羁押表现认定的具体细则，考察既往各地的司法实践，很多时候执行机关会将本应该认定为立功情节的行为降格认定为羁押表现好，使在押人员丧失了法定的从轻、减轻情节。

常见容易降格为羁押表现好的立功情节包括“及时阻止其他在押人员打架斗殴、自杀、自残、行凶、逃跑、冲监、袭警等违法犯罪行为”“检举揭发他人违法犯罪行为或提供他人犯罪线索，经查证属实的”“检举揭发或者有效制止他人企图脱逃、行凶、自杀等经查证属实”等行为，各地往往将其作为羁押表现好的从轻处罚情节，但依照现有法律和司法实践，可以作为立功情节处理。

（1）对于检举揭发行为，符合《刑法》第 78 条规定的，应当认定为立功情节，依法可以从轻或者减轻处罚。

（2）对于阻止他人自杀、自残、脱逃等行为，应该视为《刑法》第 78 条中所规定的对国家和社会有重大贡献型立功。

具体理由：

第一，根据《刑法》第 78 条，阻止他人自杀、自残、脱逃等行为属于减刑情节中立功认定，因此，从刑法适用统一的角度，应该将羁押阶段具备上述情节的也视为立功情节。

第二，根据《看守所法（征求意见稿）》第 57 条的立法精神，上述阻止他人自杀、违法犯罪活动的行为，也应当认定为立功情节。

第三，也有相应的司法实践予以印证，如杨举剑涉虚开增值税发票罪一案［（2019）鄂 0821 刑初 246 号一审刑事判决书］、肖某丙涉盗窃罪一案［（2016）黔 0422 刑初 38 号一审刑事判决书］、崔献敏涉故意伤害罪［（2014）湘高法刑三终字第27号二审刑事判决书］中，在押人员均采取及时呼救、报告等行为，阻止了其他在押人员的自杀行为，最终被认定为一般立功。

辩护人要准确识别是否构成立功情节还是仅为羁押表现好。被认定为立功情节的话对被告人更为有利，一是减轻幅度要远远大于羁押表现好的10%；二是不受重复评价的限制，整体减轻幅度可能会突破60%。根据《量刑指导意见》，一般立功的，可以减少基准刑的20%以下；重大立功的，可以减少基准刑的20%~50%；犯罪较轻的，减少基准刑的50%以上或者依法免除处罚。

180. 羁押表现能否作为从重处罚情节

新《量刑指导意见》中仅规定了羁押期间表现好可以作为从轻处罚的情节，未规定羁押期间表现差是否会作为从重处罚情节，在此之前，很多地方在应用羁押表现作为量刑情节时，都将羁押表现按照可以从重处罚和从轻处罚来进行区分，如规定“从重处罚情形包括：教唆他人实施违法行为或者传授违法犯罪方法的；自伤自残或者绝食的；企图串供、隐匿罪证、逃避法律制裁的；发生吵架的，动手打人的”，而且从羁押表现的评定来看，也会区分为“优秀、良好、一般、较差、恶劣”等不同等级，对于较差或者恶劣评级的，会建议法院从重处罚。

上述做法违反了从重情节需要依法设定的原则，在《刑法》并未将羁押表现差作为从重处罚情节的情况下，通过地方规范变相设置了从重处罚情节，不符合罪刑法定原则。

因此，还是要坚持新《量刑指导意见》中将羁押表现好作为从轻处罚的激励措施，而不是将表现差作为从重处罚的惩罚措施，对于羁押表现差的在押人员，应当通过减少其他情节减轻幅度的方式进行个别处理，而不是直接从重。

181. 羁押表现好和差应当如何认定

如前所述，羁押表现好的标准不应包括可以依法构成立功情节的情形，根据最高人民法院对全国人大建议中的答复说明，羁押表现应从配合诉讼、遵守监规、内务卫生、悔过自新和学习教育等方面予以量化，其中，表现好的标准可以参考《看守所法（征求意见稿）》中规定的奖励标准：遵守看守所规定，服从管理，表现良好；为维护看守所秩序和保障安全做了有益工作；其他良好表现。

羁押表现差的标准，建议限定为如下范围：无理取闹，不服监管；故意损坏公私财物或者强占他人财物；欺侮其他犯罪嫌疑人、被告人；拉帮结伙、寻衅滋事，打架斗殴；违反管理规定的其他行为。其他如“教唆他人实施违法行为或者传授违法犯罪方法”等行为应当审查是否构成新罪，需要数罪并罚。

182. 羁押表现是否可以用作不起诉、不批捕审查的依据

新《量刑指导意见》中将羁押表现好作为提出量刑建议和最终量刑的影响因素，是否意味着羁押表现证据只能作为庭审证据？其实不然，司法实践已经将其扩展到不起诉、不批捕程序中。

例如，上海市高级人民法院、市人民检察院、市公安局、市司法局于2012年联合出台《关于将犯罪嫌疑人、被告人在本市看守所羁押表现纳入量刑庭审内容及与其处遇相挂钩的工作意见》规定：对符合不起诉条件的，在作出不起诉决定时，可以视情况在不起诉决定书中对被不起诉人在看守所羁押期间的表现予以说明；对提起公诉的案件，可以在庭审中向法庭出示证明被告人在看守所羁押期间的综合评鉴材料，并作为其是否有悔罪表现的依据之一，提出从轻或从

重量刑的建议。

再如，厦门市公安局、市人民检察院、市中级人民法院于2013年出台的《将犯罪嫌疑人被告人在看守所羁押期间表现纳入量刑情节的规定（试行）》规定：人民检察院公诉部门收到看守所移送的犯罪嫌疑人在看守所羁押期间表现材料后，在结合案情提出起诉意见时，对看守所提出酌情从轻处罚建议且犯罪情节轻微，符合不起诉条件的犯罪嫌疑人，可以做出不起诉决定，并在不起诉决定书中予以阐述；对于提起公诉的案件，可以将被告人在看守所羁押期间的表现情况作为酌情从轻或从重处罚依据纳入量刑建议，并在公诉意见书或量刑建议书中予以体现。相关证据材料应当附卷移送人民法院审查。

2019年河南郾城检察院与漯河市第二看守所出台的《关于将犯罪嫌疑人、被告人在漯河市第二看守所羁押期间表现提交各办案机关用于办理公诉、刑事审判等工作的参考意见》规定，羁押表现考核评定也可供在押人员所属市各办案单位作为是否对犯罪嫌疑人、被告人对出不起诉决定或者是采取变更强制措施决定的参考依据。

因此，虽然羁押表现作为减轻情节首次正式出现在最高人民法院、最高人民检察院司法解释中，但并非因此限定其只能适用于审判环节，检察机关、看守所应当积极推动将羁押表现作为衡量被告人、犯罪嫌疑人认罪认罚、是否有再犯罪危险的重要证据，在决定是否批准逮捕、变更强制措施、不起诉环节中予以充分考虑。

183. 辩护人如何争取羁押表现量刑证据

辩护人首先是要与检察机关做好沟通，在提起公诉前，由检察机关向看守所调取羁押表现证据。根据各地实践，也均将检察机关作为羁押表现证据的提出方，通常采取看守所提起—驻所检察室审核—公诉部门举证—法院最终采信的方式，从检察机关查明案件事实的客观公正义务来看，由其作为该量刑证据的提出方更加可行，而且，从与看守所、驻所检察室的对接来看，刑事检察部门对接起来也会更加顺畅。

现实往往并不理想，很容易出现开头所说的场面：各家都有心无力。

这种情况下，就需要律师主动推动量刑证据的调取：

第一，考虑依托驻所检察室，将相关规定、申请请求告知驻所检察官，由其商看守所审核出具。

第二，与看守所联系，利用看守所所长热线、值班电话等，将申请理由和法律依据充分阐明，同时讲明该量刑证据的制度化、案例化，将有利于监管工作的开展，方便监管对象服从管理，降低监管难度。

第三，与法院沟通，申请法院向检察机关调取相关证据，行使《刑事诉讼法》赋予律师的申请调查取证权。

专题十

数罪并罚的量刑辩护

前面九个专题都是关于具体量刑情节的拆解，下面几个专题将进入整体量刑辩护部分。本专题涉及数罪并罚的认定和适用，不仅涉及刑事追诉过程中，还涉及执行过程中发现漏罪漏犯的处理，准确适用数罪并罚的处理原则，尤其是一罪、数罪应当如何认定，选择性罪名中是一罪还是数罪等，可以更好地维护当事人的利益。

一、数罪并罚的基本问题

（一）相关法律规范

数罪并罚相关法律规范见表 10–1。

表 10–1　数罪并罚量刑相关法律规范

要素	具体规定
数罪并罚的一般原则	判决宣告以前一人犯数罪的，除判处死刑和无期徒刑的以外，应当在总和刑期以下、数刑中最高刑期以上，酌情决定执行的刑期，但是管制最高不能超过 3 年，拘役最高不能超过 1 年，有期徒刑总和刑期不满 35 年的，最高不能超过 20 年，总和刑期在 35 年以上的，最高不能超过 25 年

续表

要素	具体规定
	数罪中有判处有期徒刑和拘役的，执行有期徒刑。数罪中有判处有期徒刑和管制，或者拘役和管制的，有期徒刑、拘役执行完毕后，管制仍须执行
	数罪中有判处附加刑的，附加刑仍须执行，其中附加刑种类相同的，合并执行，种类不同的，分别执行
判决宣告后发现漏罪的并罚	判决宣告以后，刑罚执行完毕以前，发现被判刑的犯罪分子在判决宣告以前还有其他罪没有判决的，应当对新发现的罪作出判决，把前后两个判决所判处的刑罚，依照《刑法》第69条的规定，决定执行的刑罚。已经执行的刑期，应当计算在新判决决定的刑期以内
判决宣告后又犯新罪的并罚	判决宣告以后，刑罚执行完毕以前，被判刑的犯罪分子又犯罪的，应当对新犯的罪作出判决，把前罪没有执行的刑罚和后罪所判处的刑罚，依照《刑法》第69条的规定，决定执行的刑罚
假释的撤销及其处理	被假释的犯罪分子，在假释考验期限内犯新罪，应当撤销假释，依照《刑法》第71条的规定实行数罪并罚
	在假释考验期限内，发现被假释的犯罪分子在判决宣告以前还有其他罪没有判决的，应当撤销假释，依照《刑法》第70条的规定实行数罪并罚
	被假释的犯罪分子，在假释考验期限内，有违反法律、行政法规或者国务院有关部门关于假释的监督管理规定的行为，尚未构成新的犯罪的，应当依照法定程序撤销假释，收监执行未执行完毕的刑罚
关于“刑罚执行完毕以前”	《刑法》第71条中的“刑罚执行完毕以前”应是指主刑执行完毕以前。如果被告人主刑已执行完毕，只是罚金尚未执行完毕的，根据《刑法》第53条的规定，人民法院在任何时候发现有可以执行的财产，应当随时追缴。因此，被告人前罪主刑已执行完毕，罚金尚未执行完毕的，应当由人民法院继续执行尚未执行完毕的罚金，不必与新罪判处的罚金数罪并罚

续表

要素	具体规定
漏罪、新罪对减刑裁定的影响	罪犯被裁定减刑后，因被发现漏罪或者又犯新罪而依法进行数罪并罚时，经减刑裁定减去的刑期不计入已经执行的刑期。在此后对因漏罪数罪并罚的罪犯依法减刑，决定减刑的频次、幅度时，应当对其原经减刑裁定减去的刑期酌予考虑
数罪并罚对缓刑的影响	根据《刑法》第 72 条的规定，可以适用缓刑的对象是被判处拘役、3 年以下有期徒刑的犯罪分子；条件是根据犯罪分子的犯罪情节和悔罪表现，适用缓刑确实不致再危害社会。对于判决宣告以前犯数罪的犯罪分子，只要判决执行的刑罚为拘役、3 年以下有期徒刑，且符合根据犯罪分子的犯罪情节和悔罪表现，适用缓刑确实不致再危害社会的案件，依法可以适用缓刑
判决宣告后同种漏罪的处理	人民法院的判决宣告并已发生法律效力以后，刑罚还没有执行完毕以前，发现被判刑的犯罪分子在判决宣告以前还有其他罪没有判决的，不论新发现的罪与原判决的罪是否属于同种罪，都应当依照《刑法》第 65 条的规定实行数罪并罚。但如果在第一审人民法院的判决宣告以后，被告人提出上诉或者人民检察院提出抗诉，判决尚未发生法律效力的，第二审人民法院在审理期间，发现原审被告人在第一审判决宣告以前还有同种漏罪没有判决的，第二审人民法院应当依照《刑事诉讼法》第 136 条第 3 项的规定，裁定撤销原判，发回原审人民法院重新审判，第一审人民法院重新审判时，不适用刑法关于数罪并罚的规定

（二）认定标准

要了解数罪并罚原理，就需要理解罪数理论，明确什么情况下不属于数罪并罚。

首先，一罪的情形不并罚。

因为《刑法》总则中并没有规定罪数的区分标准，所以除《刑法》分则中有具体规定的情形外，区分罪数须借助相关刑法理论。

根据张明楷老师《刑法学》中的论述，一罪主要有以下几种情形：（1）继续犯（持续犯），是指行为从着手实行到终止以前，一直处于持续状态的犯罪。非法拘禁罪被认为是典型的继续犯。（2）法条竞合，是指一个行为同时符合了数个法条规定的犯罪构成，但从数个法条之间的逻辑关系来看，只能适用其中一个法条，当然排除适用其他法条的情况。换言之，法条竞合是指法条之间具有竞合（重合）关系，而不是犯罪的竞合。（3）连续犯，是指基于同一的或者概括的犯罪故意，连续实施性质相同的数个行为，触犯同一罪名的犯罪。（4）想象竞合，也称想象的数罪、观念的竞合、一行为数法，是指一个行为触犯了数个罪名的情况。例如，开一枪而致一人死亡、一人重伤，一个开枪行为同时触犯了杀人与伤害两个罪名。（5）牵连犯，是指犯罪的手段行为或结果行为，与目的行为或原因行为分别触犯其他罪名的情况。即在犯罪行为可分为手段行为与目的行为时，如手段行为与目的行为分别触犯不同罪名，便成立牵连犯；在犯罪行为可分为原因行为与结果行为时，若原因行为与结果行为分别均触犯犯罪，便成立牵连犯。

但是，任何理论归纳都不得违反《刑法》的规定。当《刑法》分则条文特别规定实行并罚时，即使形式上属于包括的一罪或者科刑的一罪，也必须实行并罚。例如，《刑法》第157条第2款规定："以暴力、威胁方法抗拒缉私的，以走私罪和本法第二百七十七条规定的阻碍国家机关工作人员依法执行职务罪，依照数罪并罚的规定处罚。"[①]

其次，同种数罪或者同质数罪（选择性罪名）不并罚。

触犯同一罪名的数次犯罪事实，属同种数罪。但在判决宣告前发现的同种数罪，审判实践中按照一罪处理，不实行数罪并罚。[②]尽管张明楷老师对此持不同观点，认为一人犯同种数罪的原则上应当并罚；

① 转引自张明楷：《刑法学》（第6版），法律出版社2021年版，第9章。

② 张述元主编：《刑法条文理解适用与司法实务全书》，中国法制出版社2018年版。

但从现有司法解释性质文件、权威案例等反映出的司法实践情况看，认为同种数罪不并罚的观点是占据主流地位的。

选择性罪名，是指《刑法》分则的一个条文中规定了许多种行为方式或者行为对象，不论行为人的犯罪行为涉及其中几种行为方式或者行为对象，均构成一罪，而依具体行为或者对象确定罪名。

最后，其中一罪“刑罚执行完毕”的数罪不并罚。

只有当刑罚执行完毕以前发现犯罪人犯有数罪的，才适用数罪并罚。刑罚执行完毕之后又犯罪的，属于是否构成累犯的问题，而非数罪并罚问题。刑罚执行完毕以后发现犯罪人在判决宣告以前还有其他罪没有判决的，如果没有超过追诉时效，应依法定罪量刑，不涉及数罪并罚与累犯问题。但是，如果在第一审人民法院的判决宣告以后，被告人提出上诉或者人民检察院提出抗诉，判决尚未发生法律效力的，第二审人民法院在审理期间，发现原审被告人在第一审判决宣告以前还有同种漏罪没有判决的，第二审人民法院应当依照《刑事诉讼法》第 136 条第 3 项的规定，裁定撤销原判，发回原审人民法院重新审判，第一审人民法院重新审判时，不适用《刑法》关于数罪并罚的规定。

二、常见辩点

184. 漏罪或者新罪在原判刑罚执行期间被发现，但在原判刑罚已经执行完毕后才判决的，能否进行数罪并罚

《刑法》第 71 条规定，刑罚执行完毕后发现的新罪或者漏罪不应数罪并罚，上述规定的关键是“刑罚执行完毕”的认定。如果漏罪或者新罪是在原判刑罚实际执行完毕以后才发现，则犯罪人在前罪被羁

押至刑满释放的这段时间均应当视为前罪的执行期间，而不能视为漏罪或者新罪的羁押期间。既然原判刑罚已经实际执行完毕，则不存在再进行数罪并罚的基础。

如果漏罪或者新罪的发现是在原判刑罚执行期间，但漏罪或者新罪一审判决时原判刑罚终止日期已过，在这种情况下，漏罪或者新罪的发现是在原判刑罚执行期间而不是执行完毕以后，故漏罪或者新罪发现后开始侦查、审查起诉及审判的期间应当视为对被告人的诉讼羁押期间，而不应当视为原判刑罚的执行期间，在这种情况下不存在原判刑罚执行完毕的问题，因此应当适用数罪并罚原则。

185. 漏罪在原判刑罚执行完毕前已被立案，但在刑罚执行完毕后才锁定系罪犯所为的，能否适用漏罪数罪并罚原则

涉及如何理解《刑法》第70条所规定的漏罪认定时间点：刑罚执行完毕前被“发现”，此处的“发现”一般是指通过司法机关侦查、他人揭发或犯罪分子自首等途径发现犯罪分子还有其他罪行，通常应当以刑事立案时间为发现时间，但某些案件因其复杂性和特殊性，缺少明确的犯罪嫌疑人。在这种情形下，应当以公安机关通过侦查等方式明确犯罪嫌疑人的时间为发现时间。因此，虽然刑事立案在刑罚执行完毕之前，但锁定嫌疑人是在刑罚执行完毕之后的，仍不属于在刑罚执行完毕前被发现，不能数罪并罚，只有锁定嫌疑人也是在刑罚执行完毕之前的，才可以数罪并罚。

法律依据

《刑法》

第七十条 判决宣告以后，刑罚执行完毕以前，发现被判刑的

犯罪分子在判决宣告以前还有其他罪没有判决的，应当对新发现的罪作出判决，把前后两个判决所判处的刑罚，依照本法第六十九条的规定，决定执行的刑罚。已经执行的刑期,应当计算在新判决决定的刑期以内。

参考案例

王雲盗窃案[①]

法院查明：被告人王雲前罪刑期自2013年8月17日起至2014年2月16日止。执行完毕前发现其还有其他漏罪：（1）2013年5月22日凌晨3时许，被告人王雲来到台州市黄岩区东城街道枯乡大道金色港湾酒店，从洗碗间溜门进入酒店一楼，在一楼吧台柜子里窃得现金人民币（以下币种同）1500元、总价值为252元的硬壳中华香烟6包、总价值为140元的软壳中华香烟2包、总价值为480元的华为手机3部。（2）2013年5月24日凌晨3时许，王雲又来到金色港湾酒店，从酒店厨房窗户爬窗进入酒店二楼，在二楼酒水间窃得总价值1344元的硬壳中华香烟32包，总价值490元的软壳中华香烟7包。

2013年5月24日，公安机关对本案进行刑事立案。2014年2月12日，公安机关通过侦查明确王雲为犯罪嫌疑人。王雲于2014年2月16日刑满释放后被公安机关传唤到案。

法院认为，本案发现漏罪的时间应确定为2014年2月12日，故属于在前罪刑罚执行期间发现漏罪，依法应予数罪并罚。判决被告人王雲犯盗窃罪，判处有期徒刑6个月，并处罚金人民币2000元；与前罪盗窃罪判处的有期徒刑6个月，并处罚金人民币5000元并罚；决定执行有期徒刑9个月，并处罚金人民币7000元。

实操建议

辩护律师应当准确把握“发现漏罪”的法律意义，对符合漏罪条件的可以适用数罪并罚原则，总体上会比单独处罚漏罪更轻，在漏罪

① 《刑事审判参考》案例第1208号。

已被刑事立案且锁定犯罪人的时间是在刑罚执行完毕前时，虽然对犯罪嫌疑人采取强制措施是在刑罚执行完毕后，仍应属于在刑罚执行前发现漏罪，适用数罪并罚，发现漏罪之后所羁押的时间应在数罪并罚所确定的刑罚期间中予以折抵。

186. 前罪主刑执行完毕、附加刑尚未执行完毕，发现漏罪或者再犯新罪的，前罪附加刑是否适用数罪并罚

实践中经常出现主刑执行完毕但附加刑（主要是罚金刑）尚未执行完毕的情况，此时再犯新罪或者发现漏罪的，是否需要对附加刑按照数罪并罚原则处理？需要明确的是，“刑罚执行完毕”中的刑罚仅指主刑，对于附加刑未执行完毕的，不适用数罪并罚，继续执行即可。

法律依据

全国人民代表大会常务委员会法制工作委员会《关于对被告人在罚金刑执行完毕前又犯新罪的罚金应否与未执行完毕的罚金适用数罪并罚问题的答复意见》

…………

刑法第七十一条中的“刑罚执行完毕以前”应是指主刑执行完毕以前。如果被告人主刑已执行完毕，只是罚金尚未执行完毕的，根据刑法第五十三条的规定，人民法院在任何时候发现有可以执行的财产，应当随时追缴。因此，被告人前罪主刑已执行完毕，罚金尚未执行完毕的，应当由人民法院继续执行尚未执行完毕的罚金，不必与新罪判处的罚金数罪并罚。

…………

最高人民法院《关于在附加剥夺政治权利执行期间重新犯罪的被告人是否适用数罪并罚问题的批复》

…………

对被判处有期徒刑的罪犯，主刑已执行完毕，在执行附加刑剥夺政治权利期间又重新犯罪，如果所犯新罪无须判处附加刑剥夺政治权利的，应当按照《中华人民共和国刑法》第六十四条第二款、第六十六条的规定，在对被告人所犯新罪作出判决时，将新罪所判处的刑罚和前罪没有执行完毕的附加刑剥夺政治权利，按照数罪并罚原则，决定执行的刑罚，即在新罪所判处的刑罚执行完毕以后，继续执行前罪没有执行完毕的附加刑剥夺政治权利。

参考案例

买买提盗窃案[①]**（反向案例）**

法院查明：2000 年 5 月 20 日 12 时许，被告人鄂尔古丽 · 买买提在北京动物园售票处前，乘被害人伊利亚·扎卡（阿尔巴尼亚人）不备之机，从伊利亚 · 扎卡的左裤兜内窃得人民币 1100 元，后被抓获。

法院认为：被告人鄂尔古丽 · 买买提已构成盗窃罪。被告人鄂尔古丽 · 买买提系累犯，应从重处罚，并属具有严重情节。鉴于被告人鄂尔古丽 · 买买提认罪态度较好，可酌情从轻处罚。判决被告人鄂尔古丽·买买提犯盗窃罪，判处有期徒刑 4 年，并处罚金人民币 2000 元，与前罪没有执行的罚金人民币 1000 元并罚。决定执行有期徒刑 4 年，并处罚金人民币 3000 元。

裁判要旨：由于罚金的执行受到犯罪分子本人的经济情况、缴纳罚金的主观态度以及人民法院执行的力度等方面的影响，在司法解释规定的期限内，罚金刑未能执行的情况是客观存在的。只要罚金未执行，从数罪并罚、前罪刑罚执行情况的角度看，就不能视为“刑罚执

① 《刑事审判参考》案例第 119 号。

行完毕”。因此，对于犯罪分子在主刑执行完毕以后、附加罚金刑未执行完毕以前又犯新罪的，应当根据《刑法》第71条的规定，将前罪没有执行的罚金刑与后罪所判处的刑罚并罚。

实操建议

本问题项下《刑事审判参考》案例确认的裁判规则被后来的全国人民代表大会常务委员会“工作答复”进行修改，虽说类似的情形比较罕见，但无疑为我们提了一个醒：尽管我们在研究《刑法》《刑事诉讼法》适用问题时经常参考《刑事审判参考》中的指导案例（区别于指导性案例），甚至也会在辩护意见中援引相关案例，但是我们对其中的结论不应该是完全奉为圭臬、全盘接受的，而是应该进行一定的独立判断，从法理的角度判断合理才为我所用。

187. 同种数罪是否一概不能并罚

判决宣告以前犯同种数罪的，一般应并案按照一罪处理，不实行并罚；但在判决宣告后、刑罚执行完毕以前再犯新罪或者发现漏罪的，对同种数罪要并罚。如果二审期间发现同种漏罪的，二审法院不能对漏罪直接审判，需要发回重审，重审时，因为属并案审理的同种数罪，故不能适用数罪并罚。

法律依据

最高人民法院《关于判决宣告后又发现被判刑的犯罪分子的同种漏罪是否实行数罪并罚问题的批复》

…………

人民法院的判决宣告并已发生法律效力以后，刑罚还没有执行完毕以前，发现被判刑的犯罪分子在判决宣告以前还有其他罪没有判决的，不论新发现的罪与原判决的罪是否属于同种罪，都应当依照刑法第六十五条的规定实行数罪并罚。但如果在第一审人民法院的判决宣告以后，被告人提出上诉或者人民检察院提出抗诉，判决尚未发生法律效力的，第二审人民法院在审理期间，发现原审被告人在第一审判决宣告以前还有同种漏罪没有判决的，第二审人民法院应当依照刑事诉讼法第一百三十六条第（三）项的规定，裁定撤销原判，发回原审人民法院重新审判，第一审人民法院重新审判时，不适用刑法关于数罪并罚的规定。

参考案例

王雲盗窃案[①]

法院查明：（1）2013 年 5 月 22 日凌晨 3 时许，被告人王雲来到台州市黄岩区东城街道枯乡大道金色港湾酒店，从洗碗间溜门进入酒店一楼，在一楼吧台柜子里窃得现金人民币（以下币种同）1500 元、总价值为 252 元的硬壳中华香烟 6 包、总价值为 140 元的软壳中华香烟 2 包、总价值为 480 元的华为手机 3 部。（2）2013 年 5 月 24 日凌晨 3 时许，王雲又来到金色港湾酒店，从酒店厨房窗户爬窗进入酒店二楼，在二楼酒水间窃得总价值 1344 元的硬壳中华香烟 32 包，总价值 490 元的软壳中华香烟 7 包。另查明，2013 年 5 月 24 日，公安机关对本案进行刑事立案。2014 年 2 月 12 日，公安机关通过侦查明确王雲为犯罪嫌疑人。2014 年 2 月 16 日，王雲被公安机关传唤到案。

法院认为：被告人王雲以非法占有为目的，秘密窃取他人财物，数额较大，其行为构成盗窃罪，依法应予惩处。公诉机关指控王雲的罪名成立。王雲在前罪刑罚执行期间发现漏罪，依法应予数罪并罚。判决被告人王雲犯盗窃罪，判处有期徒刑 6 个月，并处罚金人民币 2000 元；与前罪盗窃罪判处的有期徒刑 6 个月，并处罚金人民币 5000 元并罚；决定执行有期徒刑 9 个月，并处罚金人民币 7000 元。

---

① 《刑事审判参考》案例第 1208 号。

实操建议

同种数罪不并罚的原则是我国刑法中对数额犯、情节犯进行数额累进量刑的必然选择，无论是否适用数罪并罚，最终量刑与其犯罪金额、犯罪情节都会呈现一定的均衡性。

188. 同时实施选择性罪名中多个行为的，是否适用数罪并罚

选择性罪名以行为手段相互联系或者行为对象具有相似性质，属于性质相同的犯罪，不需要实行数罪并罚。因此，在当事人行为涉及选择性罪名时，即使有数个行为，也仅构成一罪，不适用数罪并罚。

例如，《刑法》第347条规定的走私、贩卖、运输、制造毒品罪，无论实施其中一个还是多个行为，均只构成一罪，不能数罪并罚，对于犯罪数额的认定，也需要根据是否为同一犯罪对象决定是否累计计算。例如，2000年4月4日最高人民法院印发的《全国法院审理毒品犯罪案件工作座谈会纪要》（已失效）规定，对行为人同一宗毒品实施了两种以上犯罪行为并有相应确凿证据的，应当按照所实施的犯罪行为的性质并列确定罪名。罪名不以行为实施的先后、危害后果的大小排列，一律以刑法条文规定的顺序表述，如对同一宗毒品，既制造又走私的则以“走私、制造毒品罪”定罪，但不实行并罚。对不同宗毒品分别实施了不同种犯罪行为的，应对不同行为并列确定罪名，累计计算毒品数量，也不实行数罪并罚。这里明确指出只有在对不同宗毒品进行走私、贩卖、运输或制造时，才可以将数个选择性犯罪行为所涉及的毒品数额累计计算，而对同一宗毒品实施上述选择性行为时则不予以累计计算。

同样，在假币类犯罪中，《刑法》第171条规定了出售、购买、运输假币罪，2001年1月21日最高人民法院《全国法院审理金融犯

罪案件工作座谈会纪要》中规定，假币犯罪案件中犯罪分子实施数个相关行为的，在确定罪名时应把握以下原则：(1）对同一宗假币实施了法律规定为选择性罪名的行为，应根据行为人所实施的数个行为，按刑法规定的排列顺序并列确定罪名，数额不累计计算，不实行数罪并罚。(2）对不同宗假币实施法律规定为选择性罪名的数个犯罪行为，并列确定罪名，数额按全部假币面额累计计算，不实行数罪并罚。……对同一宗定罪数额假币的选择性行为在定罪时，其所涉数额不累计计算。

再如，第237条第1款强制猥亵、侮辱罪系选择性罪名，而不是“强制猥亵罪”“强制侮辱妇女罪”两罪，最高司法者在对该罪名确立理由进行解读时说明，因为强制猥亵、强制侮辱的危害性质类似，有时甚至不容易分清，而《刑法》对二者规定的法定刑又完全相同，而且实践中强制猥亵、强制侮辱常会针对同一对象接连实施，如确定为两个罪名，对相关案件则需实行数罪并罚，容易导致量刑过重。同时，需要注意的是，该条第3款所规定的猥亵儿童罪，与上述罪名并非选择性罪名，即使行为手段相同，如果多名被害人中，既有14岁以下的，也有14岁以上的，就涉及不同罪名，需要数罪并罚。

无论是行为还是犯罪对象都可以作为选择性罪名的并列对象，上述情况比较容易识别为选择性罪名，但也有一些容易混淆为数罪、实为选择性罪名的，也需要引起重视，避免数罪并罚。例如，《刑法》第285条第2款规定的非法获取计算机信息系统数据、非法控制计算机信息系统罪，也是选择性罪名，行为人分别实施上述行为的，也仅能以一罪处理，不能数罪并罚。

法律依据

《刑法》

第六十九条 判决宣告以前一人犯数罪的，除判处死刑和无期徒刑的以外，应当在总和刑期以下、数刑中最高刑期以上，酌情决定执行的刑期，但是管制最高不能超过三年，拘役最高不能超过一年，有期徒刑总和刑期不满三十五年的，最高不能超过二十年，总和刑期在三十五年以上的，最高不能超过二十五年。

数罪中有判处有期徒刑和拘役的，执行有期徒刑。数罪中有判处有期徒刑和管制，或者拘役和管制的，有期徒刑、拘役执行完毕后，管制仍须执行。

数罪中有判处附加刑的，附加刑仍须执行，其中附加刑种类相同的，合并执行，种类不同的，分别执行。

参考案例

覃某达、张某许等诈骗、非法获取计算机信息系统数据、非法控制计算机信息系统、提供侵入、非法控制计算机信息系统程序、工具案①

法院查明：2015年9月至11月26日，覃某达在家中利用互联网向张某许等人购买用于侵入、非法控制计算机信息系统、非法获取计算机信息系统数据的程序后，通过笔记本电脑、短信群发器（猫池）向全国安卓操作系统的手机用户发送该程序链接，以控制对方手机信息系统，从而获取对方手机信息系统内的通讯录、短信等数据，并通过通讯录、短信等数据获取被害人信用卡信息资料，后由罗某康通过互联网、通讯终端等使用获取的信用卡信息。同年11月2日和19日，覃某钢、覃某财先后至覃某达家中，按照覃某达提供的信息购买木马病毒，再利用覃某达提供的他人手机号码，共同使用覃某达提供的银行账户和网络，各自单独通过笔记本电脑、短信群发器（猫池）向全国安卓操作系统的手机用户发送该程序链接，实施诈骗。期间，覃某达、覃某钢、覃某财为非法控制手机通讯设备获取有关数据，向全国范围内的不特定手机用户发送专门用于侵入、非法控制计算机信息系统、非法获取计算机信息系统数据的程序。其中，覃某达非法控制1231台计算机信息系统并获取计算机信息系统数据，并从非法控制的12

---

① （2016）皖1802刑初276号。

台计算机系统中诈骗他人钱财 165,961.54 元，覃某钢非法控制 65 台计算机信息系统并获取计算机信息系统数据，并从非法控制的 1 台计算机系统中诈骗他人钱财 6499 元，覃某财非法控制 137 台计算机信息系统并获取计算机信息系统数据。

法院认为：覃某达非法控制计算机信息系统达 1000 多台，并获取计算机信息系统数据，情节特别严重。覃某财非法控制计算机信息系统 137 台，并获取计算机信息系统数据，情节特别严重。覃某钢非法控制计算机信息系统 64 台，并获取计算机信息系统数据，情节严重。覃某达、覃某财、覃某钢的行为均构成非法控制计算机信息系统、非法获取计算机信息系统数据罪。因《刑法》第 285 条第 2 款是选择性罪名，覃某达、覃某财、覃某钢的行为同时实施了非法控制计算机信息系统、非法获取计算机信息系统数据两种犯罪行为，应对不同行为并列确定罪名，不实行数罪并罚。最终以非法获取计算机信息系统数据、非法控制计算机信息系统罪，判处各被告人 4 年 6 个月 ~2 年 6 个月，并处罚金人民币 5 万 ~1.5 万元，与诈骗罪数罪并罚。

实操建议

对于多个行为或者涉及多个犯罪对象的，需要审查涉及的罪名是否为选择性罪名，如果是选择性罪名的，则不应数罪并罚。对是否为选择性罪名不太确认的，可查询最高司法机关关于罪名适用的相关司法解释或者解读。选择性罪名见表 10–2。

表 10–2　选择性罪名

罪名	法条
武装叛乱、暴乱罪	《刑法》第 104 条
为境外窃取、刺探、收买、非法提供国家秘密、情报罪	《刑法》第 111 条
组织、领导、参加恐怖组织罪	《刑法》第 120 条

续表

罪名	法条
宣扬恐怖主义、极端主义、煽动实施恐怖活动罪	《刑法》第120条之三
强制穿戴宣扬恐怖主义、极端主义服饰、标志罪	《刑法》第120条之五
非法持有宣扬恐怖主义、极端主义物品罪	《刑法》第120条之六
劫持船只、汽车罪	《刑法》第122条
破坏广播电视设施、公用电信设施罪	《刑法》第124条第1款
过失损坏广播电视设施、公用电信设施罪	《刑法》第124条第2款
非法制造、买卖、运输、邮寄、储存枪支、弹药、爆炸物罪	《刑法》第125条第1款
非法制造、买卖、运输、储存危险物质罪	《刑法》第125条第2款
违规制造、销售枪支罪	《刑法》第126条
盗窃、抢夺枪支、弹药、爆炸物、危险物质罪	《刑法》第127条第1款
抢劫枪支、弹药、爆炸物、危险物质罪	《刑法》第127条第2款
非法持有、私藏枪支、弹药罪	《刑法》第128条第1款
非法出租、出借枪支罪	《刑法》第128条第2款、第3款
非法携带枪支、弹药、管制刀具、危险物品危及公共安全罪	《刑法》第130条
强令、组织他人违章冒险作业罪	《刑法》第134条第2款
不报、谎报安全事故罪	《刑法》第139条之一
生产、销售伪劣产品罪	《刑法》第140条
生产、销售、提供假药罪	《刑法》第141条
生产、销售、提供劣药罪	《刑法》第142条
生产、销售不符合安全标准的食品罪	《刑法》第143条

续表

罪名	法条
生产、销售有毒、有害食品罪	《刑法》第 144 条
生产、销售不符合标准的医用器材罪	《刑法》第 145 条
生产、销售不符合安全标准的产品罪	《刑法》第 146 条
生产、销售伪劣农药、兽药、化肥、种子罪	《刑法》第 147 条
生产、销售不符合卫生标准的化妆品罪	《刑法》第 148 条
走私武器、弹药罪	《刑法》第 151 条第 1 款
走私珍贵动物、珍贵动物制品罪	《刑法》第 151 条第 2 款
走私国家禁止进出口的货物、物品罪	《刑法》第 151 条第 3 款
走私普通货物、物品罪	《刑法》第 153 条
虚假出资、抽逃出资罪	《刑法》第 159 条
违规披露、不披露重要信息罪	《刑法》第 161 条
隐匿、故意销毁会计凭证、会计帐簿、财务会计报告罪	《刑法》第 162 条之一
对外国公职人员、国际公共组织官员行贿罪	《刑法》第 164 条第 2 款
签订、履行合同失职被骗罪	《刑法》第 167 条
国有公司、企业、事业单位人员失职罪	《刑法》第 168 条
国有公司、企业、事业单位人员滥用职权罪	《刑法》第 168 条
徇私舞弊低价折股、出售国有资产罪	《刑法》第 169 条
出售、购买、运输假币罪	《刑法》第 171 条第 1 款
金融工作人员购买假币、以假币换取货币罪	《刑法》第 171 条第 2 款
持有、使用假币罪	《刑法》第 172 条
伪造、变造、转让金融机构经营许可证、批准文件罪	《刑法》第 174 条第 2 款

续表

罪名	法条
骗取贷款、票据承兑、金融票证罪	《刑法》第175条之一
伪造、变造金融票证罪	《刑法》第177条
窃取、收买、非法提供信用卡信息罪	《刑法》第177条之一第2款
伪造、变造国家有价证券罪	《刑法》第178条第1款
伪造、变造股票、公司、企业债券罪	《刑法》第178条第2款
擅自发行股票、公司、企业债券罪	《刑法》第179条
内幕交易、泄露内幕信息罪	《刑法》第180条
编造并传播证券、期货交易虚假信息罪	《刑法》第181条第1款
诱骗投资者买卖证券、期货合约罪	《刑法》第181条第2款
操纵证券、期货市场罪	《刑法》第182条
对违法票据承兑、付款、保证罪	《刑法》第189条
虚开增值税专用发票、用于骗取出口退税、抵扣税款发票罪	《刑法》第205条
伪造、出售伪造的增值税专用发票罪	《刑法》第206条
非法购买增值税专用发票、购买伪造的增值税专用发票罪	《刑法》第208条第1款
非法制造、出售非法制造的用于骗取出口退税、抵扣税款发票罪	《刑法》第209条第1款
非法制造、出售非法制造的发票罪	《刑法》第209条第2款
非法出售用于骗取出口退税、抵扣税款发票罪	《刑法》第209条第3款
非法制造、销售非法制造的注册商标标识罪	《刑法》第215条
为境外窃取、刺探、收买、非法提供商业秘密罪	《刑法》第219条之一

续表

罪名	法条
损害商业信誉、商品声誉罪	《刑法》第 221 条
组织、领导传销活动罪	《刑法》第 224 条之一
伪造、倒卖伪造的有价票证罪	《刑法》第 227 条第 1 款
倒卖车票、船票罪	《刑法》第 227 条第 2 款
非法转让、倒卖土地使用权罪	《刑法》第 228 条
强制猥亵、侮辱罪	《刑法》第 237 条第 1 款
拐卖妇女、儿童罪	《刑法》第 240 条
收买被拐卖的妇女、儿童罪	《刑法》第 241 条第 1 款
聚众阻碍解救被收买的妇女、儿童罪	《刑法》第 242 条第 2 款
煽动民族仇恨、民族歧视罪	《刑法》第 249 条
出版歧视、侮辱少数民族作品罪	《刑法》第 250 条
私自开拆、隐匿、毁弃邮件、电报罪	《刑法》第 253 条第 1 款
打击报复会计、统计人员罪	《刑法》第 255 条
虐待被监护、看护人罪	《刑法》第 260 条之一
组织残疾人、儿童乞讨罪	《刑法》第 262 条之一
伪造、变造、买卖国家机关公文、证件、印章罪	《刑法》第 280 条第 1 款
盗窃、抢夺、毁灭国家机关公文、证件、印章罪	《刑法》第 280 条第 1 款
伪造公司、企业、事业单位、人民团体印章罪	《刑法》第 280 条第 2 款
伪造、变造、买卖身份证件罪	《刑法》第 280 条第 3 款
使用虚假身份证件、盗用身份证件罪	《刑法》第 280 条之一
非法生产、买卖警用装备罪	《刑法》第 281 条

续表

罪名	法条
非法持有国家绝密、机密文件、资料、物品罪	《刑法》第282条第2款
非法生产、销售专用间谍器材、窃听、窃照专用器材罪	《刑法》第283条
非法使用窃听、窃照专用器材罪	《刑法》第284条
非法出售、提供试题、答案罪	《刑法》第284条之一第3款
非法获取计算机信息系统数据、非法控制计算机信息系统罪	《刑法》第285条第2款
提供侵入、非法控制计算机信息系统程序、工具罪	《刑法》第285条第3款
组织、资助非法聚集罪	《刑法》第290条第4款
聚众扰乱公共场所秩序、交通秩序罪	《刑法》第291条
编造、故意传播虚假恐怖信息罪	《刑法》第291条之一
编造、故意传播虚假信息罪	《刑法》第291条之一第2款
组织、领导、参加黑社会性质组织罪	《刑法》第294条第1款
包庇、纵容黑社会性质组织罪	《刑法》第294条第3款
非法集会、游行、示威罪	《刑法》第296条
非法携带武器、管制刀具、爆炸物参加集会、游行、示威罪	《刑法》第297条
破坏集会、游行、示威罪	《刑法》第298条
侮辱国旗、国徽、国歌罪	《刑法》第299条
侵害英雄烈士名誉、荣誉罪	《刑法》第299条之一
组织、利用会道门、邪教组织、利用迷信破坏法律实施罪	《刑法》第300条第1款

续表

罪名	法条
组织、利用会道门、邪教组织、利用迷信致人重伤、死亡罪	《刑法》第 300 条第 2 款
盗窃、侮辱、故意毁坏尸体、尸骨、骨灰罪	《刑法》第 302 条
辩护人、诉讼代理人毁灭证据、伪造证据、妨害作证罪	《刑法》第 306 条
帮助毁灭、伪造证据罪	《刑法》第 307 条第 2 款
披露、报道不应公开的案件信息罪	《刑法》第 308 条之一第 3 款
窝藏、包庇罪	《刑法》第 310 条
拒绝提供间谍犯罪、恐怖主义犯罪、极端主义犯罪证据罪	《刑法》第 311 条
掩饰、隐瞒犯罪所得、犯罪所得收益罪	《刑法》第 312 条
拒不执行判决、裁定罪	《刑法》第 313 条
非法处置查封、扣押、冻结的财产罪	《刑法》第 314 条
提供伪造、变造的出入境证件罪	《刑法》第 320 条
破坏界碑、界桩罪	《刑法》第 323 条
非法向外国人出售、赠送珍贵文物罪	《刑法》第 325 条
非法出售、私赠文物藏品罪	《刑法》第 327 条
盗掘古文化遗址、古墓葬罪	《刑法》第 328 条第 1 款
盗掘古人类化石、古脊椎动物化石罪	《刑法》第 328 条第 2 款
抢夺、窃取国有档案罪	《刑法》第 329 条第 1 款
擅自出卖、转让国有档案罪	《刑法》第 329 条第 2 款
传染病菌种、毒种扩散罪	《刑法》第 331 条
非法采集、供应血液、制作、供应血液制品罪	《刑法》第 334 条第 1 款

续表

罪名	法条
采集、供应血液、制作、供应血液制品事故罪	《刑法》第334条第2款
非法采集人类遗传资源、走私人类遗传资源材料罪	《刑法》第334条之一
非法植入基因编辑、克隆胚胎罪	《刑法》第336条之一
妨害动植物防疫、检疫罪	《刑法》第337条
危害珍贵、濒危野生动物罪	《刑法》第341条第1款
非法猎捕、收购、运输、出售陆生野生动物罪	《刑法》第341条第3款
非法引进、释放、丢弃外来入侵物种罪	《刑法》第344条之一
非法收购、运输盗伐、滥伐的林木罪	《刑法》第345条第3款
走私、贩卖、运输、制造毒品罪	《刑法》第347条
窝藏、转移、隐瞒毒品、毒赃罪	《刑法》第349条第1款
非法生产、买卖、运输制毒物品、走私制毒物品罪	《刑法》第350条
非法买卖、运输、携带、持有毒品原植物种子、幼苗罪	《刑法》第352条
引诱、教唆、欺骗他人吸毒罪	《刑法》第353条第1款
非法提供麻醉药品、精神药品罪	《刑法》第355条
引诱、容留、介绍卖淫罪	《刑法》第359条第1款
制作、复制、出版、贩卖、传播淫秽物品牟利罪	《刑法》第363条第1款
破坏武器装备、军事设施、军事通信罪	《刑法》第369条
过失损坏武器装备、军事设施、军事通信罪	《刑法》第369条第2款
故意提供不合格武器装备、军事设施罪	《刑法》第370条第1款

续表

罪名	法条
过失提供不合格武器装备、军事设施罪	《刑法》第370条第2款
伪造、变造、买卖武装部队公文、证件、印章罪	《刑法》第375条第1款
盗窃、抢夺武装部队公文、证件、印章罪	《刑法》第375条第1款
非法生产、买卖武装部队制式服装罪	《刑法》第375条第2款
伪造、盗窃、买卖、非法提供、非法使用武装部队专用标志罪	《刑法》第375条第3款
战时拒绝、逃避征召、军事训练罪	《刑法》第376条第1款
战时拒绝、逃避服役罪	《刑法》第376条第2款
战时拒绝、故意延误军事订货罪	《刑法》第380条
战时拒绝军事征收、征用罪	《刑法》第381条
民事、行政枉法裁判罪	《刑法》第399条第2款
执行判决、裁定失职罪	《刑法》第399条第3款
执行判决、裁定滥用职权罪	《刑法》第399条第3款
徇私舞弊减刑、假释、暂予监外执行罪	《刑法》第401条
滥用管理公司、证券职权罪	《刑法》第403条
徇私舞弊不征、少征税款罪	《刑法》第404条
徇私舞弊发售发票、抵扣税款、出口退税罪	《刑法》第405条第1款
国家机关工作人员签订、履行合同失职被骗罪	《刑法》第406条
食品、药品监管渎职罪	《刑法》第408条之一
非法批准征收、征用、占用土地罪	《刑法》第410条
不解救被拐卖、绑架妇女、儿童罪	《刑法》第416条第1款

续表

罪名	法条
阻碍解救被拐卖、绑架妇女、儿童罪	《刑法》第416条第2款
招收公务员、学生徇私舞弊罪	《刑法》第418条
失职造成珍贵文物损毁、流失罪	《刑法》第419条
隐瞒、谎报军情罪	《刑法》第422条
拒传、假传军令罪	《刑法》第422条
擅离、玩忽军事职守罪	《刑法》第425条
为境外窃取、刺探、收买、非法提供军事秘密罪	《刑法》第431条第2款
盗窃、抢夺武器装备、军用物资罪	《刑法》第438条第1款
非法出卖、转让武器装备罪	《刑法》第439条
擅自出卖、转让军队房地产罪	《刑法》第442条
战时残害居民、掠夺居民财物罪	《刑法》第446条

189. 缓刑考验期内犯新罪或者发现漏罪的，适用数罪并罚时，缓刑考验期是否算作已经执行刑罚

缓刑考验期内再犯新罪或者发现漏罪的，属于刑罚执行期间再犯新罪或者发现漏罪的，适用《刑法》第77条第1款的规定，先撤销缓刑，再把前罪和后罪进行数罪并罚，缓刑考验期不同于已执行刑期，不能直接折抵刑期，但前罪有审前羁押的，可以折抵刑期。缓刑考验期满后再犯新罪或者发现漏罪的，原判刑期已经执行完毕，故不能数罪并罚，仅就新罪或者漏罪作出判罚并执行即可。

法律依据

《刑法》

第六十九条 判决宣告以前一人犯数罪的，除判处死刑和无期徒刑的以外，应当在总和刑期以下、数刑中最高刑期以上，酌情决定执行的刑期，但是管制最高不能超过三年，拘役最高不能超过一年，有期徒刑总和刑期不满三十五年的，最高不能超过二十年，总和刑期在三十五年以上的，最高不能超过二十五年。

数罪中有判处有期徒刑和拘役的，执行有期徒刑。数罪中有判处有期徒刑和管制，或者拘役和管制的，有期徒刑、拘役执行完毕后，管制仍须执行。

数罪中有判处附加刑的，附加刑仍须执行，其中附加刑种类相同的，合并执行，种类不同的，分别执行。

第七十七条 被宣告缓刑的犯罪分子，在缓刑考验期限内犯新罪或者发现判决宣告以前还有其他罪没有判决的，应当撤销缓刑，对新犯的罪或者新发现的罪作出判决，把前罪和后罪所判处的刑罚，依照本法第六十九条的规定，决定执行的刑罚。

被宣告缓刑的犯罪分子，在缓刑考验期限内，违反法律、行政法规或者国务院有关部门关于缓刑的监督管理规定，或者违反人民法院判决中的禁止令，情节严重的，应当撤销缓刑，执行原判刑罚。

最高人民法院《关于撤销缓刑时罪犯在宣告缓刑前羁押的时间能否折抵刑期问题的批复》

…………

根据刑法第七十七条的规定，对被宣告缓刑的犯罪分子撤销缓刑执行原判刑罚的，对其在宣告缓刑前羁押的时间应当折抵刑期。

参考案例

代海业盗窃案[①]

法院查明：被告人代海业2008年8月26日因犯滥伐林木罪被

① 《刑事审判参考》案例第648号。

判处有期徒刑1年，缓刑1年，并处罚金人民币5000元。2009年5月13日22时许，被告人代海业在信阳市狮河区董家河桥头路口电话亭旁，将王启明的红色三菱125摩托车盗走。经鉴定，该车价值2668元。

法院认为：被告人代海业在缓刑考验期内又犯新罪，依法应当撤销缓刑。盗窃罪判处有期徒刑7个月，并处罚金人民币2000元，与滥伐林木罪，数罪并罚，决定执行有期徒刑1年4个月，并处罚金人民币7000元。

实操建议

律师在处理类似案件时要注意被告人前罪先行羁押时间的刑期折抵问题。判决执行以前先行羁押时间折抵刑期的目的是确保被告人的合法权益，同时也便于计算有期徒刑的刑期和起止时间，属于判决执行的范畴，与理论上对《刑法》第70条、第71条概括的数罪并罚原则“先减后并”或“先并后减”中的“减”根本不同，后者目的在于决定数罪执行的刑罚，至于实际执行的期限，则属于刑罚确定后执行有期徒刑的计算问题，包括先行羁押时间的折抵问题。

190. 暂予监外执行期间犯新罪但暂予监外执行期满后发现的，是否应当数罪并罚

暂予监外执行期满前再犯新罪，在监外执行期满之后才发现新罪或者漏罪的，由于监外执行也是刑罚执行的一种方式，均属于原判刑罚“刑罚执行已经执行完毕”，不符合数罪并罚的适用条件，单独对所犯新罪定罪且在法定刑幅度内酌情从重处罚即可。

法律依据

《刑法》

第七十一条 判决宣告以后，刑罚执行完毕以前，被判刑的犯罪分子又犯罪的，应当对新犯的罪作出判决，把前罪没有执行的刑罚和后罪所判处的刑罚，依照本法第六十九条的规定，决定执行的刑罚。

《刑事诉讼法》

第二百六十八条 对暂予监外执行的罪犯，有下列情形之一的，应当及时收监：

（一）发现不符合暂予监外执行条件的；

（二）严重违反有关暂予监外执行监督管理规定的；

（三）暂予监外执行的情形消失后，罪犯刑期未满的。

对于人民法院决定暂予监外执行的罪犯应当予以收监的，由人民法院作出决定，将有关的法律文书送达公安机关、监狱或者其他执行机关。

不符合暂予监外执行条件的罪犯通过贿赂等非法手段被暂予监外执行的，在监外执行的期间不计入执行刑期。罪犯在暂予监外执行期间脱逃的，脱逃的期间不计入执行刑期。

罪犯在暂予监外执行期间死亡的，执行机关应当及时通知监狱或者看守所。

最高人民法院研究室《关于监外执行的罪犯重新犯罪的时间是否计入服刑期问题的答复》（已失效）

……暂予监外执行的罪犯，从其被准予监外执行之日起至犯新罪后新判决执行前这段时间，应视为所服前罪判决的刑期。……

参考案例

田友兵敲诈勒索案①

法院查明：2007 年 8 月 14 日（前罪监外执行期间），田友兵伙同

① 《刑事审判参考》案例第 797 号。

郭鹏飞（在逃）、赵海江（另案处理）、张玮琳（另案处理）等人，以寿光市联盟化工集团新丰淀粉有限公司职工刘强欺负徐玉婷为由，采用殴打、恐吓、关押看管等手段，逼迫被害人刘强交纳人民币（以下币种同）10,000元，刘强于次日交给田友兵5000元后被放回。2008年4月，田友兵被公安机关抓获归案。

法院认为：田友兵属于监外执行期间再犯新罪，但系在监外执行完毕后才发现，对此是否适用数罪并罚，涉及在刑罚执行完毕后，发现罪犯在刑罚执行期间又犯新罪的，应当如何处理？《刑法》第71条不仅要求罪犯又犯新罪，更重要的是要求罪犯又犯新罪的时间、发现罪犯又犯新罪的时间均在前罪的刑罚执行完毕之前。就本案而言，虽然田友兵在刑罚执行完毕之前又犯新罪，但在新罪判决时前罪已经执行完毕，没有可以并罚的余刑。因此，对本案被告人实行并罚并不符合《刑法》第71条的立法本意。

实操建议

暂予监外执行是监禁刑执行的一种变通方式，其实质仍然是对罪犯监禁刑的执行过程，如果是在执行完毕之后发现新罪的，原判刑罚也已执行完毕，不用数罪并罚，如果是在执行过程中发现新罪的，符合数罪并罚条件，先减后并，即前罪监外执行剩余刑期与新罪刑期数罪并罚。

191. 罪犯被发现漏罪或犯新罪，数罪并罚时原减刑裁定如何处理

经减刑裁定减去的刑期不计入已经执行的刑期；但针对因漏罪数罪并罚的情形，此后决定减刑的频次、幅度时，应当对其原经减刑裁定减去的刑期酌予考虑。

法律依据

最高人民法院《关于罪犯因漏罪、新罪数罪并罚时原减刑裁定应如何处理的意见》

…………

罪犯被裁定减刑后，因被发现漏罪或者又犯新罪而依法进行数罪并罚时，经减刑裁定减去的刑期不计入已经执行的刑期。

在此后对因漏罪数罪并罚的罪犯依法减刑，决定减刑的频次、幅度时，应当对其原经减刑裁定减去的刑期酌予考虑。

参考案例

朱林森等盗窃案[①]

法院查明：2013年6月21日凌晨，被告人王信灯、朱林森至无锡市南长区北水沟××号门口、五爱家园××号门口，由朱林森负责望风、王信灯用砖头砸开套锁后搭线的方法，分别窃得被害人杨维佳的爱玛TDR2522型电动自行车1辆（经评估价值人民币2027元）、被害人徐军的新世纪TDR11092型电动自行车1辆（经评估价值2164元）。同月23日凌晨，王信灯、朱林森至无锡市湖滨区上里东新村××号门口、××号门口，采用上述方法分别窃得被害人蒋进的爱玛TDR2522-2型电动自行车1辆（经评估价值1512元）、被害人谢小瑞的新日TDR55-102型电动自行车1辆（经评估价值1708元）。案发后，公安机关追回涉案电动自行车4辆并分别发还相应被害人。

另查明，江苏省苏州市虎丘区人民法院于2007年9月25日作出（2007）虎刑初字第0358号刑事判决，以盗窃罪判处朱林森有期徒刑10年（刑期自2006年12月29日起至2016年12月28日止），剥夺政治权利3年，并处罚金人民币1万元。交付执行后，江苏省常州市中级人民法院于2010年4月9日作出（2010）常刑执字第3064号刑

① 《刑事审判参考》案例第1011号。

事裁定，对罪犯朱林森减去有期徒刑2年，剥夺政治权利3年不变，并处罚金人民币1万元不变。常州市中级人民法院于2013年4月15日作出（2013）常刑执字第2539号刑事裁定，对罪犯朱林森予以假释，剥夺政治权利3年不变，并处罚金人民币1万元不变。2013年4月15日，朱林森被假释，假释考验期限自2013年4月15日起至2014年12月28日止。

2013年6月24日，朱林森因本案被无锡市公安局南长分局决定行政拘留15日。

法院认为：被告人王信灯、朱林森以非法占有为目的，结伙秘密窃取他人财物，数额较大，其行为均构成盗窃罪。朱林森在假释考验期限内犯新罪，依法应当撤销假释，实行数罪并罚。朱林森被裁定减刑后刑罚执行完毕以前又犯新罪，对其进行数罪并罚时，经减刑裁定减去的有期徒刑2年不计入已经执行的刑期，故其前罪未执行完毕的刑罚为有期徒刑3年8个月14日、剥夺政治权利3年、罚金人民币1万元，与新罪数罪并罚。

实操建议

已有明确的司法解释和判例明确减刑减去的刑期不计入已经执行的刑期，还是按照原判未执行刑期来计算数罪并罚，原来的减刑相当于浪费了，但鉴于刑罚执行过程中减刑获得的难度，司法解释也预留了后续减刑时可以适度考虑原来减掉的刑期，因此，罪犯在后续减刑时应当主张前面已获减刑未实际享受的事实，以便加大后续减刑的幅度、频次。

192. 数罪并罚时如何合并量刑

首先要明确各个罪名中存在的量刑情节，关注哪些情节是针对其中部分罪名的，如自首、坦白、认罪认罚；哪些是针对全部罪名的，如立功、未成年人、羁押表现。在确定每个罪名对应的刑罚之后，再根据“先并后减”或“先减后并”的规则决定执行的刑罚。

关于数罪并罚相对于总和刑期的减少幅度，尚无中央层面的法律规范予以明确，但是很多地方司法文件中都有明确规定，如北京市高级人民法院《〈关于常见犯罪的量刑指导意见〉实施细则》规定，被告人犯数罪，数罪并罚时，总和刑期不满5年的，减少的刑期一般不超过1年；总和刑期满5年不满10年的，减少的刑期一般不超过2年；总和刑期满10年不满15年的，减少的刑期一般不超过3年；总和刑期满15年不满20年的，减少的刑期一般不超过4年；总和刑期满20年不满25年的，减少的刑期一般不超过5年；总和刑期在25年以上不满35年的，可以决定执行有期徒刑20年；总和刑期在35年以上的，可以决定执行有期徒刑20年至25年。

专题十一

缓刑的量刑辩护

缓刑辩护是仅次于无罪辩护的重要辩护方向，事关人身自由。缓刑适用的条件以及特殊情况下能否适用缓刑，如何利用现有的法律体系最大化地争取缓刑可能，也是本专题论述的重点。

一、缓刑辩护的基本问题

（一）相关法律规范

缓刑辩护相关法律规范见表 11-1。

表 11-1　缓刑辩护相关法律规范

<table>
<tr><th>要素</th><th colspan="2">具体规定</th></tr>
<tr><td rowspan="4">适用条件</td><td rowspan="4">对于被判处拘役、3 年以下有期徒刑的犯罪分子，同时符合下列条件的，可以宣告缓刑，对其中不满 18 周岁的人、怀孕的妇女和已满 75 周岁的人，应当宣告缓刑</td><td>犯罪情节较轻</td></tr>
<tr><td>有悔罪表现</td></tr>
<tr><td>没有再犯罪的危险</td></tr>
<tr><td>宣告缓刑对所居住社区没有重大不良影响</td></tr>
</table>

续表

<table>
<tr><th>要素</th><th colspan="2">具体规定</th></tr>
<tr><td>禁止令</td><td colspan="2">宣告缓刑，可以根据犯罪情况，同时禁止犯罪分子在缓刑考验期限内从事特定活动，进入特定区域、场所，接触特定的人</td></tr>
<tr><td>附加刑的执行</td><td colspan="2">被宣告缓刑的犯罪分子，如果被判处附加刑，附加刑仍须执行</td></tr>
<tr><td>消极适用条件</td><td colspan="2">对于累犯和犯罪集团的首要分子，不适用缓刑</td></tr>
<tr><td rowspan="4">缓刑犯应遵守的规定</td><td rowspan="4">被宣告缓刑的犯罪分子，应当遵守下列规定</td><td>遵守法律、行政法规，服从监督</td></tr>
<tr><td>按照考察机关的规定报告自己的活动情况</td></tr>
<tr><td>遵守考察机关关于会客的规定</td></tr>
<tr><td>离开所居住的市、县或者迁居，应当报经考察机关批准</td></tr>
<tr><td>缓刑的考验及其积极后果</td><td colspan="2">对宣告缓刑的犯罪分子，在缓刑考验期限内，依法实行社区矫正，如果没有《刑法》第 77 条规定的情形，缓刑考验期满，原判的刑罚就不再执行，并公开予以宣告</td></tr>
<tr><td rowspan="2">缓刑的撤销及其处理</td><td colspan="2">被宣告缓刑的犯罪分子，在缓刑考验期限内犯新罪或者发现判决宣告以前还有其他罪没有判决的，应当撤销缓刑，对新犯的罪或者新发现的罪作出判决，把前罪和后罪所判处的刑罚，依照《刑法》第 69 条的规定，决定执行的刑罚</td></tr>
<tr><td colspan="2">被宣告缓刑的犯罪分子，在缓刑考验期限内，违反法律、行政法规或者国务院有关部门关于缓刑的监督管理规定，或者违反人民法院判决中的禁止令，情节严重的，应当撤销缓刑，执行原判刑罚</td></tr>
<tr><td>检察院量刑建议</td><td colspan="2">犯罪嫌疑人认罪认罚的，人民检察院应当就主刑、附加刑、是否适用缓刑等提出量刑建议，并随案移送认罪认罚具结书等材料</td></tr>
<tr><td>社区矫正</td><td colspan="2">对被判处管制、宣告缓刑、假释或者暂予监外执行的罪犯，依法实行社区矫正，由社区矫正机构负责执行</td></tr>
</table>

续表

要素	具体规定
缓刑对累犯认定的影响	被判处有期徒刑宣告缓刑的犯罪分子，在缓刑考验期满后5年内再犯应当判处有期徒刑以上刑罚之罪的，因前罪判处的有期徒刑并未执行，不具备《刑法》第65条规定的“刑罚执行完毕”的要件，故不应认定为累犯，但可作为对新罪确定刑罚的酌定从重情节予以考虑
撤销缓刑时的刑期折抵	根据《刑法》第77条的规定，对被宣告缓刑的犯罪分子撤销缓刑执行原判刑罚的，对其在宣告缓刑前羁押的时间应当折抵刑期
数罪并罚对缓刑适用的影响	根据《刑法》第72条的规定，可以适用缓刑的对象是被判处拘役、3年以下有期徒刑的犯罪分子；条件是根据犯罪分子的犯罪情节和悔罪表现，适用缓刑确实不致再危害社会。对于判决宣告以前犯数罪的犯罪分子，只要判决执行的刑罚为拘役、3年以下有期徒刑，且符合根据犯罪分子的犯罪情节和悔罪表现，适用缓刑确实不致再危害社会的案件，依法可以适用缓刑
羁押期间不折抵缓刑考验期	缓刑是对犯罪分子的一种考验，被宣告缓刑的犯罪分子，在缓刑期限内，如果没有再犯新罪，缓刑期满，原判的刑罚就不再执行。因此，不必把判决前的羁押日数折抵缓刑日期
适用缓刑一般要考虑的因素	适用缓刑，应当综合考虑被告人的犯罪情节、悔罪表现、再犯罪的危险以及宣告缓刑对所居住社区的影响，依法作出决定
上诉不加刑的应用	审理被告人或者其法定代理人、辩护人、近亲属提出上诉的案件，不得对被告人的刑罚作出实质不利的改判，包括：原判对被告人宣告缓刑的，不得撤销缓刑或者延长缓刑考验期

续表

要素	具体规定
判处缓刑的量刑程序	对于可能判处管制、缓刑的案件，侦查机关、人民检察院、人民法院可以委托社区矫正机构或者有关社会组织进行调查评估，提出意见，供判处管制、缓刑时参考
	社区矫正机构或者有关社会组织收到侦查机关、人民检察院或者人民法院调查评估的委托后，应当根据委托机关的要求依法进行调查，形成评估意见，并及时提交委托机关
	对于没有委托进行调查评估或者判决前没有收到调查评估报告的，人民法院经审理认为被告人符合管制、缓刑适用条件的，可以依法判处管制、宣告缓刑
宣告缓刑的减刑	被判处拘役或者 3 年以下有期徒刑，并宣告缓刑的罪犯，一般不适用减刑
	前款规定的罪犯在缓刑考验期内有重大立功表现的，可以参照《刑法》第 78 条的规定予以减刑，同时应当依法缩减其缓刑考验期。缩减后，拘役的缓刑考验期限不得少于 2 个月，有期徒刑的缓刑考验期限不得少于 1 年

（二）常见犯罪适用缓刑标准

常见犯罪适用缓刑标准见表 11-2。

表 11-2　常见犯罪缓刑标准

类型	缓刑标准
总则标准	应当综合考虑被告人的犯罪情节、悔罪表现、再犯罪的危险以及宣告缓刑对所居住社区的影响，依法作出决定
交通肇事罪	综合考虑事故责任、危害后果、赔偿谅解等犯罪事实、量刑情节，以及被告人的主观恶性、人身危险性、认罪悔罪表现等因素

续表

类型	缓刑标准
危险驾驶罪	综合考虑危险驾驶行为、危害后果等犯罪事实、量刑情节，以及被告人主观恶性、人身危险性、认罪悔罪表现等因素
非法吸收公众存款罪	综合考虑非法吸收存款数额、存款人人数、给存款人造成的直接经济损失数额、清退资金数额等犯罪事实、量刑情节，以及被告人主观恶性、人身危险性、认罪悔罪表现等因素
集资诈骗罪	综合考虑犯罪数额、诈骗对象、危害后果、退赃退赔等犯罪事实、量刑情节，以及被告人主观恶性、人身危险性、认罪悔罪表现等因素
信用卡诈骗罪	综合考虑诈骗手段、犯罪数额、危害后果、退赃退赔等犯罪事实、量刑情节，以及被告人主观恶性、人身危险性、认罪悔罪表现等因素
合同诈骗罪	综合考虑诈骗手段、犯罪数额、危害后果、退赃退赔等犯罪事实、量刑情节，以及被告人主观恶性、人身危险性、认罪悔罪表现等因素
故意伤害罪	综合考虑故意伤害的起因、手段、危害后果、赔偿谅解等犯罪事实、量刑情节，以及被告人的主观恶性、人身危险性、认罪悔罪表现等因素
强奸罪	综合考虑强奸的手段、危害后果等犯罪事实、量刑情节，以及被告人的主观恶性、人身危险性、认罪悔罪表现等因素，从严把握缓刑的适用
非法拘禁罪	综合考虑非法拘禁的起因、时间、危害后果等犯罪事实、量刑情节，以及被告人的主观恶性、人身危险性、认罪悔罪表现等因素
抢劫罪	综合考虑抢劫的起因、手段、危害后果等犯罪事实、量刑情节，以及被告人的主观恶性、人身危险性、认罪悔罪表现等因素，从严把握缓刑的适用
盗窃罪	综合考虑盗窃的起因、数额、次数、手段、退赃退赔等犯罪事实、量刑情节，以及被告人的主观恶性、人身危险性、认罪悔罪表现等因素
诈骗罪	综合考虑诈骗的起因、手段、数额、危害后果、退赃退赔等犯罪事实、量刑情节，以及被告人的主观恶性、人身危险性、认罪悔罪表现等因素，决定缓刑的适用。对实施电信网络诈骗的，从严把握缓刑的适用

续表

类型	缓刑标准
抢夺罪	综合考虑抢夺的起因、数额、手段、次数、危害后果、退赃退赔等犯罪事实、量刑情节，以及被告人的主观恶性、人身危险性、认罪悔罪表现等因素
职务侵占罪	综合考虑职务侵占的数额、手段、危害后果、退赃退赔等犯罪事实、量刑情节，以及被告人的主观恶性、人身危险性、认罪悔罪表现等因素
敲诈勒索罪	综合考虑敲诈勒索的手段、数额、次数、危害后果、退赃退赔等犯罪事实、量刑情节，以及被告人的主观恶性、人身危险性、认罪悔罪表现等因素
妨害公务罪	综合考虑妨害公务的手段、造成的人身伤害、财物的毁损及社会影响等犯罪事实、量刑情节，以及被告人的主观恶性、人身危险性、认罪悔罪表现等因素
聚众斗殴罪	综合考虑聚众斗殴的手段、危害后果等犯罪事实、量刑情节，以及被告人的主观恶性、人身危险性、认罪悔罪表现等因素
寻衅滋事罪	综合考虑寻衅滋事的具体行为、危害后果、对社会秩序的破坏程度等犯罪事实、量刑情节，以及被告人的主观恶性、人身危险性、认罪悔罪表现等因素
掩饰、隐瞒犯罪所得、犯罪所得收益罪	综合考虑掩饰、隐瞒犯罪所得及其收益的数额、危害后果、上游犯罪的危害程度等犯罪事实、量刑情节，以及被告人的主观恶性、人身危险性、认罪悔罪表现等因素
走私、贩卖、运输、制造毒品罪	综合考虑走私、贩卖、运输、制造毒品的种类、数量、危害后果等犯罪事实、量刑情节，以及被告人的主观恶性、人身危险性、认罪悔罪表现等因素，从严把握缓刑的适用

续表

类型	缓刑标准
非法持有毒品罪	综合考虑非法持有毒品的种类、数量等犯罪事实、量刑情节，以及被告人主观恶性、人身危险性、认罪悔罪表现等因素，从严把握缓刑的适用
容留他人吸毒罪	综合考虑容留他人吸毒的人数、次数、危害后果等犯罪事实、量刑情节，以及被告人主观恶性、人身危险性、认罪悔罪表现等因素
引诱、容留、介绍卖淫罪	综合考虑引诱、容留、介绍卖淫的人数、次数、危害后果等犯罪事实、量刑情节，以及被告人主观恶性、人身危险性、认罪悔罪表现等因素

二、常见辩点

193. 适用缓刑有哪些积极和消积条件

在普通案件中，缓刑适用条件主要是刑期在 3 年以下有期徒刑或者拘役，且不得具有不认罪、累犯等禁止性情节。此外，个案中也会考量适用缓刑对社会稳定的积极影响。新《量刑指导意见》中也对缓刑适用条件进行了明确，并对部分重罪罪名，如抢劫罪、强奸罪、毒品犯罪、卖淫类犯罪、诈骗罪中的电信诈骗行为从严适用缓刑。

积极条件：不满 18 周岁的人、怀孕的妇女和已满 75 周岁的人实施犯罪，情节较轻的，一般应当判处缓刑。

对于因恋爱、婚姻、家庭、邻里纠纷等民间矛盾激化引发的犯罪，因劳动纠纷、管理失当等原因引发以及犯罪动机不属恶劣的犯罪，因被害方过错或者基于义愤引发的或者具有防卫因素的突发性犯罪，一般可以判处缓刑。

消极条件：对于要求依法严惩的犯罪，一般不适用缓刑。例如，目前我国正在严厉打击电信诈骗，那么对实施电信诈骗的人及电信诈骗上下游关联犯罪的人，一般不适用缓刑。再如，对于危害国家安全犯罪、恐怖组织犯罪、黑恶势力犯罪、故意危害公共安全犯罪等严重危害国家政权稳固和社会治安的犯罪，故意杀人、故意伤害致人死亡、强奸、绑架、拐卖妇女儿童、抢劫、重大抢夺、重大盗窃、重大诈骗等严重暴力犯罪和严重影响人民群众安全感的犯罪，走私、贩卖、运输、制造毒品等毒害人民健康的犯罪，都要慎重适用缓刑。当然，对于上述罪名，尤其是共同犯罪的案件，还是要进一步分清各被告人的作用，准确确定各被告人的罪责，做到区别对待，确实情节较轻的，也可以适用缓刑。主观恶性及人身危险性较大的，一般不考虑缓刑。比如，具有多次前科劣迹的，犯罪团伙的主要成员。

法律依据

最高人民法院《关于依法加大知识产权侵权行为惩治力度的意见》

15. 对于主要以侵犯知识产权为业、在特定期间假冒抢险救灾、防疫物资等商品的注册商标以及因侵犯知识产权受到行政处罚后再次侵犯知识产权构成犯罪的情形，依法从重处罚，一般不适用缓刑。

最高人民法院、最高人民检察院《关于办理侵犯知识产权刑事案件具体应用法律若干问题的解释（三）》

第八条 具有下列情形之一的，可以酌情从重处罚，一般不适用缓刑：

（一）主要以侵犯知识产权为业的；

（二）因侵犯知识产权被行政处罚后再次侵犯知识产权构成犯罪的；

（三）在重大自然灾害、事故灾难、公共卫生事件期间，假冒抢险救灾、防疫物资等商品的注册商标的；

（四）拒不交出违法所得的。

最高人民法院、最高人民检察院、公安部、司法部《关于依法惩治性侵害未成年人犯罪的意见》

28.对于强奸未成年人的成年犯罪分子判处刑罚时，一般不适用缓刑。

对于性侵害未成年人的犯罪分子确定是否适用缓刑，人民法院、人民检察院可以委托犯罪分子居住地的社区矫正机构，就对其宣告缓刑对所居住社区是否有重大不良影响进行调查。受委托的社区矫正机构应当及时组织调查,在规定的期限内将调查评估意见提交委托机关。

对于判处刑罚同时宣告缓刑的，可以根据犯罪情况，同时宣告禁止令，禁止犯罪分子在缓刑考验期内从事与未成年人有关的工作、活动，禁止其进入中小学校区、幼儿园园区及其他未成年人集中的场所，确因本人就学、居住等原因，经执行机关批准的除外。

最高人民法院、最高人民检察院《关于办理行贿刑事案件具体应用法律若干问题的解释》

第十条 实施行贿犯罪，具有下列情形之一的，一般不适用缓刑和免予刑事处罚：

（一）向三人以上行贿的；

（二）因行贿受过行政处罚或者刑事处罚的；

（三）为实施违法犯罪活动而行贿的；

（四）造成严重危害后果的；

（五）其他不适用缓刑和免予刑事处罚的情形。

具有刑法第三百九十条第二款规定的情形的，不受前款规定的限制。

最高人民法院、最高人民检察院《关于办理职务犯罪案件严格适用缓刑、免予刑事处罚若干问题的意见》

二、具有下列情形之一的职务犯罪分子，一般不适用缓刑或者免予刑事处罚：

（一）不如实供述罪行的；

（二）不予退缴赃款赃物或者将赃款赃物用于非法活动的；

（三）属于共同犯罪中情节严重的主犯的；

（四）犯有数个职务犯罪依法实行并罚或者以一罪处理的；

（五）曾因职务违纪违法行为受过行政处分的；

（六）犯罪涉及的财物属于救灾、抢险、防汛、优抚、扶贫、移民、救济、防疫等特定款物的；

（七）受贿犯罪中具有索贿情节的；

（八）渎职犯罪中徇私舞弊情节或者滥用职权情节恶劣的；

（九）其他不应适用缓刑、免予刑事处罚的情形。

《全国法院毒品犯罪审判工作座谈会纪要》

……（五）……对于毒品犯罪应当从严掌握缓刑适用条件。对于毒品再犯，一般不得适用缓刑。对于不能排除多次贩毒嫌疑的零包贩毒被告人，因认定构成贩卖毒品等犯罪的证据不足而认定为非法持有毒品罪的被告人，实施引诱、教唆、欺骗、强迫他人吸毒犯罪及制毒物品犯罪的被告人，应当严格限制缓刑适用。

最高人民法院《关于依法妥善审理高空抛物、坠物案件的意见》

6.依法从重惩治高空抛物犯罪。具有下列情形之一的，应当从重处罚，一般不得适用缓刑：(1)多次实施的；(2)经劝阻仍继续实施的；(3)受过刑事处罚或者行政处罚后又实施的；(4)在人员密集场所实施的；(5)其他情节严重的情形。

最高人民法院、最高人民检察院、公安部《关于依法惩治袭警违法犯罪行为的指导意见》

二、实施暴力袭警行为，具有下列情形之一的，在第一条规定的基础上酌情从重处罚：

1.使用凶器或者危险物品袭警、驾驶机动车袭警的；

2.造成民警轻微伤或者警用装备严重毁损的；

3.妨害民警依法执行职务，造成他人伤亡、公私财产损失或者造成犯罪嫌疑人脱逃、毁灭证据等严重后果的；

4.造成多人围观、交通堵塞等恶劣社会影响的；

5.纠集多人袭警或者袭击民警二人以上的；

6. 曾因袭警受过处罚，再次袭警的；

7. 实施其他严重袭警行为的。

实施上述行为，构成犯罪的，一般不得适用缓刑。

最高人民法院、最高人民检察院《关于常见犯罪的量刑指导意见（试行）》

二、……（五）适用缓刑，应当综合考虑被告人的犯罪情节、悔罪表现、再犯罪的危险以及宣告缓刑对所居住社区的影响，依法作出决定。

参考案例

李某斌等故意毁坏财物案[①]

法院查明：2015年1月26日14时许，聊城市瑞兆建筑安装工程有限公司（以下简称瑞兆公司）受雇于聊城经济技术开发区北城街道办事处（以下简称北城办事处），对柯针寨村进行房屋拆迁及垃圾清理过程中，与该村村民发生冲突。北城派出所民警到达现场对双方进行调解时，双方发生打斗，被告人李某斌、耿某某、刘某、刘某军与李某友（已判刑）等村民用铁锨等工具将停放在柯针寨村的鲁P ×××××号宝马轿车、鲁P ×××××号现代轿车、鲁P ×××××号丰田轿车砸坏。经鉴定，被毁车辆损失价值共计73,006元。案发后被告人刘某军自动到公安机关投案，如实供述了其犯罪事实。另查明，案发后，四被告人和被害人方某1达成民事和解协议，共赔偿各项经济损失95,000元，并取得了谅解。

法院认为：二审中聊城市人民检察院提出本案如何处理要充分考虑有利于矛盾化解和社会稳定问题，对本案三上诉人可判处3年有期徒刑，并适用缓刑，既体现对他们因不冷静处理问题引发犯罪行为的惩罚，也更有利于矛盾化解和社会的稳定。二审法院认为，上诉人李某斌、耿某某、刘某，原审被告人刘某军故意毁坏公私财物，其行为均已构

① 山东省聊城市中级人民法院（2017）鲁15刑终73号。

成故意毁坏财物罪，且数额巨大……原审判决认定事实清楚，证据确实、充分，定性准确，审判程序合法，但未考虑本案的特殊背景及社会效果，量刑过重，依法应予改判。最终，对三名上诉人均适用缓刑。

实操建议

辩护律师在掌握缓刑适用硬性条件的同时，也要对个案发生的背景、当事人身体状况是否不适宜羁押、当事人家中是否有需要照料的老人、孩子等情况全面把握，而且根据新《量刑指导意见》，律师也要充分理解最高人民法院、最高人民检察院对于非监禁刑的高度重视以及非监禁化、少捕慎诉慎押的司法趋势，加强缓刑辩护甚至前置到审前的强制措施辩护。一是要加强对被告人再犯罪可能性、人身危险性、主观恶性、一贯表现、对社区影响等证据的举证，必要时由司法行政机构或者社区出具相应证明或者委托第三方对被告人社区影响、再犯罪危险等进行综合评估，作为品行证据提交法院，最大限度争取非监禁刑。二是应该注意在审前阶段羁押必要性审查的申请，将上述缓刑适用标准以及相应证据及时提供给检方，争取早日变更强制措施，最大限度适用不捕、慎捕的宽严相济政策。三是对被告人属民营企业管理人员的，也可以依照“六稳六保”的司法政策，举证被告人羁押/实刑对企业的不良影响，争取缓刑。

194. 情节加重犯是否可以适用缓刑

情节加重犯的“情节严重”与缓刑适用中“犯罪情节较轻”并不冲突，情节加重犯符合条件的，仍然可以适用缓刑。

法律依据

《刑法》

第七十二条第一款 对于被判处拘役、三年以下有期徒刑的犯罪分子，同时符合下列条件的，可以宣告缓刑，对其中不满十八周岁的人、怀孕的妇女和已满七十五周岁的人，应当宣告缓刑：

（一）犯罪情节较轻；

（二）有悔罪表现；

（三）没有再犯罪的危险；

（四）宣告缓刑对所居住社区没有重大不良影响。

参考案例

谭永良非法持有枪支案①

法院查明：20 世纪 90 年代，被告人谭永良为看护山场从同村村民王建来处借得土枪 1 支，一直保管，未办理持枪证。十余年前，谭永良又从同村村民吴传炉处借来 1 支土枪保管至案发，也未办理持枪证。2012 年，谭永良因年迈体弱住进当地敬老院，考虑自己长期不在家居住，2 支枪放在家中不安全，于是在 2013 年 4 月 1 日王建来到其家做客时，向王建来提出欲将 2 支枪存放至王建来住处，王建来表示同意。当日 20 时许，二人将枪支带至王建来住处。次日，岳西县公安局来榜派出所接群众举报称王建来私藏枪支，立即到王建来处调查，王建来及谭永良主动交出 2 支土枪并如实供述了事实经过。经鉴定，谭永良持有的 2 支土枪均是以火药为动力的自制火药枪，能有效发射，属于法律规定的枪支。2013 年 9 月 13 日，谭永良接来榜派出所电话通知后主动投案。

法院认为：被告人谭永良违反枪支管理规定，非法持有以火药为动力发射枪弹的非军用枪支 2 支，其行为构成非法持有枪支罪，且属情节严重。谭永良借枪是为了看护山场，主观恶性不大，且未引起其他犯罪后果，在接受公安机关调查时即主动上交 2 支枪支，并主动投案，如实供述犯罪事实，系自首，依法可以减轻处罚。二审期间，上诉人谭永良对其犯罪事实供认不讳，并表示自己年事已高，不会再危

① 《刑事审判参考》案例第 1001 号。

害社会；其所居住的敬老院及当地乡民政办均表示愿意对其进行监管和帮教，当地司法局建议对谭永良进行社区矫正。综合谭永良的具体犯罪事实、性质、情节和对社会的危害程度以及其悔罪态度，可以对其适用缓刑。据此，认定谭永良犯非法持有枪支罪，判处有期徒刑1年，缓刑1年。

实操建议

认定缓刑适用条件中的“犯罪情节较轻”与作为情节加重犯的“情节严重”，在评价目的、参照标准和评价内容等方面有所不同，认定缓刑适用条件的“犯罪情节较轻”所考虑的因素通常比认定情节加重犯所考虑的因素更为广泛，不能认为情节加重犯就必然是一种具有严重社会危害性的犯罪行为，就必然不符合缓刑适用条件。辩护人要针对案件本身以及被告人本身的情节、事实，对照缓刑适用规定，积极进行缓刑辩护。

195. 故意杀人等严重暴力犯罪是否可以适用缓刑

缓刑适用没有罪名限制，符合条件的暴力犯罪也可以适用缓刑。

法律依据

《刑法》

第七十二条第一款 对于被判处拘役、三年以下有期徒刑的犯罪分子，同时符合下列条件的，可以宣告缓刑，对其中不满十八周岁的人、怀孕的妇女和已满七十五周岁的人，应当宣告缓刑：

（一）犯罪情节较轻；

（二）有悔罪表现；

（三）没有再犯罪的危险；

（四）宣告缓刑对所居住社区没有重大不良影响。

参考案例

姚国英故意杀人案[①]

法院查明：被告人姚国英与被害人徐树生系夫妻关系，结婚十余年间徐树生经常无故打骂、虐待姚国英。2010年以来，徐树生殴打姚国英更为频繁和严重。2010年5月10日晚，徐树生又寻机对姚国英进行长时间打骂；次日凌晨5时许，姚国英因长期遭受徐树生的殴打和虐待,心怀怨恨,遂起杀死徐树生之念。姚国英趁徐树生熟睡之际，从家中楼梯处拿出一把铁榔头，朝徐树生头、面部等处猛击数下，后用衣服堵住其口、鼻部，致徐树生当场死亡。当日8时30分许，姚国英到衢州市公安局衢江分局上方派出所投案。

法院认为：衢州市衢江区人民法院认为，被告人姚国英持械故意杀害其丈夫徐树生，其行为构成故意杀人罪。但姚国英的杀人故意系因不堪忍受被害人徐树生的长期虐待和家庭暴力而引发，因此，其杀人行为可认定为故意杀人罪中的情节较轻。案发后，姚国英主动到公安机关投案，如实供述自己的罪行，是自首，依法可从轻处罚。鉴于被告人长期遭受虐待和家庭暴力而杀夫的行为受到民众高度同情，社会危害性相对较小，且被告人具有自首情节，认罪态度较好，家中又尚有未成年的女儿需要抚养，根据其犯罪情节和悔罪表现，对其适用缓刑不致再危害社会，可依法宣告缓刑。最终判处被告人姚国英犯故意杀人罪，判处有期徒刑1年，缓刑5年。

刘某故意杀死施虐丈夫被判缓刑案[②]

法院查明：2000年，被告人刘某与被害人张某雄结婚，婚后育有一女，张某雄好逸恶劳，且经常酗酒，全家靠刘某打工维持生计。张某雄酒后常打骂刘某。刘某无法忍受，曾经多次提出离婚，均遭张

---

① 《刑事审判参考》案例第647号。

② 湘高法刑终字43号。

某雄激烈反对，并以报复刘某及其娘家人相威胁。2006 年 7 月 26 日晚 11 时许，张某雄酒后来到刘某打工的客栈，无端责骂刘某有外遇，并用木凳砸她的背部，尔后把她按在床上掐住其脖子，还把汽油淋满她全身，拿出打火机准备点火，扬言要烧掉客栈，刘某乘其不备抢走了打火机，并报警，望城县新城派出所干警接警后迅即到现场进行了调处平息，张某雄酒醒后才离开。张某雄的父母获悉后和张某雄的朋友一起赶来规劝张某雄回家，未果。张某雄的父母和刘某只得返回长沙市开福区蒋家垅张某雄父母住处。2006 年 7 月 27 日下午 4 时许，张某雄再次在外酗酒后又回到父母住处，见刘某正在卧室睡觉，张某雄即走进卧室，反锁了房门，尔后责骂刘某不该报“110”，想要她死，并扬言要烧掉房子，把刘某从三楼丢下去。他爬上床卡住刘某脖子，打骂刘某一阵后便熟睡在床上。刘某坐在床边想起张某雄对自己的打骂虐待，离婚又不能，心中怨恨绝望，产生了杀死张某雄的念头。刘某当即从床边的书桌上拿起一个手机充电器，将充电器的电线勒住张某雄的脖子致张某雄当场死亡。当日 17 时 25 分，刘某在被害人伯父张建忠的陪同下主动到公安机关投案自首。

法院认为：被告人刘某因长期遭其夫打骂而心存怨恨，采用电线勒颈的方法，非法剥夺其夫生命的行为，已构成故意杀人罪。但刘某案发后能向公安机关投案自首，具有法定从轻、减轻处罚情节。刘某系因遭受家庭暴力而犯罪，被害人张某雄在本案起因上有重大过错，故可对刘某酌情从轻处罚。鉴于二审期间，被害人张某雄的父母主动请求二审法院对上诉人刘某从轻处罚，并考虑到子女抚养等社会问题，体现刑罚的社会效果，判处被告人刘某有期徒刑 3 年，缓刑 4 年。

实操建议

以上列举的两则故意杀人案均系典型的“受虐杀夫”案件，在司法实践中被普遍认为可以认定故意杀人罪的“情节较轻”，可以在 3~10 年有期徒刑的幅度内量刑。再结合案件中被告人有老人孩子需要照料、被害人家属也要求从轻处罚等事实，被告人均被适用缓刑。需要注意的是，上述案件中是否存在认定正当防卫尤其是无过当防卫的可能，仍有讨论空间。

故意杀人罪是我国《刑法》中量刑最重的罪名之一，仍有适用缓刑的空间，由此可见，缓刑的适用并没有罪名限制。

诚然，一些针对具体犯罪类型的司法解释中有类似“一般不适用缓刑”的规定，如最高人民法院、最高人民检察院《关于办理侵犯知识产权刑事案件具体应用法律若干问题的解释（三）》第8条，最高人民法院、最高人民检察院《关于办理行贿刑事案件具体应用法律若干问题的解释》第10条，但需要强调的是，类似规定都属于原则性规定，而非绝对性规定。在处理类似案件时，辩护人仍可以通过“情理法”的论述，尽力为当事人争取缓刑的适用。

196. 在缓刑考验期内发现漏罪的，是否要一概撤销缓刑

原则上应当撤销缓刑，但如果漏罪情节轻微，可以免除刑事处罚的，与前罪的有刑判决缺乏并罚的基础，可以不撤销前罪缓刑。

法律依据

《刑法》

第七十七条 被宣告缓刑的犯罪分子，在缓刑考验期限内犯新罪或者发现判决宣告以前还有其他罪没有判决的，应当撤销缓刑，对新犯的罪或者新发现的罪作出判决，把前罪和后罪所判处的刑罚，依照本法第六十九条的规定，决定执行的刑罚。

被宣告缓刑的犯罪分子，在缓刑考验期限内，违反法律、行政法规或者国务院有关部门关于缓刑的监督管理规定，或者违反人民法院

判决中的禁止令，情节严重的，应当撤销缓刑，执行原判刑罚。

参考案例

王某信用卡诈骗案[①]

法院查明：被告人王某因票据诈骗罪于2005年5月被判处有期徒刑3年，缓刑3年，并处罚金人民币2万元。2004年2月，被告人王某申领了1张卡号为45×××53的中国工商银行牡丹贷记卡，并于同年3月至4月透支人民币5630元，经银行多次催讨仍未归还。2007年10月31日，被告人王某至公安某自首，并于同年11月7日向公安机关退缴人民币1万元，上述漏罪系王某在前罪缓刑考验期内向公安机关自首。

法院认为：被告人王某构成信用卡诈骗罪，鉴于自首并退赔全部违法所得，且犯罪情节较轻，依法可对其适用免予刑事处罚。在被告人所涉的两罪中，仅有原判的票据诈骗罪作出了刑事处罚，这就缺乏并罚的基础，故无须撤销前罪的缓刑判决。据此，根据《刑法》第196条第1款第4项、第2款，第67条第1款，第64条之规定，判决被告人王某犯信用卡诈骗罪，免予刑事处罚（未撤销缓刑）。

实操建议

上述不撤销缓刑的情形只适用于漏罪的场合，如果被免予刑事处罚的是“新罪”，由于缓刑成败的主要衡量指标是在考验期内罪犯人身危险性的消弭程度，若在考验期内，在有关机关的监督与管束之下仍犯新罪，说明缓刑犯并未得到有效改造，其人身危险性并未消弭，社区内行刑的方式未能达到预期效果，即使新罪情节轻微可以免予刑事处罚，仍需要撤销缓刑，收监执行原判刑罚。

主要理由：一是《刑法》第77条第1款的规定，即对于判处刑

---

① （2008）沪二中刑终字第94号，沈解平、陈柱钊：《免予刑事处罚型漏罪对缓刑执行的影响》，载《人民司法·案例》2009年第20期。

罚的新罪，应当撤销缓刑，予以数罪并罚；二是《刑法》第77条第2款的规定，从字面意义上看，第2款规制的对象是严重违规行为，但根据现代刑法理念普遍遵从的举轻明重原则，如若考验期内的严重违规行为都被明文规定为撤销缓刑的原因，那么，性质更严重的新罪行为就更无理由不成为撤销缓刑的原因了。

对缓刑考验期内发现的漏罪或者新罪，如果情节轻微的，尽量争取做不起诉处理，避免撤销缓刑、执行原判刑罚。

197. 发现漏罪或者再犯新罪被撤销缓刑的，数罪并罚后是否可以继续适用缓刑

同上一个问题结论类似，因漏罪被撤销缓刑的，数罪并罚后仍符合缓刑条件的，仍可宣告缓刑；但缓刑考验期间犯新罪而被撤销缓刑的一般不能继续适用缓刑。

法律依据

《刑法》

第七十七条 被宣告缓刑的犯罪分子，在缓刑考验期限内犯新罪或者发现判决宣告以前还有其他罪没有判决的，应当撤销缓刑，对新犯的罪或者新发现的罪作出判决，把前罪和后罪所判处的刑罚，依照本法第六十九条的规定，决定执行的刑罚。

被宣告缓刑的犯罪分子，在缓刑考验期限内，违反法律、行政法规或者国务院有关部门关于缓刑的监督管理规定，或者违反人民法院判决中的禁止令，情节严重的，应当撤销缓刑，执行原判刑罚。

最高人民法院《关于人民法院审判严重刑事犯罪案件中具体应用法律的若干问题的答复（三）》（已失效）

三十五、问：在缓刑考验期限内，发现犯罪分子有漏罪没有判决

的，是撤销缓刑，对前罪和漏罪所判处的刑罚实行数罪并罚，还是按照审判监督程序全部重新审判？（北京、广西、江西）

答：在缓刑考验期限内，发现被宣告缓刑的犯罪分子在缓刑宣告以前还有其他罪没有判决的，应当参照我国刑法第七十条的规定，并依照刑法第六十五条的规定，对漏罪定罪判刑，再对前罪与漏罪实行数罪并罚，决定执行的刑罚。如果必须判处实刑，则应撤销对前罪所宣告的缓刑，已经执行的缓刑考验期，不予折抵刑期；但是，判决执行以前先行羁押的日期应当予以折抵刑期；如果仍符合缓刑条件，仍可宣告缓刑，已经执行的缓刑考验期，应当计算在新决定的缓刑考验期以内。

参考案例

王某故意伤害案[①]

法院查明：2015年4月17日22时许，在黑龙江省孙吴县新感觉歌厅门前，王某与徐某因琐事发生争执并厮打，在厮打中，王某将徐某腿部踢伤。经孙吴县法医鉴定所鉴定：徐某右小腿骨折，损伤程度构成轻伤。经查，王某曾于2015年1月21日因犯寻衅滋事罪被孙吴县人民法院判处有期徒刑2年，缓刑2年，此次犯罪系在缓刑考验期内再次犯罪。

诉讼经过：法院经开庭审理后判决：撤销孙吴县人民法院（2014）孙刑初字第83号刑事判决书中对王某判处有期徒刑2年，缓刑2年的缓刑部分。王某犯故意伤害罪，判处有期徒刑1年，决定执行有期徒刑3年，缓刑5年。后孙吴县检察院对该案按照二审程序提出抗诉，经黑河市中级人民法院开庭审理，改判王某有期徒刑3年。

裁判要旨：在缓刑考验期间犯新罪的，说明被告人具有再犯罪的危险，不符合缓刑适用所要求的“没有再犯罪的危险”这一法定条件，故不能宣告缓刑。但是，因缓刑考验期间发现漏罪而撤销缓刑的，在

---

① 段辉：《在缓刑考验期内犯新罪能否再次适用缓刑》，北大法宝专题参考库。

特定条件下仍可以继续适用缓刑。最高人民法院《关于人民法院审判严重刑事犯罪案件中具体应用法律的若干问题的答复（三）》虽然已被废止，但在关于此问题新的文件出台前还是具有参考性的。当然，是否适用缓刑，还是要根据案件的社会危害性、被告人的主观恶性等因素综合把握。实践中，造成漏罪的原因多种多样，对其中在前罪诉讼中被告人故意隐瞒罪行企图逃避处罚的，说明其主观恶性较大，在撤销缓刑后不宜再宣告缓刑。而对因被告人认识不到位或其他客观原因造成漏罪的，根据案件实际情况，可以继续适用缓刑。

198. 被判处缓刑后提起上诉的，是否会因此被撤销缓刑或者延长缓刑考验期

只有被告人上诉、没有检察机关抗诉的，二审法院不会加重原判刑罚，包括不会将缓刑执行方式改为实刑，也不会延长缓刑考验期。

法律依据

最高人民法院《关于适用〈中华人民共和国刑事诉讼法〉的解释》

第四百零一条 审理被告人或者其法定代理人、辩护人、近亲属提出上诉的案件，不得对被告人的刑罚作出实质不利的改判，并应当执行下列规定：

（一）同案审理的案件，只有部分被告人上诉的，既不得加重上诉人的刑罚，也不得加重其他同案被告人的刑罚；

（二）原判认定的罪名不当的，可以改变罪名，但不得加重刑罚或者对刑罚执行产生不利影响；

（三）原判认定的罪数不当的，可以改变罪数，并调整刑罚，但不得加重决定执行的刑罚或者对刑罚执行产生不利影响；

（四）原判对被告人宣告缓刑的，不得撤销缓刑或者延长缓刑考

验期；

（五）原判没有宣告职业禁止、禁止令的，不得增加宣告；原判宣告职业禁止、禁止令的，不得增加内容、延长期限；

（六）原判对被告人判处死刑缓期执行没有限制减刑、决定终身监禁的，不得限制减刑、决定终身监禁；

（七）原判判处的刑罚不当、应当适用附加刑而没有适用的，不得直接加重刑罚、适用附加刑。原判判处的刑罚畸轻，必须依法改判的，应当在第二审判决、裁定生效后，依照审判监督程序重新审判。

人民检察院抗诉或者自诉人上诉的案件，不受前款规定的限制。

参考案例

吉某等信用卡诈骗案[①]

法院查明：2005年6月至2006年4月，被告人吉某、秦某经预谋后，以被告人秦某的身份资料分别办理了中国银行长城国内信用卡和国际信用卡、交通银行太平洋双币信用卡、招商银行信用卡、广东发展银行双币信用卡各一张。被告人吉某、秦某在申办上述信用卡后大肆刷卡消费、取现，分别透支中国银行长城贷记卡本金人民币4934.50元、欧元国际卡本金463.71欧元（折合人民币4558.27元）、交通银行本金人民币4996.03元、招商银行本金人民币10,454.26元、广发银行本金人民币9183.83元，合计人民币34,126.89元。经上述银行多次催收，被告人吉某、秦某拒不归还。上海市金山区人民检察院于2007年4月26日向上海市金山区人民法院提起公诉，以沪金检刑诉（2007）205号起诉书指控被告人吉某、秦某犯信用卡诈骗罪。并建议适用普通程序审理被告人认罪案件。案发后，被告人秦某向公安机关退缴人民币6000元，并向中国银行补缴透支款人民币5000元。

法院认为：被告人吉某、秦某以非法占有为目的，超过信用卡规定期限透支，经发卡银行催收后仍不归还，致使各发卡银行损失本

① （2007）金刑初字第258号，（2007）沪一中刑终字第410号。

金合计人民币 34,126.89 元，数额较大，其行为已构成信用卡诈骗罪。被告人吉某在共同犯罪中起主要作用，系主犯。被告人秦某在共同犯罪中起次要作用，系从犯，应当从轻处罚。本案适用普通程序审理被告人认罪案件，对二被告人可酌情从轻处罚。在审理过程中，被告人吉某、秦某对于检方的指控供认不讳，认罪态度较好。被告人秦某案发后退缴了部分赃款，有悔罪表现，可宣告缓刑。最终判决：被告人吉某犯信用卡诈骗罪，判处有期徒刑 2 年 6 个月，并处罚金人民币 5 万元；被告人秦某犯信用卡诈骗罪，判处有期徒刑 2 年，缓刑 3 年，并处罚金人民币 5 万元。在案的人民币 6000 元发还被害单位；责令被告人吉某、秦某于判决生效之日起 10 日内退缴违法所得并发还被害单位。

诉讼经过：一审判决后，原审被告人秦某不服，认为自己的行为不构成犯罪，向上海市第一中级人民法院提出上诉，在该院审理过程中，上诉人秦某申请撤回上诉。最终上海市第一中级人民法院于 2007 年 6 月 20 日作出终审裁定：准许上诉人秦某撤回上诉。上海市金山区人民法院（2007）金刑初字第 258 号刑事判决自本裁定送达之日起发生法律效力。

实操建议

此问题与我们之前提到的“认罪认罚案件被告人以量刑过重为由上诉、检察机关因此抗诉的，二审法院是否会加重处罚”具有一定相似性，只有被告人上诉的，应当遵守上诉不加刑原则。但是，不排除部分司法人员抱有“悔罪与认罪密切相关，认罪是悔罪的前提”的观念，认为只有在被告人认罪服法的前提下才能谈得上悔罪的问题。据此，一审获得缓刑判决的当事人如还想以无罪为由提起上诉，应尽量避免采取当庭上诉等容易“激怒”公诉人的方式，在上诉期截止之前提出上诉即可。

199. 被判处缓刑后在上诉期限内又犯新罪的，是否要撤销缓刑

司法案例认为应当撤销缓刑，并实行数罪并罚。但二审法院不宜直接对新罪进行审判，应当发回重审，由一审法院对新罪与原罪进行数罪并罚。如果被告人没有上诉的，一审法院对新罪进行审判时，可以直接撤销缓刑，数罪并罚。

法律依据

《刑法》

第七十七条 被宣告缓刑的犯罪分子，在缓刑考验期限内犯新罪或者发现判决宣告以前还有其他罪没有判决的，应当撤销缓刑，对新犯的罪或者新发现的罪作出判决，把前罪和后罪所判处的刑罚，依照本法第六十九条的规定，决定执行的刑罚。

被宣告缓刑的犯罪分子，在缓刑考验期限内，违反法律、行政法规或者国务院有关部门关于缓刑的监督管理规定，或者违反人民法院判决中的禁止令，情节严重的，应当撤销缓刑，执行原判刑罚。

参考案例

包武伟危险驾驶案[①]

法院查明：2013 年 3 月 24 日 21 时许，被告人包武伟在江阴市澄山路 600 号阿妹便民超市内与被害人苏才玉发生口角，即与苏才玉及其丈夫李建忠发生扭打，致两人轻伤。案发后，被告人包武伟赔偿两被害人人民币 90,000 元，并取得对方谅解。2013 年 9 月 27 日，被告人包武伟被江阴市人民法院以故意伤害罪判处有期徒刑 9 个月，缓刑 1 年。2013 年 10 月 1 日 22 时许，被告人包武伟在前罪缓刑判决尚未

① 《刑事审判参考》案例第 1073 号。

生效时，醉酒后驾驶小轿车，造成三车损坏的交通事故。经江阴市公安局交通巡逻警察大队认定，包武伟负此事故的全部责任。案发后，包武伟分别与被害人就本案民事赔偿问题达成协议，并赔偿完毕。

法院认为：被告人包武伟违反交通运输管理法规，在道路上醉酒驾驶机动车，因而发生交通事故，对公共安全具有一定危害，其行为已构成危险驾驶罪。鉴于其归案后如实供述自己的罪行，当庭自愿认罪，并赔偿被害人经济损失，予以从轻处罚。关于与前罪的并罚问题，就实质层面而言，包武伟在缓刑确定前又犯新罪，其主观恶性明显深于缓刑考验期内又犯新罪时的情形。我国相关法律虽未明确规定本案情形的处罚方式，但结合《刑法》第77条关于缓刑撤销的规定及两种情形间危害性的比较，应当撤销包武伟的缓刑，与本罪数罪并罚。据此，判决如下：被告人包武伟犯危险驾驶罪，判处拘役4个月，并处罚金人民币4000元；连同前罪判处的有期徒刑9个月，决定执行拘役4个月并有期徒刑9个月，并处罚金人民币4000元。[①]

实操建议

上述案例的裁判理由中“行为人在缓刑判决生效前又犯新罪，不再符合缓刑的实质条件，应撤销缓刑后数罪并罚”的论证具有一定的合理性，虽然不属于《刑法》第77条所规定的缓刑考验期内再犯新罪的字义范围，但根据“举轻以明重”的原则，缓刑考验期内再犯新罪都需要撤销缓刑，在缓刑考验期尚未开始的上诉期内就再犯新罪的，当然也不符合判处缓刑的条件，可以撤销缓刑。

值得思考的是，如果上诉期内发现漏罪的，是否一概撤销缓刑，还是要看漏罪的情节严重程度，如果本身可以免予刑事处罚的，也不宜撤销缓刑。

---

① 该案判决时适用的是《刑法》（2011年修正），当时第69条第2款规定为“数罪中有判处附加刑的，附加刑仍须执行，其中附加刑种类相同的，合并执行，种类不同的，分别执行”。

200. 审前羁押期限已经超过实际判处刑期，同时又宣告缓刑的，缓刑考验期是否可以不予执行

原则上缓刑考验期自判决生效之日起执行，前期羁押期限不可以折抵缓刑考验期，但可以折抵原判刑期，如果原判刑期已经完全折抵的，实际需要执行的刑期为0，缺乏缓刑考验期执行的前提，可以不用执行缓刑考验期，但实践中社区矫正部门很难直接决定不予执行，可以变通处理：由社区矫正部门以违反考验期规定为由要求撤销缓刑，缓刑撤销后，原判刑罚也已经执行完毕，不用执行。

法律依据

最高人民法院办公厅《关于羁押日期是否可以折抵徒刑缓刑日期问题的复函》

……缓刑是对犯罪分子的一种考验，被宣告缓刑的犯罪分子，在缓刑期限内，如果没有再犯新罪，缓刑期满，原判的刑罚就不再执行。因此，不必把判决前的羁押日数折抵缓刑日期。……

最高人民法院《关于撤销缓刑时罪犯在宣告缓刑前羁押的时间能否折抵刑期问题的批复》

根据刑法第七十七条的规定，对被宣告缓刑的犯罪分子撤销缓刑执行原判刑罚的，对其在宣告缓刑前羁押的时间应当折抵刑期。

参考案例

赵某、张某等非法吸收公众存款案①

法院查明：被告人赵某、张某等16人自2014年起，通过某不具备资质的公司，向社会公众公开宣传投资项目并承诺还本付息，涉嫌非法吸收公众存款罪。其中，张某于2017年5月3日被刑事拘留，

---

① （2021）京03刑终186号。

同年6月9日被逮捕，后于2019年12月2日被取保候审，2020年12月2日被监视居住。

诉讼经过：2020年12月25日，北京市朝阳区人民法院经审理认定上述被告人构成非法吸收公众存款罪，结合各自犯罪情节，分别判处张某有期徒刑2年3个月（前期羁押2年3个月）、缓刑2年3个月、罚金11万元……被告人以量刑过重为由提出上诉，检察院以认罪认罚案件提出上诉系反悔为由提出抗诉。2021年4月16日，北京市第三中级人民法院经二审审理，除因谢某有再次退赔情节而将其刑期由有期徒刑8年6个月改判为8年外，其余判项均予以维持。

实操建议

上述案例中，张某实际羁押期限已经完全折抵刑期了，还要求其延长2年多的缓刑考验期，确实不太公平，因为先行羁押期限已经完全折抵原判刑期，折抵之后原判刑期为0，相当于刑罚已经执行完毕，进而没有缓刑考验的基础，因此无须接受社区矫正。[①] 实践中，另外一种处理方式是，被告人不配合缓刑执行，由社区矫正部门提出撤销缓刑的建议，法院裁定撤销缓刑，直接刑期折抵后原判刑罚执行完毕，可以不用再执行。

201. 缓刑考验期满5年内又故意犯罪的，是否构成累犯

不构成，因为缓刑考验期满后，原判刑罚不再执行，因此不符合“原判刑罚执行完毕后5年内”这一累犯前提，故不构成累犯。

① 杨梦峰：《先行羁押期限是否应折抵缓刑刑期》，载《中国检察官》2021年第22期。

法律依据

最高人民法院、最高人民检察院《关于缓刑犯在考验期满后五年内再犯应当判处有期徒刑以上刑罚之罪应否认定为累犯问题的批复》

…………

被判处有期徒刑宣告缓刑的犯罪分子，在缓刑考验期满后五年内再犯应当判处有期徒刑以上刑罚之罪的，因前罪判处的有期徒刑并未执行，不具备刑法第六十五条规定的“刑罚执行完毕”的要件，故不应认定为累犯，但可作为对新罪确定刑罚的酌定从重情节予以考虑。

…………

下列案例就是根据这一法理认定不构成累犯，只是当时累犯设定的期限为3年，如今改为5年。

参考案例

黄薇故意伤害案①

法院查明：黄薇因故意犯罪，2004年被河南省信阳市平桥区人民法院判处有期徒刑1年6个月，缓刑2年。2006年缓刑考验期满。2008年11月伙同他人实施故意伤害行为，致一人重伤，一人轻伤。案发后，同案犯的亲属积极抢救伤者，民事部分双方达成协议并已赔偿，被害人对黄薇等人予以谅解，并请求法院对其从轻处罚。被告人黄薇于2009年6月4日到罗山县公安局投案自首。

法院认为：根据最高人民法院《关于缓刑考验期满三年内又犯应判处有期徒刑以上刑罚之罪的是否构成累犯问题的答复》（已失效），“对被判处有期徒刑缓刑的犯罪分子，在缓刑考验期满三年内又犯应判处有期徒刑以上刑罚之罪的，可不作累犯对待”，故对被告人可不作累犯对待。同时，认定其具备从犯、自首、同案犯家属积极抢救伤

---

① （2009）罗刑初字第138号。

者降低重伤后果、赔偿并取得被害人谅解的情节，判处有期徒刑1年6个月，缓刑3年。

202.“缓刑辩护”需要准备哪些资料

根据司法实践，法官适用缓刑时通常会考虑被告人的犯罪情节、悔罪表现、再犯罪的危险以及宣告缓刑对所居住社区的影响，因此，进行缓刑辩护时，可以根据上述因素分别准备材料：

一是有关罪行和罪犯更详细的信息资料。

针对未成年人的判决前调查已成为标准程序，目的是为法官提供有关罪行和罪犯更详细的信息资料。法官常常依靠判决前调查确认那些适用轻刑和缓刑的罪犯。但是，在其他犯罪类型中，法院据以裁量刑罚的材料往往以侦查机关提供的证据材料为主，缺乏有关罪行、罪犯的更加详细的资料，如再犯危险性角度，证据材料中有无犯罪记录证明或者前科资料，但对于被告人的家庭情况、工作表现、社区生活状态等都不会涉及，尤其是被告人是否品行良好，所犯罪行是否会对社区造成不良影响等。这些材料都需要辩护人积极准备、适时提供。

二是社区矫正机构的调查评估报告。《人民检察院刑事诉讼规则》第277条规定，犯罪嫌疑人认罪认罚，检察机关拟提出适用非监禁刑的量刑建议，可以委托社区矫正机构进行调查评估，也可以自行调查评估。因此，如果辩护人能够申请社区矫正机构（通常是居住地司法局）进行调查评估的，也可以作为申请缓刑的有利证据。但目前地方司法行政部门并不接受非司法机关的委托调查申请。除此之外，其他第三方机构如高校、研究院所，也可以提供审前调查评估报告，其效力虽然不如官方机构高，但从佐证被告人品行及对社区影响的角度还是有所裨益的。

三是提交类案缓刑检索报告。提供类案检索报告，同案同判是司法公正的必然要求，相同犯罪情节的案件在是否适用缓刑上应当采用同样的标准，尤其是在诸如危险驾驶罪、非法吸收公众存款罪等具有高度对比性的罪名上，提供相同情节判处缓刑的类案检索报告，将有助于法官建立内心确信。

四是针对案件特殊情况进行说明和举证。主要是要考虑一些社会问题和法官内心的评判，前者比如夫妻双方都被羁押，但有小孩需要抚养或老人需要赡养时，在上述缓刑的适用条件上就会对其中一方适当放宽。后者比如一些案件，一般人都能认识到被告人的实际犯罪金额肯定远不止指控金额，但因证据收集问题无法认定的，通常会通过从严掌握从宽量刑幅度并不予适用缓刑予以体现。如某盗窃案，被告人被抓获时在其家中查获大量疑似赃物，其也供述多数物品系其盗窃所得，但因无法查明对应的被害人，导致无法认定为盗窃所得，此时，即使被告人退赔了判决认定的全部违法所得，也一般不会考虑适用缓刑。

最后，提示一下准备缓刑资料时间节点，在审前阶段羁押必要性的申请，即可将上述缓刑适用标准以及相应证据及时提供给检方，争取早日变更强制措施，最大限度适用不捕、慎捕的宽严相济政策。

专题十二

财产刑的量刑辩护

财产刑已经日益成为犯罪后果的标配，绝大部分案件都配置了罚金、没收财产的附加刑。甚至在刑罚执行阶段，财产刑履行与否，会影响后续减刑、假释能否适用。因此，在审判阶段将财产刑辩护作为重点，也是辩护律师不可忽视的工作。

一、财产刑辩护的基本问题

（一）相关法律规范

财产刑量刑相关法律规范见表 12–1。

表 12–1　财产刑量刑相关法律规范

要素	具体规定
判处财产刑的一般原则	判处罚金，应当根据犯罪情节决定罚金数额
	罚金在判决指定的期限内一次或者分期缴纳。期满不缴纳的，强制缴纳。对于不能全部缴纳罚金的，人民法院在任何时候发现被执行人有可以执行的财产，应当随时追缴。如果由于遭遇不能抗拒的灾祸缴纳确实有困难的，经人民法院裁定，可以延期缴纳、酌情减少或者免除

续表

要素	具体规定
判处财产刑的一般原则	《刑法》规定“并处”没收财产或者罚金的犯罪，人民法院在对犯罪分子判处主刑的同时，必须依法判处相应的财产刑；《刑法》规定“可以并处”没收财产或者罚金的犯罪，人民法院应当根据案件具体情况及犯罪分子的财产状况，决定是否适用财产刑
裁量根据	人民法院应当根据犯罪情节，如违法所得数额、造成损失的大小等，并综合考虑犯罪分子缴纳罚金的能力，依法判处罚金。《刑法》没有明确规定罚金数额标准的，罚金的最低数额不能少于1000元
并罚原则	依法对犯罪分子所犯数罪分别判处罚金的，应当实行并罚，将所判处的罚金数额相加，执行总和数额。 一人犯数罪依法同时并处罚金和没收财产的，应当合并执行；但并处没收全部财产的，只执行没收财产刑
强制执行	自判决指定的期限届满第2日起，人民法院对于没有法定减免事由不缴纳罚金的，应当强制其缴纳
	对于隐藏、转移、变卖、损毁已被扣押、冻结财产情节严重的，依照刑法第314条的规定追究刑事责任
单处罚金	犯罪情节较轻，适用单处罚金不致再危害社会并具有下列情形之一的，可以依法单处罚金： （1）偶犯或者初犯； （2）自首或者有立功表现的； （3）犯罪时不满18周岁的； （4）犯罪预备、中止或者未遂的； （5）被胁迫参加犯罪的； （6）全部退赃并有悔罪表现的； （7）其他可以依法单处罚金的情形

（二）审查重点

财产刑辩护应重点审查下列问题：

（1）分则是否规定罚金刑，以及是否可以单处罚金刑。

（2）分则规定的是无限额罚金还是限额罚金、倍比罚金（详见表 12-2、表 12-3），如果是无限额罚金的话，相应司法解释是否对罚金的上下限有所规定。

表 12-2　限额罚金的罪名规定

罪名	仅罚金刑部分
妨害清算罪	2 万 ~20 万元
隐匿、故意销毁会计凭证、会计账簿、财务会计报告罪	2 万 ~20 万元
虚假破产罪	2 万 ~20 万元
出售、购买、运输假币罪	数额较大的，处 2 万 ~20 万元罚金；数额巨大的，处 5 万 ~50 万元罚金；数额特别巨大的，处 5 万 ~50 万元罚金或者没收财产
金融工作人员购买假币、以假币换取货币罪	处 2 万 ~20 万元罚金；数额巨大或者有其他严重情节的，处 2 万 ~20 万元罚金或者没收财产；情节较轻的，处 1 万 ~10 万元罚金
持有、使用假币罪	处 1 万 ~10 万元罚金；数额巨大的，处 2 万 ~20 万元罚金；数额特别巨大的，处 5 万 ~50 万元罚金或者没收财产
变造货币罪	处 1 万 ~10 万元罚金；数额巨大的，处 2 万 ~20 万元罚金
擅自设立金融机构罪	处 2 万 ~20 万元罚金；情节严重的，处 5 万 ~50 万元罚金
伪造、变造金融票证罪	处 2 万 ~20 万元罚金；情节严重的，处 5 万 ~50 万元罚金；情节特别严重的，处 5 万 ~50 万元罚金或者没收财产

续表

罪名	仅罚金刑部分
妨害信用卡管理罪	处1万~10万元罚金；数量巨大或者有其他严重情节的，处2万~20万元罚金
伪造、变造国家有价证券罪	处2万~20万元罚金；数额巨大的，处5万~50万元罚金；数额特别巨大的，处5万~50万元罚金或者没收财产
伪造、变造股票、公司、企业债券罪	处1万~10万元罚金；数额巨大的，处2万~20万元罚金
编造并传播证券、期货交易虚假信息罪	处1万~10万元罚金
诱骗投资者买卖证券、期货合约罪	处1万~10万元罚金；情节特别恶劣的，处2万~20万元罚金
背信运用受托财产罪	处3万~30万元罚金；情节特别严重的，处5万~50万元罚金
违法发放贷款罪	处1万~10万元罚金；数额特别巨大或者造成特别重大损失的，处2万~20万元罚金
吸收客户资金不入账罪	处2万~20万元罚金；数额特别巨大或者造成特别重大损失的，处5万~50万元罚金
贷款诈骗罪	数额较大的，处2万~20万元罚金；数额巨大或者有其他严重情节的，处5万~50万元罚金；数额特别巨大或者有其他特别严重情节的，处5万~50万元以下罚金或者没收财产
票据诈骗罪	数额较大的，处2万~20万元罚金；数额巨大或者有其他严重情节的，处5万~50万元罚金；数额特别巨大或者有其他特别严重情节的，处5万~50万元以下罚金或者没收财产
信用证诈骗罪	数额较大的，处2万~20万元罚金；数额巨大或者有其他严重情节的，处5万~50万元罚金；数额特别巨大或者有其他特别严重情节的，处5万~50万元以下罚金或者没收财产

续表

罪名	仅罚金刑部分
信用卡诈骗罪	数额较大的，处2万~20万元罚金；数额巨大或者有其他严重情节的，处5万~50万元罚金；数额特别巨大或者有其他特别严重情节的，处5万~50万元以下罚金或者没收财产
有价证券诈骗罪	数额较大的，处2万~20万元罚金；数额巨大或者有其他严重情节的，处5万~50万元罚金；数额特别巨大或者有其他特别严重情节的，处5万~50万元罚金或者没收财产
保险诈骗罪	数额较大的，处1万~10万元罚金；数额巨大或者有其他严重情节的，处2万~20万元罚金；数额特别巨大或者有其他特别严重情节的，处2万~20万元罚金或者没收财产
虚开增值税专用发票、用于骗取出口退税、抵扣税款发票罪	处2万~20万元罚金；虚开的税款数额较大或者有其他严重情节的，处5万~50万元罚金；虚开的税款数额巨大或者有其他特别严重情节的，处5万~50万元罚金或者没收财产
伪造、出售伪造的增值税专用发票罪	处2万~20万元罚金；虚开的税款数额较大或者有其他严重情节的，处5万~50万元罚金；虚开的税款数额巨大或者有其他特别严重情节的，处5万~50万元罚金或者没收财产
非法出售增值税专用发票罪	处2万~20万元罚金；数量较大的，处5万~50万元罚金；数量巨大的，处5万~50万元罚金或者没收财产
非法购买增值税专用发票、购买伪造的增值税专用发票罪	2万~20万元
非法制造、出售非法制造的用于骗取出口退税、抵扣税款发票罪	处2万~20万元罚金；数量巨大的，处5万~50万元罚金；数量特别巨大的，处5万~50万元罚金或者没收财产
非法制造、出售非法制造的发票罪	处1万~5万元罚金；情节严重的，处5万~50万元罚金
非法出售用于骗取出口退税、抵扣税款发票罪	处2万~20万元罚金；数量巨大的，处5万~50万元罚金；数量特别巨大的，处5万~50万元罚金或者没收财产
非法出售发票罪	处1万~5万元罚金；情节严重的，处5万~50万元罚金

表 12-3　倍比罚金的法律规定

罪名	仅罚金刑部分
生产、销售伪劣产品罪	销售金额 50%~2 倍罚金，最高刑档可没收财产
生产、销售不符合标准的医用器材罪	销售金额 50%~2 倍罚金，最高刑档可没收财产
生产、销售不符合安全标准的产品罪	销售金额 50%~2 倍罚金
生产、销售伪劣农药、兽药、化肥、种子罪	销售金额 50%~2 倍罚金，最高刑档可没收财产
生产、销售不符合卫生标准的化妆品罪	销售金额 50%~2 倍罚金
走私普通货物、物品罪	偷逃应缴税额 1~5 倍罚金，最高刑档可没收财产
虚报注册资本罪	虚报注册资本金额 1%~5% 罚金
虚假出资、抽逃出资罪	虚假出资金额或者抽逃出资金额 2%~10% 罚金
欺诈发行证券罪	非法募集资金金额 20%~1 倍罚金
高利转贷罪	违法所得 1~5 倍罚金
擅自发行股票、公司、企业债券罪	非法募集资金金额 1%~5% 罚金
内幕交易、泄露内幕信息罪	违法所得 1~5 倍罚金
逃汇罪	逃汇数额 5%~30% 罚金
抗税罪	拒缴税款 1~5 倍罚金
骗取出口退税罪	骗取税款 1~5 倍罚金
逃避追缴欠税罪	欠缴税款 1~5 倍罚金
非法经营罪	违法所得 1~5 倍罚金，最高刑档可没收财产

续表

罪名	仅罚金刑部分
伪造、倒卖伪造的有价票证罪	票证价额 1~5 倍罚金
倒卖车票、船票罪	票证价额 1~5 倍罚金
非法转让、倒卖土地使用权罪	非法转让、倒卖土地使用权价额 5%~20% 罚金

（3）根据案件事实、情节对应的量刑档次决定适用罚金范围。

罚金刑判处原则：应当以犯罪情节为根据，并综合考虑被告人缴纳罚金的能力，依法决定罚金数额。

具体到各个罪名，立法者和解释者在上述原则基础上，结合各罪特点以及司法解释中对罚金刑的判罚标准，进一步明确了罚金刑的适用标准，详见表 12-4。

表 12-4　常见罪名罚金刑标准一览

类型	罚金刑标准
危险驾驶罪	根据危险驾驶行为、实际损害后果等犯罪情节，综合考虑被告人缴纳罚金的能力
非法吸收公众存款罪	根据非法吸收公众存款数额、存款人人数、给存款人造成的直接经济损失数额等犯罪情节，综合考虑被告人缴纳罚金的能力
集资诈骗罪	根据犯罪数额、危害后果等犯罪情节，综合考虑被告人缴纳罚金的能力
信用卡诈骗罪	根据诈骗手段、犯罪数额、危害后果等犯罪情节，综合考虑被告人缴纳罚金的能力
合同诈骗罪	根据诈骗手段、犯罪数额、损失数额、危害后果等犯罪情节，综合考虑被告人缴纳罚金的能力
抢劫罪	根据抢劫的数额、次数、手段、危害后果等犯罪情节，综合考虑被告人缴纳罚金的能力

续表

类型	罚金刑标准
盗窃罪	根据盗窃的数额、次数、手段、危害后果等犯罪情节，综合考虑被告人缴纳罚金的能力，在1000元以上，盗窃数额2倍以下决定罚金数额；没有盗窃数额或者盗窃数额无法计算的，在1000元至100,000元之间判处罚金
诈骗罪	根据诈骗的数额、手段、危害后果等犯罪情节，综合考虑被告人缴纳罚金的能力
抢夺罪	根据抢夺的数额、次数、手段、危害后果等犯罪情节，综合考虑被告人缴纳罚金的能力
职务侵占罪	根据职务侵占的数额、危害后果等犯罪情节，综合考虑被告人缴纳罚金的能力
敲诈勒索罪	根据敲诈勒索的数额、手段、次数、危害后果等犯罪情节，综合考虑被告人缴纳罚金的能力，在2000元以上、敲诈勒索数额的2倍以下决定罚金数额；被告人没有获得财物的，在2000元至100,000元之间判处罚金
妨害公务罪	依法单处罚金的，根据妨害公务的手段、危害后果、造成的人身伤害以及财物毁损情况等犯罪情节，综合考虑被告人缴纳罚金的能力，决定罚金数额
寻衅滋事罪	判处5~10年有期徒刑，并处罚金的，根据寻衅滋事的次数、危害后果、对社会秩序的破坏程度等犯罪情节，综合考虑被告人缴纳罚金的能力
掩饰、隐瞒犯罪所得、犯罪所得收益罪	根据掩饰、隐瞒犯罪所得及其收益的数额、犯罪对象、危害后果等犯罪情节，综合考虑被告人缴纳罚金的能力
走私、贩卖、运输、制造毒品罪	根据走私、贩卖、运输、制造毒品的种类、数量、危害后果等犯罪情节，综合考虑被告人缴纳罚金的能力

续表

类型	罚金刑标准
非法持有毒品罪	根据非法持有毒品的种类、数量等犯罪情节，综合考虑被告人缴纳罚金的能力
容留他人吸毒罪	根据容留他人吸毒的人数、次数、违法所得数额、危害后果等犯罪情节，综合考虑被告人缴纳罚金的能力
引诱、容留、介绍卖淫罪	根据引诱、容留、介绍卖淫的人数、次数、违法所得数额、危害后果等犯罪情节，综合考虑被告人缴纳罚金的能力

（4）是否存在旧法未判处罚金但新法主刑较轻的情况，可以参考本书问题6从旧兼从轻原则的认定来主张是否适用罚金刑。

比如，新法对非国家工作人员受贿罪等规定了罚金，而旧法没有罚金，如果对被告人适用新法，不一定要对应地判处罚金。

（5）没收财产刑与罚金刑相比较，是否体现了罪刑相适应原则，尤其是涉黑涉恶案件中没收财产刑是否有扩大范围认定问题。

二、常见辩点

203. 如何确定罚金刑的数额

罚金刑在刑罚体系中的地位不断上升，甚至大有取代自由刑而成为刑罚体系中心的趋势，财产刑＋轻自由刑已经成为当前主流刑罚，而财产刑中最为主要、常见的就是罚金刑，全部刑法罪名中有213个罪名有罚金刑，占全部罪名总数的43.2%。罚金数额的确定需要结合法律规定以及被告人的缴纳能力，最为重要的是根据法律规定，明确应当适用的罚金刑数额范围。

（1）法条未明确规定罚金刑数额的，如何确定罚金刑数额。

法条只规定选处、单处或者并处罚金，而不规定罚金的具体数额限度，由法院依据《刑法》总则确定的原则即根据犯罪情节自由裁量罚金的具体数额。《刑法》分则第4章侵犯公民人身权利、民主权利罪，第5章侵犯财产罪，第6章妨害社会管理秩序罪，第7章危害国防利益罪和第8章贪污贿赂罪中，所有涉及罚金刑的条款均为无限额罚金制，由于数量过多，此处不进行列举。

在《刑法修正案（十一）》中存在不少将“限额罚金制”“倍比罚金制”修改为“无限额罚金制”的情况，如生产、销售、提供劣药罪，欺诈发行证券罪，违规披露不披露重要信息罪，非法吸收公众存款罪，洗钱罪与集资诈骗罪。无限额罚金制加强了法官对罚金数额的自由裁量权，可以使罚金刑数额顺应经济的快速发展，最大限度地削弱金融犯罪和贪利性犯罪的再犯能力，但在无相对统一标准的情况下，容易造成罚金刑量刑不当，更需要进行精细化辩护。

第一，通过类案检索，向检察官、法官提供最高人民法院或上级法院的类案检索报告，通过类案犯罪数额与罚金数额的比例，结合案件情节测算行为人应当适用的罚金数额，从而防止裁判的随意性、抑制过重的刑罚、最大限度地维护被告人的合法权益；第二，结合被告人缴纳罚金的实际履行能力，提出合乎法律规定的量刑建议幅度。

（2）法条规定了罚金数额上限、下限的，如何确定具体的罚金数额。

在具体裁量罚金刑时，罚金与区间的比例关系应当与自由刑保持大体一致。例如，妨害清算罪只有一档刑期，即处5年以下有期徒刑或者拘役，并处或者单处5万~20万元罚金。那么，考虑到过罚相当，在只判处1年自由刑或者缓刑的情况下，罚金也应当接近2万元的区间下限，在判处接近5年自由刑的情况下，罚金才应当接近20万元的区间上限。

（3）法条规定按照犯罪金额/违法所得额的倍数或百分比确定罚金的，如何确定具体罚金数额。

将违法所得作为判处罚金数额的主要依据符合罚金的适用原理，

甚至不少罪名直接就规定以此作为判处罚金的依据，如《刑法》第175条高利转贷罪，第180条内幕交易、泄露内幕信息罪。违法所得的认定可以参考本书问题233。

对于这种有明确罚金比例、倍数的罪名，辩护时应当特别注意类案检索，确定具体的比例、倍数范围。如内幕交易、泄露内幕信息罪虽然规定应判处违法所得1~5倍罚金，但实践中大量案例均采取了1倍左右的判罚标准，个别案件中法院作出了判处违法所得2倍罚金的判决，并无判处违法所得3倍及以上罚金的案件。在类案检索、查明司法习惯的基础上，辩护人就可以主张应当判处违法所得1倍的罚金刑，这也合乎同案同判的正义原则。

法律依据

最高人民法院《关于适用财产刑若干问题的规定》

第二条 人民法院应当根据犯罪情节，如违法所得数额、造成损失的大小等，并综合考虑犯罪分子缴纳罚金的能力，依法判处罚金。刑法没有明确规定罚金数额标准的，罚金的最低数额不能少于一千元。

对未成年人犯罪应当从轻或者减轻判处罚金，但罚金的最低数额不能少于五百元。

最高人民法院、最高人民检察院《关于常见犯罪的量刑指导意见（试行）》

二、……（四）判处罚金刑，应当以犯罪情节为根据，并综合考虑被告人缴纳罚金的能力，依法决定罚金数额。

204. 如何针对被告人的缴纳能力进行量刑辩护

司法机关不能因为被告人缴纳罚金能力强而刻意增加罚金数额，但被告人缴纳罚金能力不足的，可以作为酌情减少罚金数额的法定理由。辩护人要对被告人经济条件、退赃挽损等情况进行积极主张和举证。例如，可以调取被告人个人及家庭经济情况相关的证据，作为辩护的依据，将被告人实际是否具备缴纳罚金能力以及具备承担怎样规模罚金的能力展示给法官、检察官，以获得最佳的财产刑辩护效果。

法律依据

最高人民法院、最高人民检察院《关于常见犯罪的量刑指导意见（试行）》

二、……（四）判处罚金刑，应当以犯罪情节为根据，并综合考虑被告人缴纳罚金的能力，依法决定罚金数额。

参考案例

周某良诈骗案[①]

法院查明：2018年8月以来，上诉人周某良假冒女人身份通过微信与被害人祝某谈恋爱，在骗取祝某信任后，周某良虚构各种理由，骗取祝某多次向其微信转账共计人民币16,800元以及价值人民币4678元的一部金立手机和一部OPPO手机。一审判决被告人周某良犯诈骗罪，判处有期徒刑1年8个月，并处罚金人民币2万元。

被告人周某良不服，以“原判量刑过重”为由提出上诉，请求撤销原判，对其从轻处罚，并减轻罚金刑。

法院认为：周某良诈骗数额为21,478元，一审在量刑时已根据本案的诈骗数额、造成的损失等犯罪情节，并综合考虑周某良较好的认罪态度及其缴纳能力等因素，对周某良从轻处罚，判处其有期徒刑1年8个月，并处罚金人民币2万元，主刑及附加刑均与周某良的罪行相适应，量刑适当，上诉人周某良认为原判量刑过重的上诉理由及其指定辩护人认为应对其减轻处罚的辩护意见均不成立，不予采纳，驳回上诉、维持原判。

① （2019）云06刑终109号。

实操建议

目前检察机关在做认罪认罚程序时，通常会对主刑和附加刑提出量刑建议，此刻的量刑建议虽然并非最终法院裁量结果，但也具有非常高的采纳率，因此，辩护人针对被告人缴纳能力的辩护意见也可以提前到审查起诉阶段，辩护方和被告人应向公诉机关主张自己缴纳罚金的能力，并提供相应证据，从而获得较轻的财产刑量刑建议。

205. 主刑从轻处罚时，罚金刑是否也只能从轻处罚

法律并未明确规定罚金刑与自由刑必须同时从轻、减轻，而且罚金刑与自由刑的判处依据不同，各自调节的幅度也必然不同，只要最终减轻情况符合罪责刑相适应原则，主刑从轻的情况下，罚金刑也可以减轻处罚。

参考案例

朱胜虎等非法经营案①

法院查明：2009年9月至2012年4月，被告人朱胜虎、朱胜弟在未获取网络经营许可证的情况下，在温州市龙湾区永中街道度山村展新路4号经营"黑网吧"，营业额累计人民币（以下币种同）25万余元，非法获利约7万元。其间，王秋香（朱胜虎的妻子）在该"黑网吧"负责账目管理。

一审法院认为，王秋香在共同犯罪中起次要作用，系从犯，应当从轻处罚。被告人王秋香犯非法经营罪，判处有期徒刑1年6个月，缓刑2年，并处罚金人民币4万元。

一审宣判后，原公诉机关不服，提出抗诉。抗诉机关称，《刑法》

① 《刑事审判参考》案例第829号。

规定非法经营罪的罚金为违法所得1倍以上5倍以下，原审法院认定被告人王秋香涉案违法所得额为7万元，对王秋香的罚金应当在7万元以上，原审法院判处4万元罚金显属量刑错误。

温州市中级人民法院经审理认为，朱胜虎、朱胜弟的供述以及网吧管理员向某江的证言等证据已证实，在参与永中街道度山村展新路4号“黑网吧”经营期间，王秋香的作用与地位明显次要，系从犯。考虑到王秋香涉案经营数额、个人实际所得、犯罪持续时间及缴纳罚金能力，原审法院为保证罚金刑发挥应有的刑罚作用，适用从犯情节，对王秋香判处的主刑予以从轻处罚的同时，对其判处的罚金刑予以减轻处罚并无不当。原判定罪准确，量刑适当，审判程序合法，应予维持。据此，依照《刑事诉讼法》第225条第1款第1项之规定，裁定驳回抗诉，维持原判。

法院认为：根据《量刑指导意见》的精神，通过犯罪情节调节后，不管主刑与附加刑是否仍在法定量刑幅度内，只要与犯罪分子所犯罪行和所应承担的刑事责任相适应，即应当确定为宣告刑；《关于适用财产刑若干问题的规定》第2条亦进一步明确规定，判处被告人罚金刑，为避免出现空判或者使犯罪分子切身感受到财产刑的惩戒作用，不仅应当根据被告人的犯罪情节，还应当综合考虑犯罪分子缴纳罚金的能力等情况。由此可见，判处自由刑和罚金刑的依据并不完全相同，判处自由刑的依据不可能包括犯罪分子的经济状况，但判处罚金刑却要考虑这一因素。尽管法律并未明确规定罚金刑与自由刑必须同时从轻、减轻，但基于罚金刑与自由刑的判处依据不同，其各自调节的幅度也必然不同，调节的结果不能必然保证罚金刑和自由刑同时从轻或者减轻，只要符合罪责刑相适应原则，实现预定的刑罚效果，即可确定为宣告刑。

因此，在对主刑选择从轻的同时对罚金刑也可以适用减轻。故一审法院对未成年被告人王秋香非法经营罪的主刑在5年以下有期徒刑幅度内从轻处罚的同时，可以将对其判处的罚金刑从7万元至35万元幅度内减轻至4万元。

实操建议

对于具备从犯、自首、立功等从轻情节的，即使主刑只能从轻处罚，附加刑也可以根据犯罪情况以及行为人缴纳罚金能力大小，主张减轻处罚，避免行为人履行罚金刑有过重负担。

206. 有减轻情节的，如何确定罚金刑的减刑幅度

有减轻情节的，如果主刑适用减轻处罚的，罚金刑也应减轻处罚，通常为下一档法定刑中对应的罚金刑。但是，很多罪名涉及多个量刑档次，而且多个量刑档次对应的罚金刑存在部分数额交叉、重叠，为体现减轻处罚，对应罚金刑适用下限为下一档的最低罚金刑，上限为下一档最高罚金刑与上一档最低罚金刑中取最低值。

若行为人具备从轻或减轻处罚的量刑情节，减轻处罚应当同时适用于主刑和附加刑，在主刑减轻处罚时说明其罪行相对较轻，附加刑也应当随之减轻，与主刑的幅度相匹配，体现量刑的一致性。[①] 比如，《刑法》规定，犯信用卡诈骗罪，数额较大的，处5年以下有期徒刑或者拘役，并处2万~20万元罚金，数额巨大的，处5万~10年有期徒刑，并处5万~50万元罚金。当某被告人犯此罪，数额巨大，但依法减轻处罚后在5年以下有期徒刑或者拘役档次量刑时，对应的罚金也只能在该档次所规定的2万~20万元范围内判处，但如果判处5万~20万的罚金刑，则比未减轻处罚前对应的5万~50万元的量刑档次未见明显减轻，故应当以上一档的下限作为减轻处罚后的上限，最终适用2万~5万元的罚金刑档次，才能体现减轻处罚。

① 余建波：《减轻处罚也应适用于附加刑》，载《检察日报》，https：//www.spp.gov.cn/llyj/201609/t20160912_166594.shtml。

参考案例

唐某华受贿案[①]

法院查明：唐某华利用职务上的便利，为他人谋取利益，非法收受他人财物，数额巨大，依法应在3年以上10年以下有期徒刑幅度内决定其刑期。由于其有立功情节，其受贿罪一项被一审法院判处有期徒刑2年6个月，并处罚金人民币20万元。

法院认为：唐某华提起上诉，二审法院认为，依照《刑法》第63条第1款“犯罪分子具有本法规定的减轻处罚情节的，应当在法定刑以下判处刑罚；本法规定有数个量刑幅度的，应当在法定量刑幅度的下一个量刑幅度内判处刑罚”的规定，原一审法院减轻判处唐某华有期徒刑2年6个月，符合法律规定。但原一审法院在对其受贿犯罪的主刑选择减轻处罚的同时，没有对其附加刑罚金适用减轻处罚，应予纠正。[②]二审法院判决撤销了受贿罪附加刑罚金部分，对唐某华判处罚金人民币15万元。

即便是一审法院判处的20万元罚金刑，也依然处在受贿罪3年以下有期徒刑所对应的10万~15万元范围内，为何二审却认为其“没有对其附加刑罚金适用减轻处罚”呢？涉及罚金刑设计的交叉重叠问题，受贿罪3~10年有期徒刑对应的罚金刑为20万元以上犯罪数额2倍以下的罚金或者没收财产，20万~50万元的范围为重叠范围。因此，只有在重叠范围之下而不在之内判处罚金刑，才能够清楚明白地体现罚金刑的确得到了减轻处理。

---

① （2019）湘08刑终100号。

② 最高人民法院、最高人民检察院《关于办理贪污贿赂刑事案件适用法律若干问题的解释》第19条第1款规定：“对贪污罪、受贿罪判处三年以下有期徒刑或者拘役的，应当并处十万元以上五十万元以下的罚金；判处三年以上十年以下有期徒刑的，应当并处二十万元以上犯罪数额二倍以下的罚金或者没收财产；判处十年以上有期徒刑或者无期徒刑的，应当并处五十万元以上犯罪数额二倍以下的罚金或者没收财产。”

司法观点

有些罪名各量刑幅度的罚金存在交集、重合关系，并不是呈现典型的阶梯形态。如果减轻处罚，只要符合下一量刑幅度的罚金标准即可，实际判处的罚金金额有可能仍属于原量刑幅度的罚金范围以内。如犯出售、购买、运输假币罪数额较大的，处3年以下有期徒刑或者拘役，并处2万元以上20万元以下罚金；数额巨大的，处3年以上10年以下有期徒刑，并处5万元以上50万元以下罚金。那么，对于犯此罪数额巨大的被告人，如果减轻处罚，则应当判处2万元以上20万元以下的罚金。如果判处罚金10万元，仍然符合减轻处罚的规定，尽管10万元处于5万至50万的区间内。当然，为了避免争议，保险起见，在这种情况下判处2万元以上不足5万元的罚金，是较为稳妥的。[①]

实操建议

上述罚金刑减轻处罚的上下限确定方式，已经成为司法实务界的共识，因此，对于具有减轻情节的被告人，应当主张罚金刑与主刑同时减轻到下一档次量刑，且罚金数额低于上一档罚金刑的最低数额（甚至不能等于，否则不能体现减轻处罚）。

另外，在部分罪名减轻处罚后下一档次并无并处罚金的情况下，就不能直接对被告人适用主刑的同时还并处罚金刑，但可以直接单处罚金刑。例如，《刑法》第270条第1款规定的侵占罪，“将代为保管的他人财物非法占为己有，数额较大，拒不退还的，处二年以下有期徒刑、拘役或者罚金；数额巨大或者有其他严重情节的，处二年以上五年以下有期徒刑，并处罚金”，对于数额巨大或者有其他严重情节但获减轻处罚的被告人，就不能并处罚金刑。

---

① 刑事胜谈：《罚金刑的裁判规则（一）》，载https://cyqfy.chinacourt.gov.cn/article/detail/2017/08/id/4048090.shtml，最后访问时间：2022年4月24日。

207. 倍比罚金罪名中，共同犯罪人是否需分别判处分则条文规定的相应倍数的罚金

倍比罚金中规定的是对被告人按照违法所得或者犯罪数额判处相应比例或者倍数的罚金，在共同犯罪场合，往往是按照共同犯罪的违法所得或者犯罪数额总额确定量刑档次，由此对应的罚金额也应当是全部共同犯罪人应当承担的罚金总额，不能要求每人在相应倍比范围内承担罚金刑。例如，共同实施走私普通货物、物品罪的数个犯罪参与者，《刑法》规定处以偷逃应缴税额 1~5 倍罚金，实际适用时，并非每名被告人都要按照上述标准判处罚金，而是加总起来一共处以偷逃应缴税额 1~5 倍罚金。

但上述原则不适用于限额罚金或者无限额罚金的罪名。例如，最高人民法院、最高人民检察院《关于办理贪污贿赂刑事案件适用法律若干问题的解释》第 19 条第 1 款规定，对贪污罪、受贿罪判处 3 年以下有期徒刑或者拘役的，应当并处 10 万 ~50 万元的罚金；判处 3~10 年有期徒刑的，应当并处 20 万元以上犯罪数额 2 倍以下的罚金或者没收财产；判处 10 年以上有期徒刑或者无期徒刑的，应当并处 50 万元以上犯罪数额 2 倍以下的罚金或者没收财产。这里的罚金刑的下限是根据主刑的刑期确定的，对每一名被告人均应按照其所判处的主刑确定罚金刑下限。

法律依据

最高人民法院、最高人民法院、海关总署《关于办理走私刑事案件适用法律若干问题的意见》

二十二、……审理共同走私犯罪案件时，对各共同犯罪人判处罚金的总额应掌握在共同走私行为偷逃应缴税额的一倍以上五倍以下。

最高人民法院、最高人民法院《关于办理组织、强迫、引诱、容留、介绍卖淫刑事案件适用法律若干问题的解释》

第十三条第一款 犯组织、强迫、引诱、容留、介绍卖淫罪的，

应当依法判处犯罪所得二倍以上的罚金。共同犯罪的，对各共同犯罪人合计判处的罚金应当在犯罪所得的二倍以上。

最高人民法院、最高人民检察院《关于办理危害药品安全刑事案件适用法律若干问题的解释》

第十五条 对于犯生产、销售、提供假药罪、生产、销售、提供劣药罪、妨害药品管理罪的，应当结合被告人的犯罪数额、违法所得，综合考虑被告人缴纳罚金的能力，依法判处罚金。罚金一般应当在生产、销售、提供的药品金额二倍以上；共同犯罪的，对各共同犯罪人合计判处的罚金一般应当在生产、销售、提供的药品金额二倍以上。

最高人民法院、最高人民检察院《关于办理内幕交易、泄露内幕信息刑事案件具体应用法律若干问题的解释》

第九条第二款 构成共同犯罪的，按照共同犯罪行为人的成交总额、占用保证金总额、获利或者避免损失总额定罪处罚，但判处各被告人罚金的总额应掌握在获利或者避免损失总额的一倍以上五倍以下。

参考案例

胡某明、周某澄内幕交易、泄露内幕信息案①

法院查明：延华智能董事长胡某明指使下属周某澄在内幕信息敏感期内交易延华智能公司股票（股票代码：002178）。后周某澄分别向上述账户注资1000万元，并于同年8月24日合计买入延华智能股票1,800,429股，买入清算金额19,696,845.45元。同年10月28日、29日，上述延华智能公司股票被全部卖出，卖出清算金额24,811,516.60元。经审计，上述账户合计盈利5,114,671.15元，犯罪收益归胡某明所有。

法院认为：在共同犯罪中，胡某明系主犯，周某澄系从犯。胡某明犯内幕交易罪，判处有期徒刑3年，缓刑3年，并处罚金人民币

① （2016）沪02刑初115号。

550 万元。周某澄犯内幕交易罪，判处有期徒刑 1 年，缓刑 1 年，并处罚金人民币 1 万元。

从判决中可以看出，胡某明和周某澄其实是共同承担违法所得 1 倍的罚金（551 万元），但由于周某澄系从犯，且并未参与犯罪所得分配，所以法庭只象征性地处以 1 万元罚金，这是罪责自负原则和共同犯罪的区分处罚原则的体现。可见，对于在共同犯罪中所起的作用显著较小，未参与犯罪所得分配的从犯，即便根据《刑法》规定必须并处罚金，也可以争取到象征性的罚金刑。

实操建议

对于共同犯罪属于倍比罚金制的案件，一般可以主张共同犯罪人总和罚金符合倍比要求即可，在同一犯罪事实中另案处理的被告人也应对罚金总额承担责任。如果有被告人被判处死刑或者因被判处没收财产而无力缴纳罚金，也应当从罚金总额中扣除其依法应当承担罚金的数额后，再根据其他被告人在共同犯罪中所起的作用决定其应当承担罚金的数额。如果不属于倍比罚金情形，对于从犯或者分赃、作用较小的主犯，也可以根据事实情节和缴纳能力，确定不同的罚金标准。对从犯的罚金刑应当从轻、减轻或者免除。

208. 能否发表单处罚金刑的量刑意见

如果属于法律规定可以单处罚金刑的罪名，且具备判处最低档法定刑的事实、情节的，尤其是在目前全面实行认罪认罚从宽制度的背景下，对初犯、过失犯等主观恶性较小、情节较为轻微的犯罪分子，可以提出单处罚金刑的量刑辩护意见。同时，根据《刑法》第 59 条的规定“没收全部财产的，应当对犯罪分子个人及其扶养的家属保留必需的生活费用”，如果单处罚金的，亦应对被执行人及其扶养的家属保留必需的生活费用。

目前，我国《刑法》中可以单独适用罚金刑的罪名有109个，占据《刑法》分则中近23%的比例。具体见表12-5。

表12-5 可单处罚金刑罪名表

可单处罚金刑的罪名	最低档法定刑
非法持有宣扬恐怖主义、极端主义物品罪	情节严重的，处3年以下有期徒刑、拘役或者管制，并处或者单处罚金
妨害安全驾驶罪	危及公共安全的，处1年以下有期徒刑、拘役或者管制，并处或者单处罚金
生产、销售伪劣产品罪	销售金额5万~20万元的，处2年以下有期徒刑或者拘役，并处或者单处销售金额50%~2倍罚金
妨害药品管理罪	足以严重危害人体健康的，处3年以下有期徒刑或者拘役，并处或者单处罚金
生产、销售伪劣农药、兽药、化肥、种子罪	使生产遭受较大损失的，处3年以下有期徒刑或者拘役，并处或者单处销售金额50%~2倍罚金
生产、销售不符合卫生标准的化妆品罪	造成严重后果的，处3年以下有期徒刑或者拘役，并处或者单处销售金额50%~2倍罚金
走私国家禁止进出口的货物、物品罪	处5年以下有期徒刑或者拘役，并处或者单处罚金
走私废物罪	情节严重的，处5年以下有期徒刑，并处或者单处罚金
虚报注册资本罪	处3年以下有期徒刑或者拘役，并处或者单处虚报注册资本金额1%~5%罚金
虚假出资、抽逃出资罪	数额巨大、后果严重或者有其他严重情节的，处5年以下有期徒刑或者拘役，并处或者单处虚假出资金额或者抽逃出资金额2%~10%罚金
欺诈发行证券罪	处5年以下有期徒刑或者拘役，并处或者单处罚金
违规披露、不披露重要信息罪	处5年以下有期徒刑或者拘役，并处或者单处罚金

续表

可单处罚金刑的罪名	最低档法定刑
妨害清算罪	处 5 年以下有期徒刑或者拘役，并处或者单处 2 万 ~20 万元罚金
隐匿、故意销毁会计凭证、会计帐簿、财务会计报告罪	处 5 年以下有期徒刑或者拘役，并处或者单处 2 万 ~20 万元罚金
虚假破产罪	处 5 年以下有期徒刑或者拘役，并处或者单处 2 万 ~20 万元罚金
非法经营同类营业罪	数额巨大的，处 3 年以下有期徒刑或者拘役，并处或者单处罚金
为亲友非法牟利罪	处 3 年以下有期徒刑或者拘役，并处或者单处罚金
背信损害上市公司利益罪	处 3 年以下有期徒刑或者拘役，并处或者单处罚金
金融工作人员购买假币、以假币换取货币罪	情节较轻的，处 3 年以下有期徒刑或者拘役，并处或者单处 1 万 ~10 万元罚金
持有、使用假币罪	数额较大的，处 3 年以下有期徒刑或者拘役，并处或者单处 1 万 ~10 万元罚金
变造货币罪	数额较大的，处 3 年以下有期徒刑或者拘役，并处或者单处 1 万 ~10 万元罚金
擅自设立金融机构罪	处 3 年以下有期徒刑或者拘役，并处或者单处 2 万 ~20 万元罚金
骗取贷款、票据承兑、金融票证罪	处 3 年以下有期徒刑或者拘役，并处或者单处罚金
非法吸收公众存款罪	处 3 年以下有期徒刑或者拘役，并处或者单处罚金

续表

可单处罚金刑的罪名	最低档法定刑
伪造、变造金融票证罪	处5年以下有期徒刑或者拘役，并处或者单处2万~20万元罚金
妨害信用卡管理罪	处3年以下有期徒刑或者拘役，并处或者单处1万~10万元罚金
伪造、变造国家有价证券罪	处3年以下有期徒刑或者拘役，并处或者单处2万~20万元罚金
伪造、变造股票、公司、企业债券罪	处3年以下有期徒刑或者拘役，并处或者单处1万~10万元罚金
擅自发行股票、公司、企业债券罪	处5年以下有期徒刑或者拘役，并处或者单处非法募集资金金额1%以上5%以下罚金
内幕交易、泄露内幕信息罪	情节严重的，处5年以下有期徒刑或者拘役，并处或者单处违法所得1~5倍罚金
编造并传播证券、期货交易虚假信息罪	造成严重后果的，处5年以下有期徒刑或者拘役，并处或者单处1万~10万元罚金
诱骗投资者买卖证券、期货合约罪	造成严重后果的，处5年以下有期徒刑或者拘役，并处或者单处1万~10万元罚金
操纵证券、期货市场罪	情节严重的，处5年以下有期徒刑或者拘役，并处或者单处罚金
洗钱罪	处5年以下有期徒刑或者拘役，并处或者单处罚金
逃避追缴欠税罪	数额在1万元以上不满10万元的，处3年以下有期徒刑或者拘役，并处或者单处欠缴税款1~5倍罚金
非法购买增值税专用发票、购买伪造的增值税专用发票罪	处5年以下有期徒刑或者拘役，并处或者单处2万~20万元罚金
非法制造、出售非法制造的发票罪	处2年以下有期徒刑、拘役或者管制，并处或者单处1万~5万元罚金

续表

可单处罚金刑的罪名	最低档法定刑
假冒注册商标罪	情节严重的，处 3 年以下有期徒刑，并处或者单处罚金
销售假冒注册商标的商品罪	违法所得数额较大或者有其他严重情节的，处 3 年以下有期徒刑，并处或者单处罚金
非法制造、销售非法制造的注册商标标识罪	情节严重的，处 3 年以下有期徒刑，并处或者单处罚金
假冒专利罪	情节严重的，处 3 年以下有期徒刑或者拘役，并处或者单处罚金
侵犯著作权罪	违法所得数额较大或者有其他严重情节的，处 3 年以下有期徒刑，并处或者单处罚金
销售侵权复制品罪	违法所得数额巨大或者有其他严重情节的，处 5 年以下有期徒刑，并处或者单处罚金
侵犯商业秘密罪	情节严重的，处 3 年以下有期徒刑，并处或者单处罚金
为境外窃取、刺探、收买、非法提供商业秘密罪	处 5 年以下有期徒刑，并处或者单处罚金
损害商业信誉、商品声誉罪	给他人造成重大损失或者有其他严重情节的，处 2 年以下有期徒刑或者拘役，并处或者单处罚金
虚假广告罪	情节严重的，处 2 年以下有期徒刑或者拘役，并处或者单处罚金
串通投标罪	情节严重的，处 3 年以下有期徒刑或者拘役，并处或者单处罚金
合同诈骗罪	数额较大的，处 3 年以下有期徒刑或者拘役，并处或者单处罚金
非法经营罪	情节严重的，处 5 年以下有期徒刑或者拘役，并处或者单处违法所得 1~5 倍罚金

续表

可单处罚金刑的罪名	最低档法定刑
强迫交易罪	情节严重的，处3年以下有期徒刑或者拘役，并处或者单处罚金
伪造、倒卖伪造的有价票证罪	数额较大的，处2年以下有期徒刑、拘役或者管制，并处或者单处票证价额1~5倍罚金
倒卖车票、船票罪	情节严重的，处3年以下有期徒刑、拘役或者管制，并处或者单处票证价额1~5倍罚金
非法转让、倒卖土地使用权罪	情节严重的，处3年以下有期徒刑或者拘役，并处或者单处非法转让、倒卖土地使用权价额5%~20%罚金
出具证明文件重大失实罪	造成严重后果的，处3年以下有期徒刑或者拘役，并处或者单处罚金
逃避商检罪	情节严重的，处3年以下有期徒刑或者拘役，并处或者单处罚金
侵犯公民个人信息罪	情节严重的，处3年以下有期徒刑或者拘役，并处或者单处罚金
盗窃罪	数额较大的，或者多次盗窃、入户盗窃、携带凶器盗窃、扒窃的，处3年以下有期徒刑、拘役或者管制，并处或者单处罚金
诈骗罪	数额较大的，处3年以下有期徒刑、拘役或者管制，并处或者单处罚金
抢夺罪	数额较大的，或者多次抢夺的，处3年以下有期徒刑、拘役或者管制，并处或者单处罚金
侵占罪	数额较大，拒不退还的，处2年以下有期徒刑、拘役或者罚金
敲诈勒索罪	数额较大或者多次敲诈勒索的，处3年以下有期徒刑、拘役或者管制，并处或者单处罚金

续表

可单处罚金刑的罪名	最低档法定刑
故意毁坏财物罪	数额较大或者有其他严重情节的，处 3 年以下有期徒刑、拘役或者罚金
拒不支付劳动报酬罪	数额较大，经政府有关部门责令支付仍不支付的，处 3 年以下有期徒刑或者拘役，并处或者单处罚金
妨害公务罪	处 3 年以下有期徒刑、拘役、管制或者罚金
使用虚假身份证件、盗用身份证件罪	情节严重的，处拘役或者管制，并处或者单处罚金
非法生产、买卖警用装备罪	情节严重的，处 3 年以下有期徒刑、拘役或者管制，并处或者单处罚金
非法生产、销售专用间谍器材、窃听、窃照专用器材罪	处 3 年以下有期徒刑、拘役或者管制，并处或者单处罚金
组织考试作弊罪	处 3 年以下有期徒刑或者拘役，并处或者单处罚金
代替考试罪	处拘役或者管制，并处或者单处罚金
非法获取计算机信息系统数据、非法控制计算机信息系统罪	情节严重的，处 3 年以下有期徒刑或者拘役，并处或者单处罚金
拒不履行信息网络安全管理义务罪	处 3 年以下有期徒刑、拘役或者管制，并处或者单处罚金
非法利用信息网络罪	情节严重的，处 3 年以下有期徒刑或者拘役，并处或者单处罚金
帮助信息网络犯罪活动罪	情节严重的，处 3 年以下有期徒刑或者拘役，并处或者单处罚金
扰乱无线电通讯管理秩序罪	情节严重的，处 3 年以下有期徒刑、拘役或者管制，并处或者单处罚金

续表

可单处罚金刑的罪名	最低档法定刑
高空抛物罪	情节严重的，处1年以下有期徒刑、拘役或者管制，并处或者单处罚金
催收非法债务罪	情节严重的，处3年以下有期徒刑、拘役或者管制，并处或者单处罚金
组织、利用会道门、邪教组织、利用迷信破坏法律实施罪	情节较轻的，处3年以下有期徒刑、拘役、管制或者剥夺政治权利，并处或者单处罚金
虚假诉讼罪	处3年以下有期徒刑、拘役或者管制，并处或者单处罚金
泄露不应公开的案件信息罪	造成信息公开传播或者其他严重后果的，处3年以下有期徒刑、拘役或者管制，并处或者单处罚金
扰乱法庭秩序罪	处3年以下有期徒刑、拘役、管制或者罚金
掩饰、隐瞒犯罪所得、犯罪所得收益罪	处3年以下有期徒刑、拘役或者管制，并处或者单处罚金
拒不执行判决、裁定罪	情节严重的，处3年以下有期徒刑、拘役或者罚金
非法处置查封、扣押、冻结的财产罪	情节严重的，处3年以下有期徒刑、拘役或者罚金
故意损毁文物罪	处3年以下有期徒刑或者拘役，并处或者单处罚金
故意损毁名胜古迹罪	情节严重的，处5年以下有期徒刑或者拘役，并处或者单处罚金
妨害国境卫生检疫罪	处3年以下有期徒刑或者拘役，并处或者单处罚金
非法采集人类遗传资源、走私人类遗传资源材料罪	情节严重的，处3年以下有期徒刑、拘役或者管制，并处或者单处罚金
非法行医罪	情节严重的，处3年以下有期徒刑、拘役或者管制，并处或者单处罚金

续表

可单处罚金刑的罪名	最低档法定刑
非法进行节育手术罪	情节严重的，处 3 年以下有期徒刑、拘役或者管制，并处或者单处罚金
妨害动植物防疫、检疫罪	情节严重的，处 3 年以下有期徒刑或者拘役，并处或者单处罚金
污染环境罪	严重污染环境的，处 3 年以下有期徒刑或者拘役，并处或者单处罚金
非法捕捞水产品罪	情节严重的，处 3 年以下有期徒刑、拘役、管制或者罚金
非法狩猎罪	情节严重的，处 3 年以下有期徒刑、拘役、管制或者罚金
非法占用农用地罪	造成耕地、林地等农用地大量毁坏的，处 5 年以下有期徒刑或者拘役，并处或者单处罚金
破坏自然保护地罪	造成严重后果或者有其他恶劣情节的，处 5 年以下有期徒刑或者拘役，并处或者单处罚金
非法采矿罪	情节严重的，处 3 年以下有期徒刑、拘役或者管制，并处或者单处罚金
非法引进、释放、丢弃外来入侵物种罪	情节严重的，处 3 年以下有期徒刑或者拘役，并处或者单处罚金
盗伐林木罪	数量较大的，处 3 年以下有期徒刑、拘役或者管制，并处或者单处罚金
滥伐林木罪	数量较大的，处 3 年以下有期徒刑、拘役或者管制，并处或者单处罚金
非法收购、运输盗伐、滥伐的林木罪	情节严重的，处 3 年以下有期徒刑、拘役或者管制，并处或者单处罚金
非法买卖、运输、携带、持有毒品原植物种子、幼苗罪	数量较大的，处 3 年以下有期徒刑、拘役或者管制，并处或者单处罚金

续表

可单处罚金刑的罪名	最低档法定刑
为他人提供书号出版淫秽书刊罪	处3年以下有期徒刑、拘役或者管制，并处或者单处罚金
阻碍军人执行职务罪	处3年以下有期徒刑、拘役、管制或者罚金
非法生产、买卖武装部队制式服装罪	情节严重的，处3年以下有期徒刑、拘役或者管制，并处或者单处罚金
伪造、盗窃、买卖、非法提供、非法使用武装部队专用标志罪	处3年以下有期徒刑、拘役或者管制，并处或者单处罚金
私分国有资产罪	数额较大的，对其直接负责的主管人员和其他直接责任人员，处3年以下有期徒刑或者拘役，并处或者单处罚金
私分罚没财物罪	数额较大的，对其直接负责的主管人员和其他直接责任人员，处3年以下有期徒刑或者拘役，并处或者单处罚金

法律依据

最高人民法院《贯彻宽严相济刑事政策的若干意见》

14. 宽严相济刑事政策中的从“宽”，主要是指对于情节较轻、社会危害性较小的犯罪，或者罪行虽然严重，但具有法定、酌定从宽处罚情节，以及主观恶性相对较小、人身危险性不大的被告人，可以依法从轻、减轻或者免除处罚；对于具有一定社会危害性，但情节显著轻微危害不大的行为，不作为犯罪处理；对于依法可不监禁的，尽量适用缓刑或者判处管制、单处罚金等非监禁刑。

16. 对于所犯罪行不重、主观恶性不深、人身危险性较小、有悔改表现、不致再危害社会的犯罪分子，要依法从宽处理。对于其中具备条件的，应当依法适用缓刑或者管制、单处罚金等非监禁刑。同时配合做好社区矫正，加强教育、感化、帮教、挽救工作。

19. 对于较轻犯罪的初犯、偶犯，应当综合考虑其犯罪的动机、手段、情节、后果和犯罪时的主观状态，酌情予以从宽处罚。对于犯罪情节轻微的初犯、偶犯，可以免予刑事处罚；依法应当予以刑事处罚的，也应当尽量适用缓刑或者判处管制、单处罚金等非监禁刑。

最高人民法院《关于适用财产刑若干问题的规定》

第四条 犯罪情节较轻，适用单处罚金不致使再危害社会并具有下列情节之一的，可以依法单处罚金：

（一）偶犯或者初犯；

（二）自首或者有立功表现；

（三）犯罪时不满十八岁的；

（四）犯罪预备、中止或者未遂的；

（五）被胁迫参加犯罪的；

（六）全部退赃并有悔罪表现的；

（七）其他可以单处罚金的情形。

参考案例

蒲某树、唐某宏拒不支付劳动报酬案①

法院查明：蒲某树、唐某宏系包工头，在收到浩瑞公司支付的工程款2000余万元（其中已包含应当向农民工支付的工资）后，未及时向工人支付工资，导致拖欠车某等125人工资，共约人民币3,142,651元。大连金普新区人力资源和社会保障局于2018年11月7日下达《限期整改指令书》，并责令被告人蒲某树、唐某宏及吉林省浩瑞建筑工程有限公司10日之内支付工人工资。被告人蒲某树、唐某宏仍未在规定时间内支付工人工资，于2019年1月25日被大连市公安局经济技术开发区分局取保候审。2019年9月9日，被告人蒲某树、唐某宏支付了全部拖欠的工资，取得谅解，并预缴罚金各20,000元。

法院认为：二人属于“主观恶性不深、人身危险性较小、有悔改

① （2019）辽0291刑初706号。

表现、不致再危害社会的犯罪分子”，且具有认罪认罚，经电话传唤后到案后如实供述（自首）等情节，判决蒲某树、唐某宏犯拒不支付劳动报酬罪，单处罚金人民币2万元（罚金已预缴）。

实操建议

根据相关法律法规和类案特征，对于具有以下一项或是多项条件且属于表12-5范围内罪名，辩护人可以提出单处罚金的量刑意见：

（1）所犯罪行不重、主观恶性不深、人身危险性较小、有悔改表现、不致再危害社会；

（2）较轻犯罪的初犯、偶犯或是胁从犯；

（3）具有自首、立功、被害人明显过错等法定、酌定从轻、减轻或者免除处罚情节；

（4）认罪认罚退赃表现良好；

（5）犯罪预备、中止或者未遂；

（6）未成年的当事人。

209. 未成年人犯罪的罚金刑，是否可以在已经减轻处罚的主刑对应的罚金刑档次上，再行从宽

一般来说，罚金的最低数额也对应最低的主刑，在同样被判处最低的主刑时，对未成年人的罚金能够从最低1000元降低到最低500元，这说明了判处同样的主刑时，对于未成年人的罚金应当比照成年人降低。因此，对未成年人判处罚金刑的，可以在减轻后的主刑对应的罚金刑基础上再从轻或者减轻处罚。

这样既符合未成年人减轻处罚的规定，还遵循了对未成年人教育为主、惩罚为辅的刑法原则，避免了对不具备经济实力的未成年人判处大额罚金刑而形成对未成年人亲属的刑罚牵连效应。

例如，某未成年人因实施抢劫犯罪，综合各种犯罪情节依法应判处 6 年有期徒刑，但因其犯罪时未成年，依法从轻处罚后被判处了 3 年有期徒刑。假设当地法院对于抢劫罪判处 3 年有期徒刑成年犯一般判处罚金 2000 元，对未成年人的罚金刑应当是在减轻后的主刑对应的罚金刑基础上再行减轻，即判处 1000 元的罚金。

法律依据

最高人民法院《关于适用财产刑若干问题的规定》

第二条 人民法院应当根据犯罪情节，如违法所得数额、造成损失的大小等，并综合考虑犯罪分子缴纳罚金的能力，依法判处罚金。刑法没有明确规定罚金数额标准的，罚金的最低数额不能少于一千元。

对未成年人犯罪应当从轻或者减轻判处罚金，但罚金的最低数额不能少于五百元。

210. 如何利用单位犯罪辩护减轻或者免除财产刑

单位犯罪的刑罚规定具有特殊性，部分单位犯罪虽适用双罚制，但对单位直接负责的主管人员和其他直接责任人员（以下简称“两责人员”）的处罚较之自然人犯罪更轻或者财产刑更轻，对此，要充分利用单位犯罪与自然人犯罪的量刑差异，实现当事人最大化量刑收益。

《刑法》分则中共规定了 163 个单位犯罪罪名，其中 149 个适用双罚制，其中量刑明显轻于对应自然人量刑的有 15 个：

（1）4 个罪名对单位“两责人员”的自由刑低于自然人。分别为：高利转贷罪，内幕交易、泄露内幕信息罪，诱骗投资者买卖证券、期货合约罪，以及对有影响力的人行贿罪。具体体现为对自然人犯罪有二至三个刑罚档位，但对单位“两责人员”却只有一个最低刑罚档位。详见表 12-6。

表 12-6 “两责人员”自由刑轻于自然人的罪名

罪名	“两责人员”量刑	自然人犯罪量刑
高利转贷罪	3年以下有期徒刑或者拘役	3年以下有期徒刑或者拘役，并处违法所得1~5倍罚金；数额巨大的，处3~7年有期徒刑，并处违法所得1~5倍罚金
内幕交易、泄露内幕信息罪	5年以下有期徒刑或者拘役，并处或者单处非法募集资金金额1%~5%罚金	5年以下有期徒刑或者拘役，并处或者单处违法所得1~5倍罚金；情节特别严重的，处5年以上10年以下有期徒刑，并处违法所得1~5倍罚金
诱骗投资者买卖证券期货合约罪	5年以下有期徒刑或者拘役	5年以下有期徒刑或者拘役，并处或者单处1万~10万元罚金；情节特别恶劣的，处5年以上10年以下有期徒刑，并处2万~20万元罚金
对有影响力的人行贿罪	3年以下有期徒刑或者拘役，并处罚金	3年以下有期徒刑或者拘役，并处罚金；情节严重的，或者使国家利益遭受重大损失的，3~7年有期徒刑，并处罚金；情节特别严重的，或者使国家利益遭受特别重大损失的，7~10年有期徒刑，并处罚金

（2）10个罪名未对“两责人员”判处罚金刑。分别为：走私普通货物、物品罪，虚报注册资本罪，虚假出资、抽逃出资罪，高利转贷罪，擅自发行股票、公司、企业债券罪，保险诈骗罪，虚开增值税专用发票、用于骗取出口退税、抵扣税款发票罪，伪造、出售伪造的增值税专用发票罪，编造并传播证券、期货交易虚假信息罪，诱骗投资者买卖证券、期货合约罪，详见表12-7。

表 12-7 “两责人员”免除财产刑罪名

罪名	“两责人员”量刑	自然人犯罪量刑
走私普通货物、物品罪	3 年以下有期徒刑或者拘役； 情节严重的，处 3 年以上 10 年以下有期徒刑； 情节特别严重的，处 10 年以上有期徒刑	（1）走私货物、物品偷逃应缴税额较大或者 1 年内曾因走私被给予 2 次行政处罚后又走私的，处 3 年以下有期徒刑或者拘役，并处偷逃应缴税额 1~5 倍罚金。 （2）走私货物、物品偷逃应缴税额巨大或者有其他严重情节的，处 3 年以上 10 年以下有期徒刑，并处偷逃应缴税额 1~5 倍罚金。 （3）走私货物、物品偷逃应缴税额特别巨大或者有其他特别严重情节的，处 10 年以上有期徒刑或者无期徒刑，并处偷逃应缴税额 1~5 倍罚金或者没收财产
虚报注册资本罪	3 年以下有期徒刑或者拘役	3 年以下有期徒刑或者拘役，并处或者单处虚报注册资本金额 1%~5% 罚金
虚假出资、抽逃出资罪	5 年以下有期徒刑或者拘役	5 年以下有期徒刑或者拘役，并处或者单处虚假出资金额或者抽逃出资金额 2%~10% 罚金
高利转贷罪	3 年以下有期徒刑或者拘役	3 年以下有期徒刑或者拘役，并处违法所得 1~5 倍罚金；数额巨大的，处 3 年以上 7 年以下有期徒刑，并处违法所得 1~5 倍罚金
擅自发行股票、公司、企业债券罪	5 年以下有期徒刑或者拘役	5 年以下有期徒刑或者拘役，并处或者单处非法募集资金金额 1%~5% 罚金
保险诈骗罪	5 年以上 10 年以下有期徒刑；数额特别巨大或者有其他特别严重情节的，处 10 年以上有期徒刑	5 年以下有期徒刑或者拘役，并处 1 万 ~10 万元罚金；数额巨大或者有其他严重情节的，处 5 年以上 10 年以下有期徒刑，并处 2 万 ~20 万元罚金；数额特别巨大或者有其他特别严重情节的，处 10 年以上有期徒刑，并处 2 万 ~20 万元罚金或者没收财产

续表

罪名	“两责人员”量刑	自然人犯罪量刑
虚开增值税专用发票、用于骗取出口退税、抵扣税款发票罪	3 年以下有期徒刑或者拘役；虚开的税款数额较大或者有其他严重情节的，处 3 年以上 10 年以下有期徒刑；虚开的税款数额巨大或者有其他特别严重情节的，处 10 年以上有期徒刑或者无期徒刑	3 年以下有期徒刑或者拘役，并处 2 万 ~20 万元罚金；虚开的税款数额较大或者有其他严重情节的，处 3 年以上 10 年以下有期徒刑，并处 5 万 ~50 万元罚金；虚开的税款数额巨大或者有其他特别严重情节的，处 10 年以上有期徒刑或者无期徒刑，并处 5 万 ~50 万元罚金或者没收财产
伪造、出售伪造的增值税专用发票罪	3 年以下有期徒刑、拘役或者管制；数量较大或者有其他严重情节的，处 3 年以上 10 年以下有期徒刑；数量巨大或者有其他特别严重情节的，处 10 年以上有期徒刑或者无期徒刑	3 年以下有期徒刑、拘役或者管制，并处 2 万 ~20 万元罚金；数量较大或者有其他严重情节的，处 3 年以上 10 年以下有期徒刑，并处 5 万 ~50 万元罚金；数量巨大或者有其他特别严重情节的，处 10 年以上有期徒刑或者无期徒刑，并处 5 万 ~50 万元罚金或者没收财产
编造并传播证券、期货交易虚假信息罪	5 年以下有期徒刑或者拘役	5 年以下有期徒刑或者拘役，并处或者单处 1 万 ~10 万元以下罚金
诱骗投资者买卖证券、期货合约罪	5 年以下有期徒刑或者拘役	5 年以下有期徒刑或者拘役，并处或者单处 1 万 ~10 万元罚金；情节特别恶劣的，处 5 年以上 10 年以下有期徒刑，并处 2 万 ~20 万元罚金

（3）4 个罪名对“两责人员”的罚金刑低于自然人，分别为内幕

交易、泄露内幕信息票据诈骗罪，金融凭证诈骗罪和信用证诈骗罪，详见表 12-8。

表 12-8 “两责人员”罚金刑轻于自然人的罪名

罪名	“两责人员”犯罪量刑	自然人犯罪量刑
内幕交易、泄露内幕信息罪	5 年以下有期徒刑或者拘役，并处或者单处非法募集资金金额 1%~5% 罚金	5 年以下有期徒刑或者拘役，并处或者单处违法所得 1~5 倍罚金；情节特别严重的，处 5 年以上 10 年以下有期徒刑，并处违法所得 1~5 倍罚金
票据诈骗罪	5 年以下有期徒刑或者拘役，可以并处罚金；数额巨大或者有其他严重情节的，处 5 年以上 10 年以下有期徒刑，并处罚金；数额特别巨大或者有其他特别严重情节的，处 10 年以上有期徒刑或者无期徒刑，并处罚金	5 年以下有期徒刑或者拘役，并处 2 万 ~20 万元罚金；数额巨大或者有其他严重情节的，处 5 年以上 10 年以下有期徒刑，并处 5 万 ~50 万元罚金；数额特别巨大或者有其他特别严重情节的，处 10 年以上有期徒刑或者无期徒刑，并处 5 万 ~50 万元罚金或者没收财产
金融凭证诈骗罪	5 年以下有期徒刑或者拘役，可以并处罚金；数额巨大或者有其他严重情节的，处 5 年以上 10 年以下有期徒刑，并处罚金；数额特别巨大或者有其他特别严重情节的，处 10 年以上有期徒刑或者无期徒刑，并处罚金	5 年以下有期徒刑或者拘役，并处 2 万 ~20 万元罚金；数额巨大或者有其他严重情节的，处 5 年以上 10 年以下有期徒刑，并处 5 万 ~50 万元罚金；数额特别巨大或者有其他特别严重情节的，处 10 年以上有期徒刑或者无期徒刑，并处 5 万 ~50 万元罚金或者没收财产
信用证诈骗罪	5 年以下有期徒刑或者拘役，可以并处罚金；数额巨大或者有其他严重情节的，处 5 年以上 10 年以下有期徒刑，并处罚金；数额特别巨大或者有其他特别严重情节的，处 10 年以上有期徒刑或者无期徒刑，并处罚金	5 年以下有期徒刑或者拘役，并处 2 万 ~20 万元罚金；数额巨大或者有其他严重情节的，处 5 年以上 10 年以下有期徒刑，并处 5 万 ~50 万元罚金；数额特别巨大或者有其他特别严重情节的，处 10 年以上有期徒刑或者无期徒刑，并处 5 万 ~50 万元罚金或者没收财产

参考案例

王红梅、王宏斌、陈一平走私普通货物、虚开增值税专用发票案[①]

法院认为：一审法院认定本案系个人犯罪，判处王红梅死刑缓期2年执行，剥夺政治权利终身，并处没收个人全部财产；判处王宏斌有期徒刑16年，剥夺政治权利3年，并处没收财产100万元。二审法院认为，以单位名义实施走私犯罪，没有证据证实违法所得被实施犯罪的个人占有或者私分的，应当根据有利于被告人的原则，认定为单位走私犯罪，本案系单位犯罪，于是王红梅及王宏斌的财产刑均被撤销。[②]

周某虚开增值税专用发票案[③]

法院认为：被告人周某虚开增值税专用发票税额426,588.65元，并已经抵扣税款，造成国家税款被骗取300,000元以上，依法应处10年以上有期徒刑，并处5万元以上50万元以下罚金或者没收财产。被告人周某系自首，依法予以减轻处罚。被告人周某自愿认罪，认罪态度较好，酌情予以从轻处罚。一审以虚开增值税专用发票罪判处被告人周某有期徒刑6年，并处罚金5万元。二审法院认为，上诉人周某在没有真实贸易交易的情况下，为受票方虚开增值税专用发票33份，价税共计3,281,451.35元，税额426,588.65元，该税额已由受票单位抵扣，依据《刑法》第205条第2款之规定，单位犯虚开增值税专用发票罪的，对其直接负责的主管人员虚开税款数额巨大或者有其他特别严重情节的，处10年以上有期徒刑或者无期徒刑；依据虚开增值税专用发票相关司法解释的规定，虚开税款数额50万元以上的，属于“虚开的税款数额巨大”，因虚开增值税专用发票致使国家税款

---

① 《刑事审判参考》案例第336号。

② 《刑法》第151条第4款规定：单位犯本条规定之罪的，对单位判处罚金，并对其直接负责的主管人员和其他直接责任人员，依照本条各款的规定处罚。

③ （2015）青刑二终字第88号。

被骗取30万元以上的，属于“其他特别严重情节”。综上，根据上诉人周某犯罪事实及犯罪后的情节，原审判处上诉人周某有期徒刑6年符合法律规定。原审判决认定上诉人周某犯虚开增值税专用发票罪的事实清楚，证据确实、充分，但认定系自然人犯罪并判处罚金不当，依法予以纠正，二审未判处罚金刑。

余某舒、卢某组织、领导传销活动案[①]

法院认为：一审法院认定本案系个人犯罪，以组织、领导传销活动罪分别判处被告人余某舒有期徒刑5年，并处罚金人民币10万元。二审法院认为，该公司成立之初非以传销犯罪为目的，祝某军和余某舒在内的公司领导层平时也仅仅是领取固定工资报酬，销售收入分成等约定并没有实际兑现，在案证据也不能证实满某公司经营收入等收益归个人占有，应归公司占有。因此，二审法院认定满某公司构成组织、领导传销活动单位犯罪，改判余某舒有期徒刑3年6个月，并处罚金人民币6万元。

实操建议

上述案件中均涉及单位犯罪中对“两责人员”的刑事处罚较之自然人犯罪更轻(没有财产刑或者财产刑更轻)。因此,面对双罚制罪名，辩护人应当尤其关注犯罪主体，严格剖析其案件属于单位犯罪还是自然人犯罪。如果行为人是以单位名义，为了单位利益实施犯罪，且违法所得大部分被单位使用，则符合单位犯罪特点，属于单位犯罪，且属于上述三种情况的罪名范围的，行为人有可能大幅度降低自由刑，甚至降低或者免予财产刑，只对单位单处罚金。

即便对于不在上述罪名范围的普通单位犯罪罪名，从自然人犯罪辩护成单位犯罪中的“两责人员”也能够引入新的责任主体分担全案罚金，也有利于降低行为人财产刑。

---

① （2020）鲁07刑终233号。

211. 案件宣判前积极主动缴纳罚金的，能否从轻处罚

虽然没有相关规定明示预缴罚金可以作为从轻处罚的酌定情节，但司法实践往往默认“预缴罚金”或者“积极履行财产刑”可以作为从轻处罚的情节。而且，根据实证研究数据，预交罚金的缓刑适用率高于未交罚金42%，具有预缴罚金情节的被告人受到了相对于不具有该情节被告人更轻的处罚，而且法定刑幅度越高，这种从宽处罚的效果就越明显。[①]

尽管预缴罚金（由于预缴时罚金尚未判处，更准确的表述是“预缴财产刑保证金”）后酌定从轻处罚并无法律依据，且存在“先执后判”“以钱抵刑”“以罚代刑”之嫌，但从司法实践的角度讲，预缴罚金确实能够节约执行成本、提高司法效率，也能体现被告人真诚悔罪、尽力弥补过错的一种态度，已经被司法机关广泛接受。辩护人在代理案件时尤其是在法庭宣判之前，在基本认罪认罚且有执行能力的前提下，还是建议积极主动缴纳罚金。这代表被告人接受量刑建议，不仅是对主刑没有异议，而且对罚金刑也没有异议，反映了其认罪悔罪愿意接受处罚的态度，主观恶性降低，减少了强制执行的司法成本，法院通常会在主刑裁量上适当体现减让。

法律依据

最高人民法院《关于印发〈全国法院维护农村稳定刑事审判工作座谈会纪要〉的通知》

对于应当并处罚金刑的犯罪，如被告人能积极缴纳罚金，认罪态度较好，且判处的罚金数量较大，自由刑可适当从轻，或考虑宣告缓刑。这符合罪刑相适应原则，因为罚金刑也是刑罚。

---

① 陈海阳、罗婧怡：《罚金刑辩护思路探究》，载https：//mp.weixin.qq.com/s/ahtmnlK04zxhiM8n14Oogw。

参考案例

高某内幕交易案[①]

法院查明：2010 年 5 月初，被告人高某非法获取了汕头 AA 包装材料股份有限公司拟收购上海 BB 私人有限公司持有的江苏某某复合材料有限公司等单位股权的内幕信息后，于同年 5 月 7 日至 11 日买入 AA 包装材料股份有限公司股票 11 万股，成交金额共计人民币（下同）213 万余元。同年 11 月 22 日至 25 日，被告人高某将上述股票全部卖出，非法获利共计 70 万余元。案发后，侦查机关从高某处扣押违法所得 677,727 元。在法院审理期间，被告人高某向法院退缴违法所得 29,700.57 元，并预交财产刑保证金 110 万元。

法院认为：被告人高某非法获取内幕信息，并利用该内幕信息进行证券交易，情节严重，其行为已构成内幕交易罪。公诉机关指控被告人高某犯内幕交易罪的事实清楚，证据确实、充分，指控罪名成立，本院予以支持。被告人高某犯罪后能自动投案，并如实供述自己的罪行，系自首，依法予以从轻处罚。综合本案的犯罪情节及被告人高某到案后的认罪、悔罪表现，对其可以从宽处罚并单处罚金，并最终对高某单处罚金 110 万元。

上述案件中，高某获利 70 余万元，依照《关于办理内幕交易、泄露内幕信息刑事案件具体应用法律若干问题的解释》，内幕交易获利 15 万元以上构成“情节严重”，对应 5 年以下有期徒刑；获利 75 万元以上构成“情节特别严重”，对应 5~10 年有期徒刑。高某已经接近情节特别严重标准。其他类似数额案件中，即便被告人自首，也最多判处缓刑，高某能够最终获得单处财产刑的处罚，预缴财产刑保证金无疑起到了相当大的作用。

上述处罚也有法理基础：高某归案后能够如实供述自己罪行、认罪悔罪，这说明其主观上认识到自己的罪行，主观恶性减弱，人身危险性降低，对其特殊预防必要性减弱，可以作为减少预防刑的根据；

---

① （2014）锡刑二初字第 00008 号。

情节轻微，能够积极退赃、赔偿，消除危害后果，挽回损失，这客观上使受侵犯的法益得以弥补、恢复，有利于恢复性司法，社会危害性降低，其违法性减少，可以作为减少责任刑的根据。因此，对高某减轻处罚并单处罚金，符合罪责刑相适应的刑法基本原则。

司法观点

虽然检察机关不应将罚金刑执行上的考虑作为是否建议适用缓刑的前置条件，但是，对于犯罪嫌疑人表示能积极缴纳罚金、认罪认罚且判处的罚金数额较大的，基于罪刑相适应原则，自由刑的量刑建议可以适当从轻，而对于符合宣告缓刑条件的，可以提出适用缓刑的量刑建议。①

司法机关应当鼓励被告人主动缴纳罚金，而鼓励的方式无外乎在主刑上予以体现。当然，在判决书中，是否可以将预缴罚金作为从宽处罚情节，有待于进一步斟酌。但即使判决书中没有明确，法官在量刑的过程中也会有所考虑，尤其是在罚金数额较高的情况下。②

可见，从量刑建议到最终裁判，预缴罚金对于被告人都是有利因素，尤其是在罚金数额较高的情况下，考虑到预缴罚金可避免“空判”，司法者往往会给予更大的刑罚减让幅度。尤其是在经济犯罪中，预缴罚金已经成为法院裁量是否适用单处罚金刑的重要因素。

实操建议

对于基本认罪认罚的案件和罪轻辩护的经济犯罪类案件，可以与当事人和当事人家属沟通是否愿意预先缴纳财产刑保证金，具体的罚金数额可与检察官沟通，形成量刑建议，或在宣判前与法官提前沟通，

---

① 邵汝卿、万润发：《认罪认罚案件中罚金刑量刑建议的提出》，载《人民检察》2021年第15期。

② 臧德胜：《刑事胜谈：罚金刑的裁判规则（三）》，载https://cyqfy.chinacourt.gov.cn/article/detail/2017/08/id/4048092.shtml。

询问清楚可否因当事人预缴财产刑保证金适当从轻，或给予宣告缓刑、单处罚金刑；如果不能判处缓刑或单处罚金刑，能否在判处实刑时适当从轻。

同时，需要注意的是，判决前未缴纳罚金不影响认罪认罚的认定，也不应作为从重处罚的理由。罚金的缴纳时间应当在判决指定的期限内，一般在判决生效后 3 个月内执行完毕即可。因此，判决前是否缴纳罚金不应当影响“认罚”的认定。

212. 罚金是否必须一次性缴纳，能否申请减免或者分期缴纳

罚金的缴纳一般为限期一次性缴纳，如果属于因遭受火灾、水灾、地震等灾祸而丧失财产，因重病、伤残等而丧失劳动能力，或者需要罪犯抚养的近亲属患有重病，需支付巨额医药费等情形，确实没有财产可供执行的，也可以向法院申请分期缴纳或者减免缴纳，避免因为未足额履行罚金刑而无法减刑、假释。

法律依据

《刑法》

第五十三条 罚金在判决指定的期限内一次或者分期缴纳。期满不缴纳的，强制缴纳。对于不能全部缴纳罚金的，人民法院在任何时候发现被执行人有可以执行的财产，应当随时追缴。

由于遭遇不能抗拒的灾祸等原因缴纳确实有困难的，经人民法院裁定，可以延期缴纳、酌情减少或者免除。

最高人民法院《关于适用财产刑若干问题的规定》

第六条 刑法第五十三条规定的“由于遭遇不能抗拒的灾祸缴纳确实有困难的”，主要是指因遭受火灾、水灾、地震等灾祸而丧失财产；

罪犯因重病、伤残等而丧失劳动能力，或者需要罪犯抚养的近亲属患有重病，需支付巨额医药费等，确实没有财产可供执行的情形。

具有刑法第五十三条规定“可以酌情减少或者免除”事由的，由罪犯本人、亲属或者犯罪单位向负责执行的人民法院提出书面申请，并提供相应的证明材料。人民法院审查以后，根据实际情况，裁定减少或者免除应当缴纳的罚金数额。

参考案例

法院裁定终结执行被执行人龙金罚金案①

被执行人龙金，原系四川省安县安昌镇石梯村农民，因犯抢夺罪被上海市浦东新区法院于2007年5月判处有期徒刑2年，罚金人民币2000元。判决生效后，罪犯龙金被移送至上海市白茅岭监狱服刑；该案罚金尚未缴纳，由浦东新区法院刑庭移交执行庭立案执行。执行过程中，被执行人龙金以其家庭在“5·12”地震中受灾严重、无力缴纳罚金，且他在服刑过程中能认罪服法、认真改造为由，向浦东新区法院提出免除罚金的请求。上海市白茅岭监狱及上海市军天湖农场区人民检察院核查了龙金的服刑改造情况，并通过地震灾区四川省安昌镇政府查明，被执行人龙金家庭4间房屋全部毁损，其妻在地震前因病死亡，家中老父老母和两个11岁的女儿依靠政府救济生活。后上海市军天湖农场区检察院依据龙金的申请向浦东新区法院提交了对龙金终结执行罚金刑的检察建议书。

上海市浦东新区法院经审查认为，被执行人龙金确系我国“5·12”汶川大地震灾区籍罪犯，其家庭在地震中受灾严重，所居住房屋全部毁损、现居住于政府救济的过渡房内，无经济收入，已经丧失履行罚金的经济能力和客观条件，属于法律规定的“遭遇不能抗拒的灾祸缴纳确实有困难的”情形，依照《刑法》第53条、《刑事诉讼法》第219条和最高人民法院《关于适用财产刑若干问题的规定》第6条之

---

① 《刑事审判参考》案例第596号。

规定裁定如下：

对（2007）浦刑初字第775号刑事判决书判处被执行人龙金的罚金人民币2000元终结执行。

裁判理由：经查，本案中被执行人龙金的家庭在“5·12”汶川大地震中遭受巨大财产损失，确实已经失去履行罚金的经济能力和客观条件，属于法律规定的“遭遇不能抗拒的灾祸缴纳确实有困难的”情形，依法符合减免罚金的提起事由。

实操建议

（1）由罪犯本人、亲属或者犯罪单位及其辩护人申请启动减免罚金程序。

减免罚金的启动程序，原则上应该由被执行人或其家属向法院提出申请，并由被执行人承担相关举证责任。由罪犯本人、亲属或者犯罪单位及其辩护人向负责执行的人民法院提出书面申请，并提供相应的证明材料。不排除在特殊情况下司法机关了解到相关情况后也会依职权向当事人进行释明、提醒，甚至帮助申请人履行证明责任。

（2）可以向刑庭或者执行庭提出减免申请。

在实践中，尚未交付执行的，可由原审判庭办理，因为从罚金的减免是对既定刑罚的变更这一角度来看，这一问题属于对实体问题的处分，此项工作由原审法院的刑庭负责更符合刑庭的职责分工；已交付执行庭的，由执行庭办理，虽然由原审法院刑庭决定后再交由执行部门执行多了一道流转程序，但由于法定的财产刑的减免事由明确，对被执行人是否具有法定减免罚金事由的审查并不需要过长时间，做好各个程序的衔接并不困难，因此应当能够实现提高诉讼效率的要求。

213. 未履行罚金刑的，是否影响减刑、假释

如果是确有履行能力而不履行或者不完全履行的，会影响减刑、假释的申请和核准。甚至如果在狱内消费明显超出规定额度标准的，也会被认定为有能力履行而不履行财产刑、不认定罪犯确有悔改表现，而不具备减刑、假释申请条件且被限制减刑，如某些地方的监狱规定，财产刑不履行或者不积极履行，每次减刑都会缩减一个月，部分履行和全额不履行，对于非三类人员（职务犯罪、金融诈骗、涉黑涉恶三类）来说每次减刑同样会缩减一个月。

因此，财产刑如果未履行或未完全履行，会影响服刑人员减刑和假释，非三类人员，只要裁判文书中有一项财产刑没有履行或者没有完全履行，减刑就会受到影响，另外，财产刑只要不履行完毕，即使没有其他缩减和不予假释的情形，也不得假释；对于三类人员而言，如果财产刑没有履行或没有完全履行，会比其他服刑人员的减刑假释政策更为严格。

法律依据

最高人民法院《关于办理减刑、假释案件具体应用法律的规定》

第二条 对于罪犯符合刑法第七十八条第一款规定“可以减刑”条件的案件，在办理时应当综合考察罪犯犯罪的性质和具体情节、社会危害程度、原判刑罚及生效裁判中财产性判项的履行情况、交付执行后的一贯表现等因素。

第七条第一款 对符合减刑条件的职务犯罪罪犯，破坏金融管理秩序和金融诈骗犯罪罪犯，组织、领导、参加、包庇、纵容黑社会性质组织犯罪罪犯，危害国家安全犯罪罪犯，恐怖活动犯罪罪犯，毒品犯罪集团的首要分子及毒品再犯，累犯，确有履行能力而不履行或者不全部履行生效裁判中财产性判项的罪犯，被判处十年以下有期徒刑的，执行二年以上方可减刑，减刑幅度应当比照本规定第六条从严掌

握，一次减刑不超过一年有期徒刑，两次减刑之间应当间隔一年以上。

第二十七条 对于生效裁判中有财产性判项，罪犯确有履行能力而不履行或者不全部履行的，不予假释。

最高人民法院《关于办理减刑、假释案件具体应用法律的补充规定》

第一条 对拒不认罪悔罪的，或者确有履行能力而不履行或者不全部履行生效裁判中财产性判项的，不予假释，一般不予减刑。

《监狱计分考核罪犯工作规定》

第二十二条 罪犯在一个考核周期内，有下列情形之一的，不得评为积极等级：

（一）因违规违纪行为单次被扣10分以上的；

（二）任何一部分单月考核得分低于其基础分的；

（三）上一个考核周期等级评定为不合格的；

（四）确有履行能力而不履行或者不全部履行生效裁判中财产性判项的；

（五）省、自治区、直辖市监狱管理局明确不得评为积极等级的情形。

最高人民法院、最高人民检察院、公安部、司法部《关于加强减刑、假释案件实质化审理的意见》

7.严格审查罪犯履行财产性判项的能力。罪犯未履行或者未全部履行财产性判项，具有下列情形之一的，不认定罪犯确有悔改表现：

（1）拒不交代赃款、赃物去向；

（2）隐瞒、藏匿、转移财产；

（3）有可供履行的财产拒不履行。

对于前款罪犯，无特殊原因狱内消费明显超出规定额度标准的，一般不认定罪犯确有悔改表现。

山东省高级人民法院、山东省人民检察院、山东省公安厅、山东省司法厅《关于办理减刑、假释案件的实施细则》

6.10 被判处管制、拘役、有期徒刑、无期徒刑的罪犯，首次报请减刑时，符合下列情形且不能证实确无全部履行能力的，一般不予减刑：

（一）财产性判项在50万元以上，履行比例低于20%的；

（二）财产性判项在10万元以上不满50万元，履行比例低于30%的；

（三）财产性判项在5万元以上不满10万元，履行比例低于40%的；

（四）财产性判项在3万元以上不满5万元，履行比例低于50%的；

（五）财产性判项不满3万元，没有全部履行的。

前款罪犯履行比例分别达到（一）、（二）、（三）、（四）项规定的相应比例，但不能证实确无全部履行能力的，首次报请减刑时应从严掌握，一般比照本细则中相应的起始时间或减刑幅度分别延长或从严不低于六个月、五个月、四个月、三个月。

参考案例

罪犯陈某冰不予减刑案①

法院查明：罪犯陈某冰因犯集资诈骗罪于2011年3月被判处无期徒刑，剥夺政治权利终身，并处没收个人全部财产，继续追缴违法所得人民币875.59万元。执行机关以陈某在服刑期间确有悔改表现为由，报请对其减刑。罪犯陈某冰服刑期间，受到表扬3次，记功2次。另查明，原审认定陈某冰以非法占有为目的，使用诈骗方法非法向他人集资，数额特别巨大，且陈某冰案发后拒不供述赃款去向，至今未退出违法所得。

法院认为：罪犯陈某冰作为金融犯罪罪犯，诈骗他人巨款，案发

① 最高人民法院2015年2月发布的减刑、假释、暂予监外执行典型案例中的案例三。《罪犯陈雪冰不予减刑案——金融犯罪罪犯拒不退赃，依法不予减刑》，载《人民法院报》2015年2月14日版。

后拒不供述赃款去向，且至今不退赃，给被害人造成特别重大损失的社会影响未能消除，不能认定其“确有悔改表现”，依法裁定对其不予减刑。

黄安全减刑案[①]

法院认为：罪犯黄安全在改造期间，能认罪服法，认真参加学习，完成劳动任务，但其犯走私珍贵动物制品罪，至今仍不履行生效裁判确定的罚金义务，且狱内月平均消费达501.76元，并明确表示不愿意将劳动所得、个人零花钱账户钱款等合法财产用于履行，考核期内存在欠产情形，综合考量罪犯犯罪的性质和具体情节、社会危害程度、原判刑罚及生效裁判中财产性判项的履行情况、交付执行后的一贯表现等因素，不能认定其确有悔改表现，裁定对其不予减刑。

实操建议

财产刑的执行情况已经成为假释适用的前提和减刑的重要考量因素。各省市一般会根据《刑法》《刑事诉讼法》《监狱法》等法律法规、司法解释，结合减刑、假释工作的实际情况，制定相关的减刑、假释实施细则。辩护人要注意学习掌握上述规范，并向家属、当事人介绍相关影响减刑、假释的因素，同时，也要注意，在辩护过程中对罚金刑进行精细化量刑辩护、降低罚金数额，从而减轻当事人及家属履行罚金刑的压力，也避免影响刑罚执行过程中的减刑和假释，便于当事人积极服刑改造，更加顺利回归社会。

214. 如何针对没收财产刑进行量刑辩护

没收财产是我国《刑法》所规定的一种刑罚，属于附加刑，只有《刑法》分则中明确规定没收财产的犯罪才能适用这种刑罚。一般适用于

① （2021）桂05刑更504号刑事裁定书。

严重的犯罪，如危害国家安全罪，生产、销售伪劣商品罪，破坏金融秩序罪，金融诈骗罪，危害税收罪，贪污罪，受贿罪，绑架罪。没收财产，只能是犯罪分子个人所有财产的一部或者全部。在针对检察机关提出的没收财产量刑建议或者法院作出的没收财产刑进行辩护时，应当注意以下几点：

（1）要准确识别是否为《刑法》分则规定判有附加刑的罪名。我国的《刑法》分则对于什么性质的犯罪、具备什么样的条件才能适用没收财产的刑罚，都作出了明确的规定，共有74个罪名规定了判处没收财产刑的规定，《刑法》分则未规定没收财产刑的，不能单独或者附加适用没收财产刑。

表12–9　可判处没收财产刑的罪名

法条	罪名	没收财产刑规定
第102条	背叛国家罪	可以没收财产
第103条	分裂国家罪	可以没收财产
第103条	煽动分裂国家罪	可以没收财产
第104条	武装叛乱、暴乱罪	可以没收财产
第105条	颠覆国家政权罪	可以没收财产
第105条第2款	煽动颠覆国家政权罪	可以没收财产
第107条	资助危害国家安全犯罪活动罪	可以没收财产
第108条	投敌叛变罪	可以没收财产
第109条	叛逃罪	可以没收财产
第110条	间谍罪	可以没收财产

续表

法条	罪名	没收财产刑规定
第 111 条	为境外窃取、刺探、收买、非法提供国家秘密、情报罪	可以没收财产
第 112 条	资敌罪	可以没收财产
第 120 条	组织、领导、参加恐怖组织罪	组织、领导恐怖活动组织的，处 10 年以上有期徒刑或者无期徒刑，并处没收财产
第 120 条之一	帮助恐怖活动罪	情节严重的，处 5 年以上有期徒刑，并处罚金或者没收财产
第 120 条之二	准备实施恐怖活动罪	情节严重的，处 5 年以上有期徒刑，并处罚金或者没收财产
第 120 条之三	宣扬恐怖主义、极端主义、煽动实施恐怖活动罪	情节严重的，处 5 年以上有期徒刑，并处罚金或者没收财产
第 120 条之四	利用极端主义破坏法律实施罪	情节严重的，处 5 年以上有期徒刑，并处罚金或者没收财产
第 140 条	生产、销售伪劣产品罪	销售金额 200 万元以上的，处 15 年有期徒刑或者无期徒刑，并处销售金额 50%~2 倍罚金或者没收财产
第 141 条	生产、销售、提供假药罪	致人死亡或者有其他特别严重情节的，处 10 年以上有期徒刑、无期徒刑或者死刑，并处罚金或者没收财产
第 142 条	生产、销售、提供劣药罪	后果特别严重的，处 10 年以上有期徒刑或者无期徒刑，并处罚金或者没收财产
第 143 条	生产、销售不符合安全标准的食品罪	后果特别严重的，处 7 年以上有期徒刑或者无期徒刑，并处罚金或者没收财产

续表

法条	罪名	没收财产刑规定
第145条	生产、销售不符合标准的医用器材罪	后果特别严重的，处10年以上有期徒刑或者无期徒刑，并处销售金额50%~2倍罚金或者没收财产
第147条	生产、销售伪劣农药、兽药、化肥、种子罪	使生产遭受特别重大损失的，处7年以上有期徒刑或者无期徒刑，并处销售金额50%~2倍罚金或者没收财产
第151条	走私武器、弹药罪	处7年以上有期徒刑，并处罚金或者没收财产；情节特别严重的，处无期徒刑，并处没收财产
第151条第1款	走私核材料罪	处7年以上有期徒刑，并处罚金或者没收财产；情节特别严重的，处无期徒刑，并处没收财产
第151条第1款	走私假币罪	处7年以上有期徒刑，并处罚金或者没收财产；情节特别严重的，处无期徒刑，并处没收财产
第151条第2款	走私文物罪	处7年以上有期徒刑，并处罚金或者没收财产；情节特别严重的，处无期徒刑，并处没收财产
第151条第2款	走私贵重金属罪	处7年以上有期徒刑，并处罚金或者没收财产；情节特别严重的，处无期徒刑，并处没收财产
第151条第2款	走私珍贵动物、珍贵动物制品罪	处7年以上有期徒刑，并处罚金或者没收财产；情节特别严重的，处无期徒刑，并处没收财产
第152条第1款	走私淫秽物品罪	情节严重的，处10年以上有期徒刑或者无期徒刑，并处罚金或者没收财产
第153条	走私普通货物、物品罪	走私货物、物品偷逃应缴税额特别巨大或者有其他特别严重情节的，处10年以上有期徒刑或者无期徒刑，并处偷逃应缴税额1~5倍罚金或者没收财产
第170条	伪造货币罪	有下列情形之一的，处10年以上有期徒刑或者无期徒刑，并处罚金或者没收财产

续表

法条	罪名	没收财产刑规定
第171条第1款	出售、购买、运输假币罪	数额特别巨大的，处10年以上有期徒刑或者无期徒刑，并处5万~50万元罚金或者没收财产
第171条第2款	金融工作人员购买假币、以假币换取货币罪	数额巨大或者有其他严重情节的，处10年以上有期徒刑或者无期徒刑，并处2万~20万元罚金或者没收财产
第172条	持有、使用假币罪	数额特别巨大的，处10年以上有期徒刑，并处5万~50万元罚金或者没收财产
第177条	伪造、变造金融票证罪	情节特别严重的，处10年以上有期徒刑或者无期徒刑，并处5万~50万元罚金或者没收财产
第178条第1款	伪造、变造国家有价证券罪	数额特别巨大的，处10年以上有期徒刑或者无期徒刑，并处5万~50万元罚金或者没收财产
第192条	集资诈骗罪	数额巨大或者有其他严重情节的，处7年以上有期徒刑或者无期徒刑，并处罚金或者没收财产
第193条	贷款诈骗罪	数额特别巨大或者有其他特别严重情节的，处10年以上有期徒刑或者无期徒刑，并处5万~50万元罚金或者没收财产
第194条第1款	票据诈骗罪	数额特别巨大或者有其他特别严重情节的，处10年以上有期徒刑或者无期徒刑，并处5万~50万元罚金或者没收财产
第195条	信用证诈骗罪	数额特别巨大或者有其他特别严重情节的，处10年以上有期徒刑或者无期徒刑，并处5万~50万元罚金或者没收财产
第196条第1款	信用卡诈骗罪	数额特别巨大或者有其他特别严重情节的，处10年以上有期徒刑或者无期徒刑，并处5万~50万元罚金或者没收财产

续表

法条	罪名	没收财产刑规定
第197条	有价证券诈骗罪	数额特别巨大或者有其他特别严重情节的，处10年以上有期徒刑或者无期徒刑，并处5万~50万元罚金或者没收财产
第198条	保险诈骗罪	数额特别巨大或者有其他特别严重情节的，处10年以上有期徒刑，并处2万~20万元罚金或者没收财产
第204条	骗取出口退税罪	数额特别巨大或者有其他特别严重情节的，处10年以上有期徒刑或者无期徒刑，并处骗取税款1~5倍罚金或者没收财产
第204条	逃税罪	数额特别巨大或者有其他特别严重情节的，处10年以上有期徒刑或者无期徒刑，并处骗取税款1~5倍罚金或者没收财产
第205条	虚开增值税专用发票、用于骗取出口退税、抵扣税款发票罪	虚开的税款数额巨大或者有其他特别严重情节的，处10年以上有期徒刑或者无期徒刑，并处5万~50万元罚金或者没收财产
第206条	伪造、出售伪造的增值税专用发票罪	数量巨大或者有其他特别严重情节的，处10年以上有期徒刑或者无期徒刑，并处5万~50万元罚金或者没收财产
第207条	非法出售增值税专用发票罪	数量巨大的，处10年以上有期徒刑或者无期徒刑，并处5万~50万元罚金或者没收财产
第209条第1款	非法制造、出售非法制造的用于骗取出口退税、抵扣税款发票罪	数量特别巨大的，处7年以上有期徒刑，并处5万~50万元罚金或者没收财产

续表

法条	罪名	没收财产刑规定
第 224 条	合同诈骗罪	数额特别巨大或者有其他特别严重情节的，处 10 年以上有期徒刑或者无期徒刑，并处罚金或者没收财产
第 225 条	非法经营罪	情节特别严重的，处 5 年以上有期徒刑，并处违法所得 1~5 倍罚金或者没收财产
第 234 条之一第 1 款	组织出卖人体器官罪	情节严重的，处 5 年以上有期徒刑，并处罚金或者没收财产
第 239 条	绑架罪	以勒索财物为目的绑架他人的，或者绑架他人作为人质的，处 10 年以上有期徒刑或者无期徒刑，并处罚金或者没收财产；杀害被绑架人的，或者故意伤害被绑架人，致人重伤、死亡的，处无期徒刑或者死刑，并处没收财产
第 240 条	拐卖妇女、儿童罪	有下列情形之一的，处 10 年以上有期徒刑或者无期徒刑，并处罚金或者没收财产；情节特别严重的，处死刑，并处没收财产
第 263 条	抢劫罪	有下列情形之一的，处 10 年以上有期徒刑、无期徒刑或者死刑，并处罚金或者没收财产
第 264 条	盗窃罪	数额特别巨大或者有其他特别严重情节的，处 10 年以上有期徒刑或者无期徒刑，并处罚金或者没收财产
第 266 条	诈骗罪	数额特别巨大或者有其他特别严重情节的，处 10 年以上有期徒刑或者无期徒刑，并处罚金或者没收财产
第 267 条第 1 款	抢夺罪	数额特别巨大或者有其他特别严重情节的，处 10 年以上有期徒刑或者无期徒刑，并处罚金或者没收财产

续表

法条	罪名	没收财产刑规定
第294条第1款	组织、领导、参加黑社会性质组织罪	组织、领导黑社会性质的组织的，处7年以上有期徒刑，并处没收财产；积极参加的，处3年以上7年以下有期徒刑，可以并处罚金或者没收财产
第300条	组织、利用会道门、邪教组织、利用迷信破坏法律实施罪	情节特别严重的，处7年以上有期徒刑或者无期徒刑，并处罚金或者没收财产
第318条	组织他人偷越国（边）境罪	有下列情形之一的，处7年以上有期徒刑或者无期徒刑，并处罚金或者没收财产
第328条	盗掘古文化遗址、古墓葬罪	有下列情形之一的，处10年以上有期徒刑或者无期徒刑，并处罚金或者没收财产
第334条第1款	非法采集、供应血液、制作、供应血液制品罪	造成特别严重后果的，处10年以上有期徒刑或者无期徒刑，并处罚金或者没收财产
第341条第1款	危害珍贵、濒危野生动物罪	情节特别严重的，处10年以上有期徒刑，并处罚金或者没收财产
第347条	走私、贩卖、运输、制造毒品罪	走私、贩卖、运输、制造毒品，有下列情形之一的，处15年有期徒刑、无期徒刑或者死刑，并处没收财产
第350条	非法生产、买卖、运输制毒物品、走私制毒物品罪	情节特别严重的，处7年以上有期徒刑，并处罚金或者没收财产
第351条	非法种植毒品原植物罪	非法种植罂粟3000株以上或者其他毒品原植物数量大的，处5年以上有期徒刑，并处罚金或者没收财产

续表

法条	罪名	没收财产刑规定
第 358 条第 1~3 款	组织卖淫罪	情节严重的，处 10 年以上有期徒刑或者无期徒刑，并处罚金或者没收财产
第 358 条第 1~3 款	强迫卖淫罪	情节严重的，处 10 年以上有期徒刑或者无期徒刑，并处罚金或者没收财产
第 363 条第 1 款	制作、复制、出版、贩卖、传播淫秽物品牟利罪	情节特别严重的，处 10 年以上有期徒刑或者无期徒刑，并处罚金或者没收财产
第 383 条	贪污罪	贪污数额巨大或者有其他严重情节的，处 3 年以上 10 年以下有期徒刑，并处罚金或者没收财产。贪污数额特别巨大或者有其他特别严重情节的，处 10 年以上有期徒刑或者无期徒刑，并处罚金或者没收财产；数额特别巨大，并使国家和人民利益遭受特别重大损失的，处无期徒刑或者死刑，并处没收财产
第 388 条之一	利用影响力受贿罪	数额特别巨大或者有其他特别严重情节的，处 7 年以上有期徒刑，并处罚金或者没收财产
第 390 条	行贿罪	情节特别严重的，或者使国家利益遭受特别重大损失的，处 10 年以上有期徒刑或者无期徒刑，并处罚金或者没收财产

（2）注意区分没收财产同《刑法》第 64 条规定的没收犯罪分子违法所得的财物、违禁品和供犯罪所用的犯罪分子本人的财物的区别适用。《刑法》第 64 条的规定是对犯罪分子违法所得、供犯罪所用的本人财物以及违禁品的处理方法，它适用于一切犯罪，针对的对象是犯罪分子违法所得的财物和违禁品以及供犯罪用的本人财物，属于特别没收；没收财产刑是适用于特定罪名的刑罚，针对的是犯罪分子的合法财产。

（3）在判处没收财产刑时，既可以判处没收犯罪人全部财产，也可以判处没收犯罪人部分财产，因此，没收财产刑实践中没有确定的标准和没收范围，辩护时可以结合犯罪的性质、社会危害程度、实施犯罪的情节等，对应相应的没收财产的数额、范围。但需要明确的是，没收范围只能是犯罪分子接受审判时的个人合法所有财产，不包括应当归家属或其他人所有的财产以及犯罪分子在刑罚执行过程中新增加的财产。不论是没收一部分还是全部，都应当对没收的财产名称、数量等在判决中写明，不能笼统地判决没收一部分或者全部。决定没收犯罪分子本人的全部财产时，应当在没收的财产中给犯罪分子本人以及其所扶养的人保留必要的生活费用。这里所说的其扶养的人既包括由其扶养的配偶，又包括由其抚养的子女和赡养的老人。

法律依据

《刑法》

第五十九条 没收财产是没收犯罪分子个人所有财产的一部或者全部。没收全部财产的，应当对犯罪分子个人及其扶养的家属保留必需的生活费用。

在判处没收财产的时候，不得没收属于犯罪分子家属所有或者应有的财产。

第六十条 没收财产以前犯罪分子所负的正当债务，需要以没收的财产偿还的，经债权人请求，应当偿还。

第三十六条 由于犯罪行为而使被害人遭受经济损失的，对犯罪分子除依法给予刑事处罚外，并应根据情况判处赔偿经济损失。

承担民事赔偿责任的犯罪分子，同时被判处罚金，其财产不足以全部支付的，或者被判处没收财产的，应当先承担对被害人的民事赔偿责任。

第一百一十三条 本章上述危害国家安全罪行中，除第一百零三条第二款、第一百零五条、第一百零七条、第一百零九条外，对国家和人民危害特别严重、情节特别恶劣的，可以判处死刑。

犯本章之罪的，可以并处没收财产。

参考案例

高某贪污案①

法院查明：被告人高某于1994年5月被任命为大连海运（集团）公司驻北京联络处主任。1995年2月，大连海运（集团）公司投资设立北京柯瑞莎中心，决定由高某兼任该中心法定代表人和经理。同年4月，被告人高某与大连海运（集团）公司签订由高某承包经营北京柯瑞莎中心的合同，同时约定高某仍履行大连海运（集团）公司驻北京联络处主任职责。1998年1月和4月间，被告人高某将大连海运（集团）公司房产作抵押，向中国民生银行北京建国门支行贷款300万元。然后，利用担任北京柯瑞莎中心法定代表人、经理的职务便利，虚构支付北京纬文竟业科贸有限公司货款及归还王某空调款的事项，将上述款项中的95万元分三次电汇至海南南方公司，又通过变换银行户头，将其中10万元通过中国银行海口龙珠支行以支票形式转入海南瑞龙公司，连同自己的钱款用于购买该公司所有的位于海南省海口市滨海大道南洋大厦×08、×09房产。

法院认为：被告人贪污数额为10万元，根据我国《刑法》第383条第1款第1项的规定，个人贪污数额在10万元以上的，处10年以上有期徒刑或者无期徒刑，可以并处没收财产。因此，对高某可以并处没收财产。一审法院对高某所处的没收财产刑是没收其南洋大厦×08、×09房产，至2010年7月一审法院作出判决时，该两套房产的市值约140万元，若作出没收两套房产的财产刑，显然与被告人10万元的犯罪数额不相当，量刑畸重，有违罪罚相当的刑事处罚原则。而且，两套房产增值部分属于经营房产活动所得的收益，两者均非孳

① 《人民司法·案例》2011年第16期。

息，不属于违法犯罪所得。故应追缴被告人高某贪污所得10万元发还被害单位，不足部分责令退赔，对这两套房产均不应予以没收。故二审对被告人高某改判没收财产人民币50万元。

司法观点

最高人民法院总结出了关于执行没收财产应遵循的下列基本原则：[①]

（1）没收财产，应当执行被执行人个人所有的合法财产，不得没收属于被执行人家属所有或者应有的财产。被执行人在共有财产中的应有份额，应当依据有关民事法律的规定确定。

（2）没收财产，应当执行刑事裁判生效时被执行人已有的财产，对被执行人的现有财产实行一次性没收，不得将被执行人服刑期间或是刑满释放后所取得的财产予以没收，否则不利于被执行人刑满释放后复归社会，重新生活。

（3）关于合法财产的判断，只要刑事裁判没有认定为违法所得的财产，原则上都应当推定为合法财产。执行机构应当严格依照生效刑事裁判所认定的事实和判项内容予以执行。

（4）被执行人已经死亡的，如果财产刑亦已确定，国家与被执行人之间已形成一种惩罚与被惩罚的关系，同时也形成了债权债务关系，不能因为被执行人的死亡而使其逃脱刑事裁判确认的财产刑，应当继续执行。这也符合最高人民法院《关于适用〈中华人民共和国刑事诉讼法〉的解释》第529条第1款第2项规定，“被执行人死亡或者被执行死刑，且无财产可供执行的”，应当裁定终结执行，也就意味着，判处没收财产的刑事裁判生效后被执行人死亡的，在被执行人有财产可供执行的情况下，应当继续执行。

（5）《刑法》第59条第1款规定，“没收全部财产的，应当对犯

① 《最新法律文件解读丛书》编辑委员会编：《刑事法官必备法律司法解释解读（下）》（第3版），人民法院出版社2019年版，第2465页。

罪分子个人及其扶养的家属保留必需的生活费用”，同时需要注意，单处罚金的执行亦应对被执行人及其扶养的家属保留必需的生活费用。

（6）“必需的生活费用”的适用标准，可以参照最高人民法院《关于人民法院民事执行中查封、扣押、冻结财产的规定》第5条关于“保障被执行人及其所扶养家属最低生活标准所必需的居住房屋和普通生活必需品”的规定，可以参照“当地居民最低生活费标准掌握”，也就是“应当按照被扶养人住所地政府公布的上年度居民最低生活费标准掌握”，同时应当考虑必需生活费用的年限以及保留被执行人生活必需品等。

215. 没收财产刑中的财产范围如何认定

没收财产刑因为没收的是犯罪分子个人的合法财产，财产范围的确定尤为重要，适用时应限定为犯罪分子个人在判决生效前享有的合法财产，如相关财产属于违法所得，应通过追缴、退赔程序予以追回；如相关财产确属犯罪分子家属所有或者应有的财产，也不得作为没收对象；在没收财产前，如犯罪分子的财产与其他家庭成员的财产处于共有状态，应当从中分割出属于犯罪分子个人所有的财产后予以没收；同时，应当为犯罪分子及其家属保留必要的生活费用。

法律依据

《刑法》

第五十九条 没收财产是没收犯罪分子个人所有财产的一部或者全部。没收全部财产的，应当对犯罪分子个人及其扶养的家属保留必需的生活费用。

在判处没收财产的时候，不得没收属于犯罪分子家属所有或者应有的财产。

最高人民法院《关于刑事裁判涉财产部分执行的若干规定》

第九条 判处没收财产的，应当执行刑事裁判生效时被执行人合法所有的财产。

执行没收财产或罚金刑，应当参照被扶养人住所地政府公布的上年度当地居民最低生活费标准，保留被执行人及其所扶养家属的生活必需费用。

最高人民法院《关于在执行工作中规范执行行为切实保护各方当事人财产权益的通知》

二、依法准确甄别被执行人财产。只能执行被执行人的财产，是法院强制执行的基本法律原则。各级人民法院在执行过程中，要依法准确甄别被执行人财产，加强对财产登记、权属证书、证明及有关信息的审查，加强与有关财产权属登记部门的沟通合作，推进信息化执行查询机制建设，准确、及时地甄别被执行人财产，避免对案外人等非被执行人的合法财产采取强制执行措施。同时，对确定属于执行人的财产，则应加大执行力度，及时执行到位，确保申请执行人的债权及时兑现。

在财产刑案件执行中，要依法严格区分违法所得和合法财产，对于经过审理不能确认为违法所得的，不得判决追缴或者责令退赔；严格区分个人财产和企业法人财产，处理股东、企业经营管理者等自然人犯罪不得任意牵连企业法人财产，处理企业犯罪不得任意牵连股东、企业经营管理者个人合法财产；严格区分涉案人员个人财产和家庭成员财产，处理涉案人员犯罪不得牵连其家庭成员合法财产。

…………

216. 没收财产刑中对犯罪分子个人及其扶养的家属保留必需生活费用的范围如何认定

《刑法》规定，在适用没收全部财产刑时，要对犯罪分子及其扶养的家属保留必要的生活费用，涉及合理确定上述费用的范围。

一是被执行人所扶养家属范围如何确定。根据司法解释的规定，这里的家属主要是对一个家庭内共同生活的人而言，被执行人所扶养的家属，主要包括依据法律规定应由被执行人履行扶养义务的共同生活的家庭成员，如夫妻、父母、子女、祖父母、外祖父母、孙子女、外孙子女、养子女、兄弟姐妹等近亲属，也包括与被执行人订有扶养协议并依法已形成扶养关系的亲属或非亲属。

二是生活必需费用标准如何确定。根据最高人民法院《关于刑事裁判涉财产部分执行的若干规定》的规定，保留生活必需费用的标准，应当参照被扶养人住所地政府公布的上年度当地居民最低生活费标准。同时，最高人民法院《关于人民法院民事执行中查封、扣押、冻结财产的规定》也规定，被执行人及其所扶养家属所必需的生活费用，如果当地有最低生活保障标准的，必需的生活费用依照该标准确定。“被扶养人住所地”是确定保留最低生活费标准的地域条件；“上年度”是确定最低生活费标准的时间条件，应以强制执行时的上一年度为标准。对于保留生活必需费用的年限可由执行机构根据案件具体情况掌握。

法律依据

最高人民法院《关于刑事裁判涉财产部分执行的若干规定》

第九条 判处没收财产的，应当执行刑事裁判生效时被执行人合法所有的财产。

执行没收财产或罚金刑，应当参照被扶养人住所地政府公布的上年度当地居民最低生活费标准，保留被执行人及其所扶养家属的生活必需费用。

217. 债权人是否可以主张以没收的被告人财产偿还所负债务

《刑法》赋予了债权人申请以没收财产先予偿还民事债务的权利，但也有相应限制。首先，需要是在判决生效前所负债务，且一般是在执行阶段向法院提出，如果法院并未优先以被执行人的财产支付民事债务，债权人可以在执行过程中向执行法院提出执行异议，如果对法院决定不服的，还可以申请复议，或者另行提起民事诉讼申请执行。其次，民事债务的偿还顺序也是次于刑事退赃退赔的，仅优先于罚金和没收财产的执行，如果是有优先权的民事债权，则可以优先于刑事退赃退赔。最后，如果没收财产刑已经执行完毕的，债权人仍然可以依据《刑法》第60条主张以被告人没收的财产偿还所负债务，涉及执行回转问题。

法律依据

《刑法》

第六十条 没收财产以前犯罪分子所负的正当债务，需要以没收的财产偿还的，经债权人请求，应当偿还。

最高人民法院《关于刑事裁判涉财产部分执行的若干规定》

第十三条 被执行人在执行中同时承担刑事责任、民事责任，其财产不足以支付的，按照下列顺序执行：

（一）人身损害赔偿中的医疗费用；

（二）退赔被害人的损失；

（三）其他民事债务；

（四）罚金；

（五）没收财产。

债权人对执行标的依法享有优先受偿权，其主张优先受偿的，人民法院应当在前款第（一）项规定的医疗费用受偿后，予以支持。

第十四条 执行过程中，当事人、利害关系人认为执行行为违反法律规定，或者案外人对执行标的主张足以阻止执行的实体权利，向执行法院提出书面异议的，执行法院应当依照民事诉讼法第二百二十五条的规定处理。

人民法院审查案外人异议、复议，应当公开听证。

《民事诉讼法》

第二百三十二条 当事人、利害关系人认为执行行为违反法律规定的，可以向负责执行的人民法院提出书面异议。当事人、利害关系人提出书面异议的，人民法院应当自收到书面异议之日起十五日内审查，理由成立的，裁定撤销或者改正；理由不成立的，裁定驳回。当事人、利害关系人对裁定不服的，可以自裁定送达之日起十日内向上一级人民法院申请复议。

参考案例

河南开源实业发展集团有限责任公司（原漯河市开源实业集团有限责任公司）、漯河市郾城区农村信用合作联社借款合同纠纷执行审查案[①]

法院查明：申请执行人郾城信用联社与被执行人漯河市源汇区棉麻公司、开源公司保证担保借款合同一案，法院于2007年作出民事判决，认定被告漯河市源汇区棉麻公司于判决生效之日起10日内偿还原告漯河市源汇区沙北农村信用合作社借款本金320万元及利息，被告漯河市开源实业集团有限责任公司在70万元范围内承担连带保证义务。

河南省登封市人民法院于2020年12月22日作出（2020）豫0185执3181号执行通知书，开源公司因刑事犯罪被判处财产刑执行一案，因开源公司未在期限内履行生效法律文书判决的义务，对被告单位开源公司全部财产依法予以没收，上缴国库。

---

① （2021）豫11执异21号。

因漯河市源汇区棉麻公司、河南开源实业发展集团有限责任公司未履行上述生效法律文书所确定的各项义务，根据漯河市郾城区农村信用合作联社的恢复执行申请，法院于 2021 年 3 月 10 日依法立案恢复执行，并作出（2021）豫 11 执恢 16 号执行裁定书裁定：查封、扣押、冻结、扣留、划拨、提取、拍卖（评估）被执行人漯河市源汇区棉麻公司 1200 万元的银行存款或同等价值的财产；查封、扣押、冻结、扣留、划拨、提取、拍卖（评估）被执行人河南开源实业发展集团有限责任公司（原漯河市开源实业集团有限责任公司）290 万元的银行存款或同等价值的财产。

法院认为：根据《刑法》第 60 条的规定：没收财产以前犯罪分子所负的正当债务，需要以没收的财产偿还的，经债权人请求，应当偿还。本案中，申请执行人郾城信用联社与被执行人漯河市源汇区棉麻公司、开源公司保证担保借款合同一案，开源公司所负债务发生在河南省登封市人民法院根据生效法律文书作出（2020）豫 0185 执 3181 号执行通知书没收开源公司的全部财产的刑事财产刑前，且有生效的民事判决予以确定，因此，开源公司仍应向郾城信用联社给付正当债务。开源公司的该项异议请求无法律依据，本院不予支持。因此，申请人开源公司提出异议，请求以开源公司涉及刑事案件为由，不应再执行无法律依据，该异议请求不予支持。

陈某祥、张某梅等民间借贷纠纷案①

法院查明：原告陈某祥与张某梅系夫妻关系，张某梅与张某东系同胞兄妹。2018 年 9 月张某东因工程周转需要，向张某梅借款，张某梅、陈某祥于 2018 年 11 月 6 日、2018 年 11 月 28 日、2018 年 12 月 2 日分别向张某东指定的账户出借人民币共计 550,000 元。另查明，张某梅、张某东、张某系同胞兄妹；张某东因刑事犯罪被判处没收个人全部财产。

法院认为：张某东因犯罪被判处没收个人全部财产，根据《刑

① （2021）云 3423 民初 613 号。

法》第60条关于"没收财产以前犯罪分子所负的正当债务，需要以没收的财产偿还的，经债权人请求，应当偿还"的规定，上述550,000元借款汇入张某东指定的公司账户用于工程支出，系张某东在没收财产以前所负的正当债务，应从张某东被没收财产中偿还。故判决被告张某东于本判决生效之日起30日内向原告陈某祥、张某梅偿还借款550,000元。

实操建议

律师在进行民事案件代理过程中，要充分了解债务人涉诉情况，如发现债务人涉及刑事案件被执行财产刑的，可以充分利用《刑法》第60条的规定，申请民事债权先于财产刑执行，通常需要民事债权已经确权（有生效判决确认），在刑事裁判的执行程序中提出异议申请，或者通过民事起诉后申请参与刑事财产刑执行部分，尽量维护民事债权。

218. 刑罚执行过程中，当事人及其家属应当如何履行财产刑

有能力者可以在审判过程中采用预缴罚金的方式取得量刑减让，如果未能在判决作出前预缴罚金的，财产刑履行的最佳时间是终审判决生效后、服刑人员去监狱投改之前。在法院终审判决生效以后缴纳财产刑最为方便，也容易获得执行法院出具的财产刑已经履行完毕的凭证，从而在服刑期间可以享受正常的减刑、假释。因此，可以按照执行法院（通常为一审法院）的要求，足额、按时履行财产刑。

如果家庭确有困难，在第一时间没有凑到足够的钱，那么作为贫困服刑人员的家属，也可以选择在服刑人员首次减刑之前履行财产刑。一般需要全额履行才能符合减刑所要求的财产刑履行条件，如果不能

全额履行，只能部分履行，而部分履行又会对家庭生活造成比较大的影响，家属也可以尝试向执行机关提出确无履行能力的申请，并提交相应证据材料，如低保证明。需要注意的是，首次减刑之前是指首次减刑呈报之前，需要将法院财产刑全额缴纳的凭证交到监狱。

服刑过程中，当事人及其家属如想履行财产刑，一般是向原审一审法院缴纳。缴纳的方式可以是在法院缴费窗口当面缴纳，也可以是通过法院提供的合作银行账号，用转账的方式缴纳。缴纳之后一定要确保法院出具财务收据，该财务收据是财产刑履行的依据，家属将此缴纳凭证交给服刑人员所在的监区民警或者邮寄给服刑人员用于减刑假释，亦可以直接交到服刑人员所在监狱的狱政接待室或者在会见日直接交给服刑人员监区的领导或者内勤。也可以向减刑、假释审理的法院履行财产刑，法律规定执行法院也可以要求负责办理减刑、假释案件的人民法院协助执行生效裁判中的财产性判项。

对于有多个财产刑判项的服刑人员来说，财产刑履行会按照先民后刑进行赔付。也就是说，如果既有附带民事赔偿，又有罚金，那么财产刑履行时会优先进行附带民事的赔偿，待附带民事赔偿全部履行完毕以后才开始罚金的赔付。服刑人员和家属是没有选择履行哪种财产刑的权利的。同理，如果案件存在受害人，需要退赃退赔500万元，罚金有10万元，服刑人员如果想跳过退赃退赔的500万元，先履行10万元的罚金，通常很难实现。

法律依据

最高人民法院《关于办理减刑、假释案件具体应用法律的规定》

第三十八条 人民法院作出的刑事判决、裁定发生法律效力后，在依照刑事诉讼法第二百五十三条、第二百五十四条的规定将罪犯交付执行刑罚时，如果生效裁判中有财产性判项，人民法院应当将反映财产性判项执行、履行情况的有关材料一并随案移送刑罚执行机关。罪犯在服刑期间本人履行或者其亲属代为履行生效裁判中财产性判项的，应当及时向刑罚执行机关报告。刑罚执行机关报请减刑时应随案移送以上材料。

人民法院办理减刑、假释案件时，可以向原一审人民法院核实罪犯履行财产性判项的情况。原一审人民法院应当出具相关证明。

刑罚执行期间，负责办理减刑、假释案件的人民法院可以协助原一审人民法院执行生效裁判中的财产性判项。

最高人民法院《关于办理减刑、假释案件具体应用法律的补充规定》

第一条 对拒不认罪悔罪的，或者确有履行能力而不履行或者不全部履行生效裁判中财产性判项的，不予假释，一般不予减刑。

最高人民法院、最高人民检察院、公安部、司法部《关于加强减刑、假释案件实质化审理的意见》

1. 坚持全面依法审查。审理减刑、假释案件应当全面审查刑罚执行机关报送的材料，既要注重审查罪犯交付执行后的一贯表现，同时也要注重审查罪犯犯罪的性质、具体情节、社会危害程度、原判刑罚及生效裁判中财产性判项的履行情况等，依法作出公平、公正的裁定，切实防止将考核分数作为减刑、假释的唯一依据。

7. 严格审查罪犯履行财产性判项的能力。罪犯未履行或者未全部履行财产性判项，具有下列情形之一的，不认定罪犯确有悔改表现：

（1）拒不交代赃款、赃物去向；

（2）隐瞒、藏匿、转移财产；

（3）有可供履行的财产拒不履行。

对于前款罪犯，无特殊原因狱内消费明显超出规定额度标准的，一般不认定罪犯确有悔改表现。

8. 严格审查反映罪犯是否有再犯罪危险的材料。对于报请假释的罪犯，应当认真审查刑罚执行机关提供的反映罪犯服刑期间现实表现和生理、心理状况的材料，并认真审查司法行政机关或者有关社会组织出具的罪犯假释后对所居住社区影响的材料，同时结合罪犯犯罪的性质、具体情节、社会危害程度、原判刑罚及生效裁判中财产性判项的履行情况等，综合判断罪犯假释后是否具有再犯罪危险性。

15.完善财产性判项执行衔接机制。人民法院刑事审判部门作出具有财产性判项内容的刑事裁判后，应当及时按照规定移送负责执行的部门执行。刑罚执行机关对罪犯报请减刑、假释时，可以向负责执行财产性判项的人民法院调取罪犯财产性判项执行情况的有关材料，负责执行的人民法院应当予以配合。刑罚执行机关提交的关于罪犯财产性判项执行情况的材料，可以作为人民法院认定罪犯财产性判项执行情况和判断罪犯是否具有履行能力的依据。

专题十三

刑事涉案财物处置辩护

随着个人财富和社会财富的积累，涉案财产的规模越来越大，对个人和家庭的影响也越来越深。司法机关在办案过程中，对涉案财产的查封、扣押、冻结，往往会持续整个办案阶段，甚至会产生权属认定不准确、不当处分的情况。刑事律师也要熟知涉刑财产处置的救济途径，帮助当事人甚至案外人及时排忧解困。

一、涉案财物处置的基本问题

（一）相关法律规范

涉案财物处置相关法律规范见表 13–1。

表 13–1　涉案财物处置相关法律规范

要素	具体规定
涉案财物处置的一般原则	人民法院在必要的时候，可以采取保全措施，查封、扣押或者冻结被告人的财产。附带民事诉讼原告人或者人民检察院可以申请人民法院采取保全措施。人民法院采取保全措施，适用《民事诉讼法》的有关规定
	人民检察院、公安机关根据侦查犯罪的需要，可以依照规定查询、冻结犯罪嫌疑人的存款、汇款、债券、股票、基金份额等财产。有关单位和个人应当配合

续表

要素	具体规定
涉案财物处置的一般原则	公安机关、人民检察院和人民法院对查封、扣押、冻结的犯罪嫌疑人、被告人的财物及其孳息，应当妥善保管，以供核查，并制作清单，随案移送。任何单位和个人不得挪用或者自行处理。对被害人的合法财产，应当及时返还。对违禁品或者不宜长期保存的物品，应当依照国家有关规定处理
处置措施的解除	对查封、扣押的财物、文件、邮件、电报或者冻结的存款、汇款、债券、股票、基金份额等财产，经查明确实与案件无关的，应当在 3 日以内解除查封、扣押、冻结，予以退还
涉外情形	人民法院应当通过有关国际条约规定的或者外交途径提出的司法协助方式，或者被告人所在地法律允许的其他方式，将传票和人民检察院的起诉书副本送达被告人。传票和起诉书副本送达后，被告人未按要求到案的，人民法院应当开庭审理，依法作出判决，并对违法所得及其他涉案财产作出处理
违法所得没收程序	对于贪污贿赂犯罪、恐怖活动犯罪等重大犯罪案件，犯罪嫌疑人、被告人逃匿，在通缉 1 年后不能到案，或者犯罪嫌疑人、被告人死亡，依照《刑法》规定应当追缴其违法所得及其他涉案财产的，人民检察院可以向人民法院提出没收违法所得的申请。公安机关认为有上述规定情形的，应当写出没收违法所得意见书，移送人民检察院。没收违法所得的申请应当提供与犯罪事实、违法所得相关的证据材料，并列明财产的种类、数量、所在地及查封、扣押、冻结的情况。人民法院在必要的时候，可以查封、扣押、冻结申请没收的财产
	人民法院经审理，对经查证属于违法所得及其他涉案财产，除依法返还被害人的以外，应当裁定予以没收；对不属于应当追缴的财产的，应当裁定驳回申请，解除查封、扣押、冻结措施。对于人民法院依照上述规定作出的裁定，犯罪嫌疑人、被告人的近亲属和其他利害关系人或者人民检察院可以提出上诉、抗诉
处置错误	依照生效判决、裁定对罪犯的财产进行的处理确有错误的，应当予以返还、赔偿

（二）审查重点

刑事诉讼中的强制性措施体系正在从以限制人身自由为中心转变为对人、对物的强制性措施并用，具有剥夺犯罪收益、斩断经济诱因功能的刑事没收和民事没收作用日益被重视；同时，当事人、涉案企业的财产规模也越来越大，针对涉案财物的处置越来越被重视。针对涉案财物的处理，也是辩护律师的一项重要辩护职责，律师也可以接受案外人委托，参与刑事诉讼，就涉案财物处置提出合法、合理的诉请和证据，跟进诉讼进程，确保维护当事人的财产权利。

因此，律师在代理刑事案件、民刑交叉案件中均会涉及涉案财物处置问题，需要从财物属性认定、处置措施合法性、处置流程等多方面加强对涉案财物处置的法律审查和服务。

（1）刑事涉案财物的认定。

“涉案财物”，是指办案机关在刑事诉讼中依法采取查封、扣押、冻结、调取等措施提取或者固定，以及从其他单位和个人接收的与案件有关的物品、文件和款项，包括违法所得及其孳息、用于违法犯罪的财物、非法持有的违禁品，以及其他与案件有关的财物及其孳息。实践中也往往与“涉案物品”“涉案财产”“涉案款物”“在案财物”“罚没财物”“扣押、冻结之物”“赃款赃物”“纠纷财物”等混同使用。

不同阶段、不同机关对涉案财物的理解不尽相同，公安机关对涉案财物的规定强调证据性，即违法所得及其孳息、犯罪工具及其他可以证明违法犯罪行为发生、违法犯罪行为情节轻重的物品和文件；检察机关对涉案财物的规定强调强制性，即违法所得、犯罪工具、违禁品及其他与案件有关的财物；而法院对涉案财物更强调可执行性、全面性，既包括违法所得、犯罪工具、违禁品等赃款赃物及孳息，也包括可能用于执行财产刑、退赔被害人而被采取保全措施的被告人的合法财产，包括已移送到法院的查封、扣押、冻结的财物，也包括未移送到法院，与案件有关的其他财物，包括已经查控在案的“可执行财物”，也包括需要继续追缴、退赔的“待执行之物”，包括明确的、具体的有体物，也包括可期待的财产性利益和其他具有财产价值的相关权利。

法律依据

《反有组织犯罪法》

第四十一条 查封、扣押、冻结、处置涉案财物，应当严格依照法定条件和程序进行，依法保护公民和组织的合法财产权益，严格区分违法所得与合法财产、本人财产与其家属的财产，减少对企业正常经营活动的不利影响。不得查封、扣押、冻结与案件无关的财物。经查明确实与案件无关的财物，应当在三日以内解除查封、扣押、冻结，予以退还。对被害人的合法财产，应当及时返还。

查封、扣押、冻结涉案财物，应当为犯罪嫌疑人、被告人及其扶养的家属保留必需的生活费用和物品。

《人民检察院案件信息公开工作规定》

第七条 人民检察院应当依法、及时履行法律规定的通知、告知、送达、公开宣布等案件办理程序职责。当事人及其法定代理人、近亲属、辩护人、诉讼代理人等，可以依照规定，向办理该案件的人民检察院查询案由、受理时间、办案期限、办案组织、办案进程、处理结果、强制措施，查封、扣押、冻结涉案财物的处置情况，法律文书公开情况等案件程序性信息。

最高人民法院《关于适用〈中华人民共和国刑事诉讼法〉的解释》

第四百三十七条 人民法院对查封、扣押、冻结的涉案财物及其孳息，应当妥善保管，并制作清单，附卷备查；对人民检察院随案移送的实物，应当根据清单核查后妥善保管。任何单位和个人不得挪用或者自行处理。

查封不动产、车辆、船舶、航空器等财物，应当扣押其权利证书，经拍照或者录像后原地封存，或者交持有人、被告人的近亲属保管，登记并写明财物的名称、型号、权属、地址等详细信息，并通知有关财物的登记、管理部门办理查封登记手续。

扣押物品，应当登记并写明物品名称、型号、规格、数量、重量、质量、成色、纯度、颜色、新旧程度、缺损特征和来源等。扣押货币、有价证券，应当登记并写明货币、有价证券的名称、数额、面额等，货币应当存入银行专门账户，并登记银行存款凭证的名称、内容。扣押文物、金银、珠宝、名贵字画等贵重物品以及违禁品，应当拍照，需要鉴定的，应当及时鉴定。对扣押的物品应当根据有关规定及时估价。

冻结存款、汇款、债券、股票、基金份额等财产，应当登记并写明编号、种类、面值、张数、金额等。

第四百四十二条 法庭审理过程中，应当依照本解释第二百七十九条的规定，依法对查封、扣押、冻结的财物及其孳息进行审查。

第四百四十三条 被告人将依法应当追缴的涉案财物用于投资或者置业的，对因此形成的财产及其收益，应当追缴。

被告人将依法应当追缴的涉案财物与其他合法财产共同用于投资或者置业的，对因此形成的财产中与涉案财物对应的份额及其收益，应当追缴。

第四百四十四条 对查封、扣押、冻结的财物及其孳息，应当在判决书中写明名称、金额、数量、存放地点及其处理方式等。涉案财物较多，不宜在判决主文中详细列明的，可以附清单。

判决追缴违法所得或者责令退赔的，应当写明追缴、退赔的金额或者财物的名称、数量等情况；已经发还的，应当在判决书中写明。

第四百四十五条 查封、扣押、冻结的财物及其孳息，经审查，确属违法所得或者依法应当追缴的其他涉案财物的，应当判决返还被害人，或者没收上缴国库，但法律另有规定的除外。

对判决时尚未追缴到案或者尚未足额退赔的违法所得，应当判决继续追缴或者责令退赔。

判决返还被害人的涉案财物，应当通知被害人认领；无人认领的，应当公告通知；公告满一年无人认领的，应当上缴国库；上缴国库后有人认领，经查证属实的，应当申请退库予以返还；原物已经拍卖、变卖的，应当返还价款。

对侵犯国有财产的案件，被害单位已经终止且没有权利义务继受人，或者损失已经被核销的，查封、扣押、冻结的财物及其孳息应当上缴国库。

第四百四十六条 第二审期间，发现第一审判决未对随案移送的涉案财物及其孳息作出处理的，可以裁定撤销原判，发回原审人民法院重新审判，由原审人民法院依法对涉案财物及其孳息一并作出处理。

判决生效后，发现原判未对随案移送的涉案财物及其孳息作出处理的，由原审人民法院依法对涉案财物及其孳息另行作出处理。

第四百四十七条 随案移送的或者人民法院查封、扣押的财物及其孳息，由第一审人民法院在判决生效后负责处理。

实物未随案移送、由扣押机关保管的，人民法院应当在判决生效后十日以内，将判决书、裁定书送达扣押机关，并告知其在一个月以内将执行回单送回，确因客观原因无法按时完成的，应当说明原因。

第四百四十八条 对冻结的存款、汇款、债券、股票、基金份额等财产判决没收的，第一审人民法院应当在判决生效后，将判决书、裁定书送达相关金融机构和财政部门，通知相关金融机构依法上缴国库并在接到执行通知书后十五日以内，将上缴国库的凭证、执行回单送回。

第四百四十九条 查封、扣押、冻结的财物与本案无关但已列入清单的，应当由查封、扣押、冻结机关依法处理。

查封、扣押、冻结的财物属于被告人合法所有的，应当在赔偿被害人损失、执行财产刑后及时返还被告人。

《人民检察院刑事诉讼规则》

第二百三十八条 负责侦查的部门应当将起诉意见书或者不起诉意见书，查封、扣押、冻结的犯罪嫌疑人的财物及其孳息、文件清单以及对查封、扣押、冻结的涉案财物的处理意见和其他案卷材料，一并移送本院负责捕诉的部门审查。国家或者集体财产遭受损失的，在提出提起公诉意见的同时，可以提出提起附带民事诉讼的意见。

第二百四十九条 人民检察院撤销案件时，对查封、扣押、冻结的犯罪嫌疑人的涉案财物需要返还犯罪嫌疑人的，应当解除查封、扣押或者书面通知有关金融机构、邮政部门解除冻结，返还犯罪嫌疑人或者其合法继承人。

第三百三十条 人民检察院审查移送起诉的案件，应当查明：

…………

（十三）涉案财物是否查封、扣押、冻结并妥善保管，清单是否齐备；对被害人合法财产的返还和对违禁品或者不宜长期保存的物品的处理是否妥当，移送的证明文件是否完备。

第三百七十二条 人民检察院决定不起诉的，应当制作不起诉决定书。

不起诉决定书的主要内容包括：

…………

（五）查封、扣押、冻结的涉案财物的处理情况。

…………

第四百二十九条 人民检察院对查封、扣押、冻结的被告人财物及其孳息，应当根据不同情况作以下处理：

（一）对作为证据使用的实物，应当依法随案移送；对不宜移送的，应当将其清单、照片或者其他证明文件随案移送。

（二）冻结在金融机构、邮政部门的违法所得及其他涉案财产，应当向人民法院随案移送该金融机构、邮政部门出具的证明文件。待人民法院作出生效判决、裁定后，由人民法院通知该金融机构上缴国库。

（三）查封、扣押的涉案财物，对依法不移送的，应当随案移送清单、照片或者其他证明文件。待人民法院作出生效判决、裁定后，由人民检察院根据人民法院的通知上缴国库，并向人民法院送交执行回单。

（四）对于被扣押、冻结的债券、股票、基金份额等财产，在扣押、冻结期间权利人申请出售的，参照本规则第二百一十四条的规定办理。

第六百四十五条 人民检察院发现人民法院执行刑事裁判涉财产部分具有下列情形之一的，应当依法提出纠正意见：

（一）执行立案活动违法的；

（二）延期缴纳、酌情减少或者免除罚金违法的；

（三）中止执行或者终结执行违法的；

（四）被执行人有履行能力，应当执行而不执行的；

（五）损害被执行人、被害人、利害关系人或者案外人合法权益的；

（六）刑事裁判全部或者部分被撤销后未依法返还或者赔偿的；

（七）执行的财产未依法上缴国库的；

（八）其他违法情形。

人民检察院对人民法院执行刑事裁判涉财产部分进行监督，可以对公安机关查封、扣押、冻结涉案财物的情况，人民法院审判部门、立案部门、执行部门移送、立案、执行情况，被执行人的履行能力等情况向有关单位和个人进行调查核实。

第六百六十八条 监察机关或者公安机关随案移送涉案财物及其孳息的，人民检察院负责案件管理的部门应当在受理案件时进行审查，并及时办理入库保管手续。

第六百六十九条 人民检察院负责案件管理的部门对扣押的涉案物品进行保管，并对查封、扣押、冻结、处理涉案财物工作进行监督管理。对违反规定的行为提出纠正意见；涉嫌违法违纪的，报告检察长。

第六百七十二条 人民检察院刑事司法协助的范围包括刑事诉讼文书送达，调查取证，安排证人作证或者协助调查，查封、扣押、冻结涉案财物，返还违法所得及其他涉案财物，移管被判刑人以及其他协助。

《人民检察院办理网络犯罪案件规定》

第十条 人民检察院办理网络犯罪案件应当把追赃挽损贯穿始终，主动加强与有关机关协作，保证及时查封、扣押、冻结涉案财物，阻断涉案财物移转链条，督促涉案人员退赃退赔。

江西省高级人民法院刑二庭《关于规范刑事诉讼涉案财物处置工作的指导意见（试行）》

第一条【涉案财物的含义和范围】 本意见所称的刑事诉讼涉案财物，是指人民法院在刑事诉讼过程中自行查封、扣押、冻结的与案件有关的财物及其孳息，以及从检察机关接收的财物及其孳息，包括被告人的违法所得及其孳息、供犯罪所用的财物、非法持有的违禁品、相关物证以及其他与案件有关的财物及其孳息。

第十四条【对涉案财物的处理】 人民法院对查封、扣押、冻结的财物及其孳息，应当在判决书中写明名称（产权证书）、金额、数量、存放地点及其处理方式等。涉案财物或者有关当事人人数较多，不宜在判决主文中详细列明的，可以附清单。

人民法院对查封、扣押、冻结的财物及其孳息，应当分别情况作出处理：

（一）属于被害人的，判决返还被害人，但已获退赔的部分应予扣除；

（二）确属被告人违法所得或者违法所用，没有被害人，或者被害人的损失已经全部退赔的，判决予以没收、上缴国库；

（三）不属于被告人违法所得或者违法所用财物，有证据证明属于其他权利人的，判决发还该权利人；

（四）与本案无关但已列入清单，属于被告人合法所有的，判决在赔偿被害人损失、执行财产刑后及时返还被告人。

（2）刑事涉案财物的处置方式。

通常意义上的刑事涉案财物处置，包括实体上的没收、追缴、责令退赔，也包括程序上的强制措施、保全措施，查封、冻结、扣押、先予执行、违法所得没收特别程序、缺席审判程序等。

《刑法》第64条规定了“追缴”“责令退赔”“没收”三种对涉案财物的实体性处置方式，并对三种方式适用的对象作出了明确的区分。追缴和责令退赔的对象是犯罪分子的违法所得，而没收的对象是违禁品和供犯罪所用的本人财物。

《刑事诉讼法》规定的针对物的强制措施包括查封、冻结、扣押、先予执行，其中查封的对象主要是不动产和特定动产，如土地、房屋、车辆、船舶、航空器、大型机器、设备;冻结的对象主要是存款、汇款、证券交易结算资金、期货保证金、债券、股票、基金份额、股权、保单权益等财产；扣押的对象主要是与刑事犯罪有关的货物、物品，如走私类案件中涉嫌走私的货物、物品；先予执行的对象是易毁损、灭失、变质等不宜长期保存的物品，易贬值的汽车、船艇等物品，或者市场价格波动大的债券、股票、基金等财产，有效期即将届满的汇票、本票、支票等；违法所得特别没收程序的对象是贪污贿赂、恐怖活动等重大案件中被告人、犯罪嫌疑人死亡或者逃避侦查被通缉 1 年以上的当事人违法所得；缺席审判程序针对的对象是犯罪嫌疑人、被告人在境外的贪污贿赂犯罪案件，以及需要及时进行审判，经最高人民检察院核准的严重危害国家安全犯罪、恐怖活动犯罪案件中涉案当事人的财物。

（3）刑事涉案财物的处置规则。

一是立案前不得查封、扣押、冻结财物。

法律依据

《人民检察院刑事诉讼涉案财物管理规定》

第四条第二款 严禁以虚假立案或者其他非法方式采取查封、扣押、冻结措施。……

第五条 严禁在立案之前查封、扣押、冻结财物。立案之前发现涉嫌犯罪的财物，符合立案条件的，应当及时立案，并采取查封、扣押、冻结措施，以保全证据和防止涉案财物转移、损毁。

个人或者单位在立案之前向人民检察院自首时携带涉案财物的，人民检察院可以根据管辖规定先行接收，并向自首人开具接收凭证，根据立案和侦查情况决定是否查封、扣押、冻结。

人民检察院查封、扣押、冻结涉案财物后，应当对案件及时进行侦查，不得在无法定理由情况下撤销案件或者停止对案件的侦查。

《公安机关涉案财物管理若干规定》

第五条 对涉案财物采取措施，应当严格依照法定条件和程序进行，履行相关法律手续，开具相应法律文书。严禁在刑事案件立案之前或者行政案件受案之前对财物采取查封、扣押、冻结、扣留措施，但有关法律、行政法规另有规定的除外。

最高人民法院、最高人民检察院、公安部、司法部《关于办理黑恶势力刑事案件中财产处置若干问题的意见》

二、对涉案财产采取措施，应当严格依照法定条件和程序进行。严禁在立案之前查封、扣押、冻结财物。凡查封、扣押、冻结的财物，都应当及时进行审查，防止因程序违法、工作瑕疵等影响案件审理以及涉案财产处置。

《公安机关办理刑事案件程序规定》

第一百七十四条 对接受的案件，或者发现的犯罪线索，公安机关应当迅速进行审查。发现案件事实或者线索不明的，必要时，经办案部门负责人批准，可以进行调查核实。

调查核实过程中，公安机关可以依照有关法律和规定采取询问、查询、勘验、鉴定和调取证据材料等不限制被调查对象人身、财产权利的措施。但是，不得对被调查对象采取强制措施，不得查封、扣押、冻结被调查对象的财产，不得采取技术侦查措施。

二是需要为亲属保留必需的生活费用和物品，不得影响企业正常经营。

法律依据

中共中央办公厅、国务院办公厅《关于进一步规范刑事诉讼涉案财物处置工作的意见》

二、……查封、扣押、冻结涉案财物，应当为犯罪嫌疑人、被告人及其所扶养的亲属保留必需的生活费用和物品，减少对涉案单位正常办公、生产、经营等活动的影响。……

《人民检察院刑事诉讼涉案财物管理规定》

第四条第三款 查封、扣押、冻结涉案财物，应当为犯罪嫌疑人、被告人及其所扶养的亲属保留必需的生活费用和物品，减少对涉案单位正常办公、生产、经营等活动的影响。

最高人民法院《关于充分发挥审判职能作用切实加强产权司法保护的意见》

7.依法慎用强制措施和查封、扣押、冻结措施，最大限度降低对企业正常生产经营活动的不利影响。对涉案企业和人员，应当综合考虑行为性质、危害程度以及配合诉讼的态度等情况，依法慎重决定是否适用强制措施和查封、扣押、冻结措施。在刑事审判中，对已被逮捕的被告人，符合取保候审、监视居住条件的，应当变更强制措施。在刑事、民事、行政审判中，确需采取查封、扣押、冻结措施的，除依法需责令关闭的企业外，在条件允许的情况下可以为企业预留必要的流动资金和往来账户。不得查封、扣押、冻结与案件无关的财产。

最高人民检察院《关于充分发挥检察职能服务保障“六稳”“六保”的意见》

10.依法合理采取更加灵活务实的司法措施。立足当前经济社会发展需求，充分考虑涉案企业经营发展，在办案中依法采取更加灵活务实、及时高效的司法措施。一是慎重适用涉财产强制性措施。对涉嫌犯罪但仍在正常生产经营的各类企业，原则上不采取查封、扣押、冻结措施。对确需查封、扣押、冻结涉案财物的，应当严格区分合法财产与非法财产、股东个人财产与企业法人财产、犯罪嫌疑人个人财产与家庭成员财产，不得超权限、超范围、超数额、超时限查封、扣押、冻结财产。对于相关部门违法采取查封、扣押、冻结等措施的，要依法提出纠正意见……

《公安机关涉案财物管理若干规定》

第六条第二款 对涉案财物采取措施，应当为违法犯罪嫌疑人及其所扶养的亲属保留必需的生活费用和物品；根据案件具体情况，在保证侦查活动正常进行的同时，可以允许有关当事人继续合理使用有关涉案财物，并采取必要的保值保管措施，以减少侦查办案对正常办公和合法生产经营的影响。

最高人民法院、最高人民检察院、公安部、司法部《关于办理黑恶势力刑事案件中财产处置若干问题的意见》

3. 对涉案财产采取措施，应当为犯罪嫌疑人、被告人及其所扶养的亲属保留必需的生活费用和物品。

根据案件具体情况，在保证诉讼活动正常进行的同时，可以允许有关人员继续合理使用有关涉案财产，并采取必要的保值保管措施，以减少案件办理对正常办公和合法生产经营的影响。

三是对涉案财物处置有法定时间限制。

法律依据

《公安机关办理刑事案件适用查封、冻结措施有关规定》

第七条 查封期限不得超过二年。期限届满可以续封一次，续封应当经作出原查封决定的县级以上公安机关负责人批准，在期限届满前五日以内重新制作查封决定书和协助查封通知书，送交有关部门协助办理，续封期限最长不得超过一年。

案件重大复杂，确需再续封的，应当经设区的市一级以上公安机关负责人批准，在期限届满前五日以内重新制作查封决定书和协助查封通知书，且每次再续封的期限最长不得超过一年。

查封期限届满，未办理续封手续的，查封自动解除。

公安机关应当及时将续封决定告知有关当事人。

第二十六条 冻结存款、汇款、证券交易结算资金、期货保证金等资金,或者投资权益等其他财产的期限为六个月。需要延长期限的，应当经作出原冻结决定的县级以上公安机关负责人批准，在冻结期限届满前五日以内办理续冻手续。每次续冻期限最长不得超过六个月。

对重大、复杂案件，经设区的市一级以上公安机关负责人批准，冻结存款、汇款、证券交易结算资金、期货保证金等资金的期限可以为一年。需要延长期限的，应当按照原批准权限和程序，在冻结期限届满前五日以内办理续冻手续。每次续冻期限最长不得超过一年。

冻结债券、股票、基金份额等证券的期限为二年。需要延长冻结期限的，应当经作出原冻结决定的县级以上公安机关负责人批准，在冻结期限届满前五日以内办理续冻手续。每次续冻期限最长不得超过二年。

冻结期限届满，未办理续冻手续的，冻结自动解除。

第二十八条 冻结股权的，应当经设区的市一级以上公安机关负责人批准，冻结上市公司股权应当经省级以上公安机关负责人批准，并在协助冻结财产通知书中载明公司名称、股东姓名或者名称、冻结数额或者股份等与登记事项有关的内容。冻结股权期限为六个月。需要延长期限的，应当按照原批准权限和程序，在冻结期限届满前五日以内办理续冻手续。每次续冻期限最长不得超过六个月。

《公安机关涉案财物管理若干规定》

第三十条 在对涉案财物采取措施、管理和处置过程中，公安机关及其工作人员存在违法违规行为，损害当事人合法财产权益的，当事人和辩护人、诉讼代理人、利害关系人有权向公安机关提出投诉、控告、举报、复议或者国家赔偿。公安机关应当依法及时受理，并依照有关规定进行处理；对于情况属实的，应当予以纠正。

上级公安机关发现下级公安机关存在前款规定的违法违规行为，或者对投诉、控告、举报或者复议事项不按照规定处理的，应当责令下级公安机关限期纠正，下级公安机关应当立即执行。

常见涉案财物类型及相关处置要点见表13-2。

表 13-2 常见涉案财物类型及相关处置要点

涉案财产种类		价值估算方式	是否可以查扣冻	是否可以先行处置	案外人是否可以主张权利	处置方式
土地、房屋等不动产（含部分尚未进行权属登记的房屋）	住宅、商铺等商业房产	参照同地段、同条件房产的市场价格估算。查封房屋为一手房的，参照房地产开发企业的销售价格、当地房地产管理部门发布的指导价格，以及同类房屋买卖合同备案价估算；查封房屋为二手房的，参照同地段或相近地段的房屋司法拍卖成交价、二手房市场成交价、房产中介机构发布的二手房报价、司法网络询价、该房屋抵押时所用评估报告载明的价格等，并结合装修情况估算	是	是	是	发还、没收
	工业用房地产	参照周边土地及工业用厂房市场价格、税务机关核定价格，结合建设规划调整等因素估算	是	是	是	发还、没收
	土地使用权	参照土地出让合同记载的出让金额，并结合相近地段同类土地使用权的市场价格估算	是	是	是	发还、没收
	在建工程	参照该工程投资额、完成工程量、销售情况、工程欠款、拆迁安置、欠缴税费等估算	是	是	是	发还、没收

续表

涉案财产种类		价值估算方式	是否可以查扣冻	是否可以先行处置	案外人是否可以主张权利	处置方式
特殊动产	车辆、船舶、航空器等特殊动产	二手市场同类型动产报价估算	是	是	是	发还、没收
	机器设备、成品和半成品、原材料等动产并已实际控制该动产	以发票上载明的购买价格或新品出厂价格，结合使用年限等综合因素估算	是	是	是	发还、没收
物品	普通物品	以能证明该财产或权益价值的相关材料估算	是	否	是	发还、没收
	文物、金银、珠宝、名贵字画等贵重物品	以发票、付款凭证等能证明该财产或权益价值的相关材料估算	是	否	是	发还、没收
	剧毒、易燃易爆等危险物品,枪支弹药、管制刀具等违禁品		是	否	否	没收
	易保管物品，大宗的、不便搬运的物品，易腐烂、霉变和不易保管的物品	同期市场价格计算	是	是	是	发还、没收

续表

涉案财产种类		价值估算方式	是否可以查扣冻	是否可以先行处置	案外人是否可以主张权利	处置方式
流通性货币	货币	以面值计算	是	否	是	发还、没收
	存款、汇款、证券交易结算资金、期货保证金等资金	以面值计算	是	否	是	发还、没收
有价证券	商品证券如提货单、运货单、仓库栈单等	参照票面价值、市场价值估算	是	是	是	发还、没收
	货币证券如汇票、本票、支票	参照票面价值、市场价值估算	是	否	是	发还、没收
	上市公司股票、债券	以冻结前一交易日收盘价为基准，结合股票市场行情估算	是	是	是	发还、没收
	资本证券如非上市公司股票、债券、基金份额和国务院依法认定的其他证券	该有价证券有公开交易市场的，参照冻结上市公司股票的方法估算实际冻结到位金额；该有价证券无公开交易市场的，以票面价值估算	是	是	是	发还、没收
	有限责任公司股权、非上市股份有限公司股权	参照公司最近一期财务报表载明的所有者权益总额及实际出资额估算；无法获取财务报表的，以该公司股东实际出资额估算	是	是	是	发还、没收

续表

涉案财产种类	价值估算方式	是否可以查扣冻	是否可以先行处置	案外人是否可以主张权利	处置方式
保单权益、信托收益和其他投资权益	参照票面价值、市场价值估算	是	是	是	发还、没收
到期债权	以生效法律文书确定的债权数额或者第三人确认的到期债权数额，并结合执行可能性估算	是	是	是	发还、没收
其他财产或者财产性权益	以能证明该财产或权益价值的相关材料估算				

实操建议

实践中，对于违反基本程序限制的查封、扣押、冻结行为，如立案前查封、扣押、冻结财物，不为亲属保留必需的生活费用和物品，影响企业正常经营的或超越时限、权限的，可以先依据《公安机关涉案财物管理若干规定》第30条向公安机关提出投诉、控告、举报、复议。此外，还可以向检察院申请法律监督。最后，还可以依据《国家赔偿法》第18条要求国家赔偿。

二、常见辩点

219. 办案机关可以通过哪些方式对涉案财物进行处置

对涉案财物进行处置的方式包括刑事诉讼过程中的财产保全措施、先予执行措施、涉刑财产执行以及特别程序中的涉案财产处置。

一是在诉讼过程中伴随被告人犯罪事实审理进行的财产性保全措施，如查封、冻结、扣押，对涉案财物做的暂时性处理措施，最终的实体性处置要根据涉案财产的性质来确定：属于被害人合法财产的，应当予以及时返还；属于违法所得或供犯罪所用的财物的，应当予以没收；属于违禁品、危险物的，依法作出处理；属于个人合法财产的，及时返还或者依生效判决执行财产刑。

二是在符合一定条件时，办案机关可以先行处置涉案财物。其一，返还被害人。《刑事诉讼法》第245条规定了公安机关、人民检察院和人民法院对已查控的财产，其中属于被害人合法财产的，应当及时返还。返还被害人适用于原始形态财物尚在的情况，此时可以对违法所得予以追缴，其中，权属明确、属于被害人合法财产的部分应当由有权机关依法返还被害人。其二，责令退赔。对于尚未追缴在案或被害人合法财产已被灭失、损坏或价值损耗的，应当适用责令退赔的手段，以行政强制令的方式责令侵权人退还、赔偿被害人。其三，违禁品、危险物的处理。对于此类物品，除非相关的涉案财物需要作为证据随案移送，作为办案主体的控诉机关在审前程序中可以依规定直接作出处理。对于违禁品或者危险物品的没收，实际上是办案机关依照行政法规所作的行政处置，是对物品使用或流通秩序的政府管控。

三是通过生效刑事判决对涉案财物进行实体性处置，即《刑事诉讼法》第245条第3款规定的“人民法院作出的判决，应当对查封、扣押、冻结的财物作出处理”，判决的内容是根据已查控涉案财物的性质和权属作出返还被害人、没收等实体处置。

四是根据《刑事诉讼法》第298条规定的犯罪嫌疑人、被告人逃匿、死亡案件违法所得的没收程序，对贪污贿赂、失职渎职等职务犯罪案件、《刑法》分则第2章规定的相关恐怖活动犯罪案件，以及恐怖活动组织、恐怖活动人员实施的杀人、爆炸、绑架等犯罪案件以及危害国家安全、走私、洗钱、金融诈骗、黑社会性质组织、毒品犯罪、电信诈骗、网络诈骗犯罪案件，可以在被告人不在案的情况下，通过特别的“对物”的审理程序来解决违法所得的程序。

五是根据《刑事诉讼法》第291条规定的缺席审判程序，对犯罪嫌疑人、被告人在境外的贪污贿赂犯罪案件，以及需要及时进行审判、经最高人民检察院核准的严重危害国家安全犯罪、恐怖活动犯罪案件，可以通过缺席审理的形式“对人”进行定罪量刑审理的同时，一并对涉案财物进行处置。

实操建议

要充分了解涉案财物处置的刑事实体法和刑事程序法，以及有关民事执行的相关法律规定，提高财产性辩护的技能，如熟练掌握《民法典》《票据法》等对于财产性权益认定的相关规定，对涉案财物的权属性质作出准确判断，加强对涉案财物权属证据的审查认证，如动产、不动产的购买时间、实际出资人。针对不同财产性质、不同诉讼阶段，提出针对性的辩护意见，积极与相关办案单位及时沟通，争取取得最大化的辩护效果。

220. 查封、扣押、冻结涉案财物的范围如何确定

《刑事诉讼法》第141条第1款明确规定，“与案件无关的财物、

文件，不得查封、扣押”，该规定从反面明确了查封、扣押、冻结的财物范围应当限定在“与案件有关”，即“可用以证明犯罪嫌疑人有罪或者无罪、罪重或者罪轻”的相关财物。其中，“有罪”应当具体包括罪轻与罪重，比如涉案行为人身上携带的违禁品，虽然可能与定罪无关，但是可以作为行为人量刑轻重的情节，因此也属于“与案件有关”。

个别司法解释在规范“查封、扣押”时也提到了“根据侦查犯罪的需要”的标准。例如，《公安机关办理刑事案件适用查封、冻结措施有关规定》第5条规定，根据侦查犯罪的需要，公安机关可以依法查封涉案的土地、房屋等不动产，以及涉案的车辆、船舶、航空器和大型机器、设备等特定动产。必要时，可以一并扣押证明其财产所有权或者相关权益的法律文件和文书。置于不动产上的设施、家具和其他相关物品，需要作为证据使用的，应当扣押；不宜移动的，可以一并查封。

“根据侦查犯罪的需要”的内涵和前述“与案件有关”的理解实质上是一致的，同样是以收集犯罪嫌疑人有罪或者无罪、罪轻或者罪重的证据材料为中心。在前文的规定中，“置于不动产上的设施、家具和其他相关物品，需要作为证据使用的，应当扣押”也明确了这一点，即扣押的目的在于作为证据。之所以另外使用了“根据侦查犯罪的需要”这一用语，只是因为作为冻结对象的财产属于种类物，和其他财物有所不同，这一特征使冻结的对象中也可以包括合法财产，或者可以不明确区分合法与违法。

原则上冻结财产只能是“根据侦查犯罪的需要”，而“侦查犯罪的需要”是指可用以证明犯罪嫌疑人有罪或者无罪、罪轻或者罪重，那么，冻结的财产只能是犯罪嫌疑人的财产，而且该财产应当是指涉案财产，而非犯罪嫌疑人的一切财产，并不仅限于登记在犯罪人名下的财产，还包括实质上为犯罪嫌疑人所拥有但在他人名下或者账户上的涉案财产。比如，在盗窃犯存在多个银行账户时，能够冻结的原则上仅限于盗赃物流向的账户，而非一切账户。例外情况下可以使用其他财产进行替代查封、扣押、冻结。由于财产具有高度可替代性，在特定情况下，为了避免超范围查封、扣押、冻结，或者因涉案财物被他人善意取得、灭失而无法进行查封、扣押、冻结，例外地可以允许犯罪嫌疑人使用其他财产进行替代或者对犯罪嫌疑人其他财产进行查封。

因此，“查封、扣押”的财物只能是非法财物，而“冻结”的财产特殊情况下可以包括合法财产（需要与涉案金额相当）。但需要明确的是，“与案件有关”并不包括与案件判决中财产刑的执行有关，不能以保障未来判决的执行为由扩大查扣的范围，即“查封、扣押、冻结”的范围不包括“与案件判决的执行有关”，仅限于“可用以证明犯罪嫌疑人有罪或者无罪、罪重或罪轻”的财物，包括违法所得、违禁品和供犯罪所用之物。

法律依据

《刑事诉讼法》

第一百四十四条 人民检察院、公安机关根据侦查犯罪的需要，可以依照规定查询、冻结犯罪嫌疑人的存款、汇款、债券、股票、基金份额等财产。

第一百一十七条 当事人和辩护人、诉讼代理人、利害关系人对于司法机关及其工作人员有下列行为之一的，有权向该机关申诉或者控告：

（一）采取强制措施法定期限届满，不予以释放、解除或者变更的；

（二）应当退还取保候审保证金不退还的；

（三）对与案件无关的财物采取查封、扣押、冻结措施的；

（四）应当解除查封、扣押、冻结不解除的；

（五）贪污、挪用、私分、调换、违反规定使用查封、扣押、冻结的财物的。

受理申诉或者控告的机关应当及时处理。对处理不服的，可以向同级人民检察院申诉；人民检察院直接受理的案件，可以向上一级人民检察院申诉。人民检察院对申诉应当及时进行审查，情况属实的，通知有关机关予以纠正。

第一百四十五条 对查封、扣押的财物、文件、邮件、电报或者冻结的存款、汇款、债券、股票、基金份额等财产，经查明确实与案件无关的，应当在三日以内解除查封、扣押、冻结，予以退还。

《公安机关办理刑事案件适用查封、冻结措施有关规定》

第二条 本规定所称涉案财物，是指公安机关在办理刑事案件过程中，依法以查封、冻结等方式固定的可用以证明犯罪嫌疑人有罪或者无罪的各种财产和物品，包括：

（一）犯罪所得及其孳息；

（二）用于实施犯罪行为的工具；

（三）其他可以证明犯罪行为是否发生以及犯罪情节轻重的财物。

第二十七条 冻结涉案账户的款项数额，应当与涉案金额相当。不得超出涉案金额范围冻结款项。

最高人民检察院、公安部《关于公安机关办理经济犯罪案件的若干规定》

第四十六条第一款 查封、扣押、冻结以及处置涉案财物，应当依照法律规定的条件和程序进行。除法律法规和规范性文件另有规定以外，公安机关不得在诉讼程序终结之前处置涉案财物。严格区分违法所得、其他涉案财产与合法财产，严格区分企业法人财产与股东个人财产，严格区分犯罪嫌疑人个人财产与家庭成员财产，不得超权限、超范围、超数额、超时限查封、扣押、冻结，并注意保护利害关系人的合法权益。

第四十七条 对依照有关规定可以分割的土地、房屋等涉案不动产，应当只对与案件有关的部分进行查封。

对不可分割的土地、房屋等涉案不动产或者车辆、船舶、航空器以及大型机器、设备等特定动产，可以查封、扣押、冻结犯罪嫌疑人提供的与涉案金额相当的其他财物。犯罪嫌疑人不能提供的，可以予以整体查封。

冻结涉案账户的款项数额，应当与涉案金额相当。

最高人民法院、最高人民检察院、公安部、司法部《关于办理黑恶势力刑事案件中财产处置若干问题的意见》

19.有证据证明依法应当追缴、没收的涉案财产无法找到、被他人善意取得、价值灭失或者与其他合法财产混合且不可分割的，可以追缴、没收其他等值财产。

…………

21.追缴、没收的其他等值财产的数额，应当与无法直接追缴、没收的具体财产的数额相对应。

《公安机关办理刑事案件程序规定》

第二百三十七条第一款 公安机关根据侦查犯罪的需要，可以依照规定查询、冻结犯罪嫌疑人的存款、汇款、证券交易结算资金、期货保证金等资金，债券、股票、基金份额和其他证券，以及股权、保单权益和其他投资权益等财产……

《关于实施刑事诉讼法若干问题的规定》

36.……对于被扣押、冻结的债券、股票、基金份额等财产，在扣押、冻结期间权利人申请出售，经扣押、冻结机关审查，不损害国家利益、被害人利益，不影响诉讼正常进行的，以及扣押、冻结的汇票、本票、支票的有效期即将届满的，可以在判决生效前依法出售或者变现，所得价款由扣押、冻结机关保管，并及时告知当事人或者其近亲属。

《人民检察院刑事诉讼涉案财物管理规定》

第二十二条 对于查封、扣押、冻结的涉案财物及其孳息，除按照有关规定返还被害人或者经查明确实与案件无关的以外，不得在诉讼程序终结之前上缴国库或者作其他处理。法律和有关规定另有规定的除外。

在诉讼过程中，对权属明确的被害人合法财产，凡返还不损害其他被害人或者利害关系人的利益、不影响诉讼正常进行的，人民检察院应当依法及时返还。权属有争议的，应当在决定撤销案件、不起诉或者由人民法院判决时一并处理。

在扣押、冻结期间，权利人申请出售被扣押、冻结的债券、股票、基金份额等财产的，以及扣押、冻结的汇票、本票、支票的有效期即将届满的，人民检察院办案部门应当依照《人民检察院刑事诉讼规则（试行）》的有关规定及时办理。

《公安机关涉案财物管理若干规定》

第六条第一款 公安机关对涉案财物采取措施后，应当及时进行审查。经查明确实与案件无关的，应当在三日以内予以解除、退还，并通知有关当事人。对与本案无关，但有证据证明涉及其他部门管辖的违纪、违法、犯罪行为的财物，应当依照相关法律规定，连同有关线索移送有管辖权的部门处理。

第二十一条 对于因自身材质原因易损毁、灭失、腐烂、变质而不宜长期保存的食品、药品及其原材料等物品，长期不使用容易导致机械性能下降、价值贬损的车辆、船舶等物品，市场价格波动大的债券、股票、基金份额等财产和有效期即将届满的汇票、本票、支票等，权利人明确的，经其本人书面同意或者申请，并经县级以上公安机关主要负责人批准，可以依法变卖、拍卖，所得款项存入本单位唯一合规账户；其中，对于冻结的债券、股票、基金份额等财产，有对应的银行账户的，应当将变现后的款项继续冻结在对应账户中。

对涉案财物的变卖、拍卖应当坚持公开、公平原则，由县级以上公安机关商本级人民政府财政部门统一组织实施，严禁暗箱操作。

善意第三人等案外人与涉案财物处理存在利害关系的，公安机关应当告知其相关诉讼权利。

第三十条 在对涉案财物采取措施、管理和处置过程中，公安机关及其工作人员存在违法违规行为，损害当事人合法财产权益的，当事人和辩护人、诉讼代理人、利害关系人有权向公安机关提出投诉、控告、举报、复议或者国家赔偿。公安机关应当依法及时受理，并依照有关规定进行处理；对于情况属实的，应当予以纠正。

参考案例

检察监督解冻无关账户案[①]

案件经过：某家具公司拥有2家淘宝天猫店铺、2家淘宝企业店铺，共有淘宝客服、木工、油漆工40多人，法定代表人系郭某。2020年7月13日，郭某到某市检察院“12309”检察服务中心反映，其公司账户被市公安机关冻结48天，经其本人申请仍未解除冻结，企业复工复产陷入困境急需资金周转。郭某向检察机关申请监督侦查机关解冻账户，以解企业运营燃眉之急。

市检察院受理后，经调阅侦查卷宗、实地走访公司厂房、查看公司淘宝店铺资料、调取被冻结款项的借款合同，认为郭某公司诚信经营，公司账户与所涉刑事案件仅有一笔往来款，并与案件无关。根据《刑事诉讼法》第145条的规定，对查封、扣押的财物、文件、邮件、电报或者冻结的存款、汇款、债券、股票、基金份额等财产，经查明确实与案件无关的，应当在3日以内解除查封、扣押、冻结，予以退还。据此，检察机关依法提出解除冻结郭某公司账户的监督意见。2020年8月5日，公安机关解除冻结郭某公司账户存款人民币200万元，公司生产经营逐渐恢复正常。

实操建议

在民刑交叉案件、刑事案件办理过程中，尤其是涉及涉众型案件时，公安机关往往会扩大查扣冻财产范围，律师可以参考上述典型案例及法律依据，向公安机关申请解除违法查扣冻，如果公安机关不予处理的，也可以提请检察机关进行侦查活动监督。

---

① 最高人民检察院发布《第二届民营经济法治建设峰会检察机关服务民营经济典型案例》，载https：//www.spp.gov.cn/xwfbh/wsfbh/202010/t20201030_483425.shtml。

221. 如何理解涉黑案件中的“全面”查封、扣押、冻结

相较于普通犯罪案件,涉黑案件中查扣财物的范围往往更加广泛。将犯罪嫌疑人的各种财物进行全面查扣，与黑社会性质组织罪犯罪存在“经济特征”要求有关，即“有组织地通过违法犯罪活动或者其他手段获取经济利益，具有一定的经济实力，以支持该组织的活动”，对于经济特征而言，不论是合法财产还是非法财产，只要与“支持该组织的活动”存在关联，均与涉黑组织的认定存在关联，因而可以进行查封、扣押和冻结。

但范围广泛并不意味着可以突破应有的限制：

（1）在办理涉黑案件时，查扣的财物范围应当以“与支持该组织的活动”有关为限，不得超范围无限查扣。

（2）对亲属等其他人的合法财产，绝对不能查封、扣押、冻结。

在办理刑事案件过程中，对亲属等其他人的合法财产，绝对不能查扣。一方面，亲属等其他人的合法财产和案件事实的认定无关，无法用以证明犯罪嫌疑人有罪或者无罪以及罪轻或者罪重，相关规定也明确要严格区分“涉案财产与合法财产”“犯罪嫌疑人个人财产与家庭成员财产”；另一方面，因为根据罪责自负的原则以及《刑法》第60条的规定，案件的处罚结果不能株连亲属等其他人的合法财产，因此，即使将“与案件有关”的范围扩大到“与保障案件判决中财产刑的执行有关”，也不能查扣亲属等其他人的合法财产。

（3）禁止在判决前扣划涉案财产。

人民检察院、公安机关根据办案需要有权冻结存款、汇款、债券、股票、基金份额等财产，但不能扣划上述财产；即使犯罪嫌疑人、被告人死亡,依照《刑法》的规定应当追缴其违法所得及其他涉案财产，也应由人民检察院按照刑事诉讼特别程序向人民法院提出没收违法所得的申请。

（4）不能突破对查封、扣押、冻结的基本程序限制。

司法机关应当严格按照查封、扣押、冻结等措施的时限执法，不得违法超期、超权限限制公民、法人或其他组织的财产权利。严禁在立案之前查封、扣押、冻结财物，案件诉讼终结时应当及时依法对全部“涉案财产”作出处置。也应同样遵循司法人道主义原则，避免给当事人及其近亲属乃至其他利害关系人造成超过必要限度的影响甚至伤害。

法律依据

最高人民法院、最高人民检察院、公安部、司法部《关于办理黑恶势力刑事案件中财产处置若干问题的意见》

6. 公安机关侦查期间，要根据《公安机关办理刑事案件适用查封、冻结措施相关规定》（公通字〔2013〕30号）等有关规定，会同有关部门全面调查黑恶势力及其成员的财产状况，并可以根据诉讼需要，先行依法对下列财产采取查询、查封、扣押、冻结等措施：

（1）黑恶势力组织的财产；

（2）犯罪嫌疑人个人所有的财产；

（3）犯罪嫌疑人实际控制的财产；

（4）犯罪嫌疑人出资购买的财产；

（5）犯罪嫌疑人转移至他人名下的财产；

（6）犯罪嫌疑人涉嫌洗钱以及掩饰、隐瞒犯罪所得、犯罪所得收益等犯罪涉及的财产；

（7）其他与黑恶势力组织及其违法犯罪活动有关的财产。

15. 涉案财产符合下列情形之一的，应当依法追缴、没收：

（1）黑恶势力组织及其成员通过违法犯罪活动或者其他不正当手段聚敛的财产及其孳息、收益；

（2）黑恶势力组织成员通过个人实施违法犯罪活动聚敛的财产及其孳息、收益；

（3）其他单位、组织、个人为支持该黑恶势力组织活动资助或者主动提供的财产；

（4）黑恶势力组织及其成员通过合法的生产、经营活动获取的财产或者组织成员个人、家庭合法财产中，实际用于支持该组织活动的部分；

（5）黑恶势力组织成员非法持有的违禁品以及供犯罪所用的本人财物；

（6）其他单位、组织、个人利用黑恶势力组织及其成员违法犯罪活动获取的财产及其孳息、收益；

（7）其他应当追缴、没收的财产。

3. 对涉案财产采取措施，应当为犯罪嫌疑人、被告人及其所扶养的亲属保留必需的生活费用和物品。

…………

《刑法》

第六十条 没收财产是没收犯罪分子个人所有财产的一部或者全部。没收全部财产的，应当对犯罪分子个人及其扶养的家属保留必需的生活费用。

在判处没收财产的时候，不得没收属于犯罪分子家属所有或者应有的财产。

222. 如何审查办案机关查封、扣押、冻结涉案财物过程的合法性

查扣涉案财物属于对物的强制措施，法律规定了严格的程序要求，对涉案财物申请权利救济时，不仅要核实查扣财物是否与案件事实有关，还需要审查办案机关查扣程序是否合法，对于违法查扣的，也可以向公安机关申诉撤销，或者要求检察机关予以监督纠正。

一是审查《查封 / 扣押通知书》记录是否准确以及制作过程是否合法。办案机关需要向涉案财物持有人和协助查封 / 扣押单位出具《查封 / 扣押通知书》，并在《查封 / 扣押财物、文件清单》上记明财物的名称、编号、数量、特征等情况，将发现财物的地点在“备注”栏内记明，并由涉案财物持有人在《查封 / 扣押通知书》第二联（附卷联）上记明已收到该《查封 / 扣押通知书》；如果涉案财物持有人不在场、拒不配合，或者无法确定持有人的，除见证人在场见证和在清单中记明外，办案机关通常还需要制作查封 / 扣押笔录，记明查封、扣押财物的过程和结果，以及在场人员对查封 / 扣押活动有无异议，以客观反映查封 / 扣押时的情况。

二是审查查扣特定涉案财物是否按照法律要求进行拍照、录像。查封、扣押特定涉案财物时，要求会同持有人、见证人，当面逐一拍照、登记、编号，并全程同步录音录像留存备查，若查封、扣押时涉案财物持有人不在场，或者拒不配合，或者无法确定持有人的，必须邀请见证人在场见证并全程录音录像。特定涉案财物包括：（1）查封不动产和置于该不动产上不宜移动的设施、家具和其他相关财物，以及车辆、船舶、航空器和大型机械、设备等财物时，应当拍照或者录像；（2）查封、扣押易损毁、灭失、变质以及其他不宜长期保存的物品，应当用笔录、拍照、录像等方法加以保全；（3）扣押文物、金银、珠宝、名贵字画等贵重物品，枪支弹药、剧毒物品、易燃易爆物品以及其他违禁品、危险物品的，应当拍照；（4）对被害人的合法财产，权属明确的，应当依法及时返还，并需拍照、鉴定、估价，并在案卷中注明返还的理由，将原物照片、清单和被害人的领取手续附卷备查；（5）未随案移送检察机关的大宗的、不便搬运的物品，应当拍照并随案移送原物照片。

三是对特定涉案财物是否进行妥善保管。如针对涉案房产的查扣，一般是对不动产的开发商或管理人办理查封手续，办案机关向其出具相应函件及查封通知书，要求禁止办理相关权属关系变更、转移登记手续，在涉案房产发生变卖、交易情况时要事先向办案机关通报，变卖所得款物按照涉案财物处理。

223. 办案机关在正式立案之前能否对涉案财物进行查封、冻结、扣押

通常不能在立案前就对涉案财物采取强制措施，对于特定财物是否“与案件有关”存疑时，可以先行查封扣押，但应当及时审查，当查清无关时，应当及时返还；涉黑恶案件符合一定条件的，可以在立案前先行查封、扣押、冻结。

法律依据

《刑事诉讼法》

第一百四十五条　对查封、扣押的财物、文件、邮件、电报或者冻结的存款、汇款、债券、股票、基金份额等财产，经查明确实与案件无关的，应当在三日以内解除查封、扣押、冻结，予以退还。

《人民检察院刑事诉讼规则》

第二百一十条第一款、第二款　在侦查活动中发现的可以证明犯罪嫌疑人有罪、无罪或者犯罪情节轻重的各种财物和文件，应当查封或者扣押；与案件无关的，不得查封或者扣押。查封或者扣押应当经检察长批准。

不能立即查明是否与案件有关的可疑的财物和文件，也可以查封或者扣押，但应当及时审查。经查明确实与案件无关的，应当在三日以内解除查封或者予以退还。

最高人民法院、最高人民检察院、公安部、司法部《关于办理黑恶势力刑事案件中财产处置若干问题的意见》

第六条　公安机关侦查期间，要根据《公安机关办理刑事案件适用查封、冻结措施相关规定》（公通字〔2013〕30号）等有关规定，

会同有关部门全面调查黑恶势力及其成员的财产状况，并可以根据诉讼需要，可以先行依法对下列财产采取查询、查封、扣押、冻结等措施：

（1）黑恶势力组织的财产；

（2）犯罪嫌疑人个人所有的财产；

（3）犯罪嫌疑人实际控制的财产；

（4）犯罪嫌疑人出资购买的财产；

（5）犯罪嫌疑人转移至他人名下的财产；

（6）犯罪嫌疑人涉嫌洗钱以及掩饰、隐瞒犯罪所得、犯罪所得收益等犯罪涉及的财产；

（7）其他与黑恶势力组织及其违法犯罪活动有关的财产。

实操建议

虽然法律规定公安机关应当及时审查查扣财物是否与案件有关，但由于“及时审查”缺乏明确程序，没有确定期限，使司法实践中“及时审查”涉案财物的程序无法产生实质的约束力，导致公安机关很难在审前及时返还与案件无关的财物，因此，律师在对涉案财物处置主张权利救济时，应当充分运用申诉控告和检察监督渠道，切实保障当事人的合法财产权不被侵害。

224. 是否可以主张对涉案财物进行查封置换

由于刑事诉讼往往历时长达数月甚至数年，涉案财物被采取查封、扣押、冻结强制措施的，在判决生效之前很难解除查封、扣押、冻结措施，处理不当会对当事人、案外人甚至相关企业经营造成不利影响，因此，目前司法机关尤其是法院对被保全人或被执行人提出的置换被查封、扣押、冻结财产申请的，符合一定条件的，也会同意置换申请。

可以提出相应置换申请的情形包括：

（1）为盘活资产、缓解生产经营或生活困难，提供充分有效担保的；

（2）被冻结账户内资金已达到保全或执行金额，申请将相应数额资金划转至其他账户予以冻结，同时解除该账户冻结的；

（3）被保全人通过银行、保险公司、证券公司等提供独立保函、信用担保等，申请解除保全的；

（4）申请以被查封、扣押、冻结财产融资，并用融资款置换被查封、扣押、冻结财产的，并确保能够严格控制相应融资款的；

（5）冻结上市公司股票后，被保全人申请将冻结措施变更为可售性冻结的，需提前对被保全人在证券公司的资金账户采取明确具体的限额冻结措施；

（6）在执行过程中，被执行人申请通过二级市场交易方式自行变卖股票清偿债务的；

（7）申请自行变卖被查封、扣押、冻结财产，可以确保变价款汇入法院指定账户或通过其他方式能够控制变价款的；

（8）经申请保全人同意，申请对作为案涉争议标的的被查封、扣押、冻结财产自行变卖或解除查封、扣押、冻结的。

225. 办案机关能否对保单进行冻结

保单也属于财产性权益，如果查明保单的投保人或者指定受益人与涉案嫌疑人有关的，可以对保单进行冻结，如果受益人与涉案人员无关的，则一般不能冻结。一般应当经设区的市一级以上公安机关负责人批准，冻结保单权益期限为6个月，需要延长期限的，应当按照原批准权限和程序，在冻结期限届满前5日以内办理续冻手续，每次续冻期限最长不得超过6个月。

冻结保单权益时，需要查明投保人及指定受益人等情况，若涉案人员系投保人且未指定受益人的，对保险的现金价值和赔偿金可以冻结；若涉案人员指定了明确的受益人的，该保险的现金价值和赔偿金已经有明确的归属，加上保险具有较强的人身属性和损害赔偿性质，对保单权益的冻结可能会损害第三人的权益。在此情况下，不宜对保单权益予以冻结，可以通过敦促被调查人及涉案人员退缴同等数额的款项予以扣押，以保障第三人的权益。

冻结保单权益没有直接对应本人账户的，可以冻结相关受益人的账户，并要求有关单位协助，但不得变更受益人账户，不得损害第三人利益。人寿险、养老险、交强险、机动车第三者责任险等提供基本保障的保单原则上不得冻结。

法律依据

《公安机关办理刑事案件适用查封、冻结措施有关规定》

第二十九条 冻结保单权益的，应当经设区的市一级以上公安机关负责人批准，冻结保单权益期限为六个月。需要延长期限的，应当按照原批准权限和程序，在冻结期限届满前五日以内办理续冻手续。每次续冻期限最长不得超过六个月。

冻结保单权益没有直接对应本人账户的，可以冻结相关受益人的账户，并要求有关单位协助，但不得变更受益人账户，不得损害第三方利益。

人寿险、养老险、交强险、机动车第三者责任险等提供基本保障的保单原则上不得冻结，确需冻结的，应当经省级以上公安机关负责人批准。

226. 办案机关能否对银行保管箱内财物进行查封、扣押

实践中，也有很多被告人将涉案财物存储于银行保管箱中，以此

逃避办案查扣，保管箱业务是银行接受客户的委托，按照有关规定和当事人双方约定的条件，以出租保管箱的形式，代客户保管文件、有价证券以及贵重物品的服务项目，不能排斥办案机关监管，而且各银行规定通常要求保管范围不含违禁品。办案机关调查发现涉案人员租用商业银行保管箱的，可以对该银行保管箱进行搜查，对其中的涉案财物，可以依法扣押，如果有银行存单、存折等财产凭证的，还可以进行冻结，若不具备扣押条件的，可直接查封该银行保管箱。

实践中，一般是通过银行保管箱租用人写出授权开箱声明，或者由办案机关持介绍信商请该商业银行协助开启保管箱，发现涉案财物的可直接依法扣押，确需凿箱的，一般应在该银行营业时间外进行。

227. 能否申请对非上市公司股份、股权进行冻结

对于涉众类或者经济纠纷类案件，律师在代理被害人控告、追赃过程中，如果发现非上市公司股份、股权对应的出资款系与案件事实有关的赃款，或者属于被告人利用违法所得投资购买的股权及收益，可以向司法机关申请冻结。

实践中，对于股权作为“违法所得”予以追缴，一般要考虑违法所得产生的收益与犯罪行为之间关系密切程度或者企业改制本身的合法性，如果被告人通过实施犯罪行为而获得一定的机会、资质、资金之后，再进行经营所获得的收益，一般不宜认定为违法所得予以追缴。对违法所得收益追缴时仍须兼顾涉案财物处理的相当性原则。如被告人使用违法所得投资，并确实投入了大量的劳务，或者全部予以追缴可能严重影响被告人及其家属的正常生活时，司法机关作出没收决定之时可以考虑予以适当补偿。

申请冻结股权的具体操作方式如下：

一是要通过国家企业信用信息公示系统和市场监督管理机关业务

系统以及公司章程来查明该股份、股权的权属情况。

二是要查明该股份、股权是否被股权托管机构托管，被托管的，司法机关可以要求该股权托管机构协助冻结，并由股权托管机构在办理冻结手续后在回执上或者单独出具书面材料，确认涉案人持有该股份、股权的事实，提供持有人登记资料，说明该股份、股权是否已被质押、有无限制处分等情况，同时还需通知该股份、股权所在企业协助冻结。未被托管的，司法机关可以要求该股份、股权所在企业协助冻结，并由该企业在办理冻结手续后在回执上或者单独出具书面材料，确认涉案人持有该股份、股权的事实，提供持有人登记资料，同时还需要通知市场监督管理机关协助冻结并提供该股份、股权是否已被质押、有无限制处分等情况的说明。

三是冻结实行注册资本认缴登记制的有限责任公司股权的，无论该股权是否被股权托管机构托管，要通知市场监督管理机关协助冻结。在该股权被冻结期间，市场监督管理机关不予办理该股东的变更登记、该股东向公司其他股东转让股权被冻结部分的公司章程备案，以及被冻结部分股权的出质登记。

法律依据

《公安机关办理刑事案件适用查封、冻结措施有关规定》

第二十八条 冻结股权的，应当经设区的市一级以上公安机关负责人批准，冻结上市公司股权应当经省级以上公安机关负责人批准，并在协助冻结财产通知书中载明公司名称、股东姓名或者名称、冻结数额或者股份等与登记事项有关的内容。冻结股权期限为六个月。需要延长期限的，应当按照原批准权限和程序，在冻结期限届满前五日以内办理续冻手续。每次续冻期限最长不得超过六个月。

最高人民法院、最高人民检察院《关于适用犯罪嫌疑人、被告人逃匿、死亡案件违法所得没收程序若干问题的规定》

第六条第一款、第三款 通过实施犯罪直接或者间接产生、获得的任何财产，应当认定为刑事诉讼法第二百八十条第一款规定的“违法所得”。

来自违法所得转变、转化后的财产收益，或者来自已经与违法所得相混合财产中违法所得相应部分的收益，应当视为第一款规定的“违法所得”。

228. 如何申请对涉案房产、汽车进行查封

如果查明房产、汽车系与案件事实有关，或者属于违法所得及其孳息对应的物品，律师在代理被害人控告、追赃过程中，可以将上述财产线索提供给办案机关，由其对涉案房产、汽车进行查封。

具体操作方式如下：

第一，可以向司法机关申请，由不动产登记机构协助查封、出具说明并附被查封不动产的自然状况信息，是否存在共有情形，是否存在抵押权登记、预告登记或者异议登记情形，是否存在查封登记或者其他限制处分情形，明确产权性质、登记产权人等情况。

第二，若涉案房产系小产权房的，可以向司法机关申请由小产权房开发建设（管理）单位协助查封。

第三，若涉案房产内无人居住的，可以向司法机关申请张贴封条予以查封，即“死封”，可不在该房产的显著位置张贴公告；有人居住或者正在进行装修以及用于生产经营活动等情况下，在尽量保证不影响其正常生活和生产经营活动的同时，也要保证调查活动正常进行，采取“活封”。

第四，若涉案房地产开发企业已经办理商品房预售许可证但尚未出售，或者涉案人员购买的已经由房地产开发企业办理房屋权属初始登记的房屋，或者涉案人员购买的已经办理商品房预售合同登记备案手续或者预购商品房预告登记的房屋，也可以申请司法机关进行查封。

第五，可以向司法机关申请查封或者扣押涉案汽车，首选扣押或者“死封”方式查封，一般不建议司法机关采用“活封”方式查封，以免出现交通事故等情况下处置不能等问题。同时，查封或者扣押时还应当通知车辆登记地公安机关交通管理部门车辆管理所查封其机动车档案。扣押或者“死封”方式查封涉案汽车时，应当认真查验车辆特征，并在清单中详细记明权利人的基本情况、案由，以及车辆厂牌型号、识别代码、牌照号码、行驶里程、重要装备、车身颜色、车辆状况等情况。

法律依据

《人民检察院刑事诉讼涉案财物管理规定》

第十二条第一款 （一）查封的不动产和置于该不动产上不宜移动的设施等财物，以及涉案的车辆、船舶、航空器和大型机械、设备等财物，及时依照《人民检察院刑事诉讼规则（试行）》有关查封、扣押的规定扣押相关权利证书，将查封决定书副本送达有关登记、管理部门，并告知其在查封期间禁止办理抵押、转让、出售等权属关系变更、转移登记手续；

…………

（五）易贬值的汽车、船艇等物品，经权利人同意或者申请，并经检察长批准，可以及时委托有关部门先行变卖、拍卖，所得款项存入唯一合规账户。

最高人民法院《关于适用〈中华人民共和国刑事诉讼法〉的解释》

第四百三十七条第二款 查封不动产、车辆、船舶、航空器等财物，应当扣押其权利证书，经拍照或者录像后原地封存，或者交持有人、被告人的近亲属保管，登记并写明财物的名称、型号、权属、地址等详细信息，并通知有关财物的登记、管理部门办理查封登记手续。

229. 审前阶段，当事人（含案外人）对查封、扣押、冻结财产有异议的，应当如何申请权利救济

刑事诉讼审前阶段缺乏法院的介入，所以，《刑事诉讼法》第117条有关“申诉、控告”的规定是实践中案外人在审前阶段获得救济的主要途径。案外人通过“申诉、控告”的方式获得救济较为简便、灵活。同时，由于缺乏中立机关参与，相关解释对“与案件无关”“应当解除而不解除”等问题也缺乏明确规定，公安机关、检察机关对申诉、控告的处理随意性较大。

中共中央、国务院《关于完善产权保护制度依法保护产权的意见》中明确强调，确需采取查封、扣押、冻结措施的，要严格按照法定程序进行，最大限度降低对企业正常生产经营活动的不利影响。最高人民法院《关于充分发挥审判职能作用切实加强产权司法保护的意见》亦明确指出，应准确把握、严格执行产权保护的司法政策，依法慎用强制措施和查封、扣押、冻结措施，最大限度降低对企业正常生产经营活动的不利影响。因此，在财产权属情况复杂、数额较大、被害人较多等情况下，通过申诉、控告方式获得救济的效果可能并不理想，需要通过加强举证、沟通、多机关联合等方式维权。

法律依据

《刑事诉讼法》

第一百一十七条 当事人和辩护人、诉讼代理人、利害关系人对于司法机关及其工作人员有下列行为之一的，有权向该机关申诉或者控告：

（一）采取强制措施法定期限届满，不予以释放、解除或者变更的；

（二）应当退还取保候审保证金不退还的；

（三）对与案件无关的财物采取查封、扣押、冻结措施的；

（四）应当解除查封、扣押、冻结不解除的；

（五）贪污、挪用、私分、调换、违反规定使用查封、扣押、冻结的财物的。受理申诉或者控告的机关应当及时处理。对处理不服的，可以向同级人民检察院申诉；人民检察院直接受理的案件，可以向上一级人民检察院申诉。人民检察院对申诉应当及时进行审查，情况属实的，通知有关机关予以纠正。

中共中央办公厅、国务院办公厅《关于进一步规范刑事诉讼涉案财物处置工作的意见》

十三、……人民法院、人民检察院、公安机关、国家安全机关应当建立有效的权利救济机制，对当事人、利害关系人提出异议、复议、申诉、投诉或者举报的，应当依法及时受理并反馈处理结果。

《公安机关涉案财物管理若干规定》

第三十条 在对涉案财物采取措施、管理和处置过程中，公安机关及其工作人员存在违法违规行为，损害当事人合法财产权益的，当事人和辩护人、诉讼代理人、利害关系人有权向公安机关提出投诉、控告、举报、复议或者国家赔偿。公安机关应当依法及时受理，并依照有关规定进行处理；对于情况属实的，应当予以纠正。

上级公安机关发现下级公安机关存在前款规定的违法违规行为，或者对投诉、控告、举报或者复议事项不按照规定处理的，应当责令下级公安机关限期纠正，下级公安机关应当立即执行。

实操建议

第一，积极做好权属证明文件（如房本、车辆登记信息），以及交易文件（如买卖合同、合同履行信息、过户登记、转账信息）等的留存工作。

第二，对于财物权属清晰、性质清楚、无被害人的案件，案外人可以积极通过申诉、控告的方式寻求救济。

第三，对于权属复杂、在案财物数额较大、被害人较多的案件，案外人可以通过申诉、控告、提请检察监督的方式，在审前与公安机关、检察机关保持积极沟通，并根据反馈积极准备证据材料，以备后续救济使用。

230. 审判阶段，当事人（含案外人）对查封、扣押、冻结财产有异议的，如何申请权利救济

刑事案件当事人对涉案财产的性质、权属有异议的，有权发表意见。同时，最高人民法院《关于适用〈中华人民共和国刑事诉讼法〉的解释》也赋予了案外人参与法庭审理、主张财产权救济的权利。案外人认为，刑事案件对涉案财物的查封、扣押、冻结侵犯其对该财产的权利的，可以申请参与刑事诉讼，并享有诉讼权利。

目前《刑事诉讼法》未明确案外人参与诉讼的具体方式，从司法实践来看，案外人可以通过以下几种方式参与诉讼：

一是直接以案外人或利害关系人的身份参与诉讼。例如，在云南省文山市人民法院审理的一起盗窃案中，案外人直接以案外人的身份参与诉讼，并对在案财物提出权属异议。法院经审查认为，不能确认扣押财物属于被告人所有，也不能确认该财物属于应当依法追缴的其他涉案财物，故裁判不得将该财物予以没收。

二是参与法院另行组织的涉案财物听证会。当在案财物权属和性质较为复杂时，法院会另行组织听证会解决涉案财物追缴问题。例如，在四川省巴中市恩阳区人民法院审理的一起非法吸收公众存款案中，案外人对查封在案的房产提出权属异议。法院召开听证会，听取被告人及相关权利人意见后，决定解除对5套房产的查封。

三是以证人的身份参与诉讼。例如，在海南省琼海市人民法院审理的一起开设赌场案中，案外人以证人的身份参与诉讼，并声明其银行账户存款被冻结在案的情况。法庭经审理认为，案外人被冻结在案的存款属于夫妻共同财产，应当由公安机关予以解除冻结，并在分割后再行处置。

法律依据

最高人民法院《关于刑事裁判涉财产部分执行的若干规定》

第十一条 被执行人将刑事裁判认定为赃款赃物的涉案财物用于清偿债务、转让或者设置其他权利负担……

第三人善意取得涉案财物的，执行程序中不予追缴。作为原所有人的被害人对该涉案财物主张权利的，人民法院应当告知其通过诉讼程序处理。

第十五条 执行过程中，案外人或被害人认为刑事裁判中对涉案财物是否属于赃款赃物认定错误或者应予认定而未认定，向执行法院提出书面异议，可以通过裁定补正的，执行机构应当将异议材料移送刑事审判部门处理；无法通过裁定补正的，应当告知异议人通过审判监督程序处理。

中共中央办公厅、国务院办公厅《印发〈关于进一步规范刑事诉讼涉案财物处置工作的意见〉的通知》

十二、明确利害关系人诉讼权利。善意第三人等案外人与涉案财物处理存在利害关系的，公安机关、国家安全机关、人民检察院应当告知其相关诉讼权利，人民法院应当通知其参加诉讼并听取其意见。被告人、自诉人、附带民事诉讼的原告和被告人对涉案财物处理决定不服的，可以就财物处理部分提出上诉，被害人或者其他利害关系人可以请求人民检察院抗诉。

最高人民法院《关于适用〈中华人民共和国刑事诉讼法〉的解释》

第二百七十九条第二款 案外人对查封、扣押、冻结的财物及其孳息提出权属异议的，人民法院应当听取案外人的意见；必要时，可以通知案外人出庭。

实操建议

第一，事前积极做好当地裁判的考察工作，了解当地法院对案外人异议处理的一般做法，提前做好诉讼准备。

第二，在当地尚无案外人直接以案外人身份参与庭审或听证会先例的情况下，通过与控辩双方积极沟通，争取使自己被列入证人名单，或者使自己的权利主张被纳入公诉意见或辩护意见，从而使自己的权利主张能够在法庭阶段获得处理。

第三，还可以以违法查封、扣押、冻结为由申请国家赔偿。

231. 财产被违法查封、扣押、冻结的，能否申请国家赔偿

根据法律规定，违法对财产采取查封、扣押、冻结措施，未依法解除查封、扣押、冻结措施，未依法返还涉案财物，或者因保管不善导致财物毁损、灭失的，权利人有权申请国家赔偿，而且该申请无须以诉讼终结为前提。

法律依据

《国家赔偿法》

第十八条 行使侦查、检察、审判职权的机关以及看守所、监狱管理机关及其工作人员在行使职权时有下列侵犯财产权情形之一的，受害人有取得赔偿的权利：

（一）违法对财产采取查封、扣押、冻结、追缴等措施的；

（二）依照审判监督程序再审改判无罪，原判罚金、没收财产已经执行的。

最高人民法院、最高人民检察院《关于办理刑事赔偿案件适用法律若干问题的解释》

第三条 对财产采取查封、扣押、冻结、追缴等措施后，有下列情形之一，且办案机关未依法解除查封、扣押、冻结等措施或者返还财产的，属于国家赔偿法第十八条规定的侵犯财产权：

（一）赔偿请求人有证据证明财产与尚未终结的刑事案件无关，经审查属实的；[①]

…………

（三）采取取保候审、监视居住、拘留或者逮捕措施，在解除、撤销强制措施或者强制措施法定期限届满后超过一年未移送起诉、作出不起诉决定或者撤销案件的；

…………

最高人民法院《关于审理涉执行司法赔偿案件适用法律若干问题的解释》

第二条 公民、法人和其他组织认为有下列错误执行行为造成损害申请赔偿的，人民法院应当依法受理：

（一）执行未生效法律文书，或者明显超出生效法律文书确定的数额和范围执行的；

（二）发现被执行人有可供执行的财产，但故意拖延执行、不执行，或者应当依法恢复执行而不恢复的；

（三）违法执行案外人财产，或者违法将案件执行款物交付给其他当事人、案外人的；

（四）对抵押、质押、留置、保留所有权等财产采取执行措施，未依法保护上述权利人优先受偿权等合法权益的；

（五）对其他人民法院已经依法采取保全或者执行措施的财产违法执行的；

（六）对执行中查封、扣押、冻结的财产故意不履行或者怠于履行监管职责的；

（七）对不宜长期保存或者易贬值的财产采取执行措施，未及时处理或者违法处理的；

（八）违法拍卖、变卖、以物抵债，或者依法应当评估而未评估，

① 这意味着在诉讼终结前可直接提起国家赔偿，包括侦查阶段、审查起诉阶段和审判阶段。——编者注

依法应当拍卖而未拍卖的；

（九）违法撤销拍卖、变卖或者以物抵债的；

（十）违法采取纳入失信被执行人名单、限制消费、限制出境等措施的；

（十一）因违法或者过错采取执行措施或者强制措施的其他行为。

第九条 赔偿请求人应当对其主张的损害负举证责任。但因人民法院未列清单、列举不详等过错致使赔偿请求人无法就损害举证的，应当由人民法院对上述事实承担举证责任。

双方主张损害的价值无法认定的，应当由负有举证责任的一方申请鉴定。负有举证责任的一方拒绝申请鉴定的，由其承担不利的法律后果；无法鉴定的，人民法院赔偿委员会应当结合双方的主张和在案证据，运用逻辑推理、日常生活经验等进行判断。

参考案例

徐某斗申请沈阳市公安局和平分局违法查封、冻结国家赔偿案[①]

法院查明：2012 年 12 月 5 日，沈阳市和平区人民法院作出（2012）和刑初字第 683 号刑事判决，以徐某斗犯非法吸收公众存款罪，判处其有期徒刑 4 年，并处罚金人民币 20 万元，上缴国库；侦查机关追缴扣押的涉案财产及违法所得，依法返还投资者。沈阳市中级人民法院二审维持原判。2013 年 7 月 19 日，沈阳市和平区人民法院作出（2012）和刑初字第 683 号刑事裁定，认定有关资产属于非法集资款或用非法集资款购买的资产，裁定将认定的资产依法追缴，并交付沈阳市处置非法集资领导小组办公室，依法返还投资者。沈阳市和平区公安分局（以下简称和平公安分局）在该案侦查过程中，除查封、冻结（2012）和刑初字第 683 号刑事裁定中依法追缴的财产外，还查封了前述刑事判决、裁定追缴财产范围以外的 4 套房产和中国人

① 《第二届民营经济法治建设峰会检察机关服务民营经济典型案例》，载 http：//mohrss.chinalawinfo.com/fulltext_form.aspx?Gid=347291&Db=chl。

寿保险公司的 3 份保险合同。其中的一份保险合同于 2018 年 8 月 31 日被沈阳市和平区人民法院以（2012）和刑初字第 683 号查封令冻结了保单权益及孳息。徐某斗刑满释放后，向和平公安分局申请刑事赔偿。

法院认为：徐某斗非法吸收公众存款一案所判处的刑罚及依法追缴财产已执行完毕。徐某斗要求返还的 4 套房产及 3 份保险合同均不在刑事生效刑事裁决范围内。且和平公安分局不能证明该财产属于违法所得或者应当返还被害人的财产。据此，侦查机关在生效裁决确定范围以外继续查封、扣押的房产及保险合同，没有合法依据，属于侵犯财产权的情形，应依法解除查封、冻结措施。因案涉的一份保险合同现已被沈阳市和平区人民法院冻结，故对该合同相关事宜应另循法律途径解决，本案不予处理。遂决定由和平公安分局对不在刑事判决、裁定追缴财产范围内的 4 套房产以及 2 份保险合同予以解除查封、冻结。

侦查机关在侦查过程中对涉案财物采取扣押、冻结措施并无不当，但在被告人已被人民法院定罪量刑且对涉案财物已作出明确认定之后，公权力机关应对涉案财物及时作出相应处置。如对生效刑事裁判未予认定的涉案财物继续查封、冻结，则有可能发生国家赔偿。

泸州天新电子科技公司、魏某国申请泸州市人民检察院刑事违法追缴国家赔偿案[①]

法院查明：魏某国原系泸州市无线电监测站服务部（以下简称无线电服务部）经理，该服务部于 2002 年 8 月改制为股份合作制的劳服企业，即天新公司，魏某国任该公司董事长兼总经理。魏某国于 2004 年 11 月擅自将其保管的本单位资金 20 万元借给他人从事房地产开发。泸州市人民检察院收到纪检部门移送的魏某国涉嫌犯罪

① 《2019 年最高人民法院发布 10 起人民法院国家赔偿和司法救助典型案例》。

线索后，于2006年7月14日收取了魏某国退交的20万元赃款，另于同年4月29日、6月21日、7月3日向天新公司出具《扣押物品、文件清单》，分别扣押天新公司资金121.2万元、15万元、25万元。2006年7月18日、19日，泸州市人民检察院分别将上述扣押款项分161.2万元、20万元两笔交至四川省泸州市财政局，该局《四川省行政罚没收据》处罚摘要注明为“罚没款”。嗣后，天新公司以泸州市人民检察院刑事违法查封、扣押、冻结为由申请国家赔偿。

法院认为：泸州市人民检察院扣押的天新公司资金181.2万元可分为魏某国退交的20万元赃款和扣押天新公司的资金161.2万元两部分。就20万元资金而言，天新公司系魏某国挪用资金刑事案件的受害人，该20万元资金属于天新公司的合法财产，应予返还。就扣押天新公司的资金161.2万元而言，其中虽包含魏某国个人保管的账外账（小金库）资金，可能带来违规违法管理资金的相应法律责任，但该资金所有权并未转移，仍然属于天新公司所有，故泸州市人民检察院扣押该资金系错误扣押案外人财产，应予返还，并支付相应的利息。据此决定由泸州市人民检察院返还天新公司扣押资金181.2万元，并支付相应利息18万余元。

232. 在判决生效前是否可以申请对涉案财物先行处置

对涉案财物处置一般要留待判决生效后由执行庭负责，实践中，为避免涉案财物的保管、存放费用过高以及返还难等问题，涉案财物的及时发还与处理甚为重要，符合特定条件的，也可以在判决之前申请县级以上公安机关、国家安全机关、人民检察院、法院先行处置。也就是说，出于诉讼经济以及被害人保护等价值的考虑，在符合一定条件之时，司法机关具有先行处置的权利。

（1）先行处置的财物范围：

第一，对易毁损、灭失、变质等不宜长期保存的物品，易贬值的汽车、船艇等物品，或者市场价格波动大的债券、股票、基金等财产，有效期即将届满的汇票、本票、支票等，经权利人同意或者申请，提前处置不损害国家利益、被害人利益，不影响诉讼正常进行的，经人民法院主要负责人批准，可以依法先行处置。先行处置所得款项由处置机关统一存入刑事诉讼涉案财物跨部门集中管理信息平台确认的账户或其他专门账户（本单位涉案财物保管的唯一合规账户）。其中，对于冻结的债券、股票、基金份额等财产，有对应的银行账户的，可以将变现后的款项继续冻结在对应账户中。

如有保质期的食品、药品、专营物品，如果不及时处理，就有可能超过有效期，丧失价值；有些专营的物品，如在职务犯罪案件中扣押的大量高档香烟,如果不及时处理就会变质,造成巨大的浪费;车辆、船艇等容易贬值、毁损，不尽早处置，会占用大量的保管费用、贬值风险极高。

如果涉案财物未移送到法院的，也可以向查封、扣押、冻结的机关申请出售、变现或者先行变卖、拍卖；涉案财物已移送法院，或者由法院自行查封、扣押、冻结的，由法院执行机构依法出售、变现或者先行变卖、拍卖。

第二，有期限正在履行的租赁合同中的涉案财物，也可以先行处置、及时解除相应租赁合同。这是涉众型经济犯罪中涉案财物处置面临的一个突出问题，如被追诉人用于犯罪活动而租赁的厂房、办公用房、住房、车辆等，被追诉人通过签订租赁合同取得一定期限的使用权，由于涉案被羁押无法再支付租金，上述场所、车辆又被查封，产权人无法再行转租他人，其收益权就会受到侵害。同时，被追诉人在租赁期满前不能再进行经营活动，无法获得收益，其赔偿被害人的能力也会减弱，被害人的权利也会受到损害。因此，对有期限正在履行的合同也可以申请先行处置、及时解除。

第三，不易保管、处置的大宗物品，也可以在固定证据的前提下，先行处置。如知识产权类案件中的大量侵权商品、非法盗采矿产资源案件中的大量开采设备、野生动物类案件中的大量动物活体，一般是对相关物品就地查封，但后续缺乏专人保管，查封物品一旦出现被盗、毁坏、病死等问题，可能会给诉讼活动带来不便，对涉案财产价值造成损害，也需要在固定证据的情况下尽快予以处置。固定证据可以采用笔录、绘图、拍照、录像等方法，如对易烂易腐的物品可以在清点数量、拍照以及录像后先行处置，笔录应当详细记录处置的时间、地点、参与人、处置的过程；对于需要占用大面积仓储空间的涉案财物，也可以留样后处置，如大批量的假冒伪劣商品，可以在清点、拍照、录像、留样后销毁、变卖、拍卖等，同时处置过程制作笔录；对于需要定性、定价的涉案财物，除上述方法之外，还需要由合法的鉴定机构进行鉴定并出具鉴定意见，如毒品的成分、数量，产品的真假，涉案物品的价格，如果涉案财物数量较多、逐一鉴定无法实现、成本太高，也可以采取抽样鉴定的方法，但也要保证开始扣押时财物性质、数量已经得到权利人的认可。

（2）先行处置的启动方式：

第一，权利人申请。权利人（犯罪嫌疑人、被告人、被害人）在刑事诉讼过程中有权对涉案财物提出先行处置的申请，办案机关应当受理并在 3 天之内（易腐烂变质物品应当立即）提交法院裁定；法院收到办案机关提交的先行处置申请后，应当在 3 天之内（易腐烂变质物品应当立即）作出是否同意进行先行处置的裁定。

第二，办案机关建议，权利人同意。办案机关如果认为有必要，也可以建议权利人申请对涉案财物进行先行处置，权利人如果接受建议，可以向办案机关提出先行处置的申请，办案机关再提交法院裁定。如果权利人委托律师的，也应同步征求律师的意见，防止出现好心办坏事或者强迫权利人处置财产的情况。比如，在吴英案中，在吴英被采取强制措施以后，东阳市公安机关就拍卖了吴英的部分汽车以及酒店，吴英表示拍卖未经其同意。东阳市公安机关曾通过媒体就此进行过解释：当时是为了财产的保值和安抚债权人的需要。但是，在

2007年6月27日的律师会见笔录中，看守所内的吴英对律师说，她曾委托政府拍卖“本色”的车辆，但那是在“被提审我的公安人员欺骗、吓唬我的情况下写的”。“他们说如果卖了车，把钱存银行不会贬值，（但）车放那会贬值，卖了车能立功、减刑，不卖车就是不配合政府，到了法院也得卖，还会重判。”

第三，利害关系人申请。除上述两种情形外，犯罪嫌疑人、被告人、被害人之外的案外人如果认为涉案财物与自己有利害关系的，也可以向办案机关提出先行处置的申请，同时也可以委托律师进行上述申请。如写字楼的所有权人可以请求办案机关帮助提前终止与犯罪嫌疑人或被告人的房屋租赁合同，并解除查封；汽车租赁公司可以请求办案机关帮助提前终止与犯罪嫌疑人或被告人的汽车租赁合同，并解除扣押等。办案机关收到申请后应当提交法院裁定。

（3）先行处置申请书的内容：

①犯罪嫌疑人、被告人基本情况；

②被害人基本情况；

③利害关系人的基本情况；

④案由、涉嫌犯罪事实和主要证据材料；

⑤申请先行处置的涉案财物的种类、数量、所在地、拟处置的方式；

⑥权利人申请或同意对涉案财物先行处置的文件；

⑦先行处置的理由和法律依据；

⑧先行处置的方式（如拍卖、返还、没收、销毁）。

（4）先行处置不当的救济方式：

认为法院先行处置行为侵害自己权利的，权利人可以在3日内向上一级法院提起上诉，上级法院收到上诉后应在7日内作出裁定；对于先行处置不当的，权利人可以向检察机关的检察监督部门申诉，检察监督部门接到申诉后应当进行调查并在7日之内给予答复；应先行处置而未先行处置或者先行处置违法造成财产权损害的，权利人有权申请国家赔偿。对涉案财物的先行处置不影响以后权利人通过民事诉讼或其他法律途径解决权属争议。

法律依据

《刑事诉讼法》

第二百四十五条 公安机关、人民检察院和人民法院对查封、扣押、冻结的犯罪嫌疑人、被告人的财物及其孳息，应当妥善保管，以供核查，并制作清单，随案移送。任何单位和个人不得挪用或者自行处理。对被害人的合法财产，应当及时返还。对违禁品或者不宜长期保存的物品，应当依照国家有关规定处理。

对作为证据使用的实物应当随案移送，对不宜移送的，应当将其清单、照片或者其他证明文件随案移送。

人民法院作出的判决，应当对查封、扣押、冻结的财物及其孳息作出处理。

人民法院作出的判决生效以后，有关机关应当根据判决对查封、扣押、冻结的财物及其孳息进行处理。对查封、扣押、冻结的赃款赃物及其孳息，除依法返还被害人的以外，一律上缴国库。

司法工作人员贪污、挪用或者私自处理查封、扣押、冻结的财物及其孳息的，依法追究刑事责任；不构成犯罪的，给予处分。

中共中央办公厅、国务院办公厅《关于进一步规范刑事诉讼涉案财物处置工作的意见》

七、……对易损毁、灭失、变质等不宜长期保存的物品，易贬值的汽车、船艇等物品，或者市场价格波动大的债券、股票、基金份额等财产，有效期即将届满的汇票、本票、支票等，经权利人同意或者申请，并经县级以上公安机关、国家安全机关、人民检察院或者人民法院主要负责人批准，可以依法出售、变现或者先行变卖、拍卖。所得款项统一存入各单位唯一合规账户。

涉案财物先行处置应当做到公开、公平。

最高人民法院《关于适用〈中华人民共和国刑事诉讼法〉的解释》

第四百三十九条 审判期间，对不宜长期保存、易贬值或者市场价格波动大的财产，或者有效期即将届满的票据等，经权利人申请或者同意，并经院长批准，可以依法先行处置，所得款项由人民法院保管。

涉案财物先行处置应当依法、公开、公平。

《人民检察院刑事诉讼涉案财物管理规定》

第二十二条第三款 在扣押、冻结期间，权利人申请出售被扣押、冻结的债券、股票、基金份额等财产的，以及扣押、冻结的汇票、本票、支票的有效期即将届满的，人民检察院办案部门应当依照《人民检察院刑事诉讼规则（试行）》的有关规定及时办理。

《人民检察院刑事诉讼规则》

第二百一十三条 犯罪嫌疑人的存款、汇款、债券、股票、基金份额等财产已冻结的，人民检察院不得重复冻结可以轮候冻结。人民检察院应当要求有关银行或者其他金融机构、邮政部门在解除冻结或者作出处理前通知人民检察院。

第二百一十四条 扣押、冻结债券、股票、基金份额等财产，应当书面告知当事人或者其法定代理人、委托代理人有权申请出售。

对于被扣押、冻结的债券、股票、基金份额等财产，在扣押、冻结期间权利人申请出售，经审查认为不损害国家利益、被害人利益，不影响诉讼正常进行的，以及扣押、冻结的汇票、本票、支票的有效期即将届满的，经检察长批准，可以在案件办结前依法出售或者变现，所得价款由人民检察院指定的银行账户保管，并及时告知当事人或者其近亲属。

实操建议

律师在协助当事人处置涉案财物时，可以符合一定条件为由申请先行处置：

一是先行处置确有必要。作为程序性的先行处置不是对涉案财物所有权的最终处理，而是一种规避风险和方便管理的手段。可以通过三个方面强调先行处置的必要性：避免贬值，财物价值过低或保管费用过高，保管不便。实践中一般掌握在如下范围：（1）易腐烂变质的物品；（2）易贬值的物品，如车辆、游艇、高档香烟、烟花爆竹、快到保质期的商品；（3）有期限的合同、即将到期的债券等；（4）价格波动大的股票、房产等；（5）数量巨大、保管不便的物品，如办公设备，假冒商品，盗伐的木材；（6）需要饲养的动物、植物。但是，对于金银珠宝、名贵字画、价格稳定的房产等一般不会同意先行处置，如果房产价格有较大波动，甚至是有他人优先权的，也可以进行先行处置。

二是权属关系明确，不损害他人利益。司法机关一般对权属关系明确的才可能同意先行处置；如果权属关系不明确、有争议的，除非争议各方均同意先行处置，否则一般不会同意先行处置。

三是相关处置不会影响诉讼活动。要确保拟先行处置的涉案财物不是必须在法庭上出示或质证的原物，同时也已经采取适当的手段与方法对先行处置的涉案财物进行了证据固定，才可以进行处置。

需要注意的是，司法机关对于集资诈骗、非法吸收公众存款等受害人众多的案件，一般不会同意对被害人财物在移送执行前予以发还。因为此类案件一般涉案金额巨大、涉及人数众多，还可能涉及刑民交叉案件，案情较为复杂且财物权属可能存在争议，若在移送执行前发还，则可能出现部分被害人先行得到赔偿、其他被害人后得到赔偿甚至得不到应有的赔偿，处理稍有疏忽，会成为诱发“群体上访”的隐患。

233. 没收违法所得的范围如何确定？

《刑法》第64条规定，“犯罪分子违法所得的一切财物，应当予以追缴或者责令退赔”，“违法所得的一切财物”主要包括犯罪行为所得或所生之物、作为犯罪行为的报酬而得到的财物以及违法所得产生的收益。

“违法所得的一切财物”主要包括以下情形：

第一，犯罪行为所得或所生之物，“所得”之物即行为人通过实施犯罪行为取得了原本存在的物。例如，盗窃犯窃取的财物、赌博犯赢得的金钱、受贿犯收受的贿赂，就是犯罪行为所得之物。“所生”之物即行为人通过实施犯罪行为产生了原本不存在的物，如生产出来的伪劣产品。

第二，作为犯罪行为的报酬而得到的财物，比如受嘱托杀人所得的酬金。

第三，违法所得产生的相关收益。既包括违法所得自身产生的天然孳息（如盗窃的耕牛生下的牛崽）和法定孳息（如诈骗取得的钱财产生的利息），也包括将违法所得进行投资或者置业形成的财产及其进一步延伸的收益。实践中问题比较多，比如，行为人诈骗取得100万元，用于购置一套房产，随后房产升值至200万元（将赃款赃物直接投资或者置业形成的财产及其收益的情形）；行为人诈骗取得100万元，加上个人合法收入100万元，用以购置一套房产，随后房产升值至400万元（将赃款赃物与其他合法财产共同投资或者置业形成的财产及其收益的情形）。如何识别其中应当没收的违法所得及其收益部分，可以依照最高人民法院《关于刑事裁判涉财产部分执行的若干规定》的规定，将赃款赃物投资或者置业后形成的财产及其收益应当予以追缴；对于将赃款赃物与其他合法财产共同投资或者置业的，应当按照比例追缴。2017年最高人民法院、最高人民检察院发布的《关于适用犯罪嫌疑人、被告人逃匿、死亡案件违法所得没收程序若干问题的规定》也有类似的规定。

因此，上述用违法所得购买的房子属于违法所得直接转化的财产，应当将房子予以追缴；如果违法所得与合法财产混同购买的房子，则应当区分违法所得部分，按比例计算孳息，即以100万元相对应的份额进行追缴，即应当追缴房子价值的一半。

上述两种情况比较好识别和计算，实践中比较复杂的就是行为人将赃款赃物投入生产经营当中，生产经营的过程还融入了行为人的劳动付出等其他资源投入，比如，郑州“12・5”银行抢劫案中，行为人抢劫取得 100 万元后“金盆洗手”，利用该赃款做起了房地产开发、商贸、休闲农庄等生意，被捕时个人资产超亿元，按照上述法律规定，还是要考虑当事人自己的资源投入，参照目前资产价值、违法犯罪的危害程度，按照比例原则确定没收范围，而不应一概没收。

法律依据

《关于刑事裁判涉财产部分执行的若干规定》

第十条第一款至第三款 对赃款赃物及其收益，人民法院应当一并追缴。

被执行人将赃款赃物投资或者置业，对因此形成的财产及其收益，人民法院应予追缴。

被执行人将赃款赃物与其他合法财产共同投资或者置业，对因此形成的财产中与赃款赃物对应的份额及其收益，人民法院应予追缴。

最高人民法院、最高人民检察院《关于适用犯罪嫌疑人、被告人逃匿、死亡案件违法所得没收程序若干问题的规定》

第六条 通过实施犯罪直接或者间接产生、获得的任何财产，应当认定为刑事诉讼法第二百八十条第一款规定的“违法所得”。

违法所得已经部分或者全部转变、转化为其他财产的，转变、转化后的财产应当视为前款规定的“违法所得”。

来自违法所得转变、转化后的财产收益，或者来自已经与违法所得相混合财产中违法所得相应部分的收益，应当视为第一款规定的“违法所得”。

参考案例

毛某英等人制造毒品案[1]

法院查明：被告人毛某英自 2002 年开始经营化工制剂和仪器，2013 年在广州市天河区大观路开设了广汉隆化玻仪器经营部，被告

[1] 一审：（2018）粤 01 刑初 369 号；二审：（2019）粤刑终 598 号。

人隆某峰、林某阳作为毛某英的雇员先后到该店工作。2012年至2016年10月，被告人毛某英在其经营的店铺分别向制毒人员区某新、徐某洪、刘某辉、何某文等人出售盐酸、丙酮等制毒化学品及制毒工具一批，并通过被告人黄某庆向他人介绍购买制毒物品盐酸羟亚胺100余千克。2017年10月21日，公安人员在广汉隆化玻仪器经营部将被告人毛某英、林某阳、隆某峰抓获，现场从店铺外的三轮车上查获国家管制类化学品液体一批。同年11月22日，公安人员在江苏省盐城市盐都区龙冈镇将被告人黄某庆抓获。

另查明，被告人毛某英在经营期间以自己或其丈夫的名义购置了大量房产，以其尚是在校学生的女儿的名义购置了一套房产，其丈夫在婚后亦购置或继承了部分房产，其与其丈夫的银行账户、股票账户有大额资金进出。

法院认为：被告人毛某英、林某阳、隆某峰明知他人制造毒品而出售用于制造毒品的原料、配剂，其行为均已构成制造毒品罪。被告人黄某庆非法买卖制造毒品的原料，情节特别严重，其行为已构成非法买卖制毒物品罪。被告人林某阳、隆某峰在共同犯罪中均起次要作用，是从犯，应当从轻或减轻处罚。最终判决：（1）被告人毛某英犯制造毒品罪，判处无期徒刑，剥夺政治权利终身，并处没收个人全部财产。（2）被告人黄某庆犯非法买卖制毒物品罪，判处有期徒刑7年，并处罚金100万元。（3）被告人林某阳犯制造毒品罪，判处有期徒刑5年，并处罚金5万元。（4）被告人隆某峰犯制造毒品罪，判处有期徒刑3年，并处罚金3万元。（5）扣押的制毒物品予以没收；扣押的现金、手机等财物予以没收（法院收集到的与被告人毛某英相关的财物线索，包括被告人毛某英名下的银行账户10个，截至查询、冻结之日的余额为人民币2,834,705.09元，加拿大元100.06元；其女儿名下的房产一套；被告人毛某英继承的其母亲的房产一套；被告人毛某英名下的车位一个；被告人毛某英及其丈夫名下的房产两套；其丈夫名下的房产两套及与他人共有房产一套；被告人毛某英名下的证券账户一个，截至查询之日总资产为752,700.35元；其丈夫名下的证券账户一个，截至查询之日总资产为384,538.03元；其丈夫名下的银行账户6个，截至查询、冻结之日的余额为90,708.25元）。

一审宣判后，四被告人均不服，提出上诉。四被告人及其辩护人除了对定罪及主刑的量刑提出异议外，被告人毛某英及其辩护人提出：即便没收毛某英个人全部财产，也应按夫妻共同财产各占50%认定，并保留其本人、其父亲、其女儿的基本住房及基本生活费用，请求改判没收毛某英个人部分财产。被告人黄某庆及其辩护人均提出，黄某庆居中介绍仅获利2万元，本案罚金明显过高，请求二审法院重新认定，结合实际情况予以改判。

二审法院认为，被告人多年来从事违法犯罪活动，出现违法所得与家庭合法财产混同的情况。由于毛某英有完整的家庭，即便是其名下的财产也不必然属于其个人财产，而应属于夫妻共同财产，现并未指控其丈夫和女儿参与贩卖易制毒物品，故不能将该家庭所有财产全部没收，只能没收毛某英的个人财产。具体步骤如下：

一是确定被告人未成年女儿名下的房产为夫妻共同财产，不属于其女儿个人财产。关于登记在毛某英女儿名下的房产，由于登记权属人为在校学生，并未参加工作，没有收入来源，其提出自己有出资92万元现金的意见并无相关银行流水等证据支持，且不合常理。其女儿与其丈夫均确认该房产是毛某英刷卡支付的全部房款，故本套房产应当认定为毛某英的夫妻共同财产，而非其女儿的个人财产。

二是对于有证据证明属于犯罪所得的部分，则先没收该犯罪所得所占的份额，余下部分再按夫妻共同财产进行分割。其中，有48万元有充分证据证实属于毛某英的犯罪所得，依法应予追缴。由于该部分款项已用于购买其女儿名下的房产，故应当计算出该部分款项在全部购房款中所占的比例，为48/106，折合45.28%，在拍卖的总房款中按比例予以没收，剩余部分按照夫妻共同财产予以分割，再没收50%余下部分的份额，即权属人为其女儿的房产予以没收，没收比例为72.64%。[（100−45.28）÷2+45.28=72.64]

三是由于被告人和其丈夫明确表示夫妻各自管理各自的现金收

入，故对于被告人的现金、银行存款，全部认定为被告人的个人财产。故毛某英名下的银行存款可以认定为其个人财产，应对被告人毛某英名下的10个银行账户的280余万元存款及孳息以财产刑的形式予以没收，没收比例为100%。毛某英丈夫名下的银行存款应当予以发还，已冻结的予以解冻。

四是对于被告人的遗赠所得，依法认定为被告人的个人财产。

五是对被告人名下、其丈夫名下或共同名下的房产和证券账户等，按夫妻共同财产进行分割。本案其他房产、证券账户均应认定为夫妻共同财产。其中，一套房的产权人为4人，毛某英的丈夫所占的份额为10%，故属于毛某英的份额为5%，应当没收该房产5%的份额。另5处房产应当认定为夫妻共同财产，没收50%的份额。毛某英的证券账户截至查询之日总资产为752,700.35元，其丈夫的证券账户截至查询之日总资产为384,538.03元，由于并无证据证明该两个证券账户属于夫妻一方财产，故均应按照夫妻共同财产处理，没收比例为50%。

故认定一审认定事实清楚、适用法律准确，裁定驳回上诉，维持原判。

司法观点

侦查机关既要调查房产、银行存款等常规项目，也要调查证券账户、银行保险柜等新类型项目，还要收集登记在案外人名下的可能属于被告人所有的财物，收集固定好证据，防止审判阶段当事人提出异议而导致法院无法下判。

司法机关试点将部分毒品犯罪、涉众型刑事犯罪案件的财富调查工作纳入侦查范围，建立单独的财富卷，对涉案资产预先调查，并采取查封、冻结等措施，法院在审判环节应加强对涉案财物线索的审查认定，在最后作出定罪量刑判决时对被告人的涉案财物一并作出处理。

法庭应当着重引导公诉人、被告人及辩护人主要就该财产是否与犯罪相关，是属于被告人的个人财产还是家庭共同财产，特别是家庭成员名下的财产是否属被告人所有或有被告人的份额等问题进行质证。

实操建议

很多案件中，侦查机关也未严格按照上述计算标准折算孳息和违法所得情况，部分案件中只要求退出违法所得，即可解除对涉案财物的查封，这种情况下，家属宜积极筹款，退赃后解封涉案财物，避免孳息部分也被收缴；部分案件中，侦查机关未考虑合法财产投入或者涉及家庭共同财产的情况，一概认定为违法所得及其孳息予以追缴，依照上述规定，家属应积极主张按比例退赃。

可以参考下述处理原则：（1）从收集到的全部财物中，分出何者属于犯罪所得，何者是通过犯罪所得购买，或通过犯罪所得获取，对该部分财物依法予以追缴或没收；（2）在无法判断涉案财物属于犯罪所得还是合法财产时，按有利于被告人的原则，认定为合法财产；（3）在合法财产中分出属于被告人个人所有的财产，对属于被告人的个人财产，通过财产刑的方式予以处置；（4）当被告人的犯罪所得与合法所得混同、个人财产与家庭财产混同时，则对剩余的合法财产在家庭成员间进行析产，按照财产的属性分门别类划分权属比例，划定合适的比例进行分配，对属于被告人的个人财产部分，通过财产刑的方式予以处置；（5）依法保护家庭成员的合法财产权益，对于其他家庭成员的合法财产依法予以解冻、发还。

234. 职务犯罪中特殊涉案财物（房产、汽车、贵重物品）是否可以一概没收

职务犯罪中对涉案财物的处置也遵循《刑法》第64条的原则要求，对违法所得及其孳息、用于违纪违法的财物、非法持有的违禁品，以

及其他与案件有关的财物及其孳息，都应该予以追缴，[1] 并根据财物权属、性质，分别予以没收、发还。但在涉及特殊高价物品时，如何判断违法所得部分，以及财物增值部分是否一概予以收缴，也应按照《刑事诉讼法》对于涉案财物处置的原则，即对违法所得与合法财产混同的，按比例进行区分后再追缴违法所得及其对应的孳息部分。

与涉案汽车的市场价格主要受已使用时间、已行驶里程、使用状态等影响不同，手镯、字画等物品的市场价格主要取决于市场行情，而与个人持有时间长短、使用状况关联度不高，故手镯、字画等物品即使扣押时的市场价格低于当事人收受时的市场价格的，一般不应再追缴相应差额。同时，对依法应当追缴、没收的财产无法找到、被他人善意取得、价值灭失或者与其他合法财产混合且不可分割的，监察机关也会追缴其他等值财产。

在以住房为对象的交易型受贿犯罪中，由于房地产市场行情变化巨大，以低价购房为手法的受贿犯罪大多产生了犯罪孳息，不能一概以违法所得为由全部没收房产，要对房屋取得方式、是否有合法财产注入等进行充分举证，对取得房屋过程中有合法财产的，要扣除合法财产及其对应孳息部分，剩余部分认定违法所得及其孳息。

例如，国家工作人员甲利用职权为房地产开发商谋利，以 100 万元的价格购买了该公司开发的住房一套，经评估，该住房的交易时市场价格为 150 万元，案发时该套住房的市场价格为 300 万元。经查，在甲支付的 100 万元中，30 万元是其家庭合法财产，70 万元是其其他贪污受贿犯罪所得。

受贿金额 = 房屋原市场价格 − 交易价格 =150−100=50 万元

违法所得孳息 = 房屋升值金额 ×（违法所得 / 房屋原市场价格）=（300−150）×［（50+70）÷150］=120 万元

合法财产孳息 = 房屋升值金额 ×（合法财产 / 房屋原市场价格）=

---

① 周岩：《纪检监察机关审查调查工作中涉案财物追缴范围》，载中央纪委国家监委网站。

（300–150）×（30÷150）=30 万元

故 300 万元房产中目前有 30+30 万元属于当事人合法财产及其孳息，扣除该部分之后，120 万元为违法所得及其孳息，可予以追缴。

但实际案例中往往出现受贿所得钱款与其家庭合法财产混同、无法查明购房款来源，以及房屋多次交易无法区分增值收益及房屋有无贬值等情况，甚至房产的升值可能与国家工作人员的经营、运作有关，比如，购房后对住房进行了高档装修、改造、打通相邻住房，则升值部分又有其劳动或经营行为产生的价值等复杂情况，导致无法查明每笔房产中违法所得投入及其孳息情况，故法院往往会采取判处受贿犯罪时并处没收财产的方式加以解决，对确属受贿所得部分予以追缴，对无法区分的部分以没收财产的方式追缴。但是，没收财产刑不可以对家属的合法财产予以没收，也要涉及析产问题。所以，实践中监察机关往往简单认定受贿金额后，只要全额退赃，就解除对涉案房产的查封，也无须对房产增值部分进行没收，这种处理方式对被告人较为有利。

法律依据

最高人民法院《关于刑事裁判涉财产部分执行的若干规定》

第十条第三款　被执行人将赃款赃物与其他合法财产共同投资或者置业，对因此形成的财产中与赃款赃物对应的份额及其收益，人民法院应予追缴。

235. 涉黑案件中涉黑财产范围如何认定

《最高人民法院、全国部分法院审理黑社会性质组织犯罪案件工作座谈会纪要》和最高人民法院、最高人民检察院、公安部、司法部《关于办理黑恶势力犯罪案件若干问题的指导意见》均规定了“涉黑财产”

的认定标准，但仍不够清晰，尤其是当黑社会性质组织采取公司化方式运作,或者组织成员通过其他途径获得的合法财产又与“涉黑财产”混合的，认定涉黑财产的范围仍要根据中共中央、国务院《关于完善产权保护制度依法保护产权的意见》的精神，坚持做到“三区分、三牵连”，即“采取查封、扣押、冻结措施和处置涉案财物时，要依法严格区分个人财产和企业法人财产。对股东、企业经营管理者等自然人违法，在处置其个人财产时不任意牵连企业法人财产;对企业违法，在处置企业法人财产时不任意牵连股东、企业经营管理者个人合法财产。严格区分违法所得和合法财产，区分涉案人员个人财产和家庭成员财产，在处置违法所得时不牵连合法财产”。

对于组织者、领导者及组织成员的私人财产（如房产），如果没有用于犯罪活动或维系组织生存,则不能视为黑社会性质组织的财产;现有证据足以证实组织者、领导者通过违法犯罪活动或者不正当手段非法获取一定数额的财产，其中部分财产用于购置汽车等作案工具，或者给组织成员发放工资、支付赔偿费用等，根据2018年《关于办理黑恶势力犯罪案件若干问题的指导意见》的规定，可以认定为涉黑财产，依法予以追缴、没收。如果组织者、领导者本人原有财产，如轿车一辆，现有证据难以证实该轿车被用作犯罪工具的，则不应将该轿车认定为涉黑财产。

第一，对作为犯罪成本投入的合法财产，不能向前进行过度追溯性没收。关于黑社会性质组织成员合法财产中用于支持黑社会组织生存、发展的财产部分，不能将合法财产源头的所有资金或合法企业的所有经济利益都视为对犯罪组织活动的支持，认定为“涉黑财产”，否则会产生“一黑俱黑”范围扩大化问题。以合法经济利益支持违法犯罪活动，应以出资额为限来认定对犯罪组织的支持。当组织成员的部分合法财产用于支持犯罪组织活动时，应将该部分财产认定为“涉黑财产”，不能将没有用于支持犯罪组织活动的其他合法部分的财产认定为“涉黑财产”。以合法经济利益支持违法犯罪活动，应以出资额为限来认定对犯罪组织的支持。行为人出资多少取决于出资状况，在没有充分证据证明行为人还将继续出资前，只能以现有证据足以证实的实际出资额来认定对犯罪组织的支持。若将行为人所有资产一并视为是对犯罪组织的支持，必将导致组织成员的合法财产难以得到有效保护，“涉黑财产”泛化的结果消极后果。当组织成员的部分合法财产用于支持犯罪组织活动时，应将该部分财产认定为“涉黑财产”，不能将没有用于支持犯罪组织活动的其他合法部分的财产认定为“涉黑财产”。

第二，对黑社会性质组织支付的工资、福利等，不宜一概作为犯罪所得或者收益追缴。组织成员多数为公司员工，关于其领取的政策工资、福利、奖金等能否认定为“用于违法犯罪活动或者维系犯罪组织的生存、发展”，应当区分组织成员的正常消费行为与利用犯罪收益笼络组织成员行为，应区分公司、企业正常的经营活动与公司、企业支持犯罪组织的活动。2009 年最高人民法院、最高人民检察院、公安部《办理黑社会性质组织犯罪案件座谈会纪要》规定，“为组织成员及其家属提供工资、奖励、福利、生活费用”属于“用于违法犯罪活动或者维系犯罪组织的生存、发展”，该部分财产属于“涉黑财产”，应当予以追缴、没收。在具体个案中，不宜简单认为犯罪组织成员之间有集体消费行为，即属于黑社会性质组织利用犯罪所得经济利益笼络组织成员，支持犯罪组织活动。例如，实践中常见的黑社会性质组织实施具体犯罪后，组织成员之间会有一些消费行为，如吃喝玩乐，区分的关键在于是否具有利用组织成员的兴趣爱好发展壮大犯罪组织的目的。如果犯罪组织利用其成员的爱好组织吃喝赌博等消费行为，以煽动成员实施犯罪活动，即可将集体消费行为认定为笼络组织成员，支持犯罪组织活动；否则，只能将其视为一般集体消费行为，不应视为支持犯罪组织活动。

第三，区分公司、企业正常的经营活动与公司、企业支持犯罪组织活动。目前，部分黑社会性质组织有公司化趋势，即以合法公司、企业作为涉黑组织的幌子，组织者、领导者不是依靠所谓的成文或者不成文的帮规、组织纪律、活动规约或者依靠明显的暴力手段，而是通过向组织成员发放“工资”“过节费”，或者让一些骨干成员参与经营活动分得红利，以及利用公司企业经营管理活动中的层级关系来管理组织成员，控制组织成员为其效力。在这种以公司、企业为依托的黑社会性质犯罪案件中，公司、企业为员工发放工资、福利、“过节费”等行为可能具有双重属性，有的属于公司正常经营行为，有的则属于以发放工资、福利等形式掩盖用于维系犯罪组织生存、发展的实质。对本部分涉案财物应做具体分析，不宜一概认定为对犯罪组织的支持。只有员工为公司、企业利益利用职务行为组织实施违法犯罪活动，才可以将公司、企业为组织成员发放工资、福利等行为视为对犯罪组织的支持。如果员工不是为公司、企业利益，也没有利用职务行为，则不能将公司、企业为员工发放工资、福利等行为作为对犯罪组织的支持。

第四，区分合法经营收入所得和黑恶势力原始积累的财产。后者属于犯罪直接所得，与犯罪行为存在直接的关联性，而合法经营收入系依赖犯罪所得获取的间接收益，在合法经营过程中，除了利用原始积累的财产作为经济基础之外，还可能涉及其他投资者的权益，并且在公司、企业发展过程中，要投入人力、物力等种种成本，故对公司、企业的财产要区别对待，不应一概予以追缴、没收，可以结合投资比例、流入黑恶势力的比例、犯罪组织所起作用大小等综合加以判断。关于黑社会性质组织成员合法财产中用于支持黑社会组织生存、发展的财产部分，不能将合法财产源头的所有资金或合法企业的所有经济利益都视为对犯罪组织活动的支持，认定为“涉黑财产”，否则会产生“一黑俱黑”范围扩大化问题。

第五，以黑社会性质组织的成立时间作为认定涉黑财产形成的时间起点。从犯罪成立角度看，黑社会性质组织必须同时具备组织特征、经济特征、行为特征和危害性（非法控制）特征时才能依法“定黑”，《最高人民法院、全国部分法院审理黑社会性质组织犯罪案件工作座谈会纪要》和《关于办理黑恶势力犯罪案件若干问题的指导意见》均规定了黑社会性质组织成立的时间起点，在认定了黑社会性质组织成立时间节点后，该组织及其组织成员通过违法犯罪活动或其他不正当手段聚敛的全部财物、财产性权益及其孳息、收益，以及组织成立前通过违法犯罪活动或者其他合法手段获取的财产，在组织成立后用于支持组织活动的部分，均属于涉黑财产，均应予以追缴、没收。

法律依据

最高人民法院、最高人民检察院、公安部《办理黑社会性质组织犯罪案件座谈会纪要》

二、……“用于违法犯罪活动或者维系犯罪组织的生产、发展”，一般是指购买作案工具、提供作案经费，为受伤、死亡的组织成员提供医疗费、丧葬费，为组织成员及其家属提供工资、奖励、福利、生活费用，为组织寻求非法保护以及其他与实施有组织的违法犯罪活动有关的费用支出等。……

实操建议

律师在代理涉黑案件时，要重视对涉案财物是否属于涉黑财产的性质辩护，最大化维护当事人权益。关于财物是否属于涉黑财产，可以通过以下几个角度予以辩护：

其一，与犯罪行为无关。只有与黑恶势力犯罪行为相关联的，才能作为涉案财产，如被告人通过敲诈勒索占有的被害人财物；通过具体的犯罪行为直接生成的犯罪之物，如毒品，均与犯罪行为存在因果关系，与犯罪行为无任何关系的财产，通常不应认定为涉黑财产。

其二，不符合比例原则。即考量手段和目的之间是否成比例，如犯罪工具的价值不能远远大于其造成的危害后果价值，尤其是非专门用于犯罪的工具，以及投入经营资本、货币作为种类物，无法区分违法性，同时，少量投入获得较多回报的，也不能仅以手段行为的违法性一概认定违法所得收益。

236. 涉黑案件中涉案财物如何处置

虽然涉黑财产处置的相关司法解释规定，对于黑恶势力犯罪案件，有证据证明依法应当追缴、没收的涉案财产无法找到、被他人善意取得、价值灭失或者与其他合法财产混合且不可分割的，可以追缴、没收其他等值财产。这与《刑法》第 64 条没收违法所得、犯罪工具的规定相比有一定的范围扩大。在实际适用过程中，仍要坚持《刑法》总则确定的原则，追缴、没收的财产范围应当是非法财产，不应任意扩大至合法财产范围。

涉黑案件中涉案财产范围包括：

（1）通过违法犯罪活动所获取的财产，包括黑社会性质组织及其成员个人通过违法犯罪活动所聚敛的财产及其孳息、收益，也包括其他单位、组织、个人利用黑社会性质组织及其成员违法犯罪活动获取的财产及其孳息、收益。例如，黑社会性质组织及其成员通过赌博、抢劫、敲诈勒索、强迫交易、非法占用农用地等违法犯罪方式所获取的经济利益。

（2）实际用于支持黑社会性质组织活动的合法财产，包括黑社会性质组织及其成员通过合法的生产、经营活动获取的财产中或者组织成员个人、家庭合法财产中，用于支持该组织活动的部分，也包括其他单位、组织、个人为支持该组织活动资助或者主动提供的财产。对没有证据证明用于支持该组织活动的合法财产，与该组织的违法犯罪活动无关，不能认定为涉案财产。例如，黑社会性质组织成员个人合法开设的公司的正常营利，如果没有证据证明用于支持该组织活动，则不能认定为涉案财产。

（3）被害人的合法财产，因受到黑社会性质组织违法犯罪活动的侵犯，而列为涉案财产，如被敲诈勒索的被害人财产，故意毁坏的被害人财物等。

（4）违禁品及供犯罪所用的本人财物。违禁品系法律禁止持有的物品，故将黑社会性质组织及其成员持有的违禁品列为涉案财产，如非法持有的管制刀具、毒品。供犯罪所用的财物系赃款、赃物、犯罪工具等，如系黑社会性质组织及其成员所有，属于涉案财产。

对于黑恶势力犯罪案件中的财产处置，一方面要综合运用查扣冻、追缴、没收及财产刑等方式，防止犯罪嫌疑人及其亲属转移涉案财产，最大限度铲除黑恶势力犯罪的经济基础，但另一方面也要仔细加以甄别，严格区分涉案财产与合法财产、个人财产与家庭财产以及善意第三人的财产，以切实保护犯罪嫌疑人及其亲属、善意第三人的合法财产权益。

具体要做到：

第一，对最高人民法院、最高人民检察院、公安部、司法部《关于办理黑恶势力刑事案件中财产处置若干问题的意见》第6条中的"可以根据诉讼需要"进行严格解释，保持刑法的谦抑。对于有证据证明与案件有关的财产，应当依法进行查封、冻结、扣押，对于有证据证明确实与案件无关的财产，不能进行查封、扣押、冻结；即使已经被查封、扣押、冻结的，也应当及时解除并尽快予以返还。而对于一时难以证明、存在较大争议的财产，办案机关应当仔细甄别、认真审查，不能一律进行查封、冻结、扣押，简单粗暴地一封了之。

第二，给予犯罪嫌疑人及其亲属、第三人充分的救济权利。《关于办理黑恶势力刑事案件中财产处置若干问题的意见》第6条扩大了黑恶势力案件中查封、冻结、扣押的财产范围，可能侵犯犯罪嫌疑人及其亲属、第三人的合法财产权益。因此，对于黑恶势力案件中查封、冻结、扣押的涉案财产，办案机关应当及时重新审查，尤其是犯罪嫌疑人及其亲属、第三人提出异议的，办案机关应当高度重视，仔细甄别、认真审查，经查实确与案件无关的，应当及时解除查封、冻结、扣押，尽快予以返还，以最大限度降低对权利人合法财产权益的侵害。

第三，律师在传统辩护的基础之上，要高度重视并加强财产辩护。对于黑恶势力案件中的财产处置，先行查封、冻结、扣押涉案财产的范围出现扩大化倾向，在涉案财产的追缴、没收上，有变相突破《刑法》相关规定之嫌。针对上述问题，律师均应据理力争，仔细甄别涉案财产与合法财产，个人财产与家庭财产，尤其是应当保护善意第三人的合法财产。对于超范围查封、冻结、扣押或者非法追缴没收的，应当及时向办案机关提出异议，并提供能够证明其与案件确实无关、确属合法财产的证据材料或线索，敦促办案机关及时返还。

法律依据

最高人民法院、最高人民检察院、公安部、司法部《关于办理黑恶势力刑事案件中财产处置若干问题的意见》

6.公安机关侦查期间，要根据《公安机关办理刑事案件适用查封、冻结措施相关规定》（公通字〔2013〕30号）等有关规定，会同有关部门全面调查黑恶势力及其成员的财产状况，并可以根据诉讼需要，先行依法对下列财产采取查询、查封、扣押、冻结等措施：

（1）黑恶势力组织的财产；

（2）犯罪嫌疑人个人所有的财产；

（3）犯罪嫌疑人实际控制的财产；

（4）犯罪嫌疑人出资购买的财产；

（5）犯罪嫌疑人转移至他人名下的财产；

（6）犯罪嫌疑人涉嫌洗钱以及掩饰、隐瞒犯罪所得、犯罪所得收益等犯罪涉及的财产；

（7）其他与黑恶势力组织及其违法犯罪活动有关的财产。

参考案例

陈某涛等人组织、领导、参加黑社会性质组织、赌博等案①

法院查明：2004年至2017年，被告人陈某涛先后纠集被告人许某心、崔某慧、曲某民、李某利、陈某等10余人，多次实施聚众赌博、

① （2019）京02刑初52号。

组织中国公民赴境外赌博、聚众斗殴、寻衅滋事、串通投标、虚开发票、非法占用农用地、强迫交易等20余起违法犯罪活动，逐渐形成以陈某涛为组织者、领导者，许某心、崔某慧、曲某民、李某利、陈某为积极参加者的黑社会性质组织。该黑社会性质组织利用组织影响力，通过实施聚众赌博、组织中国公民赴境外赌博、串通投标承揽农村惠民工程、占地建设违章建筑出租等违法犯罪活动，聚敛巨额财富。其中，将部分财产用于违法犯罪活动和维系组织的生存、发展，为组织成员购买枪支、刀具等作案工具；组织手下成员娱乐、吸毒等；为组织成员提供住房、财物等；收买国家工作人员，为组织牟取不正当利益提供便利等。陈某涛等人通过实施多起违法犯罪活动，或因国家工作人员的庇护，确立强势地位，树立非法权威，造成恶劣的社会影响，严重破坏当地经济和社会生活秩序。

另外，法院在受理后即着手梳理该黑社会性质组织及其成员的财产状况，分门别类，逐一登记，逐项核查，准确界定涉案财产，对非涉案财产及时予以解封、解冻；坚持证据裁判原则，先后建议侦诉机关补充财产证据材料30余项，并对涉案财产及时予以续封、续冻，对经营性财产尝试委托当地的政府机关予以代管，对黑社会性质组织及其成员的合法债权及时固定证据，强化监管。

法院认为：对涉黑案件的财产处置，应坚持全面调查、依法处置的总体原则，遵循涉案财产界定—涉案财产保管—涉案财产处理的总路径，明确财产处置方式，依法依规作出处理，在查明涉案财产属性及依法保管的基础上，对有证据证明的违法犯罪所得，坚决予以没收；对被害人的合法财产，及时予以发还；对应当予以追缴的违法犯罪所得，判令支付，尤其是对应当追缴、没收的涉案财产无法找到、被他人善意取得、价值灭失或者与其他合法财产混合且不可分割的情形，依法追缴、没收其他等值财产。最终认定被告人陈某涛等人构成组织、领导、参加黑社会性质组织罪等罪名，判处有期徒刑25年到5年6个月不等的刑期，对涉案财产分别予以没收、折抵罚金或发还，并对陈某涛没收个人全部财产。

实操建议

涉黑案件中当事人及其律师要积极举证前期查扣财产性质是否属于涉案财产，对不属于涉黑财产的，可以主张返还权利人；对权利人而言，如果债务人涉及黑恶案件，一定要尽早参与刑事案件审理，委托律师主张相应财产权利，避免因为被判处没收财产而使自己的民事债权无法挽回。

237. “供犯罪所用的本人财物”的范围如何认定

《刑法》第 64 条规定的对犯罪分子供犯罪所用的本人财物予以没收，实践中一般是指对犯罪工具的没收，也被理论界称为特别没收制度，旨在剥夺罪犯的再犯工具，防止财物被再次用于实施犯罪。对犯罪工具的没收要把握比例原则、犯罪专属性原则。

“供犯罪所用的本人财物”具体可以分为“犯罪工具”和“组成犯罪行为之物”。犯罪工具，如杀人用的刀具、走私集团所用的船只、无行医执照的人在行医过程中所使用的器材；组成犯罪行为之物，如聚众赌博者的赌资、走私的货物或物品、行贿人用于行贿的财物。除此之外的供犯罪所用的本人财物需要没收的，应当严格以法律、司法解释为准，如为实施“套路贷”而交付给被害人的本金属于犯罪所用之物，应予没收，专门用于赌博的资金、交通工具、通信工具，应予没收。

认定“供犯罪所用本人财物”时应注意：第一，财物应当是罪犯本人合法所有，例外的情况是，共同犯罪中，如果财物属于未到案的其他嫌疑人，查明财物权属及其与犯罪的关联的，也可以同样认定为“供犯罪所用本人财物”，这属于他人明知罪犯实施不法行为仍允许其持有使用的，应视为罪犯本人合法所有；罪犯通过非法手段取得并作犯罪工具使用的，应当返还被害人。第二，财物被专门用于实施犯罪，应解释为“直接且专门供犯罪使用的本人财物”，财物应当对犯罪的实施起到决定性或促进性作用。第三，财物应当符合比例原则，否则将导致处罚过重。比如，甲使用合法所有的10亿元资金操纵证券市场，显然该10亿元资金属于供犯罪所用的本人财物，如果不加裁量地全部没收，必然过于严厉。再如，乙使用自己价值100万元的越野车撞毁他人价值5000元的简易房，该越野车也是供犯罪所用的本人财物，如果不加裁量没收越野车，也明显过于严厉。又如，丙容留他人在自己的房屋内卖淫，如果没收该房屋，则不符合罪刑相适应原则。[①]

从司法实践中看，对于那些非法经营出租车业务的人，都没有没收其使用的车辆。但实践中也有走私、非法采矿、毒品等案件中对用于走私、采矿、运毒的车船予以没收，需要结合比例和专门性原则，判断没收的合法性和妥当性，不应在所有案件中一律判处全部没收供犯罪所用的本人财物。例如，针对走私过程中雇用的江船的处理，南通市检察院和地方海警局的处理方式是，根据船舶本身价值与获利比例关系、是否以犯罪作为主要方式以及涉及犯罪主要原因等方面进行判断，按照比例原则，会在犯罪主体退出违法所得、予以惩罚（罚金）后将江船归还，以做到罪刑相适应。

针对上述小额犯罪过程中所使用的车辆、资金等是否属于供犯罪所用财物，司法机关会以比例原则、专门性原则等理由，拒绝没收超过正常水准的财物，即使该财物被用于犯罪过程。

一种以违反比例原则为由，不予没收。例如，审判参考案例认为，“没收盗窃2000元财物中所使用的面包车与所犯罪行的社会危害性不相适应，显失公平”，原判予以没收不当，撤销了一审判决“没收供犯罪使用的面包车一辆”部分，并判决由扣押单位将被扣押的面包车发还被告人。[②]

① 张明楷：《论刑法中的没收》，载《法学家》2012年第3期。

② 参见吴燕、赵祥东：《“供犯罪所用的本人财物”的认定与没收》，载《刑事审判参考》总第45集，法律出版社2006年版，第56页。

一种以并非专门或主要用于犯罪的工具为由，不予没收。关于运输毒品中所驾驶的汽车，原判认定属于犯罪工具予以没收，二审法院认为“因没有证据是专门或主要用于犯罪的工具，不宜没收。原判没收不当，应予以纠正”。[①]

法律依据

《刑法》

第六十四条 犯罪分子违法所得的一切财物，应当予以追缴或者责令退赔；对被害人的合法财产，应当及时返还；违禁品和供犯罪所用的本人财物，应当予以没收。没收的财物和罚金，一律上缴国库，不得挪用和自行处理。

最高人民法院、最高人民检察院、公安部、司法部《关于办理“套路贷”刑事案件若干问题的意见》

7. 犯罪嫌疑人、被告人实施“套路贷”违法所得的一切财物，应当予以追缴或者责令退赔；对被害人的合法财产，应当及时返还。有证据证明是犯罪嫌疑人、被告人为实施“套路贷”而交付给被害人的本金，赔偿被害人损失后如有剩余，应依法予以没收。……

最高人民法院、最高人民检察院《关于办理赌博刑事案件具体应用法律若干问题的解释》

第八条第二款 ……赌博用具、赌博违法所得以及赌博犯罪分子所有的专门用于赌博的资金、交通工具、通讯工具等，应当依法予以没收。

参考案例

郗菲菲、李超、蒋超超、林恺盗窃案[②]

法院查明：2016年11月10日，被告人郗菲菲、李超预谋后与

① 李晓琦：《供犯罪所用的本人财物的认定》，载《人民法院报》2011年8月17日版。

② 《刑事审判参考》案例第1302号。

被告人林恺商议，由被告人林恺驾驶自己的陕 A8×××× 小轿车载着郗菲菲、李超前往长安区寻找网吧伺机盗窃。林恺驾车在网吧外接应，郗菲菲与李超进入网吧，使用自制的铁丝制成的钩状工具将被害人上网时放在电脑桌上的苹果 7Plus 手机 1 部盗走。三被告人窃得手机后，驾车逃离现场。被告人郗菲菲、李超分别于 2016 年 11 月 14 日、11 月 22 日与被告人林恺以上述方式在雁塔区、经济技术开发区的一网吧盗窃两次。三次盗窃手机价值共计 9041 元，三人分赃后挥霍。

2016 年 11 月 18 日，被告人郗菲菲、李超预谋后与被告人蒋超超商议，由被告人蒋超超驾驶其陕 AZ×××× 小轿车载着郗菲菲、李超前往灞桥区寻找网吧伺机盗窃。被告人蒋超超驾车在网吧外接应，郗菲菲、李超趁被害人不备盗走其上网时放在电脑桌上的苹果 6s 手机 1 部。窃得手机后，三人驾车逃离现场。被告人郗菲菲、李超又分别于 2016 年 11 月 18 日、11 月 25 日、11 月 29 日，与被告人蒋超超以上述方式在经开区、高陵区、华阴市的一网吧盗窃三次。四次盗窃手机价值共计 12,097 元，三人分赃后挥霍。

法院认为：被告人蒋超超、林恺在盗窃犯罪中分别驾驶陕 A8××××、陕 AZ×××× 轿车多次载被告人郗菲菲、李超到网吧实施盗窃，并在盗窃完成后作为逃离工具，一审法院认为上述车辆应认定为“供犯罪所用本人财物”，故判决予以没收；二审法院认为上述车辆虽然起到了载人到达和逃离犯罪现场的工具作用，但该车之上设定有其他合法抵押权，且该车并非蒋超超、林恺为盗窃犯罪而购买，主要用途为家庭生活和工作，没有连续性或者长期性用于实施盗窃犯罪，只是交通工具，并非盗窃犯罪实施的必要条件或者重要条件，故不属于专门用于犯罪的财物。根据二被告人的罪行，如果对其车辆予以没收，和第一、第二被告人郗某某、李某相比会产生明显惩罚失衡，故撤销没收部分的判罚。

司法观点

对《刑法》第64条规定的应当予以没收的“供犯罪所用的本人财物”，应结合财物与犯罪的关联程度、是否损害他人合法民事权利等因素，综合衡量财物价值与犯罪情节的相当性作出认定。“供犯罪所用财物”应是与犯罪有经常性或密切性联系，对犯罪实施具有重要作用的财物。对于“供犯罪所用”的理解认识，按照文义解释方法，即为为犯罪而使用的财物。从广义而言，在犯罪预备、犯罪实行过程中使用的与犯罪有联系的一切财物都包含在上述范围。照此逻辑，犯罪中被告人实际使用的与犯罪没有必然联系的生活必需品或常用品，如穿着的衣服、鞋袜也都属于“供犯罪所用”，如果予以没收，显然有违常情常理，会引发法律评价与社会经验的冲突问题。按照法律解释方法理论，在文义解释出现问题时，就需要采用文理解释方法，从立法本意和法律精神去把握条文的内涵、外延。

《刑法》之所以规定将“供犯罪所用的财物”予以没收，主要目的为特殊预防、剥夺被告人再犯能力，当然实际上也会产生一定惩罚效果。基于对没收“供犯罪所用财物”这一行为目的、性质的分析，在认定“供犯罪所用财物”时主要应从财物与犯罪的关联性方面去把握，需要考量财物对于犯罪的作用大小、联系紧密程度等因素。对于专门用于犯罪的财物应认定为“供犯罪所用”没有争议。对于非专门用于犯罪的财物，可从以下两个方面去判断：

第一，财物与犯罪应该存在直接或者密切联系。所谓直接联系就是该财物对犯罪行为或结果的发生起到决定或者直接作用，或者说该财物是实施或者完成犯罪行为的必要条件或重要条件。比如，在运输毒品犯罪中的轿车，就与犯罪有直接联系；所谓密切联系，即财物和犯罪存在经常性的联系，财物经常用于犯罪，反复使用。

第二，被告人有将财物用于犯罪的主观认识。《刑法》第64条虽未限定没收“供犯罪所用的本人财物”必须发生在故意犯罪中，但从文义解释看，“供犯罪所用”是被告人在主观上对财物用于犯罪有明确的认识，继而积极主动地在犯罪中使用该财物。由于过失犯罪，被告人对犯罪实施缺乏主动性，对犯罪目的实现也没有积极追求，对于财物在犯罪中的使用缺乏主动性和明确认识，故不属于应当没收的情形。

学理解释

《刑法》第 64 条所规定的“供犯罪所用的本人财物”应当限制解释为“供犯罪使用的，并且与违禁品相当的本人财物”。所谓“供犯罪使用”，是指直接供犯罪使用，不仅包括犯罪工具，而且包括犯罪行为组成之物；所谓“与违禁品相当”，是指虽然不属于法律、法规明文规定的违禁品，但该财物是行为人主要或者通常用于犯罪的财物。……一般来说，金钱不可能是与违禁品相当的财物。……这是因为，在通常情况下，金钱并不是主要或者通常用于犯罪的物品。[①]

实操建议

辩护人可以通过以下几个方面举证相关财物不属于《刑法》第 64 条所规定的没收范围：

第一，“供犯罪所用之物”应当是指专门的、反复地用于犯罪之物，偶然地与犯罪发生关联时，不应当予以没收。例如，最高人民法院《关于办理赌博刑事案件具体应用法律若干问题的解释》中要求必须是“专门用于赌博的资金、交通工具、通讯工具”。但是，由于金钱属于一般等价物和流通物，在通常情况下，并不是主要或者通常用于犯罪的物品，原则上不应被认定为“供犯罪所用的本人财物”。

第二，没收时应当遵循比例原则，要求没收财物和行为的社会危害性之间具有相当性。例如，利用本金从事违法放贷、非法经营等案件中，本金和犯罪行为的社会危害性相差悬殊，径直没收的话显失公平。

---

① 参见张明楷：《刑法学》（第 5 版），法律出版社 2016 年版，第 644~646 页。

第三，可以没收的应当是“本人”财物。例如，假如上述案例中的面包车并非行为人所有，而是借来的车，不应予以没收。司法实践中经常存在权属查不清的车、借来的车、盗抢的车、夫妻共同财产、买二手车没过户等情况，此时，应当依法查清相关财物的权属来源，在财物权属并非行为人所有或者无法查清时，不应予以没收。

238. 什么情况下案外人可以申请对涉案财物处置进行权利救济

对案外人涉案财物的处置应当以相关财物与刑事案件有关联为前提，不得处置与案件无关的财物，对违反该原则的处置行为，案外人可以申诉、控告，要求办案机关予以纠正。主要有以下几种情况：

第一，超范围查封、扣押、冻结案外人相关财物的，案外人可以申请救济。对案外人涉案财物的处置范围，应当与涉案金额相当，不得超过涉案金额范围对案外人的相关财物进行处置。但是，在司法实践中，侦查机关一旦发现案外人的相关财物与刑事案件有关，便会将案外人名下的所有银行账户、房产、车辆一并查封、冻结，而不具体考虑案外人的涉案金额。若案外人提出异议，办案机关也往往会以“案件事实未查明，无法确定相关财物是否属于涉案财物”为由推托，使案外人的大量财物处于被控制的状态，不仅会对案外人的生活状况有所影响，还可能导致相关财物的贬值。若案外人是单位，长期控制单位的多种资产，如资金账户、生产设备，会对单位的生产经营状况带来影响，也极有可能会导致企业的倒闭、破产。

第二，对案外人涉案财物处置违反比例原则的，案外人可以申请救济。对案外人涉案财物的处置应当以与涉案金额相当为原则，禁止超范围查封、扣押、冻结。目前司法实践中存在一种情况，案外人的相关财物一旦涉案，案外人的大部分财产将被采取强制措施，而不考虑涉案金额。例如，在一起挪用资金案件中，嫌疑人将挪用资金1000余万元用于房屋首付款购买房产，并向银行申请抵押贷款7000余万元，公安机关在查办该案时直接将该处上亿元的房产予以查封，银行作为享有优先权的案外人，无法及时处置房产，且对房屋的查封也不符合相应比例要求。

第三,案外人系善意取得的,也可以申请救济。最高人民法院《关于刑事裁判涉财产部分执行的若干规定》第11条对案外人适用善意取得制度作出了明确的规定，对于案外人善意取得的财物不应当予以追缴。对于案外人通过低于市价的方式获得涉案财物的，案外人也支付了一定的对价，不能简单地以“明显低于市场价格”而一概认为案外人是恶意取得涉案财物，而应当综合其是否知悉相关财物的来源、性质以及用途等因素，对案外人的主观恶性程度进行审慎的判断，尤其是已经产生财产混同的情况下，对案外人的合法财产部分应当给予充分的保护。

法律依据

《刑事诉讼法》

第一百一十七条 当事人和辩护人、诉讼代理人、利害关系人对于司法机关及其工作人员有下列行为之一的，有权向该机关申诉或者控告：

（一）采取强制措施法定期限届满,不予以释放、解除或者变更的;

（二）应当退还取保候审保证金不退还的；

（三）对与案件无关的财物采取查封、扣押、冻结措施的；

（四）应当解除查封、扣押、冻结不解除的；

（五）贪污、挪用、私分、调换、违反规定使用查封、扣押、冻结的财物的。受理申诉或者控告的机关应当及时处理。对处理不服的，可以向同级人民检察院申诉；人民检察院直接受理的案件，可以向上一级人民检察院申诉。人民检察院对申诉应当及时进行审查，情况属实的，通知有关机关予以纠正。

中共中央办公厅、国务院办公厅《关于进一步规范刑事诉讼涉案财物处置工作的意见》

十三、……人民法院、人民检察院、公安机关、国家安全机关应当建立有效的权利救济机制，对当事人、利害关系人提出异议、复议、申诉、投诉或者举报的，应当依法及时受理并反馈处理结果。

《公安机关涉案财物管理若干规定》

第三十条 在对涉案财物采取措施、管理和处置过程中，公安机关及其工作人员存在违法违规行为，损害当事人合法财产权益的，当事人和辩护人、诉讼代理人、利害关系人有权向公安机关提出投诉、控告、举报、复议或者国家赔偿。公安机关应当依法及时受理，并依照有关规定进行处理；对于情况属实的，应当予以纠正。

上级公安机关发现下级公安机关存在前款规定的违法违规行为，或者对投诉、控告、举报或者复议事项不按照规定处理的，应当责令下级公安机关限期纠正，下级公安机关应当立即执行。

最高人民法院《关于刑事裁判涉财产部分执行的若干规定》

第十一条 被执行人将刑事裁判认定为赃款赃物的涉案财物用于清偿债务、转让或者设置其他权利负担，具有下列情形之一的，人民法院应予追缴：

（一）第三人明知是涉案财物而接受的；

（二）第三人无偿或者以明显低于市场的价格取得涉案财物的；

（三）第三人通过非法债务清偿或者违法犯罪活动取得涉案财物的；

（四）第三人通过其他恶意方式取得涉案财物的。

第三人善意取得涉案财物的，执行程序中不予追缴。作为原所有人的被害人对该涉案财物主张权利的，人民法院应当告知其通过诉讼程序处理。

参考案例

被告人陈某杰等人非法吸收公众存款案[①]

法院查明：一审法院判决冻结在案以下房产：富贵世家二期5号楼25××1、25××2、25××3单位房产，富贵世家二期5号楼22××1、22××2、22××3单元，荆溪镇港头村坛山田园休闲中心120号××、47号××联排住宅，南屿镇旗山商贸街5号2××单元，平潭海景国际第1幢22××1、22××2共计2套房产，平潭海景国际第1幢23××1~23××4共计4套房产，平潭海景国际第1幢23××1~23××3、23××4、23××5共计5套房产，上述房产予以拍卖，所得款项，按比例返还各被害人。冻结在案以下房产：仓山万达A 1号楼10套房产，乾某典当公司优先受偿后的余款按比例返还各被害人。

案外人冯某茂提出，其以合理价格购置查封在案的平潭宇诚海景国际11套房产并已合法占有上述房产，主观上不明知系陈某杰以赃款购买，依法应当善意取得上述房产。

陈某杰、林某3于2013年年初使用集资款购买上述房产，总价款1693万余元。同年12月，陈某杰、林某3向冯某茂借款1200万元，后签订协议以总价1250万元转让上述房产，但冯某茂仅实际支付1067万元，明显低于原购置价及市场行情，且未在司法机关查封之前合法占有上述房产。根据最高人民法院、最高人民检察院、公安部《关于办理非法集资刑事案件适用法律若干问题的意见》第5条第2款第3项之规定，集资人将非法吸收的资金及其转换财物用于清偿债务或者转让给他人，他人以明显低于市场的价格取得上述资金及财物的，应当依法追缴。故冯某茂所提异议不成立，二审法院不予采纳，查封在案的平潭“宇诚·海景国际”第1幢第20层25××1~25××11号共计11套房产，仍予以拍卖，所得款项按比例返还在案各受损集资参与人。

---

① （2018）闽刑终325号。

实操建议

第一，积极做好权属证明文件（如房本、车辆登记信息），交易文件（如买卖合同、合同履行信息、过户登记、转账信息）等的留存工作。

第二，对于财物权属清晰、性质清楚、无被害人的案件，案外人可以积极通过申诉、控告的方式寻求救济。

第三，对于权属复杂、在案财物数额较大、被害人较多的案件，案外人可以通过申诉、控告、提请检察监督的方式，在审前与公安机关、检察机关保持积极沟通，并根据反馈积极准备证据材料，以备后续救济使用。

239. 案外人是否可以委托律师对涉案财物处置进行权利救济

最高人民法院《关于适用〈中华人民共和国刑事诉讼法〉的解释》规定，案外人享有参加庭审的权利，在案外人涉案财物处置中，案外人也有权委托律师代为进行涉案财产处置权利救济，包括民事诉讼、申诉、提请检察监督等多种方式。

在涉案财物处置中，案外人对办案机关对其相关财物的处置存在异议时，案外人可以定位为“被害人”，根据《刑事诉讼法》的规定，被害人有权委托诉讼代理人，因此，在涉案财物处置中，案外人委托的律师应当定位为“诉讼代理人”。《刑事诉讼法》已经赋予案外人参加庭审的权利，其诉讼代理人即律师也应享有阅卷权以及参加庭审的权利。

根据《刑事诉讼法》的规定，辩护律师自审查起诉之日起享有阅卷权，其他辩护人经检察院、法院许可，也可以享有阅卷权。对案外人涉案财物的处置与刑事案件有关联，犯罪嫌疑人、被告人的笔录以及办案机关搜集的相关证据对案外人相关财物是否被认定为涉案财物具有重要的意义，若规定案外人的诉讼代理人不享有阅卷权，案外人的合法财产权益将无法得到保障。

实践中，存在犯罪嫌疑人、被告人在自身财产不足以退赔被害人损失的情况下，作出案外人的相关财物为其“违法所得”的不利表述，从而将案外人的相关财物追缴到案后，达到其“积极退赔被害人损失，取得被害人谅解”的目的。对于上述情形，应当赋予案外人的诉讼代理人阅卷权，以便案外人知悉与其合法利益息息相关的信息或线索。另外，案外人的诉讼代理人经案外人授权，应当享有出庭参加庭审的权利。

法律依据

最高人民法院《关于适用〈中华人民共和国刑事诉讼法〉的解释》

第二百七十九条 法庭审理过程中，应当对查封、扣押、冻结财物及其孳息的权属、来源等情况，是否属于违法所得或者依法应当追缴的其他涉案财物进行调查，由公诉人说明情况、出示证据、提出处理建议，并听取被告人、辩护人等诉讼参与人的意见。

案外人对查封、扣押、冻结的财物及其孳息提出权属异议的，人民法院应当听取案外人的意见；必要时，可以通知案外人出庭。

经审查，不能确认查封、扣押、冻结的财物及其孳息属于违法所得或者依法应当追缴的其他涉案财物的，不得没收。

最高人民法院《关于刑事裁判涉财产部分执行的若干规定》

第十三条 被执行人在执行中同时承担刑事责任、民事责任，其财产不足以支付的，按照下列顺序执行：

（一）人身损害赔偿中的医疗费用；

（二）退赔被害人的损失；

（三）其他民事债务；

（四）罚金；

（五）没收财产。

债权人对执行标的依法享有优先受偿权，其主张优先受偿的，人民法院应当在前款第（一）项规定的医疗费用受偿后，予以支持。

第十一条第二款 第三人善意取得涉案财物的，执行程序中不予追缴。作为原所有人的被害人对该涉案财物主张权利的，人民法院应当告知其通过诉讼程序处理。

实操建议

债权人可以委托律师作为案外人的诉讼代理人参与庭审、阅卷，提出法律意见，切实维护自身财产权利，法律将原来执行阶段的异议权提前至庭审阶段，并赋予了案外人充分的维权手段。律师代理此类案件要事先积极做好当地裁判的考察工作，了解当地法院对案外人异议处理的一般做法，提前做好诉讼准备，在当地尚无案外人直接以案外人身份参与庭审或听证会先例的情况下，通过与法官、控辩双方积极沟通，争取使自己被列入证人名单，或者使自己的权利主张被纳入公诉意见或辩护意见，从而使自己的权利主张能够在法庭阶段获得处理。

240. 生效刑事裁判对前期扣押的财物未提出明确处理意见的，所有权人能否申请返还

生效刑事裁判涉财产部分不明确的情形包括未认定涉案财物性质和判决没收财产、追缴违法所得、责令退赔时未明确具体财产对象等。应当征询审判部门意见，待审判部门答复明确后方可执行。如果侦查机关查封、扣押、冻结的随案财物在裁判文书中确实没有明示的，所有权人有权申请返还。

法律依据

最高人民法院《关于人民法院立案、审判与执行工作协调运行的意见》

13.刑事裁判涉财产部分的裁判内容，应当明确、具体。涉案财物或者被害人人数较多，不宜在判决主文中详细列明的，可以概括叙明并另附清单。判处没收部分财产的，应当明确没收的具体财物或者金额。判处追缴或者责令退赔的，应当明确追缴或者退赔的金额或财物的名称、数量等有关情况。

15.执行机构发现本院作出的生效法律文书执行内容不明确的，应书面征询审判部门的意见。审判部门应在15日内作出书面答复或者裁定予以补正。审判部门未及时答复或者不予答复的，执行机构可层报院长督促审判部门答复。

执行内容不明确的生效法律文书是上级法院作出的，执行法院的执行机构应当层报上级法院执行机构，由上级法院执行机构向审判部门征询意见。审判部门应在15日内作出书面答复或者裁定予以补正。上级法院的审判部门未及时答复或者不予答复的，上级法院执行机构层报院长督促审判部门答复。

执行内容不明确的生效法律文书是其他法院作出的，执行法院的执行机构可以向作出生效法律文书的法院执行机构发函，由该法院执行机构向审判部门征询意见。审判部门应在15日内作出书面答复或者裁定予以补正。审判部门未及时答复或者不予答复的，作出生效法律文书的法院执行机构层报院长督促审判部门答复。

河南省高级人民法院《刑事裁判涉财产部分执行异议复议案件办理指南》

五、……以下情形视为生效刑事裁判不明确、具体：

1、在刑事裁判主文或认定事实中对查扣在案的涉案财物未认定是否系违法所得；

2、判决没收财产而未明确没收被告人哪些具体财产及具体金额；

3、判决追缴违法所得而未明确追缴哪些具体财产及具体金额；

4、判决责令退赔而未明确退赔的具体金额或财物的具体名称、数量等。

参考案例

莱芜市庚辰经贸有限公司执行案[①]

法院查明：2011年6月9日，徐矿集团向徐州市中级人民法院提交《发还涉案财物申请书》，请求发还已查封、扣押、冻结的涉案财物，追缴其余涉案赃款、赃物。2011年10月20日，徐州市中级人民法院作出（2011）徐执字第236号民事裁决，裁定冻结、扣划、查封、扣押、扣留、提取、处置尹某新、王某香的涉案财物及罚金（附清单）。2013年10月10日，徐州市中级人民法院作出（2011）徐执字第236号协助扣划存款通知书，要求莱商银行北苑支行将冻结的庚辰公司300万元存款扣划至徐州市中级人民法院账户。因庚辰公司向法院申诉，2013年11月28日，法院作出（2013）执监字第205号通知书，告知庚辰公司，对其申诉请求，法院审查完毕，相关意见已函示江苏省高级人民法院，请庚辰公司直接与江苏省高级人民法院联系，但江苏省高级人民法院对此未做处理，庚辰公司于2016年10月再次向法院申诉。

另查明：莱芜市利群物资有限公司因该公司368.88万元存款被徐州市中级人民法院冻结、扣划，不服江苏省高级人民法院（2013）苏执复字第0019号执行裁定、徐州市中级人民法院（2011）徐执字第236号民事裁决和（2012）徐执异字第0026号民事裁定，向法院申诉一案，法院经审判委员会讨论，于2015年9月29日作出（2014）执申字第30号执行裁定，驳回莱芜市利群物资有限公司的申诉请求。

法院认为：《刑事诉讼法》第234条规定，人民法院作出的判决，应当对查封、扣押、冻结的财物及其孳息作出处理。判决生效后，有

---

① （2016）最高法执监401号。

关机关应当根据判决对查封、扣押、冻结的财物及其孳息进行处理。对查封、扣押、冻结的赃款赃物及其孳息，除依法返还被害人的以外，一律上缴国库。本案中，徐州市中级人民法院（2011）徐刑二初字第2号刑事判决虽然没有具体写明应当追缴庚辰公司300万元存款，但其第三判项已明确：对已查封、扣押、冻结的涉案财物依照法律规定予以追缴和处理，其余涉案赃款继续予以追缴。而庚辰公司的300万元存款系徐州市公安局冻结款项，直至刑事审判阶段一直处于续冻结状态，显然属于该刑事判决所称“已查封、扣押、冻结的涉案财物”。徐州市中级人民法院根据刑事判决对冻结的庚辰公司300万元依法予以追缴和处理，并无不当。庚辰公司主张该300万元系其善意取得而非应当追缴的涉案财物，实质上并不是对执行过程中有关执行行为提出异议，而是对执行依据即徐州市中级人民法院（2011）徐刑二初字第2号刑事判决的相关判项提出异议，不属于执行程序应当审查的范围，江苏省高级人民法院（2013）苏执复字第0017号执行裁定对此不予审查，并无不当。2014年11月6日起施行的最高人民法院《关于刑事裁判涉财产部分执行的若干规定》第15条规定，执行程序中案外人认为刑事裁判对涉案财物是否属于赃款认定错误提出异议，应通过审判监督程序处理或者由执行机构将异议材料移送刑事审判部门裁定补正。按照这一规定，庚辰公司如果认为徐州市中级人民法院（2011）徐刑二初字第2号刑事判决存在赃款认定错误，可对该判决申请再审，通过审判监督程序予以解决。

因此，二审法院认为庚辰公司的申诉理由不能成立，裁定驳回莱芜市庚辰经贸有限公司的申诉请求。

实操建议

虽然原则上只有判决主文认定的涉案财物才能执行，但参照（2016）最高法执监401号执行裁定，对刑事裁判事实部分查明系赃款赃物的，结合判决主文足以认定系应当执行的财物的，也可以执行，辩护人及代理人要认真审核法院判决书主文，确保法院明确执行范围。

241. 进入执行阶段后，案外人对涉案财物处置不服的，可以采取何种救济手段

进入执行阶段，案外人对涉案财产处置不服的，可以向执行法院提出书面异议，也可以对涉案财产处置提起审判监督程序。

最高人民法院《关于刑事裁判涉财产部分执行的若干规定》较为系统地规定了执行阶段案外人寻求救济的途径。但事实上，这一规定只是借鉴了《民事诉讼法》有关执行行为异议程序的规定，即该异议只能针对执行行为违法提出，而不能阻断刑事裁判的既判力。需要注意的是，最高人民法院《关于适用〈中华人民共和国刑事诉讼法〉的解释》已将案外人列入提起审判监督程序的主体范围，将“原裁判对违法所得或者其他涉案财物的处理确有明显错误的”纳入可以通过审判监督程序重新审判的情形。

法律依据

最高人民法院《关于刑事裁判涉财产部分执行的若干规定》

第一条 本规定所称刑事裁判涉财产部分的执行，是指发生法律效力的刑事裁判主文确定的下列事项的执行：

（一）罚金、没收财产；

（二）责令退赔；

（三）处置随案移送的赃款赃物；

（四）没收随案移送的供犯罪所用本人财物；

（五）其他应当由人民法院执行的相关事项。

刑事附带民事裁判的执行，适用民事执行的有关规定。

第十一条 被执行人将刑事裁判认定为赃款赃物的涉案财物用于

清偿债务、转让或者设置其他权利负担，具有下列情形之一的，人民法院应予追缴：

（一）第三人明知是涉案财物而接受的；

（二）第三人无偿或者以明显低于市场的价格取得涉案财物的；

（三）第三人通过非法债务清偿或者违法犯罪活动取得涉案财物的；

（四）第三人通过其他恶意方式取得涉案财物的。

第三人善意取得涉案财物的，执行程序中不予追缴。作为原所有人的被害人对该涉案财物主张权利的，人民法院应当告知其通过诉讼程序处理。

第十四条 执行过程中，当事人、利害关系人认为执行行为违反法律规定，或者案外人对执行标的主张足以阻止执行的实体权利，向执行法院提出书面异议的，执行法院应当依照民事诉讼法第二百二十五条的规定处理。

人民法院审查案外人异议、复议，应当公开听证。

第十五条 执行过程中，案外人或被害人认为刑事裁判中对涉案财物是否属于赃款赃物认定错误或者应予认定而未认定，向执行法院提出书面异议，可以通过裁定补正的，执行机构应当将异议材料移送刑事审判部门处理；无法通过裁定补正的，应当告知异议人通过审判监督程序处理。

《民事诉讼法》

第二百三十二条 当事人、利害关系人认为执行行为违反法律规定的，可以向负责执行的人民法院提出书面异议。当事人、利害关系人提出书面异议的，人民法院应当自收到书面异议之日起十五日内审查，理由成立的，裁定撤销或者改正；理由不成立的，裁定驳回。当事人、利害关系人对裁定不服的，可以自裁定送达之日起十日内向上一级人民法院申请复议。

参考案例

吉林大安农村商业银行股份有限公司执行案

在（2021）辽0921执异44号、（2021）湘0112执异13号、（2021）豫06执复10号、（2021）吉07执异3号、（2021）豫执复112号、（2021）豫执复9号等案例中，其他权利人提出执行异议或执行异议复议，但法院均裁定以优先受偿权为优先顺位，驳回相应的异议或复议请求，优先受偿权得到保护。

在（2021）吉执复28号中，复议申请人吉林大安农村商业银行股份有限公司是案涉房产抵押权人，并已申请强制执行，最终复议结果为保护优先受偿权，撤销原执行异议裁定。

此外，针对案涉房产可能系赃款购买的问题，（2021）辽0921执异44号中，异议人提出房屋可能会在刑事案件中被认定为赃物，法院裁定结果为刑事裁判尚未生效，且即使刑事裁判生效，抵押权系善意取得，仍然具有优先受偿权。（2021）豫06执复10号中，复议申请人也提出涉案房产系赃款购买，应当追缴发还，法院同样以抵押借款合同合法有效，优先受偿权受保护为理由驳回复议申请。

马某林、周某琴与马某韬执行案[①]

法院查明：北京市第二中级人民法院就马某韬诈骗案，作出（2013）二中刑初字第1509号刑事判决，判决被告人马某韬有期徒刑12年，查封、冻结马某韬位于朝阳区观音景园210楼2门×××室房产（以下简称案涉房产），并将该房产变价款按比例发还被害人。北京市高级人民法院作出（2014）高刑终字第68号刑事裁定，驳回上诉，维持原判。在执行刑事判决过程中，马某林等因主张对案涉房产享有所有权提出执行异议，请求中止对案涉房产的执行。北京市第二中级人民法院认为，执行过程中案外人依据对案涉财物享有所有权，主张裁判认定该财物为赃款赃物属于认定错误的，应通过审判监督程序救济。据此，北京市第二中级人民法院作出（2016）京02执异91号执行裁

① （2016）最高法执监418号。

定（以下简称 91 号裁定），驳回马某林等的异议请求。

马某林等向北京市高级人民法院申请复议。北京市高级人民法院作出（2016）京执复 62 号执行裁定（以下简称 62 号裁定），驳回马某林等的复议申请，维持 91 号裁定。马某林等向最高人民法院申诉，请求：撤销 62 号、91 号裁定，将案涉房产返还马某林等。最高人民法院裁定：驳回马某林等的申诉请求。

法院认为：关于案外人对涉案财物是否属于赃物提出异议的救济程序问题，最高人民法院《关于刑事裁判涉财产部分执行的若干规定》第 15 条规定，一方面，案外人的申诉可以通过裁定补正的，执行法院应将异议材料移送刑事审判部门处理。另一方面，案外人的申诉无法通过裁定补正的，应当告知异议人通过审判监督程序处理。本案中，马某林、周某琴的申诉请求涉及案涉房产的权属争议，而北京市第二中级人民法院（2013）二中刑初字第 1509 号刑事判决明确指出案涉房产变价款按照比例发还被害人，申诉人马某林、周某琴的主张属于对原刑事裁判涉财产部分有关赃物认定内容不服，无法通过裁定补正。北京市第二中级人民法院（2013）二中刑初字第 1509 号刑事判决、北京市高级人民法院（2014）高刑终字第 68 号刑事裁定中有关涉案款物的认定以及变价处理意见明确，所附扣押物品清单包括案涉房产，申诉人马某林、周某琴如对据以执行的刑事裁判有关涉案款物认定和处理不服，可以通过审判监督程序主张权利。

实操建议

通常情况下案外人只有在两种情况下可以通过最高人民法院《关于刑事裁判涉财产部分执行的若干规定》第 15 条的规定获得救济：第一，在执行标的未被刑事裁判认定为需要追缴、没收的涉案财物时，通过该条规定主张实体性权利或执行机关执行行为违法；第二，在执行标的已被刑事裁判认定为需要追缴、没收的涉案财物的情况下，通过该条规定主张不影响原裁判对涉案财物定性的实体性权利（如上述案件中的共同所有权或担保物权）。

因此，建议律师提前了解相关裁判对涉案财物的具体认定，以及自己主张的权利的性质，根据不同的情况制定相应的救济策略。

242. 犯罪嫌疑人、被告人死亡的，是否可以对其财产进行没收

通常而言，犯罪嫌疑人、被告人死亡后，刑事诉讼程序即告终结，无法启动因犯罪行为所要承担的没收违法所得、没收财产程序，但如果属于贪污贿赂犯罪、恐怖活动犯罪等重大犯罪案件，可以启动没收违法所得程序。

申请违法所得没收程序的注意事项：

第一，是否属于该特别程序的适用范围。犯罪嫌疑人、被告人逃匿或死亡案件中违法所得没收程序仅适用于贪污贿赂犯罪、恐怖活动犯罪等重大犯罪案件，犯罪嫌疑人、被告人逃匿，在通缉一年后不能到案，或者犯罪嫌疑人、被告人死亡，依照《刑法》规定应当追缴其违法所得及其他涉案财产的案件。

第二，对相关财产性质的证明责任和证明标准是否达到了优势证据的证明标准。依据《关于适用犯罪嫌疑人、被告人逃匿、死亡案件违法所得没收程序若干问题的规定》第 15 条的规定，利害关系人及其诉讼代理人对申请没收的财产属于违法所得及其他涉案财产等相关事实及证据有异议的，可以提出意见，对申请没收的财产主张权利的，应当出示相关证据。基于此，案外人通过该程序获得救济需要承担一定的证明责任。相关规定并没有对利害关系人提供证据需要达到的证明标准作出明确要求。尽管从学理角度来讲，对于涉案财物的证明只需要达到民事诉讼所要求的“优势证据”的证明标准，但我们仍建议案外人在准备证据时应当尽可能完备，以防止法庭对证据的要求过高

而导致权利主张落空。

第三，可以案外人身份自行或者委托律师参与诉讼。《关于适用犯罪嫌疑人、被告人逃匿、死亡案件违法所得没收程序若干问题的规定》第18条规定，利害关系人非因故意或者重大过失在第一审期间未参加诉讼，在第二审期间申请参加诉讼的，人民法院应当准许，并发回原审人民法院重新审判。基于此，案外人在得到程序启动的相关告知后，应当积极参与诉讼。在一审期间未参加诉讼而在二审期间申请参加的，案外人应当准备能够证明自己非因故意或重大过失（如未收到告知、受到不可归责于自身的阻碍）而没有参加诉讼的材料。

法律依据

《刑法》

第六十四条 犯罪分子违法所得的一切财物，应当予以追缴或者责令退赔……

《刑事诉讼法》

第二百九十八条 对于贪污贿赂犯罪、恐怖活动犯罪等重大犯罪案件，犯罪嫌疑人、被告人逃匿，在通缉一年后不能到案，或者犯罪嫌疑人、被告人死亡，依照刑法规定应当追缴其违法所得及其他涉案财产的。

最高人民法院、最高人民检察院《关于适用犯罪嫌疑人、被告人逃匿、死亡案件违法所得没收程序若干问题的规定》

第一条 下列犯罪案件，应当认定为刑事诉讼法第二百八十条第一款规定的“犯罪案件”：

（一）贪污、挪用公款、巨额财产来源不明、隐瞒境外存款、私分国有资产、私分罚没财物犯罪案件；

（二）受贿、单位受贿、利用影响力受贿、行贿、对有影响力的人行贿、对单位行贿、介绍贿赂、单位行贿犯罪案件；

（三）组织、领导、参加恐怖组织，帮助恐怖活动，准备实施恐怖活动，宣扬恐怖主义、极端主义、煽动实施恐怖活动，利用极端主义破坏法律实施，强制穿戴宣扬恐怖主义、极端主义服饰、标志，非法持有宣扬恐怖主义、极端主义物品犯罪案件；

（四）危害国家安全、走私、洗钱、金融诈骗、黑社会性质的组织、毒品犯罪案件。

最高人民检察院、公安部《关于公安机关办理经济犯罪案件的若干规定》

第五十五条 具有下列情形之一，依照刑法规定应当追缴其违法所得及其他涉案财物的，经县级以上公安机关负责人批准，公安机关应当出具没收违法所得意见书，连同相关证据材料一并移送同级人民检察院：

（一）重大的走私、金融诈骗、洗钱犯罪案件，犯罪嫌疑人逃匿，在通缉一年后不能到案的；

（二）犯罪嫌疑人死亡的；

（三）涉嫌重大走私、金融诈骗、洗钱犯罪的单位被撤销、注销，直接负责的主管人员和其他直接责任人员逃匿、死亡，导致案件无法适用普通刑事诉讼程序审理的。

犯罪嫌疑人死亡，现有证据证明其存在违法所得及其他涉案财物应当予以没收的，公安机关可以继续调查，并依法进行查封、扣押、冻结。

参考案例

任润厚受贿、巨额财产来源不明违法所得没收案[①]

法院查明：依法应当申请没收的巨额财产来源不明犯罪所得为人民币1265万余元、部分外币以及其他物品。冻结在案的任润厚及

① 检例第130号。

其亲属名下财产为人民币 1800 余万元存款、部分外币以及其他物品。其中，本金 1800 余万元存款产生了 169 万余元孳息。依法审查合法财产与违法所得混同的财产，按违法所得所占比例认定和申请没收违法所得孳息，检察机关认为，可以按该笔存款总额中违法所得所占比例（1265÷1800≈70.2%），计算出违法所得相应的孳息，依法予以申请没收，剩余部分为合法财产及孳息，返还给其近亲属。法院经审理予以采纳。

法院认为：涉嫌巨额财产来源不明犯罪的人在立案前死亡，依照《刑法》规定应当追缴其违法所得及其他涉案财产的，可以依法适用违法所得没收程序。对涉案的巨额财产，可以由其近亲属或其他利害关系人说明来源。没有近亲属或其他利害关系人主张权利或者说明来源，或者近亲属或其他利害关系人主张权利所提供的证据达不到相应证明标准，或说明的来源经查证不属实的，依法认定为违法所得予以申请没收。违法所得与合法财产混同并产生孳息的，可以按照违法所得占比计算孳息予以申请没收。在依法查封、扣押、冻结的犯罪嫌疑人财产中，对违法所得与合法财产混同后产生的孳息，可以按照全案中合法财产与违法所得的比例，计算违法所得的孳息数额，依法申请没收。对合法财产及其产生的孳息，及时予以返还。

实操建议

如果债权人想对已死亡的债务人进行债权追索，除了通过对债务人遗产继承人提起民事诉讼外，还可以查明债务人是否涉嫌贪污，挪用公款，巨额财产来源不明，隐瞒境外存款，私分国有资产，私分罚没财物，受贿，单位受贿，利用影响力受贿，行贿，对有影响力的人行贿，对单位行贿，介绍贿赂，单位行贿，组织、领导、参加恐怖组织，帮助恐怖活动，准备实施恐怖活动，宣扬恐怖主义、极端主义，煽动实施恐怖活动，利用极端主义破坏法律实施，强制穿戴宣扬恐怖主义、极端主义服饰、标志，非法持有宣扬恐怖主义、极端主义物品犯罪案件，危害国家安全，走私，洗钱，金融诈骗，黑社会性质的组织，毒品犯罪等案件，如果确实属于上述案件，且涉及金额有可能判处 10 年有期徒刑以上刑罚的，可以向检察机关申请启动违法所得没收程序，由此借用公权力查明债务人资产情况，同时以民事债权人身份申请于刑事没收之前优先偿还。

243. 民刑交叉案件中涉案财物应当如何分配

通过民间借贷等形式非法吸收公众存款或者集资诈骗的涉众型经济犯罪案件中，往往涉及刑民交叉问题，在案件进入刑事诉讼时，往往有一部分被害人已经通过民事诉讼途径取得了生效民事判决的支持。对于已经民事生效判决且进入执行程序的被害人损失部分，在处理刑事涉案财物时，一般不再责令退赔，法院在刑事审判时仅需根据集资或借款本金认定犯罪数额，并据此对被告人进行定罪量刑，不再对被告人的民事赔偿责任进行处理。

对于之前以非法集资刑事案件被告人为被告就同一事实提起诉讼的民事案件，或者申请执行非法集资刑事案件涉案财物的民事案件（无须同一事实），即使判决已生效进入执行程序，只要执行程序尚未终结，也应当将执行标的依照相关规定移送非法集资刑事案件主办地办案机关，由其及时归集涉案财物，统一做好资产处置工作。

不是就同一事实提起的民事诉讼且不是申请执行非法集资案件涉案财物的，一般无须由非法集资刑事案件主办地办案机关归集涉案财物。但是，如果表面上两个案件的事实和涉案财物没有关联，实质上具有紧密关联，如之前已混同的，依然应当由非法集资刑事案件主办地办案机关归集涉案财物。

法律和司法解释已经对没收财产刑与犯罪分子所负正当债务的分配顺序问题有所回应。例如，《刑法》第 60 条规定，没收财产以前犯罪分子所负正当的债务，需要以没收的财产偿还的，经债权人请求，应当返还。最高人民法院《关于财产刑执行问题的若干规定》（已失效）明确了财产刑执行与刑事附带民事诉讼赔偿、正当债务偿还的顺序。规定被判处罚金或者没收财产，同时又承担刑事附带民事诉讼赔偿责任的被执行人，应当先履行对被害人的民事赔偿责任；并规定判处财产刑之前被执行人所负正当债务，应当偿还的，经债权人请求，先行予以偿还。但是，这些规定都未明确财产刑的退赔与民间债务混同时的执行顺位问题。涉案财物与犯罪嫌疑人、被告人的合法财产产生混同的，司法机关可以等价追缴或者责令退赔。因此，在刑事案件立案前已经进入诉讼程序或者执行程序的民事案件，也可以参与涉刑财产的执行程序。

法律依据

《人民检察院扣押、冻结涉案款物工作规定》（已失效）

第三条 违法所得的一切财物，应当予以追缴或者责令退赔。对被害人的合法财产，应当依法及时返还。违禁品和供犯罪所用的财物，应当予以扣押、冻结，并依法处理。

参考案例

吴某琴挪用资金案[①]

法院查明：2011年初至2011年12月，被执行人吴某琴在未经公司许可的情况下，利用担任宁波家联塑料用品制造有限公司（以下简称家联公司）出纳的职务便利，多次挪用其所负责的公司食堂承办押金、职工住房押金、废品收入、备用金等资金存入自己中国工商银行账户中进行赌博。在挪用资金的过程中，被执行人吴某琴向申请执行人王某维借款4万元也存入中国工商银行同一个账户中。吴某琴于2012年3月31日被广西北海市公安局抓获，4月24日被宁波市公安

① 《人民司法·案例》2013年第20期。

局镇海区分局刑事拘留，同年 4 月 27 日被依法逮捕，同年 11 月 5 日被宁波市镇海区人民法院依法判处有期徒刑 6 年。同年 7 月 23 日，王某维向宁波市镇海区人民法院起诉，要求吴某琴返还其人民币 4 万元，该院于 2012 年 8 月 13 日以调解方式结案，吴某琴同意返还王某维借款人民币 4 万元，此款于 2012 年 8 月 20 日前一次性付清。但吴某琴没有按时履行。

王某维于 2012 年 8 月 23 日向宁波市镇海法院申请强制执行。并证明被执行人吴某琴现羁押于宁波市镇海区看守所，侦查机关追缴的款项中有被执行人吴某琴向其所借的钱。在执行过程中，该院查明，被执行人吴某琴犯挪用资金罪已被刑事拘留，该院执行人员前往宁波市镇海区拘留所提询吴某琴，吴某琴本人承认其挪用公司的钱和向王某维借的钱全部存入中国工商银行的账户中用来赌博，所剩款项 10 万元已被宁波市公安局镇海分局追回。对于追回款项是直接返还被害单位家联公司还是与吴某琴所欠王某维民间借贷债务一起参与分配，成为本案执行争议的焦点。

法院认为：该案具有特殊性，被执行人在挪用公司资金时，同时向他人借款并存放于银行同一账户中，出现了挪用公司资金和民间借贷款项混同的结果。依据法理，对侦查机关追回的款项不应片面地按照先刑后民或先民后刑的惯性执行理念进行执行，该案挪用被害单位家联公司的资金和所欠申请执行人王某维的民间借贷应按照一般债权参与分配。如果本案按照先刑后民或先民后刑的执行理念进行执行，那么退赔给被害单位家联公司的款项中就包含了吴某琴向王某维所借的民间借贷的款项，其实质是把一方被害人的钱款退给了另一方被害人，在法理和情理上都难以令人信服。按照最高人民法院《关于适用〈中华人民共和国民事诉讼法〉若干问题的意见》第 297 条和《关于人民法院执行工作若干问题的规定（试行）》第 90 条的规定，对侦查机关追回的款项按比例平等分配给被害单位家联公司和民间借贷的申请人。

实操建议

由于对刑民交叉案件的执行问题缺乏明确的法律规定，对刑事案件判决的财产部分执行时，经常容易发生执行标的牵涉案外人民事权利的现象，特别是与被害人损失退赔相冲突，增加了案件执行的复杂性。

首先需要确定上述财产是否为特定物及是否涉及第三人利益。如果上述财产为特定物、不涉及第三人利益且能够确定财产的所有权人，那么侦查机关在证据确实充分的基础上，可以就特定物优先执行。如果上述财产为非特定物或涉及第三人利益时，那么处置上述财产应坚持法院的司法审查权和最终处置权的原则。

244. 行刑衔接中，刑事涉案财物已被行政机关采取强制措施但尚未执行的，应当如何应对

在行政执法机关已对涉案财物采取强制措施但尚未执行的情况下，存在案件移送司法机关后执行机关的衔接问题，在刑事诉讼中如果须对行政执法机关已经扣押、查封的财物进行处置，应由该执法机关具体执行。这样的安排也能够避免与行政执法机关已经先行执行完毕（或者部分执行完毕）的情形发生冲突。

根据行政执法环节涉案财物处置进展的不同分为三种情形：

第一，行政机关已经对涉案财物采取查封、扣押、冻结等强制措施，但尚未作出行政处罚决定。

第二，行政机关已采取强制措施，且已作出行政处罚决定，但尚未执行。

第三，行政机关已采取强制措施，已作出处罚决定且已执行完毕（或者部分执行完毕）。

前两种情形下，因行政机关就涉案财物尚未作出具有终局性的处分行为，或者虽已作出具有终局性的处分行为但并未实际执行，刑事诉讼中不用考虑刑事制裁与行政处罚折抵的问题，可径行作出没收判决，并在判项中对涉案财物的查封、扣押、冻结状态予以注明以确定实际执行机关，可以采“其中 ×× 违法所得 / 违禁品 / 犯罪工具已由 ×× 行政机关查封 / 扣押 / 冻结”之类的表述。

如果这些涉案财物尚未（全部）到案，则法院还应同时判决继续追缴违法所得或责令退赔。例如，（2019）浙 0205 刑初 558 号中，宁波市市场监督管理局以张某涉嫌生产、销售不符合安全标准的食品扣押了咸烤虾 34.3 千克并移送司法机关，最终法院判决“……二、对被告人张某的违法所得人民币 261 元继续追缴；对查扣的咸烤虾依法予以没收（由查扣的行政机关处理）”。

第三种情形下，因行政机关已经对涉案财物实施了事实上的处分，基于“一事不再罚”的基本原理，法院最终判决违法所得的数额、违禁品或犯罪工具的范围应该注明行政处罚机关已经合法处置的部分，以便实际执行时予以扣除，可以采“其中 ×× 违法所得 / 违禁品 / 犯罪工具已由 ×× 行政机关先行执行”等类似表述。例如，（2019）鲁 1321 刑初 508 号中，2015 年被告人因非法超层开采被沂南县国土资源局处以没收违法所得 218,264 元、罚款 43,654 元的行政处罚，法院经审理认定被告人的违法所得为 921,543.5 元，判决“……二、追缴被告人孙某甲违法所得 921,543.5 元（含行政机关已没收违法所得 218,264 元；余款在沂南县公安局），上缴国库”。

最高人民法院《关于适用〈中华人民共和国刑事诉讼法〉的解释》第 446 条明确规定，一审判决未对随案移送的涉案财物及其孳息作出处理的，二审可以裁定撤销原判、发回重审，这就意味着如果法院未对随案移送的行政执法环节已处置部分的财物作出处理，判决将会被撤销。

法律依据

《行政执法机关移送涉嫌犯罪案件的规定》

第六条 行政执法机关向公安机关移送涉嫌犯罪案件，应当附有下列材料：

（一）涉嫌犯罪案件移送书；

（二）涉嫌犯罪案件情况的调查报告；

（三）涉案物品清单；

（四）有关检验报告或者鉴定结论；

（五）其他有关涉嫌犯罪的材料。

第十一条第二款 行政执法机关向公安机关移送涉嫌犯罪案件前已经作出的警告，责令停产停业，暂扣或者吊销许可证、暂扣或者吊销执照的行政处罚决定，不停止执行。

《食品药品行政执法与刑事司法衔接工作办法》

第十二条第二款 食品药品监管部门向公安机关移送涉嫌犯罪案件前，已经作出的警告、责令停产停业、暂扣或者吊销许可证的行政处罚决定，不停止执行；向公安机关移送涉嫌犯罪案件时，应当附有行政处罚决定书。已经作出罚款行政处罚的，人民法院在判处罚金时依法折抵。未作出行政处罚决定的，原则上应当在公安机关决定不予立案或者撤销案件、人民检察院作出不起诉决定、人民法院作出无罪判决或者免予刑事处罚后，再决定是否给予行政处罚。

245. 刑事判决生效后，被害人能否申请执行涉案财产或者另行提起民事诉讼

如果刑事判决主文中有判决继续追缴违法所得的财物，并依法予以没收或发还被害人，那么判决生效后，被害人无须向人民法院申请

移交公安机关执行，在判决生效后7天，移送执行庭立案；如追缴不能，被害人也可以向有管辖权的法院另行提起民事诉讼，并不违反一事不再理原则。

对于判决生效后如何对涉案财物进行移送执行，除一些需要销毁的查扣在案的财物、可以由刑事审判庭移送指令有关保管部门根据判决结果作出处理的外，其他需要执行的事项，均应由执行庭负责执行。由此，有关案外人对刑事查扣的执行标的提出异议的，则可以参照民事诉讼的执行异议一并解决，从而既有助于充分保障相关权利人的合法权利，也有助于节省刑事审判资源、及时高效地对相关财物依法处理。当然，对于需要由执行机构负责执行的事项，一审人民法院刑事审判庭应在刑事判决生效后一个月内将执行事项移交本院立案庭审查立案。

246. 权利人主张对赃款赃物善意取得的，相应证明责任应如何分配

权利人承担证明赃款赃物系善意取得的相关债权债务关系的责任，公诉机关或者利害关系人举证上述关系不成立、权利人非善意取得，法院依优势证据原则认定。

法律依据

最高人民法院、最高人民检察院《关于办理诈骗刑事案件具体应用法律若干问题的解释》

第十条 行为人已将诈骗财物用于清偿债务或者转让给他人，具有下列情形之一的，应当依法追缴：

（一）对方明知是诈骗财物而收取的；

（二）对方无偿取得诈骗财物的；

（三）对方以明显低于市场的价格取得诈骗财物的；

（四）对方取得诈骗财物系源于非法债务或者违法犯罪活动的。

他人善意取得诈骗财物的，不予追缴。

最高人民法院《关于刑事裁判涉财产部分执行的若干规定》

第十一条 被执行人将刑事裁判认定为赃款赃物的涉案财物用于清偿债务、转让或者设置其他权利负担，具有下列情形之一的，人民法院应予追缴：

（一）第三人明知是涉案财物而接受的；

（二）第三人无偿或者以明显低于市场的价格取得涉案财物的；

（三）第三人通过非法债务清偿或者违法犯罪活动取得涉案财物的；

（四）第三人通过其他恶意方式取得涉案财物的。

第三人善意取得涉案财物的，执行程序中不予追缴。作为原所有人的被害人对该涉案财物主张权利的，人民法院应当告知其通过诉讼程序处理。

最高人民检察院、公安部《关于公安机关办理经济犯罪案件的若干规定》

第五十四条 犯罪分子违法所得的一切财物及其孳息，应当予以追缴或者责令退赔。

发现犯罪嫌疑人将经济犯罪违法所得和其他涉案财物用于清偿债务、转让或者设定其他权利负担，具有下列情形之一的，应当依法查封、扣押、冻结：

（一）他人明知是经济犯罪违法所得和其他涉案财物而接受的；

（二）他人无偿或者以明显低于市场价格取得上述财物的；

（三）他人通过非法债务清偿或者违法犯罪活动取得上述财物的；

（四）他人通过其他恶意方式取得上述财物的。

他人明知是经济犯罪违法所得及其产生的收益，通过虚构债权债务关系、虚假交易等方式予以窝藏、转移、收购、代为销售或者以其他方法掩饰、隐瞒，构成犯罪的，应当依法追究刑事责任。

参考案例

Z资产投资管理中心善意取得涉刑抵押权案[①]

法院查明：2017年10月12日，沈某与案外人H信托股份有限公司（以下简称H信托公司）签订《借款合同》《抵押担保合同》，约定沈某以其名下的上海市黄浦区某房产作抵押担保，向H信托公司申请贷款3,120,000元。同年10月20日，H信托公司向沈某发放贷款3,120,000元，自2018年3月19日起，沈某未按约支付借款，后H信托公司将该债权转让给案外人Q资产管理有限公司，案外人Q资产管理有限公司又将该债权转让给Z资产管理中心（有限合伙）（以下简称Z资管中心），但沈某未向Z资管中心清偿该笔债务，Z资管中心遂诉至法院。审理过程中，案外人陆某、倪某向一审法院陈述：倪某系聋哑人，因需用钱向张某借款，并按照张某指定，将倪某名下案涉的房产过户到沈某名下，并答应倪某还钱后即将房屋还给倪某，但沈某又将该房屋作为抵押，向他人借款，故陆某、倪某认为涉案房屋被张某、沈某诈骗，已向上海市公安局黄浦分局报案，上海市公安局黄浦分局已受理。

Z资管中心向一审法院起诉请求对沈某提供抵押的位于上海市黄浦区某房产经拍卖、变卖后的价款享有优先受偿权。

法院认为：上海市公安局黄浦分局于2019年11月1日受理的倪某被诈骗一案中所涉及的案涉房产，系Z资管中心诉请要求行使抵押权的房产，沈某涉嫌刑事犯罪，根据最高人民法院《关于在审理经济纠纷案件中涉及经济犯罪嫌疑若干问题的规定》第11条的规定，人民法院作为经济纠纷受理的案件，经审理认为不属经济纠纷案件而有经济犯罪嫌疑的，应当裁定驳回起诉，将有关材料移送公安机关或检察机关。本案沈某涉嫌犯罪，故不属于人民法院民事诉讼的受理范围，裁定驳回Z资管中心的起诉。

---

① 载上海金融法院公众号，https://mp.weixin.qq.com/s/N9Bs38ulfVyLHgclvlOpLA。

Z资管中心不服一审裁定，向上海金融法院提起上诉，认为其受让债权合法有效，故有权对案涉抵押房产实现担保物权，一审法院应审理本案，请求二审法院撤销一审裁定。

二审法院经审理认为，刑事案件和民事案件发生交叉时，审理民事案件的法院应根据案件不同情况分别处理。就本案而言，依据最高人民法院《关于在审理经济纠纷案件中涉及经济犯罪嫌疑若干问题的规定》第10条之规定，如法院在审理过程中发现可能涉嫌案外人等经济犯罪情况，但与本案不属同一法律关系的，应当将相关犯罪嫌疑线索、材料移送有关公安机关或检察机关查处，经济纠纷案件继续审理。本案中，首先，根据现有证据难以证明被上诉人沈某兴与案外人中航信托之间的借款合同涉嫌犯罪。其次，沈某兴对案外人涉嫌刑事犯罪等情况，与本案并非同一法律关系。最后，从保护金融交易安全与稳定的角度来看，该案所涉的债权让与过程中，现并无证据证明存在犯罪行为。综上，依现有证据，原审裁定驳回起诉依据不足，应予以纠正，二审法院遂依照《民事诉讼法》第171条、《关于适用〈中华人民共和国民事诉讼法〉的解释》第332条之规定，裁定撤销一审民事裁定，指令一审法院继续审理。

司法观点

最高人民法院《关于刑事裁判涉财产部分执行的若干规定》明确了善意取得可以对抗追缴的原则。根据该原则，无论本案中债务人是否构成犯罪，只要金融机构系善意第三人，在债权合法流转后，不影响抵押担保物权的效力，转让后的债权人仍然可以向法院主张行使抵押担保权，且不以刑事案件的审理结果为依据，也不受刑事案件审理的影响。本案债权人行使抵押担保权除了不受追赃的影响外，还不受退赔被害人的影响。

247. 国家赔偿案件中，是否需要权利人证实所涉财产“与案件无关”

“与案件无关”的证明责任应由执法机关承担，也即在赔偿请求人提出此类赔偿请求时，应由执法机关证明“与案件有关”，权利人无须证实该所涉财产“与案件无关”。

理由如下：

第一，“与案件无关”属于消极性的事实，根据举证责任分配的一般规则，将消极性事实引入诉讼中的当事人无须对该事实承担证明责任。

第二，将该证明责任归于执法机关符合实质的公平原则。由于执法机关对办案的具体情况更加了解，收集的信息更加全面，对证明涉案财物与案件是否相关，明显处于优势地位。尤其是在赔偿请求人属于案外人的情况下，赔偿请求人对案件的具体情况根本无从了解，进而无法有针对性地对涉案财物与案件的关联性进行一一否定。

第三，最高人民法院、最高人民检察院《关于办理刑事赔偿案件适用法律若干问题的解释》中“赔偿请求人有证据证明财产与尚未终结的刑事案件无关”中的“有证据证明”，是指赔偿请求人对于程序的启动有提出初步证据的义务。该义务针对的是国家赔偿程序的启动，而非国家赔偿实体的审理，类似于刑事非法证据排除程序中的“线索与材料”。

法律依据

《国家赔偿法》

第二十六条第一款 人民法院赔偿委员会处理赔偿请求，赔偿请求人和赔偿义务机关对自己提出的主张，应当提供证据。

最高人民法院、最高人民检察院《关于办理刑事赔偿案件适用法律若干问题的解释》

第三条 对财产采取查封、扣押、冻结、追缴等措施后，有下列情形之一，且办案机关未依法解除查封、扣押、冻结等措施或者返还财产的，属于国家赔偿法第十八条规定的侵犯财产权：

（一）赔偿请求人有证据证明财产与尚未终结的刑事案件无关，经审查属实的……

参考案例

重庆英广房地产经纪有限公司申请重庆市公安局九龙坡区分局违法查封国家赔偿案[①]

法院查明：2011 年 7 月 1 日，重庆英广房地产经纪有限公司（以下简称英广公司）分别与重庆鼎利茂业汽车租赁有限公司（以下简称鼎利公司）、广东邦家健康产业超市有限公司（以下简称邦家公司）签订《房屋租赁合同》，将九龙坡区某商业用房负一层、一层出租给前述两公司。因两公司涉嫌非法吸收公众存款，重庆市公安局九龙坡区分局（以下简称九龙坡区公安局）于 2012 年 5 月 15 日决定立案侦查，同日对相关涉案人员进行查处，并对该两公司相关承租场地内的涉案物品及车辆进行就地扣押。因涉案物品不宜移动，九龙坡区公安局将其置于该两公司承租场地内。自 2013 年 5 月 22 日起，九龙坡区公安局将腾退的物资置于英广公司、重庆亚城房屋销售有限公司（以下简称亚城公司）车位内。九龙坡区公安局在使用英广公司、亚城公司物业期间，造成物业管理费、车位租金、水电费等损失。因九龙坡区公安局分别对英广公司、亚城公司的申请作出决定，对其损失不便计算，后经英广公司、亚城公司协商同意，将此部分损失的主张权利单独归为英广公司享有。英广公司遂向重庆市第五中级人民法院申请九龙坡区公安局赔偿损失。

法院认为：九龙坡区公安局在决定对鼎利公司、邦家公司立案侦查后，对上述公司相关承租场地内的涉案物品及车辆进行就地扣押，并将其置于承租场地内保管，虽然九龙坡区公安局未对上述物业进行

---

① 《2019 年最高人民法院发布 10 起人民法院国家赔偿和司法救助典型案例》。

查封，但客观上占用该物业，且在查明英广公司与刑事案件无关的情况下，未及时将案涉物业移交给英广公司，给英广公司造成损失，应当承担国家赔偿责任。据此决定由九龙坡区公安局赔偿英广公司 1,083,300 元。

248. 在刑事程序终结前，能否就涉案财产处置申请国家赔偿

最高人民法院、最高人民检察院《关于办理刑事赔偿案件适用法律若干问题的解释》第 3 条对侵犯财产权的刑事赔偿范围做了扩大规定，受害人在刑事程序终结前也可申请赔偿。

适用条件：

其一，赔偿请求人有证据证明财产与尚未终结的刑事案件无关，经审查属实的，即属于案外财产。

其二，终止侦查、撤销案件、不起诉、判决宣告无罪终止追究刑事责任的，即刑事诉讼程序在形式上已经终结。

其三，办案机关在解除、撤销强制措施或者强制措施法定期限届满后超过 1 年未移送起诉、作出不起诉决定或者撤销案件。

其四，对于未采取取保候审、监视居住、拘留或者逮捕措施，办案机关在立案后超过 2 年未移送起诉，作出不起诉决定或者撤销案件。

其五，人民检察院撤回起诉或者按撤诉处理后超过 30 日未作出不起诉决定。

其六，对生效裁决没有处理的财产或者对该财产违法进行其他处理的。

法律依据

最高人民法院《关于适用〈中华人民共和国国家赔偿法〉若干问题的解释（一）》

第七条　赔偿请求人认为行使侦查、检察、审判职权的机关以及看守所、监狱管理机关及其工作人员在行使职权时有修正的国家赔偿法第十七条第（一）、（二）、（三）项、第十八条规定情形的，应当在刑事诉讼程序终结后提出赔偿请求，但下列情形除外：

（一）赔偿请求人有证据证明其与尚未终结的刑事案件无关的；

（二）刑事案件被害人依据刑事诉讼法第一百九十八条的规定，以财产未返还或者认为返还的财产受到损害而要求赔偿的。

参考案例

北京比特时代科技有限公司申请湖南省长沙市望城区公安局刑事违法扣押国家赔偿案[①]

法院查明：北京比特时代科技有限公司（以下简称比特公司）于2000年6月成立。2004年4月至2006年11月，曲某良任比特公司董事长兼总经理期间，比特公司自主研发了《彩票大赢家》《双色球大赢家》《3D大赢家》《足彩大赢家》等分析软件，为彩民提供服务。2007年5月18日，湖南省长沙市望城区公安局（以下简称望城区公安局）以涉嫌非法经营对曲某良立案侦查，后该局扣押了比特公司电脑主机4台、服务器6台、笔记本电脑1台、银行卡12张及账本、会议记录本等，责令比特公司汇款27.32万元至望城区公安局账户暂扣。6月1日，曲某良被刑事拘留。6月28日，望城区公安局向检察机关提请批捕，检察机关作出不予批准逮捕的决定。7月7日，曲某良被取保候审。从7月6日起，望城区公安局陆续将扣押的财物退还比特公司。8月9日至11月6日，望城区公安局共退还比特公司服务器6台、笔记本电脑1台、银行卡12张。2008年4月23日，望城

① 《最高法发布10件国家赔偿和司法救助典型案例》，载http：//gdlawyer.chinalawinfo.com/fulltext_form.aspx?Db=news&Gid=e236837c95fa0e51bdfb。

区检察院以曲某良涉嫌非法经营罪对其批准逮捕，并于4月25日执行逮捕。因其患有心脏疾病，于4月30日经批准取保候审。2010年11月18日，望城区检察院以曲某良的行为不构成犯罪为由作出不起诉决定。12月8日，望城区公安局将扣押的电脑主机4台退还比特公司，同月23日将暂扣款27.32万元退还比特公司。2011年12月，曲某良、比特公司以望城区公安局错拘错捕、扣押公司及私人财产造成损失为由，向望城区公安局申请国家赔偿。

法院认为：第一，望城区公安局在侦查过程中扣押了比特公司用于经营的电脑主机、服务器、笔记本电脑、银行卡、现金及账本等物品，导致比特公司无法经营，实质上造成了比特公司的停产停业，应按照直接损失给予赔偿房屋租金、水电费、留守职工工资。第二，望城区公安局无法举证证明退还时电脑能正常使用，故从有利于赔偿请求人的角度出发，望城区公安局应赔偿比特公司电脑维修和数据恢复费用。第三，望城区公安局于2007年5月31日扣押比特公司27.32万元，于2010年12月23日退还，应支付相应利息。据此决定由望城区公安局赔偿比特公司房屋租金165,000元、电费4590.02元、职工经济补偿80,000元、留守职工工资20,000元、电脑维修费24,800元、被扣押款利息14,593.43元，合计308,983.45元。

249. 涉刑财产处置引发国家赔偿的，赔偿方式及范围如何确定

涉及财产的国家赔偿以返还财产和支付赔偿金为主，包括财产及其孳息。

法律依据

《国家赔偿法》

第三十二条 国家赔偿以支付赔偿金为主要方式。

能够返还财产或者恢复原状的，予以返还财产或者恢复原状。

第三十六条 侵犯公民、法人和其他组织的财产权造成损害的，按照下列规定处理：

（一）处罚款、罚金、追缴、没收财产或者违法征收、征用财产的，返还财产；

（二）查封、扣押、冻结财产的，解除对财产的查封、扣押、冻结，造成财产损坏或者灭失的，依照本条第三项、第四项的规定赔偿；

（三）应当返还的财产损坏的，能够恢复原状的恢复原状，不能恢复原状的，按照损害程度给付相应的赔偿金；

（四）应当返还的财产灭失的，给付相应的赔偿金；

（五）财产已经拍卖或者变卖的，给付拍卖或者变卖所得的价款；变卖的价款明显低于财产价值的，应当支付相应的赔偿金……

（七）返还执行的罚款或者罚金、追缴或者没收的金钱，解除冻结的存款或者汇款的，应当支付银行同期存款利息；

（八）对财产权造成其他损害的，按照直接损失给予赔偿。

直接损失，是指因不法侵害而致财产遭受的直接减少或灭失，主要是指既得利益的损失或现有财产的减少。例如，财产冻结期间可产生的同期银行利息（《国家赔偿法》第 36 条第 7 项已明确规定）、房屋查封期间可产生的租金。

参考案例

四川省眉山东坡食品厂诉眉山市东坡区计划经济贸易局行政赔偿案[①]

四川省高级人民法院二审判决认定："直接损失是因遭受不法侵害而使现有财产必然减少或消灭，是既得利益的丧失或现有财产的减

① 最高人民法院应用法学研究所：《人民法院案例选》2006 年第 4 辑（总第 58 辑），人民法院出版社 2007 年版。

少。间接损失则是可得利益的丧失或未来财产的减损，是相对人未实际取得的期待利益，不能排除因意外情况的发生而导致无法实际取得的风险。本案中，东坡食品厂以租金计算的损失，并不是待租房屋预期的租金收益，而是其房屋正在出租、租金正在收取，只是被告侵犯其经营自主权、对其非法接管后，导致该正在收取的租金被迫中断并转由他人收取，故该损失是东坡食品厂发生的实际损失，是其既得利益的丧失和现有财产的减少，而不是可得利益的丧失和未来财产的减损；是其实际发生的损失，而不是存在意外风险的期待利益的损失，因而该损失是直接损失而不是间接损失，属于国家赔偿的范围。"

许某某诉金华市婺城区人民政府行政强制及行政赔偿案 ①

就停产停业损失赔偿的问题，最高人民法院再审认为：对于停产停业损失赔偿标准问题，如果许某某提供的营业执照、纳税证明等证据，能够证明其符合法律法规和当地规范性文件所确定的经营用房条件，则婺城区政府应当依法合理确定停产停业损失的金额并予以赔偿。

案例意义：最高人民法院通过对《国家赔偿法》《国有土地上房屋征收与补偿条例》的创新性综合适用，有效保障了被征收人对停产停业损失等依据《国家赔偿法》规定可能不属于"直接损失"范畴权益的实现，有力维护了被征收人的合法产权。

沈阳北鹏房地产开发有限公司申请辽宁省公安厅刑事违法扣押国家赔偿案 ②

2005~2006 年，沈阳北鹏房地产开发有限公司（以下简称北鹏公司）在参与兰胜台村村屯改造过程中，擅自扩大占地 29.7 亩。2008 年，辽宁省公安厅在侦办兰胜台村村干部黄某涉黑犯罪案件过程中，发现北鹏公司及其人员涉嫌非法占用农用地等犯罪，遂扣押该公司款项 2000 万元。经审理，北鹏公司及实际控制人刘 1、原法定代表人刘 2

① 2018 年最高人民法院《人民法院充分发挥审判职能作用保护产权和企业家合法权益典型案例》。

② 本案系最高人民法院赔偿委员会受理并决定赔偿的首例涉及财产权益的刑事违法扣押赔偿案。

被以非法占用农用地罪定罪免刑，但前述2000万元未被认定为犯罪所得。判决生效后，北鹏公司向辽宁省公安厅申请国家赔偿。因不服公安部复议决定，北鹏公司向最高人民法院赔偿委员会申请作出赔偿决定。

最高人民法院赔偿委员会组织质证期间，经合议庭主持协商，双方自愿达成协议，由辽宁省公安厅于本决定生效后30日内向北鹏公司返还侦查期间扣押的2000万元，并支付相应的利息损失83万元。最高人民法院赔偿委员会审查后依据该协议内容作出赔偿决定并当庭宣布，当日送达且全部履行完毕。

案例意义：本案中隐含的对违法扣押金钱的赔偿应予计息并细化的计息标准规则，被最高人民法院、最高人民检察院《关于办理刑事赔偿案件适用法律若干问题的解释》所吸收（第21条第1款规定，"返还执行的罚款或者罚金、追缴或者没收的金钱，解除冻结的汇款的，应当支付银行同期存款利息，利率参照赔偿义务机关作出赔偿决定时中国人民银行公布的人民币整存整取定期存款一年期基准利率确定，不计算复利"），推动了该解释的顺利出台。本案的顺利审结也彰显了人民法院充分发挥审判职能作用，通过国家赔偿审判保护企业产权和企业家合法权益的职责担当。

专题十四

量刑的步骤和方法

上面分享的13个专题有关量刑情节识别、认定的方方面面，最后都要应用在实战中，要形成科学、合理的量刑意见，就需要刑事律师掌握量刑的步骤和方法，像法官一样思考。

一、量刑步骤的基本问题

（一）相关法律规定

量刑步骤相关规定见表14-1。

表14-1　量刑步骤的相关规定

要素	相关规定
量刑步骤	1. 根据基本犯罪构成事实在相应的法定刑幅度内确定量刑起点
	2. 根据其他影响犯罪构成的犯罪数额、犯罪次数、犯罪后果等犯罪事实，在量刑起点的基础上增加刑罚量确定基准刑
	3. 根据量刑情节调节基准刑，并综合全案情况，依法确定宣告刑
调节基准刑的方法	1. 具有单个量刑情节的，根据量刑情节的调节比例直接调节基准刑

续表

要素	相关规定
调节基准刑的方法	2. 具有多个量刑情节的，一般根据各个量刑情节的调节比例，采用同向相加、逆向相减的方法调节基准刑；具有未成年人犯罪、老年人犯罪、限制行为能力的精神病人犯罪、又聋又哑的人或者盲人犯罪，防卫过当、避险过当、犯罪预备、犯罪未遂、犯罪中止，从犯、胁从犯和教唆犯等量刑情节的，先适用该量刑情节对基准刑进行调节，在此基础上，再适用其他量刑情节进行调节
	3. 被告人犯数罪，同时具有适用于个罪的立功、累犯等量刑情节的，先适用该量刑情节调节个罪的基准刑，确定个罪所应判处的刑罚，再依法实行数罪并罚，决定执行的刑罚
确定宣告刑的方法	1. 量刑情节对基准刑的调节结果在法定刑幅度内，且罪刑相适应的，可以直接确定为宣告刑；具有应当减轻处罚情节的，应当依法在法定最低刑以下确定宣告刑，有数个量刑幅度的，应当在法定量刑幅度的下一个量刑幅度内确定宣告刑
	2. 量刑情节在对基准刑的调节结果在法定最低刑以下，具有法定减轻处罚情节，且罪责刑相适应的，可以直接确定为宣告刑；只有从轻处罚情节的，可以依法确定法定最低刑为宣告刑；但是，根据案件的特殊情况，经最高人民法院核准，也可以在法定刑以下判处刑罚
	3. 量刑情节对基准刑的调节结果在法定最高刑以上的，可以依法确定法定最高刑为宣告刑
	4. 综合考虑全案情况，独任审判员或合议庭可以在 20% 的幅度内对调节结果进行调整，确定宣告刑。当调节后的结果仍不符合罪责刑相适应原则的，应当提交审判委员会讨论，依法确定宣告刑
	5. 综合全案犯罪事实和量刑情节，依法应当判处无期徒刑以上刑罚、拘役、管制或者单处附加刑、缓刑、免予刑事处罚的，应当依法适用

续表

要素	相关规定
罚金刑	判处罚金刑，应当以犯罪情节为根据，并综合考虑被告人缴纳罚金的能力，依法决定罚金数额
缓刑	适用缓刑，应当综合考虑被告人的犯罪情节、悔罪表现、再犯罪的危险以及宣告缓刑对所居住社区的影响，依法作出决定

（二）量刑的基本原则

1. 完全评价原则。要对影响量刑的各种因素全部进行考虑，应当根据犯罪的事实、犯罪的性质、情节和对于社会的危害程度全面评价，包括罪前、罪中及罪后的各种情节，以及各类法定情节和酌定情节，量刑时要全面评价分析。

2. 禁止重复评价原则。对某个影响量刑的因素如果已经在入罪或者确定基本刑 / 量刑情节的过程中使用过，就不能再重复使用。比如，盗窃罪的中的前科，如果该前科已经成入罪的必要条件（前科 + 入罪数额减半），那量刑时就不能再次使用了；如果该前科构成累犯法定从重情节，那不能再作为前科情节酌情从重；但如果有多次前科，其中还有没有作为累犯或者入罪使用过的，还是必须作为前科量刑情节使用的；对于未成年人适用犯罪记录封存的，前科是否还需要作为量刑评价，请查阅问题 142 对此专门的论述。需要注意的是，在确定起点刑时考虑过的情节一般不能再作为量刑情节再次使用。对于从宽处罚情节同样不应重复评价。例如，新《量刑指导意见》中强调：认罪认罚与自首、坦白、当庭自愿认罪、退赃退赔、赔偿谅解、刑事和解、羁押期间表现好等量刑情节不做重复评价，对不做重复评价的认定，可以查阅问题 168。

3. 刑罚分别化原则。《刑法》第 61 条规定的量刑原则以及新《量刑指导意见》都对量刑的考虑要素进行了提示，尤其是新《量刑指导意见》虽然详细规定了常见罪名的量刑参照要素，设定了相应的基数、参数、系数等，帮助法官在具体案件中做到基本相似的案件量刑大体均衡，但不能仅通过量刑规范精准地解决所有量刑问题，要做到每一个案件的罚当其罪，需要体现刑罚个别化，防止简单套用公式和规则，而不论结果是否符合司法公正基本要求的机械做法。而且，现代刑罚更强调个别化原则，需要考虑犯罪人的具体情况、行为人的个体差异，如行为人所处的社会环境与生理和心理因素，不同的原因产生不同的犯罪，同样的犯罪也可能因为原因不同而适用不同的刑罚，只有这样才能不仅达到刑罚体现预防、惩罚犯罪的目的，也能充分发挥教育矫正罪犯的功能。辩护人在做量刑辩护时，也要注意提交有关当事人个别预防必要性的量刑证据和个性化量刑意见。

4. 量刑均衡原则。量刑要客观、全面把握不同时期不同地区的经济社会发展和治安形势的变化，对于同一地区、同一时期案情相似的案件，所判处的刑罚应当基本均衡，所以，辩护人应当注重类案检索报告的使用，通过对类似案件在当地量刑情况、量刑区间的分析，对本案的判罚提出合理化建议。

（三）量刑的基本步骤

1. 根据基本犯罪构成事实在相应的法定刑幅度内确定量刑起点。

2. 根据其他影响犯罪构成的犯罪数额、犯罪次数、犯罪后果等犯罪事实，在量刑起点的基础上增加刑罚量确定基准刑。

3. 根据量刑情节调节基准刑，并综合考虑全案情况，如果根据上述步骤作出的量刑结论仍不能做到罪刑相当的，独任审判员或者合议庭可以行使 20% 的调整幅度，确定最终宣告刑。（当调节后的结果仍不符合罪责刑相适应原则的，可以提交审判委员会讨论，依法确定宣告刑。）

二、常见辩点

（一）量刑起点如何确定

250. 确定量刑起点时应当考虑哪些因素

根据新《量刑指导意见》的规定，量刑起点是根据基本犯罪构成事实在相应的法定刑幅度内确定的。所谓“基本犯罪构成事实”是指符合特定犯罪构成特征并达到在相应的法定刑幅度内量刑的最起码的构成要件事实。量刑起点（亦可简称为起点刑）是根据具体犯罪的基本犯罪构成事实的一般既遂状态在相应的法定刑幅度内所应判处的刑罚。

但量刑起点并非就是法定最低刑。新《量刑指导意见》对常见的23种犯罪的量刑起点进行了明确规定，可以直接参考，对于没有纳入新《量刑指导意见》的罪名，在选择起点刑时要注意以下几个方面：

第一，以相关犯罪构成的既遂状态来选择。也就是说，即使案件系犯罪未遂或者犯罪中止，在选择起点刑时都是按照假定已经既遂时所处的法定刑幅度来选择。

第二，选择起点刑时考虑的因素应当尽量排除后续调整基准刑的情节或因素，否则将导致重复评价。比如，故意伤害罪中，如果持刀伤人是一个酌情从重处罚情节，激情伤人是一个酌情从轻处罚情节，那么，在选择起点刑的时候就不应当考虑这两个量刑情节，不能因为具有持刀伤人情节而把起点刑提高，也不能因为激情伤人就把起点刑降低。

第三，如果是同时具有两项以上犯罪构成选择要素的基本犯罪构成事实的。也就是说，同一被告人同时实施了同一罪名中的不同罪状行为的，其犯罪构成事实就多于基本犯罪构成事实，在这种情况下，应当选择其中危害最重的那个犯罪构成事实作为确定量刑起点的基本犯罪构成事实。例如,《刑法》第 293 条规定的寻衅滋事罪，其构成要件的危害行为就有四项选择要素,如果行为人在公共场所起哄闹事、强拿硬要公私财物和随意殴打他人且情节恶劣的，应当选择“随意殴打他人且情节恶劣”作为确定量刑起点的基本犯罪构成事实。

第四，对于选择性罪名，多种行为并列定罪的，要根据不同情况分别确定基本犯罪构成事实。如果行为人既实施前行为又实施后行为的，那么，根据前行为确定基本犯罪构成事实即可；如果行为人是因为不同时间、不同地点实施了不同的犯罪行为而并列定罪的，那么，应当选择其中危害最重的那个犯罪构成事实作为确定量刑起点的基本犯罪构成事实。例如，走私、贩卖、运输、制造毒品罪，如果被告人分别实施了不同宗的走私毒品犯罪和贩卖毒品犯罪，走私毒品海洛因 10 克，贩卖毒品海洛因 20 克，依法应定走私、贩卖毒品罪，应以其中危害最重的贩卖毒品罪的犯罪构成事实来确定基本犯罪构成事实。

251. 23 种常见罪名如何确定量刑起点

新《量刑指导意见》内的 23 种罪名的起点刑范围可以按照最高人民法院、最高人民检察院以及各地出台的量刑指导意见，在指导意见规定的范围内，根据上述考量因素和注意要点确定一个具体的起点刑。例如，张三以谈恋爱为名诈骗 30 万元，属于诈骗罪数额巨大，依法应处 3~10 年有期徒刑，根据上海市高级人民法院的量刑指导意见，应在 3~4 年有期徒刑幅度内确定量刑起点，考虑到系以谈恋爱为名实施诈骗，主观恶性较大，综合基本犯罪构成事实的危害性后确定以 3 年 6 个月（42 个月）作为起点刑。23 种常见罪名及量刑情况见表 14–2。

表14-2 23种常见罪名及量刑情况

量刑情节	起点刑	对应法定刑幅度	基准刑
1. 交通肇事罪			
致人重伤、死亡或者使公私财产遭受重大损失	2年以下有期徒刑、拘役	3年以下有期徒刑或者拘役	在量刑起点的基础上，根据事故责任，致人重伤、死亡的人数或者财产损失的数额以及逃逸等其他影响犯罪构成的犯罪事实增加刑罚量，确定基准刑。构成交通肇事罪的，综合考虑事故责任、危害后果、赔偿谅解等犯罪事实、量刑情节，以及被告人的主观恶性、人身危险性、认罪悔罪等因素，决定缓刑的适用
交通运输肇事后逃逸或者有其他特别恶劣情节	3~5年有期徒刑	3~7年有期徒刑	
因逃逸致一人死亡	7~10年有期徒刑	7~15年有期徒刑	
2. 危险驾驶罪			
构成危险驾驶罪	未明确	1~6个月拘役，并处罚金	根据危险驾驶行为、实际损害后果等犯罪情节，综合考虑被告人缴纳罚金的能力，决定罚金数额。 综合考虑危险驾驶行为、危害后果等犯罪事实、量刑情节，以及被告人主观恶性、人身危险性、认罪悔罪表现等因素，决定缓刑的适用
3. 非法吸收公众存款罪			
犯罪情节一般	1年以下有期徒刑、拘役	3年以下有期徒刑、拘役，并处或者单处罚金	在量刑起点的基础上，根据犯罪构成的犯罪事实增加刑罚量，确定基准刑。对于在提起公诉前积极退赃退赔，减少损害结果发生的，可以减少基准刑的

续表

量刑情节	起点刑	对应法定刑幅度	基准刑
数额巨大或者有其他严重情节	3~4 年有期徒刑	3~10 年有期徒刑，并处罚金	40% 以下；犯罪较轻的，可以减少基准刑的 40% 以上或者依法免除处罚。 根据非法吸收公众存款数额、存款人人数、给存款人造成直接经济损失数额等犯罪情节，综合考虑被告人缴纳罚金的能力，决定罚金数额。 综合考虑非法吸收公众存款数额、存款人人数、给存款人造成直接经济损失数额、清退资金数额等犯罪情节、量刑情节，以及被告人的主观恶性、人身危险性、认罪悔罪表现等因素，决定缓刑的适用
数额特别巨大或者有其他特别严重情节	10~12 年有期徒刑（依法应当判处无期徒刑的除外）	10~15 年有期徒刑，并处罚金	
4. 集资诈骗罪			
数额较大	3~4 年有期徒刑	3~7 年有期徒刑，并处罚金	在量刑起点的基础上，根据集资诈骗数额等其他影响犯罪构成的犯罪事实增加刑罚量，确定基准刑。 根据犯罪数额、危害后果等犯罪情节，综合考虑被告人缴纳罚金的能力，决定罚金数额。 综合考虑犯罪数额、诈骗对象、危害后果、退赃退赔等犯罪事实、量刑情节，以及被告人的主观恶性、人身危险性、认罪悔罪表现等因素，决定缓刑的适用
数额巨大或者有其他严重情节	7~9 年有期徒刑（依法应当判处无期徒刑的除外）	7~15 年有期徒刑、无期徒刑，并处罚金或者没收财产	
5. 信用卡诈骗罪			
数额较大	2 年以下有期徒刑、拘役	5 年以下有期徒刑、拘役，并处 2 万 ~20 万元罚金	在量刑起点的基础上，根据信用卡诈骗数额等其他影响犯罪构成的犯罪事实增加刑罚量，确定基准刑

续表

量刑情节	起点刑	对应法定刑幅度	基准刑
数额巨大或者有其他严重情节	5~6年有期徒刑	5~10年有期徒刑，并处5万~50万元罚金	根据诈骗手段、犯罪数额、危害后果等犯罪情节，综合考虑被告人缴纳罚金的能力，决定罚金数额。
数额特别巨大或者有其他特别严重情节	10~12年有期徒刑（依法应当判处无期徒刑的除外）	10~15年有期徒刑、无期徒刑，并处5万~50万元罚金或者没收财产	综合考虑诈骗手段、犯罪数额、危害后果、退赃退赔等犯罪事实、量刑情节，以及被告人的主观恶性、人身危险性、认罪悔罪表现等因素，决定缓刑的适用
6. 合同诈骗罪			
数额较大	1年以下有期徒刑、拘役	3年以下有期徒刑、拘役，并处或者单处罚金	在量刑起点的基础上，根据合同诈骗数额等其他影响犯罪构成的犯罪事实增加刑罚量，确定基准刑。
数额巨大或者有其他严重情节	3~4年有期徒刑	3~10年有期徒刑，并处罚金	根据诈骗手段、犯罪数额、损失数额、危害后果等犯罪情节，综合考虑被告人缴纳罚金的能力，决定罚金数额。
数额特别巨大或者有其他特别严重情节	10~12年有期徒刑（依法应当判处无期徒刑的除外）	10~15年有期徒刑、无期徒刑，并处罚金或者没收财产	综合考虑诈骗手段、犯罪数额、危害后果、退赃退赔等犯罪事实、量刑情节，以及被告人的主观恶性、人身危险性、认罪悔罪表现等因素，决定缓刑的适用
7. 故意伤害罪			
故意伤害致一人轻伤	2年以下有期徒刑、拘役	3年以下有期徒刑、拘役或者管制	在量刑起点的基础上，根据伤害后果、伤残等级、手段残忍程度等其他影响犯罪构成的犯罪事实增加刑罚量，确定基准刑。 故意伤害致人轻伤的，伤残程度可在

续表

量刑情节	起点刑	对应法定刑幅度	基准刑
故意伤害致一人重伤	3~5 年有期徒刑	3~10 年有期徒刑	确定量刑起点时考虑，或者作为调节基准刑的量刑情节。 综合考虑故意伤害的起因、手段、危害后果、赔偿谅解等犯罪事实、量刑情节，以及被告人的主观恶性、人身危险性、认罪悔罪表现数额、危害后果、退赃退赔等犯罪事实、量刑情节，以及被告人的主观恶性、人身危险性、认罪悔罪表现等因素，决定缓刑的适用
以特别残忍手段故意伤害致一人重伤，造成六级严重残疾	10~13 年有期徒刑（依法应当判处无期徒刑以上刑罚的除外）	10~15 年有期徒刑、无期徒刑或者死刑	
8. 强奸罪			
强奸妇女一人	3~6 年有期徒刑	3~10 年有期徒刑	在量刑起点的基础上，根据强奸妇女、奸淫幼女情节恶劣程度、强奸人数、致人伤害后果等其他影响犯罪构成的犯罪事实增加刑罚量，确定基准刑。 强奸多人多次的，以强奸人数作为增加刑罚量的事实，强奸次数作为调节基准刑的量刑情节。 综合考虑强奸的手段、危害后果等犯罪事实、量刑情节，以及被告人的主观恶性、人身危险性、认罪悔罪表现等因素，从严把握缓刑的适用
奸淫幼女一人	4~7 年有期徒刑	3~10 年有期徒刑	
强奸妇女、奸淫幼女情节恶劣	10~13 年有期徒刑（依法应当判处无期徒刑以上刑罚的除外）	10~15 年有期徒刑、无期徒刑或者死刑	
强奸妇女、奸淫幼女三人	10~13 年有期徒刑（除外情形同上）	10~15 年有期徒刑、无期徒刑或者死刑	
在公共场所当众强奸妇女、奸淫幼女	10~13 年有期徒刑（除外情形同上）	10~15 年有期徒刑、无期徒刑或者死刑	

续表

量刑情节	起点刑	对应法定刑幅度	基准刑
二人以上轮奸妇女	10~13 年有期徒刑（除外情形同上）	10~15 年有期徒刑、无期徒刑或者死刑	
奸淫不满 10 周岁的幼女或者造成幼女伤害	10~13 年有期徒刑（除外情形同上）	10~15 年有期徒刑、无期徒刑或者死刑	
强奸致被害人重伤或者造成其他严重后果	10~13 年有期徒刑（除外情形同上）	10~15 年有期徒刑、无期徒刑或者死刑	
9. 非法拘禁罪			
犯罪情节一般	1 年以下有期徒刑、拘役	3 年以下有期徒刑、拘役、管制或者剥夺政治权利	在量刑起点的基础上，根据非法拘禁人数、拘禁时间、致人伤亡后果等其他影响犯罪构成的犯罪事实增加刑罚量，确定基准刑。 非法拘禁多人多次的，以非法拘禁人数作为增加刑罚量的事实，非法拘禁次数作为调节基准刑的量刑情节。 综合考虑非法拘禁的起因、时间、危害后果等犯罪事实、量刑情节，以及被告人的主观恶性、人身危险性、认罪悔罪表现等因素，从严把握缓刑的适用
致一人重伤	3~5 年有期徒刑	3~10 年有期徒刑	
致一人死亡	10~13 年有期徒刑	10~15 年有期徒刑	
具有殴打、侮辱情节的	可以增加基准刑的 10%~20%		
国家机关工作人员利用职权非法扣押、拘禁他人	可以增加基准刑的 10%~20%		

续表

量刑情节	起点刑	对应法定刑幅度	基准刑
10. 抢劫罪			
抢劫一次	3~6年有期徒刑	3~10年有期徒刑，并处罚金	在量刑起点的基础上，根据抢劫情节严重程度、抢劫次数、数额、致人伤害后果等其他影响犯罪构成的犯罪事实增加刑罚量，确定基准刑。 根据抢劫的数额、次数、手段、危害后果等犯罪情节，综合考虑被告人缴纳罚金的能力，决定罚金数额。 综合考虑抢劫的起因、手段、危害后果等犯罪事实、量刑情节，以及被告人主观恶性、人身危险性、认罪悔罪表现等因素，决定缓刑的适用
入户抢劫	10~13年有期徒刑（依法应当判处无期徒刑以上刑罚的除外）	10~15年有期徒刑、无期徒刑或者死刑，并处罚金或者没收财产	
在公共交通工具上抢劫	10~13年有期徒刑（除外情形同上）	10~15年有期徒刑、无期徒刑或者死刑，并处罚金或者没收财产	
抢劫银行或者其他金融机构	10~13年有期徒刑（除外情形同上）	10~15年有期徒刑、无期徒刑或者死刑，并处罚金或者没收财产	
抢劫三次或者抢劫数额巨大	10~13年有期徒刑（除外情形同上）	10~15年有期徒刑、无期徒刑或者死刑，并处罚金或者没收财产	
抢劫致一人重伤	10~13年有期徒刑（除外情形同上）	10~15年有期徒刑、无期徒刑或者死刑，并处罚金或者没收财产	

续表

量刑情节	起点刑	对应法定刑幅度	基准刑
冒充军警人员抢劫	10~13年有期徒刑（除外情形同上）	10~15年有期徒刑、无期徒刑或者死刑，并处罚金或者没收财产	
持枪抢劫	10~13年有期徒刑（除外情形同上）	10~15年有期徒刑、无期徒刑或者死刑，并处罚金或者没收财产	
抢劫军用物资或者抢险、救灾、救济物资	10~13年有期徒刑（除外情形同上）	10~15年有期徒刑、无期徒刑或者死刑，并处罚金或者没收财产	
11. 盗窃罪			
数额较大或2年内三次盗窃、入户盗窃、携带凶器盗窃、扒窃	1年以下有期徒刑、拘役	3年以下有期徒刑、拘役或者管制，并处或者单处罚金	在量刑起点的基础上，根据盗窃数额、次数、手段等其他影响犯罪构成的犯罪事实增加刑罚量，确定基准刑。 多次盗窃，数额达到较大以上的，以盗窃数额确定量刑起点，盗窃次数可作为调节基准刑的量刑情节；数额未达到较大的，以盗窃次数确定量刑起点，超过三次的次数作为增加刑罚量的事实。 根据盗窃的数额、次数、手段、危害后果等犯罪情节，综合考虑被告人缴纳罚金的能力，在1000元以上盗窃数
数额巨大或者有其他严重情节	3~4年有期徒刑	3~10年有期徒刑，并处罚金	

续表

量刑情节	起点刑	对应法定刑幅度	基准刑
数额特别巨大或者有其他特别严重情节	10~12年有期徒刑（依法应当判处无期徒刑的除外）	10~15年有期徒刑、无期徒刑，并处罚金或者没收财产	额2倍以下决定罚金数额；没有盗窃数额或者盗窃数额无法计算的，在1000~100,000元判处罚金。 综合考虑盗窃的起因、数额、次数、手段、退赃退赔等犯罪事实、量刑情节，以及被告人主观恶性、人身危险性、认罪悔罪表现等因素，决定缓刑的适用
12. 诈骗罪			
数额较大	1年以下有期徒刑、拘役	3年以下有期徒刑、拘役或者管制，并处或者单处罚金	在量刑起点的基础上，根据诈骗数额等其他影响犯罪构成的犯罪事实增加刑罚量，确定基准刑。 根据诈骗的数额、手段、危害后果等犯罪情节，综合考虑被告人缴纳罚金的能力，决定罚金数额。 综合考虑诈骗的起因、手段、数额、危害后果、退赃退赔等犯罪事实、量刑情节，以及被告人主观恶性、人身危险性、认罪悔罪表现等因素，决定缓刑的适用。对实施电信网络诈骗的，从严把握缓刑的适用
数额巨大或者有其他严重情节	3~4年有期徒刑	3~10年有期徒刑，并处罚金	
数额特别巨大或者有其他特别严重情节	10~12年有期徒刑（依法应当判处无期徒刑的除外）	10~15年有期徒刑、无期徒刑，并处罚金或者没收财产	
13. 抢夺罪			
数额较大或者2年内三次抢夺	1年以下有期徒刑、拘役	3年以下有期徒刑、拘役或者管制，并处或者单处罚金	在量刑起点的基础上，根据抢夺数额、次数等其他影响犯罪构成的犯罪事实增加刑罚量，确定基准刑。 多次抢夺，数额达到较大以上的，以抢夺数额确定量刑起点，抢夺次数可作为调节基准刑的量刑情节；数额未达到较大的，以抢夺次数确定量刑起
数额巨大或者有其他严重情节	3~5年有期徒刑	3~10年有期徒刑，并处罚金	

续表

量刑情节	起点刑	对应法定刑幅度	基准刑
数额特别巨大或者有其他特别严重情节	10~12年有期徒刑（依法应当判处无期徒刑的除外）	10~15年有期徒刑、无期徒刑，并处罚金或者没收财产	点，超过三次的次数作为增加刑罚量的事实。 根据抢夺的数额、次数、手段、危害后果等犯罪情节，综合考虑被告人缴纳罚金的能力，决定罚金数额。 综合考虑抢夺的起因、数额、手段、次数、危害后果、退赃退赔等犯罪事实、量刑情节，以及被告人主观恶性、人身危险性、认罪悔罪表现等因素，决定缓刑的适用
14. 职务侵占罪			
数额较大	1年以下有期徒刑、拘役	3年以下有期徒刑或者拘役，并处罚金	在量刑起点的基础上，根据职务侵占数额等其他影响犯罪构成的犯罪事实增加刑罚量，确定基准刑。 根据职务侵占的数额、危害后果等犯罪情节，综合考虑被告人缴纳罚金的能力，决定罚金数额。 综合考虑职务侵占的数额、手段、危害后果、退赃退赔等犯罪事实、量刑情节，以及被告人主观恶性、人身危险性、认罪悔罪表现等因素，决定缓刑的适用
数额巨大	3~4年有期徒刑	3~10年有期徒刑，并处罚金	
数额特别巨大	10~11年有期徒刑	10~15年有期徒刑或者无期徒刑，并处罚金	
15. 敲诈勒索罪			
数额较大或者2年内三次敲诈勒索	1年以下有期徒刑、拘役	3年以下有期徒刑、拘役或者管制，并处或者单处罚金	在量刑起点的基础上，根据敲诈勒索数额、次数、犯罪情节严重程度等其他影响犯罪构成的犯罪事实增加刑罚量，确定基准刑。

续表

量刑情节	起点刑	对应法定刑幅度	基准刑
数额巨大或者有其他严重情节	3~5 年有期徒刑	3~10 年有期徒刑，并处罚金	多次敲诈勒索，数额达到较大以上的，以敲诈勒索数额确定量刑起点，敲诈勒索次数可作为调节基准刑的量刑情节；数额未达到较大的，以敲诈勒索次数确定量刑起点，超过三次的次数作为增加刑罚量的事实。 根据敲诈勒索的数额、手段、次数、危害后果等犯罪情节，综合考虑被告人缴纳罚金的能力，在 2000 元以上敲诈勒索数额 2 倍以下决定罚金数额；被告人没有获得财物的，在 2000~100,000 元判处罚金。 综合考虑敲诈勒索的手段、数额、次数、危害后果、退赃退赔等犯罪事实、量刑情节，以及被告人主观恶性、人身危险性、认罪悔罪表现等因素，决定缓刑的适用
数额特别巨大或者有其他特别严重情节	10~12 年有期徒刑	10~15 年有期徒刑，并处罚金	
16. 妨害公务罪			
量刑起点	2 年以下有期徒刑、拘役	3 年以下有期徒刑、拘役、管制或者罚金	在量刑起点的基础上，根据妨害公务造成的后果、犯罪情节严重程度等其他影响犯罪构成的犯罪事实增加刑罚量，确定基准刑。 依法单处罚金的，根据妨害公务的手段、危害后果、造成的人身伤害以及财物毁损情况等犯罪情节，综合考虑被告人缴纳罚金的能力，决定罚金数额。 综合考虑妨害公务的手段、造成的人身伤害、财物的毁损及社会影响等犯罪事实、量刑情节，以及被告人主观恶性、人身危险性、认罪悔罪表现等因素，决定缓刑的适用

续表

量刑情节	起点刑	对应法定刑幅度	基准刑
17. 聚众斗殴罪			
犯罪情节一般	2年以下有期徒刑、拘役	3年以下有期徒刑、拘役或者管制	在量刑起点的基础上，根据聚众斗殴人数、次数、手段严重程度等其他影响犯罪构成的犯罪事实增加刑罚量，确定基准刑。 综合考虑聚众斗殴的手段、危害后果等犯罪事实、量刑情节，以及被告人主观恶性、人身危险性、认罪悔罪表现等因素，决定缓刑的适用
聚众斗殴3次	3~5年有期徒刑	3~10年有期徒刑	
聚众斗殴人数多，规模大，社会影响恶劣	3~5年有期徒刑	3~10年有期徒刑	
在公共场所或者交通要道聚众斗殴，造成社会秩序严重混乱	3~5年有期徒刑	3~10年有期徒刑	
持械聚众斗殴	3~5年有期徒刑	3~10年有期徒刑	
18. 寻衅滋事罪			
寻衅滋事一次	3年以下有期徒刑、拘役	5年以下有期徒刑、拘役或者管制	在量刑起点的基础上，根据寻衅滋事次数、伤害后果、强拿硬要他人财物或任意损毁、占用公私财物数额等其他影响犯罪构成的犯罪事实增加刑罚量，确定基准刑。 判处5~7年有期徒刑，并处罚金的，根据寻衅滋事的次数、危害后果、对社会秩序的破坏程度等犯罪情节，综

续表

量刑情节	起点刑	对应法定刑幅度	基准刑
纠集他人三次寻衅滋事（每次都构成犯罪），严重破坏社会秩序	5~7年有期徒刑	5~10年有期徒刑，可以并处罚金	合考虑被告人缴纳罚金的能力，决定罚金数额。 综合考虑寻衅滋事的具体行为、危害后果、对社会秩序的破坏程度等犯罪事实、量刑情节，以及被告人主观恶性、人身危险性、认罪悔罪表现等因素，决定缓刑的适用
19. 掩饰、隐瞒犯罪所得罪			
犯罪情节一般	1年以下有期徒刑、拘役	3年以下有期徒刑、拘役或者管制，并处或者单处罚金	在量刑起点的基础上，根据犯罪数额等其他影响犯罪构成的犯罪事实增加刑罚量，确定基准刑。 根据掩饰、隐瞒犯罪所得、犯罪所得收益的数额，犯罪对象，危害后果等犯罪情节，综合考虑被告人缴纳罚金的能力，决定罚金数额。 综合考虑掩饰、隐瞒犯罪所得、犯罪所得收益的数额、危害后果、上游犯罪的危害程度等犯罪事实、量刑情节，以及被告人主观恶性、人身危险性、认罪悔罪表现等因素，决定缓刑的适用
情节严重	3~4年有期徒刑	3~7年有期徒刑，并处罚金	
20. 走私、贩卖、运输、制造毒品罪			
鸦片1千克，海洛因、甲基苯丙胺50克或者其他毒品数量大起点	15年有期徒刑（依法应当判处无期徒刑以上刑罚的除外）	15年有期徒刑、无期徒刑或者死刑，并处没收财产	在量刑起点的基础上，根据毒品犯罪次数、人次、毒品数量等其他影响犯罪构成的犯罪事实增加刑罚量，确定基准刑

续表

量刑情节	起点刑	对应法定刑幅度	基准刑
鸦片200克，海洛因、甲基苯丙胺10克或者其他毒品数量较大起点	7~8年有期徒刑	7~15年有期徒刑，并处罚金	根据走私、贩卖、运输、制造毒品的种类、数量、危害后果等犯罪情节，综合考虑被告人缴纳罚金的能力，决定罚金数额。 综合考虑走私、贩卖、运输、制造毒品的种类、数量、危害后果等犯罪事实、量刑情节，以及被告人的主观恶性、人身危险性、认罪悔罪表现等因素，从严把握缓刑的适用
鸦片不满200克，海洛因、甲基苯丙胺不满10克或者其他少量毒品	3年以下有期徒刑、拘役（情节严重的，3~4年有期徒刑）	3年以下有期徒刑、拘役或者管制，并处罚金（情节严重的，3~7年有期徒刑，并处罚金）	
利用、教唆未成年人走私、贩卖、运输、制造毒品	增加基准刑的10%~30%		
向未成年人出售毒品	增加基准刑的10%~30%		
毒品再犯	增加基准刑的10%~30%		
受雇运输毒品	减少基准刑的30%以下		

续表

量刑情节	起点刑	对应法定刑幅度	基准刑
毒品含量明显偏低	减少基准刑的30%以下		
存在数量引诱情形	减少基准刑的30%以下		
21. 非法持有毒品罪			
非法持有鸦片1千克、海洛因或者甲基苯丙胺50克或者其他毒品数量大	7~9年有期徒刑（依法应当判处无期徒刑的除外）	7~15年有期徒刑、无期徒刑，并处罚金	在量刑起点的基础上，根据毒品数量等其他影响犯罪构成的犯罪事实增加刑罚量，确定基准刑。 根据非法持有毒品的种类、数量等犯罪情节，综合考虑被告人缴纳罚金的能力，决定罚金数额。 综合考虑非法持有毒品的种类、数量等犯罪事实、量刑情节，以及被告人主观恶性、人身危险性、认罪悔罪表现等因素，从严把握缓刑的适用
非法持有毒品情节严重	3~4年有期徒刑	3~7年有期徒刑，并处罚金	
非法持有鸦片200克、海洛因或者甲基苯丙胺10克或者其他毒品数量较大	1年以下有期徒刑、拘役	3年以下有期徒刑、拘役或者管制，并处罚金	
22. 容留他人吸毒罪			
量刑起点	1年以下有期徒刑、拘役	3年以下有期徒刑、拘役或者管制，并处罚金	在量刑起点的基础上，根据容留他人吸毒的人数、次数等其他影响犯罪构成的犯罪事实增加刑罚量，确定基准刑。

续表

<table>
<tr><th>量刑情节</th><th>起点刑</th><th>对应法定刑幅度</th><th>基准刑</th></tr>
<tr><td></td><td></td><td></td><td>根据容留他人吸毒的人数、次数、违法所得数额、危害后果等犯罪情节，综合考虑被告人缴纳罚金的能力，决定罚金数额。
综合考虑容留他人吸毒的人数、次数、危害后果等犯罪事实、量刑情节，以及被告人主观恶性、人身危险性、认罪悔罪表现等因素，决定缓刑的适用</td></tr>
<tr><td colspan="4">23. 引诱、容留、介绍卖淫罪</td></tr>
<tr><td>情节一般</td><td>2年以下有期徒刑、拘役</td><td>5年以下有期徒刑、拘役或者管制，并处罚金</td><td rowspan="3">在量刑起点基础上，根据引诱、容留、介绍卖淫的人数、次数等其他影响犯罪构成的犯罪事实增加刑罚量，确定基准刑。
根据引诱、容留、介绍卖淫的人数、次数、违法所得数额、危害后果等犯罪情节，综合考虑被告人缴纳罚金的能力，决定罚金数额。
综合考虑引诱、容留、介绍卖淫的人数、次数、危害后果等犯罪事实、量刑情节，以及被告人主观恶性、人身危险性、认罪悔罪表现等因素，决定缓刑的适用</td></tr>
<tr><td>情节严重</td><td>5~7年有期徒刑</td><td>5~15年有期徒刑，并处罚金</td></tr>
<tr><td>旅馆业、饮食服务业、文化娱乐业、出租汽车业等单位的主要负责人，利用本单位的条件，引诱、容留、介绍他人卖淫</td><td>增加基准刑的10%~20%</td><td></td></tr>
</table>

其他判处有期徒刑的案件，可以参照量刑的指导原则、基本方法和常见量刑情节的适用规范量刑。

252. 23种罪名以外的罪名如何确定量刑起点

对于新《量刑指导意见》之外的罪名，可以参照新《量刑指导意见》确定量刑起点的方式，根据基本犯罪构成事实对应的法定刑幅度选择量刑起点。

（1）如果基本犯罪构成事实对应的法定刑幅度包括有期徒刑和拘役的，一般可以将6个月作为基点，综合基本犯罪构成事实的危害性后加或者减3个月以内作为起点刑。

这样设置的原因是考虑到新《量刑指导意见》中只是涉及有期徒刑的量刑指导意见，未能涵盖刑种还有管制以及单处罚金、剥夺政治权利的情况，对于最低档法定刑中除有期徒刑外还有拘役、管制或者单处罚金、剥夺政治权利的，立法上已经将其作为轻罪处置，因此，在设定量刑起点的时候，因尽量涵盖不同刑种的均衡，故尽量降低自由刑起点刑的设定。

例如，李四出卖自己的银行卡，该卡支付结算100万元，构成帮助信息网络犯罪活动罪，法定刑幅度为3年以下有期徒刑或者拘役，并处或者单处罚金。考虑到李四法律意识不强导致犯罪，主观恶性不大，可以将6个月作为基点，综合基本犯罪构成事实的危害性后减2个月作为起点刑，即把4个月确定为起点刑。

（2）如果基本犯罪构成事实对应的法定刑幅度不包括拘役的，一般以法定刑幅度内的最低法定刑为基点，综合基本犯罪构成事实的危害性在6个月以内增加后作为起点刑。

例如，贩卖淫秽物品牟利罪情节严重和情节特别严重的标准分别是贩卖淫秽视频100个和500个。王五利用互联网贩卖淫秽视频文件

200个，属于贩卖淫秽物品牟利罪情节严重，依法应处3~10年有期徒刑，王五贩卖的淫秽视频范围不大，综合基本犯罪构成事实危害性后确定3年2个月（38个月）作为起点刑。

（二）如何确定基准刑

253. 确定基准刑时应当考虑哪些因素

根据新《量刑指导意见》的规定，基准刑是在量刑起点的基础上加上其他影响犯罪构成的犯罪数额、犯罪次数、犯罪后果等犯罪事实所增加的刑罚量来确定的。需要在基准刑确定之后，再进行相应量刑情节的调解，因此，基准刑的确定至关重要。基准刑包括量刑起点和增加的刑罚量两部分，是基本犯罪构成事实所应判处的刑罚和其他影响犯罪构成的犯罪事实所应增加的刑期的总和。

确定基准刑需要分步进行：一是根据基本犯罪构成事实确定量刑起点，确保量刑的基础不会偏离大的方向；二是根据其他犯罪构成事实增加刑罚量，在量刑起点的基础上确定基准刑，从而确保量刑不会严重失衡。

在具体犯罪中，犯罪数额、犯罪手段、犯罪次数、犯罪后果等犯罪事实是否可作为增加刑罚量的犯罪构成事实，关键是看这些犯罪事实是否为《刑法》分则规定的具体犯罪的犯罪构成要件或要素。

（1）哪些"犯罪手段"属于犯罪构成事实？

对于《刑法》规定"犯罪手段"作为犯罪构成要件或要素的，在根据相应的基本犯罪构成事实确定量刑起点的基础上，"犯罪手段"可作为增加刑罚量的犯罪构成事实。但是，对于纯粹的"数额型"犯罪，如诈骗、抢夺罪、职务侵占罪，一般不以"犯罪手段"作为犯罪构成要件或要素。在这种情况下，对于"犯罪手段"情节，可在确定量刑起点时一并考虑，或者在确定基准刑后，作为从重处罚情节调节基准刑。例如，携带凶器诈骗的，就不能作为增加刑罚量的犯罪构成事实，但可在确定量刑起点时一并考虑。

（2）哪些“犯罪数额”属于犯罪构成事实？

对于“数额型”犯罪，在确定量刑起点的基础上，对于超出起点的部分，可作为增加刑罚量的犯罪构成事实。需要注意的是，对于盗窃的数额没有达到较大的起点，而是以“多次盗窃”“入户盗窃”“携带凶器盗窃”“扒窃”作为基本犯罪构成事实的，那么，盗窃的数额则不能作为增加刑罚量的犯罪构成事实，只能在确定量刑起点时一并考虑，盗窃数额高一些的，量刑起点可相对高一些。对于多次敲诈勒索，犯罪数额未达到较大起点的，亦如此。

（3）哪些“犯罪次数”属于犯罪构成事实？

对于《刑法》规定“犯罪次数”作为基本犯罪构成要件，或者作为重罪、更重罪的犯罪构成要件的，一般情况下，“犯罪次数”可作为增加刑罚量的犯罪构成事实。但是，对于以“多次”作为定罪的最基本的犯罪构成要件的，要根据不同情况区别对待：对于三次以上的次数，可作为增加刑罚量的犯罪构成事实；对于未达到三次的次数，则一般不作为增加刑罚量的犯罪构成事实，在确定量刑起点时一并考虑。需要注意的是，对于诈骗罪、抢夺罪、职务侵占罪等“数额型”犯罪，“犯罪次数”并非犯罪构成要件，不能作为增加刑罚量的犯罪构成事实，可在确定量刑起点时一并考虑；对于犯罪次数较多的，可作为从重处罚情节调节基准刑。

（4）哪些“犯罪结果”属于犯罪构成事实？

对于结果犯，《刑法》规定将“犯罪结果”作为犯罪构成要件或要素的，对于超出基本犯罪事实的“犯罪结果”，可以作为增加刑罚量的犯罪构成事实。对于《刑法》没有将“犯罪结果”规定为犯罪构成要件或要素的犯罪，一般情况下，对于犯罪所造成的“犯罪结果”可在确定量刑起点时一并考虑，或者在确定基准刑后作为从重处罚情节调节基准刑。但是，对于根据相关司法解释的规定，将某些数额型犯罪（如盗窃罪、诈骗罪、抢夺罪）的“犯罪结果”与犯罪数额一并作为认定“其他严重情节”或者“其他特别严重情节”的，这些“犯罪结果”则成为犯罪构成要件或要素的一部分，在确定基本犯罪构成事实的基础上，其他“犯罪结果”可作为增加刑罚量的犯罪构成事实。

（5）哪些“行为方式（方法）”属于犯罪构成事实？

犯罪构成要件涵盖多种并列选择的行为方式或者犯罪方法的，如果行为人采取两种以上的行为方式、方法实施犯罪的，应当选择危害最重的一种行为方式、方法作为基本犯罪构成事实，基本犯罪构成事实以外的其他行为方式、方法，则作为增加刑罚量的犯罪构成事实。例如，前述被告人走私、贩卖毒品的案例，被告人分别实施了不同宗的走私毒品犯罪和贩卖毒品犯罪，走私毒品海洛因10克，贩卖毒品海洛因20克，依法应定走私、贩卖毒品罪，应以其中危害最重的贩卖毒品的行为作为确定量刑起点的基本犯罪构成事实，贩卖毒品超出起点数量的部分以及走私行为所涉及毒品数量则作为增加刑罚量的犯罪构成事实。

（6）哪些“犯罪情形”属于犯罪构成事实？

犯罪构成要件涵盖多种犯罪情形，行为人具有两种以上情形的，应当选择危害最重的一种情形作为基本犯罪构成事实，基本犯罪构成事实以外的其他情形则作为增加刑罚量的犯罪构成事实。例如，《刑法》第263条规定的抢劫罪，其重罪构成要件就有8种选项。如果行为人在旅客列车上冒充警察持枪抢劫，应当选择“持枪抢劫”作为基本犯罪构成事实，剩余的“在旅客列车上”“冒充警察抢劫”这两种情形则作为增加刑罚量的犯罪构成事实。

254. 各类犯罪基准刑的确定方法

基准刑是在量刑起点的基础上确定的，是量刑情节调节的基础。第一步是准确确定量刑起点，第二步是准确确定增加的刑罚量。新

《量刑指导意见》规定了各种犯罪可增加刑罚量的根据，各地在此基础上对各种增加刑罚量的情形也进一步细化，具体个案量刑时，可以根据具体犯罪的情况以及需要增加刑罚量的具体情形的社会危害性大小，合理确定所应增加的刑罚量，在量刑起点的基础上确定基准刑。

（1）数额型犯罪如何确定基准刑？

数额型犯罪往往可以根据犯罪数额的阶梯情况，不同数额对应1~2个月的量刑区间，先确定量刑起点，再将扣除量刑起点对应的剩余犯罪数额作为增加刑罚量因素，计算对应的量刑月数，得出基准刑。例如，被告人李某撬开王某的密码箱，盗走现金人民币30,000元。确定基准刑的方法和过程是：第一步，根据基本犯罪构成事实在相应的法定刑幅度内确定量刑起点。根据新《量刑指导意见》，达到数额巨大起点或者有其他严重情节的，可以在3~4年有期徒刑幅度内确定量刑起点。根据有关司法解释和当地法院关于盗窃公私财物数额标准的意见，盗窃金额10,000元是数额巨大的起点。根据当地实践经验，结合撬密码箱的情节，确定量刑起点为有期徒刑3年3个月。第二步，根据其他影响犯罪构成的犯罪事实，在量刑起点的基础上增加刑罚量确定基准刑。李某盗窃30,000元，超出数额巨大起点20,000元，这是其他影响犯罪构成的犯罪事实。根据当地实施细则的规定，每增加犯罪数额2000元，可增加一个月刑期。依此计算，20,000元可增加10个月刑期。由此，在量刑起点的基础上增加刑罚量，确定基准刑为4年1个月有期徒刑。[①]

（2）非数额型犯罪如何确定基准刑？

非数额型犯罪确定基准刑，就需要准确判断基本构成要件事实和常见的影响刑罚量的事实，以及该类事实可对应的刑罚量。如故意伤害案件，重伤对应3~10年的量刑区间，如何确定致人重伤的基准刑，需要在量刑起点的基础上，考虑增加刑罚量的因素，调整起点刑。例

① 陈学勇：《量刑方法的理解与适用》，载《人民司法（应用版）》2011年第15期。

如，被告人张三与李四因故发生争执，张三从地上捡起砖块朝李四头面部猛砸几下，致李四重伤，并造成八级残疾。可以通过以下步骤确定基准刑：第一步，根据基本犯罪构成事实在相应的法定刑幅度内确定量刑起点。根据新《量刑指导意见》，故意伤害致一人重伤，犯罪情节一般的，可在3~4年有期徒刑幅度内确定量刑起点。根据当地实践经验，结合被告人持砖头砸被害人面部的情节，确定量刑起点为有期徒刑3年6个月。第二步，根据其他影响犯罪构成的犯罪事实增加刑罚量，在量刑起点的基础上确定基准刑。张三的故意伤害行为造成被害人八级残疾的后果，这是其他影响犯罪构成的犯罪事实。根据当地实施细则的规定，每增加一级一般残疾的，可增加1个月至3个月刑期。结合本案伤害的部位等情况考虑，确定每增加一级一般残疾增加2个月刑期，那么八级伤残可以增加6个月刑期。由此，在量刑起点的基础上增加刑罚量，确定基准刑为4年有期徒刑。

255. 影响刑罚量的标准如何确定

如果属于新《量刑指导意见》中的常见23种罪名，新《量刑指导意见》中对增加刑罚量标准有概括、抽象标准，各地有具体的实施细则可以参考，在新《量刑指导意见》出台后各省高级人民法院、省人民检察院尚未出台具体细则的情况下，可以先参考原来各地量刑细则。

需要注意的是，同一个罪名中不同量刑档次对应的刑罚增加量标准并不一致。例如，贩卖淫秽物品牟利罪中，3年以下一档的标准是3个淫秽物品对应1个月刑罚增加量，3~10年一档的标准是5个淫秽物品对应1个月刑罚增加量。总体来说，随着刑期的增加，刑罚增加量的幅度会减小。

例如，对于合同诈骗罪，新《量刑指导意见》规定，“根据合同诈骗数额等其他影响犯罪构成的犯罪事实增加刑罚量，确定基准刑”。

根据上海市高级人民法院、上海市人民检察院《〈关于常见犯罪的量刑指导意见（二）（试行）〉实施细则》确定的标准，法定刑在3年以下有期徒刑、拘役幅度的量刑起点是3个月拘役至6个月有期徒刑，犯罪数额每增加5500元，增加1个月刑期，从而确定基准刑；法定刑在3~10年有期徒刑的量刑起点是3~4年有期徒刑，犯罪数额每增加9500元，增加1个月刑期，具有可以认定为“其他严重情节”情形的，每增加一种情形，增加6个月至2年刑期；法定刑在10~15年有期徒刑的量刑起点为10~12年，犯罪数额每增加10万元，增加1个月刑期，具有可以认定为“其他特别严重情节”情形的，每增加一种情形，增加1年至2年刑期。

如果是23种罪名以外的罪名，各地也未规定详细的刑罚量增加标准，具体判断时，可以先根据相关司法解释或执法意见的规定自行计算，可以根据法定量刑幅度中最高刑和最低刑分别对应的条件，按照大致均衡的方式计算出刑罚增加量的标准，该条件通常在相关的司法解释里有数量体现。

比如，利用互联网贩卖淫秽电子信息，构成贩卖淫秽物品牟利罪，共有三个量刑档次，根据司法解释，贩卖淫秽视频文件20~100个，判处3年以下有期徒刑、拘役或者管制；贩卖淫秽视频文件100~500个，判处3年以上10年以下有期徒刑；贩卖淫秽视频文件500个以上，判处10年以上有期徒刑或者无期徒刑。由此可知，对于第一档，100个视频对应3年，20个视频对应6个月（前面介绍确定起点刑时的基点），故对应刑罚增加量标准 =（100–20）个 ÷［（3–0.5）年 ×12个月］≈ 3个/月，即在该量刑档次中，贩卖淫秽视频数量每增加3个，增加1个月刑期。对于第二档，500个视频对应10年，100个视频对应3年，对应刑罚增加量标准 =（500–100）个 ÷［（10–3）年 ×12个月］≈ 5个/月，即在该量刑档次中，贩卖淫秽视频数量每增加5个，增加1个月刑期。对于第三档，500个视频对应10年，但无期徒刑没有明确的数量标准，要计算出该量刑档次中的刑罚增加量标准，必须先确定无期徒刑的数量标准，对于该标准最佳的获得方式就是检索案例。

另外，有些罪名，如伪造、变造、身份证件罪，司法解释没有规定量刑中两档分别对应的数量标准，这时候就要根据各地的执法标准中的相关数量标准按照上述方式进行计算。

某些罪名有多个定罪量刑维度的，如既有非法经营数额又有非法所得额，按照不同标准计算出的量刑结果不一致的，要做有利于被告人的选择，即选择为轻的计算方式。

比如，非法经营外汇型非法经营罪，司法解释规定非法经营数额在 500 万元以上或者违法所得数额 10 万元以上，应处 5 年以下有期徒刑或者拘役，非法经营数额在 2500 万元以上或者违法所得数额 50 万元以上，应处 5 年以上有期徒刑。根据该规定，设置的维度既可以是非法经营金额，也可以是违法所得数额，如以非法经营金额为维度计算刑罚增加量标准，第一档刑罚增加量标准 =（2500–500）万元 ÷［（5–0.5）年 ×12 个月］≈ 37 万元 / 月，即非法经营金额每增加 37 万元，刑期增加 1 个月。如以违法所得数额为维度计算刑罚增加量标准，第一档刑罚增加量标准 =（50–10）万元 ÷［（5–0.5）年 ×12 个月］≈ 0.74 万元 / 月，即违法所得数额每增加 0.74 万元，刑期增加 1 个月。现假定张三非法经营外汇 2000 万元，违法所得 45 万元，如按照非法经营金额标准计算，增加刑期 =（2000–500）万元 ÷37 万元 / 月 ≈ 41 个月，如按照违法所得金额标准计算，增加刑期 =（45–10）万元 /0.74 万元 / 月 ≈ 47 个月。两者比较后，在对该被告人量刑时要选择适用非法经营数额标准计算基准刑。

256. 当某一罪名法定刑幅度没有对应数量标准时，如何合理确定影响刑罚量标准

当某罪名只有一个量刑档次，如帮助信息网络犯罪活动罪，或当

需要在某罪名的最高一档量刑，如前面说到的非法经营罪第二档时，都会面临该档次内法定最高刑没有对应数量标准的情况，此时，有效的做法就是案例检索，通过案例找到一个最高刑的数量标准，然后按照先快后慢的原则设置一个增加幅度标准。比如，对于前者，现在“断卡行动”中最常见的帮助信息网络犯罪活动罪，司法解释规定支付结算 20 万元以上的判处 3 年以下有期徒刑或者拘役，假如通过案例检索发现，本地类似案件在没有减轻处罚或大幅从轻处罚的情况下结算 500 万元的大致判处 1 年，那就可以设定刑罚增加量标准 =（500–20）万元 ÷ [（1–0.5）年 ×12 个月] =80 万元 / 月，即支付结算金额每增加 80 万元，刑期增加 1 个月。当然，随着刑期的增加，增加的幅度要适当小一些，具体多少还需要参照同类判决情况。再如，对于后者，前面说到的非法经营罪第二档，司法解释规定非法经营数额在 2500 万元以上或者违法所得数额 50 万元以上，应处 5 年以上有期徒刑（最高 15 年），但对于该档上限没有数量标准，此时就需要检索本地区类似案例的判决情况，假如通过案例检索发现，本地类似案件没有减轻处罚或大幅从轻处罚的情况下非法经营数额 1 亿元的大致判处 10 年，那就可以设定刑罚增加量标准 =（10,000–2500）万元 ÷ [（10–5）年 ×12 个月] =125 万元 / 月，即非法经营数额每增加 125 万元，刑期增加 1 个月。当然，随着刑期的增加，增加的幅度同样要适当小一些。

257. 如何运用量刑情节对基准刑进行调节

新《量刑指导意见》中对多个量刑情节并存的情况进行了规定，除未成年人、老年犯、限制行为能力人、聋哑盲人、防卫过当、避险过当、预备、未遂、中止、从犯、胁从犯、教唆犯 12 类情节是连乘关系，其他情节按照同加逆减的方式计算，同时部分情节共存的也要符合新《量刑指导意见》规定的并存上限认定标准。对于数罪情形，累犯、立功等适用于个罪的情节，先按照每个罪名的量刑情节分别计算个罪刑罚，再按照数罪并罚规定进行并罚。

法律依据

最高人民法院、最高人民检察院《关于常见犯罪的量刑指导意见（试行）》

二、……（二）……

1. 具有单个量刑情节的，根据量刑情节的调节比例直接调节基准刑。

2. 具有多个量刑情节的，一般根据各个量刑情节的调节比例，采用同向相加、逆向相减的方法调节基准刑；具有未成年人犯罪、老年人犯罪、限制行为能力的精神病人犯罪、又聋又哑的人或者盲人犯罪，防卫过当、避险过当、犯罪预备、犯罪未遂、犯罪中止，从犯、胁从犯和教唆犯等量刑情节的，先适用该量刑情节对基准刑进行调节，在此基础上，再适用其他量刑情节进行调节。

3. 被告人犯数罪，同时具有适用于个罪的立功、累犯等量刑情节的，先适用该量刑情节调节个罪的基准刑，确定个罪所应判处的刑罚，再依法实行数罪并罚，决定执行的刑罚。

司法观点

最高人民法院法官也对量刑情节的适用情况进一步解读如下：[①]

（1）多种量刑情节调节基准刑的方法。

多种量刑情节调节基准刑的方法有两种：

一是对于一般的量刑情节，采用“同向相加、逆向相减”的一般方法，用数学方法可表示为：基准刑 ×（1 +从重情节的调节比例−从轻情节的调节比例）。

---

① 陈学勇：《量刑方法的理解与适用》，载《人民司法（应用版）》2011 年第 15 期。

二是对于具有刑法总则规定的未成年人犯罪、限制行为能力的精神病人犯罪、又聋又哑的人或者盲人犯罪、防卫过当、避险过当、犯罪预备、犯罪未遂、犯罪中止、从犯、胁从犯和教唆犯等特定量刑情节的，采用分步调节（或者称为“部分连乘、部分相加减”）的特殊方法。

具体方法如下：

①假如某案件被告人是未成年人，可以减少基准刑的50%，又具有自首情节，可减少基准刑的20%。用数学方法可表示为：基准刑 ×（1-50%）×（1-20%）。

②假如上述案件中，被告人又是从犯，可减少基准刑的30%。用数学方法可表示为：基准刑 ×（1-50%）×（1-30%）×（1-20%）。

③假如上述案件中，被告人同时又具有累犯情节，增加基准刑的10%。用数学方法可表示为：基准刑 ×（1-50%）×（1-30%）×（1-20%+10%）。

（2）量刑情节不得重复评价。

对于同一事实涉及不同量刑情节的，要注意避免重复评价。例如，当毒品再犯与累犯情节并存时，需要区分不同情形，避免对两个情节重复评价：对于前罪是毒品犯罪的累犯，不能重复评价；对于前罪不是毒品犯罪的累犯，可以分别从重处罚。又如，对于自首、坦白情节分别与当庭自愿认罪情节并存时，就不宜同时适用当庭自愿认罪情节，否则就是重复评价。为体现当庭自愿认罪的独立程序价值，鼓励被告人当庭自愿认罪，可在适用从轻幅度较大的自首或坦白情节时，适当加大从轻处罚的比例。

（3）从重、从轻情节并存时的调节顺序。

一是从重与从轻情节并存时，采用先重后轻的量刑方法；

二是从重与减轻处罚并存时，采用先减轻后从重的量刑方法；

三是从重与免刑情节并存时，采用先考虑免刑的影响，再考虑从重情节。

258. 常见量刑情节调节比例怎么把握

结合新《量刑指导意见》，对常见总则量刑情节调节比例汇总如表 14-3 所示。

表 14-3 常见总则量刑情节调节比例汇总

<table>
<tr><td>姓名</td><td></td><td>罪名</td><td></td><td>1. 法定刑</td><td></td><td>2. 起点刑</td><td></td></tr>
<tr><td>3. 刑罚增减量</td><td colspan="3"></td><td>4. 基准刑</td><td></td><td>5. 宣告刑</td><td></td></tr>
<tr><td colspan="7">本案情节</td><td>调节幅度</td></tr>
<tr><td rowspan="15">先适用的量刑情节</td><td rowspan="2">1</td><td rowspan="2">未成年人</td><td colspan="4">12~16 周岁（30%~60%）</td><td rowspan="2"></td></tr>
<tr><td colspan="4">16~18 周岁（10%~50%）</td></tr>
<tr><td rowspan="2">2</td><td rowspan="2">75 周岁以上</td><td colspan="4">故意犯罪（0~40%）</td><td rowspan="2"></td></tr>
<tr><td colspan="4">过失犯罪（20%~50%）</td></tr>
<tr><td rowspan="2">3</td><td rowspan="2">盲人、聋+哑</td><td colspan="4">（0~50%）</td><td rowspan="2"></td></tr>
<tr><td colspan="4">犯罪较轻的（50% 至免除）</td></tr>
<tr><td>4</td><td>精神病人</td><td colspan="4">—</td><td></td></tr>
<tr><td>5</td><td>未遂犯</td><td colspan="4">（0~50%）</td><td></td></tr>
<tr><td>6</td><td>犯罪预备</td><td colspan="4">—</td><td></td></tr>
<tr><td>7</td><td>犯罪中止</td><td colspan="4">—</td><td></td></tr>
<tr><td>8</td><td>胁从犯</td><td colspan="4">—</td><td></td></tr>
<tr><td rowspan="2">9</td><td rowspan="2">从犯</td><td colspan="4">（20%~50%）</td><td rowspan="2"></td></tr>
<tr><td colspan="4">犯罪较轻的（50% 以上或免除）</td></tr>
<tr><td>10</td><td>防卫过当</td><td colspan="4">50% 或免除处罚</td><td></td></tr>
</table>

续表

<table>
<tr><td rowspan="2">先适用的量刑情节</td><td>11</td><td>避险过当</td><td colspan="3">50%或免除处罚</td><td></td></tr>
<tr><td>12</td><td>其他情节</td><td colspan="3">被害人过错（0~40%）</td><td></td></tr>
<tr><td rowspan="12">后适用的量刑情节</td><td rowspan="12">轻处情节</td><td>1</td><td>自首</td><td>（0~40%）
犯罪较轻的（40%至免除处罚）</td><td>注：恶意利用自首规避法律制裁的，不从宽</td><td></td></tr>
<tr><td rowspan="3">2</td><td rowspan="3">立功</td><td>一般立功</td><td>（0~20%）</td><td></td></tr>
<tr><td rowspan="2">重大立功</td><td>（20%~50%）</td><td></td></tr>
<tr><td>重大立功+犯罪较轻（50%以上或免除）</td><td></td></tr>
<tr><td rowspan="3">3</td><td rowspan="3">坦白</td><td colspan="2">如实供述自己罪行（0~20%）</td><td></td></tr>
<tr><td colspan="2">如实供述尚未掌握的同种罪行（10%~30%）</td><td></td></tr>
<tr><td colspan="2">如实供述自己罪行避免特别严重后果（30%~50%）</td><td></td></tr>
<tr><td>4</td><td>退赃+退赔</td><td colspan="2">（0~30%）
注：抢劫等暴力型犯罪，从严掌握</td><td></td></tr>
<tr><td rowspan="3">5</td><td>积极赔偿+有谅解</td><td>（0~40%）</td><td rowspan="3">注：抢劫、强奸、黑恶势力、性侵未成年人等严重犯罪的，从严掌握</td><td></td></tr>
<tr><td>积极赔偿+无谅解</td><td>（0~30%）</td><td></td></tr>
<tr><td>无赔偿+有谅解</td><td>（0~20%）</td><td></td></tr>
</table>

续表

后适用的量刑情节	轻处情节	6	刑事和解	（0~50%）	
				犯罪较轻（50% 以上或免除）	
		7	羁押期间表现好	（0~10%）	
	认罪认罚	1	根据认罪阶段不同	（0~30%）	
		2	+ 自首、重大坦白、退赔、赔偿谅解、刑事和解等情节的	（0~60%）	
				犯罪较轻的（60% 以上或免除）	
		3	自首、坦白、当庭自愿认罪、退赃退赔、赔偿谅解、刑事和解、羁押期间表现好等情节	不做重复评价	
	重处情节	1	累犯	（10%~40%），一般不少于 3 个月	
		2	前科	（0~10%）注：过失犯、未成年人除外	
		3	犯罪对象为未成年人、老年人、残疾人、孕妇等	（0~20%）	
		4	重大自然灾害、疫情 + 故意犯罪	（0~20%）	

259. 数罪情况下基准刑如何调节

量刑情节中部分情节只适用于个罪，如中止、未遂、自首，但也有部分情节适用于犯罪人全部罪名，如立功、累犯，被告人犯数罪的，要根据数罪并罚的原则，先按照每个罪对应的量刑情节确定每个罪的刑罚，再依法实行数罪并罚，决定执行的刑罚。

例如，某被告人犯故意伤害罪和盗窃罪，盗窃罪是被告人因故意伤害犯罪归案后主动交代的，属于自首。同时，被告人又具有立功、累犯情节。根据新《量刑指导意见》，假设故意伤害罪所确定的基准刑为 5 年，盗窃罪所确定的基准刑为 10 年，自首情节可减少基准刑的 10%，立功可减轻基准刑的 20%，累犯可增加基准刑的 10%。在这些情节当中，自首情节的效力只及于盗窃罪，立功和累犯情节的效力分别及于故意伤害罪和盗窃罪。那么，故意伤害罪的调节结果为：5 年 ×（1+ 累犯 10%－立功 20%）=4.5 年；盗窃罪的调节结果为：10 年 ×（1+ 累犯 10%－自首 10%－立功 20%）=8 年。据此，依法确定故意伤害罪判处的刑罚为 5 年，盗窃罪依法判处的刑罚为 8 年。根据数罪并罚的原则，就依法应当在 8 年以上 13 年以下有期徒刑决定合并执行的刑罚。

（三）如何确定宣告刑

260. 如何进行宣告刑计算

量刑情节对基准刑的调节结果是采用一定的数学方法计算出来的，是一个数值，不能直接等同于法律上的宣告刑，尤其是对某些调节结果不符合罪责刑相适应原则的，要在调整之后再得出宣告刑。对于量刑情节对基准刑的调节结果在 6 个月以下的，可选择拘役、管制或者单处附加刑。

拟宣告刑 = 基准刑 ×（1 ± 先适用量刑情节 A 的调节比例）×（1 ± 先适用量刑情节 B 的调节比例）……×（1 ± 其他量刑情节 X 的调节比例 ± 其他量刑情节 Y 的调节比例 ± 其他量刑情节 Z 的调节比例……）。

其中，先适用量刑情节包括：未成年人犯罪、老年人犯罪、限制行为能力的精神病人犯罪、又聋又哑的人或者盲人犯罪、防卫过当、避险过当、犯罪预备、犯罪未遂、犯罪中止、从犯、胁从犯和教唆犯。

其他量刑情节包括但不限于：坦白、自首、认罪认罚、当庭自愿认罪、立功、累犯、前科劣迹、退赃退赔、积极赔偿被害人经济损失、达成和解、取得被害人或其家属谅解、对弱势人员犯罪、在灾害和突发事件期间犯罪、犯罪手段残忍、犯罪动机卑劣、被害人过错以及作用较轻的主犯、被害人有过错或对矛盾激化负有责任及各具体罪名中的其他情节。

对于上述计算公式，需要强调的是，先适用情节之间不是加减的关系，而是需要进行连乘，其他量刑情节之间是连加连减，如果没有先适用情节，计算时不考虑即可，还要考虑部分多个其他量刑情节并存的，有存在适用上限的问题。

假定上文中的张三作案时刚满 17 周岁，考虑到年纪较小，减少比例确定为 30%；在某公司化运作的诈骗团伙中负责打电话，因而认定为从犯，考虑到作用较小，减少比例确定为 30%；在公安机关前来抓捕时已经离职，后看到新闻主动至公安机关投案，考虑到是典型主动投案自首，减少比例确定为 30%；审理期间在家属帮助下退赔自己全部违法所得，考虑到退赔的只是自己的违法所得，减少比例确定为 10%。在不考虑其他量刑情节的情况下，张三的拟宣告刑 =87×（1–30%）×（1–30%）×（1–30%–10%）≈ 26 个月。

261. 存在减轻情节的，如何得出宣告刑

如果具有应当减轻处罚情节的，直接在法定最低刑以下确定宣告刑，如中止犯、胁从犯；且一般只能在法定量刑幅度的下一个量刑幅度内判处刑罚，而不能在两个法定量刑幅度以下减轻处罚，特殊情况也可以跳档减轻；如果被告人犯罪情节轻微，减轻处罚仍然显得过重，可不需要判处刑罚的，可依据《刑法》第 37 条之规定依法免予刑事处罚。

如果根据各类量刑情节得出法定最低刑以下调节结果的，同时具备可以减轻处罚情节的，如自首、立功，可以直接将调节结果确定为宣告刑；如果只有从轻处罚情节的（包括酌定从轻情节），一般将法定最低刑作为宣告刑，对于被告人具有多个酌定从轻处罚情节，如果判处法定最低刑仍然明显过重的，可以依据《刑法》第 63 条第 2 款的规定，提请法定刑以下减刑处理。

262. 如何根据宣告刑主张缓刑或者免予刑事处罚

宣告刑为 3 年以下有期徒刑、拘役并符合缓刑适用条件的，可以主张宣告缓刑，相关注意事项参见专题十一；犯罪情节轻微，不需要判处刑罚的，可以主张免予刑事处罚。

需要注意的是，适用缓刑与基准刑并无必然联系。只要依法确定的宣告刑在 3 年以下有期徒刑或者拘役，并符合适用缓刑条件的，就可依法适用缓刑。

另外，审前羁押期限已经超过实际判处刑期，要尽量主张直接判处实刑，以免缓刑宣告后还要经历缓刑考验期，具体应对方案参见问题 200。

263. 根据量刑情节调节得出的量刑结果是否就等于最终宣告刑

在上述调整结果基础上，审判人员还有20%的调整幅度，而且如果审判人员行使自由裁量权后仍不能达到罪责刑相适应的，审判委员会也可以进一步讨论适宜的宣告刑。

根据司法经验，对于拟宣告刑，如果在起点刑对应的法定刑幅度内的，可以直接确定为宣告刑；如果低于该幅度内最低法定刑，但具有减轻处罚情节的，也可以直接确定为宣告刑；如果低于该幅度最低法定刑，但只有从轻处罚情节的，可以确定法定最低刑为宣告刑，如果坚持在法定最低刑下量刑的，需要层报最高人民法院核准；如果高于该幅度最高法定刑的，可以确定法定最高刑为宣告刑。

例如，电信诈骗中的犯罪数额巨大的从犯，拟宣告刑为26个月（2年2个月），虽低于起点刑对应的法定刑幅度（3~10年有期徒刑）内的最低法定刑，但其具有从犯等减轻处罚情节，故仍可以直接将拟宣告刑的2年2个月确定为宣告刑；而主犯的拟宣告刑为52个月（4年4个月），在起点刑对应的法定刑幅度（3~10年有期徒刑）内，故也可以直接将拟宣告刑的4年4个月确定为宣告刑。

总结篇

专题十五

量刑辩护的重点工作

通过 14 个专题的分享，我们一起梳理了量刑辩护的方方面面，最后稍做总结，期待大家都能在辩护工作中做到心中有数，游刃有余。

264. 量刑之前需要做好哪些工作

量刑辩护不仅是在法庭审理阶段，在侦查阶段，尤其是在审查起诉阶段，辩护人就要做好量刑准备，准确识别各类法定、酌定罪前、罪中情节，做好控方量刑证据的答辩，做好罪后情节的实现和主张，并尽力做好量刑证据的固定和提交，尽量避免空泛的如“被告人主观恶性不深”“被告人社会危害性不大”“被告人没有达到罪大恶极的程度”“被告人不具备再犯新罪的可能性”等量刑意见，需要提供具体的量刑证据加以证明，尤其是涉及对被告人适用死刑立即执行还是实行缓期执行、判处实际的实刑还是缓刑、判处有期徒刑还是无期徒刑等涉及跨刑种的案件中，辩护律师需要尽量将从轻和减轻情节予以客观化、数量化，给出令人信服的量刑辩护意见，并尽量通过列举和对比分析法院已经生效的相似案例来给出本案的量刑辩护意见。

（1）重视量刑证据的收集和固定。律师在调查量刑证据时，往往认为只要与有关人员进行面谈，形成询问笔录即可，向有关机构调取证据，只要获得该机构出具的书面文件并盖上公章即可。导致量刑答辩中，律师向法庭提交的量刑证据通常都是一些调查笔录和书面文件，如学校对被告人在校期间表现情况的“证明”，单位对被告人工作期间表现情况的“说明”，基层组织对被告人家庭组成以及健康情况的“情况说明”，基层司法行政机关的派出机构对愿意为被告人提供帮教所出具的“意见”，公安机关对被告人年龄、前科劣迹等所提供的证明文件，虽然具备证据形式，但容易被法官、检察官质疑证据形成的真实性，一旦法官、检察官提出证据异议，辩护律师很难作出有力的回应，由此被拒绝采信。因此，可以参考未成年人社会调查制度，委托具备相对客观的第三方组织进行关键量刑证据的调查或者向法院、检察院申请调取证据。

（2）对控方量刑证据进行充分质证。无论是拟做无罪辩护还是认罪认罚案件，量刑都是非常重要的问题，辩护律师要不仅要重视定罪证据的质证，对公诉方的量刑证据也要进行事先的防御准备，在开庭前全面研读公诉方的案卷笔录，对起诉书中所记载的量刑情节进行必要的调查核实，也可以在洞悉公诉方量刑建议的前提下，调查搜集各种为公诉方所忽略的酌定量刑情节。

（3）主张有利的罪后情节。例如，针对侵财型犯罪，要通过退赃退赔来取得最大化量刑减让，尤其是对挪用资金、非法吸收公众存款等已经有明确退赃作为法定从轻、减轻情节的案件，辩护人对不同诉讼阶段退赃退赔享受的从轻幅度也要深入了解，对退赃退赔金额、时机以及能给当事人带来最大的量刑减让进行充分评估，加强与检察官、法官的交流，达成共识，达到共赢。再如，在有被害人的刑事案件中，要尽可能早地去评估达成刑事和解的可能性，积极与办案机关进行沟通，力争在办案机关的主持下达成和解，或者获得谅解书。对于强奸等定案高度依赖言词证据的敏感案件，切忌绕开办案机关贸然自行与被害人进行协商。同时，要充分用好认罪认罚从宽制度，通过认罪认罚+量刑情节的组合拳，最大化争取量刑从宽幅度。新《量刑指导意见》对认罪认罚从宽有了更加明确和深入的减轻幅度，在具备一定法定、酌定从宽情节的基础上，尽量适用认罪认罚制度，以获得最高

60% 的减轻幅度，为当事人争取最佳量刑。

265. 如何提交一份有效的量刑意见

作为辩护人，在确保案件定性准确、已经没有出罪可能的前提下，接下来最重要的工作就是综合全案的从轻、减轻情节，为当事人提出合理的量刑意见，包括主刑、附加刑以及涉刑财产处置问题，最大化地维护当事人利益。下面将就量刑意见具体形成方式进行简要总结：

（1）量刑情节 + 计算步骤。

要穷尽当事人所具有的一切从宽处罚情节，并对照新《量刑指导意见》中列明的量刑幅度进行计算，并最终以图表或者其他可以让办案人员一目了然的形式呈现出来。具体方式可以按照问题 251 中的量刑表格简化处理。

（2）类案检索。

要充分检索类似案件的判罚情况，形成大数据报告，对是否判处缓刑以及具体的刑期范围，用历史裁判数据得出相应结论，有理有据。可以对相似案件的量刑情况进行检索、统计，列出其中对当事人有利的案件，同样以图表或者其他较为直观的形式呈现。对于高发犯罪，可以更有针对性地重点关注、检索同级法院或者上级法院的生效裁判的判罚情况。

266. 如何与检察机关进行有效的量刑协商

要做好量刑意见的准备，尤其是对案件的量刑情节、类案的裁判趋势、本案的特殊情况都要进行充分说理和解读，与检察机关进行充分协商。

律师需要掌握检察机关量刑建议的步骤：检察官提出量刑建议→征求犯罪嫌疑人及其辩护人的意见→检察官调整量刑建议→再征求犯罪嫌疑人及其辩护人的意见→协商一致签署具结书。在这一协商过程中，选取妥当的沟通机会，辅之以专业、有礼有节的量刑意见及相应证据材料、类案检索报告等，与检察官形成平等对话。

检察官的认罪认罚具结书中会提及相应的量刑情节和量刑步骤与结论，律师要注意审查上述情节认定是否准确、全面，量刑步骤是否符合法律规定（如是否明确了量刑起点、基准刑、宣告刑，对多个量刑情节的运算规则是否准确），量刑结论是否明显不当、与类似案件有无明显偏离。

如果检察官只给出量刑建议的结论，对量刑建议的过程，也就是怎么得出的量刑建议未加以说明的话，律师可以要求检察官按照《量刑指导意见》的要求进行细化，以便核验量刑建议的准确性。在此基础上才能进行控辩实质性协商，在诸如起点刑的选取是否太高、基准刑的计算是否正确、各个量刑情节的调节比例设置是否合理等方面真正形成讨论，充分进行协商。例如，某掩饰隐瞒案中，检察官认为构成情节严重达到 3 年以上，加上自首情节，量刑建议为 2 年 6 个月。律师按照当地省高级人民法院的细则计算得出盗抢机动车类的掩饰隐瞒犯罪要达到 5 辆车才算情节严重，不能光看赃物金额。法院最后采纳了律师意见，最终量刑为 1 年。

267. 如何主张检察机关、法院量刑明显不当

“明显不当”主要是指“三错两畸”：刑罚的主刑选择错误、适用附加刑错误、适用缓刑错误，这些比较少；刑罚的档次、量刑幅度畸重或者畸轻则更为常见。

一是着重审查刑期相对幅度或绝对值是否偏离过大。

最高人民法院《关于适用〈中华人民共和国刑事诉讼法〉的解释》第354条对量刑建议明显不当的判断作出原则性指引规定，明确：“对量刑建议是否明显不当，应当根据审理认定的犯罪事实、认罪认罚的具体情况，结合相关犯罪的法定刑、类似案件的刑罚适用等作出审查判断。”因此，根据上述解答，刑期的相对幅度或绝对值偏离过大，都可以认定为“明显不当”：前者如某危险驾驶罪，类案的众数为1个月，量刑建议为2个月，虽然两者只相差1个月，但幅度偏离已达100%，故应当认定为量刑建议“明显不当”。后者如某诈骗罪，检察机关量刑建议为10年，在庭审未出现其他情节的情况下，法院量刑为11年，虽然两者的幅度仅差10%，但绝对值已经偏离1年之多，故也应当认定法院量刑为“明显不当”。

二是看同案和类案量刑是否平衡。

对共同犯罪各被告人的量刑，如果量刑建议明显不匹配，甚至是轻重相悖的，应当认定为“明显不当”，尤其应关注分案审理的同案犯的量刑均衡问题。比如，广东省惠州市中级人民法院（2020）粤13刑初73号刑事判决指出，本案中被告人曾某杰系主犯，与被告人地位作用相近的同案人张某衍、胡某均等人均具有自首、取得被害人谅解的从轻处罚情节，被判处11年有期徒刑。但被告人曾某杰在没有自首、取得被害人谅解等从轻量刑情节的前提下，检察机关建议11年6个月有期徒刑的量刑明显不当，与本案其他同案人的量刑对比明显不均衡，故对检察机关量刑建议不予采纳。这就要求辩护人在提出量刑意见、质证量刑建议的时候不能仅根据本案、本人的量刑情况，而要充分利用类案和同案的裁判情况，尤其是对于共同犯罪但分案处理的案件，如果案件承办人不是同一个人时，更要加强相互沟通，确保量刑均衡和公平。

专家推荐

定罪必须统一，量刑则需要个别化。与无罪辩护相比，量刑辩护有更广阔的辩护空间和更丰富的辩护事由。在刑事诉讼中认罪的犯罪嫌疑人、被告人占到85%以上并适用认罪认罚从宽制度的当下，对量刑辩护的数量需要和质量要求比以往任何时候都更加迫切、精细。即使在同一罪名、同一罪行、同一法定刑幅度下，量刑也会也应该有所差异。《精细化量刑辩护指南——办案高手随身的267个锦囊》为成功量刑辩护指明了方向，理清了范围，开拓了思路，提供了依据。对刑事律师，事半功倍，不可或缺。

——中国政法大学教授、博导　顾永忠

长期以来，实务中重定罪轻量刑的现象极为普遍，但事实上，被告人最关注的往往是量刑，因为大量的案件表明被告人无罪的可能性极小，关注量刑自然有其合理性。量刑的复杂性程度被远远低估。很多人觉得只要有一点司法经验，就可以在量刑上“八九不离十”，但这种感觉很不可靠。波斯纳曾经说过，量刑应该基于证据，而不是基于情绪或者凭直觉。量刑也不是我们实践中讲的“估堆”，刑事司法活动必须追求量刑精准。李斌博士编写的这本书凸显了量刑问题的重要性，也让我们反思实践中量刑不当的严重程度，同时提出了量刑精细化的解决思路，这对推进量刑改革，进一步实现准确量刑非常重要。

我曾经说过，刑事辩护有时候很困难，很大程度上是因为刑法学研究不透。“凡刑辩艰难处，皆为刑法学痛点。”量刑的“痛”和定罪的“痛”是不一样的，更加隐蔽。如果说定罪是“切肤之痛”，量刑就是“隐隐作痛”。李斌的这本书有助于解决量刑艰难处的刑法学痛点，对刑事法律人解决“隐隐作痛”的量刑难题一定会有所裨益。

——清华大学法学院院长、教授、博导　周光权

量刑对刑事辩护的重要性不亚于定罪。犯罪人和公众对刑法最直接的感受就是刑罚的轻重。本书设置了二百多个问题，通过一种问答体例的方式，将读者引入一个精细化量刑的世界。这是一本读者友好型的量刑辩护参考书。优秀刑辩律师的著作已经很多，但专门讨论量刑辩护还少见。李斌博士的这本书补足了这个版块。

——北京大学法学院副院长、教授、博导　车浩

法律的生命是经验，在经验中我们能够看到辩护的生命。

——中国政法大学教授　罗翔

量刑规范化、量刑精准化、大数据量刑需要法律人的“匠人精神”。李斌博士用“匠心”将量刑辩护细细梳理了267个问与答，涵盖了量刑辩护的全部内容，十分方便查阅，是刑辩律师必备的工具书。

李斌博士是一位难得的优秀女刑辩律师，她师从著名刑法学教授阮齐林老师，曾经是一名检察官。每次与她相见，我都被她严谨认真、锲而不舍的工作精神和条理分明逻辑清晰的办案思路深深感染，我们两个“夜猫子”常在深夜用电波交谈、讨论一些工作的思考。

当初冬的一个夜晚我收到她的《精细化量刑辩护指南——办案高手随身的 267 个锦囊》一书时，我又一次被她深深地感动。我爱不释手一口气连夜释读了一遍，书中涵盖了量刑辩护的全部内容，从自首立功、从犯、预备、未遂、中止、退赃、认罪认罚、羁押表现等法定、酌定量刑情节，将量刑辩护梳理为 267 个问与答，十分方便查阅。这是一部刑辩律师必备的工具书和量刑辩护执业指南。

——北京市东卫律师事务所主任　郝春莉